国家社科基金教育学一般课题“中小学机器人教育中的配对学习模式研究”
（BCA190088）成果

中小学机器人教育：模式与创新

钟柏昌　著

ZHONGXIAOXUE JIQIREN JIAOYU
MOSHI YU CHUANGXIN

中国教育出版传媒集团
人民教育出版社
·北京·

图书在版编目（CIP）数据

中小学机器人教育：模式与创新 / 钟柏昌著. — 北京 ：人民教育出版社，2023.6
ISBN 978-7-107-37418-0

Ⅰ. ①中…　Ⅱ. ①钟…　Ⅲ. ①机器人技术—教学模式—研究—中小学
Ⅳ. ①G633.672

中国国家版本馆CIP数据核字（2023）第114464号

中小学机器人教育：模式与创新

出版发行　人民教育出版社
（北京市海淀区中关村南大街17号院1号楼　邮编：100081）
网　　址　http://www.pep.com.cn
经　　销　全国新华书店
印　　刷　北京新华印刷有限公司
版　　次　2023年6月第1版
印　　次　2023年7月第1次印刷
开　　本　787毫米 × 1 092毫米　1/16
印　　张　43.75
字　　数　678千字
定　　价　98.00元

自序 用爱拥抱机器人教育的春天

在这美好的季节，在翘首以待高中新课程标准发布的时刻，让我们用爱拥抱机器人教育的春暖花开。

为什么要说爱呢？因为爱意味着无私，意味着抛弃功利杂念，意味着打破陈规追求真善美，更意味着理解与包容，追寻机器人教育的本真价值。

如何爱？理解爱！

不要只爱竞赛，我们要爱普及，因为“生而平等，有教无类”。竞赛是一种高投入、低收益的教育模式，不是普及教育之路，相反它是普及教育的“拦路虎”。走出竞赛的怪圈，才能迎来普及教育的春天。我们不仅需要理解机器人教育对全体学生创新能力培养的重要意义，更需要对教育公平持以不懈追求。当然，我们并不排斥普及教育基础上的合理竞赛，但不可本末倒置。

不要只爱品牌，我们还要爱开源，因为“开其源，而时斟酌焉”。机器人之于普及教育的意义不仅在于学校“买得起”，更在于“用得好”。尽管开源机器人与某些高端机器人品牌存在一定性能上的差距，但就适应普及教育需要而言并无二致。事实上，也正因为价格低廉，我们才能放手让学生大胆摆弄而非小心翼翼地保护。

不要只爱教学，我们要爱造物，因为“学而时习之，不亦说乎”。机器人教育如同创客教育一样，究其根本是一种跨学科的工程教育，以工程问题的解决为中心。只有这样，学生才能体会知识的力量与价值，获得学习的愉悦与成就感。遗憾的是，我们选用的一些机器人产品，其结构和配件常常是固定的，学生无须做工程层面的设计。

不要只爱知识，我们要爱思想，因为“开物成务，冒天下之道”。当前的机器人课程，缺乏体系，缺乏衔接，更缺乏灵魂——学科思想的提炼。机器人教育不是为了培养新科技的操作者，而是旨在通过内涵建设，培养出具有“开物成务”智慧的新时代公民。

不要只爱技术，我们更要爱整个世界，因为“天有五行，以成万物”。世界是个整体，不只有技术，还有STEM（科学、技术、工程、数学的英文首字母的缩写）。我们需要它把学生学习到的零碎知识与机械工程经验转变成一个探究世界相互联系的不同侧面的过程，综合提升学生的设计能力、合作能力、问题解决能力和实践创新能力。

爱，为机器人教育的明天，不为跟风，也不为猎杀应试教育那个“病毒”。

（原文刊于《中国信息技术教育》2016 年第 6 期）

前言

此书是本人主持的国家社科基金教育学一般课题“中小学机器人教育中的配对学习模式研究”（BCA190088）的结题成果，同时也是本人主持的上一个国家社科基金教育学青年课题“多平台、跨学科、聚类化、重创造的中小学机器人教育研究”的扩展和完善。因此，本书也可以视作《中小学机器人教育的理论与实践》（科学出版社，2016年出版）的全新改版，汇集和总结了2013年以来团队围绕机器人教育、编程教育、创客教育等取得的工作成果，也算是对上一版本所言“我们期待不久的将来，能够推出更具深度的研究成果以回馈关心和关注我们的领导和同仁”的回应。

本书在组织结构上主要以几组教学模式的构建为线索，呈现了团队在机器人教育研究方面发生发展的先后逻辑；除第一章开篇和第六章展望外，其他各章均采用理论与实践相结合的方式展开。

第一章通过对我国机器人教育发展脉络及现状的梳理和分析，围绕教育目标、技术路线、理论内涵、教学模式等方面，提出了机器人教育以低成本开源机器人为主和虚拟机器人为辅的技术路线，以及机器人教育普惠与培优相融合的发展路径。然后，基于我国创客教育的理论研究成果与实践调研结果，围绕时代背景、本质价值、开展形式、支持系统等方面阐述创客教育的本质和形式。最后，重点辨析了机器人教育、创客教育、人工智能教育、STEM教育等相近概念的异同。

第二章从反思机器人教育的模式单一、侧重模仿训练的问题出发，从知识内容（学科本位与学科整合）和物化成果（自主控制与联机交互）两个维度，构建了实验模拟型教学、趣味交互型教学、科学探究型教学和发明创造型教学四种教学模式（统称4I教学模式）；在此基础上，区分了机器人在教学中扮演的两种角色，并将4I教学模式拓展为5I教学模式①。最后，分类介绍了小车驱动类、科学探究类、趣味互动类、交互学习型等5I教学模式的典型案例和教学反思。

① 5I教学模式：在4I教学模式基础上，增加了交互学习型教学。

第三章从机器人教育的目标定位出发，基于对传统项目式学习的反思，以及STEM教育的视野，将正向教学与逆向教学、作品开发取向与科学探究取向两个维度交叉整合，提出了以逆向工程教学和纠错教学为代表的TRIP四种教学模式，并介绍了据此开展的四个实证研究案例。

第四章整合了纠错教学和逆向工程教学的优点，兼顾学生创新能力培养的需求，从复原实验和重构实验两个层面提出了机器人教育的“灯笼”模型，并介绍了据此开展的三个实证研究案例。

第五章从反思机器人课程教学中合作学习存在的问题出发，结合配对编程和合作学习的最新研究进展，着重探讨了中小学机器人教育的配对与竞合学习模式，并介绍了据此开展的八个实证研究案例。

第六章从学习理论、人工智能、虚实融合的视角出发，探讨了机器人教育的未来发展方向，并介绍了我们的初步实践经验。

本书同时包含了一条暗线，主要围绕以下三个问题展开。

（1）长期以来，机器人教育以竞赛模式为导向，以品牌机器人为载体，过分强调机器人的性能，导致进入门槛高、受众面窄，出现机器人教育难以普及的困境。

（2）长期以来，机器人教育教学模式单一且侧重模仿验证实验，导致学生创新能力培养不足；项目式学习和研究性学习理念虽有突破，但存在学习周期长、施展难度大的问题。

（3）近年来，合作学习和竞争学习成为机器人课堂教学中的重要学习方式，但容易出现“搭便车”、利益冲突、角色固化、合作倦怠等问题。

本书虽署名为我个人，实际上是南京师大和华南师大两个团队成员共同努力的成果，团队成员都是我的研究生，包括毕业于南京师大的张禄、张丽芳、刘正云、张洁、张敬云、韩蕾、闫妮、李婷婷、王佳玉、许佳慧、朱凤惠、夏莉颖、司秋菊、康斯雅、王艳霞、郑吉俊、黄宇、王海雪、苏思语等，以及华南师大的黄水艳、李新伟、刘晓凡等。其中，刘晓凡同学帮助我做了大量的统稿工作。他们在经历了2~3年学习、研究和实践锻炼后，已成为中小学开展机器人和创客教育的骨干力量，我以他们为荣；同时，衷心感谢两所大学对我的培养和支持！

本书适合作为教育技术学等相关专业学生了解中小学机器人教育理论与实践的专业书籍，也适合作为一线教师开展机器人教育和创客教育的教研用书。

本书成果虽然历经多年迭代，内容上也覆盖了多个层面和维度，但依然存在诸多不足，希望得到读者的批评指正。本书汇聚多项研究成果，时间跨度较大，有关论述可能存在前后描述上的差异，甚至有小部分重复，虽努力做了修正，但难免挂一漏万，敬请读者谅解。关于中小学机器人与创客教育，乃至相关的STEM教育的研究和普及工作，是本团队长期努力的研究方向。课题虽然结题了，后继的研究工作还将继续，新的研究也已经展开，我们期待不久的将来，能够再次推出更具深度和参考价值的研究成果。

目录

第一章 机器人教育的发展现状与路径探索

随着制造技术、计算机网络、人工智能等技术的不断发展，机器人技术得到迅猛发展，并迅速从工业领域扩展到医疗、娱乐、教育等其他领域。机器人教育（robotics education，RE）通常是指学习机器人的基本知识与基本技能，或利用教育机器人优化教育教学效果的理论和实践[①]。后者一般也称为教育机器人（education robot，ER）。机器人教育综合了多学科的发展成果，以机械原理为基础，融合了传感器、计算机软硬件及人工智能等众多先进技术，通过设计、组装、编程、运行机器人，培养学生的创新意识，激发学生的学习兴趣，综合提升学生各方面能力。国际上，机器人教育在K12阶段已经显示出了巨大的潜力。在国内，我国中小学机器人教育起步较晚，才二十余年，而真正开展较大规模机器人进课堂的普及教育实践，也才十余年，还在起步探索阶段。通过对我国机器人教育发展脉络及现状的梳理和分析，可以看到，我国中小学机器人相关学科建设和经验积累都不够完善，面临诸多挑战，同时也获得了较好的发展机遇，需要在把握现状的基础上持续探索与前进。

① 张剑平，王益．机器人教育：现状、问题与推进策略［J］．中国电化教育，2006（12）：65-68.

第一节　机器人教育的发展现状

机器人教育强调手脑并用，是培养学生实践创新能力、促进学生个性化发展的重要途径①②。近年来，关于机器人教育的研究如雨后春笋般涌现。系统梳理相关研究的发展脉络有助于了解机器人教育的现状，把握其发展趋势，为后续研究的设计与实施提供参考。

一、国外中小学机器人教育现状

在国外，机器人教育一直是热点研究领域，美国是目前的领跑者。早在1994年，麻省理工学院就设立了“设计和建造LEGO机器人”课程，目的是提高工程设计专业学生的设计和创造能力，尝试整合机器人教育与理科实验；麻省理工学院媒体实验室“终身幼儿园”项目小组开发了各种教学工具，例如，通过与积木玩具商乐高公司的紧密合作，开发可编程的乐高玩具，帮助孩子们学会在数字时代进行设计活动。现阶段，美国基础教育中的机器人教育主要有四种形式：一是机器人技术课程，主要为选修课；二是课外活动，类似我国的综合实践活动课程；三是机器人主题夏令营等定期活动；四是利用机器人来辅助其他课程的教学或者把机器人作为一种研究工具来培养学生的探究能力，同时学习机器人的技术知识。其中，把机器人教育列入课程，以课程为载体让学生系统地、有步骤地学习和应用机器人技术，是开展机器人教育的最佳形式，也是目前美国机器人教育的发展趋势。例如：南卡罗来纳州在技术教育中，要求学生了解自动化技术与机器人技术；加利福尼亚州在为高中生开设的工程与技术选修课程中，提供了机器人课程。整体而言，美国的机器人教育具有以下特点：机器人教育形式多样；通过“做中学”培养学生的自主创新能力；课程内容具有明显的学科整合性和应用性，并涉及机器人技术的最新成果。这些特点对我国中小学机器人教育的普及具有启发

---

① Benitti F B V. Exploring the educational potential of robotics in schools: A systematic review[J]. Computers and Education, 2012, 58(3): 978-988.

② 李艺，谢作如．机器人教育何以进入中小学课堂［J］．中国信息技术教育，2015（10）：4-9.

意义。

二、国内中小学机器人教育现状

我国中小学机器人教育发轫于 21 世纪初，随后受到政府、学校、社会组织、研究者乃至学生家长的广泛关注，进而呈现出快速发展的态势。本部分将对国内机器人教育的发展脉络与研究现状进行简单梳理。

（一）机器人教育的发展脉络

虽然发展历史不长，但由于发展迅速，我国中小学机器人教育经历了不同的发展阶段，大致可以划分为以下三个阶段。

1. 机器人教育的萌芽（2000—2009 年）

20 世纪 90 年代，机器人教育开始出现在公众视野，部分高校开设机器人选修课程，但并未有计划地培养机器人方面的科技人才①。2000 年，北京景山学校以科研课题的形式将机器人教育纳入信息技术课程，在国内率先开展了中小学机器人课程教学。2001 年，上海市西南位育中学、卢湾高级中学等学校开始以校本课程的形式进行机器人普及教育的探索和尝试②。同年，第一届中国青少年机器人竞赛（当时叫“全国青少年电脑机器人竞赛”）在广州市举办，参赛选手仅有来自全国十多个省市的 200 余名学生。在各方的共同努力下，国家开始在政策层面上重视专业化的机器人教育。2003 年，教育部发布的《普通高中技术课程标准（实验）》中将“简易机器人制作”列为选修课程内容，虽然该标准的相关内容并未得到大范围的实施，但学术界对于机器人教育的关注却在不断提升③。

2. 机器人教育的逐步发展（2010—2017 年）

随着仿生制造、计算机技术、传感器技术等技术的发展，以及创客运动和创客教育的推动，机器人教育受关注的程度明显上升，针对机器人教育的理

---

① 宋文骐．国内外机器人的近期发展及我国应采取的对策建议［J］．昆明工学院学报，1990（4）：31-38.

② 张国民，张剑平．我国基础教育中机器人教育的现状与对策研究［J］．现代教育技术，2008（5）：92-94.

③ 徐多，胡卫星，赵苗苗．困境与破局：我国机器人教育的研究与发展［J］．现代教育技术，2017，27（10）：94-99.

论和实践研究逐渐增多。2010 年，中共中央、国务院印发《国家中长期教育改革和发展规划纲要（2010—2020 年）》，将培养学生的创新能力提升到国家战略的高度，为机器人教育在中小学校的实施和推广提供了政策依据[①]。尽管如此，这一时期的机器人教育仍以竞赛形式为主，即便在经济发达地区，机器人教育也大多以校级选修课或社团课的形式开展，常规的中小学课堂依旧没有成为机器人教育的主阵地。机器人教育的开展处于初级阶段，教学目标、内容体系和实践经验的研究相对薄弱，没有形成规范的课程体系[②]。

3. 机器人教育的快速发展（2018 年至今）

开源硬件技术的发展和人工智能（artificial intelligence，AI）发展战略目标的提出，为机器人教育的普及开展提供了良好的硬件条件和历史机遇。2017 年 7 月，国务院印发《新一代人工智能发展规划》（国发〔2017〕35 号），明确指出中小学阶段设置人工智能相关课程，逐步推广编程教育。2018 年年初，教育部发布的《普通高中信息技术课程标准（2017 年版）》将“开源硬件项目设计”列为独立的选修模块，同时发布的《普通高中通用技术课程标准（2017 年版）》设置了“机器人设计与制作”模块。2019 年，教育部启动“智慧教育示范区”建设项目，有力促进了机器人教育在先行先试地区的发展。这些举措为机器人教育进入中小学课堂提供了重要契机。当前，人工智能教育已成为国家人工智能战略的一部分，机器人教育作为开展人工智能教育的重要途径之一，得到了广泛重视和快速发展。

（二）机器人教育的研究现状

有关机器人教育的研究，主要集中在教学方式、方法层面。有学者提出，中小学机器人教学应该拓宽教学内容的广度，综合不同的教学方法，提供实践性教学环境。具体来说，教学方法应该侧重综合设计，而不是放在问题的分析上；教学组织采取探究式学习，并提倡设计过程的规范化，以提高学生的综合设计能力[③]。有研究认为机器人教育需要创新教学方式，教学应以教师引导

---

① 钟柏昌，张禄．我国中小学机器人教育的现状调查与分析［J］．中国电化教育，2015（7）：101-107.

② 王改霞，朴姬顺．国内机器人教育研究发展综述［J］．中国教育信息化，2012（12）：14-17.

③ 艾伦．对中小学机器人教学定位的思考［J］．中国教育技术装备，2009（24）：4-5.

为主，使学生拥有更多的探索空间；教学过程适合小组合作，强调学生的积极参与；教师应重视课堂中的学习评价，为学生提供更多的反馈与修正机会①。在教学活动的设计原则方面，有研究主张以学生为中心，重视学生的参与、探究、发现，教师要发挥好活动指导者、帮助者的角色，并确保机器人教学活动“寓教于乐”②。在教学策略的选用上，有研究认为必须综合考虑开放性的教学思想、多样性的学习方式、综合性的教学模式③。

在具体教学方法上，有研究者根据高校机器人教育的需求，主张借鉴建构主义教学理论，采用抛锚式教学法，通过学生的自主学习和协助学习，来完成对所学知识的意义建构④。有研究者设计了“思维拓展—课堂组织—协作学习—行动实践”的“四位一体”教学模式⑤。也有研究者设计了三案三段教学模式：三案即导学案，包括预习案、探究案、巩固案；三段则包括预习展示、探究发现、巩固评价⑥。还有研究者根据项目教学法，提出5步教学方法：基础知识讲解、项目选择、项目实施、项目测评以及多渠道相关资源提供⑦。

整体而言，随着新一轮基础教育课程改革的深入实施，我国中小学机器人教育有了较快发展，其教育价值已逐步获得社会认可。然而，从机器人教育的普及情况、教学模式和学习方式看，还存在明显的不足，已然成为制约机器人教育进一步发展的瓶颈。

---

① 王海芳，李锋，任友群．关于中小学机器人教育的思考与分析［J］．全球教育展望，2009，38（4）：81-84．

② 葛文双，傅钢善，史婷．我国中小学机器人教育发展中的问题分析［J］．中国教育信息化，2008（8）：4-7．

③ 李鸣华．机器人教育的教学设计［J］．中国电化教育，2007（8）：98-101．

④ 毛湘宇，杜平安．基于建构主义理论的机器人实践教学模式研究［J］．实验科学与技术，2012，10（6）：79-81．

⑤ 刘琼．中小学机器人教育模式设计与应用研究［D］．石家庄：河北师范大学，2012．

⑥ 吴金菊，杨丰秋．基于三案三段教学模式的机器人教学探究［J］．中国教育技术装备，2013（5）：5-8．

⑦ 饶增仁，靳天玉，郑平，赵洁．教学机器人创新实践教学研究［J］．实验室科学，2013，16（3）：165-167．

第二节　机器人教育的实践路径探索

机器人教育是普及人工智能教育的重要载体。当前，机器人教育存在两大问题：一是高成本的硬件导致普及困难，二是单一的教学模式制约了学生的创新能力发展。为此，我们依托多个国家级项目，整合“政产学研用”多方力量，开展了九年探索。本节将重点阐述我们在九年探索历程中解决的主要问题，以及解决问题的过程与方法。

一、解决的主要问题

在九年探索历程中，我们解决的问题主要包含以下三个方面。

（一）长期以来，机器人教育以竞赛模式为导向，以品牌机器人为载体，过分强调机器人的性能，导致进入门槛高、受众面窄，出现机器人教育难以普及的困境

纵观国内基础教育领域有关机器人教育的现状，竞赛模式或兴趣小组模式依然占据绝对的主导地位，而竞赛的获奖措施又使其具有较强的功利性，其公平、公正以及对学生能力的考核受到质疑，也不利于学生创新能力的培养。换言之，当前中小学机器人教育主要以兴趣班或竞赛形式开展，受益面窄，无法惠及大多数学生且不利于学生的全面发展。究其原因，一方面是开展机器人教育所需要的硬件平台比较昂贵甚至需要专用教室，不适合大面积普及；另一方面是机器人教育以竞赛获奖为价值追求，本身也是应试教育大环境的必然产物，是功利教育价值观的一种体现。

除了地区经济发展不平衡的因素外，我国教育管理体制中教材与设备分开管理和投资的方式，也进一步限制了机器人教育经费的投入。在微观层面，机器人设备本身更值得基层学校关注。我们注意到，目前中小学校所选用的机器人设备，主要有两类：一类是乐高等厂商出品的机器人，竞赛模式一直以来主要采用的就是这类设备，但竞赛模式给大众留下的高投入、高成本印象，一直是限制机器人教育普及的原因之一，众多普通学校望而却步；另一类是教师自主开发的机器人，一些热衷技术和发明创造的信息技术教师，他们基于个人

的兴趣爱好，也为了减少教育经费短缺的尴尬，自主开发了形态各异的简易机器人，并应用于教育实践。遗憾的是，教师自主开发的机器人尽管减少了经费投入，但由于缺乏标准化技术和生产的支持，难以大规模推广。

（二）长期以来，机器人教育教学模式单一且侧重模仿验证实验，制约了学生创新能力的培养

从教学方法的角度看，当前的机器人教育侧重模仿实验，重基础轻应用。具体表现在教师基本沿袭信息技术课堂惯用的讲练结合或封闭式任务教学法，以模拟实验或模仿再现生产生活中的科技产品作为主要教学任务，教师通过讲解制作步骤，引导学生逐步完成目标机器人的制作，重在基础知识和基本技能的掌握，学生作品缺少个性化设计，更谈不上创新。

近几年来，项目教学（又称基于项目的学习、项目式学习，project-based learning，PBL）在 STEM 教育中盛行，其中一个重要原因就是它能够将生活中的实际问题或需求整合成一个跨学科的项目，以学生为中心，让学生通过设计、制作、评价等工作，从零开始完成一件项目作品的开发（本书称之为“正向项目教学”）①。然而，完整的项目教学通常需经历较长的周期，在条块分割的课堂和有限的课时中难以正常开展全流程的项目教学。此外，项目包含核心概念和原理的综合性或开放性任务，通常涉及多个复杂或劣构的真实问题，无论是对学习者还是教师而言均具有极高的挑战性。实践观察表明，项目教学往往以“压缩”或“裁剪”方式实施，未能取得预期成效，学生创新能力的培养往往流于形式②。另外，学校在开展机器人教学时，教师很有可能会局限于以循迹、避障等学科本位的内容为教学项目，很少关注机器人所涉及的其他学科内容。尽管这些教学项目可以让学生习得一定的机器人知识和技术，但它们是重复性的、验证性的，并不利于学生创新能力的培养。

（三）近年来，合作学习和竞争学习成为机器人课堂教学中的重要学习方式，但容易出现“搭便车”、利益冲突、角色固化、合作倦怠等问题

---

① 夏莉颖，钟柏昌．试论 STEM 教育的两种取向与四种方法［J］．中小学数字化教学，2018（9）：8-11．

② 钟柏昌，刘晓凡．跨学科创新能力培养的学理机制与模式重构［J］．中国远程教育，2021（10）：29-38．

在国际范围内，为提高学生的问题解决能力，普遍强调基于项目的协作学习/合作学习①②。一方面，机器人的可触摸、可观察和跨学科特点使其非常适合合作学习③。通过合作学习，可以把具有不同知识基础和兴趣的学生团结在一起，扬长避短、优势互补，在设计、组装、编程、测试、调试、修改作品的过程中不断整合团队成员的意见，协商和协调观点以达成共识，直至设计和制作出有形的作品，从而让学生直观体验成功的喜悦和团队的力量④⑤。另一方面，团队合作可以让学生有机会利用集体智慧发现问题、解决问题，并对机器人作品进行测试和改进，从而提升学生解决复杂问题的自我效能感⑥⑦。

尽管如此，实践结果显示，将传统的合作学习照搬至机器人教育面临一系列"水土不服"的问题。"搭便车"现象与旁观者效应：团队成员缺乏责任意识，免费享受其他成员在机器人活动中的劳动果实；当其他成员意识到有同伴正在"搭便车"时，也会降低自身参与度，导致整个团队都对小组任务持观

① Lindh J, Holgersson T. Does lego training stimulate pupils' ability to solve logical problems?[J]. Computers and Education, 2007, 49(4): 1097-1111.

② Avsec S, Rihtaršic D, Kocijancic S. The impact of robotics-enhanced approach on students' satisfaction in open learning environment[J]. The International Journal of Engineering Education, 2016, 32(2): 804-817.

③ Yuen T, Boecking M, Stone J, et al. Group tasks, activities, dynamics, and interactions in collaborative robotics projects with elementary and middle school children[J]. Journal of STEM Education, 2014, 15(1): 39-45.

④ Cheng C C, Huang P L, Huang K H. Cooperative learning in Lego robotics projects: Exploring the impacts of group formation on interaction and achievement[J]. Journal of Networks, 2013, 8(7): 1529-1535.

⑤ Wainer J, Ferrari E, Dautenhahn K, et al. The effectiveness of using a robotics class to foster collaboration among groups of children with autism in an exploratory study[J]. Personal and Ubiquitous Computing, 2010, 14(5): 445-455.

⑥ Nugent G, Barker B, Grandgenett N, et al. Impact of robotics and geospatial technology interventions on youth STEM learning and attitudes[J]. Journal of Research on Technology in Education, 2010, 42(4): 391-408.

⑦ McLurkin J, Rykowski J, John M, et al. Using multi-robot systems for engineering education: Teaching and outreach with large numbers of an advanced, low-cost robot[J]. IEEE Transactions on Education, 2012, 56(1): 24-33.

望态度①。利益冲突：操作机会不均造成同伴间的矛盾关系②。角色固化：任务分工缺乏变化导致团队成员持续做同一类任务或工作③。团队迷思：受从众心理影响，机器人教育中的合作学习极易成为个别学生的一言堂，限制了其他成员的个性化思考④。

面对合作学习的困境，一些研究指出，竞争更有利于激发学生的学习动机，提高学生的学习效率⑤⑥。但是，过度竞争易使学生产生压力下的焦虑、嫉妒等负面情绪，导致竞争在教育领域的应用备受争议。

二、解决问题的过程与方法

针对机器人教育的现状和问题，我们明确了促进机器人教育普及的发展方向和路径，包括发展目标的定位、技术路线的选择、思想内核的提炼、教育目标的重构、教学模式的建构。强调普惠与培优相融合的发展定位，主张基于低成本的开源硬件和虚拟机器人两条技术路线推动机器人教育的普及开展（量为先），再通过提炼学科思想以深化机器人教育的内涵，重构了面向中小学生计算思维、科技素养、合作能力、创新能力的培养目标（质为本），构建了多元化的教学模式，从而促进机器人教育质和量的双重提升，实现从普适、普及到真正意义上促进广大学生素质发展的机器人普惠教育。

---

① Fontenot M, Canales K, Quicksall A N. Taking care of the team in a first-year design experience course[C]//2014 IEEE Frontiers in Education Conference (FIE) Proceedings. Madrid, Spain: Institute of Electrical and Electronics Engineers, 2014: 1-5.

② Lindh J, Holgersson T. Does lego training stimulate pupils' ability to solve logical problems?[J]. Computers and Education, 2007, 49(4): 1097-1111.

③ Liu E Z F, Lin C H, Chang C S. Student satisfaction and self-efficacy in a cooperative robotics course[J]. Social Behavior and Personality: An International Journal, 2010, 38(8): 1135-1146.

④ Mills K A, Chandra V, Park J Y. The architecture of children's use of language and tools when problem solving collaboratively with robotics[J]. The Australian Educational Researcher, 2013, 40(3): 315-337.

⑤ Tan N, Mohan R E, Foong S, et al. IDC robocon: a transnational teaming competition for project-based design education in undergraduate robotics[J]. Robotics, 2016, 5(3): 1-14.

⑥ Wilczynski V, Flowers W. FIRST robotics competition: University curriculum applications of mobile robots[J]. International Journal of Engineering Education, 2006, 22(4): 792-803.

（一）教育目标和技术路线的融合创新

本部分将从教育目标与教育装备的双重视角，阐述上述目标定位和技术路线背后的设计思路。

1. 教育目标：思想提炼促进教育培优

机器人教育到底有何本质与内涵？或按当前课程改革的思路，它究竟能培养学生的哪些核心素养？进一步说，我们应该围绕什么来构建一个相对完整的十二年一贯制的机器人课程体系？遗憾的是，由于缺乏小学和初中信息技术课程标准，高中信息技术和通用技术课程近几年才有机器人教育的内容；同时又因为缺乏充分的实践经验积累，至今我们还没有看到一个较为成熟的中小学机器人课程体系，甚至对机器人器材的适用标准都语焉不详。可以说，当前的机器人课程缺乏体系，缺乏衔接，更缺乏灵魂——学科思想的提炼。

因此，除了教学方法上的改革，我们还需要思考机器人这门课程究竟可以给学生带来哪些终身受用的东西？我们认为，除信息技术课程所重视的计算思维以外，它至少还有三个核心理论需要提炼和彰显——自动控制理论（或智能控制理论）、工程思想、发明问题解决理论（TRIZ 理论）。其中，自动控制理论是研究动态系统在变化的环境条件下如何自动保持平衡状态或稳定状态的科学思想，要自动保持平衡状态或稳定状态，需要建立系统观念并开展创造性的系统设计；工程思想的核心是利用工程方法创造新的人工制品，在机器人课程里面就是制作具有特定功能的自动或智能控制系统，而这一创造过程受现实物理条件的制约，需要与现实妥协，因此工程设计思想、逆向工程思想、工程复用思想、工程标准化思想、统筹思维和折中思维等应渗透其中；TRIZ 是俄文缩写，对应的英文缩写为 TIPS（theory of inventive problem solving），即“发明问题解决理论”，TRIZ 理论主要研究人类进行发明创造、解决技术难题过程中所遵循的科学原理和法则，它是一种建立在技术系统进化规律基础上的问题解决系统，包括各种理论、方法、工具和程序，同时也是一个创新能力培养体系理论。总之，机器人教育不是为了培养新科技的操作者，而是旨在通过内涵建设，使之能够培养出具有“开物成务”智慧的新时代公民。

2. 教育装备：虚实融合促进教育普惠

从教育装备的支撑视角来看，以 Arduino 为代表的开源机器人已经进入大众视野。如同手机安卓系统一样，各大厂商都可以基于 Arduino 技术架构开发自己的机器人控制板和周边配套产品，与其他品牌机器人（闭源产品）相比，开源机器人至少具有以下优势：遵循国际通用的技术标准，不仅便于国际交流，还可以避免闭源产品技术标准不统一产生的兼容问题，以及由此带来的对特定产品的技术依赖或资源浪费；开源意味着共享，网络上有丰富的开源资源可利用，有大量的创意作品和程序可供模仿和借鉴，有成熟的 Arduino 开源社区探讨技术问题和教学问题，为教师培训和教师专业发展提供了便利；成本门槛低，一个入门版的 Arduino 机器人，其价格不足 500 元，而 1 000 元左右的高级套件可以满足中小学机器人普及教育的大部分需要，2 万~3 万元即可装备一个适合大班教学的机器人实验室。

当然，Arduino 机器人于普及教育的意义不仅在于学校“买得起”，更在于“用得好”。对于基础教育而言，首先是能否充分发挥教育价值，其次才是性能卓越。尽管 Arduino 与某些高端机器人品牌相比存在一些性能上的差距（事实上这种差距正在不断缩小），但就满足普及教育的需要而言，两者并无二致。事实上，也正因为价格低廉，教师才能接受各种损耗，才会放手让学生摆弄而非小心翼翼地保护设备。尝试、试误和纠错是机器人教育的基本样态，只有解放学生双手，鼓励学生动手操作，才能有效培养学生的实践创新能力。某些发达地区的学校因在经济上较为充裕而采购价格高昂的名牌机器人，以及那些经济条件有限的学校通过压缩其他教育投入来采购名牌机器人，这两种情况都是对教育经费的浪费，只会加剧地区间教育经费投入和教育资源的失衡。因此，这种廉价的开源机器人产品、设备和方案，对于地区差异明显的发展中大国而言显得尤为重要，为机器人教育从变味儿的竞赛和竞争走向均衡发展的普及教育提供了重要条件和可能性。

此外，由于不需要采购设备，三维仿真虚拟机器人（以下简称虚拟机器人）也可以满足机器人普及教育（大班教学）的需求。虚拟机器人又称软件机器人，用户可以在虚拟机器人的软件平台上编制机器人运行的策略文件，在仿真测试平台中实现虚拟仿真运动的功能。已有研究表明，实体机器人和虚拟机器人各有优势、劣势。实体机器人可以培养学生动手实践能力，有很强的代入感，但需要较多经费投入，且耗时较长；虚拟机器人缺少现场感，但成本比开源机器人还低，使用也较为便捷。因此，我们认为可以取长补短，将两者结合起来进行实践教学。在其他教育应用领域中，已有先采用虚拟仿真模拟得到可行的结果后再实际操作的成功案例，这被认为是一种有效规避风险并提高效率的方式。那么，这种方式在中小学机器人教育领域是否同样适用？我们的教学实验表明：比较虚拟机器人和实体机器人的教学效果，学生在学习机器人后的工程设计能力、沉浸度、态度并无显著差别，但学生在虚拟机器人教学中缺少实际动手能力的训练；与实体机器人教学相比，采用虚拟机器人教学在培养学生编程能力方面的效果更佳；与实体机器人教学相比，采用虚实结合的机器人教学策略在培养学生学习机器人课程的自信心上的效果更佳；与实体机器人教学相比，采用虚实结合的机器人教学策略在减轻学生的学习认知负荷上的效果更佳①②。

因此，整体而言，虚拟机器人有其教育价值，在缺少经费的情况下可以替代实体机器人开展普及教育；在有硬件的条件下，即在机器人课程中采用虚实结合的教学策略，充分利用虚拟实验与真实训练的互补性，发挥各自优势，实现虚拟仿真与实际操作的有机结合，可能会给机器人课程带来更好的教学效果。

（二）机器人教育内涵的深度重塑

当前机器人教育中的一个重要不足，就是局限于学科本位，不利于学生创新能力的培养，需要向学科整合方向发展。所谓“学科整合”，即将机器人作为一种创新教育平台，可以设计和开发出能解决实际问题的智能人造物，而这一设计和开发过程与我们所熟悉的程序设计不同，它常常需要涉及STEM/STEAM（STEAM是科学、技术、工程、艺术、数学的英文首字母的缩写）等多个学科知识的综合应用。在国际范围内，机器人教育也被视作开展STEM教育的重要工具和抓手。但是，机器人教育并不必然会促进STEM知识

① Zhan Z, Zhong B, Shi X, et al. The design and application of IRobotQ3D for simulating robotics experiments in K-12 education[J]. Computer Applications in Engineering Education, 2022, 30(2): 532-549.

② Zhong B, Zheng J, Zhan Z. An exploration of combining virtual and physical robots in robotics education[J]. Interactive Learning Environments, 2020: 1-13.

的学习，其关键在于能否将机器人教育当成一种工程教育，唯有在面向实际工程问题的解决过程中，才会融入各相关学科知识的学习，也正因为此，机器人教育就能成为联系各学科知识、帮助学生建立整体的认识世界和改造世界的认知平台。反之，若只将机器人作为学习的对象，则达不到学科整合的效果。我们之所以说当前的机器人教育是学科本位的教学，一个重要的原因在于教学中所采用的机器人产品，其结构和配件基本是固定的，学生主要用来学习编程控制的方法，无须做工程层面的设计，再加上要解决的都是所谓技术问题（典型如循迹问题），而非指向实际生活的问题，导致学科本位的机器人技术内容成为机器人教育的主体甚至唯一内容。简言之，从课程内容的角度看，中小学机器人教育要避免片面强调对机器人技术本身的学习，而应将机器人视作建立学科联系的纽带和载体，树立机器人教育面向生活应用的特色，把学生学习到的零碎知识与机械工程经验转变成一个探究世界相互联系的不同侧面的过程，综合提升学生的设计能力、合作能力、问题解决能力和实践创新能力。

需要注意的是，当前流行的创客教育是将机器人教育与STEM教育紧密结合的一种实现途径。所谓创客教育，是在创客空间（环境）中开展的培养青少年创客（目的）的一种教育类型，是以造物（手段）的形式培养学生综合实践能力（目标）的一种工程教育（本质）。创客教育的学科整合特性，究其根本在于创客教育是一种面向真实的工程问题的解决过程。大量的研究表明，在创客空间中自然地发生着STEM教育，有效改变了学生在STEM教育中习得的内容和学习的方式，而不是把学生“封闭”在某一个学科里面。但是，这里的学科整合，并不以学会或者掌握系统的各学科知识为目标，它仅仅是作为学科教育的一种有效补充形式，为学生综合应用学科知识提供空间和机会，以感悟知识的力量与价值，获得学习的愉悦感与成就感，真正达到“学而时习之，不亦说乎”的状态。有关创客教育的进一步解析详见第三节。

因此，机器人教育应当与创客教育、STEM教育融合，以培养学生跨学科解决问题的能力，开阔和拓展机器人教育的视野、内涵和路径。

（三）教与学模式的多元构建

在上述目标定位、技术路线与理论内涵的指导下，我们构建了多元化的教与学模式。首先基于丰富教学模式的需求，从知识内容和物化成果分类的角度构建了4I教学模式，随后拓展为5I教学模式；然后，针对项目式教学和研究性学习的不足，提出了以逆向工程教学和纠错教学为代表的TRIP教学模式和“灯笼”模型；最后，针对合作学习和竞争学习的应用问题，从学习方式变革的角度提出了配对学习和竞合学习模式。围绕上述模型的建构，我们开展了一系列教学实践和实验，初步解决了中小学机器人教育乃至创客教育、STEM教育模式单一的问题，为机器人教育的深入发展奠定了重要的方法基础。

上述教学模式构成了本书的核心内容，我们将在后续章节作进一步阐述。总之，通过低成本开源机器人和虚拟机器人主辅结合的技术路线，有利于达成机器人普及教育的目标；通过核心理论的梳理和一系列教学模式的建构，有助于提升学生的计算思维、科技素养、合作能力和创新能力，从而有望实现机器人教育量和质的双重提升，推动机器人教育从普适、普及到真正意义上促进学生素质发展的普惠教育。

值得庆幸的是，政府和政策层面的支持力度在不断加大，社会和家庭层面对机器人教育的接纳度也在不断上升。随着普通高中信息技术和通用技术课程标准、义务教育信息科技课程标准的发布，机器人教育的普及之路将会越走越宽。早在2014年年初，笔者就曾断言“在中小学普及机器人教育，现阶段可能无法用必修课的形式开展（如果用超前一点的眼光来看，必修也将成为一种选择）”①；2016年，本研究团队又提出“如同20世纪80年代计算机课程刚进入中小学一样，机器人课程也将以必修课、必选课、选修课以及课外科技活动等多种形态共存”②。就当下而言，教育行政部门和学校管理者应该充分认识到机器人教育普及的价值，为机器人教育的普及提供支持；机器人教育的研究者和实践者则需要努力积累经验，不断提升机器人教育的思想内涵和品质品位。

---

① 钟柏昌．中小学普及机器人教育可行吗［J］．中小学信息技术教育，2014（1）：41.

② 钟柏昌，谢作如，刘彦芳．“机器人教育”离课堂还有多远？［J］．中国信息技术教育，2016（9）：4-10.

第三节　背景简介与概念界定

在机器人教育的发展过程中，涌现了一批与之高度关联的概念，尤其因开源硬件的普及，普惠式机器人教育与狭义层面的创客教育如同孪生。因此，本节将首先廓清创客教育的内涵，再简要分析编程教育、机器人教育、创客教育、STEM/STEAM 教育、人工智能教育等相近概念的异同。在后续章节中，会用到相关概念，在此一并进行说明，以便厘清概念，减少误解。

一、创客教育兴起的时代背景

毋庸置疑，创客教育的兴起与科技进步密切相关，但作为一种教育思潮和教育活动，其时代背景更为复杂和多样。

（一）新工业革命为创客教育提供了人才培养需求

新工业革命以德国提出的“工业 4.0”为代表，它描绘了制造业的未来愿景，提出继蒸汽机的应用、规模化生产和电子信息技术等三次工业革命后，人类将迎来以信息物理融合系统为基础，以生产高度数字化、网络化、机器自组织（智能化）为标志的第四次工业革命①。简言之，“工业 4.0”的实质就是主张虚实融合的工业技术革命。显然，这种工业革命的实现需要大量掌握虚实融合技能的人才，创客教育无疑适应了这种需要。

（二）科技创新变革为创客教育提供了新的创新文化基础

科学技术的融合和发展不仅催生了信息社会、知识社会形态，也推动了科技创新模式的嬗变，创新 2.0 正受到科学界及社会大众的广泛关注。所谓创新 2.0，是指面向知识社会的第二代创新模式，即从专业科技人员在实验室环境下研发出科技创新成果后由用户被动使用，转变为技术创新成果的最终用户可以直接或通过公共创新平台间接参与技术创新成果的研发和推广应用的全过程。换言之，普通大众不再只是科技创新的被动接受者，而在知识社会条件下可以成为创新者，按照相应的游戏规则（技术标准）参与创新进程，扮演消费

① ［德］乌尔里希·森德勒．工业 4.0［M］．邓敏，李现民，译．北京：机械工业出版社，2014：1.

者和创造者的双重角色。如果说创新 1.0 是以技术为出发点，那么创新 2.0 就是以人为本的典型创新模式，“以用户为中心，以社会实践为舞台，以共同创新、开放创新为特点的用户参与的创新”①。这种创新模式是万众创新的基石，也是创客与创客教育的文化基础。

（三）开源运动为创客教育提供了开放精神的引领和技术条件的支持

开源运动是开放源码运动的简称，是计算机科学领域的一种文化现象，源自黑客对智慧成果共享、自由的追求，其意义就在于开放源代码、信息共享和自由使用。开源运动能够积极促进人类文明发展的文化已经渗透到信息、教育、健康等领域，甚至融入了哲学范畴，为创客教育提供了丰富的教育资源和教育经验，造就了一大批乐于分享的大小创客。而且，开源运动直接为创客运动和创客教育的普及开展提供了技术条件。例如，著名的开源硬件运动代表 Arduino 提供了创客所需的各种低成本配件，使创客运动从精英阶层走向了大众阶层，也为创客教育提供了可能；数字设计、三维打印等制作技术能够快速成型所需的各种构件，也为各种创意的实现提供了低成本和快捷的手段。

（四）创客运动直接推动了创客教育的发展

创客运动之所以受到重视，在于它对整个社会经济的发展具有革命性意义。正如创客运动之父克里斯 · 安德森所言，创客运动具有三个变革性特点：① 人们使用数字桌面工具设计新产品并制作模型样品（“数字 DIY”）；② 在开源社区中分享设计成果、开展合作已经成为一种文化规范；③ 如果愿意，任何人都可以通过通用设计文件标准将设计传给商业制造服务商，以任何数量规模制造所设计的产品，也可以使用桌面工具自行制造，两种途径均大大缩短了从创意到创业的距离，其作用不亚于互联网为软件、信息和内容带来的革新②。也正因为此，2015 年时任国务院总理李克强在深圳考察柴火创客空间时指出，“你们的奇思妙想和丰富成果，充分展示了大众创业、万众创新的活力。这种活力和创造，将会成为中国经济未来增长的不熄引擎。”

---

① 宋刚，唐蔷，陈锐，纪阳. 复杂性科学视野下的科技创新［J］. 科学对社会的影响，2008（2）：28-33.

② Anderson C. Makers: The new industrial revolution[M]. Random House, 2012: 21.

基于上述背景，全球范围的教育工作者也敏锐地感受到了新的教育机遇。在《新媒体联盟地平线报告：2014 高等教育版》中，“学生从教学消费者转变为创造者”作为促进教育学习变革的数字策略之一，被列为中期发展趋势①；而在《新媒体联盟地平线报告：2014 基础教育版》中，“追求面向真实世界的深度学习”被列入近期趋势②。两者均与创客教育密切相关。事实上，学习与创新技能被视作 21 世纪学生应具备的三大核心技能之一，创客教育契合了国际教育发展的新趋势，已经非常具有革新教与学的潜力。一些发达国家非常注重在中小学校中普及创客教育。早在 2009 年，时任美国总统奥巴马在评论“教育创新运动”(“Educate to Innovate” Campaign）时就提出，政府将“鼓励青少年在创造中学习，成为事物的创造者，而不仅仅是事物的消费者”③；2012 年年初，美国政府又推出一个新项目，计划未来四年内在 1 000 所美国学校引入创客空间，配备三维打印机和激光切割机等数字制造工具；随后，美国政府于 2014 年 6 月 18 日举办了首届“创客嘉年华”，奥巴马在活动上宣布了由白宫主导的推动创客运动的整体措施，以期有力推动“美国制造业的复兴”，并宣布 6 月 18 日为美国“国家制造日”。由于政府力量的强势介入，这也被誉为创客运动中的一个标志性事件，有力推动了创客教育在青少年群体中的普及④。

二、创客教育的本质与价值

就目前而言，有关创客教育的定义众说纷纭、缺乏统一认识，甚至受媒体渲染而出现了一些极度乐观的观点。例如，认为创客教育是解决所有教育问

---

① Johnson L, Adams Becker S, Estrada V, Freeman A. NMC horizon report[M]. 2014 Higher Education Edition. Austin, Texas: The New Media Consortium, 2014: 14.

② Johnson L, Adams Becker S, Estrada V, Freeman A. NMC horizon report[M]. 2014 K-12 Edition. Austin, Texas: The New Media Consortium, 2014: 8.

③ Obama B. Remarks by the president on the “Education to Innovate” campaign[R]. Washington, DC: White House Office of the Press Secretary, 2009.

④ Obama B. Presidential proclamation——national day of making, 2014[R]. Washington, DC: White House Office of the Press Secretary, 2014.

题的“万能处方”① 甚至是“撬动传统教育的支点”②。在创客教育快速发展和广为关注的当下，冷静和审慎的思考非常必要。梳理创客教育现有概念界定的脉络及其背后的内涵，进一步廓清创客教育的本质，在当下无疑具有重要的现实意义。因此，笔者首先从政策文件和专家学者对创客教育的界定出发，总结出“教育模式论”“教育类型论”“教育理念论”和“教育课程论”四种具有代表性的观点；然后结合创客教育的价值、结果、方法三个分类维度，提出了创客教育的三种分类，并给出了狭义创客教育的概念界定，试图为创客教育从幼稚走向成熟、从狭义定位走向更为宽广的未来奠定基础。

（一）政策文件中的创客教育

近几年，我国先后出台了多项涉及创客教育的政府文件，其中对创客教育的表述也不尽相同。选择其中最具代表性的三份文件，分析政府层面对创客教育的定位。

1. 作为教育模式的创客教育

2016 年 6 月 7 日，教育部颁布《教育信息化“十三五”规划》（教技［2016］2 号）（以下简称《规划》），强调“有条件的地区要积极探索信息技术在‘众创空间’、跨学科学习（STEAM 教育）、创客教育等新的教育模式中的应用”。显然，在这一文件中，创客教育被定位为革新教育的“新模式”，而且是信息技术与教育教学相融合的一种新型信息化教育模式，能够为培养创新型人才提供支撑。这一定位，与“教育技术是教育改革的制高点”③ 等类似观点具有高度一致性，体现了政策制定者对教育技术或信息技术与教育融合的高度期许。

2. 作为综合实践活动的创客教育

与创客教育相关的第二个教育部文件，是 2017 年 9 月 25 日发布的《中小学综合实践活动课程指导纲要》（教材［2017］4 号）（以下简称《纲要》）。《纲要》明确了中小学综合实践活动课程的总目标是培养学生的“价值体认、

---

① 张茂聪，刘信阳，张晨莹，董艳艳．创客教育：本质，功能及现实反思［J］．现代教育技术，2016，26（2）：14-19.

② 曹培杰．反思与重建：创客教育的实践路径［J］．教育研究，2017，38（10）：93-99.

③ 何克抗．论现代教育技术与教育深化改革［J］．电化教育研究，1999（1）：3-10.

责任担当、问题解决、创意物化等方面的意识和能力”。《纲要》中提及的“创意物化”一词正是创客教育在综合实践活动课程中的集中体现。针对学段差异，《纲要》还分别细化了小学、初中、高中三个阶段的“创意物化”教育目标，强调培养中小学生基于（信息）技术的创意物化能力。

《纲要》将创客教育作为一种综合实践活动予以看待，强调学生通过动手操作，在信息技术的支持下将创意付诸实践并生成物化的数字作品，即“创意物化”。显然，这种既强调创意，又强调可视化成果，还强调技术应用的教育活动，是传统综合实践活动中没有的，属于一种新的综合实践活动类型。从某种意义上说，也可以认为是义务教育阶段缺乏技术教育国家课程标准的一种补救措施。

3. 作为国家课程的创客教育

2017 年年底，教育部颁布《普通高中信息技术课程标准（2017 年版）》（以下简称《信息技术标准》），其中，选择性必修模块 6“开源硬件项目设计”直指创客教育。该模块共 2 个学分，以开源硬件项目的设计与开发为主要内容。《信息技术标准》指出，开源硬件项目设计“是在信息技术课程中实现 STEAM 教育的理想方法。”为落实这一思路，《信息技术标准》将该模块划分为“开源硬件的特征”“开源硬件项目流程”“基于开源硬件的作品设计与制作”三部分内容。

《信息技术标准》以正式国家课程的方式实施创客教育，是创客教育发展进程中的标志性事件之一。《信息技术标准》不仅明确了创客教育可以以课程形式实施，而且强化了创客教育中项目教学的重要性甚至排他性。有趣的是，在《纲要》中，STEAM 教育与创客教育并列，均被视作新的教育模式；而在《信息技术标准》中，创客教育成为实施 STEAM 教育的一种载体和方法。

上述三个政策文件对创客教育的定位截然不同:《规划》强调创客教育是一种新的教育模式，《纲要》认为创客教育是一种综合实践活动，《信息技术标准》则认为创客教育还可以落地为一门国家课程。尽管三者定位不同，但依然可以找到一些共同的特点。例如：三者都强调信息技术在创客教育中的支持、辅助作用；尽管《纲要》和《信息技术标准》指向了不同的落地形式，但本质上，两者都将创客教育视作某种“课程”形态。在课程论中，课程可以分为学科课程和经验课程（活动课程）两种类别。前者是根据知识的逻辑体系组织课程内容，有利于学习者系统地学习知识与技能，也有利于教师组织课堂教学与评价，提高学与教的效率；后者以学习者当下活生生的直接经验为课程开发的核心（基点），有利于激发学习者的学习动机和主动性，有利于维护学习者的主体性地位和培养学习者适应社会的能力①。可见，《纲要》所主张的综合实践活动形态的创客教育本质上就是一种经验课程（活动课程），而《信息技术标准》中要求开设的“开源硬件项目设计”具有较明显的学科课程特点，否则它将无法区分于高中阶段的“创意物化”综合实践活动。

（二）学术研究中的创客教育

自创客教育兴起后，国内众多专家学者都对创客教育的内涵和外延进行了论述。从不同的角度来看，大体可以分为以下四类。

1.“教育模式论”：创客教育是一种教育模式

祝智庭等人认为狭义的创客教育是一种以培养学习者，特别是青少年学习者的创客素养为导向的教育模式②。杨现民等人主张创客教育是一种融合信息技术的，以“创造中学”为主要学习方式和以培养各类创新型人才为目的的新型教育模式③。与此类似，张茂聪等人认为创客教育是以“探究”为主要学习方式和以培养21世纪高素质人才为目的的创新教育模式④。

上述观点与前面提及的《规划》高度一致，主张创客教育是新时代信息技术与教育融合产出的一种新型教育模式，以培养创新型人才为导向。从实践层面而言，“教育模式论”能够吸引诸多关注和资源支持，有利于促进创客教育的快速发展。从这个意义上说，这种观点作为政策口号有其特定的功利价值，但作为学术研究，对类似具有“跨越论”“制高点”背景的口号必须保持审慎态度。渴望创客教育促进整个教育水平的超常规、跨越式发展的心情无可

① 张华．课程与教学论［M］．上海：上海教育出版社，2000：238-255.

② 祝智庭，雒亮．从创客运动到创客教育：培植众创文化［J］．电化教育研究，2015，36（7）：5-13.

③ 杨现民，李冀红．创客教育的价值潜能及其争议［J］．现代远程教育研究，2015（2）：23-34.

④ 张茂聪，秦楠．再论创客及创客教育［J］．教育研究，2017，38（12）：81-88.

厚非，理论或能一日千里，实践与应用却需要脚踏实地、循序渐进[①]。就目前而言，将创客教育视作教育信息化背景下的一种创新教育模式，用创客教育革新学科教育的教学模式，即便不是错误的，也是过于超前或脱离实际的。

2.“教育课程论”：创客教育是一种教育课程

傅骞等人认为，创客教育是一种引入中小学教育课程体系中实施的一系列关于创新动手技能训练的课程[②]。杨现民等人则认为存在一种“创客的教育”，通过开设专门的创客课程培养创客人才[③]。

上述两种观点，与上文提及的《信息技术标准》和《纲要》类似，都强调以学科课程或经验课程的形式在中小学实施创客教育，明确创客教育的目标重在培养学生的实践创新能力。

3.“教育类型论”：创客教育是一种教育类型

将创客教育视作一种教育类型，可以追溯到李大维与谢作如的一个对话“创客教育是科技、工程、艺术等教育专业的业余化”[④]。笔者也曾主张教育类型的观点，认为创客教育是在创客空间中开展的以造物形式培养学生综合实践能力的一种教育类型[⑤]。此外，中国电子学会现代教育技术分会创客教育专家委员会认为，创客教育是培养跨学科解决问题能力、团队协作能力和创新能力的一种素质教育[⑥]。

“教育类型论”的倡导者将创客教育视作一种特定的教育类型，无论是工程教育，业余化的科技教育、工程教育、艺术教育，还是素质教育，都强调其与现有常规教育类型的区别。值得注意的是，对于创客教育究竟属于何种教育类型，上述学者尚未形成共识。“业余化说”是相对专业教育而言的，“工程教育说”是相对于科学技术教育、文化艺术教育而言的，而“素质教育说”则强

① 钟柏昌，李艺，刘志兰．论教育工程项目的时空结构——兼以“211 工程”为例［J］．河北师范大学学报（教育科学版），2008（8）：13-18.

② 傅骞，王辞晓．当创客遇上 STEAM 教育［J］．现代教育技术，2014，24（10）：37-42.

③ 杨现民，李冀红．创客教育的价值潜能及其争议［J］．现代远程教育研究，2015（2）：23-34.

④ 李大维，谢作如．创客眼中的创客教育［J］．中国信息技术教育，2015（24）：4-8.

⑤ 钟柏昌．谈创客教育的背景、本质、形式与支持系统［J］．现代教育技术，2016，26（6）：13-19.

⑥ 梁森山．中国创客教育蓝皮书（基础教育版）［M］．北京：人民邮电出版社，2016：7.

调其与应试教育的不同。“素质教育说”指向的是教育类型的功能取向，但这一观点背后可能隐含了对素质教育的狭隘理解；事实上，所有学科都应该是培养学生核心素养的载体，而当下某些学校以竞赛为导向开展创客教育的做法，同样有将其异化为应试教育的危险。“业余化说”指向的是教育类型的内容取向，但就中小学教育而言，各个学科本质上都是专业教育内容某种形式的“下放”或“改造”，因此它不是创客教育所特有的性质。“工程教育说”指向的也是教育类型的内容取向，是对当前中小学阶段工程教育缺失的一个重要补充，且工程教育本身是一种跨学科教育，具有很好的包容性；作为一种“教育类型论”，它对更为下位的“教育课程论”也具有覆盖性，因此笔者认为这种定位更具现实性和合理性。

4.“教育理念论”：创客教育是一种教育理念

王佑镁等人认为，创客教育并非一种具体的教育教学模式或方法，而是用于指导创客教学、创客运动和创客文化发展的一种理念①。杨现民等人认为存在一种“创客式教育”，旨在应用创客的理念与方式去改造教育，将创客运动倡导的“动手操作、实践体验”理念融入各学科教学过程，开展基于创造的学习②。何克抗先生比较认可后一种提法，认为这是一种符合当下国情的提法③。

总之，上述观点认为创客教育是一种新型教育理念，强调创意、整合、实践、分享等创客精神与教育的融合，甚至明确反对“教育模式论”。客观而言，相比当下固化的应试教育，创客教育强调“创意、整合、实践、分享”的创客理念，具有非常积极的教育意义，如能渗透于更多学科，无疑值得鼓励。

通过梳理上述学术观点，对创客教育的理解，大体存在“教育模式论”“教育课程论”“教育类型论”“教育理念论”四种不同的定位，覆盖了三个政策文件中的提法。尽管这四种定位存在本质上的区别，但依然可以找到一些共识。例如，学者们普遍强调创客教育必须与信息技术进行深度融合；学者

① 王佑镁，王晓静，包雪．创客教育连续统：激活众创时代的创新基因［J］．现代远程教育研究，2015（5）：38-46．

② 杨现民，李冀红．创客教育的价值潜能及其争议［J］．现代远程教育研究，2015（2）：23-34．

③ 何克抗．论创客教育与创新教育［J］．教育研究，2016，37（4）：12-24．

们普遍认同创客教育的目标在于培养学生的创新能力和实践能力。整体而言，“教育模式论”较显激进，“教育课程论”略显狭隘，而“教育类型论”和“教育理念论”都有较好的适用范围。

（三）多维度视角下的创客教育

基于上述分析，本部分拟从价值（目的）、结果、方法（过程）三个维度，进一步廓清创客教育的本质。

1. 从价值维度看创客教育：注重实践创新能力的培养

自创客教育产生以来，人们普遍关心学生创新能力的培养问题，然而，如何理解中小学生的创新能力，却鲜有清晰的论述。首先必须意识到，作为创新主体的对象，即中小学生，与成人创客在知识基础和能力水平上有显著差异，单纯强调中小学生的创新能力培养或过分拔高其创新能力的要求，可能陷入拔苗助长的境地。基于此，笔者更乐于采用《中国学生发展核心素养》的描述，将六大核心素养之一的“实践创新”作为创客教育的核心目标。“实践创新”将实践放在创新之前，主张实践是创新的起点，创新是实践的高级发展阶段，即“始于实践、终于创新”，将实践和创新视作一个有机衔接的过程来看待，而非诉诸一端单纯强调实践或创新。实践创新在不同领域都可以渗透和体现，就创客教育而言，可以简要概括为“基于造物（实践）的创新”。

人类的创造性活动分为不同的创新水平，一个比较典型的划分方法就是依据创造成果的影响范围进行分类，从而将创新水平划分为类创造和内创造两类。其中，类创造是指在人类社会范围取得的新突破，对特定产品、规则或服务的全部或核心部分作出了原创性或开创性设计，颠覆了原有的设计理念、思想或方法，形成了一个新的产品、规则或服务类属（如从台式计算机到笔记本计算机的发展），甚至是对原有产品、规则或服务的直接替代（如手机对寻呼机的替代），其创新水平可称为原始创新（或颠覆性创新）；与之相反，所谓内创造则是从个体发展的角度而言的，只要求个体能够尝试解决一个自己未曾解决的实际问题，常常表现为一种观察和模仿学习，这尽管相对他人而言可能是一种低水平重复行为，但对个体本身而言不啻是一项全新的尝试，是个人成长的重要组成部分，其创新水平可以概括为模仿水平。从内创造到类创造通常不是一蹴而就的，而是一个逐步演化的过程，很多人终其一生都只能停留于内创造阶段。当微创新累积到一定程度导致原始设计发生了重大改变，类创造才会发生①。

此处所谓的微创新，始于内创造的模仿学习，要求认知主体在深入理解原有产品、规则或服务的设计思想和方法的基础上，作一些有意义的、合理的修改，但并不是从根本上改变原始设计②。根据重构作品的难易程度和创新程度，微创新亦可进一步分为要素增减型微创新和结构重构型微创新。前者是指学生在教师的指导下对创客作品（或产品）的要素或参数等进行修改，形成的新作品是在原作品基础上的简单改造，主要体现了学习者的近迁移能力；后者则需要学习者综合运用多学科知识，对原有产品、规则或服务进行局部结构上的改造或再设计，能够体现和培养学习者的远迁移能力。

据此，我们可以将创新水平大致分为模仿、微创新、原始创新三种水平。囿于较低的专业知识和实践能力，大部分中小学生难以开展原始创新的类创造活动，但能够适应模仿学习水平的内创造，以及介于两者之间的微创新活动。当然，如果教育活动只是停留于模仿学习显然是不够的，因此将中小学生创新能力的培养定位在微创新水平上比较符合教育发展的规律和现实可行性，这也是中小学创客教育异于创造发明的一个重要方面。三种水平的创新，表明学生创新能力的培养应当从模仿学习（即学会“复制”）开始，通过模仿操作，在实践中掌握造物的基础知识和基本技能，再逐步积累和提升微创新能力，为后续原始创新能力的培养奠定坚实基础。换言之，强调微创新并非舍弃基础性的模仿实践，这一观点正好与强调“实践创新”的提法不谋而合，进一步说明将实践创新能力培养作为创客教育的核心目标不仅必要而且合理。

2. 从结果维度看创客教育：注重可视化成果的生成

任何学习活动，都伴随学习成果的产生，创客教育亦然。考察国内外的创客教育实践，通常需要以项目为依托，重视学生利用软硬结合的工具和手段生成可视化的学习成果。这些学习成果，也可以从不同角度进行分类。

---

① 闫妮，钟柏昌. 中小学机器人教育的核心理论研究——论发明创造型教学模式［J］. 电化教育研究，2018，39（4）：66-72.

② 钟柏昌. 创客教育的内涵式发展：微创新与跨学科是怎样“炼”成的［N］. 中国教育报，2018-09-29（3）.

（1）基于载体性质的可视化学习成果分类

对这一分类的讨论需要从创客运动发展的角度进行梳理。创客运动源于美国的车库文化，而车库文化最早发端于车库中的汽车修理与改造。限于昂贵的人工费用，以及美国人的实用主义哲学思想，在汽车普及后车库很快演变为美国人修车和改装的场所。可以认为，从创客运动的起源上看，创客制作的作品一开始都是物化形态的作品，如手工或机械制作的成果，包括改装的汽车等。随着信息化时代的到来，创客制作的成果中涌现了大量的数字化作品，如富有趣味性、创新性的计算机动画和软件等，车库逐渐演变为信息技术等科技行业的摇篮。随着人类迎来以信息物理融合（虚实融合）系统为基础，以高度数字化、网络化、机器自组织（智能化）为标志的“工业 4.0”时代，发端于车库文化的创客运动有了新的物质载体——物化数字作品，如各种高科技的交互媒体、智能机器人等。

从机械形态的物化作品到虚拟形态的数字化作品，再到虚实融合的物化数字作品的演变，使车库逐渐脱离了原初改装汽车等物化成果的场所，逐步扩大到凡是租用车库进行创新创业的行为，都泛称为车库文化。车库变成了一个场地的代名词，犹如国内的创业孵化器或众创空间，只不过它更为廉价。对标基础教育领域，“车库”相当于各种类型的校园创客空间。从修车的车库发展到创业的车库，创新的重心从传统的手工制作转移到高科技产品的研发上，无论是苹果（1976 年）、亚马逊（1995 年）还是谷歌（1998 年），20 世纪 90 年代以后，真正产生于车库的创新品牌大多与信息技术有关。在工业 4.0 时代，未来诞生于“车库”的创新产品，将更多聚焦于虚实融合的物化数字作品，这也是创客教育特别关注的可视化成果类型。

（2）基于结构特点的可视化学习成果分类

从可视化学习成果的结构看，学生通过实践创新生成的成果可以分为三种类型：独立运行的数字化作品，如计算机程序；独立运行的人造物，如机器人作品；联机运行的装置，如交互媒体、科学实验装置等。从严格意义上说，独立运行的数字化作品脱离了创客教育“造物”的本质，而后两种形式的学习成果与虚实融合的物化数字作品一致，更符合创客教育的发展方向。

（3）基于创新程度的可视化学习成果分类

根据上文对实践创新的定位，按照作品的创新程度可以将创客教育的学习成果分为纯模仿的作品、微创新的作品以及原创性的作品。由于中小学生很难完成颠覆性或原创性的创客作品，而停留于纯模仿又容易导致创新能力的培养流于形式，因此通过创客教育培养学生制作出具有微创新的作品是一种更为可取的选择。需要注意的是，纯模仿的作品依然有重要的教育价值，是学生从模仿走向创新的重要基础。因此，强调制作微创新的作品，并非否定从制作模仿性作品起步。

综上所述，从结果维度看创客教育，它必须有可视化学习成果的生成，就中小学阶段而言，独立运行或联机运行的微创新物化数字作品彰显了时代特点并符合教育发展的实际需求。

3. 从方法维度看创客教育：注重造物的过程与方法

目前，在创客教育中通常采用项目教学作为主要的教学方法或模式①。项目教学又称基于项目的学习，强调以学生为主体组织教学内容和教学过程，以可视化的学习成果评价学生的学习效果②。

一直以来，人们主要关注的项目教学本质上是一种正向项目教学，其实施过程一般从需求分析开始，到可选方案的设计和遴选，再到详细方案的设计和实现，最后是作品的分享与评价，体现了产品“设计—生产—消费”的一般过程。但事实上，在工程教育领域，还有一种逆向（反向）项目教学。逆向项目教学还可进一步分为以造物为目的的逆向工程（reverse engineering）教学模式和以训练问题解决能力为目的的纠错（trouble-shooting）教学模式。在工业领域，逆向工程作为一种成熟的生产方法，强调以现有产品为研究对象，通过建模、仿真和再设计，实现原有产品的优化和改造③。作为一种教学模式，逆向工程教学可以分为多个环节的循环，如作品试用与感知、解构与复原、再设

① 李华，杨永其，谭明杰．“创客教育”解读［J］．四川师范大学学报：社会科学版，2016，43（5）：26-33.

② 刘景福，钟志贤．基于项目的学习（PBL）模式研究［J］．外国教育研究，2002（11）：18-22.

③ 祖文明．逆向工程技术的应用及国内外研究的现状及发展趋势［J］．价值工程，2011，30（21）：30-31.

计与仿真、方案实现与测试、评价与总结。纠错教学模式有两种截然不同的应用方式，一是在设计和制作作品的自然进程中，学生主动发现作品中存在的错误和不足，不断进行修正和测试，使作品达到预定的设计目标；二是教师为了培养学生发现、分析和解决问题的能力，故意设计存在错误或故障的作品，或是提供已经损坏的作品，让学生接受专门的纠错训练，修复作品原有功能①。

可见，正向项目教学主张从项目需求和问题开始，通过设计、制作和评价等流程，从无到有完成一个完整的项目作品；与之相反，逆向项目教学则是从现有产品的使用或测试开始，倒推产品的设计方法，然后重新设计或复原一个作品。就创客教育的工程教育本质而言，两种类型的教学模式都有其重要的应用价值，尤其逆向项目教学强调从既有产品入手进行再设计，更适合培养学生的微创新能力。

（四）狭义创客教育的定义与内涵

鉴于学习成果是表述一种教育活动的关键特征，故对创客教育的界定，可以以此为抓手。结合上述学习成果的分类，笔者区分了三种不同尺度的创客教育（图 1-1）。

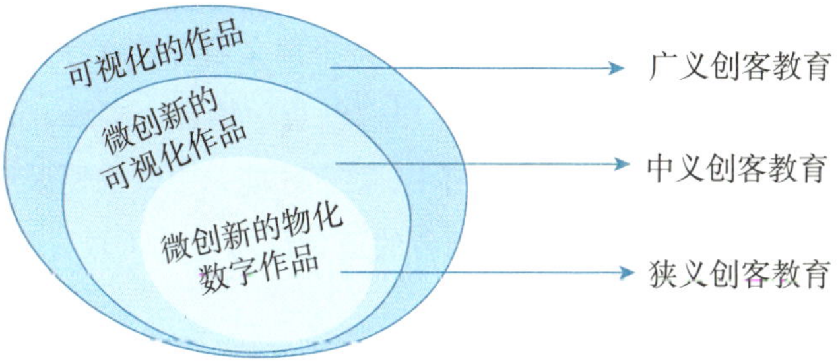

图 1-1　基于学习结果分类的创客教育

从微观角度看，狭义的创客教育要求学生创客能够制作出微创新的物化数字作品。一方面，学习成果是一种介于内创造和类创造之间的微创新或局部创新产物，学生能够借此增强创新意识、获得创新方法；另一方面，在“工业 4.0”的语境中，狭义的创客教育将聚焦于虚实融合的物化数字作品，

① 黄诚驹．逆向工程综合技能实训教程［M］．北京：高等教育出版社，2004：5.

从这个意义上说，狭义创客教育就是信息技术支持下的虚实融合的造物学习活动。

从中观角度看，中义层面的创客教育只要求学生在学习过程中能够制作出符合微创新要求的可视化作品。与狭义创客教育相比，学习成果从虚实融合的物化数字作品扩大到了所有的可视化作品，只不过依然有微创新的要求。因此，中义层面的创客教育与《纲要》强调的“创意物化”含义类似。

从宏观角度看，学习结果的范畴进一步扩大，一切具有可视化作品生成的教育活动都可以被称为创客教育。由此可见，广义创客教育的界定颇为宽泛，意味着学生生成的学习成果既可以是原创性的，也可以是微创新的，还可以是纯模仿的。

毋庸讳言，创客教育尚处于初级发展阶段，其理论根基有待夯实，经验探索亦不充分，无论是一线教师还是专家学者，对创客教育的研究与实践仍处于“摸着石头过河”的状态。尽管广义创客教育的界定有利于吸引更多的力量和资源参与其中，但并不利于研究者与实践者抓住创客教育的本质，也不利于凝心聚力形成主阵地。我们认为重视和发展狭义层面的创客教育才是当务之急，因为狭义层面的创客教育边界清晰，阵地和主力明确，有利于夯实根基。核心基础做好了，才能行稳致远。为此，特将狭义创客教育界定如下：为了培养学生的实践创新能力（教育目标），以“创意、整合、实践、分享”等创客精神（教育理念）为指导，在创客空间（教育环境）中，主要采用正向和逆向项目教学（教学方法）开展的虚实融合的造物学习活动（教育活动），本质上是一种工程教育（教育本质）。

为便于理解，作说明如下。

第一，从教育目标的角度看，创客教育旨在培养学生的实践创新能力。正如创新 2.0 所倡导的精神一样，创客教育鼓励学生以兴趣为导向，将头脑中的创意转变为可视化的作品，从而激发学生的学习兴趣和学习动机，使学习成为一种持续、主动的过程。

第二，从教育理念的角度看，创客教育以“创意、整合、实践、分享”等创客精神为指导。创客精神不仅是工匠精神在信息时代的传承，更是创客教育的根基，可以为创客教育提供方向指引和持续前进的动力。

第三，从教育环境的角度看，创客空间是学生进行创作活动的主要场所，是常态化实施创客教育的重要条件[①]。当然，校园创客空间的建设，不应局限于某一固定场所，基于各类场馆、各种学习空间的创客教育将更具开放性和生命力。

第四，从教育方法的角度看，项目教学是创客教育的主要教学法。项目教学以项目为主线、教师为主导、学生小组为主体的特征，能够促进“教师讲，学生听”的被动学习方式向自主、合作、探究的新型学习方式转变，与创客教育有高度内在契合性。传统意义上的项目教学具有广泛的应用范围，而对于具有独特造物特性和微创新取向的创客教育而言，逆向项目教学尤其值得关注和重视。

第五，从教育活动的角度看，正如“工业4.0”强调以信息物理融合系统为基础一样，创客教育也可以认为是一种虚实融合的教育，它以教育机器人、开源软硬件、三维打印等数字制造工具为主要载体，不仅需要建模、编程等软件，更需要将设计的创意具化为实物模型或产品。

第六，从教育本质的角度看，创客教育是一种以培养青少年实践创新素养为目标的工程教育，学生在面向实际情境的工程问题的解决过程中，将自然融入各相关学科知识的学习，通过跨学科整合解决工程问题，而不是把自己“封闭”在某一个学科当中。因而，创客教育也是实施STEM/STEAM教育的一种重要方式，有利于改变课程结构过于强调学科本位和缺乏整合的现状[②]。

三、机器人教育与创客教育、人工智能教育、STEM教育

近来创客教育的火爆，引发了一组相近概念的“刷屏”，部分一线老师被“创客教育”“机器人教育”“STEM/STEAM教育”“综合实践活动”“人工智能教育”等概念所困扰，常常将它们混为一谈。那么，这些概念究竟有何不同？又有何种关联？下面将对此作简要说明。

---

① 钟柏昌．学校创客空间如何从理想走进现实——基于W中学创客空间的个案研究［J］．电化教育研究，2015，36（6）：73-79.

② 钟柏昌．谈创客教育的背景、本质、形式与支持系统［J］．现代教育技术，2016，26（6）：13-19.

STEM是科学（science）、技术（technology）、工程（engineering）、数学（mathematics）的英文首字母的缩写，旨在将原本分散的科学、技术、工程、数学四门学科集合成一个新的整体，后来人们认为艺术（arts）学科不容或缺，进而演变为STEAM教育。STEM/STEAM教育的核心，除了分科意义上的STEM/STEAM教育外，它更在于强调课程的整合或跨学科教育，把学生学习到的零碎知识与机械工程转变成一个探究世界相互联系的不同侧面的过程，强调学生在“杂乱无章”的学习情境中提升设计能力、合作能力、问题解决能力和实践创新能力[①]。也就是说，所谓STEM/STEAM教育，其本身主要体现为一种教育理念，强调多学科（尤其是理工科）课程的整合。

正如前文提及机器人教育的4I教学模式，其中的科学探究型和发明创造型教学模式，与STEM/STEAM教育理念有高度的契合，而实验模拟型和趣味交互型教学模式侧重学科本位的知识学习，属于学科分科意义上的STEM/STEAM教育。与机器人教育类似，人工智能教育（AI education）也可以分为课程本位的教育（education of AI）和学科融合的教育（AI+education），本书讨论的主要是前者，在中小学主要涉及程序设计课程、机器人课程、人工智能初步课程。其中，程序设计课程为人工智能教育打造编程技能和算法基础；机器人课程为人工智能教育提供简单智能系统的传感与控制方面的知识、技能与经验基础；人工智能初步课程则为人工智能教育提供专门的人工智能算法、工具基础和智能系统的应用体验。

至于创客教育，正如前文所强调的，发明创造型教学模式与之有共同的本质，换言之，发明创造型教学模式就是一种创客教育。当然，根据前文对创客教育概念的解析，创客教育作为一种STEM/STEAM教育的新模式，还有更广泛的内容。因此，可以说创客教育与人工智能教育既有交叉又有不同。

从课程发展历史和分类学角度看，课程可以分为学科课程和活动课程两类。学科课程指的是能够形成相对成熟、稳定的知识体系，以此塑造学生的知识结构。它们是由专门学术领域形成的经典意义上的“学科”（discipline），

① 赵中建．21世纪技能之基石——STEM：美国教育战略的重中之重［J］．上海教育，2012（11）：15-19.

如哲学、历史、数学、物理学、化学等，它们进入学校一一变成了学校课程中的“科目”（subject）；活动课程则主要以实践活动为载体，以实践经验的积累为目标，旨在从学生的发展出发，依据儿童的天性并重视其兴趣和需要的发展，以事实为教材，从活动中学习，没有学科之分[①]。人工智能教育，尤其是传统的以机器人技术（或编程技术）本位为取向的机器人课程、人工智能初步课程或程序设计课程，属于典型的学科课程；而创客教育则偏向（综合实践）活动课程。此外，从课程的教育重心和工具倾向的角度看，课程又可分为重软件应用的科技教育和重软硬件结合的工程教育。前者注重将（编程）技术作为学习的对象，学生主要利用软件学习编程控制的方法，无须作工程层面的设计；后者则属于一种跨学科教育，强调学生通过软硬件结合的方式将自身学习到的零碎知识与机械工程经验用于解决实际生活问题，获得设计能力、合作能力、问题解决能力和实践创新能力的综合提升。人工智能教育领域中的程序设计课程与人工智能初步课程，属于典型的科技教育类课程；而创客教育和人工智能教育领域中的机器人教育则偏向软硬件结合的工程教育类课程。

STEM/STEAM 教育既可以作为一种教育理念，一种宏观的教育类型，强调学科间的融合，也可以作为一门独立的跨学科课程。从这个意义上说，人工智能教育和创客教育均属于 STEM/STEAM 教育的范畴。可见，这些概念不仅所指不同，所处的层面也有明显差异。同时，它们又同处于一个相互交叉的框架中，相互融合，相辅相成，共同构筑了以人工智能教育为代表的中小学科技创新教育的全面图景。图 1-2 以直观的方式表达了几类概念之间的关系。需说明的是：课程不等于教育，而是教育的核心载体；根据上下文语境和表达习惯，本书在表达一种教育类型时采用“教育”术语，在表达实践时则主要采用“课程”术语，但因“创客课程”较少提及或尚不成熟，故用“创客教育”代之。

① 丁邦平，顾明远．学科课程与“活动课程”：分离还是融合——兼论“学生本位课程”及其特征［J］．教育研究，2002（10）：31-35.

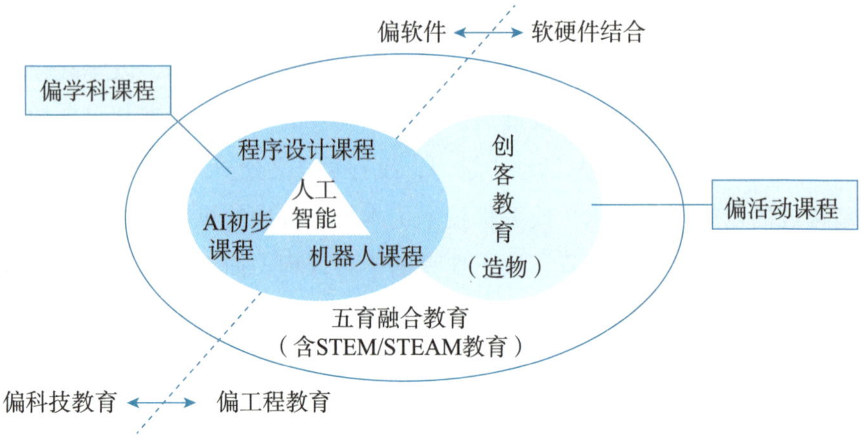

图1-2　概念关系示意图

需要说明的是，尽管STEM/STEAM教育如此重要，但要在我国基础教育阶段开展STEM/STEAM教育还存在诸多困难，甚至有不少人认为，STEM/STEAM教育所涉及的课程内容并非新鲜，我国也有类似STEM/STEAM教育的内容。例如，我们中小学课程中也有数学课程、科学课程、技术课程等。但是，这些课程与STEM/STEAM课程至少有三个方面的不同：① 这些课程主要是分科课程，是学科本位的课程，而非STEM/STEAM教育提倡的跨学科的整合课程；② 我们的基础教育中缺少工程教育的建制；③ 科学教育和技术教育起步较晚。

我国基础教育课程改革主张改变课程结构过于强调学科本位、门类过多和缺乏整合的现状，淡化学科界线，使学科课程和综合课程有机联系、合理并存，并设置了八个学习领域和综合实践活动课程，但整体而言成效甚微，不仅学习领域形同虚设，综合实践活动课程也处境尴尬。其中一个重要的原因就在于缺乏开展课程整合的抓手。那么，以谁为中心进行整合？如何彰显整合的目的和意义？如何评价整合的效果？STEM/STEAM教育提供了一个很好的思路。所谓跨学科的课程整合，需要通过工程实践体现出来，在面向实际的工程问题的解决过程中，自然融入各相关学科知识。那么，工程教育就成为联系各学科知识、帮助学生建立整体的认识世界和改造世界的平台，而且这样的学习会产生可视化的人造物成果，能够激发和维持学生学习的成就感和主动性。因此，从这个意义上说，开展STEM/STEAM教育，不仅有利于弥补我国中小学技术教育、工程教育的短板，而且可以有效促进课程的整合。

当然，我们更关注的是如何使STEM/STEAM教育思想从理论走向实践，以及作为实施人工智能教育主力的中小学信息技术教师应当扮演何种角色。事实上，STEM/STEAM教育所包含的“技术”和“工程”两个范畴本身就表明其与技术教育密切相关，只不过这种密切关系在不同研究方向的学者那里存在理解上的分歧。美国的技术教育者通常认为STEM中的“T”代表的就是“技术教育”，是一类重要的学习对象，然而更多的人并不这样认为。例如，在美国《教育周刊》2008年3月27日刊登的STEM/STEAM教育深度报道中，详细解读了STEM/STEAM教育的思想与案例，其中所罗列的大部分成功案例中提到的“T”更多表现为教育技术或信息技术的应用，而不是技术课程的实施；甚至在美国关于STEM教育的国家评分卡报告中，对“T”的测评也主要是依据学校中可供学生使用的计算机数量①。可见，在STEM/STEAM教育中有机嵌入技术类课程（如前述程序设计课程、机器人课程和人工智能初步课程），以技术类课程为主体开展STEM/STEAM教育整合实践，以及发挥信息技术的优势，开展信息技术支持下的STEM/STEAM教育，是落实STEM/STEAM教育的两个主要着眼点，而前者无疑更具有可操作性。

中小学机器人教育将可能成为撬动我国STEM/STEAM教育的第一个杠杆，其关键在于能否将机器人教育当成一种工程教育。唯有在面向实际工程问题的解决过程中，才会融入各相关学科知识的学习，如此机器人教育就能成为联系各学科知识、帮助学生建立整体地认识世界和改造世界的认知平台。反之，若只将机器人作为学习的对象，则达不到学科整合的效果。

我们之所以说当前的机器人教育是学科本位的教学，一个重要的原因在于教学中所采用的机器人产品，其结构和配件基本是固定的，学生主要用来学习编程控制的方法，无须做工程层面的设计，再加上要解决的都是所谓技术问题（典型如循迹问题），而非指向实际生活的问题，导致学科本位的机器人技

① Kelley T. Staking the claim for the[J]. Journal of Technology Studies, 2010, 36(1): 2-11.

术内容成为机器人教育的主体甚至唯一内容。简言之，从课程内容的角度看，中小学机器人教育要避免片面强调对机器人技术本身的学习，而应将机器人视作建立学科联系的纽带和载体，树立机器人教育面向生活应用的特色，提升学生的综合能力。

第一章 中小学机器人教育的4I教学模式

近年来，随着新一轮基础教育课程改革的不断深入，我国中小学机器人教育也有了较快发展，其教育价值已初步获得社会认可。可以说，随着机器人技术的日益普及，机器人进课堂也将成为一种新常态。但是，从当前机器人教育的内容和方法看，还存在明显的不足，尤其体现在“教育目标的弱创新性”与“教育内容的学科本位性”。这表明当前机器人教学研究与实践的视野还不够宽广，尤其在教学模式的构建方面还缺乏建树，无法带领机器人教育走向内涵式发展道路。为此，本章试图从上述问题出发，并结合我们近年的实践研究经验，构建一组较为完整的教学模式供读者参考和尝试。

第一节 4I 教学模式的分类维度

尽管从实践出发，我们能够发现一些方式和方法不尽相同的机器人教学模式，但我们认为，首先应该有一个合理的分类框架，才能将每一种可能的教学模式进行准确的定位和定义，也才有可能发现其他尚未发掘的教学模式。一个基本的思路是从上述困境出发，在学生有意义的学习结果中寻找分类线索。学生在机器人课程中的学习结果，包括内化的知识内容和外显的机器人作品（物化成果）。

从知识内容的分类看，当前强调学科本位的机器人教学内容显然视野狭隘，不利于学生创新能力的培养，需要树立学科整合视野。“学科整合”一方面指的是机器人作为一个科技产品本身就是多学科综合交叉的产物，包括电子、机械、生物学、计算机科学与技术、人工智能等，因此学习机器人技术自然可以获得多个技术门类的知识①；另一方面指的是机器人作为一种创新教育平台，可以设计和开发出能解决实际问题的智能人造物，而这一设计和开发过程与我们所熟悉的程序设计不同，它常常需要涉及科学、技术、工程、数学等多个学科知识的综合应用。在国际范围内，机器人和机器人教育也被视作开展 STEM 教育的重要工具和抓手②③④。但是，机器人教育并不必然会促进 STEM 知识的学习，关键在于能否将机器人教育当成一种工程教育。我们之所以说当前的机器人教育是学科本位的教学，一个重要的原因在于教学中采用的机器人产品，其结构和配件基本是固定的，学生主要用来学习编程控制的方法，无须

---

① 战强，闫彩霞，蔡尧．机器人教学改革的探索与实践［J］．现代教育技术，2010，20（3）：144-146.

② Mataric M J, Koenig N P, Feil-Seifer D. Materials for enabling hands-on robotics and STEM education[C]//AAAI Spring Symposium: Semantic Scientific Knowledge Integration. 2007: 99-102.

③ Rockland R , Bloom D S , Carpinelli J , et al. Advancing the “E” in K-12 STEM education[J]. Journal of Technology Studies, 2010, 36(1): 53-64.

④ Benitti F B V. Exploring the educational potential of robotics in schools: A systematic review[J]. Computers and Education, 2012,58(3): 978-988.

做工程层面的设计，再加上要解决的都是所谓技术问题（典型如循迹问题），而非指向实际生活问题，导致学科本位的机器人技术内容成为机器人教育的主体甚至唯一内容。简言之，中小学机器人教育要避免片面强调对机器人技术本身的学习，而应将机器人视作建立学科联系的纽带和载体，树立机器人教育面向生活应用的特色，树立以培养学生运用机器人感知世界和改造世界为目标的整合取向。那么，从知识内容的维度，我们需要区分出学科本位和学科整合两类教学模式。

从物化成果的分类看，当前有关机器人形态的理解较为单一，限制了学生创作开发的范围，需要补充新的分类。人们习惯性将机器人视作具有自主控制能力的智能人造物，即能够将信息的输入、处理和输出等智能控制行为集合在一个独立的装置中完成。事实上，还存在另外一类机器人，这类机器人需要与计算机相连，形成联机交互系统（即“机器人—计算机”交互系统），将机器人接收和处理的外部信息输入到计算机程序中显示或控制计算机程序的运行。当机器人被视作探测外部信息的终端时，相应的计算机程序可以用来接收和显示经数字化转换后的外部信息。当计算机程序为具有娱乐性质的游戏时，此类联机交互系统也可以理解为以机器人为中介的人机交互游戏。可见，我们不仅可以将计算机作为机器人控制程序的编辑平台，还可以把它作为机器人的交互对象。在国内外相关研究语境中，与联机交互系统最直接相关的是“互动媒体”（interactive media）。国内方面，有关互动媒体的实践以温州中学谢作如老师为代表，其在《S4A和互动型媒体技术》一书中描述了S4A（scratch for arduino）与Arduino的交互过程，并在书中提供了一些教学案例[①]。遗憾的是，该书所列案例并未利用Arduino与S4A程序互动，只是将S4A当作一种可视化的编程环境，用以编写积木程序控制Arduino机器人的行为，未真正体现联机交互的魅力。国外有关互动媒体的研究主要集中在麻省理工学院雷斯尼克（Resnick）教授的团队，雷斯尼克将Scratch称为交互媒体中的YouTube[②]。有

---

① 谢作如. S4A和互动媒体技术［M］. 北京：清华大学出版社，2014：1-145.

② Mataric M J, Koenig N P, Feil-Seifer D. Materials for enabling hands-on robotics and STEM education[C]//AAAI Spring Symposium: Semantic Scientific Knowledge Integration. 2007: 99-102.

趣的是，雷斯尼克等人也意识到将 Scratch 与 Arduino 进行虚实融合的重要性，在其指导的一位硕士研究生毕业论文中，竟然描述了雷斯尼克假想的一个将传感器与 Scratch 整合起来的学习项目，该项目要求学生设计一个 S4A 程序，通过读取一氧化氮传感器获得的数据来改变程序中的天空颜色、树木数量、车辆数量等，以此实时呈现环境条件的变化状况①。无论国内外研究与实践的进展如何，从学习结果的角度看，我们可以区分出自主控制类和联机交互类两种机器人作品。

将两个维度交叉整合后，我们可以得到机器人教学模式的一个全新分类框架（图 2-1）。在这个框架中，我们至少可以看到四种教学模式，分别命名为实验模拟型教学（learning to imitate via robot）、趣味交互型教学（learning to interact via robot）、科学探究型教学（learning to inquire via robot）和发明创造型教学（learning to invent via robot）。鉴于每种教学模式均有以“i”开头的英文单词，故将四种教学模式统称为 4I 教学模式。当然，不排除在这个分类框架中分出更多教学模式的可能，如处于两个维度中间状态或混合状态的教学类型。

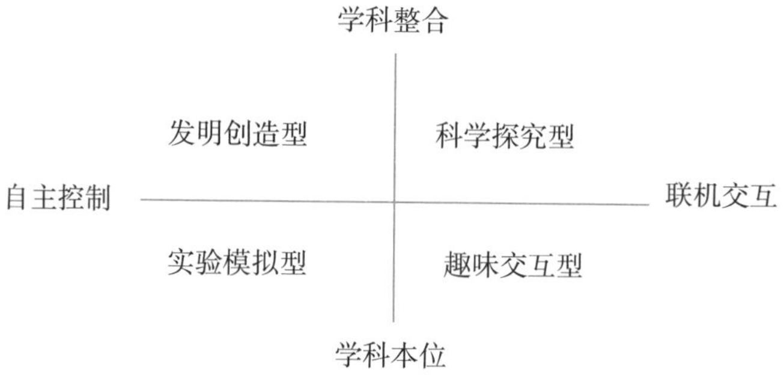

图 2-1　4I 教学模式

① Idlbi A Y. Personalized extensions: Democratizing the programming of virtual-physical interactions[D]. Massachusetts Institute of Technology, 2014.

第二节　4I教学模式解析

一、实验模拟型教学

实验模拟型教学是当前机器人教学中的常态，当我们提到“传统的”机器人教学时，实际上说的就是这类教学。这类教学的基本特点是以机器人相关技术作为教学内容的主体，将机器人本身作为学习的对象，以掌握机器人本体知识为导向。实验模拟型教学的基本教学过程表现为：根据任务要求，引导学生使用自己的机器人平台构建具有自主控制能力的智能装置，模拟实验或模拟再现生产生活中既有科技产品的功能或工作过程，在此过程中获得机器人的基础知识和基本技能，并尽可能提高学生的逆向工程能力。实验模拟型教学可能表现为灌输式教学或纯技能训练的教学，也可能表现为问题解决式的教学，但其要解决的问题是某个确定的、有现实参照的问题，也是有特定答案的技术问题。因此，其核心价值表现为培养学生学会利用机器人模拟再现事物。

实验模拟型教学是机器人学习的初级阶段，注重通过模拟再现已有工程事物来促进“三基”的掌握，若直接沿着工程设计过程来指导教学有一定难度，而逆向工程提供了一种更加可行的思路。实际上，逆向工程并非是对一般工程过程的彻底颠覆，只是从已有产品出发，在深入了解已有产品的基础上，作出改进或再设计。可以发现，逆向工程思想的内涵与工程设计思想并无本质上的区别，对于入门的学生而言，逆向工程的操作性更强，也更符合学生的学习习惯。此外，机器人初学者易出现各种错误，尽管不断试错是问题解决的方式之一，但并不值得提倡。因此，学生需要掌握常用的纠错方法和纠错的一般过程，以减少试错次数和时间，从而提高学习效率和问题解决能力。

综上所述，我们在反映工程设计一般思想的基础上，以逆向工程为核心思路，融合纠错学习理论，建构了一个六阶段的机器人实验模拟型教学模式：把玩和摆弄、产品解构与复原、产品需求分析、设计可选方案、制作原型、测试与评价。该模式帮助学生在设计和重构产品的过程中，了解抽象的、理论性的科学技术知识转变为社会所需的产品和服务的过程，从而提高其设计能力和问题解决能力。需要注意的是，由于学生在学习习惯以及学习基础等方面存在差异，教师在教学过程中可根据实际情况对这六个阶段作相应取舍，有侧重地选择部分阶段开展教学活动，不必苛求六个阶段的完整性。

（一）把玩和摆弄

本阶段的教学意在吸引学生学习的兴趣、明确既有产品的功能、掌握其使用方法。把玩或摆弄可以作为一种有价值和有效的教学活动，当学生摆弄手工制品时，他们经常会产生创意，然后体验新的可能性。在机器人教学中，先让学生玩一玩现有的物品，而不是直接给他们讲解学科知识，能够减少学生的畏难情绪，创造轻松的学习环境，同时在玩的过程中了解真实产品的功能和使用方法，为后面的学习作好准备。

（二）产品解构与复原

本阶段的教学意在让学生用逆向工程思维来理解工程设计过程，通过观察、分析产品的结构和功能，学习相关的学科知识。产品解构是指拆解、拆分机器人作品，观察作品各部分的结构组成以及功能实现的原理。学生在拆解的同时需要对各零部件做好测量和记录，并推断产品设计的意图，学会分析和揣摩别人的设计过程。在熟悉其结构的基础上，根据拆解记录复原作品，进一步熟悉作品的构成。

（三）产品需求分析

本阶段的教学意在让学生理解工程设计是价值导向的活动，在设计中需要充分考虑产品应满足的需求，以“制造”出有实际价值的物品。对已有产品进行剖析以后，学生需要明确将要设计的机器人能够解决实际生活中的哪些问题。以智能风扇为例，声控风扇在黑暗环境中便于控制，自动变速风扇能根据人与风扇的距离或温度自动调整转速，而遥控风扇则能利用遥控器实现对风扇的多种控制。

（四）设计可选方案

本阶段的教学意在让学生针对问题提供可选的多种解决方案，提高工程设计能力。根据产品需求分析的结果设计可选方案是非常重要的环节，工程师的一项重要能力就是能针对问题设计多种解决方案。学生需要明确以下问题：我应该制作什么？制作的作品是怎样运行的？在设计中哪些因素对目标起关键作用？如何操作以实现目标[①]？例如，要实现对风扇的智能控制，可以通过多种途径来实现，利用声音传感器获取声音信号，然后利用直流电机驱动风扇；利用超声波传感器获取人与风扇的距离，并将距离值转化为相应的风扇转速；获取遥控器不同按键的键值，通过判断键值来控制电机的启动、停止和转速的快慢。

（五）制作原型

实验模拟型教学的最终成果是模拟再现已有的参照物体，本阶段的教学旨在让学生动手制作自己设计的机器人原型，理解科学技术知识如何转化为实际产品，以获取更深层的学习体验。制作原型之前需要从可选方案中选择最佳的设计方案，以保证产品“制造”过程能够顺利进行。设计者需要系统考虑多方面的限制条件，如特定“客户”的需求、成本、安全、制造、环保、文化和综合性因素。在选择的最佳方案基础上，使用机器人模拟制作产品原型，包括机器人的造型搭建和程序设计。例如，制作智能风扇，首先将风扇、电机、传感器和主控板连接好，搭建一定的造型，然后编写程序实现传感器与电机的配合运行。

（六）测试与评价

测试是工程设计的重要环节。在机器人制作过程中，允许故障再现，允许学生试错，甚至可以人为制造故障以便通过实验反证正确的理论和方法，因此本阶段的教学意图就是用这种方法锻炼学生解决真实问题的能力。在机器人作品原型制作过程中，涉及大量的测试与调试工作，且越复杂的系统测试与调试的难度越大。学生在动手排除故障和解决问题中获得的直接经验对学生的发展是非常重要的，因为当他们将来遇到类似的真实问题，他们能够在已有经验的基础上快速形成类似问题解决的系统心理表征[②]。而且，学生经过不断地测试与调试，使自己设计的机器人最终达到预期的目标，可以极大地增强学习成就感。

在机器人实验模拟教学中可以采取多种方式来评价学生的学习，包括标

---

① Brophy S, Klein S, Portsmore M, et al. Advancing engineering education in P-12 classrooms[J]. Journal of Engineering Education, 2008, 97(3): 369-387.

② Moshe Barak,Michael Hacker.Fostering human development through engineering and technology education[M]. Sense Publishers, 2011: 233-255.

准测试、问题解决能力问卷调查、机器人作品评价以及观察等方式。这些评价方法的综合使用，能够多角度评价学生的学习效果，教师也能根据学生的学习情况及时反思并调整教学活动的设计，不断提高教学质量。

1. 标准测试

针对机器人课程的学习内容，设计相关的测试题，能够快速直接地获取学生对基础知识和基本技能的掌握情况。根据教学的实际需要，可以为标准测试同时设置前测和后测，或只设置前测或后测。标准测试的内容包括课堂学习的相关知识点，如机器人程序设计、传感器等相关知识。

2. 问题解决能力问卷调查

问题解决能力问卷调查也可以设置前测和后测，在操作过程中可以采用李克特量表从多个维度来调查学生的实际问题解决能力。可参考已有研究的做法，从发现问题、提出多种可能的解决方案、选择最佳解决方案、建立原型、测试原型等维度来设计问卷，开展调查①。

3. 机器人作品评价

对学生自主搭建的机器人作品，可以从机器人作品的功能与性能、技术与实现、创意与个性等方面进行评价。附录 8 是笔者编写的《普通高中教科书　信息技术　选择性必修 6　开源硬件项目设计》中使用的机器人作品评分表。

4. 观察与提问

在学生解决问题的过程中，还可以通过观察来评价。例如，观察学生如何发现关键问题，或提问学生，观察他们能否理解相关概念。又如，在学生设计和制作原型时，可以观察、记录他们是如何思考、迎接新的挑战和寻找解决方案的，以及他们在解决问题时的迭代频率。记录的这些信息可以描述学生的学习轨迹，也可以帮助教师分析学生的问题解决过程。

二、趣味交互型教学

所谓趣味交互型教学是指以开发有趣、好玩的机器人联机交互系统为

① Li Y, Huang Z, Jiang M, et al. The effect on pupils' science performance and problem-solving ability through lego: An engineering design-based modeling approach[J]. Journal of Educational Technology and Society, 2016, 19(3): 143-156.

主要任务的教学。其基本形态是在计算机中编写和运行程序，将机器人（如Arduino主控板）作为控制端，通过机器人与计算机程序进行交互，而非采用鼠标与键盘。

鉴于机器人教育是一种典型的工程教育，项目化教学思想可以作为机器人教育的通用理念[①]，趣味交互型教学模式也不例外。但由于趣味交互型教学模式以趣味性机器人联机交互系统的开发为中心，而趣味性机器人联机交互系统与其他类型的机器人作品[②]不同，具有自己的独特性，且有多种分类，在作品开发的过程模式上有所不同，故本研究将在一般项目教学模式的基础上，探讨如何才能有效引导学生开发出趣味性机器人联机交互系统。以一般项目教学模式为参考，趣味交互型教学模式的基本过程主要包含以下五个步骤。

（一）需求分析阶段

本阶段旨在帮助学生梳理设计思路，从宏观上把握作品的设计方向，从作品功能的角度确定作品类型，并根据各个作品类型的特点，明确所要实现的作品主题与基本功能等。

1. 模拟仿真类

由于模拟仿真类作品与实验模拟型机器人具有相似性，因此可以参照实验模拟型教学的“把玩和摆弄”环节，要求学生尝试操作要模拟的实物[③]。与实验模拟型不同的是，学生主要观察事物的控制过程，思考使用何种机器人硬件模拟系统的控制手段。

2. 数字故事类

一般故事中包含了角色、场景、情节（包括起因、经过和结果）等要素，在前期开发阶段，学生可通过编写故事脚本来厘清故事的发展脉络。同时，故事脚本中还应体现“如何使用机器人硬件影响故事中的角色”“当被控角色的

---

① 王小根，胡兵华，何少莎．基于“任务驱动”的小学机器人教育校本课程开发［J］．电化教育研究，2010（6）：100-102.

② 张敬云，钟柏昌．中小学机器人教育的核心理论研究——论科学探究型教学模式［J］．电化教育研究，2017，38（10）：106-111.

③ 李婷婷，钟柏昌．中小学机器人教育的核心理论研究——论实验模拟型教学模式［J］．电化教育研究，2017，38（9）：96-101.

行为发生变化后，会怎样影响故事情节”等关键问题。

3. 交互游戏类

要求学生确定游戏所需角色、对抗模式、游戏规则和关卡设置等要素。

4. 应用程序类

要求学生描述要解决的问题背景、问题中的主要矛盾和解决策略，使用机器人联机交互系统解决该问题的必要性、可行性等。

（二）方案设计阶段

在作品方案设计阶段，首先要遵循趣味性机器人联机交互系统的设计要求，然后在设计要求的基础上从两个输入、输出子系统的角度，提出具体的作品设计方案。

1. 趣味性机器人联机交互系统的设计要求

与一般机器人作品相比，趣味性机器人联机交互系统有其独特性，故在方案设计阶段需引导学生充分关注其特性，以便进行有针对性的设计。

从教育价值的角度，作品需要体现知识性。在引导学生设计作品方案时，教师要随时观察学生的设计过程，一方面要适时鼓励学生改进设计方案，适当嵌入新的知识点；另一方面需要引导学生思考如何综合运用已学知识设计更具个性的方案。

从系统结构的角度，作品需要体现完整性。机器人联机交互系统作品的完整性体现在计算机端和机器人端两个方面。计算机端包含机器人数据获取部分（输入）和控制机器人动作的指令部分（输出）；机器人端包含传感器的数据输入部分和执行器的数据输出部分。不过，在不影响机器人联机交互系统功能实现时，机器人端的输出部分有时也可以省去。

从技术实现的角度，作品需要体现交互性。交互性是机器人联机交互系统的最主要特征。在实际开发过程中，除了要实现系统的交互任务，还应考虑交互方式的有效性和交互设备的多样性。机器人元件种类丰富，在使用其制作交互设备时，除了模拟市场上已有的交互手段，还可以推陈出新，使交互设备更加智能、更具特色。

从作品特色的角度，作品需要体现趣味性。机器人联机交互系统作品多为游戏或交互媒体，这类作品的价值很大程度体现在其趣味性上。因此，在开发过程中应从交互方式和多媒体呈现等方面努力。具体而言，可以参考这些增加作品趣味性的措施：若是模拟仿真类作品，可以为作品增加解释性的文字或情境说明；若是数字故事类作品，可以丰富故事内容，增加故事角色，设计跌宕起伏的故事情节；若是交互游戏类作品，可设计多种游戏模式供用户选择，也可从角色造型、场景转换、背景音效等方面作个性化设计；若是应用程序类作品，则可设计个性化的多媒体信息呈现效果，从视觉、听觉等方面增强趣味性。

从应用拓展的角度，作品需要体现创新性。机器人是将想法变为现实的有力工具，学生在创作机器人作品时应开拓思维、创新设计，而不仅是模仿已有的作品。可以从作品用途、造型设计、表现形式等方面体现作品的创新性。

2. 趣味性机器人联机交互系统的方案设计

本阶段主要包括三个环节：确定交互方式、确定子系统功能、明确子系统功能的实现方案。

首先，需要确定作品的交互方式，从技术实现的角度确定趣味性机器人联机交互系统的类型。

其次，分别从综合作品功能和技术实现这两个角度描述趣味性联机交互系统两个子系统的具体功能或性能指标。例如，“模拟燃气灶”属于触摸交互类作品，机器人端子系统功能是模拟打火设备和火力控制设备（作品功能角度），并向计算机端输入所检测的用户触摸动作信息（技术实现角度）；计算机端子系统功能是模拟燃气灶点燃与火力变化的状态（作品功能角度），获取、分析计算机端的信息（技术实现角度），并给予相应的反馈。

最后，可以分别从两个子输入、输出系统的角度，设计符合实际需要和条件的具体方案。

（1）机器人端的输入输出子系统

在机器人端，学生首先需要思考实现系统交互的方式有哪些，根据交互方式选择机器人硬件来制作交互设备，同时还应考虑所选硬件是否高效、经济。学生还可根据设计需求选择不同的执行器增强系统的交互效果、呈现反馈信息，使交互过程更加生动、有趣。

机器人端在不同类型的机器人联机交互系统中发挥的作用不同。在模拟仿真类作品中，机器人端用于模拟现有产品的控制手段或触发方法，可从影响产品运行的因素着手，思考选择何种硬件能够更好地反映影响因素的变化。例如，“模拟燃气灶”作品使用火焰传感器探测是否有打火动作，使用模拟角度传感器模拟火力调节过程。在数字故事类作品中，机器人硬件可用于获取外界环境信息来影响故事情节，也可直接控制角色行为来影响故事发展。例如，“怕热的小狗”作品使用温度传感器检测外界温度变化，当温度升高到某一定值时小狗向风扇移动，当然也可使用倾斜传感器等设备直接控制小狗向风扇移动。在交互游戏类作品中，机器人端主要作为游戏指令发射装置。例如，在“飞机坦克大战”游戏中使用摇杆控制坦克的左右移动；在“打地鼠”游戏中使用超声波传感器分析用户“敲击地鼠”手势。在应用程序类作品中，需要结合问题所反映的主要矛盾，选择合适的机器人硬件来解决问题。例如，“抢答器”作品中问题的主要矛盾是制作抢答设备并反馈抢答结果，解决手段是使用按钮获取用户的抢答动作并在界面中反馈相应的结果。

（2）计算机端的输入输出子系统

在计算机端，考虑如何获取、分析机器人端输入的数据，并据此向机器人端输出控制指令。编写程序是本环节的重点，开发者可从数据结构和算法两个方面思考实现作品功能的方案。

多媒体信息的搜集与整理也是本环节要完成的重要工作，除此之外还需要组织各个媒体角色的呈现方式。模拟仿真类作品中多媒体的呈现力求真实地反映产品的控制过程，可采用直接拍摄实物或录制现场声音等手段采集多媒体素材；数字故事类作品中的多媒体素材为故事情节发展服务，可根据故事风格进行选择、编辑；交互游戏类作品可根据游戏结果设置多种音效和提示音，使游戏更具代入感与趣味性；应用程序类作品主要根据具体的问题解决策略组织多媒体素材。

（三）方案实施阶段

该阶段是在方案设计的基础上进行实际的开发工作。根据实践经验，一种比较合理的操作思路是先搭建硬件再编写程序。首先，搭建机器人端的各元件，学生也可根据需求使用纸板、木棒等工具优化机器人端的造型；其次，编写程序向机器人端输出控制指令，搜集、编辑、整理多媒体素材，编程控制其呈现方式。当按照已有方案无法完成系统的开发时，需及时调整方案并重新尝试。在实施过程中，学生应了解开发过程中的注意事项，如规范使用各类工具、有序推进开发进度等。教师作为学生学习的指导者和支持者，应该随时了解学生的开发过程和遇到的问题，并提供及时的指导和帮助。

（四）测试阶段

在测试阶段，学生主要通过操作交互系统，检测系统的执行效果，找出系统中存在的问题，分析问题产生的原因，并提出相应的解决方案，即系统纠错过程。机器人纠错内容可分为结构、控制、传感、执行、通信五个方面。在趣味性机器人联机交互系统中，结构指的是系统结构是否完整，子成分是否缺失；控制指的是计算机端的程序控制和多媒体信息控制，主要检查程序设计是否有误，多媒体文件格式、大小是否合适；传感、执行分别对应机器人端的传感器、执行器，主要检查元件是否破损、连接方式是否准确；通信指的是系统中的通信元件以及计算机与机器人之间的信号通信，主要检查信号是否受到干扰等。如图2-2所示，可以从两个子系统的角度来具体划分、描述五类纠错内容。

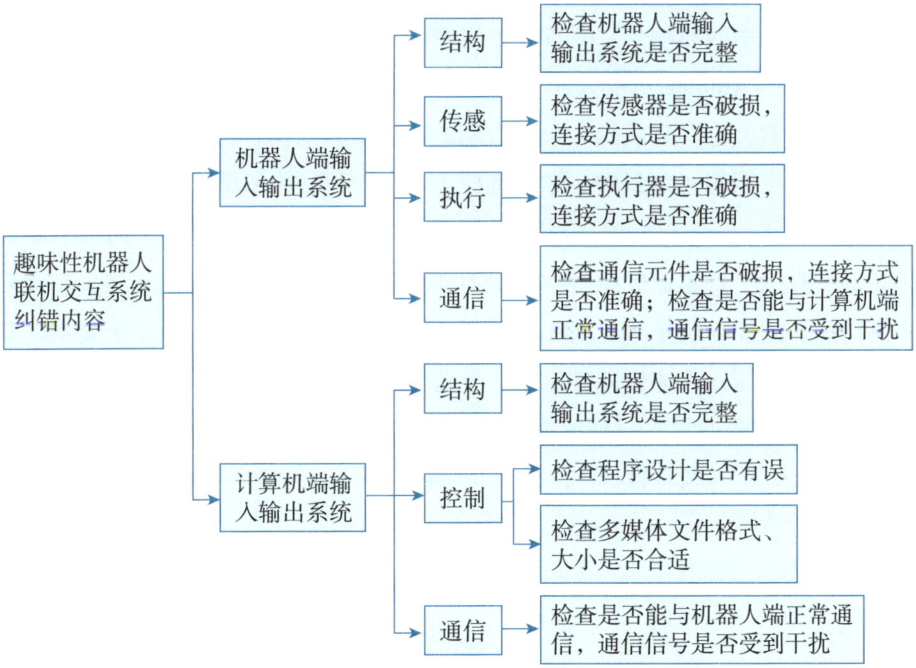

图2-2　趣味性机器人联机交互系统的纠错指南

（五）评价阶段

根据趣味性机器人联机交互系统的特点，可从作品知识性、完整性、交互性、趣味性、创新性五个维度评价学生作品。

三、科学探究型教学

科学探究型教学是另外一类需要设计联机交互系统的教学类型。它以科学问题为导向，将机器人作为开展科学探究的载体和工具，为探究性学习提供数据收集、加工的技术支持。其教学过程一般为：从生活中的科学问题出发，利用机器人建模，制定科学探究方案，开展科学探究实践，利用机器人收集数据，利用程序设计或其他数据统计软件分析数据，使学生在获得机器人本体知识的同时提高科学探究能力，并习得科学知识和科学的思维过程与方法。因此，科学探究型教学的核心价值是培养学生学会利用机器人进行科学探究。

国内有关利用机器人培养学生科学探究能力的相关理论与实践还极为欠缺，仅有的一篇前期文献为吴俊杰等人用光敏电阻制作简易“分光光度计”，以研究“消失墨水”与空气中的二氧化碳反应逐渐褪色的过程及二氧化碳浓度对化学反应速率的影响①。笔者在温州中学完成的一项教学实验中，将搭载了红外传感器的 Arduino 机器人作为科学探究实验的一种工具，引导学生搭建单摆周期的实验装置，开展探究单摆周期的课堂学习活动，详见本章第三节。另外，在笔者主编的河北省中小学信息技术电子教材初中机器人分册中，也分别开发了利用 Arduino 探究单摆周期、种子发芽最佳土壤湿度、杯子的保温效果等案例，开始了科学探究型教学模式的初步尝试。相较而言，国外相关研究要丰富一些。例如，阿尔丁（Altin）和佩达斯特（Pedaste）在一项基于文献的调研中指出，机器人作为探究性学习的支持性工具，可以提供即时的可视化和触觉反馈，能够增加学生对探究性学习的兴趣，利用机器人培养科学探究能力应该成为一个新的教育目标②。盖斯（Geth）等人通过建立室内能源消耗模型，

---

① 吴俊杰，梁森山，李松泽．Ledong Scratch 互动教学平台的应用与研究（十三）——“消失墨水”褪色过程中反应速率的研究［J］．教学仪器与实验，2012，28（3）：8-11.

② Altin H, Pedaste M. Learning approaches to applying robotics in science education[J]. Journal of Baltic Science Education, 2013, 12(3): 365.

利用Arduino搭载的传感器获取各种能源消耗信息，计算出能源消耗情况，帮助中小学生提升能源消耗意识[①]。又如，西尔克（Silk）等人利用乐高机器人教授数学知识[②]。

作为一个世纪以来国际基础教育改革努力追求的方向，世界各国一直提倡发展学生科学探究能力，我国新一轮基础教育课程改革也特别强调科学探究活动。鉴于机器人可以搭载丰富的传感器，尤其在数据获取方面有极大优势，我们认为将机器人作为科学探究的一种工具和平台，开展科学探究活动，是中小学机器人教育的一个重要发展方向，也是机器人教育为基础教育改革作出贡献的一个新途径。

从教学设计的角度看，除了学习者分析、学习内容分析、学习环境分析等常规教学分析外，基于机器人的科学探究型教学模式还需特别考虑三类内容的设计，即过程设计、工具设计、评价设计。

（一）过程设计

国外学者认为，科学探究的基本程序应包括提出问题、建立假说、设计研究方案、检验假说、表达或交流结果这五个环节[③]。也有人将其概括为：研究分析问题或现象、建立假说并开展实验、分析数据以获得新知、迁移应用、交流与评价结果五个环节[④]。我国《全日制义务教育科学（7~9年级）课程标准（实验稿）》将科学探究的一般过程表述为：提出问题、进行猜想和假设、制定计划和设计实验、获取事实与证据、检验与评价、表达与交流六个环

① Geth F, Verveckken J, Leemput N, et al. Development of an open-source smart energy house for K-12 education[C]//2013 IEEE Power and Energy Society General Meeting. Vancouver, Canada: Institute of Electrical and Electronics Engineers, 2013: 1-5.

② Silk E M, Higashi R, Shoop R, et al. Designing technology activities that teach mathematics[J]. The Technology Teacher, 2010, 69(4): 21-27.

③ Trowbridge L W, Bybee R W, Powell J C. Teaching secondary school science: Strategies for developing scientific literacy[M]. Colubus, Ohio: Prentice Hall, 2000: 207.

④ Olson, S., Loucks-Horsley, S. (Eds.). Inquiry and the national science education standards: A guide for teaching and learning[M]. Washington, DC: National Academies Press, 2000: 34-35.

节①。综合上述代表性观点，科学探究的过程可概括为五个环节，我们将其作为基于机器人的科学探究型教学的基本过程。

1. 提出问题与形成假设

科学探究的过程是围绕所探究的问题展开的，只有当问题明确且具体时，探究才能有条不紊地持续下去。如同杜威的“五步教学法”所强调的那样，问题需要以真实情境的方式引出，且这种真实情境的创设不仅要能引出探究问题和探究目标，而且要引出探究的手段——机器人，并说明其与常规探究手段的联系与区别，让学生理解新技术引入的价值与必要性。问题明确后便可尝试作出假设。假设必须是可检验的，它不是随意的胡乱猜想，而是学习者根据已有的经验、知识对所探究的问题作出的可能性解释。

2. 制定计划和设计实验

这是获取证据和验证假设的具体环节，直接决定了探究过程的有序性和科学性。教师要引导学生根据探究的问题和假设，通过小组合作的方式共同讨论，集思广益，考虑影响问题的主要因素、选择合适的实验器材以及确定科学的探究过程。

3. 进行实验和收集数据

此环节直接影响科学探究结果的正确与否。因此，一定要按照计划和实验步骤进行操作，且要熟悉器材的使用方法及确保实验数据的正确记录。

4. 分析数据和得出结论

处理数据是科学探究极其重要的环节，学生只有通过分析和处理数据才能对探究的问题有较深刻的理解。处理数据的常用方式是将数据转化为结构化、可视化的表征形式，如表格、曲线图等。因此，教师要注意如何引导学生正确地处理实验数据，从而得出实验结论。

5. 评价与反思

学生应能够向他人表述自己的研究成果，能够允许他人对自己的探究过程和成果提出不同的意见，并能认真思考他人的意见，以完善自己的探究

① 中华人民共和国教育部. 全日制义务教育科学（7~9年级）课程标准（实验稿）[M]. 北京：北京师范大学出版社，2001：11-12.

方案。

（二）工具设计

毋庸置疑，数据的获取与收集是极其烦琐却又十分关键的环节。随着机器人教育的普及与发展、传感器的不断完善与改进，机器人强大的自动获取与收集数据的能力成为支持科学探究活动的强有力工具。机器人由控制器、传感器（输入设备）和执行器（输出设备）等核心元件组成。在基于机器人的科学探究活动中，控制器用于控制传感器接收有效的科学研究数据，并将有效数据传输给执行器显示（如液晶显示器或数码管模块）或存储（如安全数码卡模块）。因此，基于机器人的科学探究活动，必须做好工具设计——设计好收集、显示和存储数据的机器人装置。尽管这一装置的基本结构并不复杂，但是在设计它时必须考虑以下问题：需要采集何种研究数据？采用何种传感器获取这些数据？搭建何种结构的装置才能方便获取数据？设计何种算法才能获取有效的数据？如何显示、存储、转换获取的数据？简言之，这些问题所触及的实质就是以科学探究为导向的机器人建模。

（三）评价设计

对学生学习成效的评价，包括两个方面：一是作为机器人课程，需要考查学生对相关机器人基础知识和基本技能的掌握情况；二是作为科学探究课程，需要考查学生在探究活动过程中的具体表现。因此，可以从提出问题与形成假设、制定计划和设计实验、进行实验和收集数据、分析数据和得出结论及评价与反思五个维度对学习者的学习情况进行评价。篇幅所限，具体评价表略。

基于上述过程设计、工具设计和评价设计的要求，我们初步构建了基于机器人的科学探究型教学模式的设计框架，用于指导基于机器人的科学探究型教学活动的设计与实践（图2-3）。概言之，基于该设计框架指导下的教学活动将围绕科学探究活动展开，以教学分析为教学出发点，以科学探究的基本过程为教学主线，以机器人建模及数据统计与分析为核心技术支持，以综合评价方案为学习成效的评判依据。

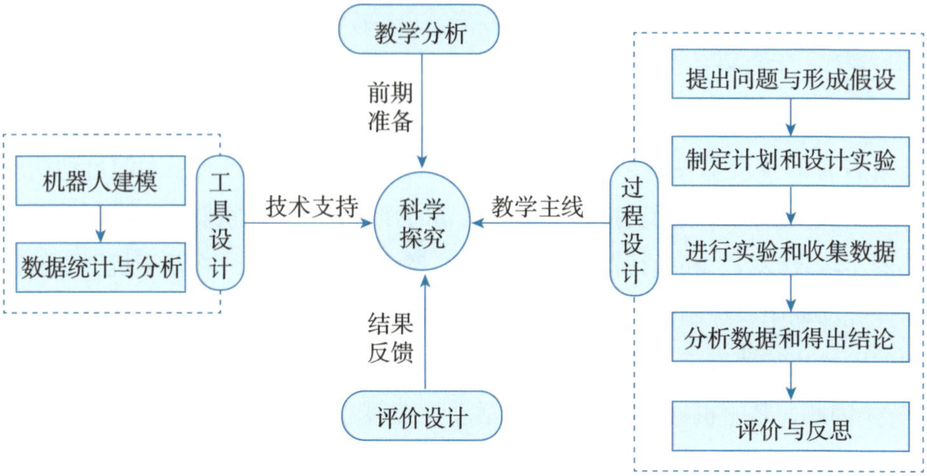

图2–3　基于机器人的科学探究型教学模式的设计框架

四、发明创造型教学

发明创造型教学是机器人教育的高级阶段，是以实际需求为基本导向、以项目教学为基本方法、以创新实践为核心目标的教学，旨在引导学生设计和制作具有一定创新性的智能人造物，借此培养学生的创造思维和创造能力。为实现这一目标，要求在教学过程中，以创新设计为核心，以工程设计思想为主线，将创新情境、创新过程和创新方法映射在教学过程中。其中，创新过程包括“模仿”的过程、“微创新”的过程和“原始创新”的过程。这三种创新，表明学生创新能力的培养应当从模仿学习（即学会“复制”）开始，通过模仿操作，在实践中掌握造物的基础知识和基本技能，再逐步积累和提升微创新能力，为后续原始创新能力的培养奠定坚实基础（相关内容详见第一章第三节第二部分）。发明创造型教学则主要指向“微创新”和“原始创新”两个水平或两种模式，两者均以工程设计为主线，不同的是，前者主要以逆向工程思想为理论指导，后者主要以TRIZ创新方法为理论指导。

（一）“微创新”阶段

根据逆向工程的DAA（Disassemble/Analyze/Assemble）活动模型，即“拆

解—分析—重组”模型[①]，并结合工程设计思想，可将“微创新”阶段分成以下五个环节。

1. 体验（experiencing）

本环节与实验模拟型教学[②]“把玩和摆弄”阶段的用意有相同之处，也是让学生体验产品，探索其功能，明确其结构。不同的是，发明创造型教学更强调产品与学生实际生活的关联性。当学生具备相关的生活经验和认知经验时，不仅有助于后述“解构”环节的开展，还将有助于他们发现新问题，萌发改造现有产品的新想法。

2. 解构（deconstruction）

本环节对应于逆向工程的第一个环节，是学生对产品的组成、实现原理、技术知识等进行意义建构的过程，涉及拆解、测量、推理等行为。在机器人教学中，该环节的主要任务可分为硬件和软件两方面。硬件方面的任务主要包括分析执行部分、驱动部分、传感部分和控制部分的元件及其使用方法，分析元件之间如何协同工作。软件方面主要分析程序的基本结构和算法等。

3. 分析（analyzing）

本环节的意图在于发现已有产品的不足，或者将产品用于其他用途等。由于发明创造教学强调产品与学生已有经验的关联性，因此学生在经历“体验”和“解构”两个环节后，会发现一些新问题、提出一些新想法。故本环节需要从实际生活出发，探索产品的不足之处，并从实际生活的角度确定解决方案。

4. 再设计（redesigning）

本环节是在“分析”环节的基础上，对原有作品进行再设计，并根据重新设计的方案实现机器人作品的优化。根据实际情况和需要，结合已有作品的可改造程度，这种优化可以在已有作品的基础上进行，也可以重新制作一个新的作品原型。因此，本环节不仅要做方案设计工作，还需要根据方案完成元件

① Ogot M, Kremer G, Lamancusa J, et al. Developing a framework for disassemble/analyze/assemble (daa) activities in engineering education[J]. Journal of Design Research, 2008, 7(2): 120-135.

② 李婷婷，钟柏昌．中小学机器人教育的核心理论研究——论实验模拟型教学模式［J］．电化教育研究，2017，38（9）：96-101.

选择、硬件搭建、外形包装、程序设计等任务。

5. 测试和调试（testing and debugging）

本环节的意图与实验模拟型教学一致，需要学生根据功能需求对作品进行测试与调试，从而达到预期的目标，并确保作品的稳定性。

（二）“原始创新”阶段

“原始创新”阶段以工程设计的过程模型组织教学，同时将TRIZ创新方法渗透其中。笔者曾参考和改造了2016年美国马萨诸塞州的科学与技术/工程课程框架提出的工程设计模型①，形成了七个环节的教学模式。

1. 明确需求或问题（identifying a need or a problem）

本环节旨在发现真实问题，为学生进行创新实践创设情境。问题的选择直接关系到后续的教学。针对机器人教学，好的问题须满足四点要求：一是情境性，是现实生活和真实情境中表现出来的问题，与学生的日常生活相关；二是可行性，学生有能力对问题进行探究；三是价值性，包含丰富的科学知识；四是意义性，对学习者有用且有趣，体现出创新性，并能以实物呈现效果②。

2. 调研已有方案（investigating the existing solutions）

本环节要从问题出发，调研得到已有的解决方案。学生的任务是通过网络途径获取尽可能多的解决方案，然后对各个方案进行分析，总结出其中的核心技术、优缺点。本环节的工作有助于学生对要研究的问题产生更清晰的认识，对后续的方案设计提供借鉴，进而寻求可能的创新方案。

3. 设计可选方案（designing multiple solutions）

本环节是发明创造型教学的核心环节，学生的设计思维、对知识的综合运用能力、对创新方法的习得都发生在此环节。从教学实践的角度看，存在两种不同的操作思路。一种是利用头脑风暴，鼓励学生凭借直觉和灵感提出可能的创新方案。这种方式通常要求学生具有较高的技术基础和较丰富的制作经验，教师对学生的设想有较强判断能力的情况下使用，否则容易陷入不着边际

---

① Massachusetts Department of Elementary and Secondary Education. 2016 Massachusetts Science and Technology/Engineering Curriculum Framework[R]. Massachusetts: Massachusetts Department of Elementary and Secondary Education, 2016.

② 基思R. 剑桥学习科学手册[M]. 徐晓东，等译.北京：教育科学出版社，2010：369-374.

的“臆想”状态。另外一种思路，则可以遵循创新方法运用的一般过程开展教学。例如，首先要引导学生比较分析已有方案的优缺点，从中得到解决问题的思路或方向，即需要满足哪些基本要求或指标；然后，从这些指标出发，找到问题的关键冲突并用通用工程参数来描述，再利用冲突矩阵就可以找到相应的发明原理；接下来，学生需要逐个探讨每个原理在具体问题上如何应用和实现；最后，从中筛选最符合原始需求或问题的原理。如果找到的原理都不适用于现有问题，则要重新定义工程参数。当找到项目的创新解决方案后，学生需结合实际情况分析实施方案需要的软硬件条件。如果不具备实施的条件，则需要考虑可替代的方案或修改项目需求，最终形成一个可以实施的项目方案，并以书面的形式呈现。如有必要，教师应该为学生提供半结构化的项目方案设计模板，内容包括作品名称、结构草图、作品功能、实现方法、关键问题与创新方法的运用、创新之处、器材清单等。需要说明的是，由于学生是第一次接触TRIZ创新方法，在进行首次教学时，教师需要通过实例引导学生利用TRIZ创新方法分析问题，同时介绍发明问题解决理论在生活中的应用实例。

4. 制作原型（prototyping）

本环节要求学生利用上一环节形成的解决方案制作作品，主要分为搭建硬件结构和编写程序两方面。搭建硬件结构除了需要常用的控制器、传感器和执行器，还需要考虑外观，以确保作品的完整性和实用性。编写程序时则需要某些元件的控制方法、库函数等。此外，根据教学实践经验，我们特别主张教师应该引导学生在制作过程中养成做笔记的习惯，笔记内容可以包括遇到的主要问题、对预定设计方案的修改及原因、资料来源、心得体会等。这既是一个记录的过程，也是一个知识建构和能力提升的过程。

5. 测试与调试（testing and debugging）

本环节的意图与“微创新”阶段的教学一致，学生通过对作品进行不断的测试与调试，进而达到预期的目标，确保作品的稳定性。

6. 评价与反思（assessing and reflecting）

发明创造型教学侧重创新能力的培养，而创新是一个不断展开的实践过程，从这个意义上说，引导学生学会对作品制作结果和过程进行评价与反思是创新能力培养的关键一环。

对作品质量的评价，通常需要利用作品评价表。我们在伦祖利（Renzulli）和赖斯（Reis）1991 年开发的学生创造性评价表①的基础上，结合专家访谈和一线教师交流，设计了一个包含新颖性、实用性、观赏性等三个维度的机器人创新作品评价表。其中，新颖性包括知识上的跨学科性（或实现方法上的整合性）、功能与结构上的独特性、用户体验上的趣味性；实用性指作品功能的完善程度、作品使用的可操控性以及制作作品所耗费的资源（人力、物力）；观赏性则主要指作品制作质量和外观设计是否精美。

对作品制作过程的反思，则要求学生围绕最终完成的作品，从项目设计方案的合理性、作品制作过程中发现的问题、修改设计方案的主动性和合理性等方面进行反思。作为评价与反思的结果，应该提炼一些可以用作后期交流的文字材料，如作品制作的关键问题、方法、环节以及成功或失败的经验与体会。

7. 交流与分享（communicating and sharing）

本环节中，学生要扮演"产品推介人"或"代言人"的角色，从"顾客"需求出发，介绍作品、分享创意，并从中体会成功的快乐。具体来说，介绍作品的过程包括呈现需求或问题、陈述解决方案、阐明方案优势与亮点、演示作品、解答"学生顾客"疑问等。交流与分享过程有助于学生养成"市场意识"，促使其在创作过程中主动思考自己创作的作品是否具有分享的价值，能否获得特定人群的关注和喜欢，从而激发其成就动机，使学习与创造变为一种持续、主动的过程②。

我们之所以特别提出发明创造型教学这种模式，是因为从教学目标角度看，当前机器人教学中的模拟或模仿倾向，主要指向机器人相关的基础知识和基本技能的传授，因此可以称为基础导向的教学。与此相对，应该有一类教学是特别指向应用的，应用机器人技术开发出有实际用途的人工智能产品，为生产、生活或娱乐服务。应用导向的教学，其任务来源应该是师生发现的源自

---

① 李志鸿，周云祥．国外对学生创造力的评价技术［J］．外国中小学教育，2005（10）：23-27.

② 钟柏昌．谈创客教育的背景、本质、形式与支持系统［J］．现代教育技术，2016，26（6）：13-19.

实际生活的需求，而不是使用机器人重复再现实际生活中的某种既有的事物或现象。从本质上说，如果要求学生设计和制作的作品是从既成的参照物的模仿或模拟开始，而不是从一个实际问题的分析开始，只是对参照物作低层次的模仿或模拟，缺乏创新设计，那么这样的教学就依然是基础导向的，即通过低水平重复前人的某项工作来获得相应知识和技能的提高。只有指向真实的、多变的、未知的话题，才能走向真正创新应用的教学。目前机器人课堂中也有很多看上去很"像"应用导向但实为基础导向的教学，如要求学生制作具有灭火功能（或投篮功能、避障巡逻功能）的机器人原型系统（即模拟工业机器人或人类的某种行为）。就中小学生而言，要获得有真实需求的创作项目（项目教学），也有多种途径[①]。例如，用机器人解决学科教师布置的创造性任务；通过校园"模拟经营"，将学生需求转换为创作项目；调查学校社团的不同宣传需求并设计文创项目。

就目前来看，中小学范围内的此类教学实践成果较为罕见。一个比较典型的案例是温州中学的创客团队开发的一个作品。为给迎新晚会增加酷炫色彩，他们在一个舞蹈节目中，尝试采用 Arduino 和全彩 LED 灯为 5 位演员设计了一场人体灯光舞蹈秀。在舞蹈过程中，穿戴在演员身上的 LED 灯彩带能够随着音乐的节拍自动亮灭形成动感组合效果（图 2-4）。

图2-4 温州中学学生人体灯光秀（指导教师：谢作如、刘正云）

① 钟柏昌．学校创客空间如何从理想走进现实——基于W中学创客空间的个案研究［J］．电化教育研究，2015，36（6）：73-79．

可见，发明创造型教学触及创客教育的本质。通常认为，创客教育是技术支持下的以培养学生创新实践能力为导向的整合教育。创客教育要持续健康发展，以发明创造型教学为指导，无疑是必要的。需要注意的是，本教学模式对教师和学生的创新意识与技术水平都有较高要求，需要在学生掌握了较为扎实的机器人知识和技能的基础上开展，如条件许可还可延伸到校园创客空间中进行作品创作与完善。也正因为此，我们特别强调创客教育的开展必须要有机器人课程作为先修课程。

五、从 4I 教学模式到 5I 教学模式

总体而言，上述四种教学模式将机器人视为学习的内容或对象，让学生在完成学习任务、制作物化成果的过程中提升自身的知识与技能水平。随着新一代信息技术与教育的不断融合，机器人支持的学科教学实践也在持续增多。为此，我们对机器人角色进行了重新定位，提出交互学习型教学，进而将 4I 教学模式拓展为 5I 教学模式。相比其他四种教学模式，交互学习型教学将机器人作为学习的工具或伙伴，旨在让学生通过与机器人交互完成学习任务，实现知识和技能的提高。

为进一步厘清五种教学模式的联系与区别，我们从价值定位、教育目标、学习任务、物化成果等维度出发，描述了五种机器人教学模式的基本特点。每一类模式均有其存在的价值和适用范围（表 2-1），但后四种教学模式更能体现机器人教育的核心价值。遗憾的是，就目前中小学机器人教育现状来看，后四种教学模式未获得重视和广泛实践。希望关于 5I 教学模式的研究能够为中小学机器人教育的健康发展提供新的指引。

表 2-1 机器人 5I 教学模式汇总

	实验模拟型	趣味交互型	科学探究型	发明创造型	交互学习型
价值定位	通过机器人模仿（learning to imitate via robot）	通过机器人交互（learning to interact via robot）	通过机器人探究（learning to inquire via robot）	通过机器人创造（learning to invent via robot）	通过机器人交互（learning STEM by interacting with robot）

续表

	实验模拟型	趣味交互型	科学探究型	发明创造型	交互学习型
教育目标	重在基础（“双基”）的掌握	基础与应用并重	基础与应用并重	重在知识应用与创新实践	重在基础（“双基”）的掌握
学习任务	模仿设计产品原型	设计趣味交互系统	设计科学实验	开发创意作品	完成与机器人交互的学习任务
物化成果	一般为具有自主控制功能的机器人	机器人联机交互系统	机器人科学实验装置	一般为具有自主控制功能的机器人	无

第三节　实践研究案例

本节集中展示了我们在浙江温州和江苏无锡等地开展机器人教学实验的过程中设计和开发的部分优秀教学案例。这些教学案例按照主题可以分为四大类别：小车驱动类、科学探究类、趣味交互类和交互学习类。从前述5I教学模式的分类看，这四大类别的教学案例基本覆盖了五种教学模式，其中第一类包含了实验模拟型教学和发明创造型教学，第二类为科学探究型教学，第三类为趣味交互型教学，第四类为交互学习型教学。前三类的每个案例均采用项目化教学形式展开，内容结构基本相同，主要包括项目背景介绍、项目方案设计、硬件组成与搭建、程序编写、拓展应用、教学实践、教学反思等七个部分，较好地体现了我们所倡导的聚类化教学设计思想①。第四类是有关国际范围内基于机器人开展的交互学习的研究综述和代表性案例。

一、小车驱动类教学设计与反思

本部分主要包括三个案例，均与小车平台有关，分别为自动跟踪小车（主要利用超声波传感器和红外传感器控制小车跟随人）、巡线挑战赛（主要利用巡线传感器实现小车在复杂路线上的巡线运动）和障碍停车挑战赛（主要利

① 钟柏昌，李艺．信息技术课程内容组织的三层架构［J］．电化教育研究，2012，33（5）：17-21.

用超声波传感器实现精准停车）。

（一）“自动跟踪小车”教学设计与反思①

目前，小车是中小学机器人教学的一个主要载体。然而，有关以小车为载体的教学，往往局限于避障小车、巡线小车、防跌落小车等，这些单一性、重复性、缺乏趣味性的内容，既没有体现机器人蕴含的教育价值，也不能很好地激发学生的探究欲望和创新意识。本课以自动跟踪小车为例，让学生综合运用所学的知识和技术制作有创意的机器人作品，培养学生利用 Arduino 设计智能小车的能力。

1. 选题背景

自动跟踪是连续跟踪并测量运动目标轨迹参数的系统，它由位置传感器、信号处理系统、伺服系统和跟踪架等部分组成。目前，人们一般采用较为复杂的算法来实现自动跟踪，如质心跟踪算法、相关跟踪算法、相位相关算法、多目标跟踪算法、边缘跟踪算法、组合跟踪算法等②。显然，这些算法在教学中不易实现。考虑到教学的可行性，本课采用具有测障功能的传感器来实现小车的自动跟踪功能。基本思路是：利用两个红外传感器检测人或者物体移动的方向，决定小车的左转和右转；利用超声波传感器检测小车与物体之间的距离，根据检测出的距离决定小车的前进、后退或者停止。因此，利用传感器实现自动跟踪是本课的教学重点和难点。

2. 方案设计

基于以上利用传感器实现小车自动跟踪功能的思路，首先对教材和学生情况进行分析，然后确定教学目标，最后设计小车自动跟踪的方案。

（1）教材与学生情况分析

本课是自编教材《Arduino 创意机器人》中第三章“智能小车”的第七课，主要涉及红外传感器和超声波传感器两种器件，并通过这两种器件的组合应用制作出自动跟踪小车，最后从自动跟踪、小车、传感器等多个角度，引导

---

① 本案例作者：张丽芳（太原西苑小学），谢作如（温州中学），钟柏昌。

② 杨超华．基于 LABVIEW 和 MATLAB 混合编程技术的视频运动目标检测与跟踪方法研究［D］．南京：南京理工大学，2013：10-18.

学生产生更多的创意。本课的教学对象是初一学生。通过前面几节课的学习，学生已经熟练掌握ArduBlock软件的使用、机器人的搭建等内容，掌握了传感器的一般使用方法，掌握了L298电机驱动的一般方法，并且具备了一定的编程能力。本课设计的自动跟踪小车，主要目的是让学生综合运用所学的机器人知识和技术制作一些有创意的机器人作品，提高学生利用Arduino制作智能小车的能力。

（2）教学目标

① 知识与技能

了解一些常见的自动跟踪技术；掌握利用传感器技术实现自动跟踪的原理。

② 过程与方法

经历编写、下载程序的过程，体验现代控制中软件、硬件结合制作自动跟踪功能小车的方法；通过自动跟踪小车实验，体验软件、硬件结合的调试方法。

③ 情感态度与价值观

感受机器人的魅力，激发学习和探索机器人的热情，提高综合应用所学知识制作机器人作品的能力。

（3）可选方案的设计与选择

基于以上分析，笔者初步设计了五种自动跟踪小车的方案（表2-2）。

表2-2　自动跟踪小车方案（预设）

方案名称	方案内容	器材	编程知识	备注
方案一	利用红外传感器和超声波传感器实现小车的自动跟踪功能。其中，红外传感器用于检测人移动的方向（左转或者右转），以控制小车做相应的转向；超声波传感器用于检测小车与人或者物体的距离，并根据检测的距离控制小车的前进、后退和停止	Romeo控制器、红外传感器、超声波传感器	选择结构、且运算	简单、易实现

续表

方案名称	方案内容	器材	编程知识	备注
方案二	利用超声波传感器和舵机实现小车的自动跟踪功能。其中，超声波传感器用于检测小车与物体的距离以控制小车的方向；舵机用于控制超声波传感器 180° 范围内扫描小车与物体的距离	Romeo 控制器、超声波传感器、舵机	选择结构、当型循环、变量	程序复杂
方案三	利用遥控器和红外接收头实现小车的自动跟踪功能。其中，遥控器用于发出小车前进、后退等指令；红外接收头用于接收遥控发出的指令，并根据接收的指令控制小车方向	Romeo 控制器、遥控器、红外接收头	字符串、选择结构、串口输出	学生对字符串暂未接触
方案四	利用语音模块实现小车的自动跟踪功能。语音模块用于接收人发出的指令，并根据接收的指令控制小车方向	Romeo 控制器、语音模块	库函数、字符串、选择结构	语音模块有误差
方案五	利用摄像头实现小车的自动跟踪功能。摄像头用于捕捉人体移动的方向，并以此控制小车方向	Romeo 控制器、无线摄像头	文本编程	程序复杂

备注：除了表中列出的核心器材，还有一些器材也是要用到的，如 USB 数据线、380 V 的接线（3P 线）等。

综合五种方案的不同特点，本课最终采用方案一作为教学的基本内容，主要原因如下。

第一，从硬件搭建的角度来看，方案一只涉及学生已经掌握的红外传感器，而其他的方案有的涉及语音模块，有的还涉及舵机模块。本课的目的主要是让学生综合利用所学的机器人知识和技术，制作有趣的机器人作品，所以呈现给学生的应该是学生所熟悉的硬件。

第二，从程序编写的角度来看，方案一涉及的编程知识是比较简单的选择结构和且运算，其他三种方案还涉及变量、字符串等知识。

第三，从自动跟踪的角度来看，方案一中的小车根据自带的传感器便可以实现自动跟踪功能，而其他的方案还需要外界的辅助才能实现自动跟踪，如方案二需要用到舵机，方案三需要用到遥控器，方案四需要用到语音模块，方案五还需要用到摄像头。后面的四个方案虽然可以实现自动跟踪，但是还需要外界信号的输入，显然有些笨拙，没有实现自动化、智能化。

第四，从学生的角度来看，通过前面的学习，学生对机器人已经产生了浓厚的兴趣，掌握了传感器的一般使用方法，并具备了一定的编程能力，但缺乏综合应用所学知识和技术设计机器人作品的能力，所以呈现给学生的硬件、算法等最好是学生已经掌握或者熟悉的。

3. 硬件组成与搭建

自动跟踪小车需要用到的硬件器材有Romeo控制器（1）、MiniQ小车（2）、USB数据线（1）、红外传感器（2）、超声波传感器（1）、电源（1）以及3P线（若干）。

（1）MiniQ小车

本课使用的小车是DFRobot出品的MiniQ小车[①]（图2-5）。MiniQ小车是一款专门为教育设计的小型轮式机器人，具有外观小巧、功能强大等特点，且不需要搭建专门的机器人教学场地，非常适合作为学生学习和娱乐的工具。使用这款小车时，学生不需要懂太多的电子电路知识，只需要用USB数据线连接电源和小车，并编译一些简单的指令对小车进行控制。这款小车完全兼容Romeo控制器，配合该控制器与一些传感器，可以搭建很多不同功能的小车。此外，还可以通过三维打印机给小车打印不同风格的外壳，制作自己喜欢的造型。

图2-5　MiniQ小车

（2）红外传感器

本课采用了DFRobot出品的红外传感器，它是一种集发射与接收于一体的光电开关传感器，具有探测距离远、受可见光干扰小、价格便宜、易于装

① mini两轮自平衡机器人底盘[EB/OL].[2014-08-03]. https://www.dfrobot.com.cn/goods-468.html.

配、使用方便等特点，可以广泛应用于机器人避障、互动媒体、工业自动化流水线等众多场合。该传感器的有效距离是 0~80 cm，在其有效距离范围内输出的是数字信号，即探头前方检测到障碍物输出 0（低电平），没有检测到障碍物输出 1（高电平）。在实际应用中，可以通过调节传感器的电位器控制检测距离。

（3）超声波传感器

本课采用的超声波传感器是 HC-SR04 超声波传感器，它基于声呐原理，通过监测发射一连串调制后的超声波及其回波的时间间隔来计算传感器与目标物体间的距离值。其性能比较稳定，测量距离精确，探测距离为 2~450 cm，感应角度不大于 15°。在使用 HC-SR04 超声波传感器时，应先将其插在电路板上再通电，避免产生高电平的误动作，如果产生了高电平的误动作，重新通电即可解决。该传感器的引脚定义，如表 2-3 所示。

表 2-3　HC-SR04 超声波传感器引脚定义

引脚	说明
VCC	电源 +5 V 输入
GND	电源地线
Echo	超声波接收端
Trig	超声波发射端

（4）硬件搭建

① 将两个红外传感器固定在支架上面，即支架左边一个传感器，右边一个传感器（使用支架的目的是方便学生区分左、右两个传感器以及判断人移动的方向）。然后，将两个传感器分别接在 Romeo 控制器的数字引脚上面，同时记录连接到数字引脚的引脚号，如左、右两个传感器分别接在数字引脚 10 和 11 上面（图 2-6）。

② 将 HC-SR04 超声波传感器的四个引脚分别接在 Romeo 控制器的 VCC、GND 以及两个数字引脚上，同时记录其数字引脚号，如 Echo 接在了数字引脚

8，Trig 接在了数字引脚 9 上（图 2-6）。

③ 将 MiniQ 小车的两条电机线分别接在电机接线柱 M1 和 M2 上，一般黑线接 GND，红线接 VCC，同时将电源接在外接电源接线柱上（图 2-6）。

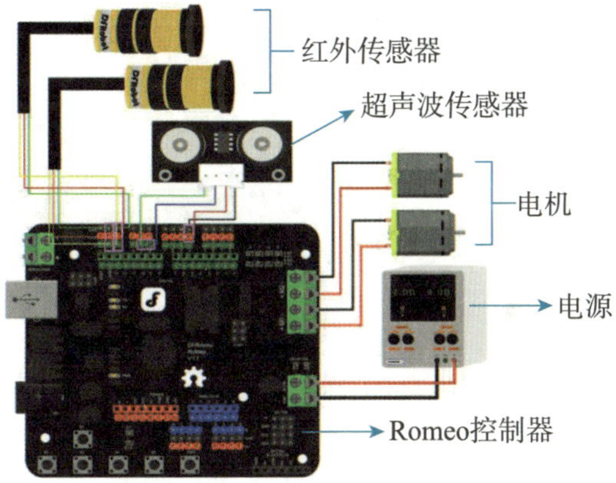

图 2-6　硬件接线图

4. 程序编写

本课采用的编程环境是图形化编程软件 ArduBlock，该软件中有专门的 Romeo 电机驱动模块、超声波模块，只要拖动相应模块就可以编写程序，自动跟踪小车的参考程序如图 2-7 所示。

5. 拓展应用

通过本课的学习与动手操作，学生掌握了用红外传感器和超声波传感器制作自动跟踪小车的方法。在本课的基础上，我们可以从不同的角度引导学生进行知识迁移和延伸，充分发挥他们的想象力和创造能力，制作一些有创意的作品。例如，在小车的自动跟踪功能方面，可以设置当小车找不到指定跟踪的人时播放特定的声音，或者当指定的人行走速度太快时发出声音警报等；在硬件选用方面，学生可以利用声音传感器和 MP3 模块制作声控音乐小车等；在自动跟踪作品类型方面，学生可以制作自动跟踪风扇、自动跟踪 LED 灯等；在小车造型方面，学生也可以根据自己的创意实现不同的小车造型。

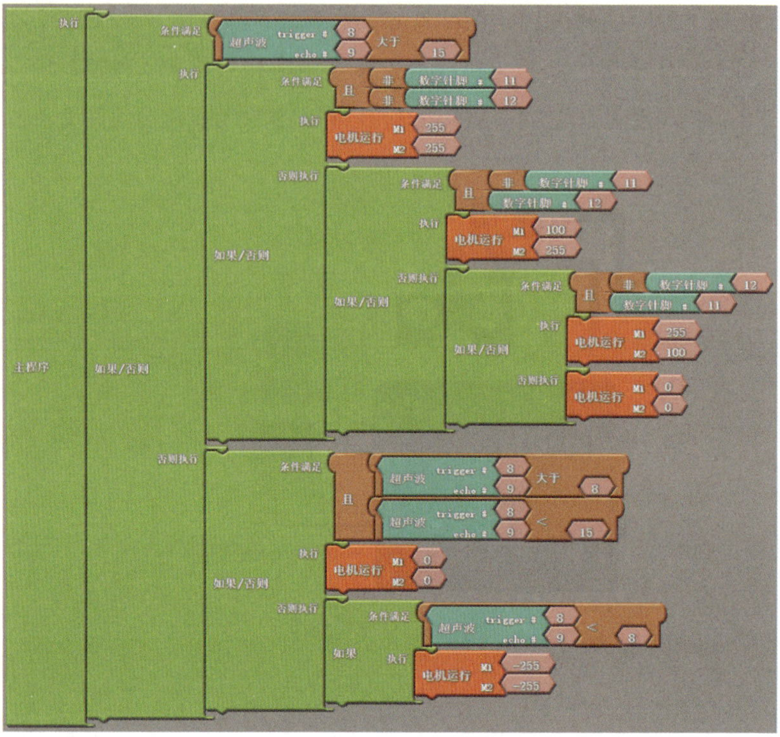

图 2–7　自动跟踪小车的程序

6. 教学实践

本课主要包含四个教学环节：温故知新，导入新课；抛出疑问，分析问题；搭建硬件，编写程序；拓展提升，课堂总结。

（1）温故知新，导入新课

在上课前，先带领学生回顾上一节课所学的内容，即避障小车，然后向学生抛出一个问题："除了超声波传感器，所学的其他传感器能否实现小车的避障功能呢？" 学生的回答可能五花八门，如数字防跌落传感器、红外传感器、触碰传感器等。接着继续向学生提出一个问题："这类传感器除了可以实现小车的避障功能，还可以实现哪些功能？" 并让学生以小组的形式展开讨论，一段时间之后，请各个组阐述并记录他们的想法，如有学生提到自动变速小车等。如果学生的回答未涉及自动跟踪小车，可以给学生一些提示："既然小车能够避障，那么能否让小车自动跟着障碍物移动呢？" 在引出"自动跟踪"之后，出示案例主题"自动跟踪小车"。

（2）抛出疑问，分析问题

在这一环节，先给学生介绍当前一些主流的自动跟踪技术和原理，然后引导学生小组讨论“如何利用所学的机器人知识和技术实现小车的自动跟踪功能，需要哪些传感器”，让他们大胆说出想法并尝试实现。此时可以给学生一些提示，如利用传感器检测人或者障碍物前进、后退、左转和右转等。经过讨论之后，初步得出需要用到的传感器是两个红外传感器或者两个数字防跌落传感器，这两个传感器用于检测人或者物体左转和右转。由于数字防跌落传感器的有效距离只有10 cm，如果人或者障碍物与小车的距离大于10 cm，则无法实现小车的自动跟踪功能，所以选取了红外传感器。然后继续向学生抛出问题“小车如何根据人或者障碍物前进或者后退实现自己前进或者后退”，让学生以小组为单位继续讨论，并给学生一些提示，如根据小车与人或者障碍物的距离实现前进或者后退等。经过讨论之后，得出可以使用超声波传感器来实现。

经过上述讨论之后，与学生一起整理自动跟踪的思路：如果小车与人或者障碍物的距离大于15 cm，并且两个传感器同时检测到物体，此时小车前进；如果小车与人或者障碍物的距离大于15 cm，并且左边传感器检测到物体，右边传感器没有检测到物体，此时小车左转；如果小车与人或者障碍物的距离大于15 cm，并且左边传感器没有检测到物体，右边传感器检测到物体，此时小车右转；如果小车与人或者障碍物的距离大于8 cm且小于15 cm，此时小车停止；如果小车与人或者障碍物的距离小于8 cm，此时小车后退。

自动跟踪小车的思路清晰之后，引导学生将上述自然语言转化为流程图（图2-8）。

（3）搭建硬件，编写程序

首先，演示红外传感器、超声波传感器与Romeo控制器的连接以及自动跟踪小车程序的编写。然后，让学生自己搭建硬件并编写程序。这里要提醒学生，Romeo控制器的电机驱动占用了数字引脚4、5、6和7，在连接传感器与Romeo控制器的时候，应该避开这几个引脚。学生在上传程序观察作品效果时，可能会发现并未实现小车的自动跟踪功能，此时可以让学生从不同的角度（如红外传感器的检测距离、不同的程序设置等）对小车进行调试。

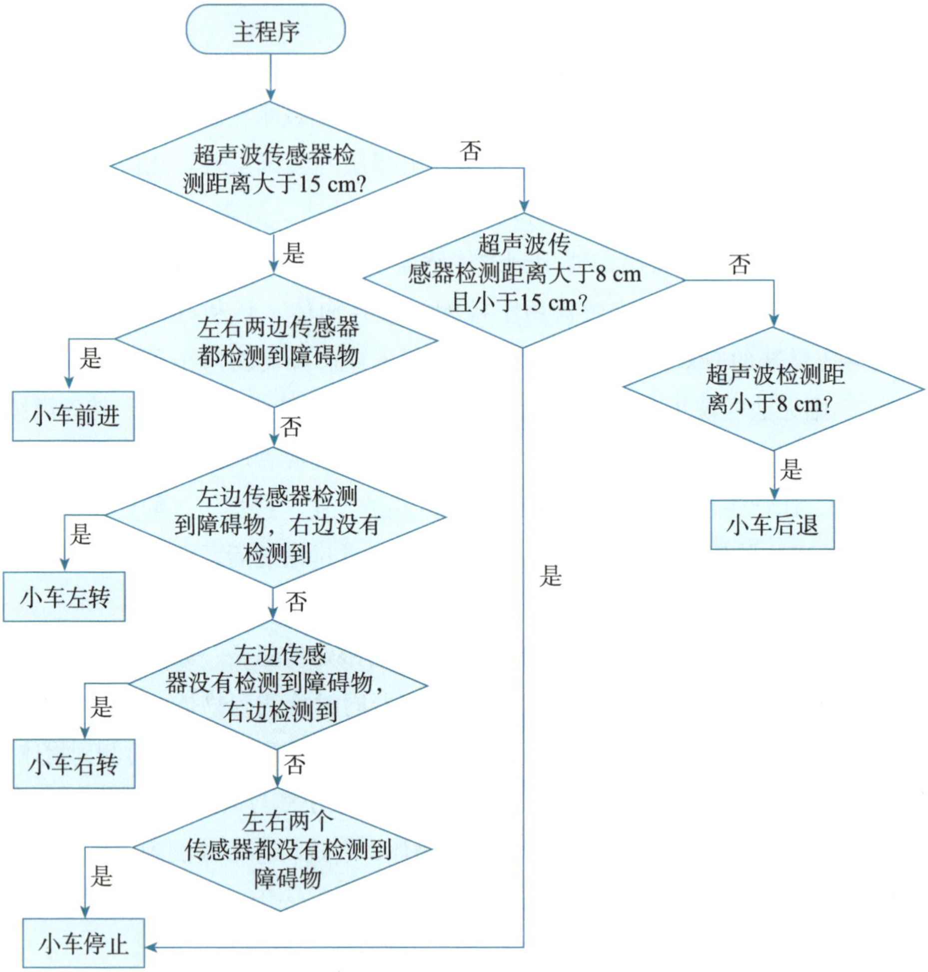

图 2-8　自动跟踪小车流程图

（4）拓展提升，课堂总结

学生完成任务后，教师从机器人造型、功能、算法等方面对学生的作品进行评价。此外，还有部分学生在完成以上任务时，提出了自己的想法并且写了详细的实现步骤，以下是两组学生的创意想法。

其中一组学生将他们的小车取名为“追着宠物奔跑的小车”，初步想法是：在小车身上安装红外接收管，在宠物身上安装红外发射管，当红外接收管接收到信号时，小车沿着红外接收管的方向移动。这里要特别注意的是，不管是在小车还是宠物上面，都要安装多个接收管和发射管。另外一组学生将他们的小车取名为“智能颜色识别小车”，初步想法是在小车上方安装颜色识别传感器，使得小车自动跟着指定颜色的人或者物。遗憾的是，由于课堂时间有限，学生并未实现其想法。

最后，教师对本课进行了总结：机器人课程不仅只是让我们掌握机器人的知识和技术，还要让我们综合应用所学的知识和技术制作一些有创意、有趣的智能人造物，或者解决日常生活中存在的一些问题。

7. 教学反思

在本课中，虽然部分学生比较安静、不活跃、参与度比较低，但是从学生掌握的角度看，大部分学生实现了小车自动跟踪的功能，部分学生还增加了其他功能，如小车停止时蜂鸣器报警、通过三个红外传感器使小车的自动跟踪功能更加完善等。培养与锻炼学生的探究精神与动手能力正是开设机器人课程的价值所在，而学生的兴趣则是培养探究精神、动手能力的前提。教师认为，本课基本成功地激发了学生综合运用所学知识和技术制作机器人作品的兴趣。除此之外，教师还对教学中的其他方面进行了总结。

（1）以旧知为起点，鼓励学生设计创造

本课以回忆“避障小车”创设情境，让学生思考“还可以利用哪些传感器实现小车的避障功能”“这些具有避障功能的传感器还可以制作哪些有趣的机器人作品”等问题。然后利用这些传感器进行个性化创作，以制作自动跟踪小车为例，既巩固了所学的知识和技术，又激发了学生的学习兴趣。

（2）以传感器为辅助，讲解自动跟踪技术

本课在讲解自动跟踪技术之前，让学生进行大胆实验，尝试实现自动跟踪功能，建构对于自动跟踪的感性认识。然后通过教师的提示，变抽象为形象，让学生能够直观地感受自动跟踪技术，并能自主分析出可以利用哪些传感器实现自动跟踪功能，帮助学生更好地理解自动跟踪的原理，由感性认知上升为理性认识，从而突破了教学重难点，也为进一步探究自动跟踪打下了良好的基础，有利于学生更好地利用传感器技术实现小车的自动跟踪功能。

（二）“巡线挑战赛”教学设计与实践①

机器人巡线赛在青少年机器人比赛中占有很大比重，如国际奥林匹克机器人大赛（IRO）中的常规赛、青少年机器人世界杯（RCJ）中的搜救、中国科协的机器人综合技能比赛、RoboRAVE 国际机器人大赛中的巡线挑战赛等。本课是第一届 RoboRAVE 国际机器人大赛亚洲公开赛前期极限工作坊的课程内容，在 RoboRAVE 巡线挑战赛的基础上，通过生动有趣的情境创设，在掌握巡线传感器使用的基础上，引导学生根据实际场地图进行编程、测试、调试。

1. 方案设计

（1）学生情况分析

极限学习工作坊课程以巡线挑战赛为基本目标，旨在通过课程的开设，最大程度挖掘学生学习机器人课程的潜力，激发其学习兴趣。课程时长 2 天，最后一天下午在班级内部及班级之间以循环淘汰的方式进行比赛。

本课的教学对象是来自全国各地的小学生，以重庆贝尔机器人编程中心、昆明未来机器人俱乐部、常州市武进区湖塘桥实验小学、常州市虹景小学、常州市武进区星辰实验学校的学生为主，学段在四年级到六年级之间，班级人数 25 人，学生有一定的机器人学习经历。

（2）教学目标

① 知识与技能

了解“之”字巡线原理；了解实现巡线小车过路口的一般方法。

② 过程与方法

通过编程、测试、调试小车，了解巡线挑战赛的一般过程。

③ 情感态度与价值观

通过比赛，体验积极主动参与机器人学习的乐趣。

（3）可选方案的设计与选择

本次巡线挑战赛分为资格赛与正规赛两部分。正规赛小车的巡线路径为：沿黑线行走——遇到丁字路口转弯到直线赛道上——沿黑线行走到起点。

① 本案例作者：刘正云（南通大学附属中学），张卫，钟柏昌。

比赛难点在于小车遇到丁字路口原地转身进行处理的过程。教师针对“遇到丁字路口”及“成功转身”两种情况，初步设计了以下四种方案（表 2-4）。

表 2-4　正规赛小车转身思路

类别	方案名称	方案描述	主要器材	方案细节	优缺点
丁字路口	方案一	使用巡线传感器进行判断	Romeo 控制器、MiniQ 小车、外接电源、巡线传感器	当左、右巡线传感器同时检测到黑线，说明小车遇到丁字路口	简单便捷，不需要增加传感器
丁字路口	方案二	使用触碰传感器进行判断（检测丁字路口前方的卸货塔）	Romeo 控制器、MiniQ 小车、外接电源、巡线传感器、触碰传感器	当触碰传感器检测到障碍物（卸货塔），说明小车走到了丁字路口	触碰传感器负责丁字路口检测，准确高效，但会增加电路搭建及编程的难度
成功转身	方案三	使用延时控制转身角度	Romeo 控制器、MiniQ 小车、外接电源、巡线传感器（触碰传感器）	当小车遇到丁字路口时，小车原地转圈，调整延时时间，使小车转到直线赛道上	程序简单，调试复杂，可移植性不强
成功转身	方案四	使用循环判断控制转身角度	Romeo 控制器、MiniQ 小车、外接电源、巡线传感器（触碰传感器）	小车遇到丁字路口，原地转圈（或后退一段距离再原地转圈）。转多长时间由左、右传感器检测到的黑白线状态决定	程序比较复杂，控制精准，可适应性强

比较以上四种方案，各有优劣。从学习内容的难度来看，方案一只涉及巡线传感器，相对简单；方案二在巡线传感器的基础上增加了触碰传感器的使用，有一定难度。但由于前面课程讲过避障小车的具体操作，适应能力强的学生可结合避障小车及简单巡线小车的内容，使用方案二对丁字路口进行判断。因此，在丁字路口环节，教师提供两种思路供学生选择。方案三比较简单，作

为小车成功转身环节的必讲方案；方案四作为方案三的拓展提升，对学有余力的学生进行重点讲解。

2. 硬件组成与搭建

巡线挑战赛用到的硬件器材包括器材：Romeo 控制器、MiniQ 小车、2 个 Mini 巡线传感器、USB 数据线、触碰传感器（可选）。

（1）Romeo 控制器

本课采用的主控板是由 DFRobot 出品的 Arduino Romeo V1.3，该控制器采用 UNO 主控板。

（2）Mini 巡线传感器

本课采用的 Mini 巡线传感器（图 2-9）以稳定的 TTL（time to live）输出信号帮助机器人进行白线或者黑线的跟踪（可以检测白背景中的黑线，也可以检测黑背景中的白线），遇到黑线输出低电平，遇到白色输出高电平。

（3）触碰传感器

本课采用的触碰传感器（图 2-10）是一个利用接触片实现检测触碰功能的电子部件，主要用于检测外界触碰情况。例如：行进时，用于检测障碍物；走迷宫时，用于检测墙壁等。触碰传感器是一种数字传感器，碰到障碍物时，返回值为 0，同时触碰传感器上的 LED 灯会点亮；否则返回值为 1，LED 灯熄灭。

图 2-9　Mini 巡线传感器

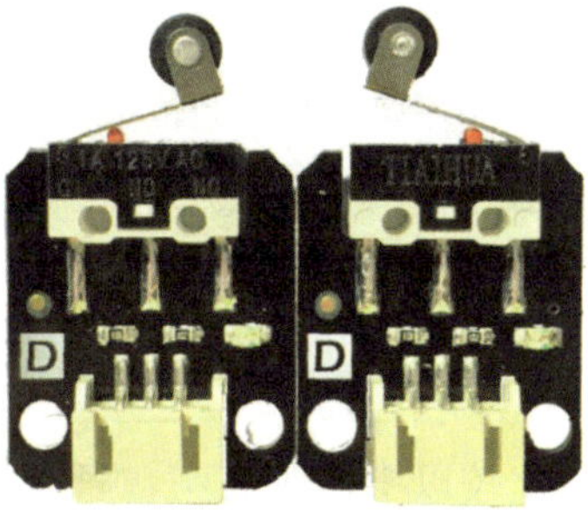

图 2-10　触碰传感器

（4）硬件搭建

根据教学流程，硬件搭建分为三个环节。

第一个环节是资格赛，使用一个巡线传感器完成巡线任务，需要将一个巡线传感器接在 Arduino 主控板的数字引脚，如数字引脚 2（图 2-11）。

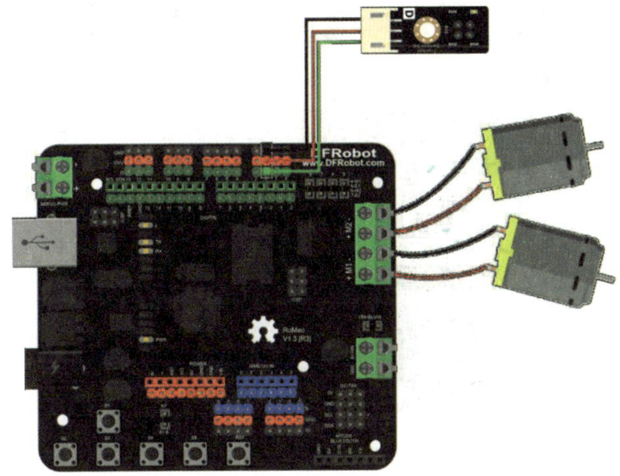

图 2-11　资格赛连接示例图

第二个环节是正规赛，使用两个巡线传感器完成巡线任务，需要将两个巡线传感器接在 Arduino 主控板的数字引脚，如数字引脚 2、3（图 2-12）。

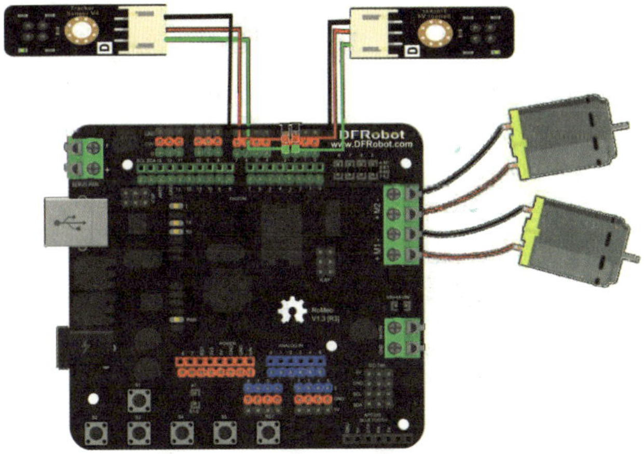

图 2-12　正规赛连接示例图

第三个环节是使用触碰传感器对丁字路口检测进行完善。此时需要将触碰传感器接在 Arduino 主控板的数字引脚，如数字引脚 11（图 2-13）。

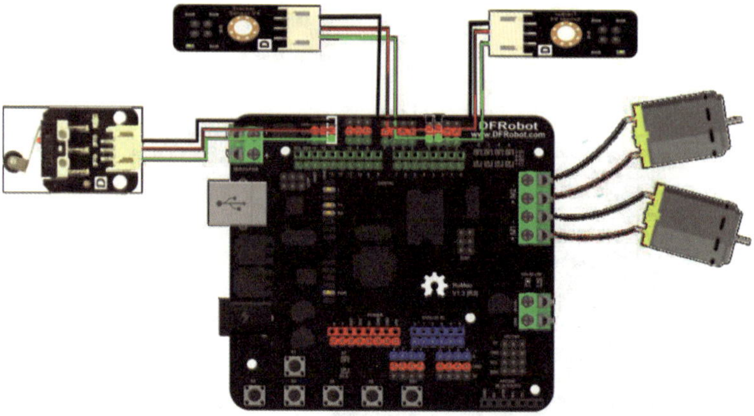

图 2-13　正规赛改善连接示例图

3. 程序编写

本课采用的编程环境是图形化编程软件 ArduBlock。

巡线挑战赛程序主要包括以下三部分。

第一部分，使用一个巡线传感器，利用“之”字巡线法完成巡线任务。小车的巡线传感器位于靠近黑线的左侧（图 2-14）。在完成巡线任务时，巡线传感器若是检测到黑线，小车左转；若是检测到白色地板，小车右转；如此不断反复。整个过程中，小车按照“之”字路线前进。这种巡线法对摆放小车的初始位置有要求，巡线传感器要靠近黑线或者正好在黑线上才行。

图 2-14　“之”字巡线法示意图

参考程序如图2-15所示，具体参数可以根据实际情况进行调整。

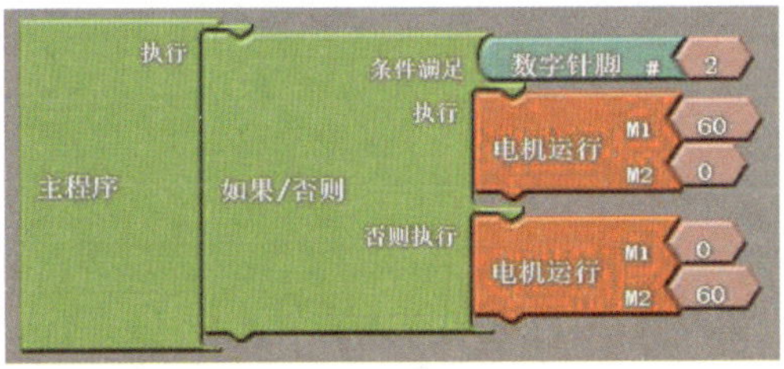

图2-15　“之”字巡线法的程序

第二部分，使用两个巡线传感器完成巡线任务，包括基础巡线、检测到丁字路口转身回到直线赛道上、再次基础巡线到原点。使用方案一和方案三组合，编写程序。参考程序如图2-16所示，具体参数以实际情况为准。

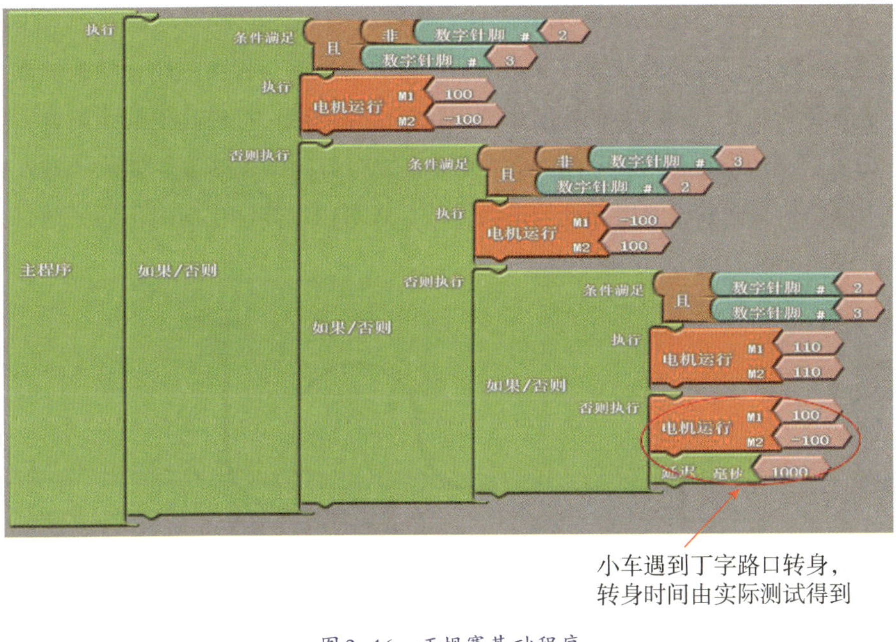

图2-16　正规赛基础程序

第三部分，在第二部分的基础上，使用方案二和方案四的组合对程序进行改进，在引入触碰传感器进行丁字路口判断的同时，使用循环语句控制转身角度，减少失败的可能性。参考程序如图2-17所示。

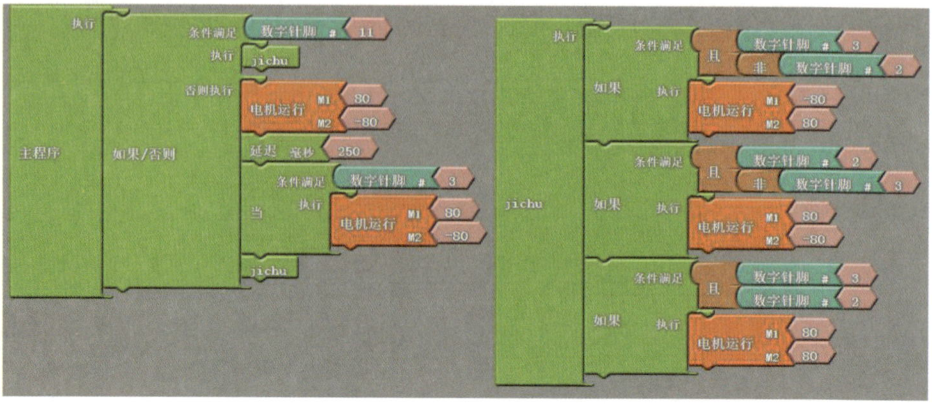

图 2-17　正规赛提升程序

4. 拓展应用

本课旨在通过巡线挑战赛的方式，增强学生对小车巡线过程的进一步理解。在此过程中，可以对本课的内容进行横向及纵向的延伸，以促进学生知识迁移与转化。例如：多种传感器结合，解决丁字路口检测问题；除教师重点讲解的转身方式，鼓励学生提出多种途径解决该问题；提供其他巡线场地（图 2-18），与学生一起分析场地、分解任务、编写与调试程序等。如此，不仅可以引导学生掌握本课所用场地的巡线挑战，还可以提高学生面对不同场地时分析、解决问题的能力。

图 2-18　升级版场地示意图

5. 教学实践

本课包括四个教学环节：创设情境，引入赛制；合作学习，突破重点；整合完善，成就自我；拓展提升，课堂总结。

（1）创设情境，引入赛制

本环节主要通过情境创设（使用机器人模拟未来世界中的自动驾驶载重

汽车，这些汽车可以自动沿着规划好的轨迹将货物从仓库运送到卸货码头，然后返回仓库），引入比赛机制，激发学生探究思考、动手实践的兴趣。场地示意图如图 2–19 所示。

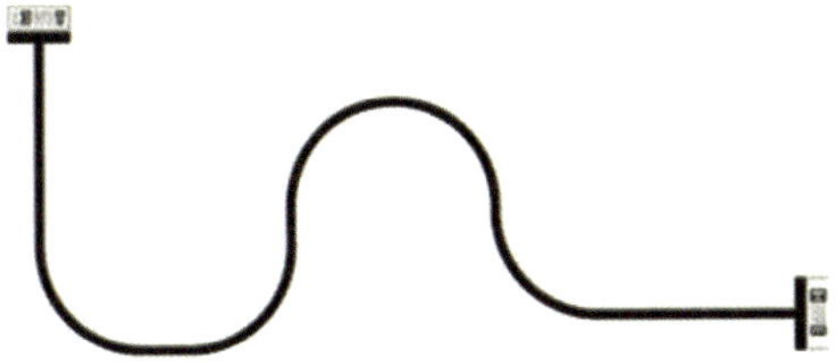

图 2–19　场地示意图

本次比赛由资格赛和正规赛两部分组成，两场比赛共用上述场地。

资格赛要求：两人一组，用一个巡线传感器控制小车，使其沿着黑线从起点移动到终点（塔前），不限时间和次数，成功完成任务即可获得正规赛的参赛资格。

正规赛要求：裁判员发令后，小车在起点出发，沿黑线到前方丁字路口，掉头回来，再沿黑线回到起点即可（只要到达起点位置，可以越过起点，也可以停止或转弯）。

正规赛一共两轮，每轮按照评分表（表 2–5）进行打分，最后取最高得分作为最终成绩。

表 2–5　巡线挑战赛评分表

参赛成员：________________　　　　组别：________

事项	分值	完成情况	得分
离开起点	15		
到达丁字路口	25		
转身并巡线返回	35		
成功回到起点	25		
完成任务时间	每秒减 1 分		
总分			

（2）合作学习，突破重点

本部分主要分三个步骤进行。

步骤一：学生使用一个巡线传感器编程并完成资格赛。教师在黑板上具体讲解“之”字巡线法的原理与实现过程。学生运用“之”字巡线法编写并调试程序。这个过程中，教师可特别提醒学生小车的初始摆放位置。

步骤二：两人一组，根据上节课的内容，回忆并编写使用两个巡线传感器进行简单巡线的程序，可在场地图上进行测试。若小车能一直运行到丁字路口前，表示该任务完成。

步骤三：教师抛出问题：“如何表示小车检测到丁字路口？小车到达丁字路口后要进行什么运动？”学生讨论并回答（两个巡线传感器同时检测到黑线，表示到达丁字路口；到达以后，小车需转身返回）。教师在学生讨论的基础上，鼓励其根据讨论结果编程、测试并发现问题（主要问题：小车转身时间需经过不断测试得到）。

（3）整合完善，成就自我

本部分主要是对小车遇到丁字路口及成功转身的情况进行完善。

教师在上一环节的基础上，鼓励学生使用已经学过的知识（触碰传感器）解决丁字路口检测问题（触碰传感器检测到丁字路口前方的卸货塔），引导学生使用多种方法解决问题。

同时，针对转身角度难以精准的问题，鼓励学生使用循环语句进行准确控制。将整个程序分为两大部分，以触碰传感器检测到卸货塔为分界点：检测到（遇到丁字路口）之前，小车进行基础巡线；检测到之后，小车原地转圈一定时间，使其处在图 2-20 中的红色方框位置（转圈时间不需要特别精准，只要满足小车处于红色方框即可）。此时对小车右边的传感器进行判断，当该传感器遇到黑线时，小车不再转圈，表明小车已经回到黑线上，可以继续执行基础巡线的程序。由于基础巡线程序使用了两次，故可将其作为子程序进行调用，小车转身程序如图 2-21 所示，基础巡线子程序如图 2-22 所示。

学生以小组为单位，调试、修改参数、完善程序并参加正规赛。

图2-20　整合完善分析示例图

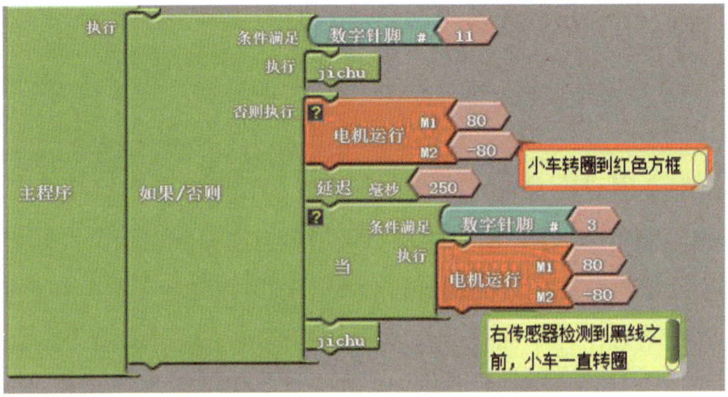

图2-21　小车转身程序

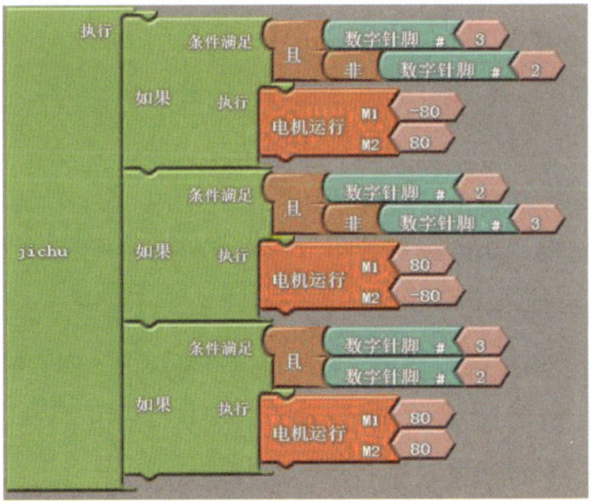

图2-22　基础巡线子程序

（4）拓展提升，课堂总结

为进一步加强学生的理解，可引导学生使用其他方式完善上述程序，也可提供其他场地示意图供学生思考探究。同时，为了方便学生总结本课的所学所想，教师为学生提供一份表格作参考（表 2-6）。

表 2-6 巡线挑战赛心得表

心得	方法一	方法二	方法三
丁字路口判断			
成功转身			

最后，对本课进行总结：小车巡线挑战赛看似复杂，但其原理及编程控制都很简单。我们学习本课的目的，不仅是参与比赛取得一个良好的成绩，更重要的是学会对项目的运行流程进行分析、分解并逐步完成。在不断调试中，提高逻辑思维能力；在不断优化完善中，提高解决问题的能力。因此，学习 Arduino 机器人并不只是学习机器人知识，更希望大家在学习机器人课程后，逻辑思维能力及解决问题能力有所提高。

6. 教学反思

本课有具体赛制，教学对象是四到六年级的学生。该年龄阶段的学生，参与比赛的积极性高，但分析解决完整项目的能力有待提升。这要求教师在课堂实施过程中，对项目进行由易到难的层层分析并将其分解成多个小任务，供学生不断完成以提升自我，获得成就感。

本课的教学难度小梯度螺旋式上升。学生通过动手实践一步步获得直接经验，为解决下一个问题奠定基础。在教学方式上，以学生讨论为主，教师讲解为辅的方式进行，鼓励学生分组合作，大胆提出自身观点，课堂氛围活跃。

当然，由于时间关系，本课在拓展提升的具体展开上有待改进。

（三）“障碍停车挑战赛”教学设计与反思①

将比赛的形式应用到具体的机器人教学实践过程中，设计符合课堂教学

① 本案例作者：韩蕾，张禄（无锡市第一中学），钟柏昌。

情境的比赛形式，可以为学生带来不一样的学习体验。“障碍停车挑战赛”一课尝试将知识点的讲解放在比赛的准备阶段，将程序的迭代过程放在比赛的测试阶段，并在比赛过程中向学生提供不同的角色扮演机会，从而提高学生的学习兴趣与解决问题能力。

1. 方案设计

（1）教材与学生情况分析

本课选自冀教版初中信息技术教材八年级下册第十四课障碍停车挑战赛，主要涉及小车在规定的时间和距离内实现精准停车。

在本课之前，已经开展了“超声波传感器的功能及使用方法”与“MiniQ小车运动控制”相关内容的教学，并且已经完成了小车巡线挑战的比赛，为本课的教学奠定了理论及实践基础。

本课的教学对象为八年级的学生。通过前面的学习，学生已经掌握了小车运动方向、速度等基本控制方法，具备了一定的机器人测试与调试的实践经验；同时，在实践过程中已经逐渐形成不断改进机器人功能的迭代思想。

（2）教学目标

① 知识与技能

进一步熟悉超声波传感器的使用；掌握“上电运行时间”模块在ArduBlock中的使用方法；能够使用超声波传感器制作避障小车。

② 过程与方法

了解障碍停车挑战赛的一般过程，了解各个角色在比赛中的职责和作用；在完成障碍停车挑战赛的过程中体验机器人的测试与调试，将迭代思想迁移到实际问题的解决过程中。

③ 情感态度与价值观

通过比赛的形式，激发学生学习机器人的兴趣并主动投入到学习中。

（3）可选方案的设计与选择

本次比赛要求学生制作的避障小车能够在10 s内到达终点线，并使小车与终点线之间的距离尽可能短（不能超越终点线），难点在于控制小车运动的时间以及小车与障碍物之间的距离。

通过对比赛任务进行分析，教师就“计时”和“测距”两方面设计了以下几种方案（表 2-7）。

表 2-7　避障小车方案

类别	方案名称	方案描述	主要器材	编程知识
计时	方案一	利用计时工具计时	Romeo 控制器、MiniQ 小车、外接电源、超声波传感器或红外传感器、秒表	选择结构的使用
	方案二	利用“上电运行时间”模块控制小车运动的时间	Romeo 控制器、MiniQ 小车、外接电源、超声波传感器或红外传感器	“上电运行时间”模块的使用；选择结构的嵌套
	方案三	设置变量 m 获取程序首次执行时刻，设置变量 n 获取运动过程中的时刻，利用 n 与 m 的差值控制小车运动的时间	Romeo 控制器、MiniQ 小车、外接电源、超声波传感器或红外传感器	变量的使用；“上电运行时间”模块的使用；选择结构的嵌套
测距	方案四	利用超声波传感器测距	Romeo 控制器、MiniQ 小车、外接电源、超声波传感器	选择结构的嵌套；超声波模块的使用
	方案五	使用红外传感器测距	Romeo 控制器、MiniQ 小车、外接电源、红外传感器	选择结构的嵌套

对比表格中“计时”的三种方案，方案一无须考虑编程因素，但需耗费人力，且计时不够自动与精确；方案二只需要使用“上电运行时间”模块；方案三则涉及多个变量的使用。相较而言，方案二更加简洁，而方案三可以更加精确地获取程序某一阶段运行的时间而不是程序运行的总时间。由于本课要求程序的运行时间与小车运动时间相等，故选择方案二。在“测距”的两种方案中，方案四与方案五均能实现测距功能，但红外传感器的成本远高于超声波传感器，考虑到经济因素，选择方案四。

2. 硬件组成与搭建

障碍停车挑战赛用到的硬件器材主要包括：Romeo 控制器、MiniQ 小车、HC-SR04 超声波传感器。

（1）Romeo 控制器

本课采用的主控板是由 DFRobot 出品的 Arduino Romeo V1.3，该控制器采用的是最基础且应用最广的 UNO 板卡。

（2）HC-SR04 超声波传感器

该传感器运用声呐原理，通过监测发射一连串调制后的超声波及其回波的时间间隔来得知传感器与目标物体间的距离。其性能比较稳定，测量距离精确，盲区为 2 cm，最大探测距离为 450 cm。它有 4 根引脚，分别是 VCC、GND、Echo 和 Trig，其中 Trig 是超声波发射端，Echo 是超声波接收端。

（3）硬件搭建

分别将 HC-SR04 超声波传感器、MiniQ 小车上的电机与 Romeo 控制器相连接，其中超声波传感器的 Trig 和 Echo 分别与 Romeo 控制器的数字引脚 9 和 8 连接（图 2-23）。

图 2-23　硬件之间的连接

3. 程序编写

将硬件搭建好后，接下来编写程序。本课所采用的编程环境为图形化编程软件 ArduBlock。

程序设计包含两部分：一是小车运动时间的控制；二是小车与障碍物之间距离的控制。利用“上电运行时间”模块获取程序运行时间（即小车运动的时间），比赛规则要求小车在 10 s 内完成比赛，因此当小车运动时间小于 10 s 时小车运动，否则小车停止。利用超声波传感器测量小车与障碍物之间的距离，由于超声波传感器的 Trig 和 Echo 分别连接数字引脚 9 和 8，终点线距离障碍物 10 cm，因此当小车与障碍物的距离大于 10 cm 时小车运动，否则小车停止。时间与距离的控制均用到选择结构，为了使时间控制与距离控制同步进行，在编程的过程中运用了选择结构的嵌套（图 2-24）。

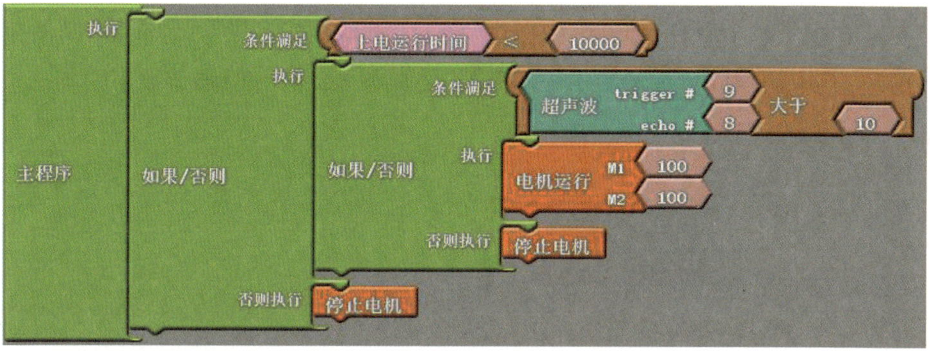

图 2-24 编写的程序

4. 拓展应用

实现小车避障功能可以有很多种方法，本课采用小车遇到障碍物时停止运动避免碰撞的方法，还可以使用其他方法进行拓展应用。例如，当小车距离障碍物一定范围时向左转弯或向右转弯，需要运用双轮差速原理来控制小车运动的方向，并且在小车转弯的过程中继续探测小车与障碍物之间的距离，若距离仍在可能发生碰撞的范围内，小车需继续调整行驶的方向。与本课的程序设计思路相比，拓展应用中的程序设计涉及的编程知识更加丰富，并且小车的避障功能更加智能。

5. 教学实践

本课主要包括四个教学环节：引入主题，了解赛制；梳理思路，合作探究；测试作品，完成比赛；拓展应用，课堂总结。

（1）引入主题，了解赛制

开始时，首先引入“避障小车”这一主题，介绍什么是“避障小车”，让学生对避障小车的运动方式及工作原理有所了解。

比赛中，距离障碍物 2 m 处的线作为起始线，距离障碍物 10 cm 处的线作为终点线。小车从起始线开始行驶，到终点线停止，行驶时间不得超过 10 s。小车停止位置距离终点线最近者为胜，小车越过终点线则成绩作废。比赛场地如图 2-25 所示。

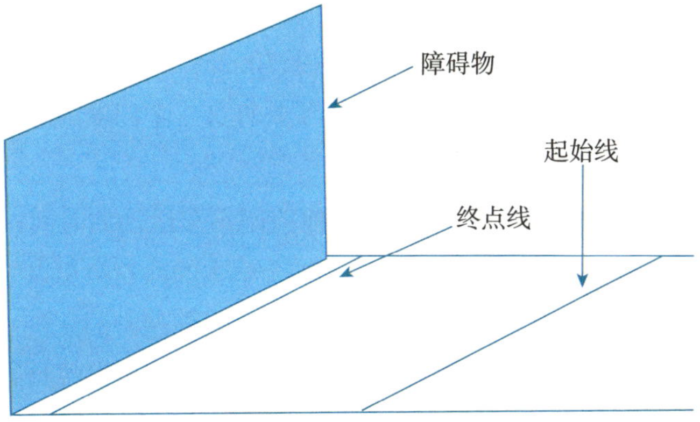

图 2-25　比赛场地示意图

将学生每两人一组，分为 16 个小组进行比赛，比赛分为初赛和复赛两轮。初赛时，以抽签的形式将 16 个小组分为 A、B、C、D 四个大组，分别进行比赛，每个大组包含 4 个小组，每个大组中的优胜组有资格参加复赛。比赛用表可参考表 2-8，若小车超过终点线或者在规定时间内电机没有停止则成绩作废，距离值最小者为优胜队伍，若距离值相等，则使用时间最短者（即最先到达终点位置的组）胜出。

表 2-8 障碍停车挑战赛记分表

初赛 / 复赛		成绩		备注
组别		时间	距离	
A 组				
获胜小组：		评分员：		记分员：

（2）梳理思路，合作探究

完成项目需要解决以下三个问题：一是小车须在 10 s 内停止运动；二是小车停止运动时距离障碍物的距离大于等于 10 cm；三是小车的时间控制与距离控制同步执行。在本环节中需要引导学生整理这三个问题的思路，并与小组成员配合完成避障小车程序的编写。

首先，教师提出问题：“在比赛中如何控制小车运动的时间？”归纳学生提供的方法，并分析所提方法的可行性。结合学生的回答给出以下三种计时方法：第一种方法是利用计时工具计时，淘汰运动时间超时的队伍；第二种方法是利用 ArduBlock 中的“上电运行时间”模块控制程序的运行时间（即控制小车的运动时间）；第三种方法是获取小车开始运动的时刻与小车运动过程中的时刻数据，利用时间间隔来控制小车运动的时间。接下来，要求学生对这三种方法进行分析，选择可执行度最高的方法并给出理由，教师总结学生的回答并给出结论。第一种计时方法误差最大且消耗人力，第二种方法计时较精确且自动化，第三种方法计时精度最高但编程较复杂。最后，引导学生选择第二种计时方法，并介绍“上电运行时间”模块的应用。

在本次比赛中，小车距离终点线越近越好，即需要控制小车停止运动时与障碍物之间的距离。教师提出问题“如何实现对小车与障碍物之间距离的控制”。因为在之前的学习中学生已经对超声波传感器的应用有所了解，此时学生很容易回答“利用超声波传感器来测距”。教师带领学生复习超声波传感器的应用方法及工作原理，并且与红外传感器对比，指出本次比赛中使用超声波传感器测距的优势。

教师提出问题“在小车运动过程中既要实现时间控制又要实现距离控制，如何使得这二者同步执行呢”。学生已经接触过选择结构，在此引导学生思考并引出利用选择结构的嵌套来实现小车时间控制与距离控制的同步执行。

小组成员合作完成避障小车程序的编写，教师予以适当的指导。

（3）测试作品，完成比赛

学生编写避障小车程序后，测试小车的运行情况。由于每台小车的性能不同且小车由于惯性会在程序终止后继续运动一段距离，所以教师要提醒学生根据小车的运动情况对避障小车程序进行修改，经过不断地调试之后找到合适的参数，使小车的运动效果达到最佳，也就是又快又稳地到达终点线。在此，可将本次调试过程联系到实际生活中，当遇到问题时应尝试选择最佳方案，并在执行的过程中不断完善，使学生体会迭代思想的价值，深化学生对迭代思想的认知。

根据比赛流程进行比赛，从每一个大组中选取一位评分员与记分员，评分员的职责是测量小车与终点线的距离，记分员的职责是记录各组的成绩。初赛时，若其中一组进行比赛，则由其他三组的评分员与记分员统计分数。复赛时，由被淘汰组的评分员与记分员统计分数。

（4）拓展应用，课堂总结

基于本节课所执行的项目，提供学生拓展思路，即实现小车避障功能，可使用遇到障碍物停止运动的方法，也可使用小车遇到障碍物更改运动方向的方法。引导学生借鉴该思路对项目进行拓展提升，鼓励学生提出更好的想法并付诸实践。

总结本课中学生的表现，对学生操作过程中出现的共性问题予以讲解，对表现较好的学生给予积极的评价。

6. 教学反思

在课堂教学过程中引入比赛的形式，能够更好地激发学生对Arduino机器人的学习兴趣。通过分析学生对知识点的掌握情况，可知学生在比赛过程中能够更加主动对避障小车程序进行优化，并在该过程中深化对知识点的理解与认知。评分员与记分员在比赛过程中承担了分数统计工作，能够很好地完成相应的任务，并表现出评委角色所具有的责任意识。

本课在以下几点还有提升的空间。

（1）尽量对教室内的可用空间进行合理规划，使每组作品在参赛前都能进行充分的测试与调试。

（2）设置更多的“角色”供学生进行选择，如比赛主持人、纪律监督员等，从而使学生在比赛中感受到较强的存在感与主体意识，并体会不同角色带来的实践体验。

（3）可将本节课的基础知识与基本技能作为学生课前的学习任务。尝试使用翻转课堂的形式，在课上针对学生提出的问题进行答疑解惑，从而提高教学效率，为程序测试、调试及比赛争取更多的时间。

二、科学探究类教学设计与反思

本部分主要包括四个案例，均与科学探究有关，分别是制作小鸡孵化装置（利用温湿度传感器自动控制孵化器孵小鸡）、探究单摆周期（利用红外传感器检测小球运动轨迹获取单摆数据）、制作简易校园气象仪（综合利用PM2.5传感器、紫外线传感器、温湿度传感器等检测周围环境数据）和探究匀变速直线运动（利用超声波传感器获取小车的直线运动数据）

（一）“制作小鸡孵化装置”课堂教学及反思①

机器人是一门涉及运动学、动力学、系统结构、传感技术、控制技术等多领域的交叉学科。学习机器人的设计与开发，不仅可以获得机器人的技术知识，而且可以促进学生所学科学、技术、工程、数学（即STEM）相关领域知识的整合。然而，我国中小学的机器人教育，往往局限于机器人技术知识的学习，很少关注机器人所涉及的其他学科内容。据此，本案例另辟蹊径，将机器人课程与生物学内容进行整合，制作小鸡孵化的装置——恒温恒湿箱，并利用该装置完成一轮小鸡孵化任务。

---

① 本案例作者：张丽芳（太原西苑小学），谢作如（温州中学），钟柏昌。

1. 选题背景

在基础教育领域，机器人课程既可以与信息技术学科整合，也可以与通用技术学科整合，还可以与物理、生物学、化学等相关学科整合，这种整合并不是要把上述学科中与机器人有关的知识转移到机器人课程上讲授，而是要在机器人课堂上使学生应用和理解这些学科的知识，并培养学生的STEM素养①。以数学学科为例，机器人课程与数学学科的整合，学生不仅能掌握机器人的知识和技术，还可以在机器人课堂上应用一定的数学建模知识，创造性地运用数学思想、方法和知识解决实际问题；通过机器人项目体验数学与日常生活及其他学科的联系，感受数学的实用价值，增强应用意识，提高实践能力等。因此，在了解学生已有学科知识水平的基础上，教师可以充分挖掘机器人与其他学科知识的相关性，设计有针对性的教学活动，引导学生在解决问题的过程中综合运用相关学科知识。本课将DHT11温湿度传感器和LCD 1602液晶显示器的应用与关于小鸡孵化知识的研究性学习进行了整合，制作了小鸡孵化装置，不仅可以帮助学生学习机器人的知识和技术，理解和应用小鸡孵化的知识，还可以帮助学生顺利地开展小鸡孵化的研究性学习。

小鸡孵化研究性学习课题源于城市学生对小鸡孵化过程的好奇。对于城市学生而言，并不方便去农家观察小鸡孵化过程，即便有去农家观察的条件，也不能监控小鸡孵化的完整过程及孵化过程中的环境指标，自然难以真正探究小鸡孵化的过程。况且在此类观察活动中，学生能做的事情很少，参与度低，也不能有效激发学生的探究欲望。因此，让学生在实验室内搭建孵化装置并开展孵化实验是一种更为有效的办法。目前国内外的研究者已经开发了多种基于不同微处理器的小鸡孵化装置，常见的有基于PLC（可编程逻辑控制器）、FPGA（现场可编程逻辑门阵列）、DSP（数字信号处理）等控制的小鸡孵化装置②。不过，由于这些装置技术复杂且价格昂贵，而中小学通常经费紧张，不太可能购买类似的装置让学生亲身体验小鸡孵化的整个过程。值得高兴的是，可以利用Arduino开源平台制作小鸡孵化装置。

---

① 孙媛媛．中小学机器人课程的研究与开发［D］．北京：首都师范大学，2006：3-10.

② 李大年．基于单片机的恒温恒湿孵化器系统设计［D］．成都：电子科技大学，2013：1-4.

2. 方案设计

首先，教师对学生情况进行分析并确定本课的教学目标；然后，搜集整理有关小鸡孵化的相关资料；最后，初步设计了小鸡孵化装置的方案。

（1）学生情况分析

本课的教学对象是高一学生，学生对 Arduino 机器人具有浓厚的兴趣。通过前面几节课的学习，学生已经理解了 Arduino 机器人的输入、输出，掌握了传感器的一般使用方法，能够正确使用串口监视器，掌握了库函数的调用，具备了一定的编程能力。另外，通过之前的积累，学生已经认识到机器人课程与物理、信息技术等学科有一定的关联，对 Arduino 机器人的创意设计也有了更多的想法。

（2）教学目标

① 知识与技能

掌握 Arduino 机器人中 DHT11 温湿度传感器的使用；掌握 LCD 1602 液晶显示器的使用。

② 过程与方法

通过自主浏览网页搜集有关小鸡孵化的资料，提高观察、分析、判断的思维能力，掌握收集有效信息的方法；通过模仿制作小鸡孵化装置，初步掌握 LCD 1602 液晶显示器和 DHT11 温湿度传感器的一般使用方法。

③ 情感态度与价值观

体验 Arduino 机器人在现实生活中带来的乐趣，激发学习兴趣和制作智能人造物的欲望。

（3）教学重点和难点

通过前面几节课的学习，学生已经掌握了传感器的一般使用方法以及库函数的调用，但是 DHT11 温湿度传感器与前面单一功能的声音传感器、光线传感器等有所不同，它具有双重功能，不仅可以检测温度还可以检测湿度，所以 DHT11 温湿度传感器的使用是本课的重点之一。另外，学生第一次接触 LCD 1602 液晶显示器，该显示器采用了 IIC 接口，需要连接 Romeo 控制器的 IIC 接口或者支持 IIC 接口的引脚。此外，该显示器也有库函数，库函数里面有很多不同功能的子函数，如初始化显示器、清屏等。因此，LCD 1602 液晶显示器与 Romeo 控制器的连接以及 LCD 1602 库函数的调用既是本课的重点，也是难点。

（4）小鸡孵化装置可选方案的设计与选择

① 小鸡孵化条件的保障

第一，受精。孵化的鸡蛋一定要受精的，否则无法孵化。

第二，温度。温度是胚胎发育的首要条件，也是决定孵化成功的关键。一般来说，第 1~19 天的适宜温度为 37.8 ℃，第 20~21 天的适宜温度为 37.3~37.5 ℃。

第三，湿度。孵化对湿度的要求比较宽松，一般是“两头高、中间低”，即孵化第 1~7 天的相对湿度为 65%，第 8~18 天的相对湿度为 50%~55%，第 19~21 天的相对湿度为 65%。

第四，通风换气。胚胎对氧气的需要量随胚龄的增大而加大，所以随着天数的增加，孵化箱的通风口要越来越大。

第五，翻蛋。翻蛋的目的是使鸡蛋改变位置，受热均匀，防止胚胎和壳膜粘连，促进胚胎运动，保证胎位正常；正常翻蛋转动的角度为 45°，每小时转动一次。

② 孵化期间的操作

第一，照蛋。在小鸡孵化的过程中，需要对鸡蛋进行照光操作，剔除无精蛋、破蛋，同时观察小鸡的孵化现象，注意进行记录。

第二，出壳。一般在第 20~21 天的时候，小鸡会啄壳而出。在小鸡出壳时要注意保持湿度，而且温度要降低一些。

③ 雏鸡处理

第一，拣鸡。在看到小鸡已经出壳的时候，要保证小鸡在恒温箱里面不超过 12 个小时，等小鸡的绒毛烘干后，将小鸡拣出来。

第二，消毒。要对刚出壳的小鸡进行消毒操作。

第三，保管。刚出生的雏鸡，在第一个 7 天内，恒温箱的温度控制在 30~33 ℃之间，以后每周降低 2 ℃。

④ 可选方案的设计与选择

基于以上搜集到的小鸡孵化条件，教师预设了两个方案，分别是温湿度控制装置方案和温湿度监视装置方案①。

方案一：温湿度控制装置

温度是小鸡孵化的首要条件，大约是 37~38 ℃，所以需要一个温湿度控制装置，该装置需要用到的硬件设备如表 2-9 所示。当温度小于 37 ℃时，电暖器打开，提高箱内温度；当温度大于 38 ℃时，电暖器关闭。根据搜集到的资料，小鸡孵化对湿度的要求不是很高，所以本次教学中采取了手动加水的方式控制湿度，即箱内放入一个标有刻度的塑料盒，当盒内水位低于一定高度时，手动加水。

表 2-9　温湿度控制装置使用的硬件设备

硬件名称	功能	个数	备注
Romeo 控制器	整个装置的核心部件	1	传感器等接到控制器上
DHT11 温湿度传感器	检测温湿度	2	需要用到 DHT11 库，校准，求平均值
继电器插座	控制 220 V 的电暖器	1	学生自制
LCD 1602 液晶显示器	显示箱内温湿度	1	接在 IIC 接口
电暖器	控制箱内温度	1	接在继电器插座
无盖塑料盒	控制箱内湿度	1	位于孵化箱内

备注：除了表中列出的核心器材，还有一些器材也是要用到的，如 USB 数据线、3P 线等。

方案二：温湿度监视装置

为了便于观察孵化箱内温湿度的情况、电暖气的状态等，还需要增加一个温湿度监控装置，教师提供了两种方案，如表 2-10 所示。

① 杨小中，戴文琪. 基于数字传感器的低成本孵化器设计 [J]. 电子器件，2009，32 (2)：482-484.

表 2-10　温湿度监控装置方案

方案	方案描述	硬件
方案一	将箱内温湿度显示到显示器	LCD 1602 液晶显示器
方案二	将箱内温湿度实时传递到网络上	网络扩展板、路由器

综合以上两种方案的不同特点和功能，本节课最终采用方案一作为教学基本内容，主要理由如下。

第一，从硬件的角度来看，方案一只涉及本节课需要用到的硬件设施，而方案二还涉及网络扩展板等，学生还未接触这些硬件设施。

第二，从程序的角度来看，方案一涉及的编程知识是比较简单的选择结构、库函数的调用，而方案二的程序还涉及比较烦琐的语法和复杂的代码，学生不易理解与实现。

第三，从学生的角度来看，方案二涉及物联网、计算机网络等知识和技术，尽管本节课的目的是将机器人课程与其他学科进行关联，但是学校并未开设这类课程，大部分学生对这些知识和技术仅仅是知道而已，显然方案一符合教学的需求。

除了上述两种装置外，还需要制作一个小鸡孵化箱，并将完成的两种装置放在箱中合适的位置。在本次教学中，教师选取了一个纸箱作为小鸡孵化箱，并对其进行了改造。这里要提醒一下，小鸡孵化箱不能是封闭型，要能随时打开，便于照蛋、拣鸡、通风、翻蛋等操作。小鸡孵化箱主要涉及的器材如表 2-11 所示。

表 2-11　小鸡孵化箱主要涉及的器材

名称	功能	个数	备注
纸箱	用于制作小鸡孵化箱	1	40 × 40 × 40（cm）
亚克力板	便于观察箱内的状况	1	30 × 30（cm）
棉花	用于保温鸡蛋	视情况而定	棉花保温效果好
支架	在箱内分割出一层放鸡蛋	若干	固定装置和鸡蛋等

3. 硬件组成与搭建

小鸡孵化用到的硬件器材有 Romeo 控制器（1）、DHT11 温湿度传感器（2）、LCD 1602 液晶显示器（1）、继电器插座（1）、USB 数据线（1）以及 3P 线（若干）等。

（1）核心配件

① DHT11 温湿度传感器

本节课采用的温湿度传感器是 DFRobot 出品的 DHT11 温湿度传感器，用于检测所处环境的温湿度。它是一款含有已校准数字信号输出的温湿度复合传感器，使用了专用的数字模块采集技术和温湿度传感技术，使产品具有极高的可靠性与卓越的长期稳定性。该传感器包括一个电阻式感湿元件和一个测温元件，并与一个高性能 8 位单片机相连接，具有超快响应、抗干扰能力强、性价比高等特点。更重要的是，该传感器含有库函数，调用库函数可以很方便地读出当前环境的温湿度。

② 继电器插座

所谓继电器插座就是对普通的插座进行改造，将继电器器件接入插座。继电器是一种电子控制器件，它具有控制系统（又称输入回路）和被控制系统（又称输出回路），通常应用于自动控制电路中，实际上是用较小电流控制较大电流的一种“自动开关”，在电路中起着自动调节、安全保护、转换电路等作用。

③ LCD 1602 液晶显示器

本节课采用的显示器是 DFRobot 出品的 LCD 1602 液晶显示器。与普通的 LCD 1602 液晶显示器相比较，该显示器不需要为烦琐复杂的电路连线而头疼，而是采用了 IIC 接口，在接线时直接接到 Romeo 控制器的 IIC 接口即可（如果控制器没有 IIC 接口，可以将 LCD 1602 液晶显示器的四根引脚分别接到对应的 GND、VCC、A4 和 A5 接口，其中 SDA 对应模拟引脚 A4，SCL 对应模拟引脚 A5），无须再占用其他数字接口或者模拟接口。该显示器可以显示两行内容，每行 16 个字符，同 DHT11 温湿度传感器一样，它也有相应的库函数，调用库函数后只需几行代码就可以完成 LCD 显示功能。

（2）硬件搭建

① 将两个DHT11温湿度传感器分别接在Romeo控制器的数字接口，同时记录连接到扩展板的数字引脚号，如两个传感器分别接到数字引脚3、4上面（图2-26）。

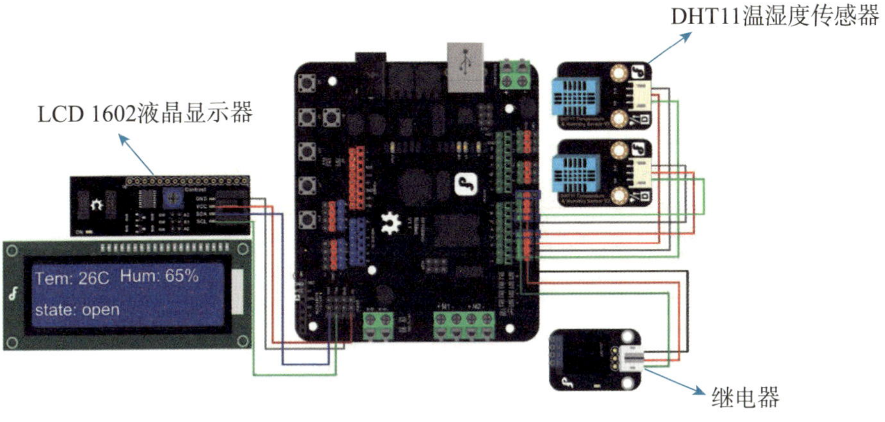

图2-26 温湿度装置的连线图

② 将继电器插座里面的继电器接在Romeo控制器的数字接口，并记录其引脚号，如继电器接在了数字引脚7上面（图2-26）。

③ 将LCD 1602液晶显示器接在Romeo控制器的IIC接口。接线时要注意显示器的引脚要与控制器的接口相对应（图2-26）。

④ 通过USB数据线将Romeo控制器、UNO控制器和计算机连接起来，正确选择板卡型号UNO和接口号。

4. 程序编写

硬件搭建好之后，接下来就要编写程序了。本课采用的是文本式的编程环境Arduino IDE。Arduino IDE是为不熟悉软件开发的人设计的，它包括一个代码编辑器，以及验证/编译、上传、新建、打开、保存和串口监视器六个菜单。Arduino语言建立在C/C++基础上，是基础的C语言。Arduino语言把AVR单片机相关的一些参数设置都函数化，我们不需要了解它的底层，因此即使不了解AVR单片机也能轻松上手。为降低编程难度，Arduino还提供了很多的库函数。得益于开源思想，全球的Arduino发烧友还编写了很多扩展库。小鸡孵化装置的程序代码如下。

```
#include <dht11.h>
#include <Wire.h>
#include <LiquidCrystal_I2C.h>
LiquidCrystal_I2C lcd(0x20,16,2);
dht11 DHT11;
int var1=0;
int var2=0;
void setup() {
  pinMode(13,OUTPUT);                    // 继电器插在数字引脚 13
  lcd.init();                            // 初始化显示器
  lcd.backlight();
}
void loop() {
    int th1=DHT11.read(2);
    int tem=DHT11.temperature;           // 读取 DHT11 的温度
    int hum=DHT11.humidity;              // 读取 DHT11 的湿度
    lcd.setCursor(0,0);
    lcd.print("temp:");
    lcd.print(tem);
    lcd.print("C ");
    lcd.print("hum:");
    lcd.print(hum);
    lcd.print("% ");
    if (var2<37){
       digitalWrite(13,HIGH);
       lcd.setCursor(0,1);
       lcd.print("state:open  ");        // 便于观察电暖器的状态
       }
    else  if (var2>38)
    {
       digitalWrite(13,LOW);
       lcd.setCursor(0,1);
       lcd.print("state:close");
    }
    delay(1000);
}
```

5. 可能的拓展

前文提到在基础教育领域，机器人课程可以与生物学、化学、物理、信息技术等多门学科进行整合，制作一些有创意、有生活趣味的智能人造物。所以我们可以从学科整合的角度让学生发挥自己的想象，例如：将 pH 传感器与化学中的酸碱滴定法进行整合；将声音传感器、光线传感器、压力传感器、加速度传感器等与物理中的声光力等知识进行整合；将土壤湿度传感器与生物学中的植物等知识进行整合等。

除了从学科整合的角度，还可以在小鸡孵化装置上作一些变动，例如，从硬件、算法等角度让学生发挥自己的想象。从硬件的角度，将上述温湿度控制装置中的温湿度传感器变为土壤湿度传感器，可以制作自动浇水花盆装置；在原有温湿度控制装置上增加 PM2.5 传感器，可以制作校园气象站等。从改变算法的角度，利用以上器件制作物理学科中水的沸腾实验现象观察装置；对物联网和计算机网络有一定认识和具备一定编程能力的学生还可以完善小鸡孵化装置，即将箱内温湿度实时传递到网络上，以便实时了解箱内温湿度等。学生还可以对小鸡孵化装置作一些变动，使其更加智能，如自动控制湿度、自动翻蛋等。

6. 教学实践

在本次教学中，教师主要通过以下三个阶段来完成教学：教学准备阶段、教学实施阶段和课后观察阶段。

（1）教学准备阶段

这一阶段主要是让学生在课后收集一些有关小鸡孵化的资料、准备制作小鸡孵化装置的器材等。教师将不同知识水平和经验水平的学生分为 5 个组，每组 6 个人（其中有一个人是组长），每组都有不同的分工，如表 2–12 所示。这一阶段只告诉学生尝试制作一个小鸡孵化装置，并没有告诉学生如何实现。

表 2-12 小组任务

小组名称	组长	成员	任务
第一组			收集小鸡孵化的有关资料（温度、湿度等）
第二组			收集孵化期间的相关资料（照蛋等）
第三组			收集雏鸡的相关资料（食物、温度、湿度等）
第四组			准备孵化箱的器材（纸箱等）
第五组			准备鸡蛋（受精等）

（2）教学实施阶段

教师在这一阶段主要通过以下四个环节来完成教学：抛出疑问，引入新课；确定器材，分析装置；搭建硬件，编写程序；拓展提升，课堂总结。

① 抛出疑问，引入新课

在上课之前，教师先分别让第一组、第二组、第三组的学生汇报收集的小鸡孵化资料，并带领学生对资料进行归纳整理，初步得出小鸡孵化的条件：孵化的鸡蛋一定要受精的，否则无法孵化；第 1～19 天孵化前期的最佳温度为 37.8 ℃，第 20～21 天出雏期的最佳温度为 36.9～37.2 ℃；孵化前期温度高且湿度低，出雏期温度低且湿度高；翻蛋使鸡蛋受热均匀。然后向学生抛出一个问题："能否利用机器人知识和技术制作一个小鸡孵化装置来实现小鸡的孵化？"让学生以小组形式带着问题展开讨论，五分钟之后，请几个小组代表来回答之前的问题，同时记录学生的答案。学生的答案可能有三种情况：能、不能和不确定。如果学生回答能，继续向学生抛出问题："需要用到哪些器材？如何实现？"如果发现班上一半甚至更多的学生回答不能或者不确定，那么鼓励学生尝试自己动手制作一个这样的装置来检验自己的答案是否正确，出示主题"制作小鸡孵化装置"。

② 确定器材，分析装置

在这一环节，教师主要是带领学生根据小鸡孵化的条件初步得出需要用到的器材是 Romeo 控制器、温湿度传感器、3P 线、USB 数据线、加热设备（这里为学生提供的是 220 V 的迷你电暖器）。在学生对小鸡孵化装置有了一定的认识之后，继续向学生抛出问题：“如何知道箱内温湿度值是否符合小鸡孵化呢？”学生小组讨论后的答案可能是串口监视器。此时继续向学生抛出疑问：“Romeo控制器必须与计算机相连的时候才能打开串口监视器，而小鸡孵化装置做好之后，已经脱离计算机，串口监视器已经无法使用，该怎么办呢？”学生小组讨论，引出可以借助于LCD 1602液晶显示器。

确定了小鸡孵化装置需要的器材之后，接下来教师带领学生将小鸡孵化的温度、湿度等条件转化为易于理解的自然语言：如果温度小于37 ℃，电暖器开始加热；如果温度大于38 ℃，电暖器停止加热。这里需要提醒学生：Romeo控制器只能输出5 V的电压，而电暖器的电压是220 V，所以还要用到之前学习过的继电器插座知识，将电暖器接在继电器插座上。因为小鸡孵化对湿度的要求比较宽松，所以本次教学采用的是手动加水控制箱内湿度，有兴趣的学生可以使用加湿器等装置来控制箱内湿度。学生厘清小鸡孵化的思路之后，将自然语言转化为流程图（图2-27）。

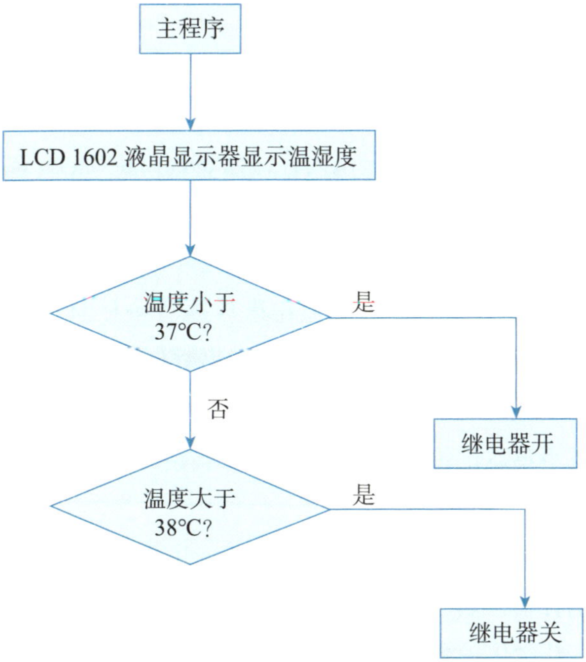

图2-27　小鸡孵化流程图

经过分析小鸡孵化的条件，抽象的小鸡孵化已被转变为易于理解的Arduino机器人项目。

③ 搭建硬件，编写程序

这一环节主要是向学生讲授DHT11温湿度传感器和LCD 1602液晶显示器的使用方法，并完成小鸡孵化装置的任务。

首先，向学生介绍DHT11温湿度传感器使用的一般方法。

然后，演示传感器与Romeo控制器的连接，并调用库函数通过串口监视器显示当前环境的温度和湿度。向学生提出任务：搭建硬件，编写程序，显示当前环境的温度和湿度。

接着，向学生讲授LCD 1602液晶显示器的使用方法，这里需要重点讲授的是显示器与Romeo控制器的连接和函数的调用。LCD 1602液晶显示器有以下几个重要函数。

LiquidCrystal_I2C lcd(0x20,16,2);// 显示器的地址是0x20，可以显示两行，每行16个字符。

lcd.init();// 初始化显示器。

lcd.backlight();// 设置背光灯。

lcd.setCursor(0, 1);// 设置显示器显示内容的光标位置。

lcd.print(); 或者 lcd.write();// 显示内容，如 lcd.print(“hello world”);。

最后，演示LCD 1602液晶显示器与Romeo控制器的连接，并编写程序将温湿度传感器检测出的温湿度显示到显示屏上。

这时，学生已经掌握了DHT11温湿度传感器和LCD 1602液晶显示器的一般使用方法。引导学生根据之前分析的小鸡孵化思路，利用DHT11温湿度传感器、LCD 1602液晶显示器、Romeo控制器等器件，在原有程序的基础上修改程序，完成小鸡孵化装置的任务。

④ 拓展提升，课堂总结

请几个小组的代表分别展示他们的作品，并通过评价量规（表2-13）对作品给予一定的评价。然后给学生提供创意记录表（表2-14），留给学生一定的时间和空间，让学生思考机器人知识可以和哪些学科知识和技术整合起来制作一些有趣的实验装置、智能人造物等，并将想法记录下来，其想法不限学科、传感器等。同时，鼓励学生利用已有知识或上网查阅资料等多种途径，尝试实现自己的想法。

表 2-13　评价量规

评估指标	等级			分数
	A	B	C	
机器人知识和技术（15分）	基本了解机器人的概念、工作原理以及传感器的作用（0~9分）	理解机器人的概念、工作原理以及传感器的作用（9~12分）	掌握并能应用机器人的知识和技术（12~15分）	
跨学科的知识（15分）	了解与机器人相关的其他学科知识（0~9分）	掌握与机器人相关的其他学科知识，但不能和机器人联系起来（9~12分）	能将其他学科的知识和机器人联系起来（12~15分）	
创新能力（20分）	只能按部就班完成分配的任务（0~12分）	能够设计出比较有创意的作品，但未能实现（12~16分）	能够设计并实现比较有创意的作品（16~20分）	
程序设计（15分）	只会按照范例编写简单程序（0~9分）	能编写和调试程序（9~12分）	能编写、调试和优化程序（12~15分）	
动手实践能力（20分）	连接松散、连线无序（0~12分）	连接牢固、连线有序，完成部分任务（12~16分）	连接牢固、连线有序，整体合理巧妙，完成全部任务（16~20分）	
实用性（15分）	没有体现实用价值（0~9分）	有一定的实用价值（9~12分）	有较高的实用价值（12~15分）	
作品总分				

表 2-14　创意记录表

维度	类别	硬件设备	项目描述
学科整合	化学	pH 传感器、Romeo 控制器、LCD 1602 液晶显示器	检测溶液的酸碱度
		……	……
	物理	Romeo 控制器、压力传感器、4 × 4 薄膜按键	电子秤装置
		……	……
	生物学	Romeo 控制器、土壤湿度传感器、LCD 1602 液晶显示器、水泵、继电器	自动浇水花盆
		……	……
小鸡孵化装置	硬件搭建	声音传感器、LED 灯	增加声光报警装置
		……	……
	程序算法	……	……

最后，教师与学生共同对第四组学生准备的孵化箱进行改造，选取其中一组学生制作的小鸡孵化装置，将第五组学生准备的鸡蛋放入孵化箱中，完成本次教学并进行总结：机器人作为一门综合性的课程，它打破了学科与学科之间的界限，加强了信息技术、生物学、物理、化学等相关学科间的横向联系，通过学习，学生不仅能够掌握机器人的知识和技术，还能够理解和应用其他学科的知识和技术，拓宽视野，制作出一些有趣、有生活意义、有价值的智能人造物。

（3）课后观察阶段

这一阶段主要完成小鸡孵化期间的一些操作，如照蛋、翻蛋、观察记录等。教师将学生分为 10 组，每组 2 个人，每天 1 组完成表 2-15 所示的任务。其中负责记录小鸡孵化第 5 天、第 10 天和第 15 天的情况的小组需要完成照蛋操作；根据收集到的资料，小鸡孵化的前 3 天和后 3 天，所需的湿度比较大，负责这几天记录任务的小组需要多加几次水以提高箱内湿度。随着孵化天数的增加，还需逐渐增大通风口。

表 2-15 “小鸡孵化”记录表

组长				
成员				
日期		孵化天数		
翻蛋		鸡蛋个数		
记录时间	上午	中午	下午	晚上
箱内温度				
箱内湿度				

本次小鸡孵化任务从 2014 年 6 月 3 日开始，2014 年 6 月 23 日结束。孵化箱中一共放入了 5 个鸡蛋，有 1 个是未受精的鸡蛋（照蛋时发现），还有 1 个在学生照蛋时被不小心打碎了，此时发现已经有血管形成（图 2-28）。剔除掉这两个无效鸡蛋，有效鸡蛋是 3 个，最后成功孵出 1 只小鸡（图 2-29），其余 2 个鸡蛋中的小鸡已经成型，但未能孵出。

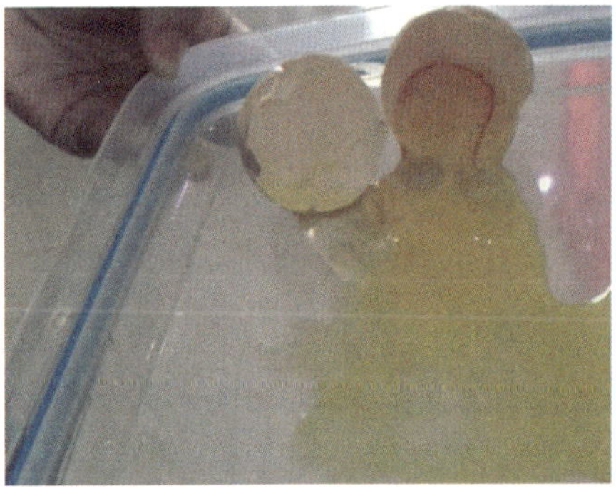

图 2-28 血管形成

图 2-29 小鸡

在小鸡成功孵出的那天，班上的 2 位学生还将小鸡出壳的整个过程进行了网络直播（http://v.youku.com/v_show/id_XNzMwNjgzNjE2.html），并且统计了在线观看小鸡出壳的人数（图 2-30）。

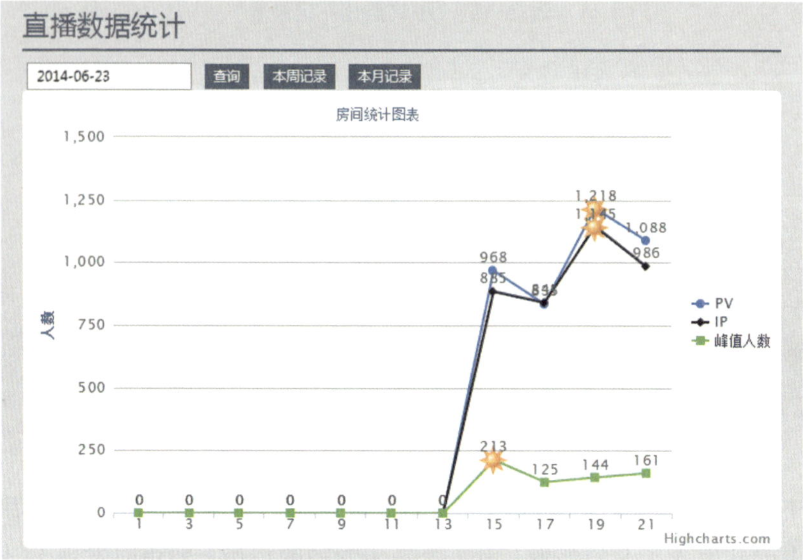

图 2-30　人数统计

7. 教学反思

本节课的主要意图是让学生将机器人课程的知识和技术与其他学科的知识和技术联系起来，打破学科之间的界限，制作一些有趣、有意义的智能人造物。从学生掌握的角度来看，几乎所有的学生都制作了小鸡孵化装置，部分学生还增加了其他功能，如温度过高的声光报警装置、在显示器上显示孵化天数、将箱内温度和湿度实时传递到物联网平台上（温州中学的物联网）等。从学生课堂行为上可以看出学生对本次上课的内容很感兴趣，部分学生根据这节课的内容还提出了各种各样的创意，如水质监测机器人、激光测距仪、手机蓝牙控制小车等等。总体来看，这节课将机器人与生物学的相关知识进行了一次大胆的整合尝试，整个教学过程生动有趣，课堂气氛活跃，教学进展顺利，师生交流融洽，圆满完成了预期的教学目标。通过这节课的学习，教师认为学生的 STEM 素养、团队合作能力、动手能力等得到了一定程度的提高。

除此之外，教师还对本节课进行了总结。

（1）本节课建议采用 2 课时连续上课的模式。这样更加注重知识点的整体性、关联性，有助于学生的理解和应用。在教学实施过程中，最大的困难在于内容量很大，不仅涉及新的知识和技术，还要让学生利用所学的知识去制作小鸡孵化装置，所以教学中一定要给予学生充分的讨论、交流、制作的时间。

（2）在教学层面存在一些不足，如课堂开放程度把握不到位、合作流于形式等。在今后的教学中，要让学生在积极操作、交流、动脑、动口的学习中理解和掌握知识和技术。实践证明，教学方式的转变，能激发学生的学习兴趣，让课堂焕发生命活力，让课堂更精彩。

（3）要根据实际情况优化孵化箱湿度与温度的控制。根据收集的资料，小鸡孵化对湿度的要求不是很高，所以采取的是手动加水提高湿度的方法；而经查找资料分析，2只小鸡未能孵出的原因是湿度没有控制好，所以还需要添加湿度控制装置；班上的一些学生还将孵化箱的温度上传到学校物联网平台上，根据平台显示的1小时的温度数据（图2-31），可以看出孵化箱内的温度变化很大，因此还需要进一步完善小鸡孵化装置。

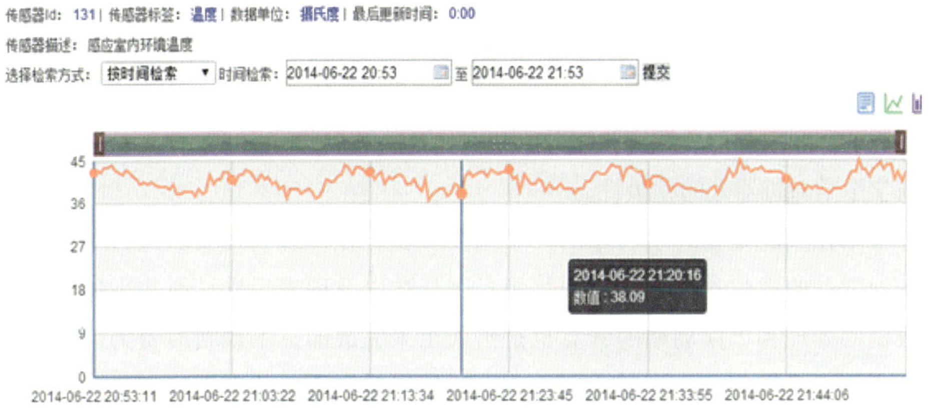

图2-31　孵化箱内1小时的温度数据

（二）“探究单摆周期”教学实践及反思[①]

当前的中小学机器人教育，多数还是以竞赛或兴趣小组的形式开展，即

---

① 本案例作者：张敬云（镇江市实验高级中学），钟柏昌，李守良，谢作如（温州中学）。

使走进课堂的大班教学，也只是将机器人技术的知识作为课程的核心或全部内容，机器人的教育价值没有得到充分的发挥。笔者认为，基于机器人的科学探究便是一种新的教学思路，本案例体现了这样一种尝试。

1. 选题背景

当下，中小学机器人教育已经成为教育工作者关注的焦点之一，随着机器人技术的更加普及，机器人进课堂也成为一种趋势。但是，从目前的机器人教学内容来看，机器人只是作为学习的对象，有关机器人技术的知识构成了机器人课程的核心或全部内容，以模拟实验或模拟再现生产生活中的科技产品作为主要教学方式。尽管这种教学对学习机器人的基础知识和基本技能是非常有效的一种方式，但显然不应该成为机器人教学的全部。而科学探究作为一个世纪以来国际基础教育改革所努力追求的方向，各国一直提倡学生科学探究能力的发展，我国新一轮基础教育课程改革也特别强调科学探究活动。通过真实情境的探究过程能让学生自主学习科学知识、掌握技能、认识科学本质、提升科学素养和创新能力。我们认为将机器人作为科学探究的一种工具和平台，开展科学探究活动，是中小学机器人教育的一个重要发展方向。因此，在探究单摆周期的课堂活动当中，将红外传感器作为科学探究实验的一种工具，搭建了探究单摆周期的实验装置，不但能够帮助学生学习机器人的基础知识和基本技能，掌握和理解与单摆实验相关的知识，还能够培养学生的科学探究能力，提高学生学习机器人的积极性。

单摆实验是物理学科中的一个重要实验。在传统物理实验过程中，单摆来回摆动的次数和摆动的时间是用人工计数以及秒表手动计时实现的，实验数据的处理和单摆周期的计算也是由人工来完成的，不仅费时费力，还存在一定的人为误差。为了避免这种不必要的误差和烦琐的数据处理过程，本案例利用 Arduino 机器人能够自动获取数据的优势，重新设计了探究单摆周期的实验，力求在帮助学生学习机器人知识的同时，培养学生自主探究的意识和能力。

2. 方案设计

（1）教学内容和学生情况分析

本课的教学内容是利用 Arduino 机器人探究单摆的周期，并学会红外传感器的使用方法。本课的教学对象是温州中学高一学生，学生已经对Arduino机器人产生浓厚的兴趣，理解Arduino机器人的输入、输出，掌握传感器的一般使用方法以及串口监视器的正确使用方法，熟悉Mixly（米思齐）的基本模块。

（2）教学目标

① 知识与技能

掌握Arduino机器人中红外传感器的使用。

② 过程与方法

通过自主设计探究单摆实验的探究方案，体验科学探究的过程和方法。

③ 情感态度与价值观

通过利用Arduino机器人做科学探究的实验，感受传感器为学习和工作带来的便利，提高学生学习机器人的积极性。

（3）教学重点和难点

本节课的教学重点是通过利用Arduino机器人探究单摆周期的实验，理解科学探究的一般过程和方法；难点是自主制定计划、设计探究实验方案。

（4）探究单摆周期实验的可选方案设计与选择

① 注意事项

- 摆线不可伸缩，小球应选密度较大的金属球，直径应较小。
- 摆线的上端不要卷在夹子上，而要用夹子加紧，以免单摆摆动时摆线滑动或摆长改变。
- 小球摆动时要在同一个竖直平面内。
- 在小球通过最低点时，开始计时并计算单摆摆动的次数，最后用总时间除以总次数，如此反复三次，求得周期的平均值作为单摆的周期。
- 使用控制变量的方法，可以探究单摆周期与摆长、摆角及小球质量的关系。

② 可选的方案设计与选择

基于以上探究单摆周期实验的注意事项，教师初步设计了四种利用Arduino机器人探究单摆周期的实验方案（表2-16）。

表 2-16　利用 Arduino 机器人探究单摆周期的实验方案

方案	方案描述	主要器材	编程知识
方案一	用手将小球拉至某一角度无初速度释放，利用红外传感器检测小球是否到达最低点，如果到达，摆动的次数加 1，并且开始计时，最后将计算的结果从串口输出	Romeo 控制器、红外传感器	选择结构
方案二	用手将小球拉至某一角度无初速度释放，利用红外传感器检测小球是否到达最低点，如果到达，摆动的次数加 1，并且开始计时，最后将计算的结果从串口输出	Romeo 控制器、红外传感器	选择结构、中断知识
方案三	用手将小球拉至某一角度无初速度释放，利用红外传感器检测小球是否到达最低点，如果到达，摆动的次数加 1，并且开始计时，最后将计算的结果输出到显示器上	Romeo 控制器、红外传感器、LCD 1602 液晶显示器	选择结构、中断知识
方案四	用电磁铁将小球固定在某一角度，并通过按钮释放小球，利用红外传感器检测小球是否到达最低点，如果到达，摆动的次数加 1，并且开始计时，最后将计算的结果从串口输出	Romeo 控制器、红外传感器、电磁铁、电磁继电器、按钮	选择结构、中断知识

比较以上四种实验方案可以看出，方案二不同于方案一的地方在于使用了中断的编程知识，这可以减小编程的复杂程度，但这也是学生之前没有学过的知识，理解起来可能会比较困难；除方案一外，其他三种方案涉及的编程知识点是一样的，但由于使用了不同的器材，编写程序的复杂度也不尽相同。方案三中提到的 LCD 1602 液晶显示器，虽然方便学生读取数据，但接线麻烦；方案四中的器材尽管可以很好地减少误差，更准确地测量单摆的周期，但是学生从未接触过电磁继电器模块，并且学生的编程能力有限，较难实现。由教学内容及教学目标可知，本课最重要的是让学生在理解单摆实验原理的基础上，自主制定探究活动的实验方案，从而体验科学探究的一般过程和方法，提高学生学习机器人的兴趣和积极性。因此，综合考虑教学内容、教学目标及课堂时间等因素，选择了方案一。

3. 硬件组成与搭建

利用Arduino机器人探究单摆周期的实验用到的硬件器材有Romeo控制器（1）、红外传感器（1）、USB数据线（1）以及3P线（若干）等。

（1）Romeo控制器

本节课使用的控制器是由DFRobot生产的Romeo控制器，该控制器采用的是最基础且应用最广泛的UNO板卡。

（2）红外传感器

红外传感器也称红外接近开关，是一种集发射与接收于一体的光电开关传感器，传感器接收信号后会引起后侧指示灯的亮灭。这款传感器背面有一个电位器，可以根据需要调节检测障碍的距离。当探头前方无障碍时，红外传感器输出高电平，有障碍时则相反。该传感器具有探测距离远、受可见光干扰小、价格便宜、易于装配、使用方便等特点，可以广泛应用于机器人避障、互动媒体、工业自动化流水线等场合。

（3）硬件搭建

红外传感器自带3P接线，其中红线对应5 V，绿线对应GND，黄线对应信号线，将其按照对应的颜色接在Romeo控制器的数字引脚，同时记录连接的数字引脚号。此处接在了2号数字引脚，接线如图2-32所示，实物连接如图2-33所示。

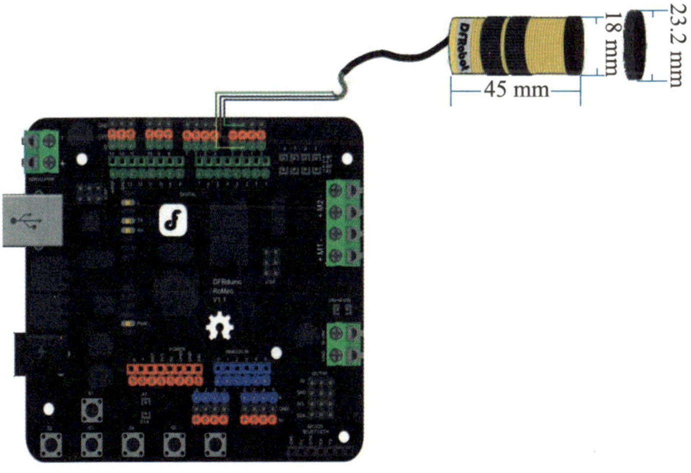

图2-32　Romeo控制器与红外传感器的接线图

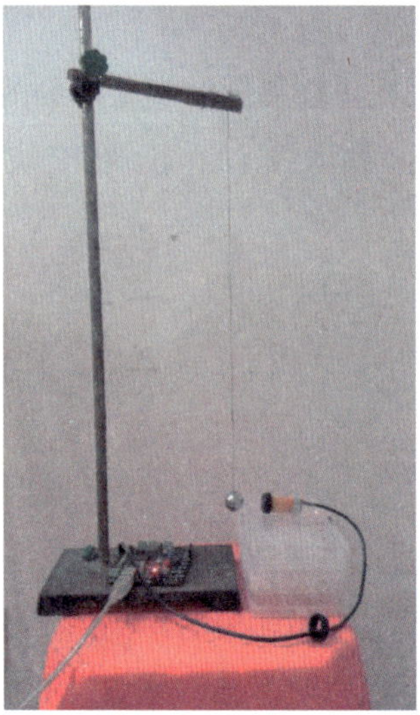

图 2-33　Arduino 机器人与单摆实验装置的连接图

4. 程序编写

搭建好硬件及实验装置，接下来就需要编写程序了。本课采用的编程环境是图形化编程软件 Mixly。Mixly 是北京师范大学创客教育实验室推出的一款 Arduino 图形化编程软件，基于 Blockly 开发，界面友好，功能比 ArduBlock 强大。使用图形化积木搭建的方式编程，不仅有更好的可视化效果和更强的交互性，而且编程门槛低，即使没有任何编程经验的人也可以尝试编写程序，实现自己想要的效果。

利用 Arduino 机器人探究单摆周期的程序主要解决两个问题：一是要记录单摆来回摆动的次数和时间；二是根据检测到的次数和时间自动输出单摆的周期。由于单摆刚开始摆动的时候可能不是很稳定，因此我们有必要略过前几次单摆摆动的次数及时间，这里我们从单摆摆动的第三次开始计时和计数。测出需要的单摆摆动的次数和时间之后，就可以用总时间除以总次数求出单摆的周期。要注意的是，每次红外传感器检测到小球经过最低点时，是经过了半个周期，因此在计算单摆周期的时候，需要将次数除以 2，保证单摆周期的总时间除以的是单摆做周期运动的总次数，程序如图 2-34 所示。

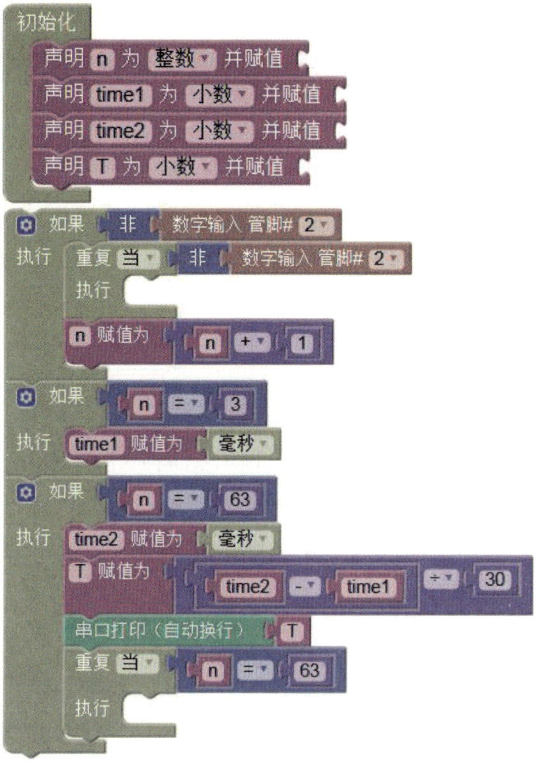

图2-34　利用Arduino机器人探究单摆周期的程序

5. 教学实践

在本次教学实践中，教师主要通过以下五个环节来完成教学。

（1）抛出问题，引入新课

首先，出示1张摆钟的图片，同时抛出问题："有同学注意到家里摆钟的钟摆在有规律地摆动，经认真观察发现钟摆来回摆动1次的时间刚好是1 s，就想是不是所有的钟摆来回摆动1次的时间都是1 s呢？你们觉得是吗？为什么？"然后，让学生上网查找资料并以小组的形式展开讨论。最后，请小组代表发表意见，同时对学生的观点给予肯定或者纠正。

教师再以图片的形式展示物理实验中单摆实验的示意图，并向学生解释钟摆来回摆动1次的时间叫作周期，钟摆的工作原理是利用了单摆的等时性，即摆钟来回摆动1次的时间是相等的，单摆是一种周期运动。接着，向学生展示传统单摆实验的装置，并引导学生思考这样做实验可能产生的误差和不足。各抒己见之后，教师与学生作出总结：当人观察到小球到达最低点时，开始用秒表计时并人为计数，这样操作的结果可能存在很大的人为误差。那么能否利用 Arduino 机器人制作一套这样的实验装置，避免人为误差呢？这套实验装置应该具有这些基本功能：自动检测到小球摆到最低点时，次数自动加 1；同时自动计时，自动求出单摆的周期时长。在引出用 Arduino 机器人制作实验装置之后，出示主题“探究单摆周期”。

（2）讲解新知，制定计划

通过之前的学习，学生已经了解到传感器最大的优势在于能够自动获取数据，因此向学生提问：“可以利用哪种传感器检测小球是否到达最低点，并开始自动计时、计数呢？”学生会回答：“光线传感器、超声波传感器。”此时，对学生的答案进行总结并向学生介绍一款新的传感器——红外传感器。在给学生简单介绍此款传感器的使用方法之后，让学生自己完成传感器与 Romeo 控制器的连接并编写程序（结合之前学过的传感器），通过串口监视器观察当传感器检测到障碍物和检测不到障碍物时的输出值。

接着，让学生以小组的形式制定探究计划并设计实验。由于之前学生没有接触过科学探究的实验，为鼓励学生顺利地完成实验，教师为学生提供利用 Arduino 机器人探究单摆周期导引表（表 2-17）作为他们的学习支架。在学生制定探究计划的过程中，教师要作为参与者的角色参与其中；在学生遇到问题时，教师也要作为引导者的角色引导学生走出困境。各小组派出代表汇报本组的探究计划，并请其他小组的成员对他们的汇报内容进行评价，最后由教师对各小组的探究计划进行总结。结束之后留给学生一定的时间，结合学生及教师的意见，对探究计划作出进一步的修改和完善。

表 2-17　利用 Arduino 机器人探究单摆周期导引表

科学探究的步骤	具体内容
提出问题	钟摆来回摆动一次的时间都是 1 s 吗?
形成假设	查找资料，形成自己的假设

续表

科学探究的步骤	具体内容
制定计划和设计实验	1. 所需器材 2. 所需控制的变量 3. 实验步骤
进行实验和收集数据	数据记录表
分析数据和得出结论	数据可视化、假设正确与否
评价与反思	对实验进行总结

（3）进行实验，收集数据

这个环节主要是让学生按照实验步骤，以小组的形式认真细心地进行具体的实验操作，并在整个过程中记录相关的数据。最后，通过对数据的处理、分析，各小组得出实验结论，验证或证伪假设。

（4）得出结论，评价交流

这一环节主要是让学生以小组的形式汇报本组获取的数据以及得出的结论，并能够对本组和其他小组的探究实验做出正确的评价。

首先，教师让完成探究实验的小组展示他们的实验装置，再让他们汇报获得的数据和得出的结论。本次教学中，全班一共 30 名学生，3 名学生为 1 组，一共分为 10 个组。在这 10 个组中，单摆来回摆动 1 次的时间都不是 1 s，并且有 5 个小组经过控制变量的方法得出结论：当摆角和小球的质量一定时，摆线越长，单摆的周期越长，反之则越短；当摆线和小球的质量一定时，单摆的周期与摆角无关；当摆线与摆角一定时，单摆的周期与小球质量无关。最后，教师选取了 1 个小组的探究实验作为范例，从器材选取、控制变量、程序算法、数据处理、误差分析等多个角度对作品进行了评价。在学生把握了评价尺度后，再让各个小组对其他小组的实验过程及结论进行评价并投票选出最佳的实验方案。

（5）拓展提升，课堂总结

单摆在摆角小于 5° 时，可近似认为是简谐运动，此时单摆运动的周期公式为：$T=2\pi\sqrt{\frac{l}{g}}$，其中 l 是摆长，g 是当地重力加速度。为了提高学生利用已有知识上网查阅资料的能力，在完成单摆周期的实验探究之后，教师提出了一个新的问题："如何利用单摆实验测出当地的重力加速度？"

最后，对本课进行总结：无论选取哪款传感器，它的工作原理和程序编写其实都不复杂，学习本课最重要的目的是要掌握科学探究的一般过程和方法。因此，我们不仅要学习掌握 Arduino 机器人本身的知识和技能，更希望大家在遇到问题的时候，可以将它作为探究过程中强有力的辅助工具，帮助我们更准确地获取数据、更方便地解决问题。

6. 教学反思

本次教学主要是让学生通过自主设计探究单摆实验的方案，体验科学探究的一般过程和方法，并能够感受利用 Arduino 机器人自动获取数据的优势给学习带来的便利，从而激发学生学习机器人的兴趣，提高学生参与科学探究活动的积极性。从学生的任务完成情况来看，全班一共 30 名学生（共 10 组），全部完成了制定探究实验的方案，并得出了实验结论。对于拓展任务，许多学生只是利用课堂时间查阅了相关资料，由于时间原因，并没有进行实验加以求证。令人欣慰的是，有两组学生利用课余时间在创客空间里完成了测量重力加速度的任务。

此外，本次教学还有一些需要改进的地方。例如，在让学生制定探究计划之前，对知识点的讲解不够全面，尤其是控制变量的方法，导致学生花费了较长的时间；在程序编写的环节，对学生的提示和引导不够细致，放手让学生自己尝试，但通过观察发现有学生无从下手。希望在今后的教学中，对这些地方加以改进，以便更好地组织课堂教学。

（三）"制作简易校园气象与环境检测仪"教学设计与反思①

本课以制作简易校园气象与环境检测仪为例，引导学生在掌握机器人知识和技术的同时，关注身边的问题，学会用所学知识去思考和解决现实生活中存在的问题，达到提高学生科学素养的目的。

---

① 本案例作者：张丽芳（太原西苑小学），谢作如（温州中学），张开杨，钟柏昌。

1. 选题背景

随着科学技术的发展和教育改革的深入，气象科学教育已成为世界上大多数国家对在校学生进行科学教育的载体与平台。经过半个多世纪的运转与发展，校园气象站的内在功能不断完善，结构格局不断更新，覆盖面不断扩大。但是，这些校园气象站占地面积大、投资经费多、维护费用高，一些偏远、经济欠发达的地区由于经费紧张，不可能建设这样一个平台，而且学生也无法参与到气象站本身的建设过程中。为此，本案例以 Arduino 为平台，引导学生综合利用传感器技术与气象知识制作简易校园气象与环境检测仪，既提高了学生的机器人知识和技术，又激发了学生对科学、气象与环境的兴趣。

2. 方案设计

（1）校园气象与环境检测仪简述

校园气象与环境检测仪能够采集周围环境的温度、湿度、风向、大气压力、风速、降水量、太阳辐射、紫外线强度等多种气象参数的即时数据。校园气象与环境检测仪一般由传感器、变换器、数据处理装置、资料发送装置、系统电源等组成。其中，传感器是一种检验测量的装置，它能感受到被测量的信息，并能将检测感受到的信息，按一定规律变换成为电信号或其他所需形式的信息输出，如温度传感器、雨量传感器、风向传感器等；资料发送装置用有线或无线方式将采集的数据传给用户，或存储在网络、数据库等介质上①。

（2）教学内容与学生情况分析

本课的教学内容是让学生制作简易的校园气象与环境检测仪。本课主要涉及 PM2.5 传感器、温湿度传感器、紫外线传感器和 LCD 1602 液晶显示器四种硬件，另外还提供了风速传感器、风向传感器和雨量传感器等供学生完善校园气象与环境检测仪之用。

通过“制作小鸡孵化装置”的学习，学生已经掌握了温湿度传感器和 LCD 1602 液晶显示器的使用，为本课的教学作了相应的铺垫。本节课的教学对象是高一学生。通过前面几节课的学习，学生已经熟练掌握了 Arduino 机器

① 高迎新，任咏夏，管永基．自动气象站及其在中小学校园中的应用［J］．中国教育技术装备，2009（10）：1-2

人的输入、输出，掌握了传感器和显示器的一般使用方法，熟悉了 Arduino 的基本语法。另外，通过之前的积累，学生对 Arduino 机器人产生了浓厚的兴趣，在动手操作与编程能力方面都有了显著的提升，对 Arduino 机器人的创意设计也有了更多的个人想法。

（3）教学目标

① 知识与技能

了解 PM2.5 传感器和紫外线传感器的连接方法以及所具备的功能，学会在 Arduino IDE 软件中使用 PM2.5 传感器和紫外线传感器进行编程来解决实际问题，了解校园气象与环境检测仪在实际生活中的意义。

② 过程与方法

在教师指导下，通过模仿制作简易校园气象与环境检测仪，理解使用 Arduino 机器人做设计和开发的一般过程与方法。

③ 情感态度与价值观

通过亲自制作简易校园气象与环境检测仪，感受科学技术的生活应用价值，激发对 Arduino 机器人课程学习的兴趣。

（4）教学重点和难点

本节课的教学重点是 PM2.5 传感器的使用方法，难点是 PM2.5 传感器与 Romeo 控制器的连接。

（5）可选方案的设计与选择

教师根据气象数据输出的不同终端，初步设计了三种简易校园气象与环境检测仪制作方案（表 2-18）。

表 2-18　简易校园气象与环境检测仪制作方案（预设）

方案名称	方案内容	器材	编程知识	备注
方案一 简易 LCD 显示	利用 PM2.5 传感器、紫外线传感器、温湿度传感器检测周围环境的 PM2.5、紫外线强度、温度、湿度，并将其检测出的值显示到 LCD 1602 液晶显示器上	Romeo 控制器、PM2.5 传感器、紫外线传感器、温湿度传感器、LCD 1602 液晶显示器	数学计算、库函数、数字接口和模拟接口的读取	简单、易实现

续表

方案名称	方案内容	器材	编程知识	备注
方案二 物联网发布	利用 PM2.5 传感器、紫外线传感器、温湿度传感器检测周围环境的 PM2.5、紫外线强度、温度、湿度，并将其检测出的值实时显示到校园物联网平台上	Romeo 控制器、PM2.5 传感器、紫外线传感器、温湿度传感器、网络扩展板	数学计算、库函数、计算机网络、数字接口和模拟接口的读取	程序复杂、不易实现
方案三 校园 LED 显示	利用 PM2.5 传感器、紫外线传感器、温湿度传感器检测周围环境的 PM2.5、紫外线强度、温度、湿度，并将其检测出的值实时显示到校园 LED 显示屏上	Romeo 控制器、PM2.5 传感器、紫外线传感器、温湿度传感器、LED 显示屏	数学计算、库函数、数字接口和模拟接口的读取	学生未接触 LED 点矩阵

备注：除了表中列出的核心器材，还要用到一些器材，如 USB 数据线、3P 线等。

综合三种方案的不同特点以及学生的知识水平结构，本课最终采用方案一，主要原因如下。

① 本次教学初步安排了 1 课时，方案二和方案三涉及的教学内容过多，不仅教学课时不够，还超出了学生的能力范围。另外，通过“制作小鸡孵化装置”的学习，学生已经掌握了 LCD 1602 液晶显示器、温湿度传感器的使用方法。方案一只是在小鸡孵化装置的基础上进行了小改动，容易实现。

② 方案一可以实现简易的校园气象与环境检测仪的制作，并能够将采集的环境信息值显示在 LCD 1602 液晶显示器上，而方案二和方案三实际上是方案一的拓展或提升，学生在完成方案一的任务后，可以将方案二和方案三作为拓展任务。

3. 硬件组成与搭建

简易校园气象仪需要用到的硬件器材有 Romeo 控制器（1）、PM2.5 传感器（1）、紫外线传感器（1）、DHT11 温湿度传感器（1）、LCD 1602 液晶显示器（1）、USB 数据线（1）、3P 线（若干）。

（1）PM2.5 传感器

本课使用的 PM2.5 传感器是 DFRobot 出品的 Sharp GP2Y1010AU0F 空气质量传感器。该传感器由红外线发射二极管和光电晶体管组成，并在模块中呈对角排列，能够检测到空气粉尘中的反射光。利用它，可以有效地检测出非常细的颗粒，如香烟烟雾。此外，该传感器的模拟输出电压与同标准灰尘密度成比例，其灵敏度为 0.5 V/0.1 mg/m^3。

（2）PM2.5 传感器转接模块

Sharp GP2Y1010AU0F 空气质量传感器在应用上比较麻烦，使用时需要外部连接一些电阻、电容和杜邦线，为了防止学生在接线时出错损坏传感器，还需要用到 PM2.5 传感器转接模块。该转接模块可以很方便地将 Sharp GP2Y1010AU0F 空气质量传感器和 Romeo 控制器连接起来，在连接的时候只需将转接模块中 6 针的杜邦线连接到 PM2.5 传感器上，转接模块上标 D 的接口通过 3P 线接到 Romeo 控制器的数字引脚，标 A 的接口通过 3P 线接到 Romeo 控制器的模拟引脚。

（3）紫外线传感器

本课使用的紫外线传感器是 DFRobot 的 Gadgeteer UV 紫外线传感器。该传感器是一个测试紫外线总量的最佳传感器，它不需要使用波长滤波器，只对紫外线敏感。该传感器直接输出对应紫外线指数（UV INDEX）的线性电压，输出电压范围大约 0～1 100 mV（对应 UV INDEX 值为 0～11）。此外，该传感器模块简便易用，还有专门的 Gadgeteer 接口和 Arduino 3P 接口，其中 3P 彩色排针能够对应传感器连接线，防止插错。3P 彩色排针中，红色对应电源，黑色对应 GND，蓝色对应模拟接口。

（4）硬件搭建

硬件搭建示意图如图 2-35 所示。

① 将 DHT11 温湿度传感器连接到 Romeo 控制器的数字引脚，同时记录连接到 Romeo 控制器的引脚号，如 DHT11 温湿度传感器接在数字引脚 3 上。

② 将 PM2.5 传感器通过转接模块接到 Romeo 控制器的数字引脚和模拟引脚上，同时记录连接到 Romeo 控制器的引脚号，如转接模块上标 D 的接口接到了数字引脚 10 上，标 A 的接口接到了模拟引脚 1 上。

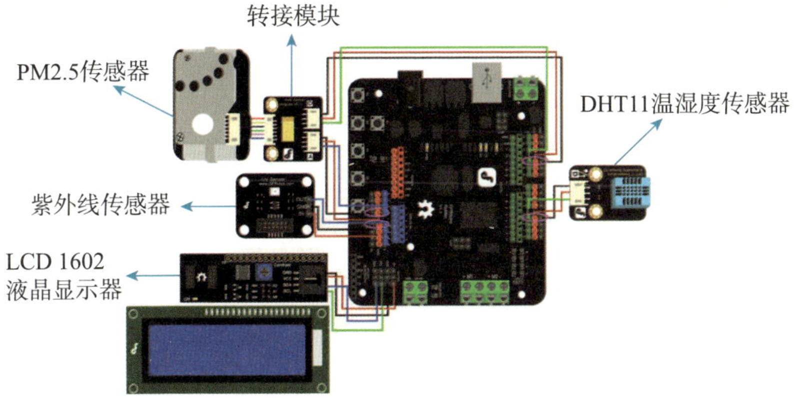

图2-35　硬件搭建示意图

③ 将紫外线传感器接到Romeo控制器的模拟引脚，同时记录连接到Romeo控制器的引脚号，如把紫外线传感器接到模拟引脚2上。

④ 将LCD 1602液晶显示器接在Romeo控制器的IIC接口，显示器的引脚要与控制器的接口相对应。

⑤ 通过USB数据线将Romeo控制器和计算机连接起来，正确选择板卡型号UNO和接口号。

4. 程序编写

本节课采用的是文本式的编程环境Arduino IDE。该简易校园气象与环境检测仪涉及的编程知识比较简单，其中PM2.5传感器读取的值为模拟电压值，并非当前环境的PM2.5的值，我们需要借助于公式“[PM2.5值 =0.17× 模拟电压值 ×(5.0÷1 024.0)-0.1]×1 000”进行计算，这样计算出来的值才是当前环境的PM2.5值；紫外线传感器读取的值就是当前环境的紫外线强度。简易校园气象与环境检测仪的参考程序如下。

```
#include <dht11.h>
#include <Wire.h>
#include <LiquidCrystal_I2C.h>
LiquidCrystal_I2C lcd(0x20,16,2);
dht11 DHT11;
int measurePin = 1;                //PM2.5 传感器转接模块上的模拟接口接在模拟引脚 1 上
```

```
int ledPower = 10;            // PM2.5 传感器转接模块上的数字接口接在数字引脚 10 上
int samplingTime = 280;
int deltaTime = 40;
int sleepTime = 9680;
float voMeasured = 0;
float calcVoltage = 0;
float dustDensity = 0;
void setup() {
  pinMode(ledPower,OUTPUT);
  lcd.init();                              // 初始化显示屏
  lcd.backlight();// 显示屏背光
}
void loop() {
    int th1=DHT11.read(3);//DHT11 温湿度传感器接在数字引脚 3 上
    int tem=DHT11.temperature;         // 读取 DHT11 温湿度传感器的温度
    int hum=DHT11.humidity;            // 读取 DHT11 温湿度传感器的湿度
    lcd.setCursor(0,0);
    lcd.print("temp:");
    lcd.print(tem);
    lcd.print("C");
    lcd.print("hum:");
    lcd.print(hum);
    lcd.print("%");
    digitalWrite(ledPower,LOW); //
    delayMicroseconds(samplingTime);
     voMeasured = analogRead(measurePin);
    delayMicroseconds(deltaTime);
    digitalWrite(ledPower,HIGH);
    delayMicroseconds(sleepTime);
     dustDensity = (0.17 * voMeasured * (5.0 / 1024.0) - 0.1)*1000;
     lcd.setCursor(0,1);
     lcd.print("pm2.5:");
     lcd.print(dustDensity);
     lcd.print("uv:");
     lcd.print(analogRead(2));            // 紫外线传感器接在了控制器的模拟引脚 2 上
}
```

5. 拓展应用

通过本课的学习，学生能够自己动手制作简易的校园气象与环境检测仪。我们可以从不同的角度发挥学生的想象力，在校园气象与环境检测仪的基础上增加其他传感器，如增加风向传感器、雨滴传感器等，采集当前环境的风向、是否下雨等数据；也可以在此基础上增加一些监控装置，如将采集的数据信息实时传输到网络上，以便实时了解当前气象与环境信息；也可以在此基础上增加一些报警装置，如增加声光报警装置，当温度过低时，提醒学生多穿衣服。

6. 教学实践

教师主要通过以下四个环节来完成教学：情境导入，引入新课；讲解新知，边“搭”边“编”；作品展示，交流评价；拓展提升，课堂总结。

（1）情境导入，引入新课

在上课之前，教师先给学生播放一段关于雾霾天气的视频，同时抛出一个问题：“处在这样的雾霾天气中，你有何感受？面对雾霾，我们能做些什么？”然后让学生以小组的形式展开讨论，并请小组代表发表意见，同时对学生的观点进行肯定或者纠正。然后，展示当前所处环境的图片，与学生总结得出：现在人类生存的环境尤其是大气环境面临各种挑战，建立完善的环境监测系统非常必要。这时，进一步提出问题：“如何能够知道我们所处环境的空气质量呢？”学生的答案可能多种多样，如天气预报等。此时可以继续启发：“能否利用 Arduino 知识制作一套监测空气质量的装置呢？”若学生回答不出来，可以给学生一些提示：“传感器检测周围环境的温湿度”等。在引出“空气检测装置”之后，出示课题“制作简易校园气象与环境检测仪”。

（2）讲解新知，边“搭”边“编”

首先，给学生介绍简易校园气象与环境检测仪，并向学生设问“如何采集环境信息”，学生可能回答“各种传感器”。此时，对学生的答案进行总结并向学生介绍温湿度传感器、风向传感器、紫外线传感器等可以采集气象信息。接着，给学生十分钟的时间，利用温湿度传感器将当前环境的温度和湿度显示到 LCD 1602 液晶显示器上。

在学生完成任务之后，向学生介绍紫外线传感器和 PM2.5 传感器。紫外线传感器可以检测所处环境的紫外线，它是一种模拟传感器，需要接在 Romeo

控制器的模拟接口上。紧接着向学生布置任务：将当前环境的紫外线值显示到LCD1602液晶显示器上。教师不再演示关于紫外线传感器与Romeo控制器的连接以及通过串口显示紫外线强度的程序，只需提示学生该传感器的用法和之前学习的光线传感器的用法是相同的，且紫外线传感器所读取的值就是当前环境的紫外线强度。在学生完成任务之后，向学生介绍PM2.5传感器。然后向学生布置任务：将当前环境的PM2.5值显示到显示器上。为方便学生理解，教师首先演示了PM2.5传感器与Romeo控制器的连接以及相关程序，然后让学生自己搭建硬件并编写程序。完成任务的小组，可以进一步尝试解决以下问题：除了将环境信息显示到LCD 1602液晶显示器上，还可以显示到哪里，如何实现；如何让全校所有师生都能了解到他们所处环境的空气质量值；上网查阅空气质量指数，根据指数评估我们所处环境的空气质量。

（3）作品展示，交流评价

这一环节主要是让学生展示自己的作品，并能够评价自己和他人的作品。本次教学，全班一共有30名学生，2名学生1组，一共是15组。在这15组中，一共有13组完成了教学任务，其中有1组学生还在其装置上增加了声光报警装置，有1组学生增加了按钮控制周围环境信息的显示。

首先，教师让完成任务的小组展示并介绍了他们的作品，并让学生浏览各组作品；然后，组织各小组对这些作品进行讨论，评价其优缺点，并可提出问题；接着，教师选取其中1组的作品作为范例，从硬件连接、程序算法、实用性、创新性等多个角度对作品进行了评价，并指导学生如何从这些角度对作品进行评价；最后，在学生掌握评价尺度后，让各小组对其他小组的作品进行评价并推选出最佳作品。在小组互评的过程中，教师适时提出了以下几个问题供学生思考：从其他组的作品中学到了什么？有何体会？自己最大的收获是什么？

（4）拓展提升，课堂总结

教师给学生提供创意记录表（表2-19），让学生根据自己的想法进一步完善原有的作品，其想法不限制传感器类型、个数等。同时，鼓励学生利用已有知识或上网查阅资料等途径实现自己的想法。最后，教师对本次教学进行了总结，并选择其中一组学生的作品置于教室内，便于学生实时观察当前环境的信息。此外，还给学生布置了课后作业：如何将采集的环境信息实时传输到网络上，让更多的学生、教师以及家长了解校园内的环境信息，并将其作为课后拓展任务之一。

表 2-19　创意记录表

创意维度	具体描述
监控装置	将检测出的值实时显示到网络上，让更多的人了解当前环境信息
	将检测出的值实时显示到校园 LED 大屏幕上
	……
报警装置	如果当前环境的紫外线强度过高、雾霾严重等，可以添加声光报警装置
	……
校园气象与环境检测仪	在原有装置基础上，再增加风向传感器、雨滴传感器等
	……
……	……

7. 教学反思

本次教学的主要意图是让学生在制作简易校园气象与环境检测仪的过程中，运用所学的科学知识解决日常生活的问题，提升学生的科技素养，拉近学生与高科技的距离。在教学中，教师首先播放了一段关于雾霾天气的视频以及当前所处环境的图片，创设了有利于学生主动学习的情境，让学生积极参与教学活动，充分调动学生的学习积极性，并让学生思考如何了解当前所处环境的信息以引出校园气象仪；然后，向学生介绍通过传感器采集环境的信息并通过显示器显示出来；最后，通过搭建硬件和编写程序制作了简易校园气象与环境检测仪。实践中设计了“显示器显示温湿度”和“显示器显示紫外线值和 PM2.5 值”两个任务，第一个任务的目的是让学生复习，巩固和深化所学知识和技术；第二个任务的目的是完善学生的知识结构，并利用所学的知识制作一些有生活意义的作品。在完成教学任务后，教师为学生提供了一些其他采集环境信息的传感器，让学生完善其作品；同时也让学生思考如何将检测到的环境数据实时传到网络上，让更多的学生了解当前的环境信息。除此之外，教师还总结了课堂教学中存在的不足，如内容过多、时间紧迫、无法顾及班上的每一位学生等。教师还提出了改进本节课的建议，采用两节课连上的方式，为学生提供一定的时间上网查阅空气质量的相关资料，或者由教师给学生提供相关资料，让学生了解更多的气象知识，并能根据采集的数据预测未来天气变化的趋势。

（四）“探究匀变速直线运动”教学设计与拓展①

探究小车匀变速直线运动是高中阶段必做的物理实验，该实验对于掌握加速度等物理知识有重要的意义。传统的物理实验需要借助电磁打点计时器、纸带等工具，并通过手动测量以及手动计算来完成，不仅费时费力，并且也存在一定的人为误差。因此，我们想利用 Arduino 和周边的电子模块，制作一个探究小车匀变速直线运动的实验装置，使用这款装置，无须手动测量及计算便可通过计算机得到所需数据及小车运动的 v-t 图像。

1. 选题背景

科学探究一直是基础教育课程改革努力追求的方向。随着机器人的普及，越来越多的教育研究者将教学重点从机器人本体知识教学转为将机器人作为科学探究的一种工具或平台。本案例利用 Arduino 能够自动获取数据的优势，将超声波传感器与物理学科中的小车匀变速直线运动进行整合，搭建探究小车匀变速直线运动的实验装置，试图让学生在探究小车匀变速直线运动规律的过程中，学会有关机器人的基础知识和基本技能，培养学生自主探究的意识和能力。

2. 方案设计

（1）教学内容和学生情况分析

本课的教学内容是利用 Arduino 探究小车匀变速直线运动的规律，并学会超声波传感器的使用方法。本课的教学对象是温州中学高一学生，学生已经对 Arduino 机器人产生了浓厚的兴趣，并已理解了 Arduino 机器人的输入、输出，掌握了串口监视器的使用方法，熟悉了 Mixly 的基本模块。

（2）教学目标

① 掌握 Arduino 机器人中超声波传感器的使用及匀变速直线运动的基本

---

① 本案例作者：张敬云（镇江市实验高级中学），谢作如（温州中学）。

公式。

② 通过自主设计探究小车匀变速直线运动规律的探究方案，体会科学研究方法。

③ 通过利用 Arduino 机器人做科学探究的实验，培养学生动手搭建模型、分析问题和解决问题的能力。

（3）教学重点和难点

本课的教学重点是通过利用 Arduino 机器人探究小车匀变速直线运动规律的实验，培养学生分析问题、解决问题的能力，难点是通过新旧知识的整合，自主制定计划并设计探究实验方案。

（4）探究小车匀变速直线运动规律的方案设计

本课的主要目的是让学生在理解小车匀变速直线运动原理的基础上，自主设计探究方案并进行实验，并且通过对收集到的数据进行整理分析，画出 v–t 图像，得出实验结论，进而体验科学探究的一般过程，提高学生对机器人的深层认识，培养学生的科学素养。因此，综合考虑教学内容、教学目标及课堂时间等因素，设计了表 2-20 所示的实验方案。

表 2-20　利用 Arduino 机器人探究小车匀变速直线运动规律的实验方案

方案描述	主要器材	编程知识
首先，用板子搭一个斜坡，并在斜坡顶端放置超声波传感器；然后，将小车放在斜坡顶端，使其无初速度下滑，每隔 0.2 s 用超声波传感器记录小车到斜坡顶端的距离；接着，计算小车的速度，并从串口输出；最后，画出小车运动的 v–t 图像，分析数据，得出实验结论	Romeo 控制器、超声波传感器	循环结构

3. 硬件组成与搭建

实验用到的硬件器材有 Romeo 控制器（1）、超声波传感器（1）、USB 数据线（1）等。

（1）超声波传感器

我们使用的是 HC-SR04 超声波传感器，它基于声呐原理，通过监测发射一连串调制后的超声波及其回波的时间间隔来获取传感器与目标物体间的距离值，测量距离精确，性能比较稳定，盲区为 2 cm。使用时，将其连接在 Romeo 控制器上并通电。

（2）硬件搭建

超声波传感器有 4 个引脚，分别是 VCC、GND、Echo 和 Trig，VCC 和 GND 分别接电源正极和接地，Echo 和 Trig 连接数字引脚，分别表示超声波的接收端和发射端，将其按照对应的位置接在 Romeo 控制器的引脚。可以将 Trig 接在 7 号数字引脚，Echo 接在 8 号数字引脚（图 2–36、图 2–37）。

4. 程序编写

程序编写需解决两个问题：一是记录小车每隔 0.2 s 运动的距离；二是根据检测到的距离计算出中间时刻的瞬时速度并通过串口输出。计算出同样时间间隔的速度后，便可将数据通过 Excel 生成 v–t 图像，更加直观地分析小车速度随时间变化的规律。要注意的是，小车刚开始运动时不是很稳定，因此在将数据转化为图表时，有必要略过前几次计算出的速度及时间。此外，在计算速度时，要注意单位的转换。具体程序如图 2–38 所示。

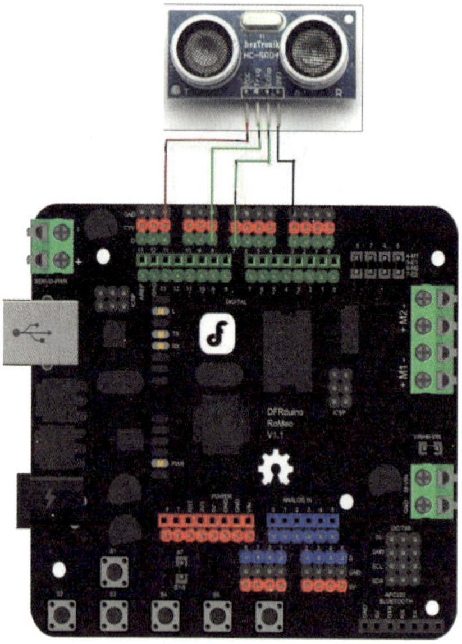

图 2–36　接线示意图

图2-37 实物图

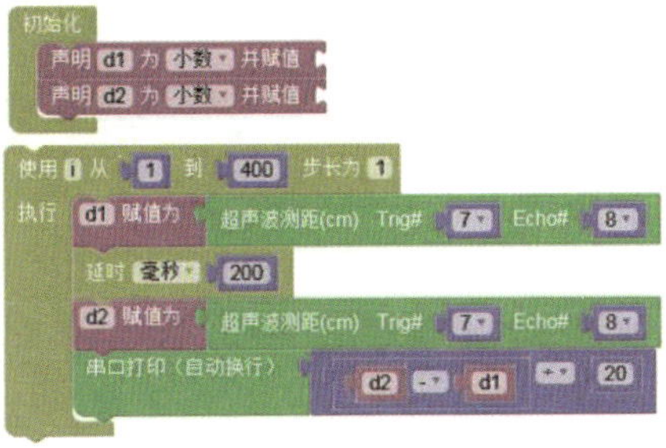

图2-38 具体程序

5. 教学实践

教师主要通过以下四个环节来完成教学。

（1）抛出问题，引入新课

演示小车在斜坡上运动的过程，让学生观察，并抛出问题：“小车做的是什么运动？”可能会有学生脱口而出：“小车做的是匀变速直线运动，物理课上学过。”这时教师就要继续提出问题：“我们能够看到小车运动的速度越来越快，但能够直接看出小车做的是匀变速直线运动吗？”有的学生反应很快，补充道：“上节课我们已经设计实验探究过单摆周期，那么同样可设计实验，拿出证据说明小车做的是匀变速直线运动。”然后让学生分组合作，上网查找相关的资源并讨论。教师向学生展示物理实验中探究小车匀变速直线运动的装置，并引导学生思考这样做实验的不足之处。经过一番讨论后，教师对学生的意见进行总结：打点计时器打出的纸带，还需人为地对其进行数据处理，不仅费时费力，而且还存在一定的人为误差。那么能否利用Arduino机器人制作一套实验装置，减少这样的误差呢？即这套装置应具备这些功能：自动检测小车到斜坡顶端的距离，自动计算小车速度并输出。

（2）讲解新知，制定计划

数据收集是科学探究十分重要又十分烦琐的环节，而机器人的最大优势便是数据的自动获取，因此向学生提问：“可以利用哪种传感器实时检测小车到斜坡顶端的距离，又如何自动计算出小车的速度呢？”同时向学生介绍超声波传感器。结合之前对传感器的学习，可以给出一定的时间，让学生通过相关网站的学习，自主完成传感器与Romeo控制器的连接并编写程序。然后，通过对串口输出值的观察，体会当传感器检测到不同距离物体时产生的变化。接着，将学生分成小组，以合作的方式制定探究计划并设计实验。由于学生之前没有接触过科学探究的实验，为了让学生顺利完成实验任务，教师提供利用Arduino机器人探究小车匀变速直线运动导引表（表2-21）作为学习支架。在学生制定探究计划的过程中，教师也要时刻在各个小组间走动，以参与者、引导者的角色融入学生的交流讨论中。最后，请小组选出代表汇报本组的探究计划，并开展自我评价、学生评价和教师评价。此外，留出一定的时间，让各小组对自己的探究计划进行修改和完善。

表2-21　利用Arduino机器人探究小车匀变速直线运动导引表

科学探究的步骤	具体内容
提出问题	小车从斜坡顶端到底端的运动是匀变速直线运动吗
形成假设	查找资料，形成自己的假设
制定计划和设计实验	所需器材和实验步骤
进行实验和收集数据	数据记录表
分析数据和得出结论	数据可视化、假设正确与否
评价与反思	对实验进行总结

（3）进行实验，收集数据

此环节主要是动手实践，按照实验步骤和分好的小组进行具体的实验操作，并对实验数据进行整理和收集。最后，使用Excel表格将数据转化为v–t图像，通过对图像的分析，得出实验结论，从而验证或证伪假设。

（4）得出结论，评价交流

此环节的主要目的是培养学生对自己的研究成果进行科学表达和阐述的能力，并通过师生之间的评价交流避免逻辑错误，增强实验结论的说服力，或者引发出新的问题进一步探究。

实验装置的基本器材，比如斜坡和小车都是课前准备好的。只要小组完成了探究计划，编写了程序，便可上台测试他们的实验方案，然后根据收集的数据绘制小车运动的 v–t 图像，最后向全班同学汇报他们获得的数据和得出的结论。一共有 30 名学生选修本课程，5 名学生为 1 组，一共 6 组。6 个小组都能绘制完成小车运动的 v–t 图像，但只有第 1 小组的 v–t 图像符合小车做匀变速直线运动的规律（图 2–39），其余 5 个小组的 v–t 图像与假设有点出入（图 2–40 是第 2 小组的 v–t 图像）。第 1 小组和第 2 小组绘制的 v–t 图像时间间隔一样，都是由计算机自动计算的速度数据导出的。

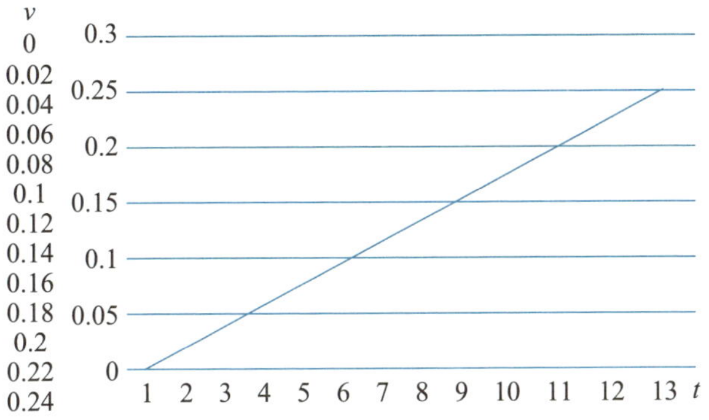

图 2–39　第 1 小组的 v–t 图像

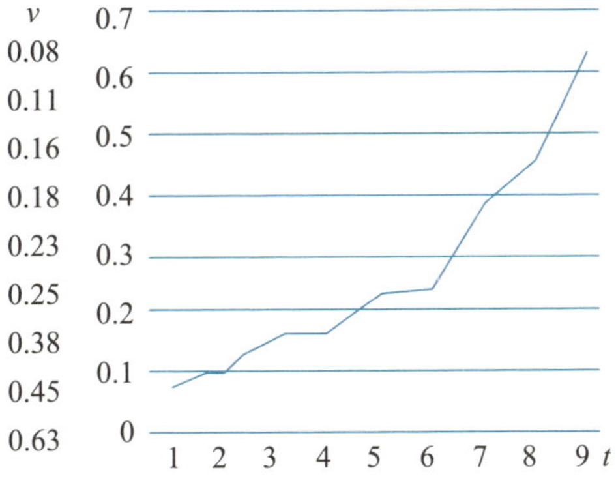

图 2–40　第 2 小组的 v–t 图像

经过学生的讨论和交流以及对各组中实验结果的分析，最后得出：在实验误差允许的范围内，小车的 v–t 图像是一条倾斜的直线。观察这个图像，可以看出，小车的速度在不断增大，而且在相等的时间里速度的变化量是相等的，即小车的加速度保持恒定。因此，得出结论：小车做匀加速直线运动。

（5）拓展提升，课堂总结

为了加强学生对已有知识的迁移应用，可在探究小车匀变速直线运动之后，向学生提出更多的问题："可以借助本次探究实验的思路来验证牛顿第一定律、探究自由落体运动甚至研究能量守恒定律吗？"

最后，对本节课进行总结：在探究小车匀变速直线运动的活动中，关键是要测出小车的瞬时速度，因此需对匀变速直线运动涉及的基本公式有较清晰的认识；通过科学探究的实验活动，我们掌握的不仅仅是几个知识点，而是一种解决问题、分析问题的能力；在以后的学习过程中，要有意识地应用这种探究的思维方式，也要认识到 Arduino 机器人在探究过程中提供的便利和帮助。

6. 教学反思

本节课主要是希望通过自主设计探究小车匀变速直线运动的实验方案，使学生认识到科学探究的一般过程和方法，认识到 Arduino 机器人不仅有趣好玩，而且可以应用于解决实际问题，从而激发学生学习机器人的兴趣，增强学生用科学的方法解决问题的意识。从课堂反映来看，所有学生都能够积极地参与到探究的活动当中，虽然有的小组在课上得出的结论与假设不相符，但也都在很认真地反思误差产生的原因，甚至在课下仍然继续他们的探究活动，令人欣慰。

此外，教学中仍有一些需要改进的地方。

（1）减少讲解时间。涉及如何测瞬时速度的问题时，教师占用了较多的讲解时间，其实根据学生已有的物理知识和经验，完全可以自主合作完成。因此，在今后的教学中，要把更多的时间留给学生，让学生充分地进行自主探究。

（2）关注学生的分工合作。虽然课堂上小组间的交流讨论很热烈，但有些也是无关紧要的话题。因此，在今后的教学中，教师也要关注学生的分工合作情况，做到分工明确，保证每个学生都有事可做、有问题要解决。

三、趣味交互类教学设计与反思

（一）“控制电路”教学设计与实践[①]

趣味交互型机器人的编程主要使用S4A来完成。S4A的全称为“Scratch for Arduino”，是基于Scratch衍生的二次开发软件。S4A采用图形化的程序设计界面，通过组合模块来完成程序的编写。S4A分为编程端和机器人端，其中机器人端使用Arduino主控板作为控制器。由于开源的Arduino主控板具有价格低廉、共享资源丰富、扩展性强等特点，因此较适用于机器人的教学。

在机器人教学过程中，以趣味交互型机器人作为教学项目，将相关的知识点融合到机器人项目的制作过程中，不仅可以使学生习得机器人相关的基础知识与基本技能，还可以使他们体会到以机器人为媒介进行人机交互的乐趣。

1. 方案设计

（1）学生情况分析

教学对象是高一学生，他们虽然对机器人比较感兴趣，但编程基础薄弱，没有能力独立进行趣味交互型机器人项目的开发。本课是学生学习S4A的第一节课，呈现了一个相对简单的案例供学生探究、了解S4A。通过本节课的学习，学生体验趣味交互型机器人的开发过程，获得控制S端（Scratch编程）软件与搭建A端（Arduino端）硬件的基本能力。

（2）教学目标

① 知识与技能

熟悉S4A界面及各功能区；了解Arduino主控板的结构以及数字传感器与主控板的连接方式；掌握循环语句、条件语句和造型切换模块的功能及使用方法；了解按钮的使用。

② 过程与方法

掌握利用S4A开发趣味交互型机器人的一般过程。

③ 情感态度与价值观

感受趣味交互型机器人开发的乐趣，激发学习机器人开发的兴趣。

---

① 本案例作者：韩蕾（南京师范大学教育科学学院研究生），钟柏昌。

（3）可选方案的设计与选择

“控制电路”即通过A端来控制S端舞台中电路的断开与闭合。A端连接传感器，S端获取传感器的值，并通过判断值的大小来控制电路。难点在于选择传感器与改变电路状态的方法。

通过对案例进行分析，教师就A端的“电路开关”和S端的“电路状态切换”两方面设计了以下几种方案（表2-22）。

表2-22 控制电路方案

类别	方案	方案描述	主要器材	编程知识
电路开关	方案一	在A端连接按钮，每按一次按钮电路状态就改变一次	Arduino主控板、按钮	循环语句、条件语句、“下一个造型”模块
	方案二	在A端连接倾斜传感器，当倾斜传感器的返回值为1时电路断开，为0时电路闭合	Arduino主控板、倾斜传感器	循环语句、条件语句、“下一个造型”模块
电路状态切换	方案三	准备闭合电路与开路电路的图片素材，并将其作为电路角色的造型，通过判断A端传感器的值切换不同造型，以达到切换电路状态的效果	Arduino主控板、按钮或倾斜传感器	循环语句、条件语句、“下一个造型”模块
	方案四	将去掉开关的电路图片素材作为舞台背景，把开关作为角色，通过判断A端传感器的值来改变开关角色在舞台中的位置，以达到切换电路状态的效果	Arduino主控板、按钮或倾斜传感器	循环语句、条件语句、“旋转”模块

比较“电路开关”类别中的两种方案，方案一中使用的是按钮，方案二中使用的是倾斜传感器，这两种元件都属于数字传感器，在编写程序时不存在差异。倾斜传感器向一端倾斜时输入值为1，向另一端倾斜时输入值为0，在控制的过程中每切换一次电路状态需要向两侧各倾斜一次。倾斜传感器还有体

积小不容易固定的缺点，因此选择方案一。对比“电路切换状态”类别中的两种方案，方案三将闭合电路与开路电路作为电路角色的造型，只需切换角色造型即可实现电路闭合与断开的效果。同时，在处理素材图片时，需要注意两张图片的亮度差异与小灯泡明暗的两种状态对应。方案四中将去掉开关的电路图片作为舞台背景，闭合电路时开关角色的位置处于闭合位置，断开电路时开关角色的位置处于断开位置。方案三比方案四更能体现电路状态改变后的明暗效果，并且只涉及一个角色造型的切换，不需要改变舞台背景，操作简便，故选择方案三。

2. 硬件搭建

“控制电路”需用到的器材主要包括：Arduino 主控板、杜邦线和按钮。使用 USB 数据线连接 Arduino 主控板与计算机主机，将按钮接到 Arduino 主控板的数字引脚 3 上。

3. 程序编写

本课采用的编程环境为 S4A。

首先，S 端获取 A 端传感器的值，即判断按钮是否被按下。在  中选择  模块，获取按钮的状态。每按一次按钮，电路就切换一次，即当按钮按下时切换电路角色的造型。在 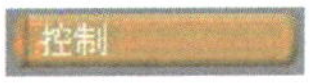 中选择条件语句  模块，当按钮按下时执行语句 。在程序执行期间，要重复进行判断，在  中选择  模块。在舞台中不需要呈现传感器信息显示板，因此在程序最开始处添加  模块。程序设计如图 2–41 所示。

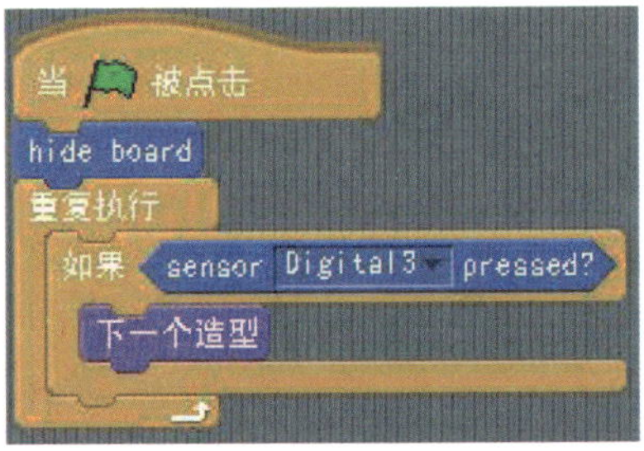

图 2–41　“控制电路”程序设计

4. 拓展应用

由于按钮中有弹簧，在按下时有可能因为弹簧的抖动而使A端一次的按钮动作造成S端获取到多次按钮的输入值。为了使电路的控制更顺畅，需要在程序设计时为按钮进行消抖。可使用延时模块，使S端获取一次按下按钮的动作后停止判断，延时一段时间后继续判断。学生可参考此解决思路，也可思考其他的方法，优化本案例。

5. 教学实践

本课包括四个教学环节：引入主题，激发兴趣；体验案例，探究新知；创新设计，拓展应用；交流心得，课堂总结。

（1）引入主题，激发兴趣

在生活中同学们见过形形色色的机器人，但是想必大多数同学都没有独立开发一个机器人的经历吧。完成一个机器人作品，不仅要搭建硬件，还要编写程序。本课主要学习开发趣味交互型机器人，使用的软件端为S4A，硬件端为Arduino主控板。接下来就让我们一起来学习如何开发机器人吧。

为了激发学生的兴趣并促进其对趣味交互型机器人进一步地了解，教师可用视频的形式向学生展示经典的S4A案例。

（2）体验案例，探究新知

由于本课是趣味交互型机器人设计与开发的第一节课，所以教师首先讲解S端与A端的连接方式、S4A界面的使用及各区域的功能。

只有S4A、Arduino主控板与计算机三者连接后，才能进行案例的开发。在学习案例之前，教师介绍三者的连接方式。首先，讲解Arduino主控板与计算机的连接方式，在计算机的设备管理器中以手动的方式为Arduino安装驱动。然后，讲解S4A与Arduino的连接方式，打开编程软件Arduino IDE，写入S4AFirmware固件文件。写入成功后打开S4A，此时S4A即可找到Arduino的端口，实现二者的实时通信。

S4A编程界面及各部分名称如图2-42所示。

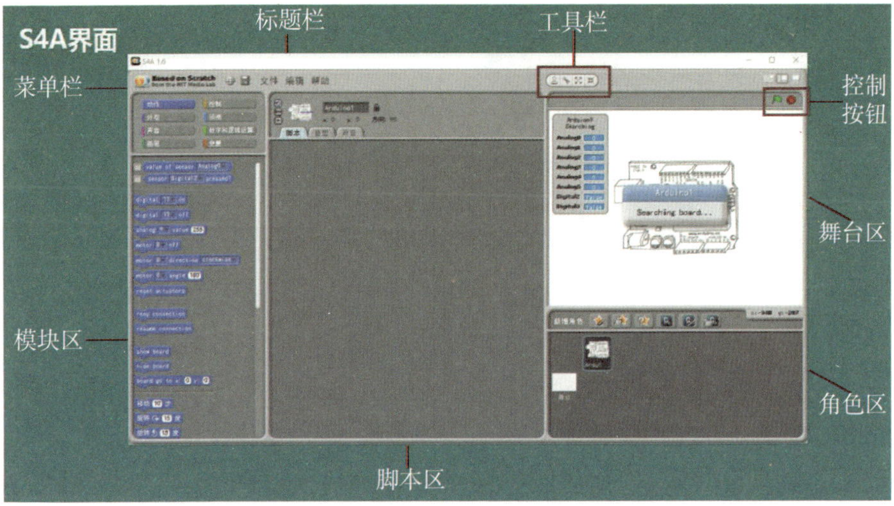

图 2-42　S4A 编程界面及各部分名称

主要功能区的作用说明如下。

- 模块区：显示编程过程中用到的各种类型的程序模块。
- 脚本区：将模块区的程序模块拖曳到此区域便可进行脚本的编辑，并且在这一区域显示角色的造型与声音对象。
- 角色区：对案例中所有的角色对象进行编辑。
- 舞台区：显示案例中的角色及传感器信息显示面板。
- 工具栏：复制、剪切、放大和缩小舞台中的角色。
- 控制按钮：启动与停止程序。

学生通过玩一玩、想一想和改一改三个环节探究案例。

① 玩一玩

本案例中，S 端一直检测 A 端按钮的状态，若按钮被按下就切换 S 端角色的造型，来达到控制电路开关的目的。教师提供“控制电路”案例给学生，其中包括“控制电路”程序、Arduino 主控板、杜邦线与按钮。学生尝试操作程序，观察案例如何运行。教师观察学生行为，发现学生使用过程中的主要问题。

② 想一想

教师提出以下问题引导学生思考。

问题一：示例中每个模块的功能是什么？

问题二：可否去掉模块？

问题三：改变按钮所接的引脚后对应的程序应该如何修改？

问题四：可否去掉模块？

教师组织学生开展小组合作，对提出的问题进行讨论，并形成初步的假设。

③ 改一改

教师组织学生通过修改案例来验证假设。观察学生行为，对学生遇到的问题给予解答。学生回答教师预留的四个问题，教师就本课中的重点和难点进行详细讲解。

- 解答问题一

模块：单击后执行程序。

模块：程序执行时隐藏传感器信息显示面板。

模块：重复执行循环语句。

模块：读取引脚 3 的数值。

模块：当条件满足时执行。

模块：切换到下一个角色造型。

- 解答问题二

使用模块，在程序运行时，隐藏端口监视界面。也可不使用该模块，在角色区中右击电路角色，选择“hide sensor board”，隐藏传感器信息显示面板。

- 解答问题三

S4A 将 Arduino 主控板上的数字引脚和模拟引脚根据功能进行分区，按钮属于数字传感器，只能接到 Arduino 主控板的数字引脚 2 和数字引脚 3 上。在本课中将按钮接到数字引脚 3 上，若将其接到数字引脚 2 上，需要单击模块引脚选项的下拉菜单，选择

（Digital2）。

- 解答问题四

使用循环语句，循环体中的语句将被重复执行。程序中的条件语句用于判断传感器的状态，并且根据状态的不同执行不同的语句。在启动程序后需要一直检测按钮的状态，因此程序中使用重复执行模块，当按下  按钮后程序停止。语句之间的嵌套可以使程序更简洁、高效。

（3）创新设计，拓展应用

以“控制电路”案例为例，分目标（G）、操作（O）、方法（M）、选择规则（S）四个部分系统地讲解基于 GOMS 的趣味交互型机器人的开发方法（表 2-23）。

表 2-23　“控制电路”的开发方法

项目功能	系统交互行为		
	User——S 端	User——A 端	S 端——A 端
目标（G）	S 端呈现电路图，用户通过识别界面显示的图片判断电路是否断开	用户控制按钮是否按下	A 端连接按钮模块，S 端获取 A 端传感器的状态来控制造型的切换
操作（O）	收集电路图断开、闭合时的图片素材，并适时切换图片	A 端连接按钮	S 端编写脚本获取 A 端按钮模块是否被按下的信号，并根据按钮状态切换角色的造型
方法（M）	网上搜索实物电路图素材，利用 Photoshop 软件编辑素材，S 端利用  模块切换造型	S 端支持 2 号和 3 号两个数字引脚，本案例连接 3 号数字引脚	使用  模块判断 A 端按钮是否被按下，同时使用  模块根据按钮的状态切换造型
选择规则（S）	素材背景简单，容易处理	S 端支持 A 端数字输出、输入，模拟输出、输入，根据需要选择不同的引脚	程序简洁、高效

教师指出操作中存在的问题：在操作的过程中会发现按一次按钮S端电路会连续切换多次造型，也就是S端会认为操作者进行了多次按按钮的操作。教师引导学生思考为什么会出现这个问题以及如何解决。

教师总结学生的解决思路，并解答按钮抖动现象产生的原理及解决方法。

教师引导学生进行作品创作，可以在本案例的基础上进行拓展，拓展的思路为：① 将程序中简单的电路更改为并联电路；② 在Arduino主控板上安装LED灯，当电路闭合时灯亮，当电路断开时灯灭；③ 在本节课学习的基础上设计新的项目，提供项目计划表给学生，学生以小组为单位开发机器人项目。

（4）交流心得，课堂总结

不同于传统的机器人，趣味机器人有其独特的地方，请学生结合本课案例进行总结并回答。教师点评学生的回答并将趣味交互型机器人的特点归纳为以下四点。

① 用户与计算机之间实现实时交互。

② 机器人与计算机共同处理数据。

③ 以实现人机交互为目标组织机器人的相关知识点。

④ 趣味交互型机器人无法脱机运行。

通过本节课的学习，学生初步了解了S4A的使用及趣味交互型机器人的开发方法。在之后的课程中会进行更加高阶的学习，案例的复杂性和趣味性也会提高。希望学生在学习的过程中能够启发创意思维，随着学习的深入创作出属于自己的作品。

6. 教学反思

趣味交互型机器人更加关注趣味性与交互性，相比于传统机器人注重硬件的搭建，并且更加侧重程序的编写。因此，在教学过程中所涉及的案例会缺少硬件的学习与构建。本节课中的硬件只使用了Arduino主控板与按钮，在案例设计过程中可以思考如何更好地构建硬件部分，比如将按钮的外形包装成家用开关或者在Arduino主控板上接入实物电路并使其与S端电路的状态保持同步。基于此，在学生的实际开发过程中也需注意培养学生的硬件搭建能力。

（二）“我是音乐家”教学设计与实践[①]

传感器相当于机器人的感官，是其获取外界信息的主要途径。机器人将传感器的输入值反馈给控制器，控制器接收并分析信息，同时根据不同的分析结果执行相应的行为。本课引入模拟传感器，数字传感器的输入值为0或1，而模拟传感器的输入值为模拟量，并且其接线方式与程序控制均不同于数字传感器。

学习传感器的相关知识能够帮助学生更加系统地了解机器人，提高其设计及制作机器人的能力。“我是音乐家”案例通过模拟乐器的方式，使学生进一步了解趣味交互型机器人的基础知识，熟悉趣味交互型机器人案例的设计及开发过程，激发学习兴趣，使其获得利用机器人进行实验模拟的乐趣。

1. 方案设计

（1）学生情况分析

教学对象为高一年级学生，本课在第一节课的基础上提供了交互较复杂的案例。在“我是音乐家”案例中，A端连接传感器，S端根据传感器输入值的不同播放不同音调的声音，并显示不同的画面。学生在学习完第一个项目之后对趣味交互型机器人有了一定的了解，对机器人的开发过程也有了一定的认知。从本课开始，学生接触模拟传感器，并尝试开发交互更复杂、效果更丰富的作品。

（2）教学目标

① 知识与技能

了解声音传感器的使用方法，熟悉S端读取模拟传感器值的方法，掌握条件语句的嵌套用法。

② 过程与方法

了解利用S4A模拟乐器的方法。

③ 情感态度与价值观

通过模拟乐器发声，体会机器人模拟现实的过程，感受机器人开发过程中的乐趣。

---

① 本案例作者：韩蕾（南京师范大学教育科学学院研究生），钟柏昌。

（3）可选方案的设计与选择

“我是音乐家”案例的难点在于选择合适的传感器并利用其表现乐器演奏的过程。通过对案例进行分析，教师就传感器选择和乐器模拟两方面设计了以下四种方案（表 2-24）。

表 2-24 “我是音乐家”案例的四种方案

类别	方案	方案描述	主要器材	编程知识
传感器选择	方案一	在A端连接声音传感器，操作者向传感器吹气，S端获取传感器的数值，并通过判断声音大小来播放不同的音符	Arduino主控板、声音传感器、纸板、画笔	“value of sensor”模块、“设定乐器为”模块、“弹奏音符 拍”模块、“切换到造型”模块、条件语句的嵌套
	方案二	在A端连接压力传感器，操作者按压传感器，S端获取压力传感器的值并根据值的大小播放不同的音符	Arduino主控板、压力传感器、纸板、画笔	“value of sensor”模块、“设定乐器为”模块、“弹奏音符 拍”模块、“切换到造型”模块、条件语句的嵌套
乐器模拟	方案三	测试传感器的值，将其值赋给变量，S端播放声音的大小和声音条高度随变量的变化而变化	Arduino主控板、声音传感器或压力传感器、纸板、画笔	“value of sensor”模块、“设定乐器为”模块、“弹奏音符 拍”模块、变量的建立与调用
	方案四	测试传感器在用户的操作下能获得的值域，将值域分区，每个区间对应一个音符。S端判断传感器的值，当值在某一区间范围内时，播放相应的音符，并在舞台区展示不同的画面	Arduino主控板、声音传感器或压力传感器、纸板、画笔	“value of sensor”模块、“设定乐器为”模块、“弹奏音符拍”模块、“切换到造型”模块、条件语句的嵌套

对比“传感器选择”中的两种方案，方案一使用声音传感器，模拟的是吹奏乐器；方案二使用压力传感器，模拟的是弹奏乐器。两种传感器都属于模拟传感器，并且能够很好地获取、反映外界环境的变化。由于压力传感器价格较

贵，而声音传感器成本低廉，因此选择方案一。比较方案三与方案四，因为S端音符弹奏模块值的范围为48~72，而传感器输入值范围远大于这一范围，所以使用方案三编写程序时需要将两个值域范围进行映射。在测试的过程中，每个学生测得的范围存在差异，因此映射函数不容易统一。使用方案四只需测得传感器的输入值域并对其划分区间，编写程序时较为简便。使用条件语句的嵌套，编写程序时改变程序模块中的参数即可，设计思路更加清晰，便于学生理解。

2. 硬件搭建

完成“我是音乐家”案例所需要的器材主要包括Arduino主控板、USB数据线和声音传感器。使用USB数据线连接Arduino主控板与计算机主机，将声音传感器与Arduino主控板的模拟引脚5连接（图2-43）。可以利用纸板和画笔制作一个笛子的造型，并将声音传感器固定在笛子上，使乐器演奏更加形象，增强案例的趣味性。

声音传感器是一款简单易用的传感器，它能检测到外界环境中的声音，并将其转换为模拟信号，即通过反馈的电压值来表达检测到的声音大小。声音传感器不仅能够检测声音，在使用的过程中可以用吹气的方式代替声音，从而有效地避免课堂实验中声音之间的干扰①。声音传感器有黑、红、蓝三根线（图2-44），使用时需按照对应的颜色将声音传感器与Arduino主控板的模拟引脚连接起来。

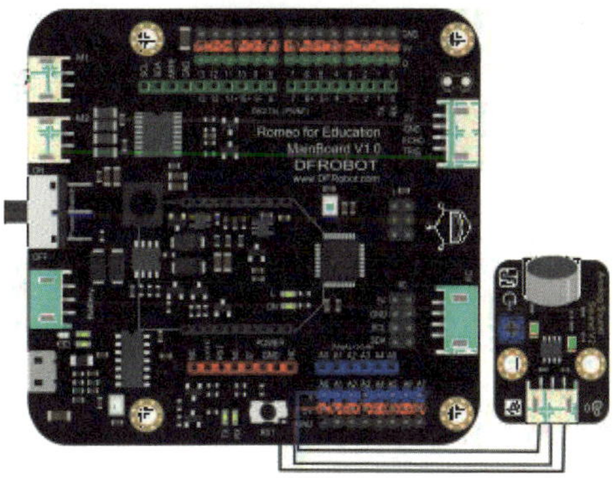

图2-43　连接声音传感器与主控板

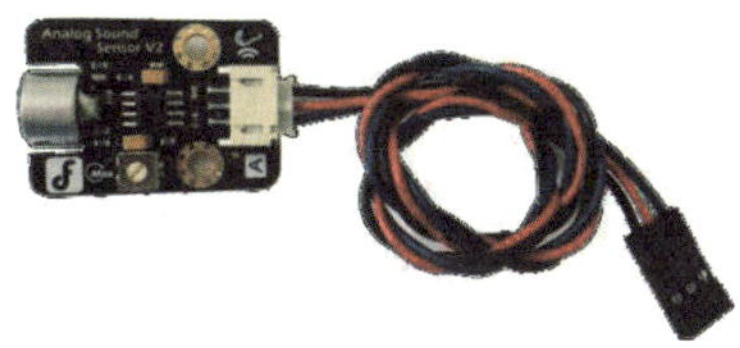

图2-44　声音传感器

① 张禄，谢作如，钟柏昌.《声控风扇》教学实践与反思［J］. 教育研究与评论（技术教育版），2014（5）：56-60.

3. 程序编写

本课采用的编程环境为图形化编程环境 S4A。

程序设计分为两部分：一是检测传感器值的范围并划分区间；二是播放声音和切换造型。在传感器信息显示面板中可以获取 Arduino 主控板上引脚的值，尝试用最小的力度和最大的力度对着声音传感器吹气，观察并记录面板上对应引脚的值，此时便能获取声音传感器的值域。本案例默认声音传感器的值域为 50~400，并以 50 为组距将值域分为 7 组。在 动作 中选择 value of sensor Analog5 模块来获取模拟引脚 5 的值，利用条件语句的嵌套来完成值域的分组（图 2-45）。

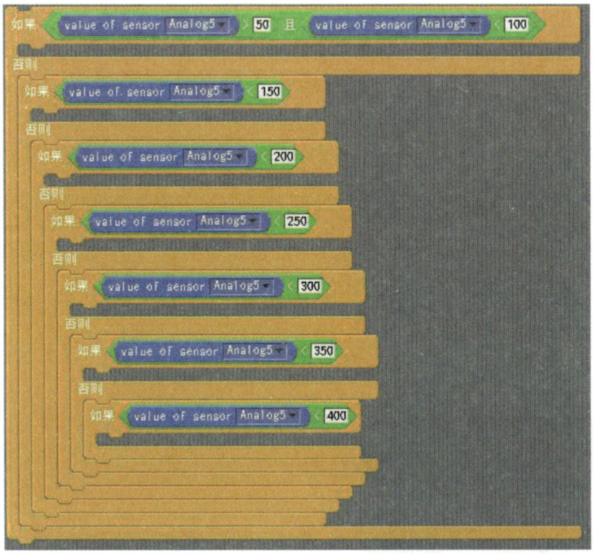

图 2-45　条件语句嵌套

S4A 提供了多种声音模块，可以导入声音文件进行播放，同时提供了很多种乐器声音。本案例直接在 声音 中选择 设定乐器为 74 模块，并将乐器设置为 74 号长笛。选择 弹奏鼓声 48 0.3 拍 模块来改变乐器的声音值，根据传感器值的区间设置相应的参数。舞台区显示随声音改变的图片来模拟音乐播放器的效果。在 外观 中选择 切换到造型 016 模块来实现切换到指定造型的效果。在每一区间设定好声音与角色造型后，为程序增加“重复执行”模块来保证 S 端能够一直获取 A 端传感器的值并形成反馈。程序脚本如图 2-46 所示。

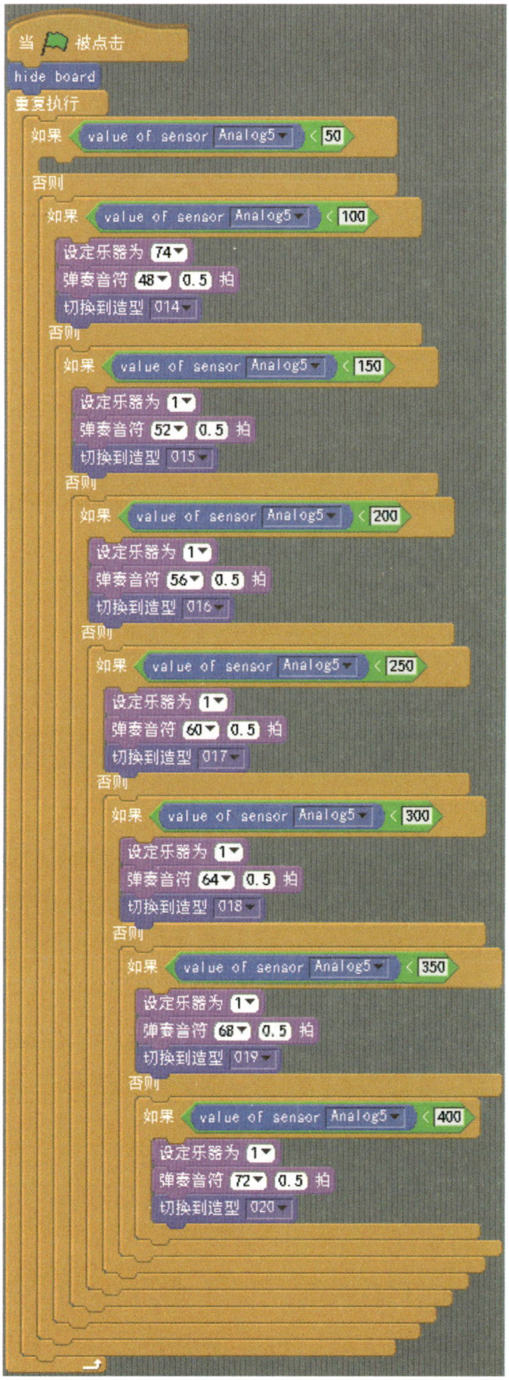
当 被点击
hide board
重复执行
如果 value of sensor Analog5 < 50
否则
如果 value of sensor Analog5 < 100
设定乐器为 74
弹奏音符 48 0.5 拍
切换到造型 014
否则
如果 value of sensor Analog5 < 150
设定乐器为 1
弹奏音符 52 0.5 拍
切换到造型 015
否则
如果 value of sensor Analog5 < 200
设定乐器为 1
弹奏音符 56 0.5 拍
切换到造型 016
否则
如果 value of sensor Analog5 < 250
设定乐器为 1
弹奏音符 60 0.5 拍
切换到造型 017
否则
如果 value of sensor Analog5 < 300
设定乐器为 1
弹奏音符 64 0.5 拍
切换到造型 018
否则
如果 value of sensor Analog5 < 350
设定乐器为 1
弹奏音符 68 0.5 拍
切换到造型 019
否则
如果 value of sensor Analog5 < 400
设定乐器为 1
弹奏音符 72 0.5 拍
切换到造型 020

图2-46　程序脚本

4. 拓展应用

由于S端播放声音会有延时，而操作者向声音传感器吹气的动作是连续的，因此会造成二者之间不同步的情况。请学生思考如何解决该问题，使乐器模拟的效果更加真实、生动。还可以在“视觉”的角度进行拓展，如在案例中增加舞蹈或灯光等元素。

5. 教学实践

（1）引入主题，激发兴趣

在学习完第一个案例之后，想必同学们都对趣味交互型机器人的开发过程有了一定的了解。机器人是多学科融合的产物，使用机器人进行仿真能够生动地反映事物各部分之间的关系及工作机理。大家在生活中都有接触乐器的经历吧，音乐是我们生活中必不可少的一个元素，本课我们就利用S4A来模拟乐器，尝试当一回音乐演奏家吧。

（2）体验案例，探究新知

① 玩一玩

教师提供“我是音乐家”案例给学生，其中包括“我是音乐家”程序、Arduino主控板、USB数据线、声音传感器、纸板（画笔自备）。

本环节可尝试以下操作。

操作一：对着声音传感器吹气，观察传感器信息显示面板相应引脚的值。

操作二：观察S端声音及角色造型随传感器值变化的规律。

学生尝试操作案例，教师观察学生行为，发现学生操作过程中的主要问题。

② 想一想

引导学生思考以下问题。

问题一：示例中新知模块有哪些功能？

问题二：如何根据本人使用情况获取声音传感器输入值的范围？

问题三：如果/否则语句的作用是什么？

问题四：条件语句的嵌套在程序中的主要作用是什么？

组织学生进行小组合作，对发现的问题进行讨论，并形成初步的假设。

③ 改一改

教师组织学生以小组为单位修改案例，并验证假设。观察学生探究情况，对遇到困难的学生给予帮助。请学生回答教师预留的四个问题，点评学生的回答，解析本课中的重难点知识。

● 解答问题一

模块：判断左右两侧容器内的量是否符合小于的逻辑关系。

模块：获取指定传感器的输入值。

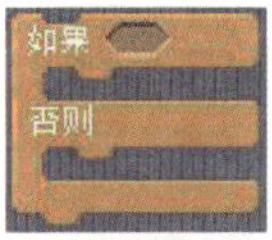

模块：当条件满足时执行某一语句，不满足时执行另一语句。

模块：指定模拟乐器类型。

模块：设置音符的音调和节拍。

模块：将角色切换到指定造型。

● 解答问题二

打开传感器信息显示面板，找到传感器对应的引脚号，观察数值的变化。用最小力度和最大力度向传感器吹气，记录相应的数值。

● 解答问题三

判断条件是否满足，根据判断结果执行相应语句。

● 解答问题四

利用条件语句的嵌套将传感器的输入值分为不同区间，根据数值的不同来演奏不同音调的音符。

（3）创新设计，拓展应用

以“我是音乐家”案例为例，分目标（G）、操作（O）、方法（M）、选择规则（S）四个部分讲解基于GOMS的趣味交互型机器人开发方法（表2-25）。

表 2-25 “我是音乐家”开发方法

项目功能	系统交互行为		
	User—S 端	User—A 端	S 端—A 端
目标（G）	S 端播放声音；S 端根据音符的不同呈现不同的画面，模拟播放器显示效果	用户向传感器吹气	S 端获取 A 端传感器数据，判断数值大小，并根据判断结果显示不同的画面
操作（O）	使用 S 端的声音模块；收集音乐背景素材，将素材作为角色造型，根据需求进行造型的切换	A 端连接能够接收声音信号的传感器	在 S 端编写程序，获取 A 端传感器数据，将 A 端数据分为合适的区间
方法（M）	使用 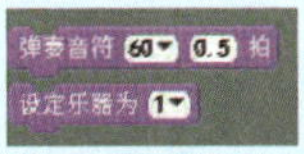 模块模拟乐器的声音；上网搜索“音乐背景”的图片素材，利用 Photoshop 软件编辑素材，将素材导入 S 端作为角色造型	A 端连接声音传感器，接在 5 号引脚	使用  模块获取声音传感器的值，在传感器监测面板观察传感器输入值的变化，合理分配数值区间，利用  模块判断播放哪个音符或切换哪个造型
选择规则（S）	素材背景简单，容易处理	S 端支持 A 端数字输出、输入，模拟输出、输入，根据需要选择不同的引脚	程序简洁、高效

可参考以下拓展思路：① 舞台中添加“舞蹈演员”的角色，当音乐响起的时候跳舞，音乐停止的时候静止；② 在 A 端安装 LED 灯，不同音符对应不同的 LED 灯，当某一音符响起时其对应的 LED 灯亮；③ S4A 不仅提供了很多声音素材，也支持使用计算机中的声音文件和录音功能，学生可以尝试使用这些功能开发更有趣的“声音互动”机器人；④ 可以在本节课习得知识的基础上设计新的项目。

（4）交流心得，课堂总结

教师点评学生在课堂中的表现，表扬表现优秀的学生，鼓励进度较慢的学生。总结本课的知识点，对学生在学习中出现的共性问题进行讲解，梳理趣味交互型机器人的开发思路，并帮助学生建立独立设计和开发机器人的信心。

机器人模拟现实不是单纯的仿真，而是利用机器人对已有事物进行创意设计，开发更具创意和趣味性的交互系统。在设计和开发的过程中，学生不仅能学习机器人的知识、被模仿对象的操作机制和原理，还能开拓思维，建立独特、全面看待问题的视角。

6. 教学反思

趣味性高、交互性强的案例能够激发学生学习的兴趣，促进学生开展合作探究。学生能够在教师的引导下进行项目学习，对趣味交互型机器人的了解也更加深入，并且基本能够解决教师预留的问题。

本节课可以从以下两方面进行提升。

（1）学生机需要配备耳机或扬声器，在上课前教师应该检查设备是否可用。部分设备在学生使用时出现异常，会导致学生无法得到机器人的声音反馈。在前期准备阶段，教师应该准备充足的设备，以供不时之需。

（2）本节课的案例是对乐器的模拟，给学生提供简单的乐谱，让学生按照乐谱吹奏，从而使案例更具趣味性。

（三）“飞机坦克大战”教学设计与实践①

多角色的复杂交互是趣味交互型机器人的主要特点，也是使用S4A制作游戏型案例的主要内容。处理各角色之间的交互需要设计者在设计初期对整个案例有较全面的把握，构建条理明晰、操作性强的设计思路。学生独立设计并制作多角色交互的创意游戏案例也是检验其学习效果、开发能力的重要指标。

本节课呈现了“飞机坦克大战”案例，该案例包含的角色有坦克、炮弹、飞机和炸弹。每个角色之间都存在交互行为，伴随着这些交互行为，角色的外观和游戏分值都会改变。很多学生在成长过程中玩过游戏，游戏型的案例能够在很大程度上调动学生学习机器人的积极性，并且更能体现S4A的优势。

---

① 本案例作者：韩蕾（南京师范大学教育科学学院研究生），钟柏昌。

1. 方案设计

（1）学生情况分析

教学对象是高一学生，对游戏有着浓厚的兴趣并且对游戏型案例的接受度较高。本节课是趣味交互型机器人设计和开发课程的第三个案例，通过前两个案例的学习，学生已初步掌握了机器人的基本知识与基本的开发能力，能够独立分析趣味交互型机器人的运作方式及脚本中各模块的作用。本案例侧重S端的角色交互和程序设计，与之前的案例之间存在难度梯度，能够提升学生独立编写程序的能力。

（2）教学目标

① 知识与技能

掌握倾斜传感器的功能及使用方法；掌握在S4A中添加新角色的方法；掌握角色位置设定、变换功能的模块（包括 

模块、 

模块、 

模块、 

模块、 

模块、 

模块、 

模块）及使用方法；掌握侦测模块（包括 

模块、 

模块）和广播模块（包括 

模块和 

模块）的使用方法。

② 过程与方法

熟悉利用S4A开发互动小游戏的一般过程。

③ 情感态度与价值观

通过利用S4A独立开发小游戏来感受机器人带来的乐趣，激发学习、探索机器人的兴趣。

（3）可选方案的设计与选择

“飞机坦克大战”案例，在A端连接传感器，操作者使用传感器控制坦克的运动方向和发射炮弹。飞机不断从舞台上方飞过，并且随机投放炸弹。坦克的任务是尽可能多地向飞机发射炮弹，每击中一架飞机得1分。如果飞机投放的炸弹击中坦克，游戏终止。

对案例进行分析，教师就A端的“坦克控制”方式和S端的“飞机坦克对抗”两部分设计了以下四种方案（表2-26）。

表 2-26 “飞机坦克大战”设计方案

类别	方案	方案描述	主要器材	编程知识
坦克控制	方案一	使用摇杆控制坦克的运动方向，摇杆上的按钮控制坦克发射炮弹	Arduino 主控板、摇杆	动作模块、控制模块、外观模块、侦测模块、数字和逻辑运算模块、变量模块的综合应用
	方案二	使用倾斜传感器控制坦克的运动方向，按钮控制坦克发射炮弹	Arduino 主控板、倾斜传感器、按钮、硬纸盒、手工刀、画笔、胶带	动作模块、控制模块、外观模块、侦测模块、数字和逻辑运算模块、变量模块的综合应用
飞机坦克对抗	方案三	飞机随机向下投落炸弹，坦克要躲避炸弹并向飞机发射炮弹，击中的飞机越多得分越多	Arduino 主控板、摇杆（或倾斜传感器、按钮）	动作模块、控制模块、外观模块、侦测模块、数字和逻辑运算模块、变量模块的综合应用
	方案四	飞机随机出现舞台上空，坦克向飞机发射炮弹，击中一定数量的飞机后完成任务，坦克获胜	Arduino 主控板、摇杆（或倾斜传感器、按钮）	动作模块、控制模块、外观模块、侦测模块、数字和逻辑运算模块、变量模块的综合应用

对比“坦克控制”中的两种方案，方案一使用摇杆实现坦克控制，方案二使用倾斜传感器和按钮模拟摇杆功能来实现坦克控制。方案一中摇杆集多个功能于一身，使用便捷，能控制坦克向上、下、左、右四个方向移动，兼具四个按钮可实现多个功能。方案二中的倾斜传感器只能实现坦克的左、右两个方向的运动，按钮控制坦克炮弹的发射。由于倾斜传感器体积较小，控制坦克方向时比较敏感。两个方案都能完成任务，由于坦克只需在水平方向上移动，并且相比于摇杆，倾斜传感器和按钮成本较低，使用硬纸盒等工具把两个传感器组装成类似游戏摇杆的造型，更能启发学生思考如何进行创新设计。因此，选择方案二进行坦克控制。比较“飞机坦克对抗”中的两个方案，方案三是积分制，方案四是通关制。在积分制下，小组之间可以进行对抗赛，看哪一组能够得到最高分。这种活动形式增加了教学的乐趣，更能激发学生兴趣，促使其投入到案例的学习中。因此，选择方案三实现飞机坦克对抗。

2. 硬件搭建

“飞机坦克大战”案例所需器材主要包括 Arduino 主控板、USB 数据线、倾斜传感器、按钮、硬纸盒、剪刀等。使用 USB 数据线连接 Arduino 主控板与计算机主机，将按钮、倾斜传感器分别与 Arduino 主控板的数字引脚 2、数字引脚 3 连接。使用硬纸盒等将倾斜传感器和按钮组装在一起，设计成便于使用的摇杆造型，把倾斜传感器置于纸盒内侧，把按钮固定在纸盒外侧（图 2-47）。

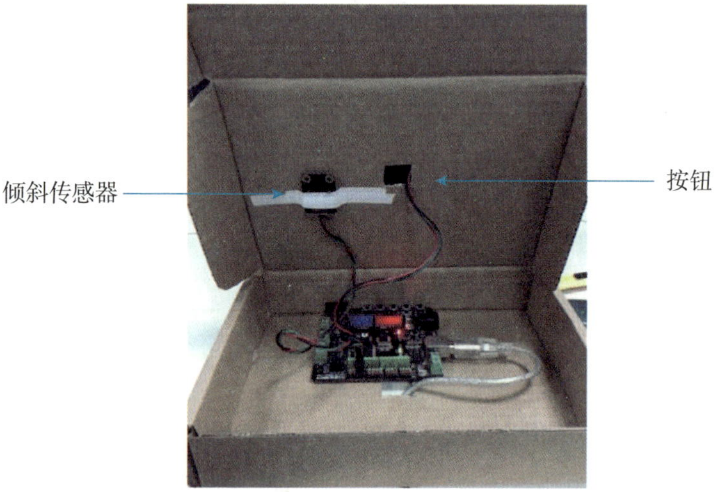

图 2-47　连接硬件

倾斜传感器（图 2-48）是基于钢球开关的数字模块，利用钢球在重力作用下向低处运动的特性，实现开关闭合或断开。因此，倾斜传感器可以视为一种开关模块，比水银开关更安全。

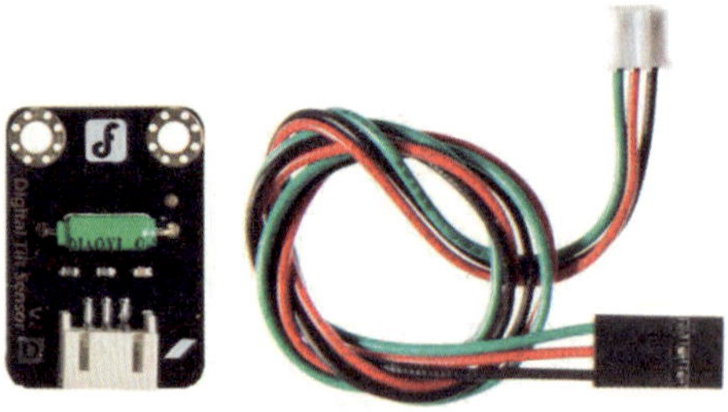

图 2-48　倾斜传感器

3. 程序编写

S端共有7个角色，分别是“坦克”“坦克炮弹左”“坦克炮弹右”“飞机左”“飞机右”“飞机炸弹左”和“飞机炸弹右”。本部分将主要介绍“坦克”“坦克炮弹左”“飞机左”“飞机炸弹左”四个角色的程序，这些程序又可分为以下两部分。

（1）设置各个角色的初始位置及非交互状态下的运动路径

A端连接倾斜传感器和按钮分别控制坦克水平方向上的运动和炮弹的发射。设置变量“方向”，获取倾斜传感器的值；设置变量“发射”，获取按钮的值。当“方向”值为False时坦克向右行驶，为True时向左行驶（图2-49）。

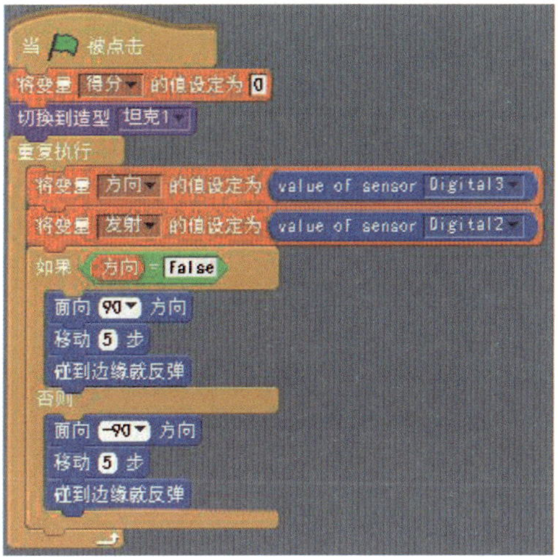

图2-49　设置坦克运动

运行程序后，“飞机左”移动到指定位置，并朝着一定的方向飞行，碰到边缘后反弹（图2-50）。

运行程序后，“坦克炮弹左”移动到固定的位置隐藏，当接收到调用指令后再开始运动（图2-51）。

“飞机炸弹左”在一定的时间内随机地出现在飞机下方并向下投落，碰到坦克或边缘停止运动并切换到爆炸造型（图2-52）。

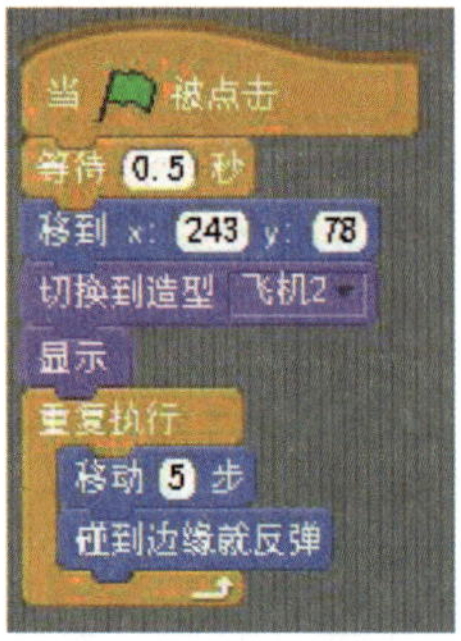

图2-50　设置“飞机左”运动

图2-51　设置“坦克炮弹左”初始状态

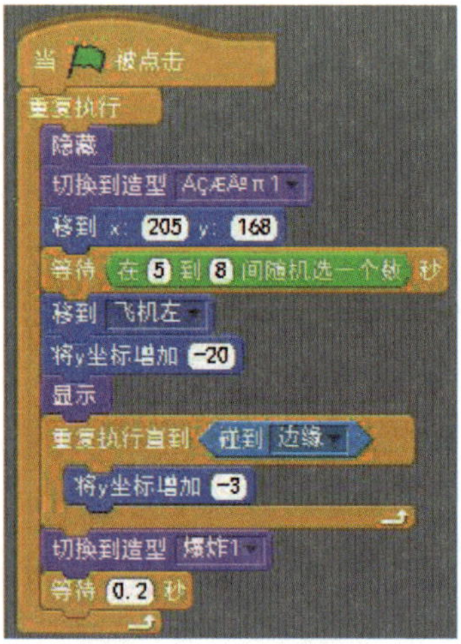

图2-52　设置“飞机炸弹左”运动

（2）编辑各角色之间的交互行为

当坦克向左运动时，按下按钮发射“坦克炮弹左”并广播“向左发射炮弹”，坦克向右运动时按下按钮发射“坦克炮弹右”并广播“向右发射炮弹”，设置变量“得分”初始值为0。侦测“飞机炸弹左”是否碰到坦克，若碰到广播“炸到坦克了”。坦克接收到广播后，切换到爆炸造型。坦克与各角色交互程序如图2-53所示，“飞机炸弹左”与各角色交互程序如图2-54所示。

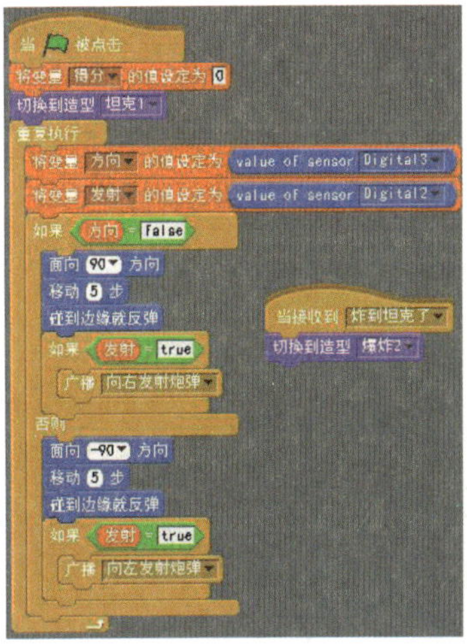

图 2-53　坦克与各个角色之间的交互

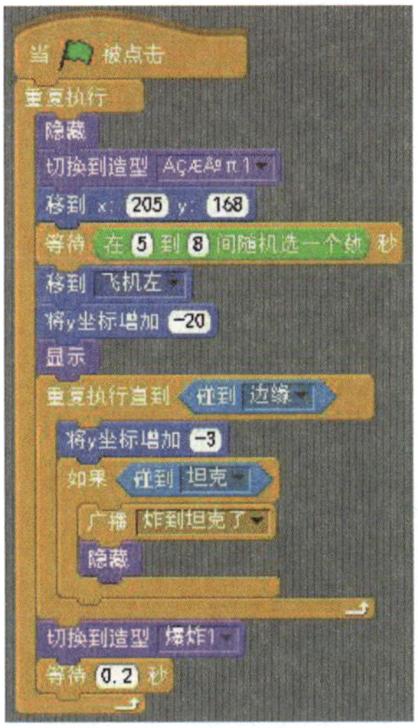

图 2-54　“飞机炸弹左”与各个角色之间的交互

由于 S4A 无法实现双向侦测，因此当坦克炮弹与飞机的距离小于 50 时，即判定两者相撞。当“坦克炮弹左”撞到“飞机右”后发送广播“炸到飞机右”，撞到“飞机左”后发送广播“炸到飞机左”，只要撞到飞机变量“得分”的值就增加 1。当“飞机左”接收到广播“炸到飞机左”后停止运动并切换到爆炸造型，等待 1 s 后继续从右向左运动。“坦克炮弹左”与各角色交互程序如图 2-55 所示，“飞机左”与各角色交互程序如图 2-56 所示。

将“飞机坦克对抗”的舞台背景设置为开阔的草地，当接收到广播“炸到坦克了”后切换到背景“GameOver”并停止所有程序（图 2-57）。

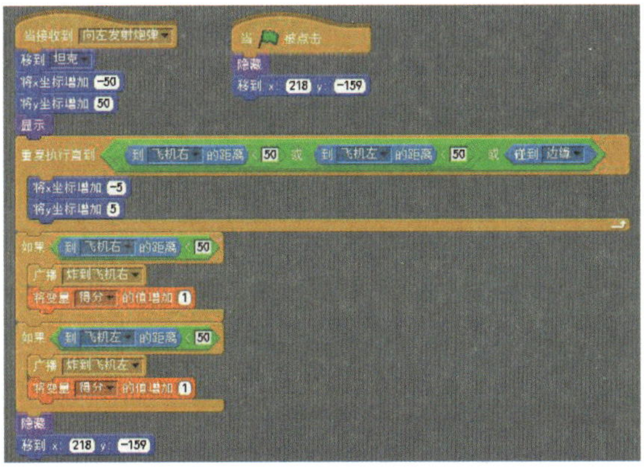

图 2-55　“坦克炮弹左”与各角色之间的交互

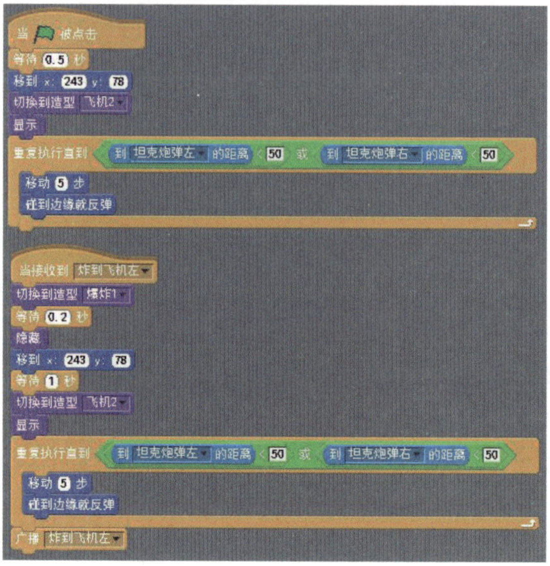

图2-56 “飞机左”与各角色之间的交互

图2-57 舞台背景程序

4. 拓展应用

大多数游戏都会设置生命值，即限定失败的次数，在生命值范围内游戏失败后可以“复活”继续游戏。本案例没有对操作对象设置生命值，游戏失败后只能重新开始。学生可以参考网上的游戏，从生命值这一要素出发对案例进行拓展，也可以为游戏增加声音、多人对抗模式来丰富游戏的功能。

5. 教学实践

（1）引入主题，激发兴趣

教师引入主题：同学们已经接触过交互简单的入门级案例“控制电路”和生活化的案例“我是音乐家”。学习这两个案例之后，同学们基本都获得了开发趣味交互型机器人的基础知识与操作技能，是否想向高阶的项目发起挑战呢？今天我们就来学习趣味性高、交互性强的游戏型案例“飞机坦克大战”，看看谁的坦克所向披靡。

（2）体验案例，探究新知

① 玩一玩

教师提供“飞机坦克大战”案例给学生，其中包括“飞机坦克大战”程序、Arduino主控板、USB数据线、倾斜传感器、按钮、硬纸盒（手工刀、画笔、胶带等自备）。组织学生参考样本使用硬纸盒等工具将倾斜传感器和按钮等组装为类似摇杆的造型。学生尝试操作程序，观察案例如何运行，教师观察学生行为，发现学生使用过程中的主要问题。选出两组进行比赛，看哪一组学生得分高，以此来增强课堂趣味性。

② 想一想

教师提出以下问题引导学生思考。

问题一：思考示例中新知模块有哪些功能?

问题二：如何改变小车行驶方向?

问题三：如何控制飞机炸弹和坦克炮弹出现时的位置?

问题四：程序中为何侦测坦克炮弹与飞机的距离而不是二者碰撞?

问题五：主要靠什么模块实现角色之间的交互?

问题六：如何设置游戏难度?

组织学生进行小组合作，对发现的问题进行讨论，并形成初步的假设。

③ 改一改

教师组织学生以小组为单位修改案例，并验证假设。观察学生探究情况，对遇到困难的学生给予帮助。请学生回答教师预留的问题。教师点评学生的回答，并解析本课中的重点和难点。

● 解答问题一

模块：设置变量“得分”的值。在

中选择

可建立一个新的变量。

模块：设置角色的朝向。

模块：角色在舞台中移动的步数。

模块：角色碰到边缘后向相反的方向运动。

模块：发送广播，任一角色都能够接收到广播。

模块：接收到某条广播时启动下面连接的模块。

模块：移动角色到舞台中某一指定的坐标处。

模块：停止一定的时间后再执行下面的模块。

[到 坦克炮弹左 的距离]模块：某一角色与另一角色的距离。

[移到 坦克]模块：角色移动到另一角色的坐标处。

[将变量 得分 的值增加 1]模块：将变量的值增加某一数值。

[在 5 到 8 间随机选一个数]模块：在两个数之间随机生成一个数值。

[碰到 边缘]模块：侦测角色是否碰到鼠标指针、边缘或另一角色。

[切换到背景 GameOver]模块：切换舞台的背景。

[全部停止]模块：停止所有脚本运行。

• 解答问题二

A 端连接倾斜传感器控制坦克的运动方向，小车会一直处于运动状态中，即向左运动或向右运动。

• 解答问题三

运行程序后，飞机炸弹和坦克炮弹隐藏在舞台某一特定位置，当发射坦克炮弹时，首先将其移动到坦克角色处，再相应地移动一定位置使其处于弹筒位置，飞机炸弹的出现同理。

• 解答问题四

S4A 中无法实现双向侦测。例如，角色“飞机左”使用[碰到 坦克炮弹左]模块侦测是否碰到“坦克炮弹左”时，角色“坦克炮弹左”使用[碰到 飞机左]模块则无法实现侦测是否碰到“飞机左”。

• 解答问题五

在本案例中，主要使用广播模块获取其他角色的指令信息实现各角色之间的交互，在复杂角色案例的开发过程中广播模块至关重要。

• 解答问题六

可以通过设置坦克移动的步数、飞机炸弹出现的时间和下落的速度、坦克炮弹移动的速度来改变游戏难度。

（3）创新设计，拓展应用

下面以“飞机坦克大战”案例为例，分目标（G）、操作（O）、方法（M）、选择规则（S）四个部分讲解基于 GOMS 的趣味交互型机器人开发方法（表 2-27）。

表 2–27　“飞机坦克大战”开发方法

项目功能	系统交互行为		
	User—S 端	User—A 端	S 端—A 端
目标（G）	S 端显示飞机坦克对抗的画面，用户识别画面中各角色的位置及状态	用户控制倾斜传感器和按钮	S 端获取 A 端倾斜传感器的状态来改变坦克运动的方向；控制按钮来发射坦克炮弹
操作（O）	用户判断飞机和飞机炮弹的位置，坦克该向左行驶还是向右行驶，并判断是否发射炮弹	A 端连接倾斜传感器、按钮模块	S 端接收倾斜传感器和按钮的状态，当倾斜传感器输入值为 True 时，坦克向左走，为 False 时向右走，当按钮输入值为 True 时发射炮弹
方法（M）	上网搜索相关素材，利用图片编辑工具编辑素材；使用 面向 90▾ 方向 模块控制小车运动方向；使用 将x坐标增加 10 模块控制小车左右运动的速度；使用广播模块实现各角色的交互；细化每个角色具体的行为，编写程序脚本	倾斜传感器连接 3 号数字引脚；按钮模块连接 2 号数字引脚	利用 sensor Digital2▾ pressed? 模块获取传感器状态；利用 如果 否则 模块来判断执行哪一条运动语句
选择规则（S）	素材色彩搭配和谐，容易处理	S 端支持 A 端数字输出、输入和模拟输出、输入，根据需要选择不同的引脚	程序简洁、高效

引导学生进行作品创作，可以在本案例基础上进行拓展：① 给坦克设置生命值；② 为游戏加入音效；③ 在 A 端增加一块主控板来控制飞机，形成双人对抗模式；④ 在本节课学习的基础上设计新的项目，比如大鱼吃小鱼。

（4）交流心得，课堂总结

教师点评学生在课堂中的表现，表扬表现优秀的学生，鼓励进度较慢的学生。总结本课知识点，对学生在学习中出现的共性问题进行讲解，梳理趣味交互型机器人的开发思路，并帮助学生建立独立设计和开发的信心。

教师最后进行总结：本课案例在开发难度上有了一定的提升，锻炼了学生的开发能力。在开发过程中会遇到各种各样的问题，从一个简单的设计想法到能够与同学们进行分享的完整案例，无不包含了设计者对设计方案的不断推翻与重塑，对程序的不断测试与调试。同学们在案例开发过程中，应该尝试使用多种方法来解决问题，从而形成最优方案。

6. 教学反思

现阶段的高中生对游戏并不陌生，使用贴近学生经验的游戏型案例能够在很大程度上激发他们学习的兴趣。“飞机坦克大战”案例中各角色交互复杂、知识点丰富，作为项目化学习的案例，能够承担学生的探究任务。除此之外，教师就教学过程中出现的问题作了以下几点优化。

（1）本案例比之前的案例难度较大，角色之间的交互复杂，程序设计需要考虑较多因素及细节。因此，学生在学习的过程中问题较多，教学设计应该更加细化以便学生理解。

（2）对于认知任务较多的教学内容可以借鉴翻转课堂的形式，提前准备好学案供学生学习，课上主要解答学生疑问，预留更多的时间供学生进行拓展探究。

（3）在学生作品分享活动中根据组间评价选出最佳作品。学生的积极性明显提高，并且主动利用课下时间解决问题、推进开发进度。因此，在教学过程中应该合理应用同伴间评价来促进学生学习。

四、交互学习型教学案例研究

人工智能正以超乎人们预想的速度发展且迅速进入教育领域，既成为教育改革的新工具，亦成为课程教学的新内容①。作为人工智能在教育中的典型

① 任友群. 人工智能教育如何进校园［N］. 中国教育报，2018-05-19（1）.

应用，机器人教育在中小学表现出了重要的教育价值和发展前景，尤其有利于学生实践创新能力的培养。

调查显示，中小学机器人教育正在全国各地兴起[①]。以此为基础，《新一代人工智能发展规划》（国发［2017］35号）强调“在中小学阶段设置人工智能相关课程”[②]以及《高等学校人工智能创新行动计划》（教技［2018］3号）提出“支持高校教师参与中小学人工智能普及教育及相关研究工作”[③]，从国家层面为中小学机器人教育的普及注入了新的力量。可以说，随着人工智能技术的成熟与普及，机器人进课堂将成为一种新常态。然而，当前的机器人教育在教育内容和教育目标层面还存在明显的不足，主要表现为以下两点。

1. 侧重学科本位缺乏课程整合。有关机器人技术的本体知识构成了机器人课程的核心或全部内容，机器人只是作为学习的对象，教学内容相对单一，包容性和跨学科性不足[④]。

2. 侧重基础知识学习缺乏创新应用。培养学生的创新应用能力是“人工智能＋教育”的主要目标之一，也是“人工智能＋教育”的核心价值所在。但目前来看，中小学机器人教育以基础知识和基本技能的掌握为主要目标，缺乏对培养学生创新能力的重视[⑤]。

事实上，教育机器人作为人工智能应用于教育领域的代表，是一种极具潜力的学习工具。它不仅可以用于学习机器人技术知识，还可以视作建立学

---

① 钟柏昌，张禄．我国中小学机器人教育的现状调查与分析［J］．中国电化教育，2015（7）：101-107.

② 中华人民共和国中央人民政府．国务院关于印发新一代人工智能发展规划的通知（国发〔2017〕35号）［EB/OL］．（2017-07-08）［2020-09-20］．http://www.gov.cn/zhengce/content/2017-07/20/content_5211996.htm.

③ 中华人民共和国教育部．教育部关于印发《高等学校人工智能创新行动计划》的通知（教技〔2018〕3号）［EB/OL］．（2018-04-03）［2020-09-20］.http://www.moe.gov.cn/srcsite/A16/s7062/201804/t20180410_332722.html.

④ 张敬云，钟柏昌．中小学机器人教育的核心理论研究——论科学探究型教学模式［J］．电化教育研究，2017，38（10）：106-111.

⑤ 钟柏昌．中小学机器人教育的核心理论研究——机器人教学模式的新分类［J］．电化教育研究，2016，37（12）：87-92.

科联系的纽带和载体，与其他学科进行整合以学习 STEM 相关的各类主题[①]。简言之，机器人教育不能仅停留于教授机器人知识和技能，而将机器人作为开展 STEM 教育的重要工具与抓手，开展 STEM 相关的探究活动，培养学生的 STEM 素养及利用机器人解决指向实际生活问题的能力，也应成为中小学机器人教育的一个重要发展方向。

（一）教育机器人为数学教育提供新的契机

数学是研究数量关系与空间形式的科学，它具有高度的抽象性、逻辑的严谨性和应用的广泛性[②]。《义务教育数学课程标准（2011 年版）》（以下简称《数学课标》）指出，作为促进学生全面发展教育的重要组成部分，数学教育既要使学生掌握现代生活和学习中所需要的数学知识和技能，更要发挥数学在培养人的思维能力和创新能力方面不可替代的作用。然而，传统的数学教育通常采用教师凭借“一支粉笔、一张嘴、一块黑板讲到底”的模式，不仅阻碍了学生数学思维的发展，而且不利于激发学生学习数学的兴趣。尤其是对中小学生而言，作为未成年人，他们的思维水平尚处于发展阶段，采用传统模式向学生教授复杂、抽象的数学概念时，一方面会使学生感到非常费解，导致学生对数学学习的自信心受挫，另一方面也会使教学效果大打折扣，导致教师对数学教学的热情消减。因此，数学教育在保留数学本质以培养学生逻辑思维能力的同时，也要多与具体事物相结合，帮助学生理解抽象的数学知识[③]。

基于此，机器人的可触摸、可操控和跨学科等特点使其非常适合于数学教育。国际范围内，机器人技术和程序设计很早就被应用于数学教育中：三十多年前，帕珀特（Papert）首次将 Logo 编程语言引入数学课堂，学生通过编写

---

① Gomoll A, Hmelo-Silver C E, Šabanović S, et al. Dragons, ladybugs, and softballs: Girls' STEM engagement with human-centered robotics[J]. Journal of Science Education and Technology, 2016, 25(6): 899-914.

② 胡佑增．高等数学教学的美育探析［J］．机械工业高教研究，1994（4）：61-63.

③ 宋鸿梨．中小学数学的衔接研究［D］．武汉：华中师范大学，2011.

程序控制小海龟的方向和移动并使用依附在小海龟上的画笔绘制几何图形①。帕珀特的创世之举表明，机器人不仅可以将学生的思想外化，而且可以让数学概念变得更加易于理解。后续研究进一步指出，学生在为机器人编写程序时能够有机会探索空间、测量、几何等数学概念，并参与数学问题的解决以及元认知的过程②。

尽管国外早有针对机器人在数学教育中的应用研究，国内仍十分缺乏机器人支持数学学习的实证研究。这也从侧面反映当前国内没有充分挖掘和认同机器人在数学教育中的价值，尤其是实践者还没有意识到机器人在数学教育中的潜力。在未能感知技术应用价值的情况下，教育者和实践者往往难以实现对技术的充分利用，即便有所探索，其教学效果也会大打折扣。诚然，仅依赖机器人自身并不能有效地促进数学学习，教师、学习任务、学习环境等因素都在其中扮演着非常重要的角色，因此有必要就机器人如何与数学课程进行整合作进一步探讨。

根据《数学课标》的划分，中小学阶段的数学课程共安排了“数与代数”“图形与几何”“统计与概率”“综合与实践”四部分内容③。

“数与代数”的主要内容有：数的认识，数的表示，数的大小，数量的估计；字母表示数，代数式及其运算；方程、方程组、不等式、函数等。

“图形与几何”的主要内容有：空间和平面基本图形的认识，图形的性质、分类和度量；图形的平移、旋转、轴对称、相似和投影；平面图形基本性质的证明；运用坐标描述图形的位置和运动等。

“统计与概率”的主要内容有：收集、整理和描述数据，包括简单抽样、整埋调查数据、绘制统计图表等；处理数据，包括计算平均数、中位数、众数、

① Walker E, Girotto V, Kim Y, et al. The effects of physical form and embodied action in a teachable robot for geometry learning[C]// 16th IEEE International Conference on Advanced Learning Technologies, New York: Institute of Electricaland Electronics Engineers, 2016: 381-385.

② Clements D H, Meredith J S. Research on Logo: Effects and efficacy[J]. Journal of Computing in Childhood Education, 1993, 4(4): 263-290.

③ 中华人民共和国教育部．义务教育数学课程标准（2011 年版）[M]．北京：北京师范大学出版社，2011.

方差等；从数据中提取信息并进行简单的推断；简单随机事件及其发生概率。

“综合与实践”是一类以问题为载体、以学生自主参与为主的学习活动。在学习活动中，学生综合运用“数与代数”“图形与几何”“统计与概率”等知识和方法解决问题。其设置目的是培养学生综合运用有关的知识与方法解决实际问题，培养学生的问题意识、应用意识和创新意识，积累学生的活动经验，提高学生解决现实问题的能力。

我们认为，就中小学阶段的数学课程而言，“数与代数”“图形与几何”的内容和机器人的可触摸、可操控、成果物化等特点最为契合，借助机器人的传感器、制动器、齿轮等装置，学生能够在体验机器人作品的创意、设计、制作、测试、运行的完整过程中实现对抽象数学概念的理解和对复杂数学问题的求解。另外，随着人工智能、语音识别、仿生科技等技术的不断发展，能够对人体结构、功能等进行仿生的人形机器人已被证明可以扮演学习同伴的角色引导学生学习生活、语言、社交等知识，达到寓教于乐的效果①。同样，将机器人作为学生学习数学的同伴，借助机器人的交互性，丰富学生的数学学习体验，也是机器人与数学学科整合的一个重要方向。

综上，结合中小学阶段数学课程的内容以及机器人的功能特点，一方面作为数学学习的工具，机器人主要适用于支持中小学数学课程中的数与代数、图形与几何的学习；另一方面作为学生学习数学的同伴，机器人可广泛应用于各类数学知识的学习。当然，上述讨论只是呈现了理论上的可行性，究竟如何利用机器人支持数学课程的学习，尚需结合实际案例分析才能获得更直观的认识。

（二）机器人支持数学学习的典型案例

鉴于国内期刊论文中缺乏相关研究，为获得全球范围内机器人支持数学学习的典型案例，笔者以“robot* AND math*”为主题词在全球最大、覆盖学科最广的综合性学术信息资源库 ISI Web of Science 检索得到了 140 篇论文（截至 2018 年 2 月 27 日）。为进一步缩小文献范围，确定了以下三个筛选标准：文章发表在同行评审的英文期刊；文章属于实证研究；文章涉及机器人在数学

① Mubin O, Stevens C J, Shahid S, et al. A review of the applicability of robots in education[J]. Technology for Education and Learning, 2013: 1-7.

教育中的应用。按照上述筛选标准快速浏览这 140 篇论文的摘要、引言、结论等，最终选取了 11 篇符合要求的论文。由于关键词检索获得的文献数量相对较少，笔者又分别以两篇高质量的期刊论文为种子开展了两轮“滚雪球”检索，沿用上述文献筛选标准进一步选取了 9 篇符合要求的论文，一共获得有效研究样本 20 篇（表 2-28）。

表 2-28 案例筛选结果

检索策略		检索结果	筛选结果
关键词检索	关键词	140	11
	robot* AND math*		
第一轮滚雪球检索	种子	215	7
	贝尼蒂（Benitti）（2012）①；魏（Wei）等人（2011）②		
第二轮滚雪球检索	种子	195	2
	克伦（Keren）等人（2014）③；林德（Lindh）等人（2007）④		
合计		550	20

通过逐一阅读这 20 项研究的实验设计、实验过程、研究结果、研究结论等内容，发现机器人支持数学学习主要有以下四种方式。

（1）通过机器人编程理解数与代数的概念，如费尔南德斯（Fernandes）

① Benitti F B V. Exploring the educational potential of robotics in schools: A systematic review[J]. Computers and Education, 2012, 58(3): 978-988.

②③ Keren G, Fridin M. Kindergarten Social Assistive Robot (KindSAR) for children's geometric thinking and metacognitive development in preschool education: A pilot study[J]. Computers in Human Behavior, 2014, 35: 400-412.

④ Lindh J, Holgersson T. Does lego training stimulate pupils' ability to solve logical problems?[J]. Computers & Education, 2007, 49(4): 1097-1111.

等人（2009）①、马丁（Martin）等人（2006）②、魏（Wei）等人（2011）③的研究；

（2）通过搭建机器人理解图形与几何的概念，如茱莉娅（Julià）等人（2016）④、施（Shih）等人（2012）⑤的研究；

（3）通过搭建机器人并编写程序综合理解数学概念，如林德（Lindh）等人（2007）⑥、尼科尔斯（Nickels）等人（2017）⑦、尚卡尔（Shankar）等人（2013）⑧的研究；

（4）通过与机器人交互学习数学知识，如布朗（Brown）等人（2014）⑨、

---

① Fernandes E, Fermé E, Oliveira R. The robot race: Understanding proportionality as a function with robots in mathematics class[C]//Proceedings of the Sixth Congress of European Research in Mathematics Education. 2009: 1211-1220.

② Martin F, Lurgio M, Coffey D. Robotic jewelry: Inventing locally contextualized mathematics in a fourth grade classroom[C]//Proceedings of the Second International Conference on Informatics in Secondary Schools: Evolution and Perspectives. Berlin, Heidelberg: Springer-Verlag. 2006: 214-225.

③ Wei C W, Hung I C, Lee L, Chen N S. A joyful classroom learning system with robot learning companion for children to learn mathematics multiplication[J]. The Turkish Online Journal of Educational Technology, 2011, 10(2): 11-23.

④ Julià C, Antolí J ò. Spatial ability learning through educational robotics[J]. International Journal of Technology and Design Education, 2016, 26(2): 185-203.

⑤ Shih B Y, Chang C J, Chen Y H, et al. Lego NXT information on test dimensionality using Kolb's innovative learning cycle[J]. Natural Hazards, 2012, 64(2): 1527-1548.

⑥ Lindh J, Holgersson T. Does lego training stimulate pupils' ability to solve logical problems?[J]. Computers and education, 2007, 49(4): 1097-1111.

⑦ Nickels M, Cullen C J. Mathematical thinking and learning through robotics play for children with critical illness: The case of Amelia[J]. Journal for Research in Mathematics Education, 2017, 48(1): 22-77.

⑧ Shankar R, Ploger D, Nemeth A, Hecht S A.Robotics: Enhancing pre-college mathematics learning with real-world examples[C]//Proceedings of the 120th ASEE Annual Conference and Exposition. Atlanta: American Society for Engineering Education, 2013: 1-18.

⑨ Brown L V N, Howard A M. The positive effects of verbal encouragement in mathematics education using a social robot[C]// Integrated STEM Education Conference. Princeton: Institute of Electricaland Electronics Engineers, 2014: 1-5.

克伦（Keren）等人（2014）①、平托（Pinto）等人（2015）②的研究。

为了节约篇幅，下面拟从这四种做法中分别选取一个典型案例进行详细介绍。表2-29列出了我们最终确定的四个典型案例的基本信息，本部分余下内容将重点对这四个典型案例进行描述。

表2-29　案例基本信息

作者与发表时间	研究主题	数学知识	机器人套件	研究对象	机器人应用类别
费尔南德斯等人（2009）	使用机器人帮助学生理解比例函数的知识	比例函数	Roverbot，Tank	7名八年级学生	通过机器人编程理解数与代数的概念
茱莉娅等人（2016）	使用机器人培养学生的空间能力	空间能力	Fischertechnik	21名六年级学生	通过搭建机器人理解图形与几何的概念
尚卡尔等人（2013）	通过机器人搭建、编程、测试等环节提高学生对工程和数学的兴趣	几何图形绘制、数学问题解决等	Arduino	17名九年级学生	通过搭建机器人并编写程序综合理解数学概念
平托等人（2015）	通过与机器人的交互游戏帮助学生理解几何图形	几何图形的认识与分类	NAO	30名11～14岁的中学生	通过与机器人交互学习数学知识

① Keren G, Fridin M. Kindergarten Social Assistive Robot (KindSAR) for children's geometric thinking and metacognitive development in preschool education: A pilot study[J]. Computers in Human Behavior, 2014, 35: 400-412.

② Pinto A H M, Tozadore D C, Romero R A F. A question game for children aiming the geometrical figures learning by using a humanoid robot[C]//Proceedings of the 12th Latin American Robotics Symposium and the Third Brazilian Symposium on Robotics. New York: Institute of Electricaland Electronics Engineers, 2015: 228-233.

1. 做中学：通过机器人编程理解数与代数的概念

案例一以7名八年级学生为实验对象，使用Roverbot和Tank两种机器人向学生教授比例函数的知识。整个研究过程大致分为三个阶段。

（1）实验设计。由研究团队对学校开设的数学与信息学课程进行内容分析，选取其中可以应用机器人技术的教学单元并设计相应的机器人任务。

（2）实验干预。在数学与信息学课程中实施前一阶段设计的机器人任务并将学生的学习过程录制成视频。

（3）实验总结。以情境学习理论和活动理论为框架，分析学生使用机器人学习数学的表现。

案例一具体的活动设计见表2-30。

表2-30　案例一：通过机器人编程理解数与代数的概念

活动目标	比较两个机器人（Roverbot和Tank）的速度（图2-58）
活动步骤	1. 对两个机器人进行编程、测试后填写每个机器人对应的时间－路程表，具体见表2-31
	2. 计算每个机器人所跑路程和所花时间之间的系数
	3. 验证时间和路程是否成正比
	4. 确定比例常数以及在本活动中比例常数代表什么
	5. 判断以下说法是否正确："每个机器人所跑路程和所花时间之间是一种函数关系"

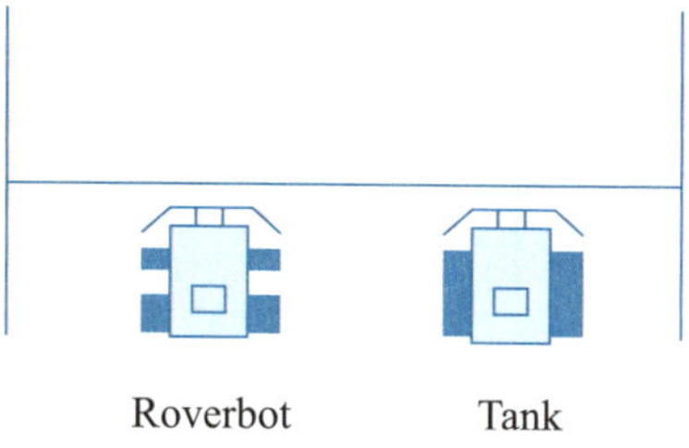

图2-58　机器人速度测试①

① Fernandes E, Fermé E, Oliveira R. The robot race: Understanding proportionality as a function with robots in mathematics class[C]//Proceedings of the Sixth Congress of European Research in Mathematics Education. 2009: 1211-1220.

表 2-31　时间 - 路程表

时间（单位：s）	1	3	6
路程（单位：cm）			

最终，该研究通过实验发现，机器人能够帮助学生重新建构比例函数的含义，这种意义重构发生在“体验—物化”的交互作用中。总之，学生在机器人编程、调试过程中获得了参与式的数学学习体验，完成了抽象数学（传统数学课堂中“比例函数”的定义）向实际经验的转变，从而更深刻地理解了数学概念。

2. 做中学：通过搭建机器人理解图形与几何的概念

案例二以应用机器人培养学生的空间能力为目标，选取 21 名六年级学生作为研究对象，使用真实验设计将学生随机分成实验组和控制组。整个实验持续 10 周，分为三个阶段。

（1）前测。实验组和控制组同时参加前测。

（2）实验干预。实验组的学生参加为期 8 周、每周 1 课时的机器人课程，机器人课程中使用的器材是德国慧鱼公司的 Fischertechnik。

（3）后测。实验组和控制组同时参加后测。

案例二的课时与教学内容安排见表 2-32。

表 2-32　案例二：通过搭建机器人理解图形与几何的概念

课时	教学内容
课时 1	前测（折纸、卡片旋转、正方体比较、透视空间定位）
课时 2	课程导入，介绍机器人套件和本课程的概况（学生被分成 7 组，每组 3 名成员）
课时 3	每组发放一套机器人套件并完成相应的模型搭建任务，7 个组需要搭建的模型分别是旋转木马、风扇和太阳能风扇，具体如图 2-59 所示
课时 4~6	介绍 ROBO Pro Light 软件和 ROBO LT 控制器，每组完成一个模型搭建任务，7 个组需要搭建的模型分别是骑自行车的人、交通信号灯和离心力调节器，具体如图 2-60 所示

续表

课时	教学内容
课时 7~9	介绍 Fischertechnik-designer 软件，学生使用该软件完成三维建模，所有建模任务由易到难形成梯度，具体如图 2-61 所示
课时 10	后测（折纸、卡片旋转、正方体比较、透视空间定位）

（a）　（b）　（c）

图 2-59　搭建任务一：旋转木马、风扇和太阳能风扇①

（a）　（b）　（c）

图 2-60　搭建任务二：骑自行车的人、交通信号灯和离心力调节器②

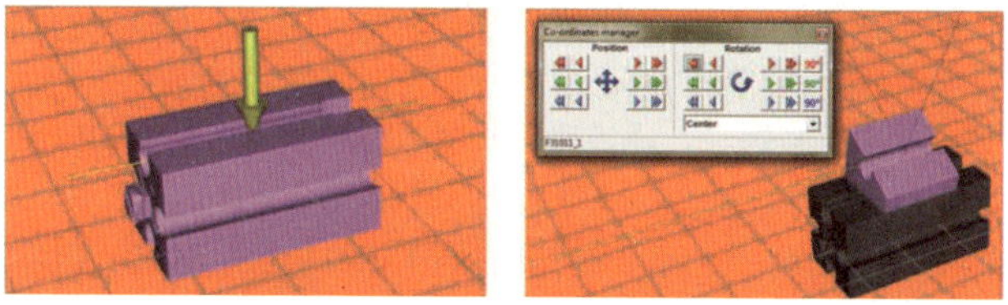

（a）　（b）

图 2-61　三维建模示例③

最终，该研究通过对实验组和控制组的前后测数据分析发现，机器人在学生空间能力的培养中扮演了非常积极的角色。此外，考虑到机器人的跨学科

①②③ Julià C, Antolí J ò. Spatial ability learning through educational robotics[J]. International Journal of Technology and Design Education, 2016, 26(2): 185-203.

取向，有必要进一步研究特定机器人课程在学习科学、数学、工程或技术领域的其他概念和技能时的潜在价值。

3. 做中学：通过搭建机器人并编写程序综合理解数学概念

案例三选用价格低廉、简单易用、扩展性强、支持跨平台的开源硬件 Arduino 作为实验器材，一方面能够节省学校购置机器人套件的经费；另一方面能够降低学生学习机器人技术的门槛，方便学生使用机器人开展各类数学探究活动。该研究以 17 名九年级学生为对象，首先让学生集体学习如何编程控制机器人绘制线条、圆形、简单多边形等几何图形。然后，学生通过小组合作体验机器人的搭建、编程、测试等环节并完成一系列基于机器人的数学探究任务，在深入理解数学知识的同时，激发对工程设计和数学学习的兴趣。表 2-33 是该研究设计的利用机器人解决数学问题的一个示例，通过假设、建模、逐步逼近的方式求解数学问题，突出体现了重视问题解决过程的探究式教学理念，有别于传统基于数学公式求解问题的方式。

表 2-33　案例三：通过搭建机器人并编写程序解决“两船问题”

条目	描述
问题描述	甲乙两艘渡船分别从河的左右两岸同时出发，相向而行，第一次在离左岸 700 英尺[①] 处相遇。相遇后两船继续前进，甲船到达右岸、乙船到达左岸后都立即返回，第二次在离右岸 400 英尺处相遇。已知两船的速度保持不变，河宽多少英尺？
传统解题思路	设 u、v 分别是甲乙两船的速度，d 是河的宽度 假设两船第一次相遇时行驶时间为 t_1 此时 $vt_1=d-700$，$ut_1=700$ $v=\frac{d-700}{700}u$ 假设两船第二次相遇时行驶时间为 t_2 此时 $vt_2=d+d-400$，$ut_2=d+400$ $v=\frac{2d-400}{d+400}u$ 经过推导计算可以求出 $d=1\,700$，即河宽 1 700 英尺 （作者注：作为一个经典的奥数题，还有更简单的解题思路）

① 英尺是英美制长度单位，一英尺合 0.304 8 米。

续表

条目	描述
机器人模拟问题	编写程序让两个机器人分别从场地的左右两侧同时出发，相向而行，在各自到达场地的另一侧后两个机器人都立即返回，继续前进
逐步逼近法求解	用机器人求解，无法采用传统的解题思路，需要另辟蹊径，其关键在于找到两艘船（“机器人”）的速度比。设 u 为左侧机器人速度，v 为右侧机器人速度，d_1 为第一次相遇时两机器人到左侧的距离，d_2 为第二次相遇时两机器人到右侧的距离，暂定场地（“河”）宽 12 英尺，离左右岸距离之比为固定比，与河宽无关 学生通过“建立假设—搭建机器人—编写程序—测试机器人—验证假设”的迭代过程逐步逼近问题的解 （1）假设 1：设 $u=v=4$ 英尺 / 秒，此时两机器人会在场地的正中央相遇，即 $d_1=d_2=6$ 英尺（图 2-62（a））。但问题描述中第一次相遇和第二次相遇时到左右两岸的距离不相等，假设 1 不成立 （2）假设 2a：根据逐步逼近法取 $u=2$ 英尺 / 秒，$v=4$ 英尺 / 秒，此时 $d_1=4$ 英尺，$d_2=0$ 英尺（图 2-62（b））。但左侧机器人尚未完成掉头，与问题描述不符，假设 2a 不成立 （3）假设 2b：设 $u=4$ 英尺 / 秒，$v=2$ 英尺 / 秒，此时 $d_1=8$ 英尺，$d_2=12$ 英尺（图 2-62（c））。$d_1<d_2$，与问题描述不符，假设 2b 不成立（学生会发现左侧机器人的速度不可能大于右侧机器人的速度） （4）假设 3a：2 倍的速度之比太大，两机器人在场地内来不及完成第二次相遇，根据逐步逼近法取 $u=3$ 英尺 / 秒，$v=4$ 英尺 / 秒，此时 $d_1=5.1$ 英尺，$d_2=3.4$ 英尺（图 2-62（d））。两机器人都已完成掉头，且两次相遇的点既不在场地左右两侧，也不在场地正中央，基本符合问题描述，$u=0.75v$ 似乎可行 （5）进一步逼近正确答案……
机器人的角色	借助机器人的物化特征将抽象、复杂的数学问题生活化，学生大胆提出解决问题的设想并以直观且可操作的方式验证假设，从而亲身经历数学问题的探究过程，体验解决数学问题的乐趣

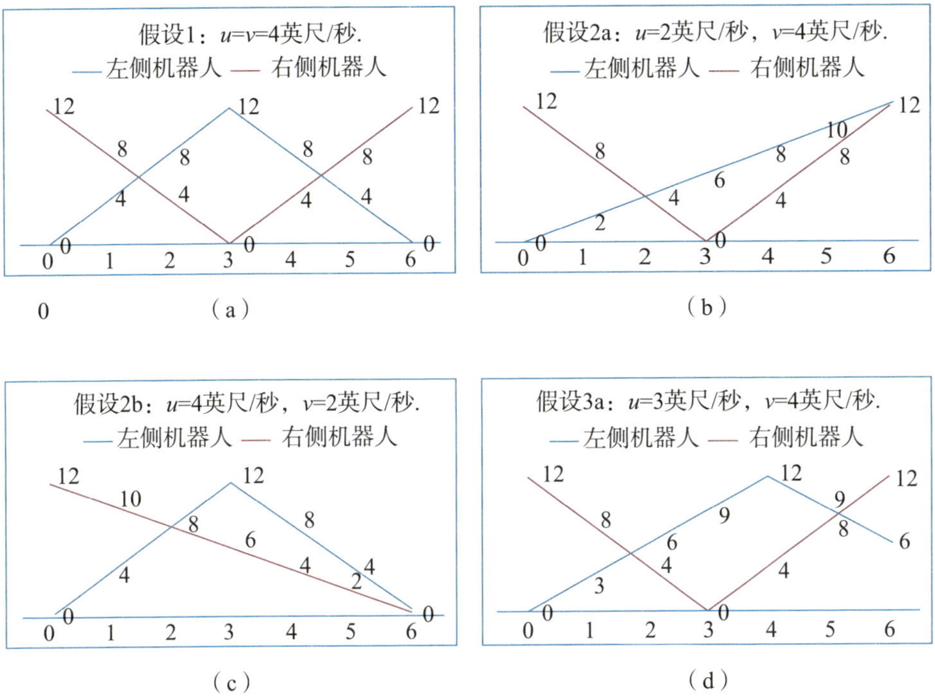

注：x 轴表示单位为秒的时间，y 轴表示相对于左侧起点、单位为英尺的距离。

图2-62 使用机器人模拟“两船问题”①

最终，该研究通过实验发现，使用机器人学习数学可以帮助学生可视化现实世界中具有挑战性的应用问题并支持对问题的多重表征。当学生在机器人的帮助下运用数学概念解决现实世界的问题时，他们会获得一种持久的实践体验，激发学习数学的兴趣。同时，该研究指出，机器人套件和学习任务必须经过精心设计才能取得理想的教学效果。机器人套件需要保证学生在只掌握少量硬件知识和编程基础知识的情况下就能进行设计与创作，而学习任务需要实现机器人和数学的紧密结合，使得学生只有综合运用机器人技术和数学知识才能解决教师设计的任务。

① Shankar R, Ploger D, Nemeth A, Hecht S A.Robotics: Enhancing pre-college mathematics learning with real-world examples[C]//Proceedings of the 120th ASEE Annual Conference and Exposition. Atlanta: American Society for Engineering Education, 2013: 1-18.

4. 交互机器人 / 对话机器人：通过与机器人交互学习数学知识

案例四选用人形机器人 NAO 设计了一个名为“答对题目让 NAO 高兴（Hit the answer to make NAO happy）”的数学游戏，测试学生对二维和三维图形分类的认识。该研究共选取 30 名 11~14 岁的学生作为实验对象，学生被分成两组，第一组学生在低交互的环境下参与数学游戏（低交互组），第二组学生在高交互的环境下完成数学游戏（高交互组）。

游戏分为入门、进阶、高手三个难度（表 2-34），学生在游戏中需要不断回答机器人提出的问题（图 2-63），答对的问题越多，机器人会表现得越高兴。游戏开始时机器人蹲在地上、表情低落（图 2-64）；当学生回答正确时，机器人会往上站起来一些，表现出高兴的样子，如举手、快速眨蓝色的眼睛；当学生回答错误时，机器人会往下蹲，表现出难过的样子，如低头、慢慢眨红色的眼睛。

表 2-34　案例四：通过与机器人交互学习数学知识

游戏难度	问题示例
入门级别	1. 请给我两个三维几何图形 2. 请给我一个立方体和一个平行六面体并解释它们的区别 3. 请把两个三维几何图形放在我的手里并说出它们的名字
进阶级别	1. 请给我两个相似的三维几何图形 2. 请指出一个有 15 条边的几何图形 3. 请把一个二维几何图形和一个三维几何图形放在我的手上
高手级别	1. 请把一个正方体和一个正方形放在我的手上并解释它们的区别 2. 请在我的手上放一个有 8 个边的图形和一个有 7 个面的图形 3. 请解释二维几何图形和三维几何图形的区别

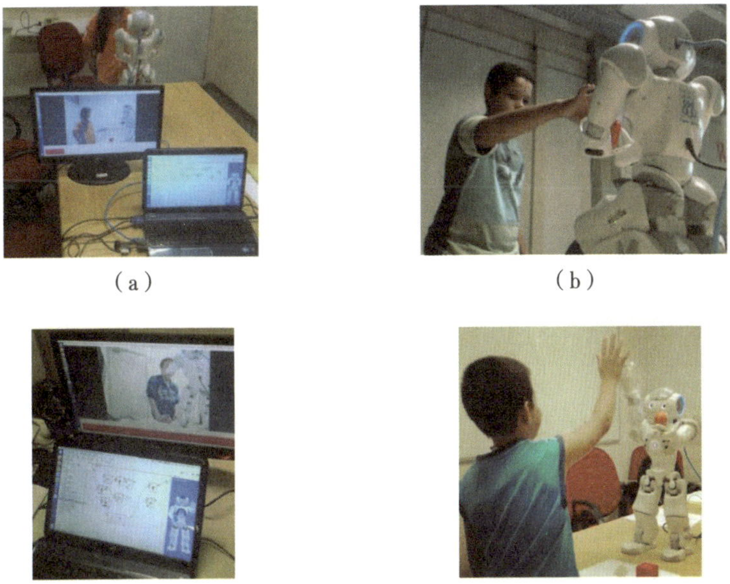

（a） （b） （c） （d）

图2-63 学生和机器人进行数学游戏①

图2-64 游戏开始时机器人的状态②

①② Pinto A H M, Tozadore D C, Romero R A F. A question game for children aiming the geometrical figures learning by using a humanoid robot[C]//Proceedings of the 12th Latin American Robotics Symposium and the Third Brazilian Symposium on Robotics. New York: Institute of Electricaland Electronics Engineers, 2015: 228–233.

最终，该研究对两组学生的表现进行分析后发现，总体而言，所有学生都非常享受与机器人的互动体验，但与低交互组的学生相比，高交互组的学生取得了更优异的测试成绩。也就是说，高交互水平的机器人可以更好地激励孩子学习数学以打败机器人。该研究进一步指出，提高人形机器人的交互水平可以带来比纯视觉或纯听觉互动更好的学习效果，并且提供了一种更有趣、更有效的方式来保持学生的注意力。

（三）案例反思与启示

上述典型案例为我们呈现了如何利用机器人支持数学学习的不同方式和方法，以此为基础，以下三个方面的经验值得我国机器人教育者和数学教育者思考。

1. 机器人的交互性可以帮助学生获得参与式的数学学习体验

与传统抽象的数学公式求解不同，将机器人引入数学课堂，通过手脑并用的学习活动，使学生在与机器人互动的同时可以获得一种参与式的学习体验，因而具有多重学习优势。例如，研究表明，对于不同年龄、不同数学基础的学生而言，与非交互式机器人相比，能够实现语言互动的机器人可以在一定程度上提高学生的学习动机①。与纯视觉或纯听觉的互动相比，提高人形机器人的交互水平能够为数学教育带来更理想的学习结果②。除了视觉或听觉上的互动之外，机器人的移动（如位置等信息）在数学小游戏中还可以被学生感知为一种有形的反馈③。较之虚拟机器人，学生在与实体机器人互动的过程中可

① Brown L V N, Howard A M. The positive effects of verbal encouragement in mathematics education using a social robot[C]// Integrated STEM Education Conference. Princeton:Institute of Electricaland Electronics Engineers, 2014: 1-5.

② Pinto A H M, Tozadore D C, Romero R A F. A question game for children aiming the geometrical figures learning by using a humanoid robot[C]//Proceedings of the 12th Latin American Robotics Symposium and the Third Brazilian Symposium on Robotics. New York: Institute of Electricaland Electronics Engineers, 2015: 228-233.

③ Munir Merdan, Wilfried Lepuschitz, Gottfried Koppensteiner, Richard Balogh, David Obdržálek. Robotics in Education[M] Switzerland: Springer, Cham, 2017: 245-257.

以获得更多的乐趣①。

在合作学习中，机器人甚至可以扮演学习活动的“调解员”。一方面，机器人能够通过“制定”交互规则来协调学生之间的互动，解决或缓解数学学习中可能存在的利益冲突②；另一方面，在这些交互规则的约束下，机器人可以避免学生出现“搭便车”的行为，促进学生积极开展小组合作。

2. 机器人的物化特征可以帮助学生建立抽象数学与实际生活的联系

在传统的数学教育中，学生通常只体会到数学的抽象性而感受不到数学的实用性，于是数学通常被认为是一门枯燥乏味的学科。事实上，真正的数学教育应当实现抽象的数学思想与真实的数学实践不可分割地交织在一起，而机器人与数学学科的整合较好实现了二者的兼顾，学生在与机器人打交道的过程中能够体验生活化的数学问题解决。机器人可以让学生以可视化的方式解决数学问题并可以采用多种方式表征数学问题，从而帮助学生实现从抽象数学向生活实际经验的过渡③。对于机器人支持下的数学教育而言，为学生提供与实际生活密切相关的材料至关重要。当学生在机器人的帮助下运用数学知识解决现实世界中的真实问题时，他们会获得一种持久的实践经验和对数学学习的自信心④。同时，让每一位学生都拥有操作机器人的机会也很重要，正是机器人的可触摸性和可操控性加深了学生对抽象数学知识的理解，每一位学生都应该有机会在机器人的支持下进行多次练习，这种尝试过程对学生建构自己的数学知识非常关键。

---

① Keren G, Fridin M. Kindergarten Social Assistive Robot (KindSAR) for children's geometric thinking and metacognitive development in preschool education: A pilot study[J]. Computers in Human Behavior, 2014, 35: 400-412.

② Mitnik R, Nussbaun M, Soto A. An autonomous educational mobile robot mediator[J]. Autonomous Robots, 2008, 25(4): 367-382.

③ Rhine D, Martin F. Integrating mathematical analysis of sensors and motion in a mobile robotics course[C]//Informatics Education-Supporting Computational Thinking. Berlin, Heidelberg: Springer-Verlag, 2008: 41-52.

④ Shankar R, Ploger D, Nemeth A, Hecht S A.Robotics: Enhancing pre-college mathematics learning with real-world examples[C]//Proceedings of the 120th ASEE Annual Conference and Exposition. Atlanta: American Society for Engineering Education, 2013: 1-18.

3. 机器人与数学学科整合需要数学教师与技术教师的相互支持

作为一种跨学科的教学活动，单纯依靠技术教师或数学教师的“单打独斗”难以真正实现机器人与数学学科的有效整合，没有两类教师的通力配合，机器人在数学课程中难以发挥重要作用。但无论是技术教师还是数学教师，他们都不是人工智能和机器人技术的专家，所以一定要降低技术使用的门槛，提升教师利用机器人支持数学学习的意愿。

首先，教师要充分认识到机器人在数学教育中的价值并在整个学习过程中为学生提供持续性的鼓励和指导①。教师在数学课程中设计的机器人任务必须相互关联且能够被解决②，具体来看，机器人最适合应用于涉及操作技能的小型任务中③。

其次，在数学活动的开展过程中，机器人的加入可能会分散学生的注意力并增加学生的认知负荷④，为此，教师在教学设计中要注意避免机器人在数学学习中可能导致的消极影响。

最后，在基于机器人的合作学习中，教师应控制小组规模以保证每位学生都能参与机器人的搭建、编程、测试的过程，每个小组的人数最好控制在2~3人⑤。

（四）总结

人工智能正以超乎人们预想的速度发展且迅速进入教育领域，作为人工智能进校园的重要载体，当前的机器人教育暴露出了侧重学科本位缺乏课程整

---

①⑤ Shih B Y, Chang C J, Chen Y H, et al. Lego NXT information on test dimensionality using Kolb's innovative learning cycle[J]. Natural Hazards, 2012, 64(2): 1527–1548.

② Lindh J, Holgersson T. Does lego training stimulate pupils' ability to solve logical problems?[J]. Computers and education, 2007, 49(4): 1097–1111.

③ Adams K D, Cook A M. Performing mathematics activities with non-standard units of measurement using robots controlled via speech-generating devices: Three case studies[J]. Disability and Rehabilitation: Assistive Technology, 2016, 12(5): 1–13.

④ Walker E, Girotto E, Kim Y, et al. The effects of physical form and embodied action in a teachable robot for geometry learning[C]// 16th IEEE International Conference on Advanced Learning Technologies. New York: Institute of Electricaland Electronics Engineers, 2016: 381–385.

合、侧重基础知识学习缺乏创新应用的不足。基于此，本研究提出应关注机器人之于学科教学的应用，一方面充分发挥机器人在STEM教育中的优势，促进机器人与STEM教育的深度整合，另一方面也为STEM教育提供一种新的物化载体，帮助学生深入理解抽象、复杂的STEM相关概念。

以此为背景，本部分以数学课程为例，首先结合中小学数学课程的内容以及机器人的功能特点，认为机器人作为数学学习的工具主要适用于支持中小学数学课程中的数与代数、图形与几何的学习；作为学生数学学习的同伴，机器人可广泛应用于各类数学知识的学习。然后，通过国际权威文献库调研选取了20篇机器人支持数学学习的实证研究论文，并通过进一步的文献分析总结出了机器人与数学学科整合的四种方式：

（1）通过机器人编程，帮助学生理解数与代数方面的概念；

（2）通过搭建机器人，帮助学生理解图形与几何方面的概念；

（3）通过搭建机器人并编写程序，帮助学生综合理解数与代数、图形与几何方面的概念；

（4）通过与机器人交互，帮助学生学习上述各种数学知识。

整体而言，将机器人引入到数学课程中，一方面需要利用机器人的交互性实现参与式教学；另一方面需要利用机器人的物化特征架起抽象数学与实际生活的桥梁。此外，机器人与数学学科的整合还需要数学教师与技术教师的有效沟通和相互支持。

第三章 中小学机器人教育的 TRIP 教学模式

基于对 4I 教学模式的观察与提炼，我们进一步发现这些教学模式主要应用了两种教学方法：项目教学法和科学探究法。项目教学强调以项目活动为依托组织教学内容，以学生为主体开展教学活动，以可视化和多样化的学习成果评价学习的效果①。完整的项目教学通常经历较长的周期，导致实际课堂无法正常开展全流程的项目教学。此外，项目包含有核心概念和原理的综合性或开放性任务，通常包含了多个复杂或劣构的真实问题，无论对学习者还是教师而言均具有挑战性。因此，从机器人教育的目标定位出发，基于对传统项目式学习的反思及 STEM 教育的视野，在 4I 模式的基础上，我们将正向教学与逆向教学、作品开发取向与科学探究取向两个维度交叉整合，提出了以逆向工程教学和纠错教学为代表的 TRIP 四种教学模式②。本章将对 TRIP 教学模式及据此开展的四个实证研究案例作详细介绍。

---

① 刘景福，钟志贤．基于项目的学习（PBL）模式研究［J］．外国教育研究，2002（11）：18-22.

② 夏莉颖，钟柏昌．试论 STEM 教育的两种取向与四种方法［J］．中小学数字化教学，2018（9）：8-11.

第一节　TRIP 教学模式的分类维度

诚然，我们能够从已有文献中找到多种截然不同的 STEM 教育的取向，但我们认为，只有先确定一个合理的分类框架，才有可能将每一种潜在的 STEM 教育取向进行准确定位和定义，也才有可能发现其他尚未发掘的 STEM 教育取向。一个基本思路是从学生有意义的学习结果中寻找分类线索，根据学生在 STEM 教育中的学习结果可以得到两个分类维度，分别是外显的物化成果和内化的知识内容。从这两个分类维度出发，我们可以区分两种不同取向的 STEM 教育，即作品开发取向的 STEM 教育（以形成物化成果为目标）和科学探究取向的 STEM 教育（以获得多元知识为目标）。

作品开发取向的 STEM 教育：从物化成果的分类看，作为一种创新教育平台，学生可以在 STEM 教育中设计和开发出能够解决实际问题的智能人造物，这一设计和开发过程与我们所熟悉的程序设计不同，它常常需要涉及科学、技术、工程和数学等多学科知识的综合应用。这个分类下的 STEM 教育强调作品开发取向，以形成物化成果（如三维打印作品、搭建的机器人等）为目标，以项目式学习为主要学习方式在造物的过程中深化学习。

作品开发取向的 STEM 教育通常以一个项目为依托，重视学生利用计算机等相关设备以及程序和其他技术性资源（如开源软件）生成物化学习成果。这种取向的 STEM 教育在本质上等同于创客教育，二者都以培养学生的实践创新能力为目标，以项目教学法为主要教学方法，强调可视化成果的生成。可以说，作为一种基于真实情境的、以技术性资源（如开源软硬件）为平台的造物活动，创客教育具有先天的学科整合优势，是开展 STEM 教育的重要途径。

值得注意的是，囿于不成熟、不完善的专业知识，中小学生很难完成颠覆性或原发性的物化成果。因此，对于作品开发取向的 STEM 教育而言，将学生实践创新能力的培养定位在微创新更具现实意义，即学生在了解原有产品、规则或服务的基础上作一些有意义的改变或调整，但并没有从根本上改变原有的设计。在 STEM 教育的实践当中，微创新可以表现出不同的水平层级。首先，微创新的起点应当从学会“复制”开始，即学生能够使用新的工具、方法、材料模拟或再现生产生活中既有科技产品的功能或工作过程；到了微创新的下一个阶段，学生能够对已有产品进行要素或参数上的微调，开始创新思维的引领和新创意的萌芽；在微创新的最后一个阶段，学生需要具备一定的跨学科整合能力，能够对原有产品、规则或服务作一些结构上的再设计①。然而，当前的 STEM 教育大多侧重模拟或模仿，导致学生作品雷同、缺乏个性和创造性。STEM 教育走向更高水平的微创新，一方面，教师需要准确评估学生作品的微创新水平；另一方面，教师需要根据微创新的不同水平对学生进行有针对性的引导。

科学探究取向的 STEM 教育：从知识内容的分类看，STEM 教育作为一种工程教育本身就是多学科综合交叉的产物，通过 STEM 教育学生自然可以获得多个门类的科学知识，促进其科学探究能力的提升。由此可见，这一分类下的 STEM 教育相当于一种科学探究的载体或平台，强调科学探究取向，以获得多元知识（如调查报告、解决方案等）为目标，以探究式学习为主要学习方式在科学探究的过程中深化学习。

科学探究取向的 STEM 教育最重要的活动在于建构科学模型以解释和预测自然现象。科学建模是指针对自然现象抽象其主要特征，依据科学直觉建构其关系、结构等概念模型，并用科学语言进行表征。以 STEM 教育的理念指导科学探究活动的设计和实施不仅适切，且极有必要，这是因为：从教育内容的角度看，STEM 教育关注对科学知识的解释、科学探究的实践及与工程设计的结合，其目标是整合各领域知识解决真实世界中的实际问题；从教育方式的角度看，STEM 教育强调工程与技术素养需通过“做中学”来实现。因此，将 STEM 教育作为科学探究的平台，开展科学探究活动，将成为 STEM 教育的一个重要发展方向。同时，科学探究取向的 STEM 教育具有重要的教育价值。研究表明，STEM 教育能够提高学生的创造力、批判性思维能力、问题解决能力、决策能力、沟通交流能力、团队合作能力，而这些能力是进行科学探究活动的重要组成部分。

科学探究取向的 STEM 教育具有促进学生跨学科学习和培养学生科学探

---

① 钟柏昌. 创客教育的内涵式发展：微创新与跨学科是怎样“炼”成的［N］. 中国教育报，2018-09-29（3）.

究能力的双重功能，对丰富和扩展STEM教育的价值以及进一步推动STEM教育的发展均有重要意义。当前，科学探究取向的STEM教育在国内的实践中尚处起步阶段，属于STEM教育的前沿发展方向之一，积极尝试科学探究取向的STEM教育，将成为STEM教师专业发展的一个重要方面。

从实践层面看，由于两种不同取向的STEM教育在目标定位上存在较大差异，采用“一刀切”的方式开展STEM教育很难取得理想的实施效果。鉴于此，根据STEM教育的不同取向设计具有针对性的实施方法尤为必要。为此，笔者首先将STEM教育的实施方法按照正向教学模式与逆向教学模式这一维度进行分类。对于正向教学模式而言，两种最具代表性的方法是正向项目教学（project-based learning）和科学探究（scientific inquiry），这两种方法强调学生从零（问题或需求）出发在解决跨学科问题的过程中体验STEM教育；在逆向教学模式中，两种最典型的方法是逆向工程教学（reverse engineering）和纠错教学（troubleshooting/debugging），逆向教学模式强调学生从使用或测试（已有作品或半成品）开始，倒推产品的设计方法，然后重新设计或复原一个作品。除此之外，我们还可以根据作品开发取向与科学探究取向这一维度对STEM教育的实施方法作进一步划分。正向项目教学和逆向工程教学都属于典型的作品开发取向，侧重物化成果的产生，引导学生在开发物化成果的过程中深化学习；在与作品开发取向相对的科学探究取向中，典型的实施方法有科学探究和纠错教学，这类方法侧重知识性成果的生成，强调学生在真实问题情境中开展动手做、做中学的探究式学习。最后，将上述两个维度交叉整合，可以形成STEM教育的四种方法（图3-1），即正向项目教学、逆向工程教学、纠错教学以及科学探究。

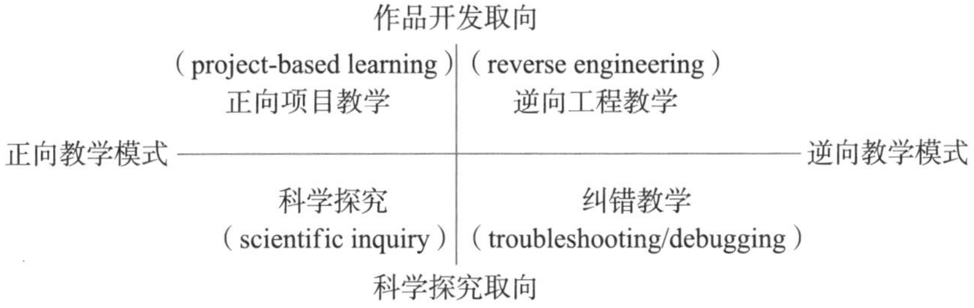

图3-1 TRIP教学模式

第二节 TRIP 教学模式解析

目前，在机器人教育乃至 STEM 教育广泛采用的项目教学本质上是一种正向项目教学。其实施过程一般可划分为需求分析、可选方案分析、详细方案分析、系统实现与测试、作品包装与分享五个阶段，基本体现了“产品设计—产品生产—消费使用”的一般过程。正向项目教学之所以在 STEM 教育中如此盛行，其中一个重要原因就在于正向项目教学能够将生活中的实际问题或需求整合成一个跨学科的项目，以学生为中心，让学生通过设计、制作、评价等工作，从零开始完成一个项目作品的开发。正向项目教学最大的问题在于需要学生从零开始完成一个完整的项目，在时间消耗和能力要求上均有较高要求。

逆向工程，又称反求工程或反向工程，是以造物为目的，以先进产品的实物、样件、软件等作为研究对象，通过现代设计理论、方法、测量技术对已有产品进行建模、仿真，最终实现优化既有产品和再创造的过程。它的实施过程一般分为五个阶段：作品使用与工程分析、作品分解与复原、再设计与微创新、原型制作或产品再造、比较评估与反思。在这个过程中，作品的分解与复原是关键的步骤，需要引导学生学会观察、测量和记录，只有这样才能做到有效的复原，并深入理解作品的制作过程和内在原理。好奇是儿童的天性，儿童喜欢拆解和拆分，尤其是对家庭玩具的“破坏性”拆解，因未得到正确的方法指导导致玩具无法复原而被丢弃。遗憾的是，儿童的这种与生俱来的爱好又被排除在常规教学之外。此外，逆向工程不只是单纯的仿制，再设计与微创新也是重要一环，以便让学生在“认识原型—再现原型—超越原型”的过程中深化学习[①]。逆向工程教学在现阶段大学机械工程类课程中有着广泛的应用，并取得了相对显著的教学效果，然而就中小学 STEM 教育的现状来看，逆向工程教学尚未获得重视和广泛实践。

纠错在教学中涉及两个不同层面的应用，一是指在工程教育中，学生从

---

① 吴兰岸，刘延申. 基于逆向工程的工程课程开放式教学[J]. 高等工程教育研究，2016(6)：185-189.

工程设计师的角度不断修正和调整自己设计的作品，以符合预期的目标；二是指教师人为地设计纠错任务，或是提供已用坏或损坏的残缺作品，让学生接受系统的纠错任务训练，发现故障产生的根源，复原作品功能。作为一种教学方法，纠错教学一般指第二层面的应用，其实施过程大体可以分为四个阶段：玩与观察、分析可能的原因、确定纠错的起点、纠错与测试①。与逆向工程教学相比，两者都是从现成作品或产品的使用、观察入手，不同的是纠错教学并不需要设计制作一个新的作品，而是聚焦于已有作品中科学问题的发现与解决，关键环节在于"假设—尝试"的"试误"过程，有时甚至需要经历多次的迭代。从这个意义上说，纠错教学本质上与科学探究的过程有高度一致性。STEM 教育作为一种手脑并用的工程教育，对学生纠错能力的培养不容忽视。可以说，纠错是工程设计中必不可少的一个重要环节，是自然发生的。然而，同逆向工程教学类似，纠错教学在当前中小学 STEM 教育中的应用仍处于起步阶段，迫切需要严谨的实证研究来探讨如何在 STEM 教育中开展纠错教学。

科学探究强调以科学问题为导向，以 STEM 教育理论指导科学探究活动的设计与实施，以促进学生的跨学科学习和培养学生的科学探究能力为目标。其教学过程一般为：从生活中的科学问题出发，制定科学探究方案，开展科学探究实践并收集数据，利用程序设计或其他数据统计软件分析数据，使学生在习得跨学科知识和科学的思维过程与方法的同时，提高学生的科学探究能力。开展基于科学探究的 STEM 教育对教师而言无疑是一项艰巨的任务，教师不仅需要具备 STEM 教育理念和扎实的科学素养，还需在必要时寻求其他学科教师的支持和配合。另外，在设计科学探究主题时，必须考虑所涉及的科学知识与相关学科教学进度的呼应，不宜超前探究，且最好能在既有学科知识的基础上通过探究活动拓展其认识，或生发出新的探究问题②。

结合上述分析，图 3-2 进一步呈现了 STEM 教育四种方法的实施过程和适用取向。总的来说，就 STEM 教育的发展而言，这四种方法在实践中均有重要的

① 李婷婷，钟柏昌．中小学机器人教育的核心理论研究——论实验模拟型教学模式［J］．电化教育研究，2017，38（9）：96-101

② 张敬云，钟柏昌．中小学机器人教育的核心理论研究——论科学探究型教学模式［J］．电化教育研究，2017，38（10）：106 111．

应用价值。不过，逆向工程教学和纠错教学在当前中小学 STEM 教育中的应用少之又少，属于 STEM 教育发展的前沿方向之一。更为重要的是，就 STEM 教育的工程教育本质而言，强调从既有产品入手进行再设计的逆向工程教学和强调在纠错中训练问题解决能力的纠错教学更适合培养中小学生的微创新能力，积极尝试这两种方法将成为教师 STEM 教育能力提升的一个重要方面。

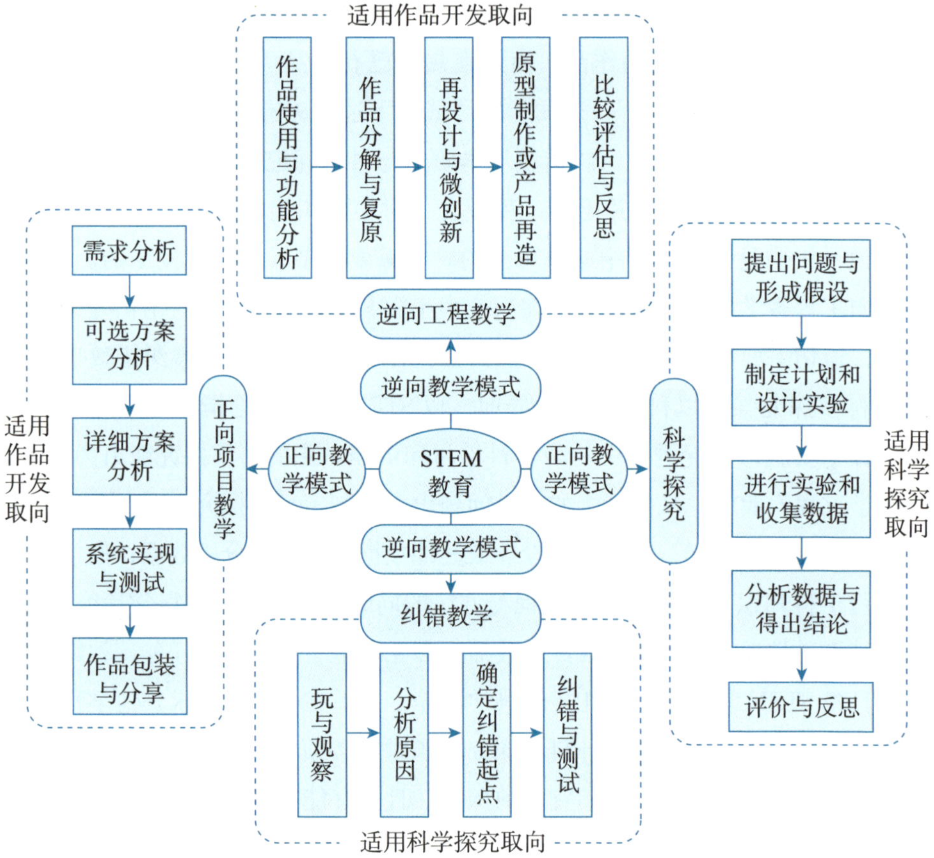

图 3-2　STEM 教育四种方法的实施过程和适用取向

第三节　实证研究案例

在 TRIP 教学模式的理论指导下，我们分别对纠错教学、逆向工程教学、科学探究与项目教学法展开了实证研究，本节将依次介绍这四种教学模式在实践中的应用过程和效果研究。

一、四种纠错教学策略在机器人课程三个学习阶段的应用研究①

我们在已有研究的基础上对机器人课程中学生常犯的错误进行分类，结合实际教学内容，设计包含常见错误类型在内的纠错任务，根据是否提供“解决方案”和“过程信息”两种纠错支架，构建四种不同的纠错教学策略，并分别在四个班级进行实践运用。同时，考虑到随着机器人教学过程的推进，学生的知识水平不断增加，对于不同阶段的学生，可能适用不同的纠错策略。为此，我们将完整的机器人学习过程分为三个阶段，即入门阶段、熟悉阶段、应用阶段。通过对四种纠错教学策略在机器人课程三个阶段的教学效果进行测量、对比评价，试图寻求适用于机器人课程每个阶段的最佳使用策略。此外，我们参考已有研究，结合机器人教育的特点，构建纠错教学方法的具体实施步骤以及不同纠错教学策略在实际课堂中的操作环节，力求丰富机器人课程的教学方法和教学策略，为机器人教学的开展提供理论和实践指导，为相关教师进行教学策略的选择提供可参考的建议。

（一）概念界定

1. 机器人教育

机器人教育指的是学习并利用机器人以优化教学效果和师生劳动方式的理论与实践。在理论层面，机器人教育拥有自身的理论基础，能形成相对独立的学科理论体系与方法体系；机器人教育在实践层面则是指以机器人为主要的教学内容或工具而开展的教与学的活动②。机器人教育对培养学生的编程能力、问题解决能力和计算思维等有重要促进作用，同时有利于深化学生对编程、机械、工程设计等概念与原理的理解，提高学生对 STEM 教育相关学科的学习兴趣与动机③。

本研究中所涉及的机器人教育指的是机器人学科教学，即把机器人学看

---

① 本节内容节选自钟柏昌教授指导的研究生司秋菊的硕士毕业论文。

② 彭绍东．论机器人教育（上）[J]．电化教育研究，2002（6）：3-7.

③ Xia L, Zhong B. A systematic review on teaching and learning robotics content knowledge in K-12[J]. Computers & Education, 2018, 127: 267-282.

成是一门独立的学科，在各级各类教育中，以专门课程的方式让所有学生掌握关于机器人学的基本知识与基本技能。总体来说，中小学阶段机器人课程的主要任务就是帮助学生了解和掌握与机器人相关的基础知识与基本技能，增强学生的信息意识；通过编程设计培养学生的逻辑思维能力，寓教于乐，让学生在愉快的氛围中学习物理、数学、机械、信息技术等综合知识，提高学生的创新精神、实践能力和科学素养①。

2. 纠错

纠错也称故障检测，它是问题解决的一种常见形式，被视为当今公民在日常生活中必须掌握的一项基本技能②。纠错的目的在于找出给定系统中存在故障的部分，分析产生故障的原因，然后修复或更换故障部件，从而使系统恢复正常功能③④。故障诊断常常与物理、机械或电子系统的修复密切相关，它本质上是一项认知任务，对故障原因的排查较多依赖于诊断者的领域知识和纠错经验⑤。

在实际教学中，纠错涉及两个不同层面的应用，一是指自然发生的纠错行为，学生需要从工程设计师的角度不断调整和修正所设计的作品，以达到预期目标；二是人为设计纠错任务，即由教师提供存在故障或损坏的残缺作品，通过对学生进行多次系统的纠错训练，最终由学生找出故障发生的原因，修复作品功能⑥。本研究中的纠错教学指第二个层面的应用。纠错教学不以改正错误为最终目的，而是强调发现问题与解决问题的过程，在不断的“试误”过程中培养学生的问题解决和工程设计等能力。

---

① 中小学信息技术教育专业委员会机器人学组．中小学智能机器人课程指导意见（试行）[DB/OL][2011-02-25]. https://wenku.baidu.com/view/6cebecbec77da26925c5b02b.html.

② Labe B I. Student teachers' self-appraised problem-solving ability and willingness to engage in troubleshooting activities[J]. Sage Open, 2015, 5(3): 1-10.

③⑤ Jonassen D H, Hung W. Learning to troubleshoot: A new theory-based design architecture[J]. Educational Psychology Review, 2006, 18(1): 77-114.

④ Safadi R, Yerushalmi E. Problem solving vs. troubleshooting tasks: The case of sixth-grade students studying simple electric circuits[J]. International Journal of Science and Mathematics Education, 2014, 12(6): 1341-1366.

⑥ 夏莉颖，钟柏昌．试论STEM教育的两种取向与四种方法[J]．中小学数字化教学，2018(9)：8-11.

3. 学习支架

“支架”（scaffold）原意指建筑行业中的脚手架，在搭建房屋时为工人提供帮助，房屋搭建完成后，再将其撤掉。伍德（Wood）等人最先将这种建筑隐喻描述为“同伴或成人在孩子或新手解决问题、完成任务、实现目标时所提供的有效支持”①。后来，教育学者普遍认为支架是教师或者更有知识的同伴在学习者学习过程中所提供的帮助，使学习者能够成功解决那些原本较难的问题②③。在教学中，教师不再是知识的传授者，而是通过对学生提供帮助、支持和引导，使学生逐步接受新知识，构建知识结构，提高解决复杂问题的能力。

本研究中的“学习支架”是针对纠错任务进行设计的，旨在为学生识别和改正错误提供可参考的方向，帮助学生更好地理解纠错的内涵和过程，掌握更深层次的机器人教学内容，提高纠错能力。

4. 教学策略

早在20世纪60年代，美国的认知心理学家就曾使用过“教学策略”一词，之后，顾明远在《教育大辞典》中指出，教学策略是指教师在教学过程中为达到教学目的、完成教学任务而采用的一系列相对系统的行为，包括事先有意识确定的一些教学方法④。也有研究者认为教学策略在狭义上指围绕教学过程展开的教师教的行为，根据不同的教学目标要求对教学方法、教学媒体和教学内容组织形式等有意识地进行选择，以获得最大的教学效能。为保证在教学情境中进行有效教学，教师必须理性思考自己的教学行为，根据特定的学科特点、教学内容和授课对象等选择合适的教学策略。

本研究针对机器人学科的工程特点，选择人为设计纠错任务以训练学生问题解决技能的纠错教学方法开展研究，根据是否提供学习支架构建不同的纠

① Wood D, Bruner J S, Ross G. The role of tutoring in problem solving[J]. Journal of Child Psychology and Psychiatry, 1976, 17(2): 89-100.

② Palincsar A S. Keeping the metaphor of scaffolding fresh—a response to C. Addison Stone's “The metaphor of scaffolding: Its utility for the field of learning disabilities” [J]. Journal of Learning Disabilities, 1998, 31(4): 370-373.

③ Quintana C, Reiser B J, Davis E A, et al. A scaffolding design framework for software to support science inquiry[J]. The Journal of the Learning Sciences, 2004, 13(3): 337-386.

④ 魏丽．数字光学点阵互动课堂系统在高中课堂教学中的应用策略研究［D］．济南：山东师范大学，2017.

错教学策略，进而探讨每种纠错教学策略的适用阶段和有效性。

（二）相关研究

1. 纠错和认知负荷

作为问题解决的一种特殊形式，纠错是一个过程，不仅需要高度具体的知识，如基于领域的、与系统相关的、程序性的、战略性的、经验性的和元认知性的知识①，还需要基于知识的充分推理②。因此，如果缺乏问题领域的适当理解，新手纠错者会很难过滤无关信息，并形成认知负荷。

根据认知负荷理论（cognitive load theory，CLT）③，内在的认知负荷是由所学材料的性质和学习者的专业知识之间的互动决定的。材料的性质与待处理信息的内在复杂性有关，而学习者的专业知识是指学习者在特定领域的知识水平和认知模式。对于一个给定的任务和既定的学习者知识水平，内在的认知负荷是固定不变的④。此种情况下，如果新手没有足够的知识和模式，他们可能会经历比中级或专家高得多的内在负荷⑤。纠错任务是一项特殊的复杂任务，它需要交互使用系统知识或给定的系统信息、原则性领域知识和战略知识来推理系统的（不良）功能⑥。因此，纠错任务一般会给学习者（尤其是新手）带来很高的内在认知负荷。然而，学习者在纠错任务上的内在认知负荷将随着纠错知识和模式的增加而逐渐减少。

在教学任务的影响下，纠错任务也可能产生不相干的认知负荷⑦。在纠错

---

① Van Gog T, Paas F, Van Merriënboer J J G. Uncovering expertise-related differences in troubleshooting performance: Combining eye movement and concurrent verbal protocol data[J]. Applied Cognitive Psychology, 2005, 19(2): 205-221.

②⑥ Schaafstal A, Schraagen J M, Van Berl M. Cognitive task analysis and innovation of training: The case of structured troubleshooting[J]. Human Factors, 2000, 42(1): 75-86.

③ Sweller J. Cognitive load during problem solving: Effects on learning[J]. Cognitive Science, 1988, 12(2): 257-285.

④ Sweller J. Element interactivity and intrinsic, extraneous, and germane cognitive load[J]. Educational Psychology Review, 2010, 22(2): 123-138.

⑤ Van Gog T, Paas F, Van Merriënboer J J G. Effects of process-oriented worked examples on troubleshooting transfer performance[J]. Learning and Instruction, 2006, 16(2): 154-164.

⑦ Sweller J. Instructional design consequences of an analogy between evolution by natural selection and human cognitive architecture[J]. Instructional Science, 2004, 32(1): 9-31.

的开始阶段，学习者必须明晰当前的问题状态、目标状态、状态之间的差异等，这需要很大的工作记忆容量，一般而言，工作记忆容量仅限于大约7±2个元素①。因此，在纠错任务的指导过程中，必须考虑到工作记忆容量的限制，降低学习者的外在认知负荷，并提供学习支架②。当前的研究确定了两种有效的学习支架：一是为学习者提供已验证过的解决方案（即正确的解决方案），二是为学习者提供识别错误的过程信息。在下文中，我们将详细讨论“从解决方案中学习”和“从过程信息中学习”的机制。

2. 从解决方案中学习

提供已验证过的解决方案意味着学习者在解决问题时不必寻找解决方案，相反，他们可以将所有的精力投入到给定的解决方案中，并构建一个合适的问题模式③。通过使用自动模式，学习者可以以较少的认知负荷来达到最佳的表现水平④。解决方案也可以被看作是一个由问题表述、解决步骤和最终解决方案组成的工作实例⑤。例如，在电路故障排除领域，学习工作实例（给出解决方案）会比解决传统问题（未给出解决方案）具有更好的转移性能，能够帮助学习者在训练和测试期间降低耗时和心理努力⑥。因此，对于既缺乏经验又缺乏有效图式的新手来说，通过研究工作实例来解决问题更有优势⑦。对于纠错专家来说，一项任务所带来的内在认知负荷较低，因为任务元素已经被纳入指

① Miller G A. The magical number seven, plus or minus two: Some limits on our capacity for processing information[J]. Psychological Review, 1956, 63(2): 81.

② Durkin K, Rittle-Johnson B. The effectiveness of using incorrect examples to support learning about decimal magnitude[J]. Learning and Instruction, 2012, 22(3): 206-214.

③ Sweller J. Cognitive load during problem solving: Effects on learning[J]. Cognitive Science, 1988, 12(2): 257-285.

④ Paas F G W C, Van Merriënboer J J G. The efficiency of instructional conditions: An approach to combine mental effort and performance measures[J]. Human Factors, 1993, 35(4): 737-743.

⑤ Große C S, Renkl A. Finding and fixing errors in worked examples: Can this foster learning outcomes?[J]. Learning and Instruction, 2007, 17(6): 612-634.

⑥⑦ Van Gog T, Paas F, Van Merriënboer J J G. Effects of process-oriented worked examples on troubleshooting transfer performance[J]. Learning and Instruction, 2006, 16(2): 154-164.

导他们解决问题的认知模式中①。因此，对于纠错专家而言，提供解决方案可能不是一种有效的方式②。

已有研究表明，专家和新手的问题解决技能具有较大差异，以图式形式存在的特定领域知识是衡量技能水平的主要因素③。同时，随着学习阶段的不断深入，领域知识亦不断增加。换言之，在完成纠错任务的不同阶段，提供解决方案可能会导致不同的学习效果。

3. 从过程信息中学习

事实上，由于缺乏某些步骤的执行原因，仅提供解决方案并不能确保良好的学习效果。智（Chi）等人④发现，学习者能够进行自我解释的前提条件是有足够的领域知识。然而，处于早期学习阶段的学生很难满足此先决条件，因此在学习过程中有必要提供适当的过程信息⑤。

过程信息是指解决问题过程中的提示信息，包括识别和纠错的提示，或是对某些步骤的解释。过程信息可以以文字描述或多选题的形式呈现。例如，茨瓦特兹（Tsovaltzi）等人⑥以文字描述的形式设计了自我解释的反馈和纠错支架，以帮助学生理解和推理出错误所在。他们发现，当提供额外的过程信息提示时，高年级的学生在认知和概念学习方面有明显的提高，但中年级的学生却没有明显的变化。

---

① Van Gog T, Kester L, Paas F. Effects of worked examples, example-problem, and problem-example pairs on novices' learning[J]. Contemporary Educational Psychology, 2011, 36(3): 212-218.

② Kalyuga S. Managing cognitive load in adaptive multimedia learning[M]. Pennsylvania: IGI Global, 2009: 58-80.

③ Sweller J. Cognitive load during problem solving: Effects on learning[J]. Cognitive Science, 1988, 12(2): 257-285.

④ Chi M T H, Bassok M, Lewis M W, et al. Self-explanations: How students study and use examples in learning to solve problems[J]. Cognitive Science, 1989, 13(2): 145-182.

⑤ Van Gog T, Paas F, Van Merriënboer J J G. Effects of process-oriented worked examples on troubleshooting transfer performance[J]. Learning and Instruction, 2006, 16(2): 154-164.

⑥ Tsovaltzi D, Melis E, McLaren B M, et al. Learning from erroneous examples: when and how do students benefit from them?[C]//European Conference on Technology Enhanced Learning.Berlin, Heidelberg: Springer, 2010: 357-373.

然而，范戈（Van Gog）等人①发现，在工作实例中增加过程信息，增加了认知负荷却没有促进知识迁移。随后，一项扩展的研究表明，过程信息最初会带来有效的认知负荷，并导致更高的效率，但当训练进展和知识增加时，就会带来阻碍学习的额外负荷，即专业知识逆转效应（expertise reversal effect）②。因此，当提供过程信息时，先前的知识水平是影响纠错效果的一个重要因素。

总之，纠错是一个需要高度知识储备的过程。对于先前知识水平较低的学生来说，纠错所造成的认知负荷较高。在这种情况下，在纠错的过程中提供支架（已验证过的解决方案或过程信息）可以帮助学生更加有效地学习。需要注意的是，提供解决方案和过程信息虽然可能会减少新手的外在负荷，但会增加高级学习者的外在负荷。此外，上述研究只分别探讨了已验证的解决方案或过程信息对纠错的影响，鲜有研究将这两种支架结合起来进行比较分析。基于这种情况，可以考虑对实验设计进行潜在的改进，因为一门具体课程的学习过程同时涉及两个阶段（即新手的早期阶段和老手的后期阶段）。在机器人教育的教学过程中，由于学生的知识水平会不断提高，不同的支架可能适用于不同阶段。因此，本研究试图将学习过程分为三个阶段，探讨由过程信息和解决方案组成的四个支架对不同阶段学习表现的影响。

（三）研究方法与流程

本研究以初中机器人课程为依托，参考机器人教育与纠错教学的相关理念与实践应用，对学生在机器人课程中常犯的错误进行分类，从错误类型出发，结合梁溪区地方教材，设计符合教学内容需求的纠错任务，构建适用于机器人课程的纠错教学策略，并进行教学实践尝试。通过阶段测试和问卷调查对不同纠错教学策略的应用效果进行分析、评价，探索适用于机器人课程不同学习阶段的最优纠错教学策略，从而为机器人课程的开展提供借鉴。本研究采用的研究方法如下。

---

① Van Gog T, Paas F, Van Merriënboer J J G. Effects of process-oriented worked examples on troubleshooting transfer performance[J]. Learning and Instruction, 2006, 16(2): 154-164.

② Kalyuga S. Expertise reversal effect and its implications for learner-tailored instruction[J]. Educational Psychology Review, 2007, 19(4): 509-539.

1. 文献研究法

笔者通过学校图书馆资料库、中国知网、网络等多种途径查阅国内外优秀期刊论文、博硕士论文和书籍等，深入分析国内外与机器人教育、纠错教学等相关的研究成果，对机器人教育和纠错教学的研究现状进行梳理，为本研究纠错任务的设计、学习阶段的划分和纠错教学策略的构建提供强有力的支撑。

2. 问卷调查法

本研究采用问卷调查的方法对学生的先备知识水平和学习态度进行测量，以保证参与实验的学生起点水平相似或相近；在三个学习阶段的后测过程中，也通过问卷调查的方法对学生的学习态度和学习沉浸度进行测量，以对比不同纠错教学策略对学生学习态度和沉浸度的影响。

3. 准实验研究法

本研究采用准实验研究法，选取初一年级四个班级的学生为实验对象，分别采用四种不同的纠错教学策略开展一学期的机器人课程教学。在每个学习阶段结束时，均对学生进行后测，主要从学生对机器人课程的学习态度、学习沉浸度、学生的纠错表现、编程技能和认知负荷五个方面衡量学生的学习情况。通过统计分析软件 SPSS 对所得数据进行分析，进而评估四种纠错教学策略在机器人课程三个学习阶段的应用效果。

基于对研究内容和方法的讨论，本研究确立了基本的研究流程（图 3-3）。

（四）机器人教学中纠错任务及策略的设计

1. 机器人教学中纠错任务的设计

纠错任务由明确的任务要求和教师给定的错误解决方案构成。实验过程中，在机器人课程的三个学习阶段均需要向学生呈现纠错任务，同时为提高纠错任务的针对性和有效性，纠错任务的设计应以学生在机器人课程学习过程中常见的错误类型为依据。本研究团队在先前的研究中对学生在机器人课程学习过程中经常出现的错误进行了收集、归纳、总结与分类，最终归结为四种类型：通信错误、控制错误、传感错误和系统错误（表 3-1）[①]。通信错误是指计

① 李婷婷. 高中机器人课程中不同学习方式下的学生纠错行为分析［D］. 南京：南京师范大学，2018.

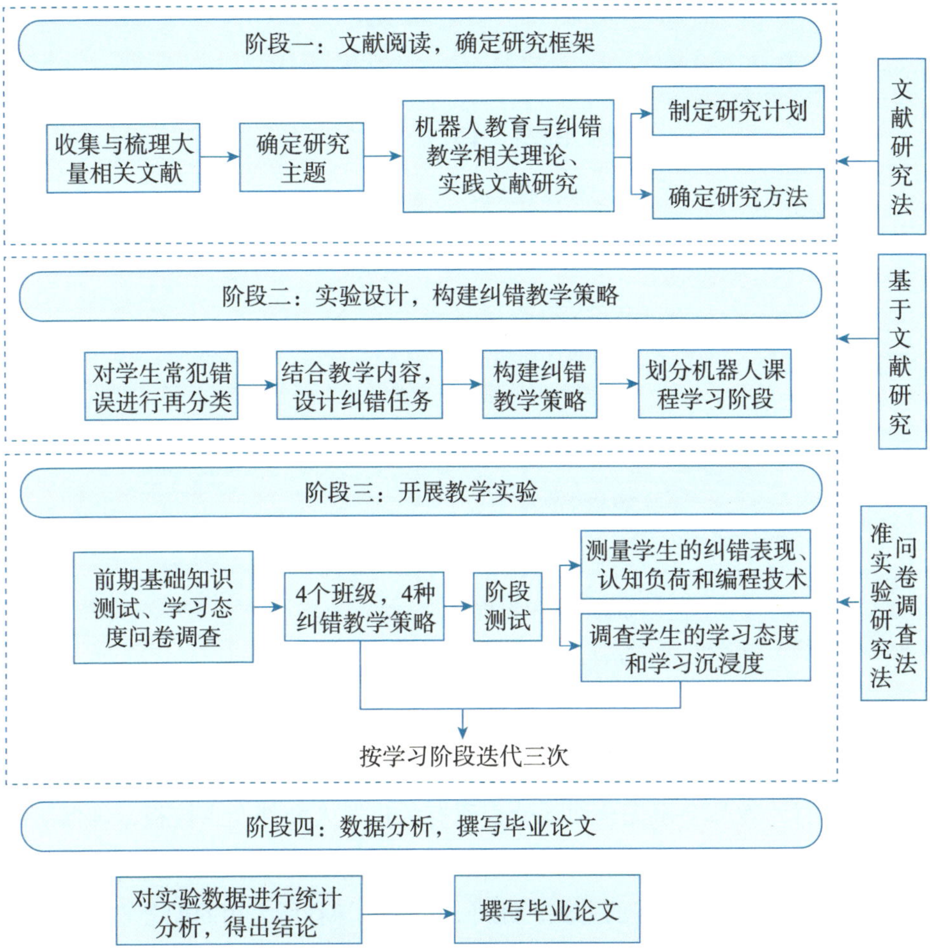

图 3-3　研究方法与流程

算机与主控板之间存在通信故障，无法识别端口，如因 USB 数据线接反、锂电池未正常连接、mBot 小车开关未打开或者端口设置错误等而引起计算机与主控板之间无法正常传输数据。控制错误通常指各类程序语法错误，即学生在编写机器人控制程序时发生的错误，如缺少指令等。传感错误指由于传感器使用不当或传感器故障而引发的问题，如传感器与主控板的引脚连接与程序设置不一致、数字传感器与模拟引脚相连、3P 线接反等。系统错误指由于驱动未成功安装或主控板故障而引起的错误，如主控板损坏等。

表 3-1 四种错误类型

错误类型	具体错误举例
通信错误	mBot 小车开关未打开
	锂电池没有连接
	USB 数据线接反
	未设置端口
控制错误	各种程序语法错误 （如等待时间错误，缺少让小车停下的指令等）
传感错误	传感器与主控板接口连接错误
	传感器故障
	左右电机接反
系统错误	mCore 主控板故障
	驱动问题

在机器人教学的课堂中，系统错误很难发生。一方面，为保证教学过程的顺利进行，教师会事先全面地检查所有的机器人套件及主控板，确保所有的硬件均能够正常工作；另一方面，为减少经济负担，教师在设计纠错任务时不会采取主动破坏主控板的方式。此外，机器人课程所采用的配套软件只需安装一次驱动程序就可永久使用。因此，系统错误难以作为设计纠错任务的出发点。

通信错误和传感错误通常发生在学生搭建机器人的过程中。本研究所使用的机器人套件属于入门级器材，其模块化的元器件使用起来相对方便，学生只需稍加注意就可以在很大程度上避免此类错误。尽管如此，在实际上课过程中，仍然有部分学生存在 USB 数据线接反、mBot 小车开关未打开等错误，因此在纠错任务的设计过程中，将适当考虑加入通信错误和传感错误。

控制错误是学生在机器人课程学习过程中最容易遇到的错误类型。一方面，机器人课程的主要学习内容是通过模块化的程序设计模拟或再现现实生活中的产品，因此程序设计占比较大；另一方面，学生在机器人课程开设之前没有相关课程的学习经验，不具备基本的编程知识与技能，初次接触并使用程序设计语言会显得比较生疏。基于此，本研究重点从控制错误入手设计纠错任务。

在实际教学中，可以将控制错误细分为以下类型：数值类错误、方向类错误、逻辑类错误和缺失类错误。具体错误类型与示例见表 3-2。数值类错误是指给定程序中的数值与任务要求中的数值不一致，如转速错误、等待时间有误、重复执行次数错误等。方向类错误指给定程序中的方向与任务要求中的方向不相符，包括左转与右转搞反、前进与后退搞反等，例如，任务要求 mBot 小车左转，但实际程序实现的是 mBot 小车右转。逻辑类错误指违反逻辑规则而产生的错误，包括逻辑判断错误、循环滥用、条件语句错用等，例如，任务要求“当小车距离障碍物小于 10 cm 时转弯”，而实际程序中却采用“等于”符号。缺失类错误是指程序中缺少某些指令导致不能实现既定目标，例如，任务要求小车做完动作后停止，但程序中却缺少停止指令。

表 3-2　控制错误类型分类与示例

<table>
<tr><th>错误类型</th><th>错误举例</th><th>示例</th></tr>
<tr><td rowspan="4">数值类错误</td><td>转速错误</td><td rowspan="4">任务要求：让 mBot 小车以 255 的转速向前移动
错误程序

正确程序
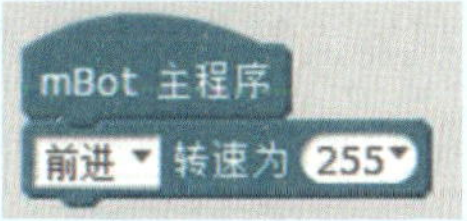
</td></tr>
<tr><td>等待时间错误</td></tr>
<tr><td>重复执行次数错误</td></tr>
<tr><td>……</td></tr>
<tr><td rowspan="2">方向类错误</td><td>左转与右转搞反</td><td rowspan="2">任务要求：让 mBot 小车以 100 的转速向前移动 3 s 后左转
错误程序
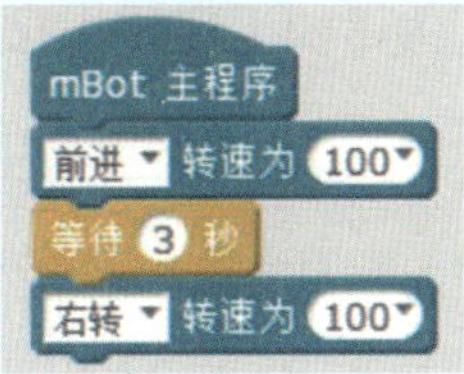

正确程序
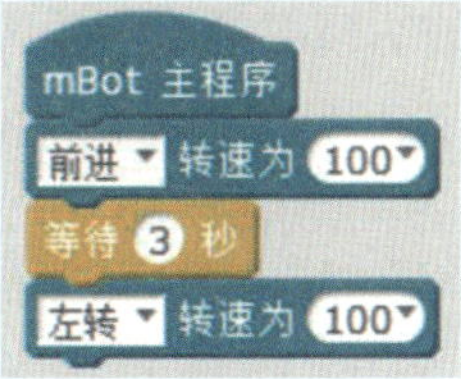
</td></tr>
<tr><td>前进与后退搞反</td></tr>
</table>

续表

错误类型	错误举例	示例
逻辑类错误	逻辑判断错误 循环滥用 条件语句错用	任务要求：当小车距离障碍物小于 10 cm 时，小车后退 1 s 避障，否则，小车以 100 的转速前进 错误程序 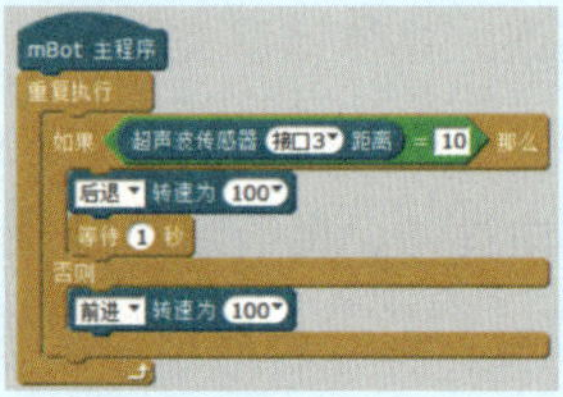 正确程序 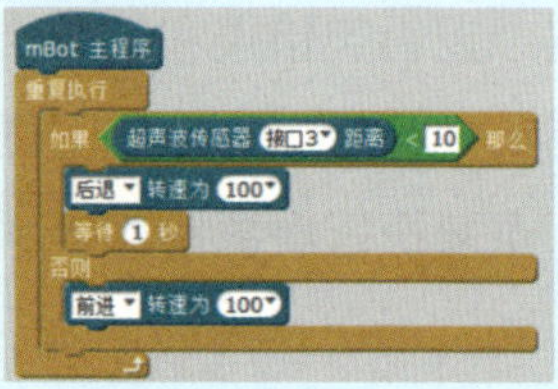
缺失类错误	程序中缺少指令	任务要求：让 mBot 小车以 100 的转速向前移动 3 s 后停止 错误程序  正确程序 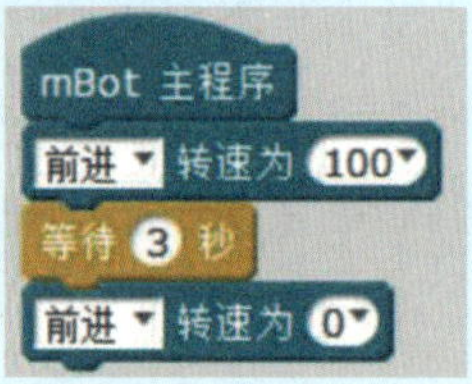

本研究在对控制错误进行分类的基础上，以控制错误为主，辅以小部分通信错误和传感错误，结合无锡市梁溪区地方教材，同时与一线信息技术教师多次探讨，最终根据具体的教学内容设计出一系列纠错任务。

2. 机器人教学中纠错教学策略的建构

本研究根据在纠错任务中是否提供解决方案和过程信息两种学习支架，形成四种不同的纠错教学策略：既提供解决方案也提供过程信息的纠错教学策略（SP），不提供解决方案但提供过程信息的纠错教学策略（NSP），只提供解决方案不提供过程信息的纠错教学策略（SNP），不提供解决方案也不提供过程信息的纠错教学策略（NSNP）。为了便于理解，我们为每种纠错教学策略提供了一个具体的示例（表 3-3）。

表 3-3　四种纠错教学策略示例

<table>
<tr><th>纠错教学策略</th><th>示例</th></tr>
<tr><td>SP</td><td>
纠错任务：使用电机控制 mBot 小车通过右转走一个圆形后停止

错误程序

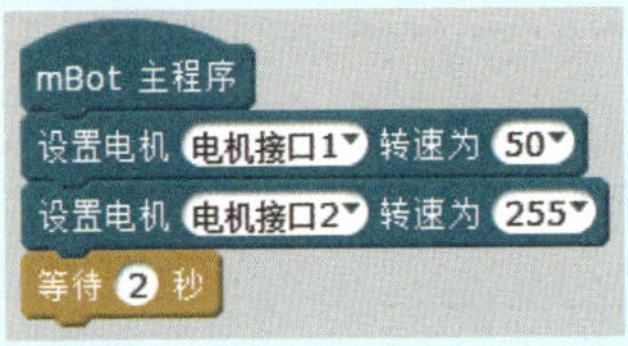

正确程序

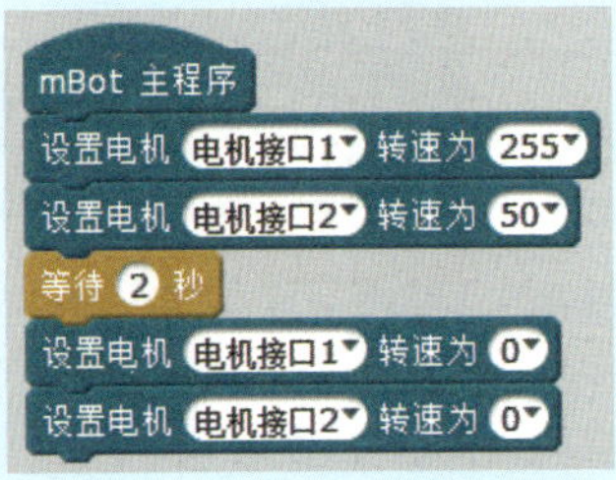

提示：

1. 小车会往电机转速值小的一侧移动，因此，通过右转走圆形时电机接口 2 对应的值应该比电机接口 1 对应的值小

2. 错误程序中缺少让小车停下来的指令
</td></tr>
<tr><td>SNP</td><td>
纠错任务：使用电机控制 mBot 小车通过右转走一个圆形后停止

错误程序

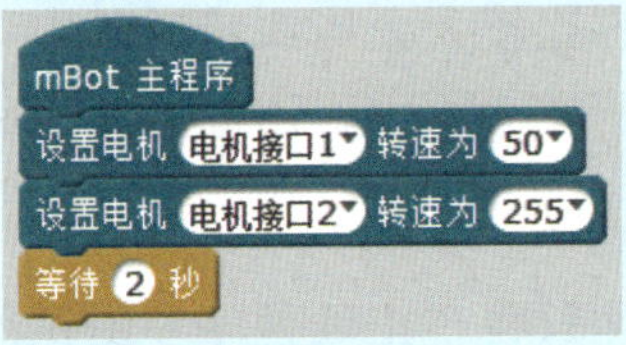

正确程序

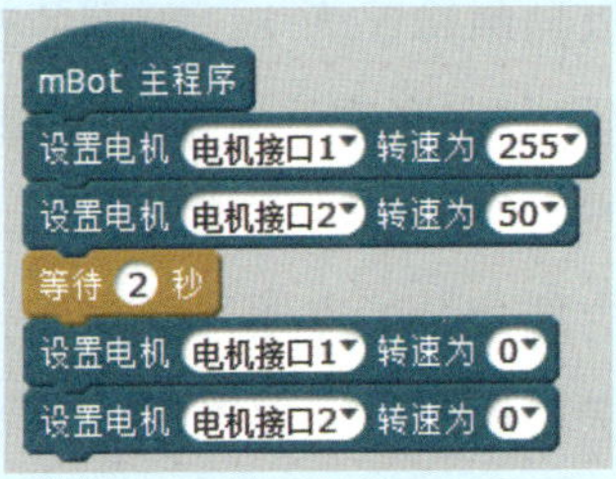

提示：
</td></tr>
<tr><td>NSP</td><td>
纠错任务：使用电机控制 mBot 小车通过右转走一个圆形后停止

错误程序

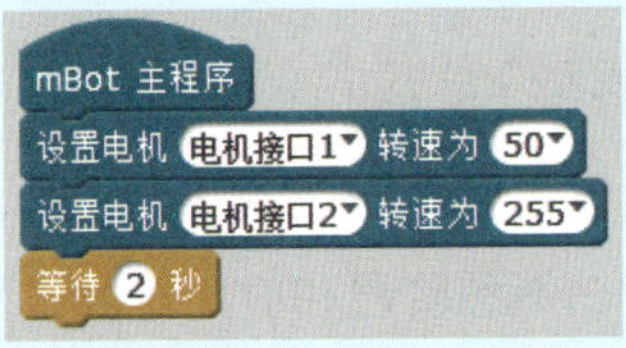

正确程序

提示：

1. 小车会往电机转速值小的一侧移动，因此，通过右转走圆形时电机接口 2 对应的值应该比电机接口 1 对应的值小

2. 错误程序中缺少让小车停下来的指令
</td></tr>
</table>

续表

纠错教学策略	示例
NSNP	纠错任务：使用电机控制 mBot 小车通过右转走一个圆形后停止 错误程序　　　　正确程序 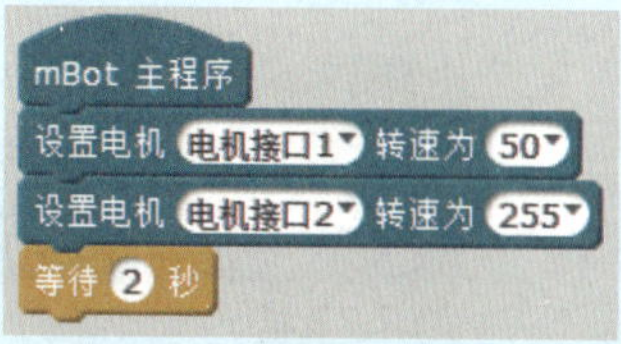 提示：

过程信息是指对问题解决过程的解释，包括识别和改正错误的提示信息，或解释为什么选择某些步骤，旨在帮助学生理解和纠正错误。为了方便学生理解，在实际教学中我们以“提示”代替“过程信息”。由于纠错任务的设置多以控制错误为主，程序的改正占比较大。当纠错任务中只有控制错误时，“解决方案”刚好对应“正确程序”，而当任务中同时包含控制错误、传感错误或通信错误时，“解决方案”则对应“正确程序”和“改正其他类型错误”两个部分。为方便课堂操作，教师只将“正确程序”提供给学生，其他类型错误则通过口头解答的方式告知学生。通过将四种不同的纠错教学策略应用于四个班级并观察、测量其产生的教学效果，探析四种纠错教学策略的适用性。

（五）教学实验的安排与实施

1. 教学实验的安排

本研究参考乔纳森（Jonassen）和舒尔（Shuell）关于学习阶段的划分，结合机器人教育的特点以及本课题组在机器人教育方面的实践经验，将机器人课程的学习过程分为三个阶段：入门阶段、熟悉阶段和应用阶段。教学内容和目标安排如表 3-4 所示。

表 3-4　学习阶段与阶段内容、目标安排

学习阶段	课时	内容	教学目标
	1	基础知识前测，学生分组	
入门阶段	2	安装 mBot 小车	学生需要掌握机器人的基本概念、基本工作方法和各种硬件操作技能，以控制 mBot 小车直行和转弯
	3	介绍和使用 mBlock 软件	
	4	纠错任务 1：小车前进与右转	
	5	纠错任务 2：小车走正方形	
	6	纠错任务 3：小车走圆，走“8”字	
	7	第一阶段后测	
熟悉阶段	8	纠错任务 4：小车避障	学生需要熟悉使用 mBlock 编写、上传和调试程序的一般过程，了解各种机器人传感器，控制器和驱动程序的功能
	9	纠错任务 5：小车巡线	
	10	纠错任务 6：遥控小车	
	11	第二阶段后测	
应用阶段	12	纠错任务 7：发光小车	学生能够利用所学的基本知识和技能完成实验任务或设计有创意的机器人手工艺品，以解决日常生活中的实际问题
	13	纠错任务 8：智能光控灯	
	14	任务 9：综合实践项目	
	15	第三阶段后测	

本实验于 2018 年秋季学期（从 2018 年 9 月 10 日至 12 月 31 日，共计 17 周，其间放假冲掉两节课，实际上课周数为 15 周）在江苏省无锡市梁溪区广丰中学以机器人课程的形式开展。我们从初一年级的八个班级中随机选择了四个班级，共将 176 名学生作为实验对象。在教学和测试过程中，有 5 名学生没有坚持完成一学期的教学任务，因此实际参与教学实验的人数为 171 名。四个班级学生的年龄均在 12～14 岁之间。

本研究选用 Makeblock 公司的 mBot 编程教育机器人作为实验器材。这是一款入门级的 STEAM 教育机器人套件，它能够帮助学生了解机器人的基础电路结构、各类元器件及其工作原理，学生通过积木式编程控制其完成各类指

定任务。在实际教学过程中，教师采用与之配套的积木式编程软件 mBlock 作为 mBot 小车的控制软件，所有学生两人一组使用一套 mBlock 机器人套件进行学习。

2. 教学实验的实施

四个班级分别使用四种不同的纠错教学策略实施教学，均由同一位教师执教。每个班级所学内容相同，只是在学习过程中为纠错任务提供的学习支架不同。在每个阶段结束时，统一对学生进行阶段考核，主要从学生对机器人课程的学习态度、学习沉浸度，学生的纠错表现、编程技能和认知负荷五个方面评估学生的学习成效。整个实验采取 4 × 3 的混合设计，以此评估四种纠错支架在机器人课程的三个学习阶段的应用效果。具体实验设计如图 3-4 所示。

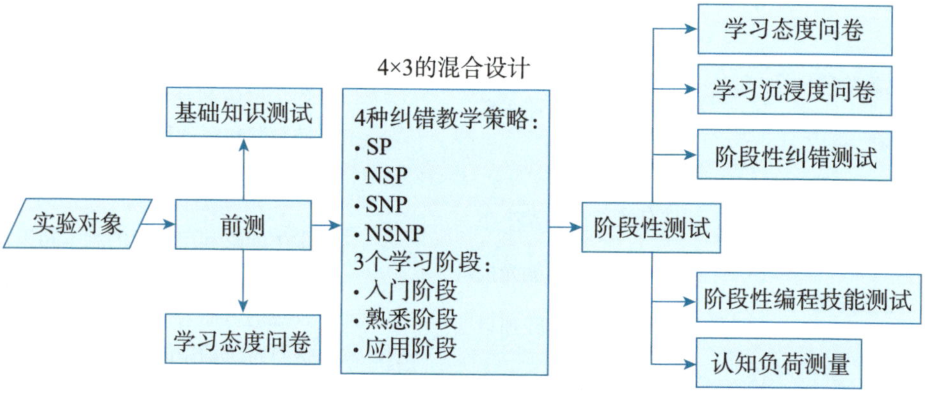

图 3-4　实验设计

在每个阶段的学习过程中，为保证纠错教学的顺利开展，首先需要学生学习必要的机器人基础知识，在学生具备一定知识储备的基础上，向学生提供一系列的纠错任务，进行纠错训练。具体的纠错教学实施流程（图 3-5）分为以下几个步骤[①]：① 课前，教师根据教学内容设计学习任务，并针对任务要求设计错误的解决方案；② 在正式上课过程中，学生先学习必要的机器人基础知识；③ 教师将带有错误解决方案的学习任务（即纠错任务）提供给

① 司秋菊，钟柏昌．纠错教学方法在机器人教育中的有效性探索［J］．现代远距离教育，2019（5）：67-76.

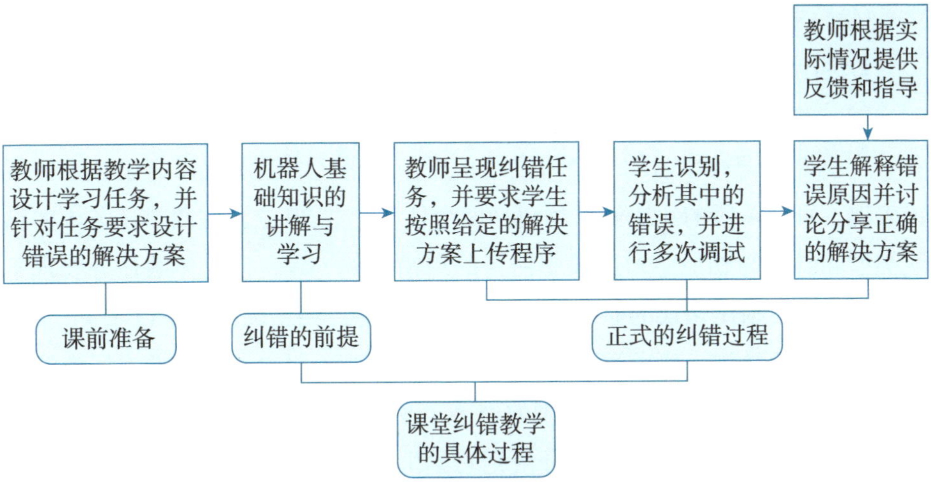

图 3-5　纠错教学实施流程

学生，并要求学生按照给定的解决方案上传程序；④ 学生多次调试，识别、分析并改正任务当中的错误；⑤ 学生解释错误原因，与班内同学讨论分享正确的解决方案；⑥ 教师及时提供反馈和指导。在提供纠错任务时，对于 A 班学生，教师同时提供正确的解决方案和过程信息两种纠错支架；对于 B 班学生，教师只提供正确的解决方案一种纠错支架；对于 C 班学生；教师只提供过程信息一种纠错支架；对于 D 班学生，教师除纠错任务本身外，什么也不提供。

理论上，纠错教学应该从既有作品出发，即教师提前设计好具有一定缺陷或故障的机器人作品，让学生在使用的过程中发现该作品存在的缺陷，并分析可能导致该缺陷的原因，然后通过多次的调试和修改，最终将作品修正[①]。但在实际教学过程中，一节课可能需要学生完成两个纠错任务，而教师无法提前将所有错误程序同时上传到一个主控板上。为了便于操作，教师选择将学习任务及错误的解决方案一并提供给学生，由学生完成错误程序的上传，再通过不断调试、识别程序中存在的错误或其他硬件连接错误等，最终给出正确的解决方案并与同学讨论分享。

① 夏莉颖，钟柏昌．试论 STEM 教育的两种取向与四种方法［J］．中小学数字化教学，2018（9）：8-11.

（六）数据分析与结果

1. 纠错表现分析

（1）测量工具

在机器人课程学习的三个阶段结束后，均进行纠错测试以衡量学生的纠错表现。每个阶段的纠错测试均包括四个任务，共20分。这四个任务中的错误类型和结构与相应学习阶段中使用的纠错任务一致，但具体的任务要求不同。学生需要指出错误的原因并提交正确的程序。纠错测试任务以Word文档的形式下发给学生，要求学生将错误原因记录在Word文档中，并在所有测试结束时同时提交Word文档和正确的程序文件。

教师根据事先制定好的评分规则对学生提交的纠错任务进行评分，以评价学生解决问题的能力（即学生在本研究中的纠错表现）。纠错测试题目的有效性由专家评定，学生提交的纠错任务由两名教师进行评分，评分者的可信度在0.8~0.9之间。三个阶段所有的纠错任务设计、相应的正确程序与错误原因及评分细则见附录1。

（2）数据统计与分析

问题1：四种纠错教学策略在机器人课程三个学习阶段中，对学生纠错表现的影响有什么不同？

为回答第一个问题，我们进行了4×3的重复测量方差分析，其中四种纠错教学策略为主体间因子，三个学习阶段中学生的纠错得分为主体内因子。四种纠错教学策略下，学生在机器人课程三个学习阶段后测中纠错测试成绩的均值与标准差见表3-5。

表3-5　学生在机器人课程三个学习阶段后测中纠错测试成绩的均值与标准差

纠错教学策略	学习阶段		
	阶段一	阶段二	阶段三
SP	9.86（3.893）	9.93（3.696）	7.90（3.191）
NSP	11.32（4.675）	13.86（3.120）	9.60（3.758）
SNP	6.20（4.187）	10.02（3.841）	7.48（3.197）
NSNP	9.95（5.250）	11.49（3.226）	7.29（3.558）

学生纠错表现的重复测量方差分析结果（表 3-6）显示，纠错教学策略的主效应显著，$F(3, 167)=12.046$，$p<0.001$，$\eta^2=0.178$①。由表 3-7 可知，NSNP（$M=9.575$）和 SP（$M=9.229$）班级学生的纠错表现显著高于 SNP（$M=7.902$）班级，但显著低于 NSP（$M=11.591$）班级。在学习阶段方面，主效应同样显著，$F(2, 167)=47.171$，$p<0.001$，$\eta^2=0.220$。由于在三个学习阶段中，学生所接触到的机器人内容知识和纠错任务的难度水平不同，所以三个阶段的纠错测试得分存在差异也并不意外。由表 3-8 可知，入门阶段的纠错测试得分（$M=9.335$）显著高于应用阶段的纠错测试得分（$M=8.063$），并且显著低于熟悉阶段的纠错测试得分（$M=11.325$）。纠错教学策略与学习阶段的交互效应同样显著，$F(6, 167)=5.045$，$p<0.001$，$\eta^2=0.083$。从图 3-6 当中可以看出，在入门阶段，NSP（$M=11.32$），NSNP（$M=9.95$）和 SP（$M=9.86$）的纠错测试得分高于 SNP（$M=6.20$），但是，只有 NSP 班级在熟悉阶段（$M=9.60$）和应用阶段（$M=13.857$）的纠错测试得分均高于 NSNP（$M=11.488$，$M=7.29$）、SNP（$M=10.023, M=7.48$）和 SP（$M=9.930, M=7.90$）班级。以上结果表明，在机器人课程的三个学习阶段中，对纠错任务只提供过程信息而不提供解决方案的纠错教学策略，在提高学生的纠错表现方面展示出独特的优势。

表 3-6　学生纠错表现的重复测量方差分析结果

组别	自由度	均方	F	p	效应量（η^2）
纠错教学策略	3	299.040	12.046	0.000***	0.178
学习阶段	2	461.837	47.171	0.000***	0.220
学习阶段 * 纠错教学策略	6	49.390	5.045	0.000***	0.083

***$p<0.001$

① 对于通过球形检验（Mauchly's test of sphericity）的变量报告球形检验成立（sphericity assumed）的被试内效应检验结果，否则报告 Greenhouse-Geisser 的检验结果（以下相同）。

表 3-7　不同纠错教学策略下学生纠错成绩的 SNK 事后检验结果

纠错教学策略	样本量	子集 *		
		1	2	3
SNP	44	7.902		
SP	43		9.229	
NSNP	42		9.575	
NSP	42			11.591
Sig.		1.000	0.578	1.000

*$p < 0.05$

表 3-8　不同学习阶段中学生纠错成绩的 LSD 事后检验结果

（I）阶段	均值	（J）阶段	均值差值（I–J）	标准误差	p	差分的 95% 置信区间	
						下限	上限
1	9.335	2	−1.990*	0.338	0.000***	−2.657	−1.323
		3	1.271*	0.384	0.001**	0.513	2.030
2	11.325	1	1.990*	0.338	0.000***	1.323	2.657
		3	3.261*	0.286	0.000***	2.697	3.826
3	8.063	1	−1.271*	0.384	0.001**	−2.030	−0.513
		2	−3.261*	0.286	0.000***	−3.826	−2.697

注：1 为入门阶段，2 为熟悉阶段，3 为应用阶段。

*$p < 0.05$，**$p < 0.01$，***$p < 0.001$

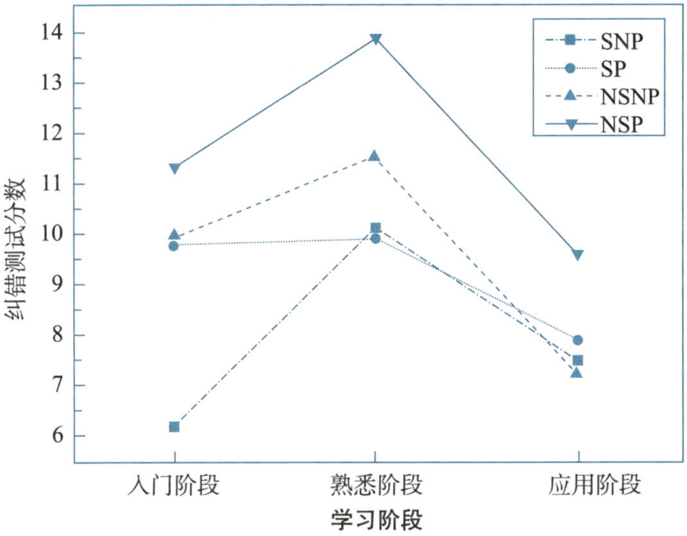

图 3-6　纠错教学策略与学习阶段在学生纠错测试成绩方面的交互作用图

2. 认知负荷测量

（1）测量工具

在完成纠错测试任务以后，学生需要立即根据在纠错测试任务中投入的心理努力完成心理努力测量，以此评估纠错测试任务带来的认知负荷。该量表（图 3-7）主要从心理努力和任务难度两方面进行评价，以自陈方式测量学生的认知负荷。量表采用 9 级评分制，要求被试者在完成学习任务后根据自己的感受从 1~9 中选择一个合适的数字。数字 1~9 表示付出的心理努力和材料难度依次递增，其中 1 表示最少努力和非常容易，9 表示非常努力和非常困难[①②]。这种主观的心理努力测量方法已经在许多研究中用于测量认知负荷，并被证明是有效且可靠的方法[③④]。

---

① Paas F G W C. Training strategies for attaining transfer of problem-solving skill in statistics: A cognitive-load approach[J]. Journal of Educational Psychology, 1992, 84(4): 429.

② Paas F, Tuovinen J E, Tabbers H, et al. Cognitive load measurement as a means to advance cognitive load theory[J]. Educational Psychologist, 2003, 38(1): 63-71.

③ Paas F G W C, Van Merriënboer J J G, Adam J J. Measurement of cognitive load in instructional research[J]. Perceptual and Motor Skills, 1994, 79(1): 419-430.

④ Mutlu-Bayraktar D, Cosgun V, Altan T. Cognitive load in multimedia learning environments: A systematic review[J]. Computers and Education, 2019, 141: 103618.

在完成今天的纠错测试任务时，如果用九个（1~9）等级（1：非常轻松，9：非常努力）表示你的努力程度，你会选（　）。

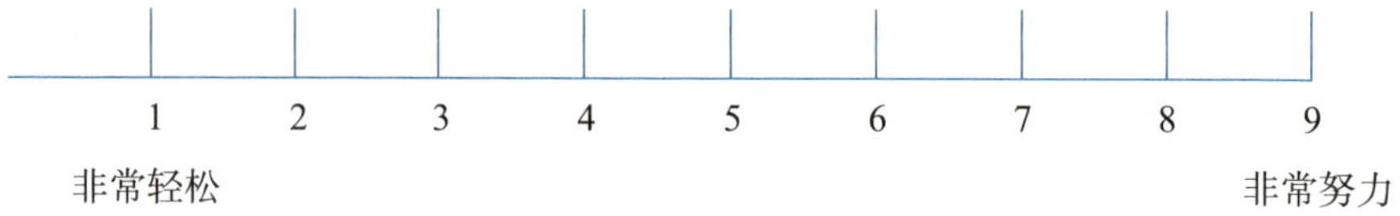

图 3-7　心理努力测量量表

（2）数据统计与分析

问题 2：四种纠错教学策略在机器人课程三个学习阶段中，对学生认知负荷的影响有什么不同?

为回答这个问题，我们同样进行了 4 × 3 的重复测量方差分析，其中四种纠错教学策略为主体间因子，三个学习阶段中学生的认知负荷为主体内因子。四种纠错教学策略下，学生在机器人课程三个学习阶段的纠错测试中付出的认知努力均值与标准差见表 3-9。

表 3-9　学生在机器人课程三个学习阶段的纠错测试中付出的认知努力均值与标准差

学习阶段纠错教学策略	阶段一	阶段二	阶段三
SP	5.79（1.656）	5.60（1.904）	6.40（1.978）
NSP	6.38（2.368）	6.86（1.907）	6.48（2.211）
SNP	7.14（1.760）	6.91（1.611）	7.00（1.929）
NSNP	6.62（1.821）	6.21（1.690）	5.98（1.760）

认知负荷的重复测量方差分析结果（表 3-10）显示，在纠错教学策略方面，主效应显著，$F(3, 167)=5.546$，$p<0.01$，$\eta^2=0.091$。经过 SNK 事后检验分析发现（表 3-11），SP 班级（$M=5.93$）的学生在纠错测试中投入的精力最少，而 SNP 班级（$M=7.02$）的学生投入的精力最多。值得关注的是 NSP 班级，从认知负荷得分情况来看，与其他三个班级相比，NSP 班级学生的认知负荷相对适中。在教学阶段方面无显著主效应，$F(2, 167)=0.119$，$p>0.05$。此外，交互效应也不显著，$F(6, 167)=1.694$，$p>0.05$。

表 3-10 认知负荷的重复测量方差分析结果

组别	自由度	均方	F	p	效应量（η^2）
纠错教学策略	3	27.653	5.546	0.001**	0.091
学习阶段	2	0.342	0.119	0.888	0.001
学习阶段 * 纠错教学策略	6	4.886	1.694	0.122	0.030

$^{**}p<0.01$

表 3-11 不同纠错教学策略下学生认知负荷的 SNK 事后检验结果

纠错教学策略	样本量	子集 *	
		1	2
SP	43	5.93	
NSNP	42	6.27	
NSP	42	6.57	6.57
SNP	44		7.02
Sig.		0.059	0.114

$^{*}p<0.05$

3. 编程技能测试

（1）测量工具

在机器人课程学习的三个阶段结束后，均通过编程测试考查学生对机器人编程技能的掌握情况。每个阶段的编程测试只包含一个任务，分值为 10 分。编程测试题目综合性较强，主要考查学生综合运用所学的理论知识和编程技能解决问题的能力。在编程测试中，学生需要根据任务要求自主编写、上传和测试程序，以达到预期效果。教师根据事先制定好的评分规则对学生提交的程序进行评分，以评价学生对编程技能的掌握程度。编程测试题目的有效性由专家评定，学生提交的程序由两名教师进行评分，评分者的可信度在 0.8 到 0.9 之间。三个阶段所有的编程任务设计、相应的测试程序和具体的评分细则见附录 2。

（2）数据统计与分析

问题 3：四种纠错教学策略在机器人课程三个学习阶段中，对学生编程技能的影响有什么不同？

为回答这个问题，我们以四种纠错教学策略为主体间因子，三个学习阶段中学生的编程测试得分为主体内因子，进行了 4 × 3 的重复测量方差分析。四种纠错教学策略下，学生在机器人课程三个学习阶段的编程测试得分均值与标准差见表 3-12。

表 3-12　学生在机器人课程三个学习阶段的编程测试得分均值与标准差

纠错教学策略	学习阶段		
	阶段一	阶段二	阶段三
SP	4.72（2.831）	6.44（2.408）	6.76（2.364）
NSP	7.07（1.659）	9.79（0.400）	7.02（2.618）
SNP	6.23（3.245）	9.14（1.112）	6.48（3.069）
NSNP	4.19（3.223）	8.92（1.343）	5.95（3.117）

编程技能的重复测量方差分析结果（表 3-13）显示，在纠错教学策略方面，主效应显著，$F(3, 167)=13.995$，$p<0.001$，$\eta^2=0.201$。经过 SNK 事后检验分析发现（表 3-14），SNP 班级（$M=7.280$）学生的编程能力显著低于 NSP 班级（$M=7.960$），但显著高于 NSNP 班级（$M=6.353$）和 SP 班级（$M=5.973$）。在学习阶段方面，主效应同样显著，$F(2, 167)=75.181$，$p<0.001$，$\eta^2=0.310$。从表 3-15 中可以看出，应用阶段（$M=6.552$）学生的编程测试分数显著高于入门阶段（$M=5.553$），但显著低于熟悉阶段（$M=8.570$）。纠错教学策略与学习阶段的交互效应同样显著，$F(6, 167)=6.756$，$p<0.001$，$\eta^2=0.108$。结合图 3-8 可知，NSP 班级（$M=7.07$）和 SNP 班级（$M=6.23$）学生在入门阶段的编程测试得分高于 SP 班级（$M=4.72$）和 NSNP 班级（$M=4.19$）；在熟悉阶段，NSP 班级（$M=9.786$）的编程测试得分高于其他三个班级，其中，SP 班级（$M=6.442$）的编程测试分数最低。有趣的是，虽然 NSP 班级在入门阶段和熟悉阶段的编程测试得分均最高，但在应用阶段，四个班级编程测试得分却无统计学上的显著差异。换句话说，有过程信息而没有解决方案的纠错任务，在总体上可以有效地提高学生的编程技

能，特别是在入门阶段和熟悉阶段，这与学生的纠错测试表现结果一致。

表 3-13　编程技能的重复测量方差分析结果

组别	自由度	均方	F	p	效应量（η^2）
纠错教学策略	3	103.089	13.995	0.000***	0.201
学习阶段	2	403.902	75.181	0.000***	0.310
学习阶段 * 纠错教学策略	6	36.295	6.756	0.000***	0.108

$^{***}p < 0.001$

表 3-14　不同纠错教学策略下学生编程测试成绩的 SNK 事后检验结果

纠错教学策略	样本量	子集 *		
		1	2	3
SP	43	5.973		
NSNP	42	6.353		
SNP	44		7.280	
NSP	42			7.960
Sig.		0.264	1.000	1.000

$^{*}p < 0.05$

表 3-15　不同学习阶段中学生编程测试成绩的 LSD 事后检验结果

（I）阶段	均值	（J）阶段	均值差值（I-J）	标准误差	p	差分的 95% 置信区间	
						下限	上限
1	5.553	2	−3.018***	0.243	0.000***	−3.497	−2.538
		3	−1.000**	0.282	0.001**	−1.557	−0.443
2	8.570	1	3.018***	0.243	0.000***	2.538	3.497
		3	2.018***	0.223	0.000***	1.577	2.459
3	6.552	1	1.000**	0.282	0.001**	0.443	1.557
		2	−2.018***	0.223	0.000***	−2.459	−1.577

注：1 为入门阶段，2 为熟悉阶段，3 为应用阶段。

$^{*}p < 0.05$，$^{**}p < 0.01$，$^{***}p < 0.001$

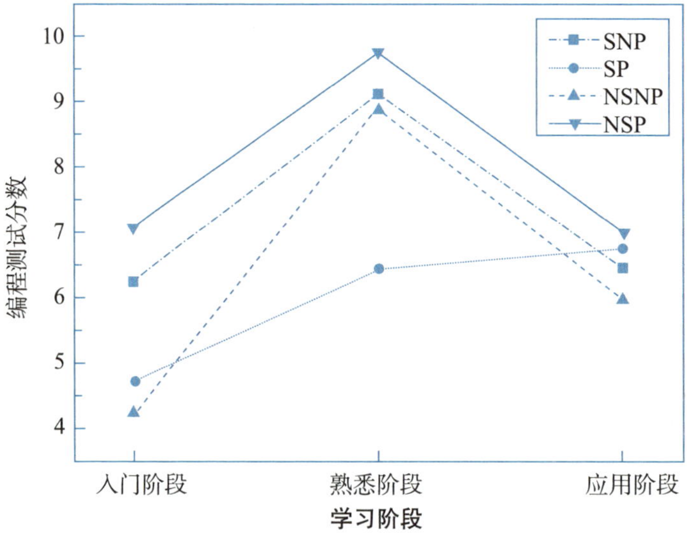

图3-8　纠错教学策略与学习阶段在学生编程测试成绩方面的交互作用

4. 机器人课程学习态度调查

（1）测量工具

态度反映个体对事物的想法、喜恶以及反应倾向，也可以定义为对某件事物的认知和情感倾向，它在很大程度上决定着一个人的工作效能①。在本研究中，学习者在不同纠错教学策略下进行了较长时间的机器人课程学习，对机器人课程难免产生某种喜恶倾向。因此，在机器人课程正式开始之前与三个学习阶段结束后，均就学习者对机器人课程的学习态度进行了调查，用以探究不同纠错教学策略在机器人课程各学习阶段中对学生学习机器人态度的影响。

态度本身无法测量，但在教育研究领域，研究者经常采用适当的工具来调查态度。毕晓普－克拉克（Bishop-Clark）等人②在调查学生学习编程的态度时，设置了"自信心"和"享受度"两个维度的问题。本研究团队③曾结合

① 郭丽红．发展性教师评价体系的构建［D］．石家庄：河北师范大学，2006.

② Bishop-Clark C, Courte J, Howard E V. Programming in pairs with Alice to improve confidence, enjoyment, and achievement[J]. Journal of Educational Computing Research, 2006, 34(2): 213-228.

③ Zhong B, Wang Q, Chen J, et al. Investigating the period of switching roles in pair programming in a primary school[J]. Journal of Educational Technology and Society, 2017, 20(3): 220-233.

机器人编程特点，在毕晓普－克拉克等人的基础上，增加价值观维度。本研究在此基础上作了进一步修改，编制了适用于本实验的机器人课程学习态度问卷，包括“自信心”“享受度”“价值观”三个维度。每个维度均有 10 道题目，共 30 道题目，详见附录 3。问卷采用李克特五点量表形式，数据编码“1～5”分别表示“非常不同意、不同意、一般同意、比较同意、非常同意”。问卷借助问卷星平台发放给学生，要求学生当场完成并及时收回。前测、入门阶段后测、熟悉阶段后测和应用阶段后测均发放学习态度问卷 171 份，有效问卷回收率为 100%。四次测试中每个维度的信度均大于 0.7。

（2）数据统计与分析

问题 4：四种纠错教学策略在机器人课程三个学习阶段中，对学生学习态度的影响有什么不同？

在教学实验正式开始之前，四个班级的学生均参与了机器人课程态度调查。为分析四个班级的学生在初始态度之间是否存在差异，我们对收集到的学生数据进行了单因素方差分析，结果如表 3-16 所示。在课程开始之前，四个班级的学生对学习机器人课程表现出的自信心（$F=0.984$，$p>0.05$，$\eta^2=0.017$）和价值观（$F=1.087$，$p>0.05$，$\eta^2=0.019$）没有显著差异，因此可以说明四个班级学生在学习机器人课程的自信心和价值观方面起点水平基本一致。但在享受度（$F=3.905$，$p=0.010$，$\eta^2=0.066$）方面，四个班级存在差异，由表 3-17 可知，NSP（$M=40.67$）和 SNP（$M=40.57$）班级学生的享受度显著高于 SP（$M=36.74$）班级。

表 3-16 四个班级的机器人课程学习态度单因素方差分析结果

维度		平方和	自由度	平均平方和	F	p	效应量（η^2）
自信心	组间	180.348	3	60.116	0.984	0.402	0.017
	组内	10 200.892	167	61.083			
	总和	10 381.240	170				
享受度	组间	459.727	3	153.242	3.905	0.010*	0.066
	组内	6 553.958	167	39.245			
	总和	7 013.684	170				

续表

维度		平方和	自由度	平均平方和	F	p	效应量（η^2）
价值观	组间	157.170	3	52.390	1.087	0.356	0.019
	组内	8 046.000	167	48.180			
	总和	8 203.170	170				

$^*p<0.05$

表 3-17　四个班级机器人课程学习态度“享受度”维度的 SNK 检验结果

纠错教学策略	样本量	子集 *	
		1	2
SP	43	36.74	
NSNP	42	38.36	38.36
SNP	44		40.57
NSP	42		40.67
Sig.		0.236	0.207

随后，我们以四种纠错教学策略为主体间因子，三个学习阶段中学生的学习态度的三个维度为主体内因子，分别进行了 4 × 3 的重复测量方差分析，结果见表 3-18。四种纠错教学策略下，学生在机器人课程三个学习阶段的自信心得分均值与标准差见表 3-19。根据表 3-18 中自信心维度的重复测量方差分析的结果显示，在纠错教学策略方面无显著主效应，$F(3, 167)=1.249$，$p>0.05$。在学习阶段方面，$F(2, 167)=5.981$，$p<0.01$，$\eta^2=0.035$，结果虽然在统计上显著，但效应量较小，根据已有效应量的研究[①]，可以认定为无显著主效应。此外，交互效应也不显著，$F(6, 167)=1.672$，$p>0.05$。

① 权朝鲁．效果量的意义及测定方法［J］．心理学探新，2003（2）：39-44．

表 3-18　学生学习态度的重复测量方差分析结果

组别		自由度	均方	F	p	效应量（η^2）
自信心	纠错教学策略	3	136.652	1.249	0.294	0.002
	学习阶段	2	233.272	5.981	0.003**	0.035
	学习阶段 * 纠错教学策略	6	65.226	1.672	0.127	0.029
享受度	纠错教学策略	3	137.337	1.399	0.245	0.025
	学习阶段	2	69.234	1.681	0.188	0.010
	学习阶段 * 纠错教学策略	6	80.859	1.963	0.070	0.034
价值观	纠错教学策略	3	142.157	1.272	0.286	0.002
	学习阶段	2	92.565	1.537	0.217	0.009
	学习阶段 * 纠错教学策略	6	40.356	0.670	0.674	0.012

$^{**}p<0.01$

表 3-19　学生在机器人课程三个学习阶段的自信心得分均值与标准差

纠错教学策略	学习阶段		
	阶段一	阶段二	阶段三
SP	36.60（7.452）	37.16（8.309）	41.44（7.310）
NSP	36.67（7.783）	38.29（8.297）	39.29（7.759）
SNP	38.95（8.064）	38.93（7.708）	40.55（7.148）
NSNP	36.50（7.875）	37.74（8.178）	36.69（8.863）

四种纠错教学策略下，学生在机器人课程三个学习阶段的享受度得分均值与标准差见表 3-20。根据表 3-18 中享受度维度的重复测量方差分析的结果显示，在纠错教学策略方面无显著主效应，$F(3,\ 167)=1.399$，$p>0.05$；在学习阶段方面无显著主效应，$F(2,\ 167)=1.681$，$p>0.05$。此外，交互效应也不显著，$F(6,\ 167)=1.963$，$p>0.05$。

表 3-20 学生在机器人课程三个学习阶段的享受度得分均值与标准差

纠错教学策略	学习阶段		
	阶段一	阶段二	阶段三
SP	37.70（5.608）	40.16（11.324）	40.56（6.533）
NSP	38.19（6.656）	36.12（8.152）	39.07（8.283）
SNP	41.30（6.886）	38.64（7.877）	40.11（6.542）
NSNP	37.24（7.060）	38.83（7.966）	38.71（8.699）

四种纠错教学策略下，学生在机器人课程三个学习阶段的价值观得分均值与标准差见表 3-21。根据表 3-18 中价值观维度的重复测量方差分析的结果显示，在纠错教学策略方面无显著主效应，$F(3,167)=1.272$，$p>0.05$；在学习阶段方面无显著主效应，$F(2,167)=1.537$，$p>0.05$。此外，交互效应也不显著，$F(6,167)=0.670$，$p>0.05$。

表 3-21 学生在机器人课程三个学习阶段的自信心得分均值与标准差

纠错教学策略	学习阶段		
	阶段一	阶段二	阶段三
SP	40.16（6.283）	40.86（9.911）	42.88（8.455）
NSP	39.43（8.807）	39.10（8.057）	39.60（9.441）
SNP	41.48（7.881）	39.57（9.059）	42.52（7.193）
NSNP	40.40（7.759）	38.81（9.816）	39.21（11.748）

5. 机器人课程学习沉浸度调查

（1）测量工具

沉浸度是指学生为表现良好或取得预期成果所付出的努力，通常会影响学生的学习成就[①]，它可以反映学生在学习过程中的投入程度。为此，在机器

① Sun J C Y, Rueda R. Situational interest, computer self-efficacy and self-regulation: Their impact on student engagement in distance education[J]. British Journal of Educational Technology, 2012, 43(2): 191-204.

人课程学习的入门阶段、熟悉阶段和应用阶段的后测中，均调查了学生的学习沉浸度，用以探究不同纠错教学策略在机器人课程的各学习阶段中对学生学习沉浸度的影响。

弗雷德里克斯（Fredricks）等人[①]提出了三种沉浸度类型，包括行为沉浸度、情绪沉浸度和认知沉浸度，用于对沉浸度的相关问题进行调查。其中，行为沉浸度主要调查学生在课堂中的注意力保持情况、努力程度、课堂活动的参与度；情绪沉浸度主要关注学生在学习过程中的情感投入（如积极或消极情绪）、学生对教师和同伴的反应；认知沉浸度是调查学生在理解复杂概念、掌握困难技能及解决学习难题时积极思考的意愿和应对策略。王艳霞等人[②]在此基础上，结合机器人教育的相关特点，修订完成了机器人学习沉浸度问卷，用以调查学生在配对学习过程中的学习投入情况。本研究参考上述量表，结合实验特点和要求，编制了机器人课程学习沉浸度问卷，包括行为沉浸度、情绪沉浸度和认知沉浸度三个方面。行为沉浸度和情绪沉浸度均设置5道题目，认知沉浸度设置3道题目，共计13道题目，详见附录4。问卷采用李克特五点量表形式，数据编码“1~5”分别表示“非常不同意、不同意、一般同意、比较同意、非常同意”。问卷借助问卷星平台发放给学生，要求学生当场完成并及时收回。入门阶段后测、熟悉阶段后测和应用阶段后测均发放学习沉浸度问卷171份，有效问卷回收率为100%。三次测试中每个维度的信度均大于0.7。

（2）数据统计与分析

问题5：四种纠错教学策略在机器人课程三个学习阶段中，对学生学习沉浸度的影响有什么不同?

我们以四种纠错教学策略为主体间因子，三个学习阶段中学生的行为沉浸度、情绪沉浸度和认知沉浸度的得分为主体内因子，对沉浸度进行 4×3 的重复测量方差分析，结果见表3-22。四种纠错教学策略下，学生在机器人课程三个学习阶段的行为沉浸度得分均值与标准差见表3-23。根据表3-22中行

① Fredricks J A, Blumenfeld P C, Paris A H. School engagement: Potential of the concept, state of the evidence[J]. Review of Educational Research, 2004, 74(1): 59-109.

② 钟柏昌，王艳霞．配对学习模式在机器人教育中的有效性［J］．现代远程教育研究，2018（3）：66-74.

为沉浸度的重复测量方差分析结果显示，在纠错教学策略方面无显著主效应，$F(3, 167)=2.481$，$p>0.05$。在学习阶段方面，$F(2, 167)=4.903$，$p<0.01$，$\eta^2=0.029$，结果虽然在统计上显著，但效应量较小，根据已有效应量的研究，可以认定为无显著主效应。此外，交互效应也不显著，$F(6, 167)=1.716$，$p>0.05$。

表 3-22　学生学习沉浸度的重复测量方差分析结果

组别		自由度	均方	F	p	效应量（η^2）
行为沉浸度	纠错教学策略	3	59.489	2.481	0.063	0.043
	学习阶段	2	56.144	4.903	0.008**	0.029
	学习阶段 * 纠错教学策略	6	19.653	1.716	0.116	0.030
情绪沉浸度	纠错教学策略	3	39.529	1.593	0.193	0.028
	学习阶段	2	29.452	2.336	0.098	0.014
	学习阶段 * 纠错教学策略	6	17.881	1.418	0.207	0.025
认知沉浸度	纠错教学策略	3	29.418	2.569	0.056	0.044
	学习阶段	2	24.918	3.754	0.024*	0.022
	学习阶段 * 纠错教学策略	6	9.547	1.438	0.199	0.025

$^*p<0.05$，$^{**}p<0.01$

表 3-23　学生在机器人课程三个学习阶段的行为沉浸度得分均值与标准差

纠错教学策略	学习阶段		
	阶段一	阶段二	阶段三
SP	19.28（3.073）	19.70（3.012）	21.51（3.881）
NSP	19.86（3.510）	19.98（3.280）	20.14（4.269）
SNP	20.16（3.355）	19.70（4.207）	21.00（3.888）
NSNP	19.57（3.730）	17.79（4.704）	19.05（5.746）

四种纠错教学策略下，学生在机器人课程三个学习阶段的情绪沉浸度得分均值与标准差见表 3-24。根据表 3-22 中情绪沉浸度的重复测量方差分析结果显示，在纠错教学策略方面无显著主效应，$F(3,\ 167)=1.593$，$p>0.05$。在学习阶段方面无显著主效应，$F(2,\ 167)=2.336$，$p>0.05$。此外，交互效应也不显著，$F(6,\ 167)=1.418$，$p>0.05$。

表 3-24　学生在机器人课程三个学习阶段的情绪沉浸度得分均值与标准差

纠错教学策略	学习阶段		
	阶段一	阶段二	阶段三
SP	19.60（3.492）	19.40（3.458）	21.28（3.705）
NSP	19.69（3.972）	19.95（3.913）	20.14（4.404）
SNP	21.11（3.525）	20.02（4.577）	21.34（3.524）
NSNP	20.17（3.957）	19.21（4.745）	19.12（5.320）

四种纠错教学策略下，学生在机器人课程三个学习阶段的认知沉浸度得分均值与标准差见表 3-25。根据表 3-22 中认知沉浸度的重复测量方差分析结果显示，在纠错教学策略方面无显著主效应，$F(3,\ 167)=2.569$，$p>0.05$。在学习阶段方面，$F(2,\ 167)=3.754$，$p<0.05$，$\eta^2=0.022$，结果虽然在统计上显著，但效应量较小，根据已有效应量的研究，可以认定为无显著主效应。此外，交互效应也不显著，$F(6,\ 167)=1.438$，$p>0.05$。

表 3-25　学生在机器人课程三个学习阶段的认知沉浸度得分均值与标准差

纠错教学策略	学习阶段		
	阶段一	阶段二	阶段三
SP	11.00（2.268）	11.16（2.516）	12.37（2.628）
NSP	10.45（2.680）	11.00（2.767）	11.55（2.957）
SNP	11.86（2.511）	11.25（3.163）	12.09（2.504）
NSNP	11.17（2.419）	10.26（3.643）	10.62（3.938）

（七）结果讨论与结论

1. 研究结果讨论

在入门阶段，NSP 班级的学生在纠错测试和编程测试中表现最好，即在纠错任务中只提供过程信息的纠错教学策略能有效提高学生解决问题的能力和程序设计能力。这一结果与之前的研究结果一致，在学习的早期阶段，向工作样例中添加过程信息，可以促进学生在纠错问题中产生更好的迁移表现，提高工作效率[①]。参与教学实验的学习者此前没有接触过机器人课程的学习，也没有相关纠错经历。因此，在入门阶段，作为新手的他们对机器人领域不熟悉，缺乏纠错经验。过程信息使学习者了解到纠错任务中所显示的问题状态[②]，对需要处理的错误元素进行了分解，有助于释放无效的工作记忆需求，一定程度上降低了任务难度，有效地减少了学习者的内在认知负荷和外在认知负荷。在知识与技能获得的早期阶段，学习者通常会对问题领域或机器人知识存在认知盲区，导致无法识别纠错任务中的错误信息[③]，在这种情况下，提供过程信息或教学解释可以使学习者获得一些策略知识（如何解决问题），从而识别并发现错误，完成任务要求[④]。此外，过程信息可以鼓励学生积极思考，更深入地理解错误背后的原因，加深对错误及相关知识的理解和掌握，从而在纠错测试与编程测试中表现得更好。

相反，在纠错任务中提供解决方案的 SNP 和 SP 班级的学生，通常只是简单地识别和利用解决方案中所提供的信息，而没有深入理解为什么提出这样的解决方案，因此当学生拿到纠错任务以后，可能直接上传正确程序，而忽略错误程序的存在[⑤]。在这种情况下，学生将失去发现、分析和纠正错误的机会，但很容易获得一些编程技能。因此，SNP 和 SP 班级的学生虽然在纠错测试中

---

①④ Van Gog T, Paas F, Van Merriënboer J J G. Effects of process-oriented worked examples on troubleshooting transfer performance[J]. Learning and Instruction, 2006, 16(2): 154-164.

② Wittwer J, Renkl A. How effective are instructional explanations in example-based learning? A meta-analytic review[J]. Educational Psychology Review, 2010, 22(4): 393-409.

③ Rey G D, Fischer A. The expertise reversal effect concerning instructional explanations[J]. Instructional Science, 2013, 41(2): 407-429.

⑤ Renkl A. Learning from worked-out examples: A study on individual differences[J]. Cognitive Science, 1997, 21(1): 1-29.

得分较低，但在编程测试中的得分却处于中等水平。

本研究的结果还揭示了一个矛盾的现象，NSP班级的学生在后续的熟悉阶段和应用阶段的纠错测试中表现得比其他班级更好，但在应用阶段中四个班级的编程测试却没有发现显著差异。一个公认的发现是，随着学习者知识与经验的增加，提供的过程信息将失去其有效性（即专业知识逆转效应）[①]。专业知识逆转效应可以解释为已经建构了问题解决图式的学习者可能不再需要指导和提示[②]。换言之，在学习成果方面，呈现额外的材料可能对新手有益，但对专家有害[③④]。本研究中编程测试的结果证实了这一点，但纠错测试的结果却与此并不一致。这一现象可以从两个方面进一步探讨。

第一种解释是，以往关于专业知识逆转效应的研究，只是通过常规任务对学生解决问题的能力进行综合评价，没有采用纠错任务；然而本研究设计了两种用于评估问题解决能力的测试，一种是纠错测试，另一种是编程测试。由表3-26可知，在机器人课程的三个学习阶段中，编程测试的得分明显高于纠错测试的得分。也就是说，纠错测试比编程测试更加复杂和困难，前者要求学生发现、识别、分析和解决错误。事实上，以往的研究已经证明，在概念理解方面，纠错（即提供错误的解决方案）优于传统的问题解决（即未提供正确的或错误的解决方案）[⑤]，且作为一种深度学习方法，纠错可以直接影响学习者的高阶思维[⑥]。因此，我们可以将纠错测试确定为是对高阶问题解决能力的评估，将编程测试确定为是对低阶问题解决能力的评估。在这方面，本研究的结果证

①② Kalyuga S. Managing cognitive load in adaptive multimedia learning[M]. Pennsylvania: IGI Global, 2009: 58-80.

③ Rey G D, Fischer A. The expertise reversal effect concerning instructional explanations[J]. Instructional Science, 2013, 41(2): 407-429.

④ Kalyuga S. Expertise reversal effect and its implications for learner-tailored instruction[J]. Educational Psychology Review, 2007, 19(4): 509-539.

⑤ Safadi R, Yerushalmi E. Problem solving vs. troubleshooting tasks: The case of sixth-grade students studying simple electric circuits[J]. International Journal of Science and Mathematics Education, 2014, 12(6): 1341-1366.

⑥ Lee J, Choi H. What affects learner's higher-order thinking in technology-enhanced learning environments? The effects of learner factors[J]. Computers and Education, 2017, 115: 143-152.

实了在机器人课程中，培养学生的低阶能力时会出现专业知识逆转效应，而在高阶能力的培养上则不会出现这一现象。这无疑是一个新的发现，可以加深对使用过程信息作为纠错支架的理解。

表 3-26　三个学习阶段纠错测试与编程测试的配对样本 t 检验结果

配对	测试	样本量	均值[a]	标准差	t	p	d
配对 1	纠错测试 1	171	4.65	2.438	−4.065	0.000***	0.33
	编程测试 1	171	5.56	3.022			
配对 2	纠错测试 2	171	5.65	1.903	−18.250	0.000***	0.60
	编程测试 2	171	8.56	1.960			
配对 3	纠错测试 3	171	4.03	1.760	−12.146	0.000***	0.47
	编程测试 3	171	6.55	2.813			

a：由于纠错测试总分为 20 分，编程测试总分为 10 分，为比较二者之间的均值差异，纠错测试的均值均除以 2。

***$p < 0.001$

第二种解释是，认知负荷测量的结果表明，NSP 班级在纠错任务中产生的认知负荷相对适中（$M = 6.57$），不高也不低；相反，SNP 班级的纠错表现较差，认知负荷却最高（$M = 7.02$）。也就是说，SNP 可能会产生过多的认知负荷，以至于无法在工作记忆中保持所有的系统要素，造成认知超载。先前的研究已经证实，认知超载将会导致学习效果降低。此外，SP 和 NSNP 两种纠错教学策略虽然使学生的认知负荷保持在最低水平，但纠错表现却处于温和的中间状态。总而言之，认知负荷应该处于相对适中的水平，否则过高而无法有效学习，过低而无法主动学习，尤其是对于高阶能力而言。

在学习态度方面，机器人课程开始之前，四个班级的学生在自信心和价值观方面不存在显著差异；而在享受度方面，SP 班级的学生显著低于 NSP 和 SNP 班级的学生。在后续三个阶段的测试中，四个班级学生在自信心、享受度和价值观方面均没有表现出显著差异。我们试图从微弱的差异中寻找不同，为此对四个班级的学生在三个学习阶段的享受度进行整理分析，从图 3-9 中可以看出，随着机器人课程的进行，SP班级学生的享受度稳步提升，在应用阶段甚至超过其他三个班级，达到最高。由此可见，SP的纠错教学策略对提升学生的享受度表现出一定的优势。此外，从图3-9中我们不难发现，SNP班级学生的享受度始终处于较高水平。SP和SNP两个班级均在纠错任务中为学生提供解决方案，可能是因为解决方案中包括了改正错误的正确程序，学生不需要费力就可以达到任务目标要求，实现作品功能。这种轻易的成功让他们享受整个过程，但也正因如此，学生缺乏思考，导致测试阶段的纠错表现不佳。

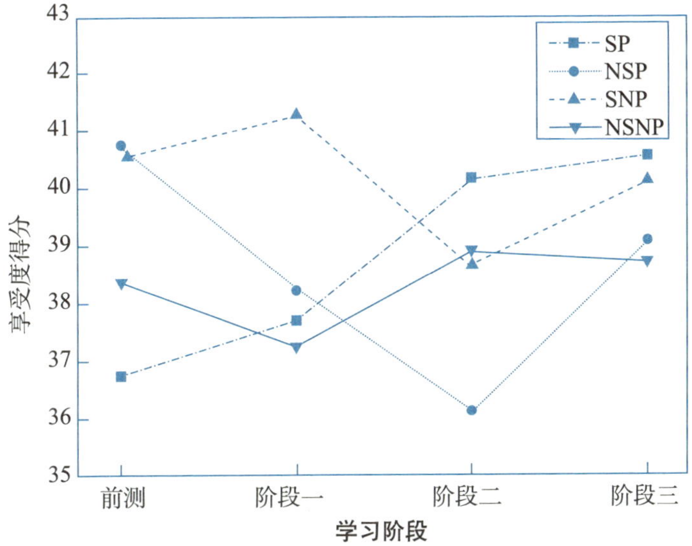

图3-9　四个班级的学生在三个学习阶段的享受度比较

在学习沉浸度方面，分别从行为沉浸度、情绪沉浸度和认知沉浸度三个维度对数据进行分析，结果与学习态度的测量类似，四个班级的学生在三个学习阶段中均没有表现出显著差异，这也说明四种纠错教学策略对学生沉浸度的影响差异不大。已有关于沉浸度差异的研究一般是在不同教学模式下产生的，如本研究团队在之前的研究中发现驾导配对模式、独立学习模式和软硬配对模式下学生的沉浸度存在差异①，还发现纠错教学模式与常规问题解决模式下

① 钟柏昌，王艳霞．配对学习模式在机器人教育中的有效性［J］．现代远程教育研究，2018（3）：66-74.

学生的沉浸度存在差异①。就本研究来看，虽然四个班级采用的教学策略不同，但教学方法均为纠错教学。纠错的主要价值在于提高学生解决问题的能力，对学生学习沉浸度的影响或许并不明显②。

2. 研究结果讨论

纠错教学作为一种新的教学方法，在机器人教育中具有重要的教育价值。本研究探讨了四种纠错教学策略在机器人课程三个学习阶段中的适用性，主要结论如下。

（1）在机器人课程的整个学习阶段中，为纠错任务提供过程信息而不提供解决方案的纠错教学策略能有效提高学生的纠错表现。

（2）在三个阶段的四个支架中，NSP 班级的学生在纠错任务（高阶能力评估）中表现最好。换言之，我们认为有过程信息但没有解决方案的脚手架对培养学生的高阶能力最为有效。

（3）尽管在入门阶段和熟悉阶段，NSP 班级比其他三个班级的支架更有效，但在应用阶段，四个支架中的编程测试（低阶能力评估）没有发现明显的差异。换言之，在一般水平上，特别是在入门阶段和熟悉阶段，有过程信息和无解决方案的纠错任务（NSP）可以有效地提高学生的编程技能。

（4）在一定意义上，我们的发现证实了学习支架的专业知识逆转效应会出现在学生的低阶能力培养中，而不是在高阶能力培养中。对于过程信息的学习支架而言，这是一个有价值的新发现。

（5）认知负荷应设置在一个相对适中的水平，尤其是在高阶学习阶段，认知负荷太高学生难以有效学习，太低则学生难以主动学习。然而，本研究尚未找出一个参考框架，也没有精确地研究多少认知负荷符合适度水平，这可能是未来需要进一步探索的研究方向。

---

① Zhong B, Li T. Can pair learning improve students' troubleshooting performance in robotics education? [J]. Journal of Educational Computing Research, 2019, 58(1): 220-248.

② 司秋菊，钟柏昌．纠错教学方法在机器人教育中的有效性探索［J］．现代远距离教育，2019（5）：67-76.

二、逆向工程教学法在桥梁设计类项目中的应用研究[①]

近年来，桥梁设计类项目作为一种典型的工程设计项目，有着丰富的教学实践，不仅是创客教育也是 STEM 教育中的热门选题之一，也有较为重要的研究价值。从 STEM 教育理念的角度看，桥梁设计类项目充分体现了 STEM 教育理念，能够引导学生综合运用科学、技术、数学、工程等各个领域的知识来解决桥梁设计中的真实问题。然而，当前桥梁设计类项目普遍采用“项目教学法”，即要求学生从“零”开始设计与制作完整的桥梁作品，对时间消耗和师生能力水平的要求较高，导致课堂实施难度较大。在此背景下，逆向工程（reverse engineering）在工程教育领域广受重视并取得了相对显著的教学效果，在 STEM 教育中亦具有相当大的应用潜力。本研究将逆向工程教学法引入桥梁设计类项目教学中，并以纸桥承重项目为例，开展教学实验，比较逆向工程教学法与传统项目教学法的教学效果，从而为桥梁设计类 STEM 教育探索新的教学参考。

（一）概念界定

1. 桥梁设计类项目——纸桥承重项目

桥梁设计涉及结构力学、建筑材料以及结构设计原理与选型等基本知识和原理，常见于科学课程、通用技术课程、STEM 课程中，是一类典型的工程设计项目。作为桥梁设计类项目中的一个典型代表，纸桥承重项目需要学生了解桥梁相关的知识和原理，完成桥梁的方案设计，并结合使用技术和工具搭建桥梁模型，借此培养学生的问题解决能力和创新思维能力。此外，在探究纸桥最大承重能力的过程中，通过限制纸桥成品的规格以及材料使用的数量，可以有效培养学生的统筹思维；在纸桥设计的过程中，小组成员思考不同的设计方案，并对自己的方案进行论证，最终通过组内协调和妥协，确定合理的设计方案，借此培养学生的折中思维。

2. 逆向工程教学法

逆向工程也称反求法，源自精密测量和质量检验，其以先进产品的实物、

---

① 本节内容节选自钟柏昌教授指导的研究生李新伟的硕士毕业论文。

样件、软件或影像等作为研究对象，应用生产工程学、计算几何学等学科和其相关专业知识进行系统分析和研究，从中发现关键技术，继而开发出更先进产品的技术[①]。逆向工程教学不仅仅是对实物的再现和还原，而是在基于原型的基础上进行改进、提高、完善、创新，从而实现不同于原型的创新设计[②]。在STEM教育中采用逆向工程教学法，则是将一个已经制作完成的作品进行拆解，记录其基本的架构，分析其原理并找出不足，然后改进作品设计并提出创新设计方案，从而实现作品的微创新。

（二）相关研究

1. 桥梁设计的教育应用

桥梁设计一直是一个受欢迎的课堂活动[③]。英格利希（English）和金（King）认为，桥梁设计活动可以加深学生对STEM内容的理解。设计桥梁原型的过程表明对问题约束的认识，对基本工程原理的理解，以及对数学和科学知识的应用[④]。在科学方面，学生可以发展对力（如拉力和压缩力）的理解，以及意识到各种类型的桥梁是如何支持负载的等。在工程和技术方面，学生可以认识到基本的桥梁类型（如梁、拱）、桥梁支撑结构（如桁架、梁、横梁），以及这些结构如何提高稳定性和强度等。同时，学生可以应用空间推理来识别和处理不同的二维和三维形状，并在此过程中运用各种数学技能（如计算、估计和测量）。此外，米茨（Mitts）提出使用桥梁设计的虚拟软件支持STEM教学活动的开展。该虚拟软件不仅可以自动计算桥梁材料、施工、场地准备和桥梁成品的成本，还可以帮助学生进行桥梁的承重测试[⑤]。此外，亨明（Hemming）认为，桥梁设计可以帮助学生提高解决问题的能力和合作

---

① 祖文明．逆向工程技术的应用及国内外研究的现状及发展趋势［J］．价值工程，2011（21）：30-31.

② 刘利剑，周京博，杨光．逆向工程案例教学［J］．教育现代化，2019，6（74）：189-190.

③ Carroll D R. Bridge engineering for the elementary grades[J]. Journal of Engineering Education, 1997, 86(3): 221-226.

④ English L D, King D. STEM integration in sixth grade: Desligning and constructing paper bridges[J]. International Journal of Science and Mathematics Education, 2019, 17(5): 863-884.

⑤ Mitts C R. Virtual bridge design challenge[J]. Technology and Engineering Teacher. 2013, 73(2): 8-14.

能力，并降低他们在科学、技术、数学、工程和其他学科的焦虑①。因此，桥梁设计被广泛认为是实施 STEM 教育的有效方法，它可以引导学生通过应用科学、技术、数学、工程和其他学科的跨学科知识来解决现实世界的问题②。

目前，关于桥梁设计的学习活动主要通过两种方式进行，即竞赛和项目教学（project-based learning，PBL）。竞赛是一种游戏化的方式，学生在竞赛中完成桥梁的建造。例如，巴里斯（Barris）等人通过竞赛的方式进行了“木桥的设计与制造”的教学实验。在这个实验中，他们发现桥梁设计竞赛不仅可以提高学生对特定学科的学习，如桥梁的框架结构和材料性能，还可以促进学生对跨学科知识的掌握③。此外，亨明（Hemming）还提出，桥梁设计竞赛不仅可以帮助学生更好地理解桥梁结构，还可以提高相关的学习能力，如沟通能力、数据分析能力和观察能力等。但是，这种教学方法过于注重物化成果的生成，缺乏对学生科学思维的培养④。

在 PBL 中，学生可以整合理论知识和实践经验，应用新的和先前的知识和技能来构建纸桥。与传统课堂相比，这种方法强调在真实的环境中使用知识。巴罗佐（Barroso）等人⑤认为桥梁设计 PBL 的学习目标包括工程原理、数学和科学概念以及 21 世纪的技能（如批判性思维、创造性思维、协作、沟通、社会技能和领导力等）。而科利弗（Colliver）⑥发现，尽管诺曼（Norman）和施密特（Schmidt）⑦已经证明 PBL 可以在长达几年的时间里让知识持久保留，但 PBL 不可能在短期内使学生学到更多的知识。同样，多希（Dochy）等人发

---

①④ Hemming J. Drawbridge by design: Civil engineering for middle school[J]. Technology and Engineering Teacher, 2018, 77(7): 40–44.

②⑤ Barroso L R, Nite S B, Morgan J R, et al. Using the engineering design process as the structure for project-based learning: An informal STEM activity on bridge-building[C]//2016 IEEE Integrated STEM Education Conference (ISEC). Washington, DC, USA: IEEE, 2016: 249–256.

③ Barris C, Torres L, Simon E. Learning based on the project entitled “Design and construction of a wooden bridge” [J]. Journal of Technology and Science Education, 2016, 6(2): 135–143.

⑥ Colliver J A. Effectiveness of problem-based learning curricula: Research and theory[J]. Academic Medicine, 2000, 75(3): 259–266.

⑦ Norman G T, Schmidt H G. The psychological basis of problem-based learning: A review of the evidence[J]. Academic Medicine, 1992, 67(9): 557–565.

现，PBL 对技能（知识应用）有积极的影响，但对知识内容没有影响[①]。此外，林裕强认为，将 PBL 纳入桥梁设计课程时，由于活动中分工不明确，学生的参与度通常不够[②]。

此外，还有一些研究采用竞争作为 PBL 开展桥梁设计活动的策略[③]。尽管竞争策略可以促进学生在 PBL 过程中的参与，但在有限的竞赛时间内，很难有效地发展学生的知识和思维方式。

综上所述，桥梁设计项目在中小学教育中应用广泛，对培养学生的实践能力、科学探究能力等发挥着独特的教育价值。但是，现有的教学方法也存在一些不足。本研究旨在将逆向工程教学法引入桥梁设计类 STEM 教育中，借助纸桥承重项目教学活动的开展与实施，通过实验研究的方式检验逆向工程教学法的优势与不足。

2. 逆向工程教学模式及其教育应用

所谓逆向工程，是以先进产品的实物、样件等作为研究对象，通过现代设计理论、方法、测量技术对已有产品进行建模、仿真，最终实现既有产品的优化和再创造的过程[④]。诸多学者试图在课程教学中探索并构建逆向工程教学模式，详细内容可参照第四章第三节中“逆向工程教学法在机器人教育中的有效性研究”的综述部分。

综上所述，相较于传统项目教学法，逆向工程教学法降低对学生能力与课程时长的要求，具有一定的教学优势。然而，将逆向工程教学法引入桥梁设计类项目教学中的适用性和有效性尚需进一步探究。

---

① Dochy F, Segers M, Van den Bossche P, et al. Effects of problem-based learning: A meta-analysis[J]. Learning and Instruction, 2003, 13(5): 533-568.

② 林裕强．浅谈项目教学法在通用技术教学中的应用——以”纸桥承重设计”项目为例［J］．福建教育研究：基础教育（A），2014（3）：3.

③ Yang D, Baek Y, Chittoori B, et al. Elementary students’ computational thinking practice in a bridge design and building challenge (Fundamental) [J]. Proceeding of 2019 ASEE Annual Conference and Exposition, 2019: 1-13.

④ 祖文明．逆向工程技术的应用及国内外研究的现状及发展趋势［J］．价值工程，2011（21）：30-31.

（三）研究设计

本研究旨在将逆向工程教学法引入到桥梁设计类 STEM 教育中，借助纸桥承重项目教学活动的开展与实施，通过实验研究的方式检验逆向工程教学法对学习者认知负荷、科学知识掌握、工程设计能力、学习态度等方面的影响。实验总体设计如图 3-10 所示。

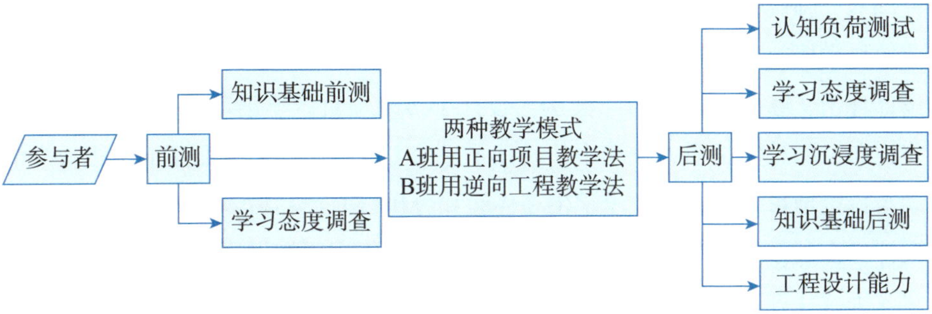

图 3-10　实验总体设计

本研究的实验对象为广州市某小学四年级的 32 名学生。实验时将 32 名学生随机平分为两个班级，对照班采用传统项目教学法开展教学活动，实验班采用逆向工程教学法开展教学活动，两个班级均以自由配对（pair learning）的方式进行纸桥的设计与制作。本研究开展的教学实验为期 2 天，每个班安排 8 课时，实验内容安排详见表 3-27。

表 3-27　实验内容安排

时间	实验的教学进度
第 1 课时	前测：桥梁基础知识；STEM 课程学习态度
	学习桥梁相关知识，思考影响桥梁承重能力的因素
第 2 课时	学习科学探究流程，进行科学探究实验
第 3、4 课时	设计纸桥方案，绘制纸桥草图
第 5、6 课时	搭建纸桥模型，进行承重测试，并做优化设计
第 7 课时	展示纸桥作品，观摩其他小组作品并反思自己的作品，教师及助教对学生作品进行打分
第 8 课时	后测：桥梁基础知识；STEM 课程学习态度、学习沉浸度以及认知负荷

（四）纸桥承重项目教学活动的设计

本研究根据已确定的纸桥承重项目教学目标，结合纸桥承重项目教学内容，设计了五个教学环节，分别是课题导入、科学探究、工程设计、制作优化、展示评价。在课题导入环节，通过创设真实的情境，引发学生思考影响纸桥承重能力的因素，并要求学生明确项目任务，学习桥梁相关知识；在科学探究环节，强调学生对纸桥承重能力影响因素的探究，同时要求学生严格按照规范的科学探究活动流程进行探究实验，借此培养学生严谨的科学思维；在工程设计环节，参照已有的教学案例，设计了传统项目教学活动，并在此基础上，将逆向工程教学法引入教学中，设计了逆向工程教学活动，而逆向工程教学活动与传统项目不同，其要求学生在体验和分析已有产品后，再进行结构的创新设计；在制作优化环节，要求学生通过实践操作实现知识原理的运用，并在优化改进设计方案的过程中不断提升动手实践能力；在展示评价环节，重视学生的展示交流和评价过程，以促进学生形成自我反思意识。两种教学活动设计如表 3-28 所示。

表 3-28　两种教学活动设计

教学环节	逆向工程教学活动		传统项目教学活动	
课题导入	跟随教师学习桥梁相关知识			
	观看纪录片，思考影响纸桥承重能力的因素，明确项目任务			
科学探究	学习科学探究流程，培养严谨的科学探究思维			
	动手动脑（探究纸桥承重能力的影响因素）： （1）探究不同形状的纸管的承重能力 （2）探究不同直径大小圆柱纸管的承重能力 （3）探究不同形状的支架与纸桥稳固性的关系			
工程设计	体验与预测	对原有纸桥进行承重测试，检测其承重能力，并预测影响纸桥承重能力的因素	确定纸桥选型	依据科学探究实验，小组讨论分析，确定最终纸桥选型

续表

教学环节		逆向工程教学活动	传统项目教学活动	
工程设计	解构与分析	解构纸桥模型，分析其承重原理和纸桥结构连接技术，提出改进策略	设计项目方案	明确分工，进行纸桥模型的方案设计，并绘制纸桥模型图；同时估算所需材料及其数量
	结构再设计	依据改进策略，重新选材，进行再设计；小组成员根据已有设计方案，思考其他多种方案，并进行论证，最终确定合理的设计方案；绘制纸桥模型图，估算所需材料及其数量	论证修改方案	阐述设计方案，小组间进行头脑风暴、思维碰撞，从而产生新的想法，并进一步修改完善方案
	论证修改方案	阐述设计方案，小组间进行头脑风暴、思维碰撞，从而产生新的想法，并进一步修改完善方案		
制作优化	搭建桥梁	通过实践操作验证自己的设计，深刻理解桥梁理论知识；学会工具的使用并完成作品		
	测试优化	测试纸桥的承重能力，并发现可能存在的问题，优化设计方案		
展示评价	展示纸桥	各小组展示纸桥作品，并说明作品设计的有效性		
	观摩反思	观摩其他小组作品，思考优缺点，并反思自己的作品		

（五）数据分析与结果

1. 学生认知负荷的差异

（1）测量工具

本研究使用的认知负荷自评量表主要参考了帕斯（Pass）等人设计的量表。

（2）统计结果与分析

由于样本量小，我们进行了独立样本非参数检验，以比较传统项目教学和逆向工程教学之间的心理努力（表 3-29）。对于认知负荷，$p< 0.01$，表明两个班之间存在着明显的差异。在纸桥项目中实验班（$M= 11.34$）的认知负荷明显低于对照班（$M= 21.66$）。

表 3-29　认知负荷的独立样本非参数检验结果

实验变量	实验班别	样本量	平均值	曼－惠特尼 U 检验	秩和	Z	p
认知负荷	实验班	16	11.34	45.5	181.5	-3.13	0.002**
	对照班	16	21.66				

注：* 表示不同的显著性水平，*p<0.05，**p<0.01，***p<0.001；下同

实验结果显示，逆向工程教学法有利于降低学生的认知负荷。推断其原因如下：传统项目教学要求学生从零开始设计项目，这对学生的能力有很高要求；然而，逆向工程教学允许学生从一个已完成的产品或工件开始，通过体验、分析、拆卸、组装和重新设计现有的纸桥，学生将提高自己对设计过程的认识①，尽早接触到完全可操作的功能产品和过程②，并提高熟练程度③。事实上，根据支架教学理论，现有的纸桥起到了学习支架的作用，使学习目标形象

① Otto K N. Product design: Techniques in reverse engineering and new product development[M]. New Jersey: Pearson, 2000.

② Carlson B, Schoch P, Kalsher M, et al. A motivational first - year electronics lab course[J]. Journal of Engineering Education, 1997, 86(4): 357-362.

③ Beaudoin D L, Llis D F O. A product and process engineering laboratory for freshmen[J]. Journal of Engineering Education, 1995, 84(3): 279-284.

化，并提供了可能的解决方案，进而减少学生的认知负担。此外，逆向工程教学还有助于鼓励学生在工程设计中开展合作学习①。一项研究表明，逆向工程团队能分担更大的工作量，团队满意度和团队生存能力也更高②。

2. 科学知识测试分析

（1）测量工具

科学知识测试主要考查学生的科学知识水平。研究者在课程的前后分别对学生进行了科学知识前测和后测，并要求每个学生独立完成测试。此外，两份测试试卷题目类型一致，内容主要涉及桥梁基础知识、物态变化、重力、抗弯曲能力、工具使用以及结构稳定性六个方面。在题目难易程度的设计上，相比前测试题，后测试卷的题目难度略有提高（附录 5）。

（2）统计结果与分析

本部分采用两独立样本非参数检验方法，分析两个班级学生在项目教学后科学知识水平的差异。如表 3-30 所示，$p=0.011<0.05$，数据达到了显著性水平，实验班（$M=20.72$）的学生在纸桥承重项目学习后的科学知识水平显著高于对照班（$M=12.28$）的学生。

表 3-30　实验班与对照班学生在科学知识水平（后测）方面的差异

实验变量	实验班别	样本量	平均值	曼－惠特尼 U 检验	秩和	Z	p
科学知识水平	实验班	16	20.72	60.500	196.5	-2.555	0.011*
	对照班	16	12.28				

① Moore-Russo D, Grantham K, Lewis K, et al. Comparing physical and cyber-enhanced product dissection: Analysis from multiple perspectives[J]. International Journal of Engineering Education, 2010, 26(6): 1378.

② Okudan G E, Mohammed S. An investigation on the students' perception of dissection effectiveness in a redesign context[C]//International Design Engineering Technical Conferences and Computers and Information in Engineering Conference. American Society of Mechanical Engineers, New York, 2009: 395-401.

随着工程被纳入下一代科学标准①，科学和工程概念、方法的联系逐渐凸显②。正如一些研究指出，学科之间的联系可能会促进对科学概念的有效学习③。实验结果表明，在逆向工程教学中学生对科学知识的理解高于传统项目教学中的学生。这可能是由于在逆向工程教学中，学生可以通过解决问题的活动来学习和应用相关的概念，产品的拆卸也可以增强他们对产品解剖和设计相关科学概念的理解④。此外，通过观察、思考、提出问题和同伴间的互动回答，逆向工程教学也能够加强和深化学生对于概念的理解⑤。

3. 学生工程设计能力的差异

（1）测量工具

① 纸桥作品承重测试表：纸桥作品承重能力是反映学生工程设计能力的一个重要体现。教学要求每个小组对制作出的纸桥作品进行承重测试，同时给予学生四次测试纸桥作品承重能力的机会（测试超过四次，纸桥作品会因变形导致承重能力变弱），且要求学生在完成每次承重测试后，对纸桥作品进行修改，并在完成作品迭代改进后，将最终测试结果记录在纸桥作品承重测试表（表 3-31）。

---

① Next Generation Science Standards (NGSS). MS-ETS1 Engineering Design. [EB/OL]. (2014-04-01) [2022-12-30]. https://www.nextgenscience.org/dci-arrangement/ms-ets1-engineering-design.

② Leonard A A, James M. Connecting Science and Engineering Education Practices in Meaningful Ways: Building Bridges[M]. Cham: Springer, 2016: 373-385.

③ Capobianco B M, DeLisi J, Radloff J. Characterizing elementary teachers' enactment of high-leverage practices through engineering design-based science instruction[J]. Science Education, 2018, 102(2): 342-376.

④ Chattopadhyay S. Material and processing basics through reverse engineering[C]//2017 ASEE Annual Conference and Exposition. American Society for Engineering Education, Columbus, 2017: 20385.

⑤ Zhong B, Kang S, Zhan Z. Investigating the effect of reverse engineering pedagogy in K-12 robotics education[J]. Computer Applications in Engineering Education, 2021, 29(5): 1097-1111.

表 3-31　纸桥作品承重测试表

组别	纸桥作品承重结果（kg）	纸桥作品质量（g）
1		
2		
3		
……		

② 纸桥作品教师评价表：在学生完成作品后，为了有效分析并全面评估学生的工程设计能力，教师及助教利用预先设计的纸桥作品教师评价表，从科学性、创新性、美观性、经济性和稳定性等五个维度来评价学生的作品。

③ 实验工作纸评分标准：为了更好地了解学生在实验过程中的学习表现，全面评价学生的工程设计能力，我们参照他人对实验记录的评价方式，设计了实验工作纸评分标准（表 3-32），并将实验工作纸中学生填写的内容进行量化。

表 3-32　实验工作纸评分标准

维度	等级		
	A	B	C
完整度（10 分）	完整表述实验纸中的问题，实验方案及记录表格填写完整，明确写出存在的问题及改进措施（8~10 分）	只回答了实验纸中的部分问题，实验方案及记录表格填写基本完整（4~7 分）	实验纸中较多问题未填写，实验方案及记录表格填写不完整（0~3 分）
规范性（10 分）	遵从科学原理，准确运用科学概念表述问题，方案草图设计合理且规范，标有具体刻度（8~10 分）	运用科学概念表述问题但不准确；方案草图设计基本合理，但未标具体刻度（4~7 分）	问题表述不规范，方案草图设计不合理（0~3 分）

续表

维度	等级		
	A	B	C
创新性（10分）	设计理念具有创新性，设计风格独特，有原创性（8~10分）	在某些地方有创新之处，能看出是在别人设计基础之上添加了新元素的设计（4~7分）	照抄他人设计方案（0~3分）
一致性（10分）	作品和设计方案一致，甚至超越了预定成果目标（8~10分）	作品和设计方案基本一致（4~7分）	作品未能有效达成设计效果或目标（0~3分）

（2）统计结果与分析

为了更好地验证逆向工程教学法能否提升学生的工程设计能力，本研究主要从以下三个方面进行分析。

① 纸桥作品承重能力

为了更直观地对比两个班级学生制作的纸桥作品承重情况，本研究利用Excel中的柱状图来展示学生纸桥作品的承重结果，且按从左到右承重结果由低到高的次序进行了排列。从图3-11中可以看出，实验班学生纸桥作品的承重能力普遍高于对照班。

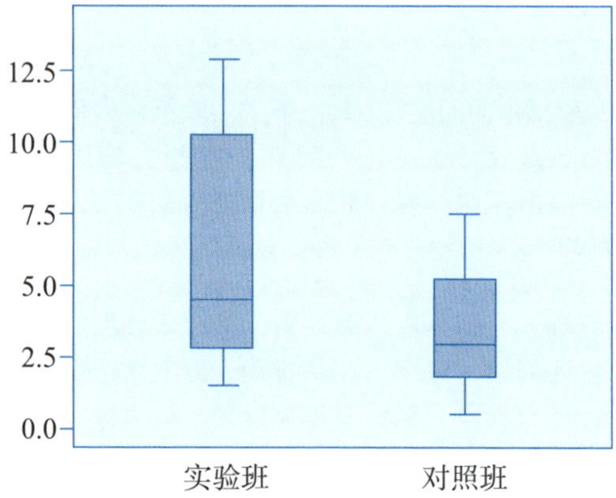

图3-11 实验班与对照班学生纸桥作品的承重结果

② 纸桥作品的评价结果

为了体现纸桥作品评价的有效性及客观性，本研究请教师及两位助教依据相同的评分表对纸桥作品进行评分。在做数据分析之前，利用肯德尔和谐系数（Kendall's W）检验三位评分者评分的一致性。一般来说，肯德尔和谐系数的值分布在0.6~0.8之间，表示一致性程度较强。经检验，p值均小于0.05，且肯德尔和谐系数的值均大于0.6，说明三位评分者对不同作品的评分结果具有较强的一致性。

为进一步比较两个班级学生作品评价结果的差异，采用两独立样本非参数检验方法统计两个班级学生作品的评价数据（表3-33）。结果显示，两个班级学生的纸桥作品在创新性方面存在显著差异（$p=0.039<0.05$）。继而，笔者分析了两个班级实验的均值，发现实验班（$M=6.06$）比对照班（$M=10.94$）学生的纸桥作品分值低。总之，对照班学生的纸桥作品更具有创新性，但两个班级的作品评价结果在其他方面无显著差异。

表3-33　实验班与对照班学生在纸桥作品评价方面的差异

实验变量	实验班别	样本量	平均值	曼－惠特尼U检验	秩和	Z	p
科学性	实验班	8	9.75	22.000	58.000	−1.061	0.289
	对照班	8	7.25				
创新性	实验班	8	6.06	12.500	48.500	−2.063	0.039*
	对照班	8	10.94				
美观性	实验班	8	8.31	30.500	66.500	−0.162	0.871
	对照班	8	8.69				
经济性	实验班	8	7.25	22.000	58.000	−1.057	0.290
	对照班	8	9.75				
稳定性	实验班	8	9.31	25.500	61.500	−0.688	0.491
	对照班	8	7.69				

③ 实验工作纸的评价结果

与纸桥作品评价方式一致，本研究请教师及两位助教参照实验工作纸的评价标准对学生实验工作纸进行评分。在做数据分析之前，利用肯德尔和谐系数（Kendall's W）检验三位评分者评分的一致性。经检验，p 值均小于 0.05，且肯德尔和谐系数的值均大于 0.6，表明三位评分者对实验工作纸的评分结果具有较强的一致性。

为进一步比较两个班级学生填写实验工作纸的差异，采用两独立样本非参数检验方法统计两个班级学生实验工作纸的评价结果数据（表 3-34）。结果显示，p 值均小于 0.05，数据达到显著性水平。从两个班级实验数据的均值来看，实验班各项变量的均值均大于对照班。因此，实验班学生完成实验工作纸的情况均优于对照班。

表 3-34　实验班与对照班学生在实验工作纸填写情况方面的差异

实验变量	实验班别	样本量	平均值	曼－惠特尼 U 检验	秩和	Z	p
完整度	实验班	8	12.25	2.000	38.000	−3.162	0.002**
	对照班	8	4.75				
规范性	实验班	8	12.00	4.000	40.000	−2.956	0.003**
	对照班	8	5.00				
创新性	实验班	8	11.44	8.500	44.500	−2.479	0.013*
	对照班	8	5.56				
一致性	实验班	8	12.13	3.000	39.000	−3.068	0.002**
	对照班	8	4.88				

本研究从学习结果和学习过程两方面综合评价了学生的工程设计能力。结果表明，实验班的纸桥承重能力和实验工作表的填写明显优于对照班，这说明逆向工程教学在培养学生工程设计能力方面具有优势[①]。然而，在科学性、

① Chattopadhyay S. Material and processing basics through reverse engineering[C]//2017 ASEE Annual Conference and Exposition. American Society for Engineering Education, Columbus, 2017: 20385.

美观性、经济性和稳定性方面，实验班的纸桥与对照班的纸桥没有明显区别，甚至实验班在创新性方面表现不佳。这些结果表明，逆向工程教学也存在着局限性和不足。

现有的研究表明，产品解剖为产品和过程的设计和再设计提供了丰富的思想来源[①]。通过逆向工程教学，学生可以更准确地分析设计内容和要求，从而更全面地应用以前的知识，并有意识地关注"微创新"[②]。本研究发现在分析现有纸桥时，实验班的学生更加关注纸桥的承载能力。学生习惯于分析现有作品的缺陷，以便建造具有更高承载能力的新纸桥。然而，就纸桥的创新性而言，实验班的学生只是在现有纸桥的基础上增加或减少了一些元素，而不是进行结构改造。当学生在产品解剖后看到内部组件时，可能会得出单一的解决方案[③]。因此，在逆向工程教学的应用过程中应鼓励学生在产品解剖的基础上设计多样化的解决方案。

4. 学习态度与沉浸度差异分析

（1）测量工具

机器人课程学习态度问卷是在本研究团队过往设计的问卷[④][⑤]基础上修改而成的（附录3），旨在调查学生在纸桥方案设计、制作过程中的自信心、享受度以及价值观，可参照本节第一部分的相关介绍。机器人课程学习沉浸度问卷采用的是李克特五点量表，包含行为沉浸度、情感沉浸度、认知沉浸度三个

---

① Ulrich K T, Eppinger S D. Product design and development (Third Edition)[M]. New York: McGraw-Hill/Irwin, 2004.

② Zhong B, Kang S, Zhan Z. Investigating the effect of reverse engineering pedagogy in K-12 robotics education[J]. Computer Applications in Engineering Education, 2021, 29(5): 1097-1111.

③ Grantham K, Okudan G, Simpson T W, et al. A study on situated cognition: Product dissection's effect on redesign activities[C]//International Design Engineering Technical Conferences and Computers and Information in Engineering Conference. American Society of Mechanical Engineers, New York, 2011: 617-626.

④ Zhong B, Wang Q, Chen J, et al. Investigating the period of switching roles in pair programming in a primary school[J]. Journal of Educational Technology and Society, 2017, 20(3): 220-233.

⑤ Zhong B, Li T. Can pair learning improve students' troubleshooting performance in robotics education? [J]. Journal of Educational Computing Research, 2020, 58(1): 220-248.

维度（附录 4），旨在调查学生在课堂学习过程中的沉浸度程度，可参照本节第一部分的相关介绍。

（2）统计结果与分析

为了探究逆向工程教学法能否改善学生对 STEM 课程的学习态度，本研究采用两独立样本非参数检验的方法统计两个班级学生在纸桥承重项目课程中的学习态度数据（表 3-35）。从表 3-35 中可以看出每一项的 p 值均大于 0.05，数据未达到显著性水平，表明实验班的学生和对照班的学生在纸桥承重项目学习中的学习态度不存在显著差异。同样，采用两独立样本非参数检验来检验实验班和对照班之间学习沉浸度的差异（表 3-35）。结果显示，所有子维度均无显著差异。

表 3-35　实验班与对照班在学习态度和学习沉浸度（后测）方面的差异

实验变量	实验班别	样本量	平均值	曼－惠特尼 U 检验	秩和	Z	p
自信心	实验班	16	17.06	119.000	255.000	−0.341	0.733
	对照班	16	15.94				
享受度	实验班	16	17.56	111.000	247.000	−0.644	0.519
	对照班	16	15.44				
价值观	实验班	16	18.69	93.000	229.000	−1.328	0.184
	对照班	16	14.31				
行为沉浸度	实验班	16	18.00	104.000	240.000	−0.912	0.362
	对照班	16	15.00				
情感沉浸度	实验班	16	18.44	97.000	233.000	−1.178	0.239
	对照班	16	14.56				
认知沉浸度	实验班	16	18.41	97.500	233.500	−1.161	0.245
	对照班	16	14.59				

现有的研究发现，学生对采用逆向工程教学的学习态度积极[①]。然而，在本研究中，传统项目教学和逆向工程教学在学生的学习态度和参与度方面没有显著差异，表明这两种教学方法对学生的学习态度和参与度有相同的影响。这一结果可以从两个角度来解释。

首先，由于桥梁设计项目具有很强的可操作性和实用性，在设计和建造桥梁的过程中，学生的兴趣和情感体验都会得到增强。此外，以往的研究表明，学习兴趣、沉浸感和态度之间存在正相关关系[②]。换言之，学生对学习的兴趣越大，他们的学习沉浸度就越高，学习态度就越积极。

其次，大多数学生能够在适度的努力下自行完成项目，促使他们在桥梁设计课程中表现出积极的态度和信心，这一点并没有受到教学方法的影响[③]。尽管有些学生之前缺乏桥梁设计的专业知识，但在系统拆卸和组装纸桥的过程中，学生的学习兴趣不断提高，学习沉浸度不断增强。因此，无论是采取逆向工程教学还是传统项目教学，大多数学生在学习过程中会保持持续的兴趣和高参与度。

（六）研究结论与建议

本研究将逆向工程教学引入到桥梁设计类项目教学中，以纸桥承重项目为例，采用实验研究法，验证逆向工程教学在桥梁设计类项目中的教学效果，继而为基于桥梁设计项目的 STEM 教育的开展提供案例参考。实验过程中，随机选取了 32 名四年级平行班的学生，并将其随机分为对照班和实验班，集中开展了为期 2 天的教学实验。实验过程采用问卷调查、教师评价等形式，从认知负荷、科学知识水平、工程设计能力以及 STEM 课程学习态度等多个方面评价学生的表现。实验结果显示，实验班和对照班的学生在学习态度和沉浸度方

① Okudan G E, Mohammed S. An investigation on the students' perception of dissection effectiveness in a redesign context[C]//International Design Engineering Technical Conferences and Computers and Information in Engineering Conference. [s.l.:s.n.] 2008, 43291: 395-401.

② Sun J C Y, Rueda R. Situational interest, computer self-efficacy and self-regulation: Their impact on student engagement in distance education[J]. British Journal of Educational Technology, 2012, 43(2): 191-204.

③ Toh C, Miller S, Kremer G E O. The role of personality and team-based product dissection on fixation effects[J]. Advances in Engineering Education, 2013, 3(4): n4.

面不存在显著差异；然而，实验班的学生在科学知识水平、工程设计能力方面显著高于对照班的学生。除此之外，实验班的学生在认知负荷方面显著低于对照班的学生。根据上述研究结果，可以得出以下几点结论：逆向工程教学有利于降低学生的认知负荷；逆向工程教学有利于提高学生的科学知识水平；逆向工程教学有利于提高学生的工程设计能力；实验班和对照班学生的学习态度没有显著差异。

总体而言，逆向工程教学比传统项目教学更利于减少学生的认知负荷，可以提高学生对科学知识的理解和工程设计能力。逆向工程教学和传统项目教学对学生的学习态度和参与度有相同的影响。然而，应该注意的是，将逆向工程教学纳入教育，需要的不仅仅是将逆向工程过程从工业领域转移到教育领域①。在逆向工程中，有许多高技术要求。作为以产品为导向的学习的关键组成部分，学生的创造力以及动手能力应该得到更多的关注②。基于教学实验的结果，需要注意的是，创造力的培养不是一蹴而就的，需要一步步激发。因此，教师应积极引导学生不断提出多样化的解决方案并进行批判性评价，及时为学生提供支架工具。例如，为了促使产品的结构转型，在项目开发中可以使用一些快速成型工具（如三维打印、激光切割等）。此外，在采用逆向工程教学时，教师应引导学生以同理心思考设计的初衷，从而促使学生迅速完成产品或器物的拆装，发现其存在的缺陷。

三、机器人课堂中科学探究型教学模式研究③

科学探究是一个世纪以来国际基础教育改革所努力追求的方向，各国一直提倡学生科学探究能力的发展，我国的新课标也特别强调科学探究活动，究其目的，在于通过真实情境的探究过程生成科学知识、掌握技能、认识科学本质、培养必要的科学素养和创新精神。

---

① Zhong B, Kang S, Zhan Z. Investigating the effect of reverse engineering pedagogy in K-12 robotics education[J]. Computer Applications in Engineering Education, 2021, 29(5): 1097-1111.

② Hu B, Zhao Y. Creative self-efficacy mediates the relationship between knowledge sharing and employee innovation[J]. Social Behavior and Personality: An International Journal, 2016, 44(5): 815-826.

③ 本节内容节选自钟柏昌教授指导的研究生张敬云的硕士毕业论文。

当下，中小学机器人教育及其相关的创客教育已经成为教育工作者关注的焦点之一，随着机器人技术的更加普及，机器人进课堂也成为一种趋势。但是，从目前的机器人教学内容来看，机器人只是作为学习的对象，有关机器人技术的知识构成了机器人课程的核心或全部内容，以模拟实验或模拟再现生产生活中的科技产品作为主要教学方式。本研究将这种教学模式称为模拟实验型教学。尽管这种教学对学习机器人的基础知识和基本技能非常有效，但显然不是机器人教学的全部。本研究认为，将机器人作为科学探究的一种工具和平台，开展科学探究活动，是中小学机器人教育的一个重要发展方向。

（一）国内外研究现状

1. 国外研究现状

在国外，将机器人应用于科学探究方面的研究比较丰富。例如，阿尔廷（Altin）和佩达斯特（Pedaste）在机器人学习方法的研究中明确指出，机器人作为探究性学习的支持性工具，可以提供即时的可视化和触觉反馈，能够增加学生探究性学习的吸引力，利用机器人来培养科学探究能力应该成为一个新的教育目标。此外，可以根据科学探究的学习方法，利用机器人学习物理的科学知识，解决现实生活中的问题①。又如，纽金特（Nugent）等人在机器人教育对学生STEM学习、态度和技能的影响研究中表明，机器人教育能够提高学生学习的自我效能感和解决问题的能力②。还有西尔克（Silk）等人在设计技术活动教授数学的研究中，设计了一款机器人，并通过精心组织的活动将其应用于数学学科的教学实践当中③。更多的研究表明，机器人教育能够提高学生的创造力、批判性思维能力、问题解决能力、决策能力、沟通交流能力、团队协作能

① Altin H, Pedaste M. Learning approaches to applying robotics in science education[J]. Journal of Baltic Science Education, 2013, 12(3): 365.

② Barker B S. Robots in K-12 education: A new technology for learning[M]. Pennsylvania: IGI Global, 2012: 1-402.

③ Silk E M, Higashi R, Shoop R, et al. Designing technology activities that teach mathematics[J]. The Technology Teacher, 2010, 69(4): 21-27.

力和自信心，而这些能力是进行科学探究活动的重要组成部分[①②③④]。

2. 国内研究现状

相比较而言，国内将机器人应用于科学探究的研究还极为欠缺。从目前的现状来看，国内仍然主要集中于对机器人知识的教学研究。在中国知网数据库中输入“机器人”并含“科学”或“探究”等关键词，没有查找到相关文献。通过其他方式检索，发现温州中学谢作如老师有一篇《设计检测河水浊度传感器》的博文，描述了利用一个LED灯、光敏电阻和几个电阻设计浊度传感器，以检测和探究河水的浊度，相关实践也仅限于此，说明国内有关利用机器人培养学生科学探究能力的相关理论与实践还极为欠缺。

机器人教育不应只停留在机器人知识的学习，还应重视将机器人作为探究性学习的支持工具，开展科学探究性学习。对此，本研究提出将科学探究型教学模式作为机器人教育的一种独立模式，以弥补国内外相关研究的不足。

（二）概念界定

1. 科学探究

不同研究者对科学探究概念的界定不同。美国国家研究理事会在《国家科学教育标准》中指出，“科学探究指的是科学家们用来研究自然界并根据研究所获事实证据做出解释的各种不同途径”“科学探究也指学生构建知识、形成科学观念、领悟科学研究方法的各种活动”[⑤]。张建伟、孙燕青认为：“科学探

① Khanlari A. Effects of robotics on 21st century skills[J]. European Scientific Journal, 2013, 9(27): 26-36.

② Khanlari A. Students' perception of the effects of educational technology on their learning and characteristics[J]. International Journal of Science and Applied Information Technology (IJSAIT), 2013, 2(2): 58-61.

③ Nugent G, Barker B, Grandgenett N, et al. Impact of robotics and geospatial technology interventions on youth STEM learning and attitudes[J]. Journal of Research on Technology in Education, 2010, 42(4): 391-408.

④ Demetriou G A. Mobile robotics in education and research[J]. Mobile Robots-Current Trends, 2011: 27-48.

⑤ 美国国家研究理事会．科学探究和国家科学教育标准——教育学的指南［M］．罗星凯等译．北京：科学普及出版社，2004：35-38.

究原指科学家们研究自然界的科学规律时，所进行的科学研究活动。而学习探究作为一种科学学习方式，是学习者针对科学领域中的某个主题形成自己的问题，或者由教师提出要探索的问题，然后由学习者对问题进行分析，形成自己的假设，并通过科学实验和观察等检验自己的假设，直至解决问题，在探究活动的基础上建构起对科学知识的理解和有关的方法、技能。”①

本研究将借鉴张建伟等人对科学探究的界定，即科学探究是学习者针对科学领域形成的或者由教师提出的一个科学问题，然后由学习者对问题进行分析、假设、验证，直到解决问题，并在这些活动过程中，构建知识、习得科学的研究方法和技能。

2. 基于机器人的科学探究型教学模式

本研究提出基于机器人的科学探究型教学模式，是指从生活中的科学问题出发，利用机器人建模，制定科学探究方案，开展科学探究实践，使学生在获得机器人知识的同时提高对科学探究的积极态度，习得科学知识并掌握科学的思维过程和方法。

（三）研究方法与流程

1. 研究方法

（1）文献研究法

通过查阅有关科学探究的相关资料，了解科学探究的本质、教学方法及理论基础；通过查阅国内外与机器人教育教学的相关资料，分析国内外机器人教育与研究的现状及趋势，形成对本研究内容的指导。

（2）问卷调查法

采用科学探究型教学模式授课前后，使用TOSRA（Test of Science Related Attitudes）量表对学生的科学探究态度进行问卷调查。TOSRA即科学相关的态度测试，是弗雷泽（Fraser）基于克勒普弗（Klopfer）的为进行科学教育而设计的情感行为量表而开发的，这是一个具有深厚理论基础的多维检测工具。研究人员设计这个测试的目的就是用来检查初中和高中学生的态度

① 张建伟，孙燕青著. 建构性学习—学习科学的整合性探索［M］. 上海：上海教育出版社，2005：47.

变化，当然在检查小组或班级的表现中也是非常有用的。使用根据黄世杰开发的计算机态度量表改编而来的机器人态度量表，对学生学习机器人的态度进行问卷调查，通过分析数据评估学生学习前后的变化，从而回答本课题的研究问题。

（3）行动研究法

本研究在学校实施教学时主要采用行动研究法，由笔者担任温州中学机器人选修课的教师，参与探究案例的设计、课程教学等工作，并在行动研究的过程中，采取“计划—行动—观察—反思”的循环模式，以实证的方式回答本课题研究的主要问题。

首先对教学的时间和活动作出计划，并在实施科学探究型教学之前，对学生学习机器人的态度以及进行科学探究活动的态度进行前测。在教学过程中，时刻观察学生的学习情况并做好相关的记录。在一个探究主题结束后，对教学过程中的不足以及一些细节问题进行反思，对教学方案作出修改或调整。然后进入第二个探究主题的教学，运用前一阶段优化的教学方案实施新一轮的教学，并根据新一轮学生的学习情况和数据分析结果，对教学方案进行再修改或调整。

2. 研究流程

基于以上对研究内容及方法的分析，本研究确立了基本的研究流程（图3-12）。

本研究选择的探究问题都与学习者的学习、生活紧密相关，以激发学习者的学习兴趣。经过与团队成员及一线教师的交流讨论，本研究初步设计的探究问题有：探究小车的匀变速直线运动，探究单摆周期，探究种子萌发的最宜土壤湿度，探究姆潘巴现象，探究不同材质杯子的保温效果。但考虑到探究实验的可操作性，本研究选择了其中三个探究问题（表3-36）进行教学，其他的问题可作为课外的研究性学习主题。选出的三个案例代表了行动研究的三轮循环，每轮循环之后，再根据课堂对学生的观察及探究结果的分析进行改进。

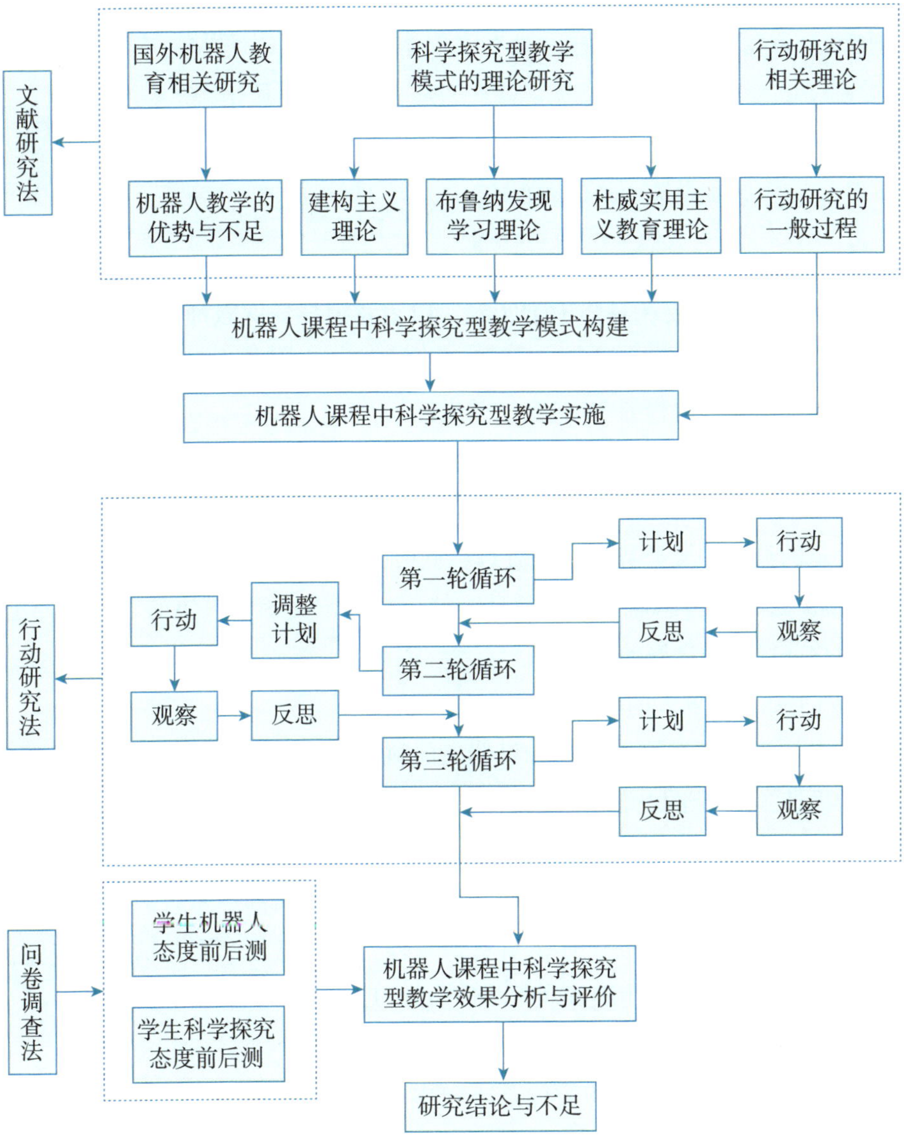

图 3–12　研究方法与流程

表 3-36 基于机器人的科学探究教学安排

探究问题		涉及知识点（不包括已学）	课时
问题 1	探究小车的匀变速直线运动	超声波传感器、串口输出、循环结构	3
问题 2	探究单摆周期	红外传感器、选择结构	3
问题 3	探究种子萌发的最宜土壤湿度	土壤湿度传感器、显示器、蜂鸣器、映射、顺序结构	3

本行动研究主要在温州中学实施，由笔者担任任课教师开展了上述 9 课时的教学工作，具体时间为 2015 年秋季学期，研究对象为温州中学选修“机器人与科学探究”课程的 30 名高一学生。

本研究使用的是 Arduino 图形化编程平台——Mixly，中文名为米思齐。Mixly 采用了 Arduino IDE 自身的编译器，支持所有 Arduino 主控板，优化了类型变量的处理，支持界面缩放处理，同时支持加入 DFRobot、Seeedstudio 和 Makeblock 公司的传感器套装，并且支持用户自定义函数模块的导入与导出，使得用户获得更加良好的体验感。

（四）基于机器人的科学探究型教学设计模式

从教学设计的角度看，基于机器人的科学探究型教学模式需要考虑四类内容的设计，即科学探究的情境设计、步骤设计、工具设计、评价设计。

1. 情境设计

根据建构主义理论，创设问题情境是科学探究活动中不可忽视的一个因素。问题情境不仅要真实，还需具有启发性，从而激发学生在情境中发现问题、提出假设及确定解决问题的方案等的欲望。

2. 步骤设计

国外学者认为，科学探究的基本程序应该包括形成问题、建立假说、设计研究方案、检验假说、表达或交流结果这五个环节①。也有人将其概括为：

---

① Trowbridge L, Bybee R, Powell J. Teaching secondary school 1Seienee7th ed[M]. Colubus, Ohio: Preentice-Hall Inc, 1996: 207.

研究问题、收集数据、建立假说、检验假说、交流结果五个环节[①]。我国《全日制义务教育科学（7~9年级）课程标准（实验稿）》将科学探究的一般过程表述为：提出问题、进行猜想和假设、制定计划和设计实验、获取事实与证据、检验与评价、表达与交流六个环节[②]。从目前存在的科学探究的教学模式来看，其基本要素可以概括为五个部分，本研究将其作为基于机器人的科学探究型教学的基本步骤。

（1）提出问题与形成假设。提出问题是进行科学探究的前提。科学探究的过程是围绕着所探究的问题展开的，只有当问题是明确且具体时，探究才能有条不紊地持续下去，可以说，问题是科学探究的核心。因此，教师要调动学生的积极性，激发学生探求新知的兴趣，帮助学生创设与教学内容相关的问题情境，发展学生发现问题、提出问题并将问题转化为一个具体、明确的科学问题的能力。有了研究问题，还需要对问题的可能答案进行假设。假设必须是可检验的，它不是随意的胡乱猜想，而是根据学习者已有的经验、知识对所探究的问题作出的可能性的解释。教师要引导学生利用已有的信息进行大胆的猜想，对于学生的各种假设，教师不宜直截了当地发表肯定或否定意见，要让学生通过自己的探究去验证。

（2）制定计划和设计实验。制定计划和设计实验是获取证据和验证假设的具体环节，直接决定了探究过程的有序性和科学性。教师要引导学生根据探究的问题和假设，通过小组合作的方式共同讨论，集思广益，考虑影响问题的主要因素，选择合适的实验器材并确定科学的探究过程。

（3）进行实验和收集数据。这个环节直接影响科学探究结果的正确与否。因此，一定要按照制定的计划和实验步骤来操作，并且要熟悉器材的使用以及确保实验数据的正确记录。

（4）分析数据和得出结论。处理数据是科学探究的一个重要环节，学生只有通过分析和处理数据才能对探究的问题有比较深刻的理解。常用的处理数

---

① National Research Council. National science education standards[M]. National Academies Press, 1996.

② 中华人民共和国教育部. 全日制义务教育科学（7~9年级）课程标准（实验稿）[M]. 北京：北京师范大学出版社，2001. 11-12.

据的方式是将数据转化为可视化的表征形式，如表格、曲线图等。因此，教师要注意引导学生正确地处理实验数据，从而得出实验结论。

（5）评价与反思。学生应该能够向他人表述自己的研究成果，并且能够允许他人对自己的探究过程和成果提出不同的意见或表示怀疑，并能认真地思考他人的意见，改进或完善自己的探究方案。

3. 工具设计

毋庸置疑，数据的获取与收集是极其烦琐却又十分关键的一个环节。随着机器人教育的普及与发展，传感器的不断完善与改进，其强大的自动获取与收集数据的能力便成为支持科学探究活动的强有力工具。当然，机器人具有如此强大的功能，是跟它完整的系统分不开的。机器人由传感器、控制器和执行器组成。传感器负责获取与收集外界信息并发送到控制器，控制器接收信息并作出决定，并把命令发送到执行器，接着执行器便执行接收到的命令，并与外界进行交互。因此，基于机器人的科学探究活动，必须做好工具设计，即设计好收集数据的机器人装置。

4. 评价设计

基于机器人的科学探究型教学活动，理论上能够帮助学习者掌握一定的机器人知识，培养科学分析问题和解决问题的思维方式，提高语言表达的能力及合作探究的精神。因此，本研究将以科学探究的一般过程为主要依据，从机器人知识和技术、提出问题与形成假设、制定计划和设计实验、进行实验和收集数据、分析数据和得出结论、评价与反思六个维度对学习者的学习情况进行评价。具体的评价量规如表 3-37 所示。

表 3-37 评价量规表

探究主题		小组成员	
评估指标	等级		分数
机器人知识和技术（25）	A（0~8 分）	基本了解机器人的概念、工作原理以及传感器的作用	
	B（8~15 分）	理解机器人的概念、工作原理以及传感器的作用	
	C（15~25 分）	掌握并能应用机器人的知识和技术	

续表

评估指标	等级		分数
提出问题与形成假设（15）	A（0~5分）	● 提供的背景资料不可用 ● 表达的问题不能通过简单的科学探究来研究	
	B（5~10分）	● 提供不完全相关的背景材料 ● 表达的问题（假设）可获得数据的机会较少	
	C（10~15分）	● 在已有经验基础上说明问题和假设的起因 ● 简洁地表达问题（假设），这些问题或假设可以通过数据和科学探究来回答	
制定计划和设计实验（15）	A（0~5分）	● 设计过程大致合理，有一些错误 ● 给出与主题相关的实验计划，但只能解决提出的部分问题或假设	
	B（5~10分）	● 设计过程合理，有一些小错误 ● 给出的实验设计有一定的操作性，能够解决提出的问题，尝试验证假设	
	C（10~15分）	● 设计过程合理，并与学生已有的科学知识有很好的联系 ● 给出的实验设计有操作性，通过实验可以回答问题或验证假设	
进行实验和收集数据（15）	A（0~5分）	● 没有根据设计的实验过程进行，且记录或观察的数据不完全 ● 不能把数据转换为适当的形式	
	B（5~10分）	● 与计划的实验过程相符，合理记录或观察结果 ● 在教师的帮助下把数据转换为适当的形式呈现	
	C（10~15分）	● 与计划的实验过程相符，正确记录数据或观察结果 ● 把数据转换为更易分析的形式呈现	

续表

评估指标	等级		分数
分析数据和得出结论（15）	A（0~5分）	● 不是根据实验结果回答提出的问题和假设 ● 得出的结论不尽合理	
	B（5~10分）	● 利用实验结果能够说明和解释提出的问题和假设 ● 得出的结论比较合理，但没有提出进一步的探究问题	
	C（10~15分）	● 利用实验结果明确恰当地说明和解释提出的问题或假设 ● 得出的结论合理，并提出进一步探究的问题	
评价与反思（15）	A（0~5分）	● 不能积极地交流讨论 ● 不能很好地听取他人的意见	
	B（5~10分）	● 能够比较积极地交流讨论 ● 能够认真地听取他人的意见	
	C（10~15分）	● 能积极地交流讨论并提出见解 ● 能够认真地听取他人的意见并改进自己的实验方案	

基于以上对情境设计、步骤设计、工具设计及评价设计的阐述，笔者初步构建了基于机器人的科学探究教学的设计模式，用于指导本研究教学案例的开发和实践（图 3-13）。

（五）数据分析与结果

1. 学生学习情况分析

在行动研究的三轮循环中，每个探究问题结束时，笔者都会让学生将各小组的记录表交上来，再结合笔者对学生探究过程的观察记录，可以全面掌握教学情况，也可粗略地比较三轮循环中的教学效果，以检验在行动研究过程对某些细节作出调整的正确性及科学探究型教学模式的可行性。本部分以表 3-37 所示的评价量规表为标准，将学生的学习情况以得分的形式进行量化（图 3-14），比较分析三轮循环中学生的学习情况。

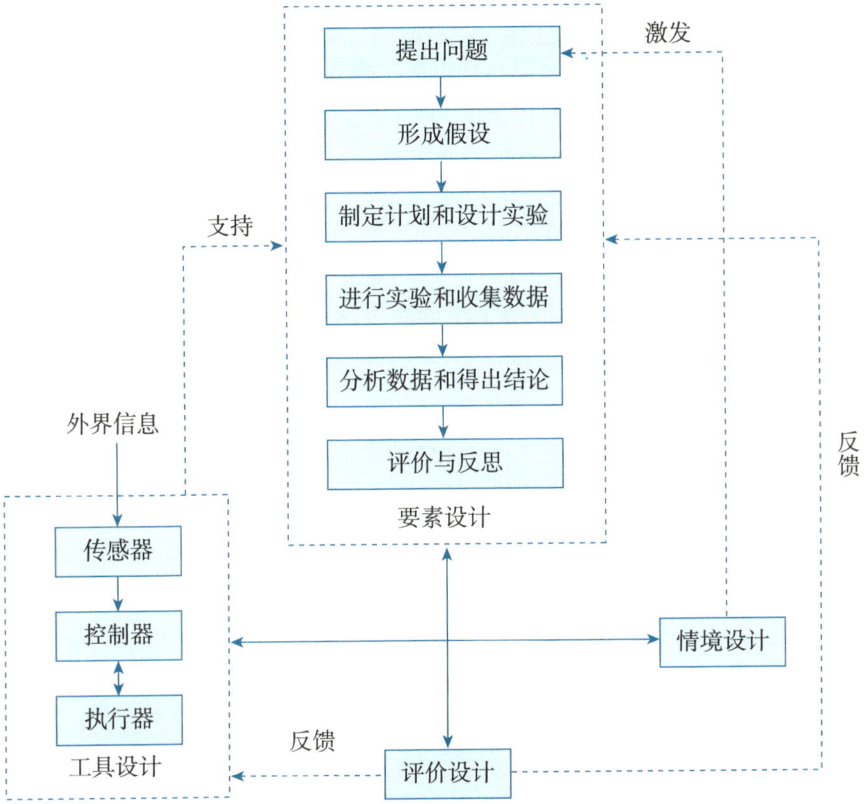

图3-13　基于机器人的科学探究教学设计模型

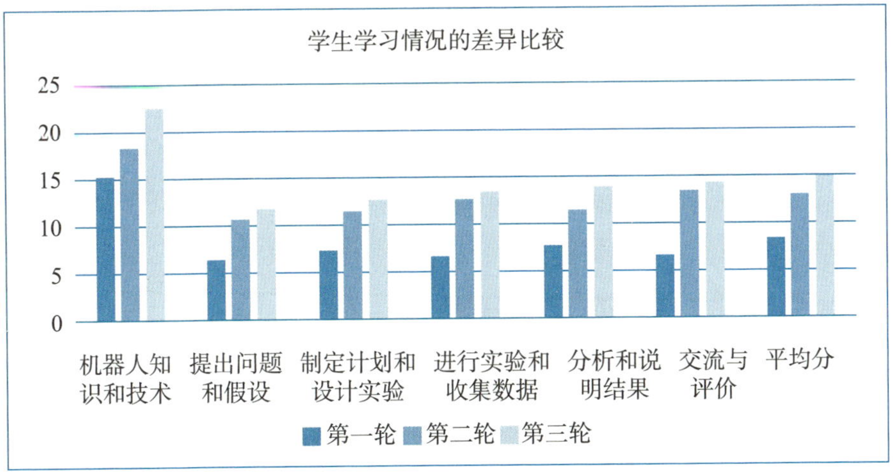

图3-14　学生学习情况的差异比较

由图 3-14 可知，第二轮循环学生的学习情况要明显好于第一轮循环，尤其是进行实验和收集数据、交流与评价两个维度。可见，在第一轮循环之后在讲解时间及学生的分工合作上作出的调整还是有效的。同时，第三轮循环学生的学习情况也要好于第二轮循环，虽然各个维度上的差别不是很大，但也不能否认在经过对学生探究过程观察之后作出调整的有效性。

2. 学生学习机器人态度的分析

通过比较三轮循环教学前后学生的态度水平，分析学生学习机器人的态度变化，统计结果见表 3-38。

表 3-38　机器人态度的差异比较

行动研究	量表维度	测试	平均数	标准差	t	p
第一轮循环	喜欢	前测	18.964 3	2.403 64	-1.355	0.036*
		后测	20.850 0	1.903 56		
	信心	前测	17.866 7	3.042 68	-0.095	0.046*
		后测	18.938 3	2.885 42		
	焦虑	前测	27.306 0	3.615 94	-2.447	0.042*
		后测	29.566 7	2.707 58		
	执着	前测	15.638 3	2.364 80	-1.562	0.354
		后测	16.656 7	1.854 97		
	价值	前测	18.736 3	3.478 02	-0.383	0.273
		后测	18.805 0	2.943 30		
	价值观	前测	18.853 3	3.539 72	-1.517	0.685
		后测	19.266 7	2.352 78		
	机器人态度	前测	117.364 9	12.632 89	-2.852	0.004*
		后测	124.083 4	7.467 20		
第二轮循环	喜欢	前测	19.933 3	2.854 30	-2.865	0.025*
		后测	20.580 0	2.637 03		
	信心	前测	18.584 3	3.053 21	-0.579	0.038*
		后测	19.676 7	2.756 49		

续表

行动研究	量表维度	测试	平均数	标准差	t	p
第二轮循环	焦虑	前测	28.274 0	1.956 32	−2.953	0.046*
		后测	29.643 3	1.853 46		
	执着	前测	20.254 3	2.678 43	−1.064	0.258
		后测	21.653 3	2.604 52		
	价值	前测	17.656 7	3.704 26	−1.853	0.037*
		后测	18.295 7	2.743 84		
	价值观	前测	18.753 3	3.964 35	−1.962	0.254
		后测	19.166 7	2.758 94		
	机器人态度	前测	123.455 9	10.589 65	−3.642	0.002*
		后测	129.015 7	7.684 35		
第三轮循环	喜欢	前测	19.875 3	2.963 68	−1.647	0.102
		后测	20.765 0	2.169 53		
	信心	前测	19.754 7	3.366 33	−0.742	0.036*
		后测	20.875 3	2.267 74		
	焦虑	前测	28.964 7	2.645 54	−0.477	0.042*
		后测	30.159 3	1.963 46		
	执着	前测	20.946 3	2.369 92	−2.102	0.215
		后测	22.754 8	1.764 97		
	价值	前测	18.754 9	3.753 92	−2.333	0.024*
		后测	19.847 3	1.375 47		
	价值观	前测	18.874 3	2.478 94	−2.117	0.043*
		后测	20.954 7	1.756 84		
	机器人态度	前测	127.170 2	10.664 70	−3.092	0.001*
		后测	134.356 4	6.747 07		

注：$^*p<0.05$

由表 3-38 可知，整体来说，对实验对象使用配对样本 t 检验的结果显示，三轮循环教学之后，后测平均分均高于前测，学生对学习机器人态度的 t 值依次为 -2.852、-3.642 和 -3.092，显著性依次为 0.004、0.002 和 0.001，均小于 0.05，说明差异性显著，即在机器人课程中科学探究型教学对学生学习机器人的态度有积极影响。

三轮循环教学中的“喜欢”“信心”“焦虑”这三个维度均达到显著性水平。在教学过程中也发现，学生刚开始认为机器人是高大上的科技，离自己的生活、学习很遥远，对学习机器人的信心和热情不足，但随着课程学习的深入，学生对机器人的了解也逐步加深，表现出极大的兴趣和信心。

第一轮循环中的“价值”维度没有达到显著性水平，而第二轮循环和第三轮循环中的“价值”维度达到显著性水平（显著性分别为 0.037 和 0.024，均大于 0.05）。说明利用机器人这个学习工具来辅助科学探究的教学方式起到了很好的效果，学生对利用机器人解决问题的意识越来越强，对机器人的价值也越来越清晰。

第二轮循环教学中的“价值观”维度没有达到显著性水平，而第三轮循环中的“价值观”维度达到显著性水平（$p=0.043<0.05$）。说明在经过三轮教学之后，学生对机器人的认识不再局限在只能解决自己遇到的问题本身，而是对机器人的价值有了一个更深刻的认识，体会到了学习机器人的必要性。

三轮循环教学中的“执着”维度均未达到显著性水平，本研究暂未对其原因进行调查，但也不能否认行动研究在第二轮循环和第三轮循环中所进行的调整。

3. 学生对科学探究的态度分析

（1）测量工具

英国学者贝尔纳认为科学不能用一个定义来把握，因为人们对科学的认识是会随着时代的不同、新的科学结论的出现而改变[①]；施瓦布（Schuab）也认为科学结论只有在他们各自代表的自然领域的探究环境中才能够被认识和理

①［德］赖·莫泽克．论科学［M］．孟祥林，等，译．武汉：武汉大学出版社，1997：59.

解，否则将会使人误入歧途①。施瓦布认为探究学习是学生通过自主参与获得知识的过程，在这个过程中学生学习科学知识，掌握科学概念和规律，形成探究能力，培养探索未知世界的积极态度②。在基础教育领域，科学探究一直受到国内外的高度重视。在众多的研究中，国外学者弗雷泽（Fraser）对科学相关的态度量表研究一直为很多研究者所引用，例如，美国北达科他州立大学的韦尔奇（Welch）在 2010 年发表的论文“Using the TOSRA to Assess High School Students’ Attitudes toward Science after Competing In the FIRST Robotics Competition：An Exploratory Study”和美国利伯缇大学的林恩 · 朱厄尔（Lyn Jewell）在 2011 年发表的论文“The Effects of the NXT Robotics Curriculum on High School Students’ Attitudes in Science Based on Grade，Gender，and Ethnicity”中所实施的教学实验研究中，均使用了弗雷泽设计的科学相关的态度量表。因此，本研究也将科学相关的态度研究作为科学探究态度的主要依据，检验在机器人课程中科学探究型教学对学生科学探究态度的影响。

为了能够检测初中和高中学生接受科学教育之后的态度变化，弗雷泽基于克洛普弗（Klopfer）的情感行为量表，在 1981 年开发设计了 TOSRA（Test of Science Related Attitudes），即科学相关的态度量表③。此量表一共有七个维度，分别为科学的社会意义、科学家的常态、采用的科学态度、科学课程的喜爱、科学活动的兴趣、科学探究态度、科学职业兴趣。针对研究目的，我们从七个维度中选择了四个与机器人课程中科学探究型教学相关的维度进行问卷调查，分别为科学探究的态度、科学课程的喜爱、课外科学活动的兴趣和科学职业的兴趣。该问卷一共 40 道题，包含正向题和反向题，学生只需根据自己的实际情况，对每道题的陈述进行“非常同意”“同意”“没有意见”“不同意”“非常不同意”的勾选即可。同机器人态度量表的计分规则一样，正向题

---

① Schwab J J. The teaching of science as inquiry[J]. Bulletin of the Atomic Scientists, 1958, 14(9): 374-379.

② 钟启泉．现代教学论发展［M］．北京：教育科学出版社，1988：363.

③ Welch A G. Using the TOSRA to assess high school students’attitudes toward science after competing in the FIRST robotics competition: An exploratory study[J]. Eurasia Journal of Mathematics, Science and Technology Education, 2010, 6(3): 187-197.

得分分别为 5、4、3、2、1 分，反向题的得分分别为 1、2、3、4、5 分。通过测验，可以得到科学探究、科学课程、课外科学活动和科学职业四个维度的得分总和。得分越高，科学探究态度越好，得分越低，科学探究态度越差。以下是各个维度题目的分布情况，具体详见附录 6。

科学探究：共 10 题，分别为 1、5、9、13、17、21、25、29、33、37，其中反向题为 5、13、21、29、37。

科学课程：共 10 题，分别为 2、6、10、14、18、22、26、30、34、38，其中反向题为 6、14、22、30、38。

课外科学：共 10 题，分别为 3、7、11、15、19、23、27、31、35、39，其中反向题为 7、15、23、31、39。

科学职业：共 10 题，分别为 4、8、12、16、20、24、28、32、36、40，其中反向题为 4、12、20、28、36。

（2）统计结果与分析

通过比较三轮循环教学前后学生对科学探究的态度水平，分析学生对科学探究的态度变化。对学生科学探究态度水平的测量，采用了上述评价量表，具体统计结果见表 3-39。

表 3-39　学生科学探究态度差异比较

行动研究	量表维度	测试	平均数	标准差	t	p
第一轮循环	科学探究	前测	29.605 0	3.891 63	−2.168	0.037*
		后测	30.874 0	2.037 75		
	科学课程	前测	29.166 6	4.177 80	−1.291	0.042*
		后测	31.066 6	3.192 39		
	课外科学活动	前测	30.833 3	2.864 24	−2.608	0.478
		后测	32.566 6	3.724 72		
	科学职业	前测	24.266 6	2.839 78	−1.169	0.675
		后测	25.533 3	1.711 43		
	量表整体分析	前测	113.871 5	10.627 65	−2.076	0.004*
		后测	120.040 5	7.754 79		

续表

行动研究	量表维度	测试	平均数	标准差	t	p
第二轮循环	科学探究	前测	30.804 6	4.037 75	−1.984	0.014*
		后测	31.564 0	3.644 24		
	科学课程	前测	31.068 6	2.192 39	−2.607	0.032*
		后测	31.546 7	3.217 68		
	课外科学活动	前测	32.524 9	2.724 72	−3.998	0.268
		后测	32.866 7	1.174 91		
	科学职业	前测	25.503 2	3.711 43	−1.929	0.526
		后测	26.104 3	2.692 80		
	量表整体分析	前测	119.901 3	9.370 65	−2.469	0.003*
		后测	122.081 7	6.058 45		
第三轮循环	科学探究	前测	31.506 4	3.644 24	−1.708	0.004*
		后测	31.636 1	2.508 10		
	科学课程	前测	31.597 5	2.217 68	−2.228	0.025*
		后测	31.864 8	1.755 96		
	课外科学活动	前测	32.156 2	2.174 91	−1.639	0.037*
		后测	32.736 7	2.825 82		
	科学职业	前测	26.153 4	2.692 80	−2.708	0.564
		后测	26.275 3	3.405 37		
	量表整体分析	前测	121.413 5	7.058 45	−2.328	0.001*
		后测	122.512 9	5.992 24		

注：$*p<0.05$

由表 3-39 可知，整体来说，对实验对象使用配对样本 t 检验的结果显示，三轮循环教学之后，后测平均分均高于前测，学生对科学探究态度的 t 值依次为 −2.076、−2.469 和 −2.328，显著性依次为 0.004、0.003 和 0.001，均小于 0.05，说明差异性显著，即在机器人课程中科学探究型教学对学生科学探究的态度有积极影响。

三轮循环教学中的“科学探究”和“科学课程”这两个维度均达到显著性水平。在教学过程中也发现，刚开始小组分工合作时的无序、讨论交流的匮乏、认为科学的枯燥乏味，随着教学的进行，也变得有序而热烈，有趣而沉醉。

第一轮循环教学中的“价值”维度没有达到显著性水平，而第二轮和第三轮循环教学中的“价值”维度达到显著性水平（显著性分别为0.037和0.024，均小于0.05）。说明利用机器人这个学习工具来辅助科学探究的教学方式起到了很好的效果，学生对利用机器人解决问题的意识越来越强，对机器人的价值也越来越清晰。

第一轮循环教学和第二轮循环教学的“课外科学活动”维度没有达到显著性水平，而第三轮循环教学的“课外科学活动”维度达到显著性水平（$p=0.037<0.05$）。说明在经过三轮教学之后，学生不再满足于课堂的科学探究活动，而是对课外的科学活动也产生了浓厚的兴趣，即说明了在机器人课程中科学探究型教学的积极影响。

三轮循环教学中的“科学职业”维度均未达到显著性水平，可能的原因是高中生对自己的职业选择已经有了初步的想法，但本研究暂未对其进行确认调查，并且同机器人态度分析一样，也不能否认行动研究在第二轮循环和第三轮循环中所进行的调整。

（六）研究结论与不足

本研究提出了基于机器人的科学探究型教学模式，并以温州中学高一年级学生为实验对象进行研究。研究中主要采用行动研究的方式，一共实施了三轮循环，并在每轮循环的前后借助问卷调查的方式，分析这种教学模式对学生学习机器人态度和科学探究态度的影响，得出以下结论。

（1）在学习机器人的态度上，经过基于机器人的科学探究型教学，学生对学习机器人的态度产生了积极的影响，具体表现在喜欢、信心、焦虑、价值和价值观五个维度有显著影响，然而在执着维度无显著影响。

（2）在对科学探究的态度上，经过基于机器人的科学探究型教学，学生对科学探究的态度产生了积极的影响，具体表现在科学探究、科学课程和课外科学活动三个维度有显著影响，然而在科学职业维度无显著影响。

综上所述，通过三轮的行动研究表明基于机器人的科学探究型教学模式能够提高学生学习机器人的积极态度和对科学探究的积极态度，有助于培养学生自主分析问题、解决问题的能力，可以作为机器人课程基本教学模式之一。

本研究旨在通过行动研究的方式评估基于机器人的科学探究型教学模式，了解其对学生学习机器人的态度及科学探究的态度等方面的影响。但由于机器人作为选修课程，每周的课时较少，以及笔者的时间和教学经验有限，本研究所得结论有待进一步确认。

四、Arduino机器人的聚类化项目教学研究①

由于机器人课程常常需要学生合作设计、构造和操控机器人项目作品②，国外机器人课堂中广泛应用的教学方法是实验法和项目教学法，尤其项目教学法被很多教育学者认为是非常适用于机器人的教学方法③。但是，单纯的项目教学法在知识体系的系统性和教学效率上存在缺陷。因此，根据我们前期提出的聚类化教学思想④，本研究结合机器人课堂教学，构建了聚类化项目教学模式，试图为机器人课堂教学提供一种新的借鉴。

（一）概念界定

1. Arduino机器人

Arduino是一个开放源代码的单芯片计算机，它使用了Atmel AVR单片机，采用了基于开放源代码的软硬件平台，构建于开放源代码simple I/O接口板，并且具有使用类似Java、C语言的Processing/Wiring开发环境。Arduino机器人则是通过这个软硬件平台设计出的智能机器人。本研究选择Arduino机器人作为开发平台，主要是由于Arduino具有硬件便宜、方便购买、开放源代码

---

① 本节内容节选自钟柏昌教授指导的研究生张禄的硕士毕业论文。

② Khanlari A. Effects of Robotics on 21st Century Skills[J]. European Scientific Journal, 2013, 9(27): 26-36.

③ Beer R D, Chiel H J, Drushel R F. Using autonomous robotics to teach science and engineering[J]. Communications of the ACM, 1999, 42(6): 85-92.

④ 钟柏昌，李艺．信息技术课程内容组织的三层架构［J］．电化教育研究，2012，33（5）：17-21.

和支持众多的创意设计等几大特点。

2. 项目教学

项目教学是以学习研究学科的概念和原理为中心，通过学生参与一个活动项目的调查和研究来解决问题，以构建属于他们自己的知识体系，并能运用到现实社会中去。支持项目教学的理论基础主要是建构主义学习理论、布鲁纳的发现学习理论和杜威的实用主义教育理论[①]，其特色是以项目为主线、以教师为主导、以学生为主体，并有可视化、多样化的成果产出。本研究试图在项目教学的基础上使学生设计并开发 Arduino 机器人的产品，自主进行知识建构。

3. 聚类化项目教学

聚类又可理解为类聚，即根据事物具有的某种相似的属性，将其聚集为一类。聚类化项目教学，就是依据某种线索组合一系列项目，形成具有内在联系、具有螺旋上升和发散结构的教学单元，循序渐进地开展项目化教学。根据之前的研究[②]，大致有三种聚类方式：以相似的功能聚类，以相似的目标聚类，以相似的技术思想聚类。本研究在聚类思想的指导下进行设计与实施机器人教学，试图使学生做到螺旋上升式的学习，最终实现其创造能力的培养。

（二）相关研究

有学者提出，中小学机器人教学应该拓宽教学内容的知识广度，采取不同的综合设计教学方法，教学组织则要注重提供学生动手动脑进行设计活动的环境。具体来说，教学方法应该侧重综合设计，而不是放在问题的分析上；教学组织采取探究式学习方式，并提倡设计过程的规范化，以提高学生的综合设计能力[③]。有的研究表明机器人教育需要教学方式的创新，教学应以教师引导为主，使学生拥有更多的探索空间；教学过程适合小组合作，强调学生的积极参与；教师应重视课堂中的学习评价，为学生提供更多的反馈与修正机会[④]。

---

① 刘景福，钟志贤．基于项目的学习（PBL）模式研究［J］．外国教育研究，2002（11）：18-22.

② 钟柏昌，李艺．信息技术课程内容组织的三层架构［J］．电化教育研究，2012，33（5）：17-21.

③ 艾伦．对中小学机器人教学定位的思考［J］．中国教育技术装备，2009（24）：4-5.

④ 王海芳，李锋，任友群．关于中小学机器人教育的思考与分析［J］．全球教育展望，2009，38（4）：81-84.

在教学策略的选用上，必须综合考虑这几个方面：开放性的教学思想，多样性的学习方式，综合性的教学模式①。有的研究认为，根据建构主义教学理论，机器人教学中可采用抛锚式教学法，通过学生的自主学习和协助学习，来完成对所学知识的意义建构②，但这是对于高校机器人的教学而言。也有研究提出了在中小学机器人教育中采取思维拓展、课堂组织、协作学习、行动实践——“四位一体”的教学模式③。有的一线教师提出了三案三段教学模式，三案即导学案，包括预习案、探究案、巩固案；三段包括预习展示、探究发现、巩固评价④。有的研究提出了机器人教学活动的原则：以学生为中心，重视学生的参与、探究、发现，教师作为指导者、帮助者，在教学当中要有坚实的教育理念支持，机器人教学活动要“寓教于乐”⑤。也有研究根据项目教学，建议在机器人教学中采取五步教学方法：基础知识讲解、项目选择、项目实施、项目测评以及多渠道相关资源提供⑥，虽然也是针对高校机器人教育，但对中小学机器人教育教学也有一定的借鉴意义。

整体而言，相关研究表明项目教学在机器人课堂教学中具有重要的地位，强调学生手脑并用，知能并举。当然，目前的研究也存在着一些问题和不足。例如，单纯的项目教学在知识体系的系统性和教学效率方面缺少针对性的解决策略，且绝大多数的探讨局限于理论建构，鲜有实证研究。在普及机器人教育的趋势下，本研究旨在通过行动研究，探讨 Arduino 机器人的聚类化项目教学这种新教学模式的思路和可行性，为机器人教学中的活动组织和相关的研究提供一种新的思路。

---

① 李鸣华．机器人教育的教学设计［J］．中国电化教育，2007（8）：98-101．

② 毛湘宇，杜平安．基于建构主义理论的机器人实践教学模式研究［J］．实验科学与技术，2012，10（6）：79-81．

③ 刘琼．中小学机器人教育模式设计与应用研究［D］．石家庄：河北师范大学，2012．

④ 吴金菊，杨丰秋．基于三案三段教学模式的机器人教学探究［J］．中国教育技术装备，2013（5）：5-8．

⑤ 葛文双，傅钢善，史婷．我国中小学机器人教育发展中的问题分析［J］．中国教育信息化，2008（8）：4-7．

⑥ 饶增仁，靳天玉，郑平，赵洁．教学机器人创新实践教学研究［J］．实验室科学，2013，16（3）：165-167

（三）研究方法与流程

1. 研究方法

（1）文献研究法

通过查阅国内外与中小学机器人教育教学相关的资料，分析国内外机器人教育与研究的现状及趋势，查阅项目教学、最近发展区和行动研究相关理论，形成对本研究的理论指导。

（2）问卷调查法

根据文献的研究，自行设计问卷，调查并分析当前我国机器人教学的现状和需求。使用威廉斯的创造力倾向测量表与根据黄世杰开发的计算机态度量表改编而来的机器人态度量表，在学生学习机器人前后对其进行问卷调查，通过数据分析评估其学习前后的创造力倾向和态度等方面的变化。其中，威廉斯创造力倾向量表共 50 道题，包括冒险性、好奇性、想象力、挑战性四项，根据得分判断创造力倾向；根据黄世杰的计算机态度量表改编的机器人态度量表共有 30 道题，包括使用机器人的焦虑、使用机器人的信心、对机器人设备的价值观、对机器人的喜爱、使用机器人的价值、使用机器人的执着等六个因素。

（3）行动研究法

本研究在学校中实施教学时采用行动研究法，笔者担任浙江省温州中学机器人选修课的教师，参与机器人课程的教材编写、课堂教学等实际工作。在行动研究中，采取“计划—行动—观察—反思”的循环模式。具体实施过程中，根据教学项目的特点，结合实际课堂的教学方法，初步计划行动研究的教学细则，如时间安排、活动安排等。由于时间和精力有限，行动研究以 9 周 18 课时为一轮循环，实施了两轮循环。第一轮循环按照既定的教学内容（自编教材《Arduino 创意机器人》，包括智能 LED 灯、智能风扇、智能小车三章）实施教学。教学过程中，要实时观察并作相关记录。教学结束后，对教学过程中的不足以及一些细节问题进行反思，并作出修改或调整。然后根据修改的计划实施第二轮循环的教学，同时进行反思与调整。

（4）准实验研究

本研究对结果和数据的处理采用的是准实验研究，包括两方面：一是对学生作品进行评价，学生每节课的作品都将被记录下来，通过对学生作品的分析检验学生的知识掌握情况，通过学生作品的对比检验行动研究的效果；二是对学生的创造力倾向和机器人态度进行评价，通过行动研究的一轮循环内的前测与后测数据分析，检验本研究方案的可行性，通过行动研究循环间的数据变化对比，检验行动研究的效果。

2. 研究流程

基于以上对研究内容和方法的讨论，本研究确立了基本的研究方法与流程（图 3-15）。

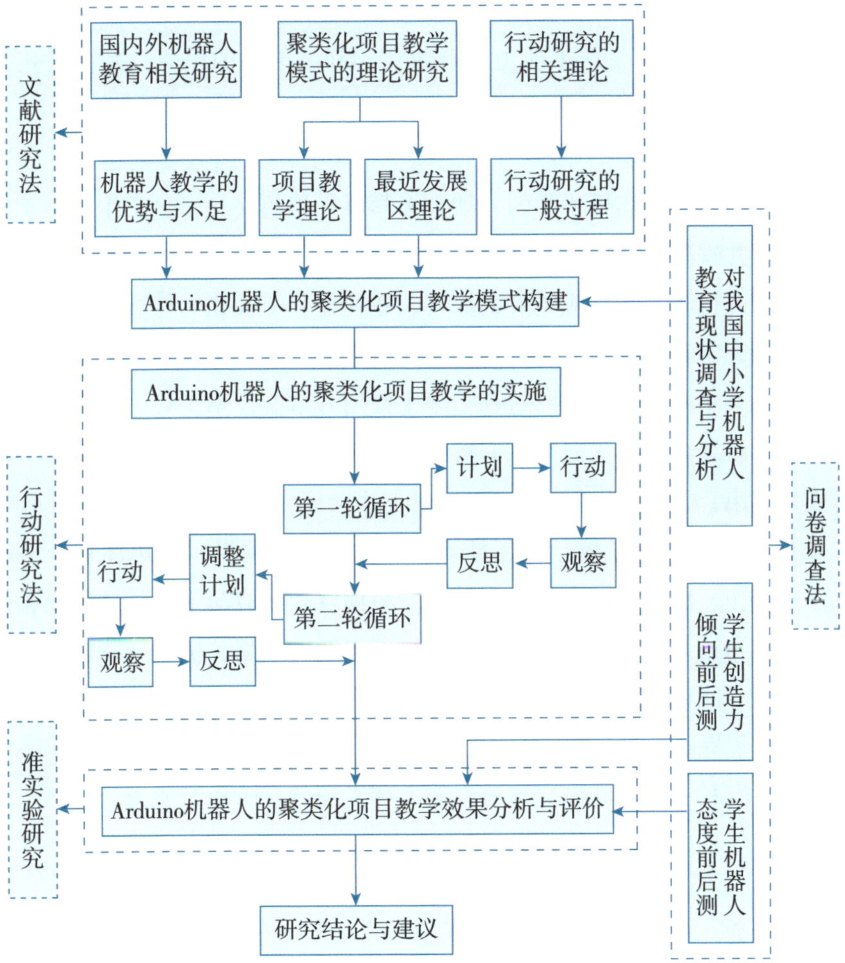

图 3-15　研究方法与流程

（四）聚类化项目教学的初步构建

机器人教学强调学生手脑并用、知行并举，而聚类化项目教学正是从手与脑的角度去设计的。聚类化项目教学的实施过程中，注重项目化和聚类化这两大特点。项目化就是将机器人教学内容以项目的形式呈现，强调学生的实践创作和解决实际问题的能力，理论依据为项目教学理论；聚类化则是根据教学项目的内在联系，依据某种线索组合一系列项目，形成具有内在联系、螺旋上升和发散结构的教学单元，强调在学生完成项目的过程中自主完成知识建构，理论依据为最近发展区理论。

1. 项目教学及其相关理论基础

项目教学强调学生动手能力和解决实际问题能力的培养，基本采用“做中学”的方式，通过探究并完成项目获得解决问题的知识和技能。

众所周知，项目教学由内容、活动、情境、结果四大要素构成。内容是来源于现实生活和真实情境中的，涉及多学科知识的交叉，是学生感兴趣的且有能力探究并解决的知识。活动是学生使用一定的工具和方法解决面临的问题而采取的探究行动，活动应具有挑战性、建构性和个性化的特点。情境是支持学生进行探究学习的环境，可以是真实的学习环境，也可以是虚拟的环境，情境能够促进学生间的合作，同时利于学生使用并掌握技术工具。结果是在学习过程中或学习结束时学生通过探究行动学会的知识和技能，并有可视化、多样化的成果产出。

项目教学的实施过程一般包括 6 个阶段：选定项目、制定计划、活动探究、作品制作、成果交流和活动评价[①]。将项目教学应用于信息技术的相关研究中，通过上述 6 个阶段的实施，均取得了不错的效果。例如一些研究中得出了以下结论：能充分调动学生学习的积极性，能促进学生综合素质和能力的提高[②]；有助于提高学生自主学习的能力和创新能力，能够因材施教并解决学生个体差异，有利于培养学生交流协作能力和发展其高阶思维能力，有利于学生

① 刘景福，钟志贤．基于项目的学习（PBL）模式研究［J］．外国教育研究，2002（11）：18-22．

② 曹新跃．基于项目的学习在小学信息技术教学中的应用研究［D］．济南：山东师范大学，2011．

非智力因素方面的发展[①]；学生在创建网站的实践中掌握了信息的获取、分析、加工、交流和创新等技能，形成自己的知识体系，完成了知识建构，培养了自主学习、合作学习和问题解决能力[②]；等等。

建构主义学习理论、布鲁纳的发现学习理论和杜威的实用主义教育理论构成了项目教学的理论基础，其特点是以项目为主线、以教师为主导、以学生为主体，并有可视化、多样化的成果产出。

（1）建构主义学习理论

建构主义认为，知识不是通过教师传授得到的，而是学习者在一定的情境下，借助其他人（包括教师和学习伙伴）的帮助，利用必要的学习资料，通过意义建构的方式而获得的。

建构主义学习理论认为情境、协作、会话和意义建构构成学习环境的四大要素，而与其相适应的教学模式为："以学生为中心，在整个教学过程中由教师起组织者、指导者、帮助者和促进者的作用，利用情境、协作、会话等学习环境要素充分发挥学生的主动性、积极性和首创精神，最终达到学生有效地实现对当前所学知识的意义建构的目的。[③]"建构主义中比较常见的教学方法有支架式教学、抛锚式教学、随机进入教学、项目教学等。

项目教学实质上是基于建构主义学习理论的探究性学习模式。它强调在一定的情境下，通过小组合作学习来解决现实生活中的实际问题，达到对所学知识的意义建构的目的。

（2）布鲁纳的发现学习理论

布鲁纳提出的发现学习，要求学生利用教材或教师提供的其他相关材料进行独立思考，自行发现知识，掌握概念、原理和规律。布鲁纳指出："发现不限于那种寻求人类尚未知晓之事物的行为。正确地说，发现包括用自己的头脑亲自获得知识的一切形式。[④]"

---

① 张志霞．项目教学在普通高中信息技术课教学中的应用研究［D］．石家庄：河北师范大学，2012.

② 邬彤．基于项目的学习在信息技术教学中的应用［J］．中国电化教育，2009（6）：95-98.

③ 何克抗．建构主义的教学模式、教学方法与教学设计［J］．北京师范大学学报（社会科学版），1997（5）：74-81.

④ 邵瑞珍．教育心理学参考资料选辑［M］．上海：上海教育出版社，1990：190.

布鲁纳的发现学习理论包括以下几种观点：一是学习的实质是主动形成认知结构；二是学习包括获得、转化和评价三个过程；三是强调学习的内部动机[①]。项目教学采用的不是被动接受式的学习，而是主动发现式的学习。在学习过程中，学生对问题提出假设并通过合作探究验证假设，最终形成问题的解决方案。

（3）杜威的实用主义教育理论

针对“以课堂为中心，以教科书为中心，以教师为中心”的传统教育观点，杜威提出了实用主义教育理论，他的《民主主义与教育》一书中详细阐释了其教育思想体系，可概括为新三中心论。一是以经验为中心。杜威认为“知识不是由读书或解惑而得来的结论”“一切知识来自于经验”，在《经验与教育》一书中提出“教育即生活，教育是传递经验的方式”。二是以儿童为中心。实用主义反对传统教育忽视儿童的兴趣和需要的做法，主张教育应以儿童（或受教育者）为起点，“现在我们的教育中心在发生的一种变革是重心的转移。这是一种变革，一场革命，一场和哥白尼把天体的中心从地球转向太阳那样的革命。在这种情况下，儿童变成了太阳，教育的各种措施围绕着他们而组织起来。[②]”三是以活动为中心。杜威认为崇尚书本的弊端是没有给儿童提供主动学习的机会，只提供了被动学习的条件。杜威提出“学校主要是一种社会组织。教育既然是一种社会过程，学校便是社会生活的一种形式。[③]”由此提出了“做中学”教育理论。

2. 聚类化教学及其相关理论基础

人类学习具有“聚类”特点，不管是新知识的获取还是原有知识的同化，都习惯以“类”为依据进行加工、存储和提取。教学设计与实施也应该体现这种逻辑，以某种聚类方式将相关学习内容连成组块，从而在局部上聚类知识内容，在宏观上形成课程内容的集合，逐步呈现给学习者，从而达到较好的教学效果。根据我们已有的研究，大致有三种聚类方式：以相似的功能、相似的技

---

① 肖少北．布鲁纳的认知——发现学习理论与教学改革［J］．外国中小学教育，2001（5）：38-41．

② 杜威．学校与社会·明日之学校［M］．赵祥麟，任钟印，吴志宏，译．北京：人民教育出版社，1994：44．

③ 赵祥麟，王承绪．杜威教育论著选［M］．上海：华东师范大学出版社，1981：4．

术思想、相似的目标聚类；而从教学组织形式的角度看，基于项目的学习不仅符合这种有可视化成果产出的教学，而且具有广泛的包容性，能够根据需要选择任何一种聚类方式。例如，以相似的功能（实现台灯的自动开启和关闭）来聚类设计智能台灯项目，可以分别采用光敏、声控、温控等单一传感器或不同传感器的组合来实现，将机器人的各种元器件及解决问题所需的相关学科知识逐一卷入项目的学习中，以此为例，还可设计出智能热水器、智能风扇、自动浇水花盆等创意项目，引导学生在举一反三的基础上产生自己的创意作品①。

与聚类化教学紧密相关的基础理论主要有最近发展区理论。最近发展区理论是由苏联著名心理学家维果茨基于 20 世纪 30 年代提出来的，即"儿童的实际发展水平与潜在发展水平之间的差距。前者由儿童独立解决问题的能力而定，后者则是指在成人指导下或与能力较强的同伴合作时，儿童表现出来的解决问题的能力"。

在最近发展区理论的启发下，美国涌现出许多教学模式，例如有支架式教学、互惠式教学、合作型教学、情境性教学等②，这些教学模式虽有不同，但勾画的知识观、学习观、教学观根本性变革的蓝图是一样的，突出表现为③：① 知识的建构性，知识是学生积极建构的，并非对外部客观世界的被动反映；② 知识的社会性，知识是内含在团队中的；③ 知识的情境性，认知与学习的互动特性和实践的重要性；④ 知识的默会性，知识的默会性与明确性相对立，利用情境性原则设计出真实的学习环境，有可能使学习者"偷窃"到他们所需要的知识；⑤ 知识的复杂性，知识是主观的、不稳定的、结构不良的，复杂知识的主要特征就是结构的开放性、不良性、建构性、协商性和情境性。

最近发展区理论蕴含的思想是：儿童在最近发展区内学习，效果会更好；儿童的发展主要是通过与成人或更有经验的同伴的合作获得的。作为教师，首

---

① 钟柏昌."四位一体"的中小学机器人教育框架设计［J］. 教育研究与评论（技术教育），2014（4）：52-58.

② 麻彦坤．最近发展区理论在当代美国教学模式中的应用［J］. 外国教育研究，2005（9）：60-64.

③ 莱夫，温格．情景学习：合法的边缘性参与［M］. 王文静，译．上海：华东师范大学出版社，2004：12.

先应先了解学生所处的发展阶段以及面对的各类问题；其次利用自己的经验，帮助学生达到最高发展水平①。

（五）聚类化项目教学的要素设计

由于聚类化项目教学依据的是项目教学理论和最近发展区理论，是一种改进型的项目教学，仍具有项目教学的四大要素：内容、活动、情境、结果。本研究在构建时重点关注了内容与活动这两个方面。

1. 内容要素

聚类化项目教学的内容，应符合这几点要求：问题是现实生活中的，使学生对问题充满兴趣；知识具有完整性和系统性，难度呈螺旋上升，并尽量避免知识点的重复学习，使学生有能力进行探究并保证一定的效率；项目要控制子项目的数目，使学生对项目保持兴趣；采取基础项目加拓展项目的模式，在保证所有学生学习基本知识的同时，满足部分学生的求知欲和深度学习。

2. 活动要素

聚类化项目教学的活动，即信息技术课程内容组织三层架构理论中的技术活动。三层架构，指以技术工具为基础、以技术活动为核心、以技术思想为归宿的信息技术课程内容组织线索。作为三层架构的核心，技术活动的设计尤其重要。据已有的研究，大致有三种聚类方式：以相似的功能聚类、以相似的目标聚类、以相似的技术思想聚类。以相似的功能聚类是通过设计某些问题解决活动，将技术工具所具有的相似功能集合在一起，达到功能操作和问题解决的融会贯通。以相似的目标聚类即使用不同的技术工具解决相同的问题，可以以解决相似的问题目标为依据聚类不同的技术工具及其使用方法。以相似的技术思想聚类是将具有相同技术思想的技术工具挖掘出来，以丰富多样的技术活动表达出来，可以达到举一反三的功效。

根据传统的项目教学，本研究中对聚类化项目教学中主要环节及师生活动进行了初步设计（图 3-16）。本研究是在项目教学的 6 个阶段基础上增加了

① 常凤，周本伟．维果茨基“最近发展区”理论在新课程教学中的应用［J］．新课程研究（基础教育），2009（1）：25-27.

一个阶段，即作品拓展，它是建立在作品制作基础上的，可以是学生制作基础任务的作品后的自行拓展，也可以是通过成果交流和作品评价后产生的新想法。总之，作品拓展阶段的增加是为了更好地培养学生的创造能力和发散思维，鼓励学生积极思考、发挥想象力。

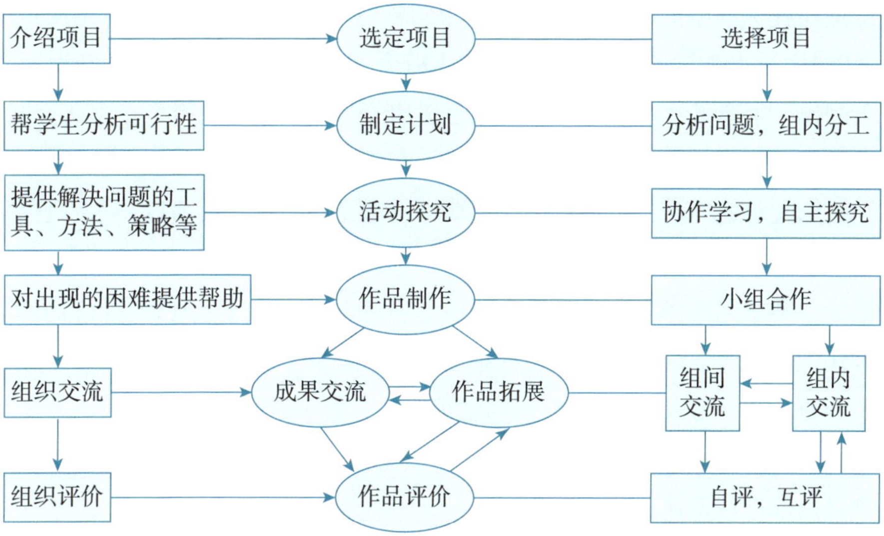

图 3-16　聚类化项目教学的主要环节及师生活动

3. 情境要素

情境是支持学生进行探究学习的真实或虚拟的环境，要能够促进学生间的合作，并利于学生使用并掌握技术工具。为降低成本以便于推广普及机器人教育，本研究选择普通的计算机教室作为学生学习的真实环境。

4. 结果要素

结果是在学习过程中或学习结束时学生通过探究行动学会的知识和技能，并有可视化、多样化的成果产出。对于机器人课程，最终产出可视化的作品是理所当然的，但为了鼓励和培养学生的创新能力和发散思维，本研究在活动设计中特别增加了作品拓展阶段，以便于学生能够有多样化的成果产出。

（六）聚类化项目教学的项目设计

聚类化项目教学的项目设计是在聚类化项目教学的构建中形成的理论指导下进行的设计。本研究选择的问题都是现实生活中的，以使学生感兴趣。为使知识具有完整性和系统性，本研究特以中国教育技术协会信息技术教育专业委员会编写的《基础教育信息技术课程标准（2012版）》为指导，设置知识点。该课程标准中的机器人模块包括“结构与功能”“设计与制作”两部分内容，“结构与功能”主要是机器人的基本概念、硬件和软件等方面的知识，“设计与制作”主要是针对基本知识的综合运用能力。根据这些指导，本研究初步设计的项目包括台灯项目、风扇项目、小车项目、自动浇水花盆项目、闹钟项目、校园气象站项目、小鸡孵化装置项目、激光测距测高仪项目、水质监测机器人项目等。由于“Arduino创意机器人”课程的总课时为18课时，为了与之相适应，本研究选择了上述项目中的三个项目（台灯项目、风扇项目和小车项目）作为课程教学内容。其他项目希望作为学生下一阶段的学习内容，可作为课外的研究性学习或者“Arduino创意机器人”的下册内容。

在项目的具体设计中，为使知识难度螺旋上升，本研究分别从项目之间和项目内部进行设计。

项目之间，按照台灯项目、风扇项目、小车项目的先后顺序分别设置三章，为智能LED灯、智能风扇、智能小车。智能LED灯一章只涉及Arduino机器人的基础知识，包括Arduino编程环境、数字接口和模拟接口的输入与输出、串口监视器等软件知识，Romeo控制器、LED灯、按钮、传感器等硬件知识，以及程序设计基础知识（常量、变量、选择结构、循环结构等）。智能风扇一章则是在智能LED灯的基础上增加了选择结构和循环结构的嵌套、映射函数等程序设计的知识，直流电机、声音传感器、超声波传感器、舵机、红外遥控等硬件知识，以及多传感器组合控制的复杂原理。智能小车一章则是在智能风扇的基础上由单电机的控制增加到双电机的控制，由静态控制改变为动态控制，综合前面两章所学的知识。

项目内部，亦是按照软硬件知识的螺旋上升设计的。每个项目包括三个子项目，共6课时。另外，为培养学生的创新能力和发散思维，激发学生的兴趣，在每个项目结束时（也就是第三个子项目中）均设计了综合创意环节。在每一课时中也设置了基础任务和拓展任务的组合，基础任务是面向全班学生的，而拓展任务是针对能力较高的或对项目和学习内容感兴趣的学生，课程项目的拓扑结构示意图如图 3-17 所示。

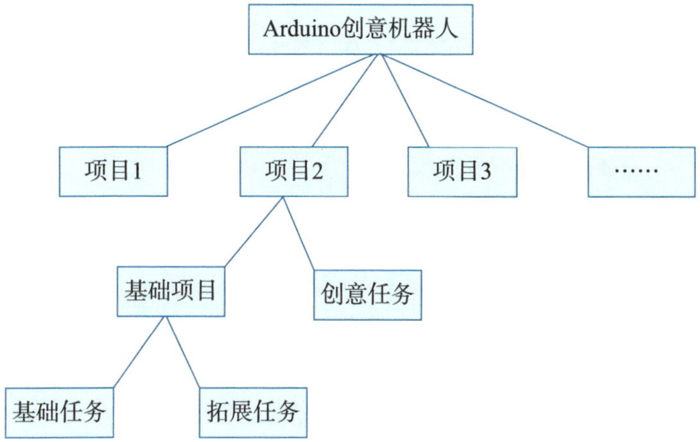

图 3-17　Arduino 创意机器人课程项目的拓扑结构示意图

在聚类化项目教学的项目设计中，为了使学生对学习更感兴趣，尽量涉及愉悦感与功用性、优越感、消遣性、相投性等四个因素，并避免无味性、厌倦感、无助感等三个因素①。本研究根据这些要求设计出的“Arduino 创意机器人”的具体项目见表 3-40。

表 3-40　“Arduino 创意机器人”项目设计

项目名称	了项目	课时	涉及知识点（不包括已学）	聚类线索	
				相似的功能	相似的目标
智能 LED 灯	点亮 LED 灯	第 1 课　走进 Arduino 的世界	Arduino 编程环境、Romeo 控制器	LED 灯闪烁功能	实现对 LED 灯的控制
		第 2 课　闪烁 LED 灯	LED 灯、数字接口的输出、延时函数		

① 夏凌翔，张世宇，王振勇．高中生学习兴趣结构的探索性因素分析［J］．辽宁师范大学学报，2002（6）：58-60.

续表

项目名称	子项目	课时	涉及知识点（不包括已学）	聚类线索	
				相似的功能	相似的目标
智能LED灯	按钮控制的LED灯	第3课 按钮控制的LED灯	按钮、数字接口的输入	LED灯开关功能	实现对LED灯的控制
		第4课 聪明的按钮	变量、选择结构、逻辑运算符		
	创意LED灯	第5课 呼吸灯	循环结构、脉宽调制	LED灯亮度变化功能	
		第6课 光控LED灯	光线传感器、串口监视器		
	第7课 LED灯综合创意		无		
智能风扇	智能风扇	第1课 声控风扇	声音传感器、电机	风扇开关功能	实现对风扇的控制
		第2课 换挡风扇	选择结构的变式		
	变速风扇	第3课 自动变速风扇	超声波传感器、映射函数	风扇变速功能	
		第4课 遥控风扇	红外遥控套件、字符串		
	创意风扇	第5课 摇头风扇	舵机、循环结构的变式	风扇摇头功能	
		第6课 自动跟踪风扇	数字防跌落传感器、手势控制		
	第7课 风扇综合创意		无		
智能小车	简单小车	第1课 走直线小车	小车前进、后退	小车直行、转弯功能	实现对小车的控制
		第2课 跳8字舞的小车	小车左转、右转（双轮差速驱动）		
	避障小车	第3课 避障小车	碰撞传感器、左手规则	小车避障功能	
		第4课 防跌落小车	无		
	巡线小车	第5课 巡线小车一	巡线传感器、巡直线	小车巡线功能	
		第6课 巡线小车二	巡路口（丁字路口、十字路口）		
	第7课 小车综合创意		无		

（七）聚类化项目教学的实施过程

1. 行动研究的整体实施

（1）行动研究的学校分析

温州中学：由笔者担任任课教师，是本行动研究实施的最主要学校，提供行动研究中学生课堂表现的观察、学生作品的记录、学生创造力倾向和机器人态度的数据收集等所有支持。

温州中学新疆部（温州市第八高级中学）：由本研究团队其他成员上课，是本行动研究的主要学校，提供行动研究中学生课堂表现的观察、学生创造力倾向和机器人态度的数据收集等支持。

温州市实验中学：由本研究团队其他成员上课，是本行动研究的主要学校，提供行动研究中学生课堂表现的观察等支持。

其他学校：由于本研究团队以及相关部门的宣传和推广，在本行动研究的开展过程中，有许多学校加入到研究中。这些学校属于本行动研究的辅助学校，提供行动研究中学生课堂表现的观察等支持，以及提供行动研究中一些需要改进的建议。为此，笔者创建了专门的 QQ 交流群、开通了相关的博客，参与研究的学校教师通过群里交流、博客留言、当面沟通等多种方式为本行动研究献计献策。

（2）行动研究的循环模式

本研究采用“计划—行动—观察—反思”的模式作为行动研究中的一个螺旋发展圈，即行动研究的一轮循环。计划，是在改进前一轮循环的基础上形成本轮循环的计划；行动，是对计划的具体实施；观察，主要观察学生的课堂表现，记录学生的作品；反思，主要是反思教学内容的知识量与难度，也要考虑影响教学质量的其他各种因素。

2. 行动研究的具体实施

行动研究中每个学校具体实施情况有所不同，温州中学、温州中学新疆部、温州市实验中学的具体实施情况见表 3-41。

表 3-41 行动研究中每个学校的具体实施情况

学校	研究时间	每周课时	总课时	选修人数		螺旋发展圈
				男	女	
温州中学	2014.2—2014.4	2	18	18	12	第一轮循环
	2014.5—2014.7	2	18	14	16	第二轮循环
温州中学新疆部	2014.3—2014.5	3	27	18	12	一轮循环
温州市实验中学	2014.2—2014.7	1	18	30		一轮循环

在行动研究正式实施之前，本研究先对我国中小学机器人教育的现状进行了调查和分析。根据现状调查情况，由研究团队共同研究与课题相关的理论假设，确定整个研究课题的最初计划，并编写了部分教材，在后面的研究中则是对教材边改进边编写剩余部分。

行动研究的循环过程主要包括备课、上课与反思。备课是由本研究团队集体备课，通过商讨研究得出理论上可行的方案，并形成教学设计、教学课件。上课则是本研究团队成员进行课堂教学，最初由其他成员帮忙记录学生作品，后面的课堂教学则是上课教师独自完成整个过程。反思是对教学过程中观察到的问题进行研究讨论，同时对学生作品作出评价，然后根据反思得出的结论修订计划，形成下一轮循环的新计划。为检验学生对教学内容的掌握情况及发散思维和创新能力的发展状况，本研究将从作品的深度和广度进行评价，评价原则见表 3-42 和表 3-43。其中，深度评价主要是查看学生项目的完成情况，以检验学生对教学内容的掌握情况；广度评价则注重学生发散作品的评价，以检验学生的发散思维和创新能力。所谓发散作品，是除教学内容中的基础任务外，由学生完成的其他作品。

表 3-42 学生作品评价原则（深度）

分数	原则
0	未完成所有项目
1	只完成一个项目

续表

分数	原则
2	完成所有项目
3	完成所有项目，且有发散作品但未制作完成
4	完成所有项目，且有发散作品并制作完成

表 3-43　学生作品评价原则（广度）

分数	原则	知识点增量（包含软硬件）
-2	难度 -2	减少 2 个以上知识点
-1	难度 -1	减少 1 ~ 2 个知识点
0	与教师所讲难度基本持平	知识点相同
1	难度 +1	增加 1 ~ 2 个知识点
2	难度 +2	增加 2 个以上知识点

另外，在整个行动研究过程中也伴随着研究数据的收集与处理。行动研究的每一轮循环开始前都会对选课学生进行实验前测，每一轮循环结束后也都对选课学生进行实验后测，前测和后测主要检测学生的创造力倾向和机器人态度。然后将这些数据整理后存入计算机中，利用统计分析软件 SPSS 对数据进行统计分析。

（八）聚类化项目教学的效果分析与评价

1. 学生作品分析

在温州中学实施行动研究的两轮循环中，在每一个子项目（2 课时）结束时，笔者都会记录学生的作品。这些作品不仅在行动研究过程中方便教师观察学生对教学内容的掌握情况，也可以用于粗略比较两轮循环中的教学效果，以检验行动研究中作出的调整的可行性与正确性。这里主要是粗略比较两轮循环中的学生作品，验证行动研究作出修订计划的可行性和正确性。

根据对项目教学中学生作品的分析，比较第一轮循环和第二轮循环中学生作品的情况，若第二轮循环中学生作品普遍好于第一轮循环，则表明聚类化项目教学的行动研究作出的调整具有一定的可行性和正确性。为确保数据更具科学性和说服力，在进行两轮循环之前均对学生作了初步了解，可以确定所有学生的“Arduino 创意机器人”的基础几乎都为 0，可以视为学生初始水平无太大差别。

按照学生作品评价原则表（表 3-42、表 3-43）对学生作品进行评分量化，并从深度和广度两方面对学生作品作简要分析。深度方面，对每个子项目中所有学生的得分分布进行数据分析，图表中横坐标表示作品得分，纵坐标表示学生数量。广度方面，对每个子项目中学生发散作品的得分取平均分进行数据分析，图表中横坐标表示子项目，纵坐标表示学生发散作品的平均分，即所有发散作品总分除以发散作品学生数。

（1）智能 LED 灯项目的学生作品分析

智能 LED 灯项目是整个机器人课程的开始，重点是希望学生能够掌握 Arduino 的一些基础知识和基本技能，为后面内容的学习和更好地思考发散作品打好基础。

① 智能 LED 灯项目中学生作品的深度分析

根据设计的项目，智能 LED 灯项目中包含点亮 LED 灯、按钮控制的 LED 灯、创意 LED 灯三个子项目，学生作品情况分别见图 3-18、图 3-19、图 3-20 所示。

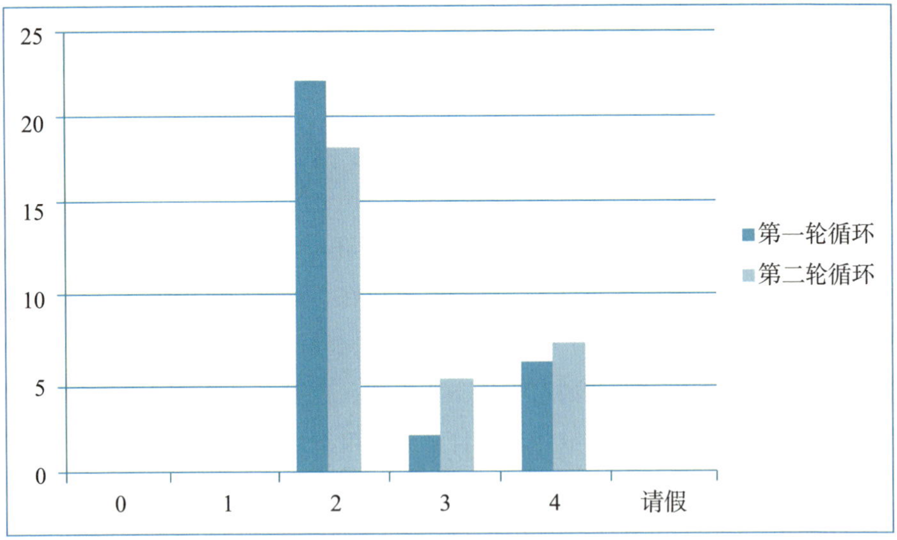

图 3-18　点亮 LED 灯子项目的学生作品情况

如图 3-18 所示，对于点亮 LED 灯子项目，第二轮循环教学效果要稍好于第一轮循环，但是两轮循环在这一子项目中的内容和活动方面并无太大改动。究其原因，可能是笔者并非一线教师，在课程刚开始阶段教师和学生需要经历一个磨合期，而第二轮循环时已经积累了一定的经验，改善了教学效果。另外，两轮都有得 3 分的情况出现（有发散作品但未制作完成，类似于流水灯的作品），可能由于这个子项目是整个课程的第一个项目，学生刚刚接触 Arduino，在这 2 课时中还处于适应和熟悉 Arduino 软硬件的过程。

如图 3-19 所示，对于按钮控制的 LED 灯子项目，第二轮循环教学效果明显好于第一轮循环，主要表现是第二轮循环中有很多单个按钮控制多盏灯的发散作品，但均未出现多个按钮控制多盏灯的发散作品。这一子项目主要是按钮对 LED 灯的各种控制，难点主要有两个：一是涉及变量的讲解，在第一轮循环中直接讲了一般程序设计中变量的定义和使用等，在第二轮循环中则变为对比数学中的函数（自变量和因变量）进行讲解，效果要好一点；二是按钮的抖动现象，按钮抖动是机械原因，消抖是实现稳定控制的方法，在第一轮循环中只是简单提及按钮抖动，消抖作为拓展任务留给学生课下自学，在第二轮循环中则将消抖作为提高任务，并且是在课上由教师带领完成。因此，第二轮循环总体效果要好于第一轮循环。

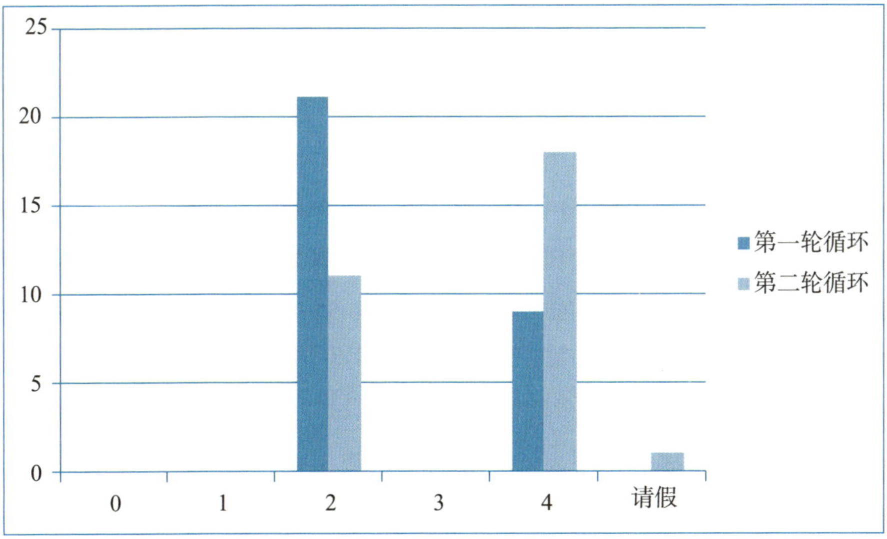

图 3-19　按钮控制的 LED 灯子项目的学生作品情况

如图 3-20 所示，对于创意 LED 灯子项目，两轮循环教学效果几乎没有差别，学生发散作品多为按钮控制的呼吸灯、光控呼吸灯及其各种变式。这一子项目包括呼吸灯、光控 LED 灯和 LED 灯综合创意，内容虽多，但难度不大，重点是学生的创意。由于学生接触 Arduino 时间较短，改进方案可以是课上创意环节教师将提前准备好的各种创意（半成品）发给学生，作为学生创意的启发和引导。由于各种原因，第二轮循环并未做出这样的改变，希望在以后的实施中作出改变以查看效果。

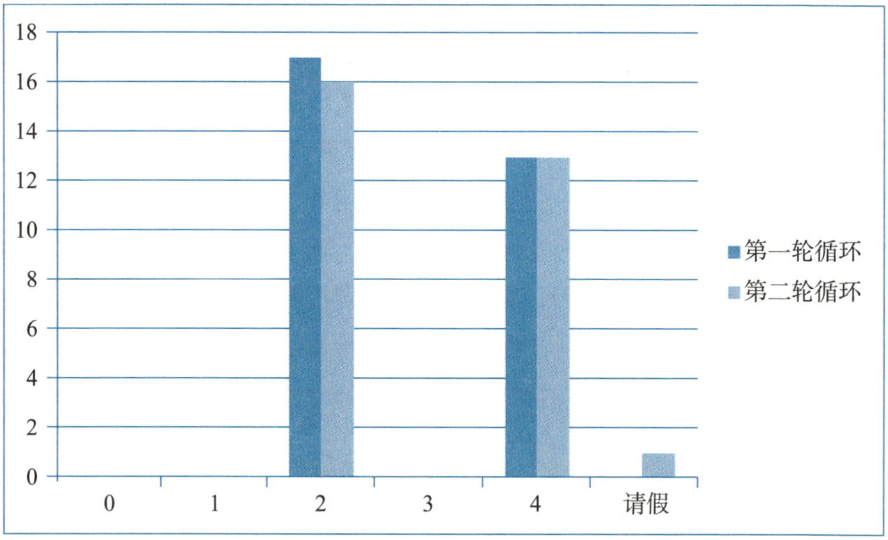

图 3-20　创意 LED 灯子项目的学生作品情况

② 智能 LED 灯项目中学生作品的广度分析

如图 3-21 所示，智能 LED 灯项目学生作品平均得分在两轮循环中呈上升趋势。对于点亮 LED 灯和按钮控制的 LED 灯子项目，两轮循环的学生作品平均得分并无差别；而对于创意 LED 灯子项目，第二轮循环的学生作品平均得分要好于第一轮循环，所以第二轮循环对学生发散思维的培养要比第一轮循环稍好。原因分析如下：在第二轮循环对创意 LED 灯未做太大改变的前提下，可能是由于第二轮循环中对点亮 LED 灯和按钮控制的 LED 灯所作出的改变，使学生有了一定积累，从而对创意 LED 灯有影响。鉴于此，希望教师在以后的实践中能够在按钮控制的 LED 灯阶段作出提示，鼓励学生尝试多个按钮控

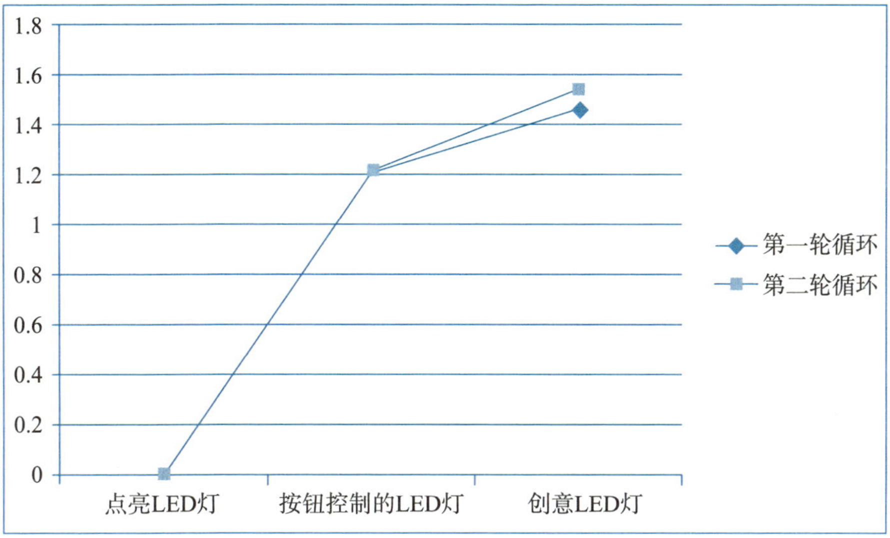

图 3-21　智能LED灯项目学生作品平均得分（广度）

制多盏灯。

从以上分析可以得知，对于智能 LED 灯项目的教学，第二轮循环中学生作品的深度和广度均比第一轮循环稍好，说明行动研究在这一项目中作出的调整具有一定的可行性和正确性。

（2）智能风扇项目的学生作品分析

对于智能风扇项目，并没有按照智能 LED 灯项目那样每个子项目作出不同改变，而是对整个项目都作出了同样的改变，即减少了上课时教师讲解知识的时间，如导入环节只简单复习前面知识等，这样便于留给学生更多自由创作的时间。因此，在分析本项目中的学生作品时，看到了更多的发散作品（包括有想法但未完成的）。

① 智能风扇项目中学生作品的深度分析

根据设计的项目，智能风扇项目中包含智能风扇、变速风扇、创意风扇三个子项目，其学生作品情况分别如图 3-22、图 3-23、图 3-24 所示。

如图 3-22 所示，智能风扇子项目的第二轮循环教学效果要明显好于第一轮循环，学生完成的发散作品多为多挡的换挡风扇、光控风扇等。由于条件限制，学生也有一些想法未能完成，如温控风扇、声控窗帘、声控闹钟等。

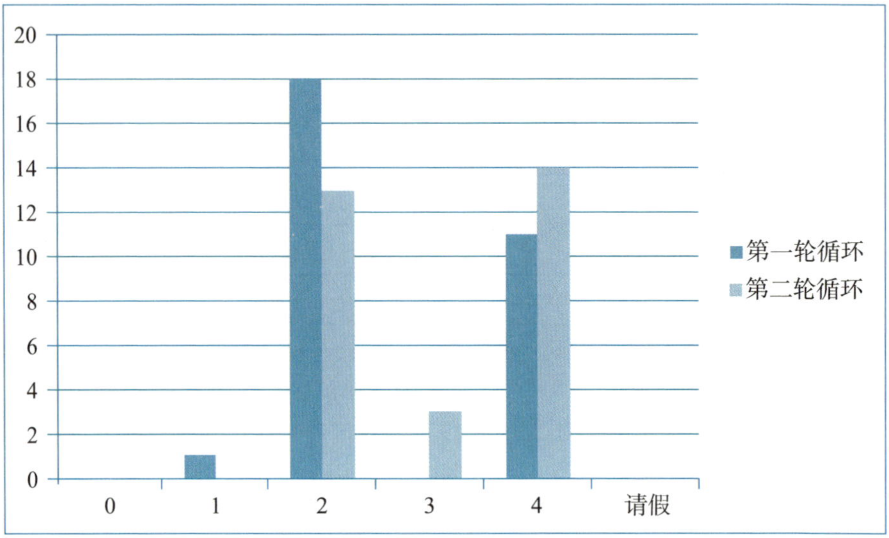

图 3-22　智能风扇子项目的学生作品情况

如图 3-23 所示，变速风扇子项目的两轮循环教学效果相差不大，均有少数学生未能完成自动变速风扇（超声波控制），但是第二轮循环作出的改变，使得部分学生可以有较为充足的时间思考出一些发散作品（未完成），如有光控窗帘、遥控同时控制灯和风扇、自动浇水花盆、超声波距离探测车等。

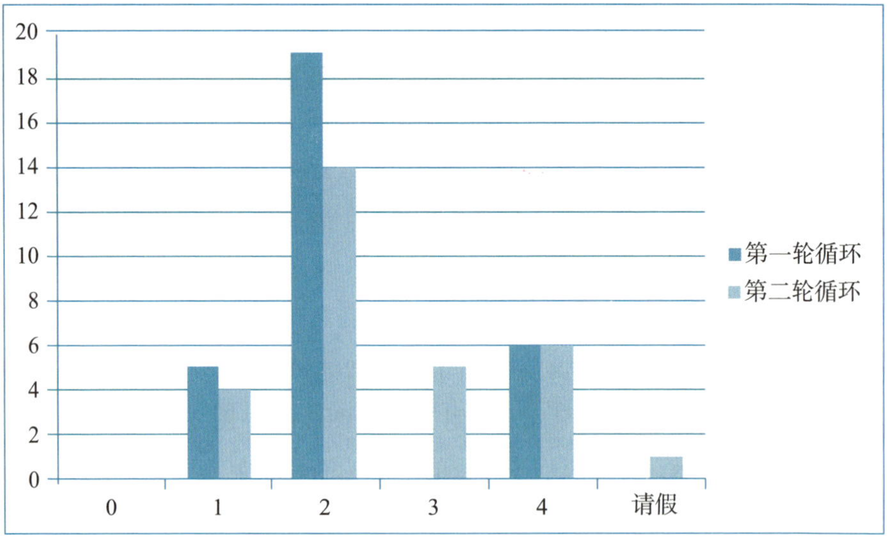

图 3-23　变速风扇子项目的学生作品情况

如图3-24所示，创意风扇子项目的两轮循环教学效果相差不大，但是学生的发散作品却有所区别，第一轮循环中发散作品只有趋光风扇、按钮控制风扇摇头、声音控制风扇摇头等，第二轮循环中不仅出现这些发散作品，还有除湿风扇、模拟探照灯等作品。

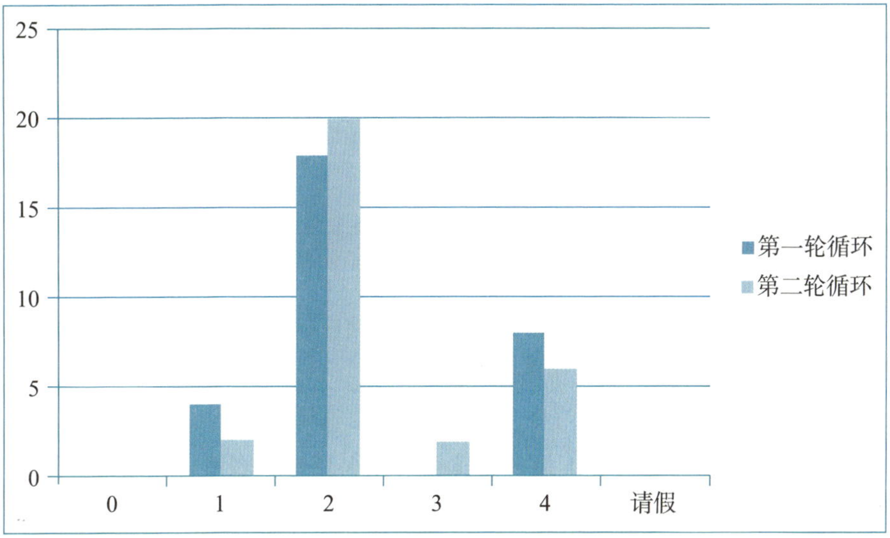

图3-24 创意风扇子项目的学生作品情况

② 智能风扇项目中学生作品的广度分析

通过对智能风扇项目中学生作品的深度分析，可以看出两轮循环中学生对教学内容的掌握情况并无太大差别。但如图3-25所示，第二轮循环中学生的发散作品得分要好于第一轮循环，表明第二轮循环作出的改变对培养学生发散思维和创新能力起到较为明显的作用。另外，两轮循环的得分总体趋势均为下降，这个原因可能是学生在学习了较多的Arduino知识后，对发散作品的要求提高，再加上各种人力、物力的条件限制，使得多数发散作品只处于雏形阶段，并未得到真正实现，在教学中表现为学生的部分发散作品并未完成。鉴于此，希望有条件的话，教师在以后的教学中尽量多准备一些学生上课可能用到的器材，也可鼓励学生在生活中多观察和思考，收集生活中有趣的发明制作和各种“电子垃圾”，以便上课使用，从而真正将学生的学习和生活结合起来。

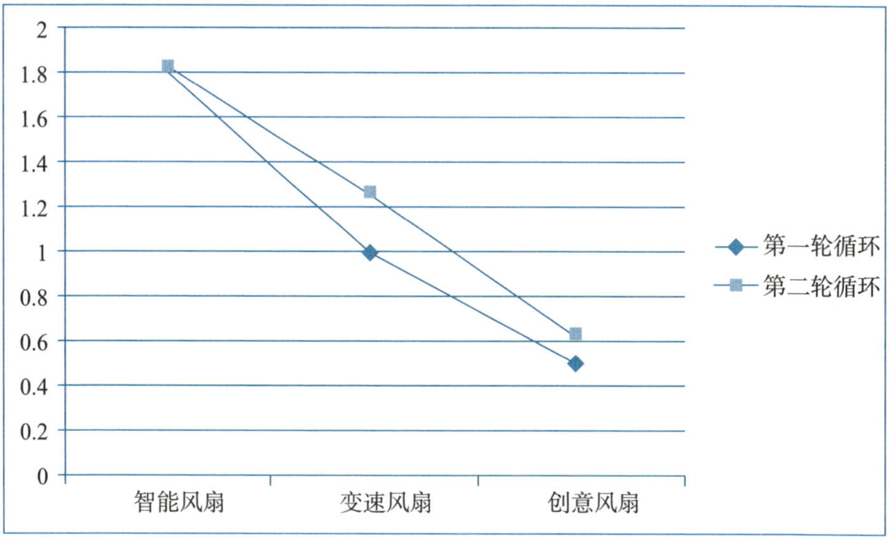

图 3-25　智能风扇学生作品平均得分（广度）

从以上分析可以得知，第二轮循环在智能风扇项目的教学中，学生作品的深度比第一轮循环稍好，广度明显比第一轮循环好，表明行动研究在这一项目中作出的调整（减少教师讲解时间，增加学生自由创作时间）对培养学生发散思维和创新能力起到较为明显的作用。

（3）智能小车项目的学生作品分析

智能小车项目是对 Arduino 的综合运用，重点是希望学生能够运用前面所学基础知识和基本技能，实现更复杂的作品创作。智能小车项目由前面两个项目的静态作品进阶到动态作品，借此打开学生发散创新的大门，以便学生在日常学习和生活中更好地发散和创新。

① 智能小车项目中学生作品的深度分析

根据设计的项目，智能小车项目中包含简单小车、避障小车、巡线小车三个子项目，学生作品情况分别如图 3-26、图 3-27、图 3-28 所示。

如图 3-26 所示，简单小车子项目的第二轮循环教学效果要比第一轮循环稍好，主要表现在学生发散作品数量多于第一轮循环。原因分析如下：第一轮循环在讲解小车行走时，并未讲解小车走直线时的限制条件，即理想状态下，双轮速度一样则走直线，但现实中由于两轮摩擦系数或其他因素影响，导致两轮速度一样时并不能走直线，这样使很多学生花费时间研究这个问题，而未能抽出时间思考发散作品；第二轮循环中明确了这个问题，学生理解了原理后便不再纠缠于此，有了更多时间进行发散。

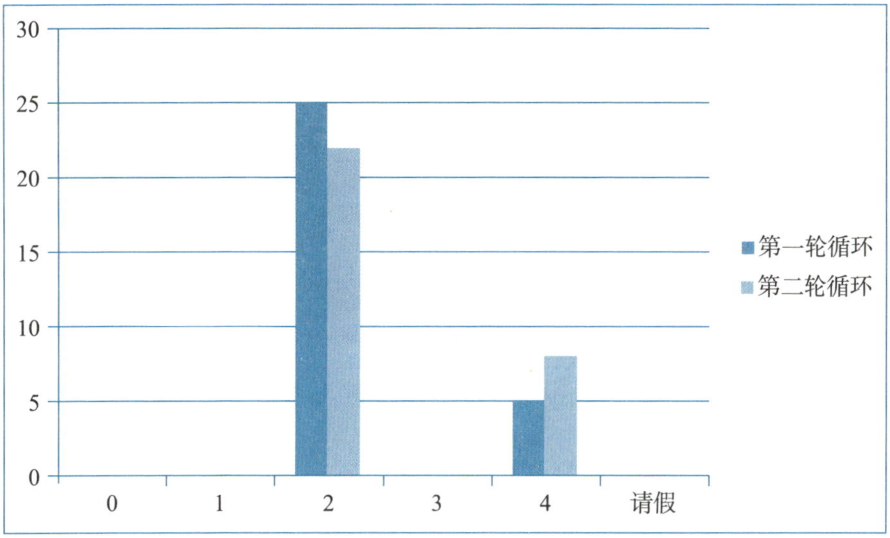

图 3–26　简单小车子项目的学生作品情况

如图 3–27 所示，避障小车子项目的两轮循环教学效果相差不大，共产生 4 个发散作品，且都是超声波避障小车。另外，两轮循环教学中均有个别同学未完成防跌落小车，究其原因，主要是防跌落传感器的安装位置没选好，而非程序设计方面的问题。第二轮循环虽然增加了对防跌落传感器安装的提示，但是显然还不够。建议教师在以后的教学中，可以尝试将防跌落传感器的安装操作完整传授给学生，如果为了留给学生更多的自由创作时间，甚至可以课前替学生将传感器安装好。

如图 3–28 所示，巡线小车子项目的两轮循环教学效果完全一样，这可能是由于巡线小车项目是整个课程的最后一个内容，在完成常规教学内容之后，教师还要带领学生对整个课程进行总结，几乎没有时间给学生思考发散作品。

② 智能小车项目中学生作品的广度分析

由前文可知，第二轮循环中简单小车子项目的发散作品数量多于第一轮循环，但发散作品多体现了小车行走的轨迹方面，如有跳 S 舞的小车、走矩形

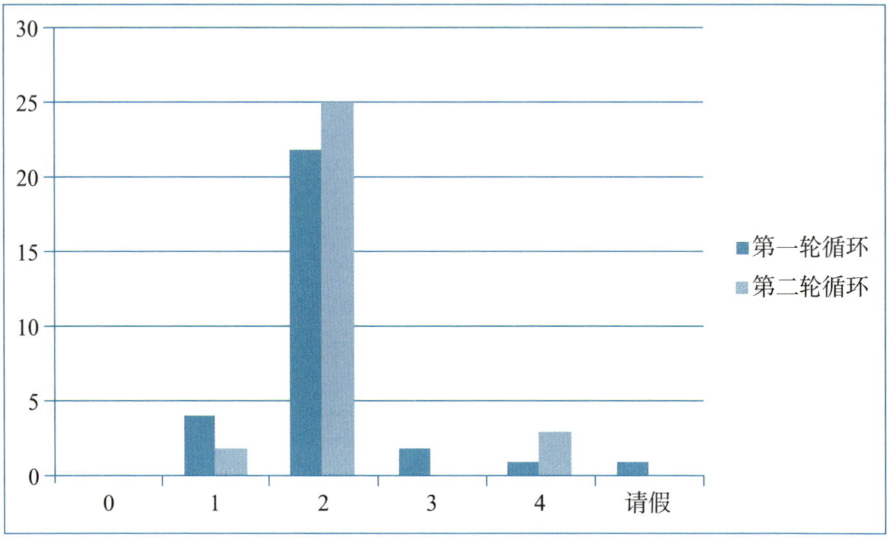

图 3-27　避障小车子项目的学生作品情况

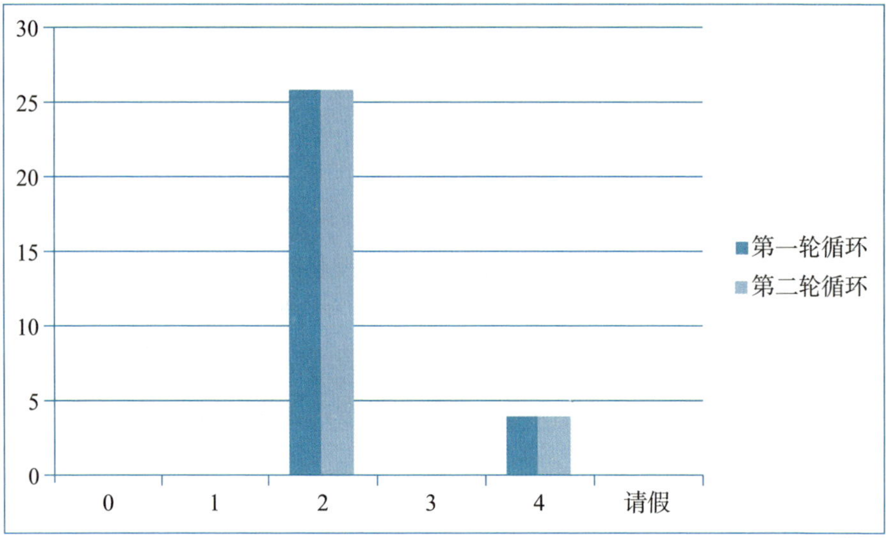

图 3-28　巡线小车子项目的学生作品情况

的小车等，而第一轮循环中简单小车子项目的发散作品有按钮控制的小车、避障小车等，显然质量高于第二轮循环，因此第一轮循环中简单小车子项目的平均得分高（图 3-29）。究其原因，可能是由于教师在上课中强调了蜜蜂跳“8”

字舞这一自然现象，使学生对小车跳舞产生更多兴趣。另外，图3-29中显示的第二轮循环中巡线小车子项目平均分高于第一轮循环，结合图3-28分析，在该子项目中未作出改变的前提下，可能由于整个第二轮循环作出的改变已经使学生的发散思维和创新能力有了一定程度的提高。

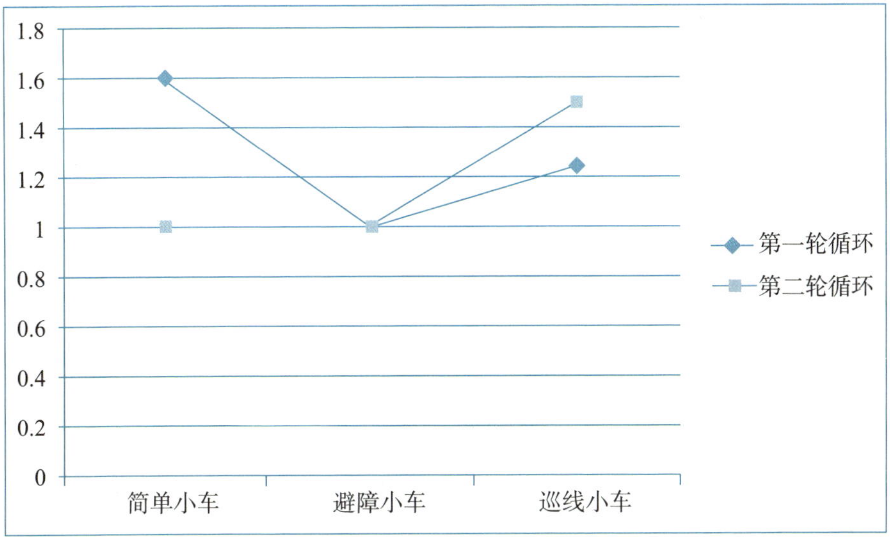

图3-29　智能小车学生作品平均得分（广度）

从以上分析可以得知，对于智能小车项目的教学，第二轮循环学生作品的深度与第一轮循环相差不大，广度比第一轮循环稍好，表明行动研究在这一项目中作出的调整具有一定的可行性和正确性。

通过以上对学生作品的分析与评价可知，“Arduino创意机器人”课程的三个项目中，第二轮循环的智能LED灯和智能风扇项目在学生作品的深度方面比第一轮循环稍好，智能小车项目相差不大；第二轮循环的智能LED灯和智能小车项目在学生作品的广度方面比第一轮循环稍好，智能风扇项目要明显好于第一轮循环。对于整个课程而言，聚类化项目教学的行动研究做出的调整具有一定的可行性和正确性。

2. 学生创造力倾向分析

创造力是一个国家的核心竞争力，对人才的培养、国家的发展至关重要。创造力培养包括创造性认知行为和创造性情意行为，即性格上的冒险性、好奇心、想象力和挑战性等[①]。在本研究中，将检验 Arduino 创意机器人项目对学生创造力倾向的影响。在教育研究领域，创造力倾向本身无法直接测量，一般通过问卷调查进行测量。

（1）测量工具

本研究使用了创造力倾向调查问卷（附录 7），该问卷在中小学生的研究中被广泛使用，具有较好的信度和效度。该问卷共有 50 道题，涉及好奇心、想象力、挑战性和冒险性四个维度，所有数据（共 120 份）均用统计分析软件 SPSS 进行统计分析，得到问卷内部一致性 α 系数为 0.78，在可接受的范围之内。该量表采用三点计分，包含正向题和反向题。正向题中"完全符合"计 3 分、"部分符合"计 2 分、"完全不符"计 1 分；反向题计分相反。通过测验可以得到四个维度得分和创造力倾向总分，得分越高，表示创造力水平越高。四个维度的题目分布如下。

冒险性：包括 1、5、21、24、25、28、29、35、36、43、44 等 11 题，其中 29、35 为反向题。

好奇心：包括 2、8、11、12、19、27、33、34、37、38、39、47、48、49 等 14 题，其中 12、48 为反向题。

想象力：包括 6、13、14、16、20、22、23、30、31、32、40、45、46 等 13 题，其中 45 为反向题。

挑战性：包括 3、4、7、9、10、15、17、18、26、41、42、50 等 12 题，其中 4、9、17 为反向题。

（2）数据统计与分析

对学生创造力倾向的分析，主要通过比较行动研究中每轮循环前后学生创造力倾向的变化，检验 Arduino 机器人实施聚类化项目教学后的效果。

研究假设：对实验班级使用配对样本 t 检验进行分析，若学生创造力倾向的前测和后测存在显著差异，并且后测平均分高于前测，说明 Arduino 机器人实施聚类化项目教学对学生创造力倾向有显著影响。

---

① 盛红勇．大学生创造力倾向与心理健康相关研究［J］．中国健康心理学杂志，2007（2）：111-113.

在实验中，以温州中学选择“Arduino 创意机器人”课程的 60 名高一学生为实验对象，行动研究中第一轮循环和第二轮循环分别有 30 名学生。实验结束后，整理并统计数据，结果见表 3-44。

表 3-44 学生创造力倾向的差异比较

行动研究	维度	测试类别	平均数	标准差	t	p
第一轮循环	冒险性	前测	26.400 0	2.685 85	−2.427	0.022*
		后测	27.733 3	2.377 09		
	好奇心	前测	34.833 3	2.853 71	−3.177	0.004*
		后测	36.200 0	2.280 35		
	想象力	前测	30.766 7	3.318 53	−2.545	0.017*
		后测	32.133 3	2.417 37		
	挑战性	前测	29.833 3	2.627 22	−1.698	0.100
		后测	30.600 0	1.922 64		
	创造力倾向	前测	121.933 3	9.055 13	−3.504	0.002*
		后测	126.500 0	5.348 22		
第二轮循环	冒险性	前测	26.366 7	2.592 87	−2.151	0.040*
		后测	27.366 7	2.157 32		
	好奇心	前测	34.700 0	2.628 10	−2.371	0.025*
		后测	35.933 3	1.998 85		
	想象力	前测	30.900 0	2.695 46	−2.636	0.013*
		后测	32.233 3	2.192 20		
	挑战性	前测	29.866 7	2.192 99	−2.154	0.040*
		后测	30.700 0	1.534 66		
	创造力倾向	前测	121.833 3	7.315 94	−3.844	0.001*
		后测	126.000 0	4.051 39		

注：$^*p < 0.05$

由表 3-44 可知，对实验班级进行配对样本 t 检验的结果显示，第一轮循环和第二轮循环中创造力倾向的 t 值分别 -3.504 和 -3.844，显著性分别为 0.002 和 0.001，均小于 0.05，后测平均分均高于前测平均分，说明研究假设成立，即 Arduino 机器人实施聚类化项目教学对学生创造力倾向有显著影响。

第一轮循环的四个维度中，只有挑战性维度没有达到显著性水平（$p = 0.100 > 0.05$），而第二轮循环的四个维度均达到显著性水平，本研究中暂未对其原因进行调查，但不排除是由于行动研究在第二轮循环所做的调整引起的。

3. 学生对机器人的态度分析

计算机态度是人们对计算机的一种看法、感觉和行动，包括认知、情感和行为三方面含义。中小学生计算机态度的研究早已受到研究者的重视，作为信息技术学科中的一个重要分支，尚未发现有研究者关注机器人态度的研究。因此，本研究在分析学生机器人态度时以计算机态度的相关研究为主要依据。在本研究中，将检验 Arduino 创意机器人项目对学生机器人态度的影响。在教育研究领域，机器人态度本身无法直接测量，一般通过问卷调查进行测量。

（1）测量工具

劳埃德（Loyd）等人在研究高中生计算机态度时，将其分为计算机焦虑、计算机信心、计算机喜欢三个维度①，在后续研究中又加入了计算机有用性，是研究计算机态度较早且较为权威的划分，后来学者的研究一般都是在这个基础上建立起来的。黄世杰在 2002 年研究中学生计算机态度时，将其分为使用计算机的执着、使用计算机的价值、使用计算机的价值观、使用计算机的喜爱、使用计算机的焦虑、使用计算机的信心等六个维度。本研究以黄世杰的计算机态度量表为依据制作调查问卷，经进一步修订，得到最终问卷。该问卷共有 30 道题，涉及执着、价值、价值观、喜爱、焦虑和信心六个维度，所有数据（共 120 份）均用统计分析软件 SPSS 进行统计分析，得到问卷内部一致性 α 系数为 0.74，在可接受的范围之内。该量表采用五点计分，包含正向题和

① Loyd B H, Gressard C P. Reliability and factorial Validity of Computer Attitude Scales[J]. Educational and Psychological Measurement, 1984, 44(2): 501-505.

反向题，正向题中“非常同意”计5分、“同意”计4分、“无意见”计3分、“不同意”计2分、“非常不同意”计1分；反向题计分相反。通过测验可以得到六个维度得分和机器人态度总分，得分越高，表示机器人态度越好。六个维度题目分布如下。

执着：包括1、6、19、21、30等5题。

价值：包括2、7、11、24、26等5题。

价值观：包括3、10、20、23、25等5题，其中10、23为反向题。

喜爱：包括4、12、14、16、29等5题，其中12、29为反向题。

焦虑：包括5、8、18、27、28等5题，所有题均为反向题。

信心：包括9、13、15、17、22等5题。

（2）数据统计与分析

学生对机器人的态度分析，主要通过比较行动研究中每轮循环前后，学生机器人态度的变化，检验Arduino机器人实施聚类化项目教学后的效果。

研究假设：对实验班级使用配对样本t检验进行分析，若学生机器人态度的前测和后测存在显著差异，并且后测平均分高于前测，说明Arduino机器人实施聚类化项目教学对学生机器人态度有显著影响。

在实验中，以温州中学选择“Arduino创意机器人”课程的60名高一学生为实验对象，行动研究中第一轮循环和第二轮循环分别有30名学生。实验结束后，整理并统计数据，结果见表3-45。

表3-45　学生机器人态度的差异比较

行动研究	维度	测试类别	平均数	标准差	t	p
第一轮循环	执着	前测	17.833 3	2.901 64	−1.688 6	0.102
		后测	18.700 0	2.103 36		
	价值	前测	18.466 7	3.002 68	−0.512	0.612
		后测	18.633 3	2.785 22		
	价值观	前测	17.300 0	2.614 94	−0.477	0.637
		后测	17.566 7	2.207 88		

续表

行动研究	维度	测试类别	平均数	标准差	t	p
第一轮循环	喜爱	前测	19.633 3	2.413 80	−2.102	0.044*
		后测	20.366 7	2.355 97		
	焦虑	前测	17.733 3	3.805 02	−2.333	0.027*
		后测	18.800 0	1.901 00		
	信心	前测	17.833 3	3.705 39	−2.117	0.043*
		后测	19.066 7	2.434 43		
	机器人态度	前测	108.800 0	12.650 20	−3.092	0.004*
		后测	113.133 3	7.006 07		
第二轮循环	执着	前测	17.933 3	2.851 90	−2.056	0.049*
		后测	19.100 0	2.006 03		
	价值	前测	18.433 3	3.002 11	−0.369	0.715
		后测	18.566 7	2.459 09		
	价值观	前测	17.200 0	2.280 35	−0.410	0.685
		后测	17.433 3	2.373 46		
	喜爱	前测	19.233 3	2.269 49	−2.065	0.048*
		后测	20.233 3	2.128 35		
	焦虑	前测	16.966 7	3.378 26	−2.191	0.037*
		后测	18.266 7	1.964 04		
	信心	前测	17.633 3	3.337 18	−2.052	0.049*
		后测	18.766 7	2.373 46		
	机器人态度	前测	107.400 0	10.704 82	−3.796	0.001*
		后测	112.366 7	5.678 05		

注：$^*p<0.05$

由表 3-45 可知，对实验班级进行配对样本 t 检验的结果显示，第一轮循环和第二轮循环中机器人态度的 t 值分别 -3.092 和 -3.796，显著性分别为 0.004 和 0.001，均小于 0.05，且后测平均分均高于前测平均分，说明研究假设成立，即 Arduino 机器人实施聚类化项目教学对学生创造力倾向有显著影响。

两轮循环的喜爱、焦虑和信心维度均达到显著性水平。从教学中也发现，课程刚开始时学生认为机器人是高科技，必须是高端研究人员才能设计与研究，对学习机器人显得信心不足，而随着课程的深入，机器人的神秘面纱被掀开，学生进一步认识了机器人，对学习机器人产生了兴趣，也具备了信心。

两轮循环的价值和价值观维度均没有达到显著性水平，这也是本研究目前未能解决的疑惑，即如何通过学习使学生在价值与价值观方面改变对机器人的态度。希望通过以后的研究继续解决这些问题。

第一轮循环的执着维度没有达到显著性水平（$p = 0.102 > 0.05$），而第二轮循环的执着维度达到显著性水平（$p = 0.049 < 0.05$），这与学生创造力倾向分析结果一样。本研究中暂未对其原因进行调查，但也不排除是由行动研究在第二轮循环所作调整引起的。

（九）教学反思及调整

由于时间有限，本研究仅做了行动研究的两轮循环。本部分将主要依据第二轮教学中发现的问题以及以上对数据的分析进行反思，并尝试提出新的调整计划，以便在后续研究中制定计划时有所依据。

1. 智能 LED 灯项目教学反思及调整

智能 LED 灯项目包括点亮 LED 灯、按钮控制的 LED 灯和创意 LED 灯三个子项目。

作为课程开端的点亮 LED 灯子项目，在行动研究前两轮的教学实践中，均将主要精力放在学生学习 Arduino 基础知识上，从教学效果分析中也能发现学生的掌握情况不错，有几组学生能够点亮 3 盏 LED 灯（图 3-30）。针对这一子项目，笔者并未对课堂教学作出调整，而是增加了一项课下作业，希望学生能多关注身边各种样式的台灯，并试想自己认为最有创意的台灯应该是什么样的。作出这样的调整意在为后面创意 LED 灯子项目作铺垫，因为在行动研究的前两轮教学中，学生的创意 LED 灯子项目主要还是围绕 LED 灯各种闪烁

图3-30　点亮3盏LED灯

情况进行发散创新。这里希望学生通过观察台灯，能够从其外形构造的角度进行发散创新，以便产生更多、更好的想法。

对于按钮控制的LED灯子项目，在行动研究前两轮的教学实践中，学生的发散作品主要是单个按钮控制多盏LED灯，而且LED灯是串联的。基于此，笔者希望在后面的实践中能够借用由开关、电源、LED灯三种元器件组成的简单物理电路图，激发学生分别从LED灯和按钮各自的串联和并联发散出更多作品。

关于创意LED灯子项目，根据前文的学生作品分析，可以是课上创意环节教师将提前准备好的各种创意（半成品）发给学生，作为学生创意的启发和引导。另外，教师也可提示学生从台灯外形构造的角度进行考量（点亮LED灯子项目已作铺垫）。

2. 智能风扇项目教学反思及调整

智能风扇项目包括智能风扇、变速风扇和创意风扇三个子项目。在整个项目中，学生对基础内容的掌握效果还是不错的，学生作品如图3-31所示。但是由于条件限制，学生的发散作品（温控风扇、声控窗帘、声控闹钟、自动浇水花盆等）都源自生活，却无法实现。基于此，笔者希望这些学生能够利用课下时间完成这些作品或者制作相应的模型。这些小的发明制作也许可以激发学生对生活的热爱，促使学生在生活中处处留心，并利用所学知识解决生活中的问题。

图3-31　学生作品

关于子项目的调整：智能风扇暂时不作调整；变速风扇中，利用超声波传感器控制风扇自动变速是少数学生学习的难点，建议在学生制作作品时为有困难的学生提供帮助；创意风扇中，教师尽量多准备一些学生上课可能用到的器材，也可鼓励学生平时注意收集生活中的“电子垃圾”，以便上课使用，从而真正将学生的学习和生活结合起来。

3. 智能小车项目教学反思及调整

智能小车项目包括简单小车、避障小车和巡线小车三个子项目。在整个项目中，学生对教学内容基本都能掌握，并且一直保持较大的兴趣。作为综合运用 Arduino 机器人的小车项目，笔者认为教学似乎局限在两个电机的控制中，在程序设计方面的难度已经足够，但整体结构方面却达不到综合运用的程度。因此，建议在后续的行动研究中，加快基础知识的讲解进度，争取将最后的两节课都留给学生，为学生举办一个小比赛。比赛内容有两部分：一是创意小车，从结构和功能两方面比较小车的创意，由教师和学生共同评分；二是模拟 RoboRAVE 的比赛，让小车以指定的路线完成巡线、避障等任务。

（十）结论与建议

1. 主要结论

本研究提出了 Arduino 机器人的聚类化项目教学模式，并以温州中学为教学基地展开研究。研究中主要采用行动研究方式，目前共实施了两轮循环（每轮循环 18 课时）。由于这种教学模式的研究和探索涉及内容较多，还需较长时间才能更加完善，本研究仅对当前阶段完成的内容进行统计分析，得出以下结论。

（1）通过对全体选课学生的作品分析得出，对“Arduino 创意机器人”课程而言，聚类化项目教学的行动研究作出的调整具有一定的可行性和正确性。

（2）通过对学生创造力倾向分析得出，Arduino 机器人实施聚类化项目教学对学生创造力倾向有显著影响。具体表现在冒险性、好奇心和想象力三个维度有显著影响，在挑战性维度可能有显著影响。

（3）通过对学生机器人态度分析得出，Arduino 机器人实施聚类化项目教学对学生机器人态度有显著影响。具体表现在喜爱、焦虑和信心三个维度有显著影响，在价值和价值观两个维度无显著影响，在执着维度可能有显著影响。

（4）通过 QQ 群、博客等多种平台与开设“Arduino 创意机器人”课程的教师交流后得出，该课程对教师掌控课堂的能力、动手能力和解决问题能力都有较高的要求，但对学生来说难度适中，并且更注重学生发散思维与创新能力的培养。表明 Arduino 机器人的聚类化项目教学模式得到了一定程度的认可。

总体来讲，通过行动研究得出当前阶段的 Arduino 机器人聚类化项目教学模式提高了学生创造力，端正了学生学习机器人的态度，有助于培养学生创新能力。Arduino 机器人聚类化项目教学模式取得了较好的教学效果，希望能够为一般机器人的课堂教学提供一种借鉴。

2. 主要建议

本研究旨在提出 Arduino 机器人的聚类化项目教学模式，针对 Arduino 机器人课程和聚类化项目教学提出以下建议。

（1）对 Arduino 机器人课程的建议

Arduino 机器人作为开源机器人，各种优势不必多说，但是用 Arduino 机器人实施课堂教学也有明显的缺点，这将使得教师刚开始实施课堂教学时出现一些棘手问题。解决这些问题要求教师具备足够的相关知识和技能。本研究中总结的一些较为常见的问题及解决方法如下。

① 安装失败问题。Arduino 在安装时会经常出现安装失败的情况，一般由 ghost 版本或精简版的系统导致，解决方法是下载相应（32 位或 64 位）的系统

文件（usbser.sys）并放到相应系统文件夹下，在 32 位系统中文件夹对应路径一般为 C:\WINDOWS\system32\drivers。

② 下载失败问题。将程序下载（也有叫上传）到 Arduino 主控板时出现的失败现象，常见的问题及解决方法有：Arduino 主控板或 COM 端口没选对，需要更改后重新下载；数字引脚 0 和 1 连接错误，或连接了其他扩展板，可以尝试拔掉扩展板，下载程序后再插上扩展板。

③ 其他顽疾问题。对于其他顽疾问题，可以尝试拔掉 Arduino 主控板的 USB 数据线再重新插上或者重启计算机。

（2）对聚类化项目教学的建议

聚类化项目教学是将存在一定内部联系的项目组织在一起实施的教学。如果要采用聚类化项目教学模式实施教学，建议重点考虑如何设计每个项目，以使项目内容和难度适合学生学习，以及考虑每个项目之间如何衔接，以呈现螺旋上升结构。

3. 不足之处

经过近 6 个月的实践研究，本研究取得了较大的进展和一定的成果，但由于研究者时间、精力以及教学经验都比较有限，本研究中仍存在许多不足之处。

（1）国内外机器人聚类化项目教学模式的相关研究几乎没有，因此本研究仅仅提出一种新的教学模式，并验证这种教学模式具有一定的可行性，希望能够对以后的相关研究提供参考。

（2）教学研究尤其是行动研究是一个长期的工作，本研究仅实施两轮循环，且主要对温州中学的两个选课班进行调查研究与统计分析，样本存在一定的局限性。

（3）由于研究者是以全日制在校研究生的身份进行教学的，缺乏一线教师的实践经验，在教学过程中对某些具体环节的处理可能不够完善。

第四章 中小学机器人教育的『灯笼』模型

逆向工程作为一种通过对目标产品的逆向分析和研究来实现产品优化与再创造的过程，在工程类专业课程的教学中具有广阔的应用前景。针对机器人教育这一新的教育领域，传统教学方法难以充分发挥其教育价值，而逆向工程法却体现出较为明显的优势和适用性。为应对逆向工程法应用在机器人教育中所存在教学模式单一的现象，基于 TRIP 教学模式，我们整合了纠错教学和逆向工程教学的优点，兼顾学生创新能力培养的需求，从复原实验和重构实验两个层面提出了解构复原型、纠错复原型、要素增减型、结构创新型等四种机器人教育中的逆向工程教学模式，进而构建了机器人教育的“灯笼”模型。本章将对“灯笼”模型及据此开展的三个实证研究案例作详细介绍。

第一节 “灯笼”模型的分类维度

尽管研究者对于逆向工程的理解不尽相同，但构建一个合理的分类框架将有助于逆向工程教学模式的推广与实施，也有助于发现其他尚未发掘的教学模式。为此，我们从逆向工程的教学目标出发，在学生有意义的学习结果中寻找分类线索。需要说明的是，为了满足各种可能的教育教学需求，此处所谓的“产品”可以包含市场上销售的成熟的机器人产品，也可以包括师生自主制作的机器人作品，为行文方便，统称为“产品”。

根据不同的教学目标，可以将机器人教育中的逆向工程教学模式作如图4-1所示的分类。该分类方式将逆向工程教学模式分为复原实验和重构实验两类：复原实验侧重于对机器人产品概念、结构和功能等基础知识的理解与掌握，物化成果为复原的完整产品；重构实验则是在理解和掌握机器人概念、结构和功能的基础上增加创新元素，其物化成果不仅是复原的产品，更是创新后的新产品。

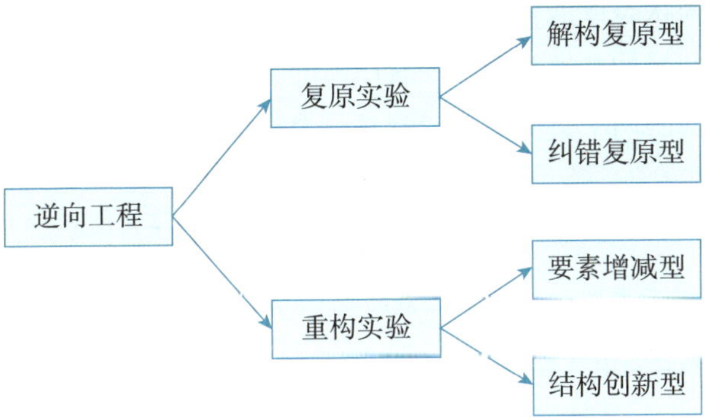

图4-1　逆向工程教学模式的分类

以上两类实验还可以分别作进一步细分。就复原实验而言，根据任务分类的方向性原则①，可以从正向和反向两个角度作分类。教师在开展复原实验

① Zhong B, Wang Q, Chen J, et al. An exploration of three-dimensional integrated assessment for computational thinking[J]. Journal of Educational Computing Research, 2016, 53(4): 562-590.

时可以提供完整的机器人产品，也可以提供存在故障的产品，本研究将前者定义为解构复原型教学，后者定义为纠错复原型教学。其中纠错的教学应用主要指教师人为设计纠错任务，或是提供已用坏或功能缺失的残缺产品，让学生接受系统的纠错任务训练并发现故障产生的原因，从而复原产品功能①。

在重构实验中，根据重构作品的难易程度和创新程度亦可作进一步区分。对原创事物的改变或调整存在不同的水平等级，从教育心理学的角度，可以区分为适合近迁移的要素增减和需要远迁移的结构创新②。前者是指学生在教师的指导下对机器人产品的要素或参数等进行修改，是在原产品基础上的简单改造，本研究将其定义为要素增减型教学，此模式有助于知识的近迁移；后者特指结构创新型教学，与要素增减型不同，它需要学生具备一定的跨学科整合能力，对原有机器人产品进行结构性重组（“再设计”），有助于学习者知识的远迁移。

以上四种教学模式的基本特征详见表 4-1，实施过程如图 4-2 所示，因其形似灯笼，也可概括为“灯笼”模型，后文将详细介绍每种模式的内容。当然，我们并不排除在这个分类体系中存在更多教学模式的可能，如处于四种教学模式的中间状态或混合状态的教学模式。整体而言，四种教学模式虽有所不同，但有其明显的共性，即从现有产品的“试用与感知”开始到“评价与总结”结束，中间的两个关键环节通常是一个循环迭代、逐步完善的过程。

表 4-1　四种逆向工程教学模式的基本特征

	解构复原型	纠错复原型	要素增减型	结构创新型
教育目标	重在基础知识与基本技能（“双基”）的掌握	“双基”与应用并重	“双基”与应用并重	重在知识应用与创新实践

① 李婷婷，钟柏昌．中小学机器人教育的核心理论研究——论实验模拟型教学模式［J］．电化教育研究，2017，38（9）：96-101.

② 钟柏昌．创客教育的内涵式发展：微创新与跨学科是怎样“炼”成的［N］．中国教育报，2018-09-29（03）.

续表

	解构复原型	纠错复原型	要素增减型	结构创新型
学习任务	拆分与还原产品原型	纠错与还原产品原型	产品要素的重新构建	产品结构或功能的重新构建
物化成果	与原型相符的机器人	与原型相符的机器人	与原型存在差异的机器人	与原型存在较大差异的机器人

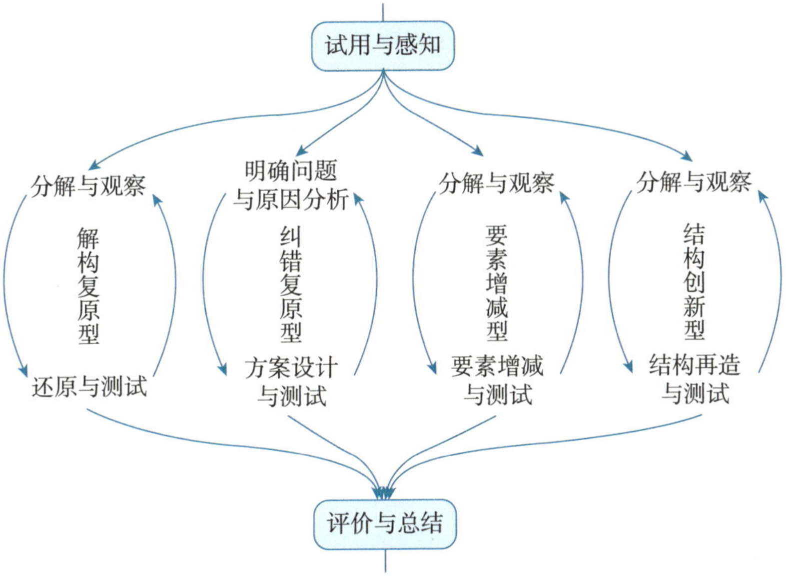

图 4-2　逆向工程教学的“灯笼”模型的实施过程

第二节　“灯笼”模型解析

一、解构复原型教学模式

解构复原型教学是指学生在教师的引导下，经历一个对机器人产品分解与复原的探究过程。实施过程主要包含试用与感知、分解与观察、还原与测试、评价与总结四个环节。

试用与感知环节指通过试用一个或多个产品，吸引学生注意，激发学习兴趣，形成用户体验并对目标产品的设计意图、功能、材质和基本构成等形成初步认识。其基本要求主要包括三个方面：①教师应根据项目或任务主题要求准备现成的机器人产品供学生试用，产品应具有一定的趣味性或新颖性；②产品具有可拆分性，其分解难度应与学生能力基础相适应，不宜过于容易或复杂；③教师应鼓励学生以口头或书面的方式形成简洁的用户体验报告，为方便学生填写，也可以提供半结构化的表格，并通过提问、观察等方式及时了解学生的体验感悟，确保学生对产品的认知与预设项目任务一致。

分解与观察环节指通过对产品的解剖，满足学生的好奇心，培养学生的动手操作能力，了解产品的内部结构和工作机制。其基本要求主要包括三个方面：①教师应结合学生能力基础调节产品拆分的形式，如初学者可以遵循“小步子”原则逐步拆分和复原，具备一定操作经验和能力的学生则可以结合说明书按序分解或在没有任何说明书的前提下直接分解；②为方便指导学生的操作，规范拆分行为，教师可以提供半结构化的产品拆分表格，要求学生学会观察和测量，做好拆分记录（如拆分顺序及零部件或结构的位置、距离、大小等信息），必要时可以允许学生拍照记录；③分解的目的不是单纯的解构，还要让学生通过观察了解产品的组成结构和实现原理，因此教师需在拆分过程中给予适当的提示和引导，调动学生的求知欲，确保学生理解各零部件的作用和相互关系。

还原与测试环节指通过对产品的正确复原，培养学生的责任心和动手操作能力，检验学生对产品结构和工作机制的熟悉程度。其基本要求主要包括四个方面：①教师应结合学生能力基础调节产品复原的形式，除了采用“小步子”的方法，对于具备一定操作经验和能力的学生则可以结合拆分记录按序复原，或在不参考拆分记录的前提下凭记忆复原；②为确保机器人产品的完整性和稳定性，教师应鼓励学生进行迭代测试，做好观察与测试记录（如产品是否成功运行、安装误差分析、复原成功时间等）；③此环节的目的不是单纯的还原，还要学会巩固理解各零部件的作用和相互关系，因此教师可以在学生复原操作的过程中以提问或评论的方式予以强化；④由于机器人产品的分解与还原不仅涉及硬件结构，还涉及控制板中的程序，而预先上传（烧录）到机器人控制板的程序是没有办法直接进行拆分的，如果学习目标涉及相关程序的编写，则需要鼓励学生结合机器人产品的理解倒推可能的程序和算法，并通过反复测试，使产品能够正常运转。

评价与总结环节指通过对复原产品的评价，激发学生的成就动机，反思在分解与复原过程中遇到的问题。其基本要求主要包括两个方面：①评价的重心在于提示学生比较分解前和复原后的产品是否有性能上的变化，如果有变化，则要进一步分析产生的原因，必要时可以借助原先产品的使用视频进行比较分析；②如果时间允许，应该鼓励学生形成一个比较完整的产品分解与复原报告，借此全面梳理操作流程、深入理解产品的构成和工作机制，对涉及的关键知识和常见问题进行梳理总结，并与同学分享学习心得。

解构复原型的核心步骤与上文提到的“拆解—分析—装配”（DAA）过程相似，以“拆分—复原”的方式掌握目标产品的基本构成和实现方法，侧重基础知识和基本技能的学习，不涉及创新能力的培养，因此该模式可以应用于机器人教育的教学初期，但并不适用于全部教学过程。

二、纠错复原型教学模式

纠错复原型教学是指学生在教师的引导下，经历一个对故障机器人进行问题分析与解决以恢复其功能的探究过程。实施过程包含试用与感知、明确问题与原因分析、方案设计与测试、评价与总结四个部分。

试用与感知环节除了参考解构复原型教学的三点要求外，还有一点需要注意：机器人产品应存在故障（根据教学目标，可以涉及机器人结构、传感、控制、动力以及通信等不同方面），产品故障可以是自然发生的，也可以是教师人为设计的，其故障难度应与学生能力相适应，不宜过于容易或复杂。

明确问题与原因分析环节指通过对故障产品的诊断和分析，培养学生发现问题、分析问题的能力。其基本要求主要包括三个方面：①教师应结合学生能力基础调节故障诊断的形式，如初学者可以参照上文，选择“小步子”方法逐步拆分，找到问题根源，而对于具备一定纠错经验和能力的学生，则可以鼓励他们大胆预测故障原因和位置，直接进入下一步的问题解决方案的设计；②为及时把握学生的纠错进展，教师可以提供半结构化的表格，以书面的方式形成故障诊断与分析记录（如故障产生原因、故障解决方法等）；③教学过程中允许不断试错，教师应鼓励学生勇于发现问题，如果学生提出教学计划之外的故障问题，也应给予合理的反馈。

方案设计与测试环节指通过对故障产品的正确修复，培养学生的问题解决能力，增强学习成就感。基本要求主要包括三个方面：①学生需结合故障诊断表格提出修改意见，若为机器人硬件方面问题，则需提供修正故障所需要的元部件和修复草图，若为机器人软件方面问题，则需设计程序流程图；②在测试过程中，要做好观察和记录，继续填写上文提到的故障诊断与分析记录表（如纠错方案、误差分析、修复成功时间等）；③如果学习目标涉及相关程序的纠错，教师应结合学生能力基础调节程序纠错的形式，如初学者可以参考教师下发的程序逐步分析和纠错，具备一定纠错经验和能力的学生则可以通过对机器人产品的理解倒推程序和算法，并通过反复测试，使产品能够正常运转。

评价与总结环节与解构复原型教学模式高度一致，不再赘述。

国内外有关纠错任务的研究涉及领域广泛，主要发生在物理教育和工程教育领域。机器人教育中的纠错复原型教学研究相对欠缺。笔者曾在一项教学实验研究中以小学五年级机器人课程“探测巡线走”项目为例，尝试了此教学模式[①]。在此项目中，首先由教师讲解巡线程序的编写原理，并下发存在故障的巡线程序。为找出问题所在，学生需要对故障程序进行结构拆分，随之分析和记录相关指令及功能，再结合巡线原理识别故障指令中的错误，根据故障诊断表对程序进行修改和测试。最后由教师讲解正确程序的结构和功能，并对学生的表现进行总结。

纠错复原型教学将机器人理论知识应用于实际问题的解决，为提高学生的问题解决能力提供了新的途径。以“纠错—复原”的方式掌握目标作品的工作机制和实现方法，强调学生在掌握基础知识与基本技能的前提下学会应用（如分析故障原因和解决故障问题），但依然不涉及创新能力的培养，适用于“双基”的巩固与强化阶段。

① 康斯雅，钟柏昌．纠错复原型机器人教学案例研究［J］．数字教育，2019，5（1）：37-41.

三、要素增减型教学模式

要素增减型教学是指学生在教师的引导下，经历一个对机器人产品分解与“微创新”的探究过程。实施过程包含试用与感知、分解与观察、要素增减与测试、评价与总结四个环节。

试用与感知、分解与观察环节与解构复原型教学模式高度一致，不再赘述。

要素增减与测试环节指通过对产品基本要素的增加或减少实现“微创新”，改变产品的部分性能，培养学生的求异思维。其基本要求主要包括三个方面：①要素增减需在原有产品的基础上进行，既可以结合实际需要做硬件方面的改造，也可以在程序设计方面找不足；②为方便指导学生的操作，教师可提供半结构化表格帮助学生设计要素增减方案，要素增减不是漫无目的的胡乱修改，首先需要选择方便修改的零部件或程序，然后需要说明每一项修改的原因或理由，并结合测试结果予以补充论证；③在动手改造之前，要先提供并描述硬件修改草图及程序流程图。

评价与总结环节指通过对重构产品的评价，激发学生的成就动机，反思在分解与重构过程中遇到的问题。其基本要求主要包括两个方面：①评价的重心在于提示学生分析重构产品的功能与性能、技术与实现、创意与个性[①]，如果以上几方面与原先产品相比均没有变化甚至导致产品无法正常运转，则要进一步分析重构失败的原因；②学生可以通过产品展示的方式分享产品重构意图和实现过程，从优点和不足两个方面比较重构前后产品的差异。要素增减型教学模式以“分解—要素增减”的方式开拓学生思维，侧重掌握“双基”和实际应用，试图超越机器人产品的原始设计，开展较为基础的“微创新”，适用于培养学生创新能力的初级阶段。

四、结构创新型教学模式

结构创新型教学模式是指学生在教师的引导下，经历一个对机器人产品

① 李婷婷，钟柏昌．中小学机器人教育的核心理论研究——论实验模拟型教学模式［J］．电化教育研究，2017，38（9）：96-101．

分解与结构再造的探究过程。实施过程包含试用与感知、分解与观察、结构再造与测试、评价与总结四个环节。

试用与感知、分解与观察、评价与总结环节与要素增减型教学模式高度一致，不再赘述。

结构再造与测试环节指从实际需求出发，分析已有产品的不足或新的用途，对机器人产品进行“再设计”，改变产品要素之间的关系和结构，从而改变产品功能、性能或外形等，以此培养学生的创新思维和问题解决能力。其基本要求主要包括三个方面：①教师要特别启发学生思考哪些因素对产品性能或外形具有决定性影响，抓住核心要素进行结构改造是事半功倍的基本策略；②要形成一个比较完整的再设计方案，画出草图和流程图，说明每一项修改的原因或理由，并结合测试结果予以补充论证，突出创新性；③结构再造对学生要求较高，教师应在方案的可行性、合理性等方面提出建设性指导意见，鼓励学生形成产品迭代意识，逐步完善产品。

就目前来看，机器人教育中结构创新型教学模式的探索还较为欠缺，有关电动牙刷的改造是一个可资借鉴的案例：学生以小组为单位对电动牙刷实物进行解构（图 4-3）；了解各部分的组成形式与功能之后，学生通过头脑风暴或小组讨论等形式为电动牙刷的再设计提供想法并绘制草图。此处的再设计与要素增减不同，更着重于完善产品的形式与功能，如电动牙刷的刷头、手柄、组装方式的优化设计等[①]（图 4-4）。由此可见，结构创新型教学模式的教学目标不再局限于工程知识，而是

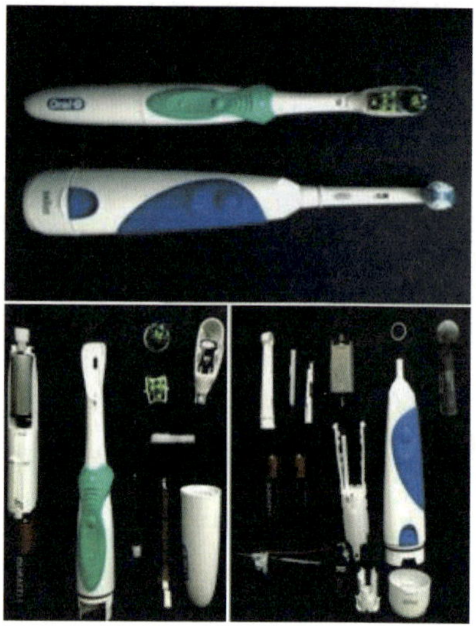

图 4-3　电动牙刷拆分图

① Toh C A, Miller S R, Okudan Kremer G E. The impact of product dissection activities on the novelty of design outcomes[C]//International Design Engineering Technical Conferences and Computers and Information in Engineering Conference. [s.l.]: American Society of Mechanical Engineers, 2012, 45066: 615-624.

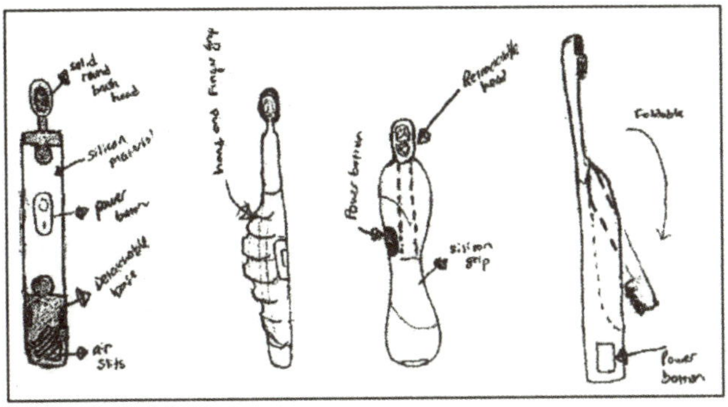

图4-4　电动牙刷再设计草图

以产品的实际需求为导向，旨在解决真实问题。

毋庸置疑，创新能力的培养是一个非常重要的教育目标，然而当前机器人教育中有关创新能力的培养依旧存在诸多障碍①。结构创新型教学模式将为此提供一种可供解决的方案，与前三种模式相比，它更侧重知识应用与创新实践，适用于培养学生创新能力的中后阶段。

第三节　实证研究案例

本节将着重介绍“灯笼”模型指导下的案例设计与实证研究，为逆向工程与复原实验相结合的教学实践提供借鉴与指导。

一、纠错复原型机器人教学案例研究②

现阶段中小学机器人教学大多侧重于模拟或模仿③，参考机器人厂家提供的说明书进行零件安装和项目学习④。尽管此方法可以让学生掌握一些知识与

① 钟柏昌，张禄．我国中小学机器人教育的现状调查与分析［J］．中国电化教育，2015（7）：101-107．

② 康斯雅，钟柏昌．纠错复原型机器人教学案例研究［J］．数字教育，2019，5（1）：37-41．

③ 闫妮，钟柏昌．中小学机器人教育的核心理论研究——论发明创造型教学模式［J］．电化教育研究，2018，39（4）：66-72．

④ 韩蕾，李婷婷，钟柏昌．基于GOMS的趣味交互型机器人教学案例设计研究［J］．数字教育，2016，2（6）：61-66．

技能，但是灌输学习显然不利于工程类学科的教育。机器人教育作为一种手脑并用的工程教育之一，对学生纠错能力的培养不可或缺。通过动手操作获得的纠错经验不仅能够帮助学生学习和巩固机器人的相关知识，同时也能培养工程思维和问题解决能力。对机器人进行的迭代测试和调试过程，让学生有机会解决机器人作品的真实问题，从而加深对机器人系统各组成部分的理解，获取更深层的学习体验①。因此，本研究尝试在教学过程中引入纠错任务，针对机器人运行、避障、循迹等项目分别设计适合的教学内容，使机器人教育充分发挥教学价值。

（一）纠错复原型机器人教学特点及价值

纠错，也称故障检测，是问题解决的一种常见形式。在生产生活中，技术人员（如机械师、电工）及专业人员（如医生、治疗师）通过诊断系统中的故障，并采取直接的、正确的行动来修正故障，让系统恢复正常状态②。机器人教育中的纠错复原型教学模式是指将机器人的故障检测与修复作为主要学习任务，使学生在检测和调试机器人系统故障的过程中，分析故障原因（涉及机器人结构、传感、控制、动力以及通信等不同方面），并设计和运用多种方案进行修正，以此解决机器人产品中的问题③。此模式以逆向工程思想、纠错学习理论等为基础，核心价值表现为帮助学生将所学知识应用于实际问题，积累经验并提升工程设计能力。与传统教学方式相比，纠错复原型机器人教学模式具有以下特点。

- 机器人纠错复原模型较为系统。纠错复原型教学模式不以纠错为最终目的，该模式强调问题的发现与解决，主张以纠错复原的基本过程为教学主线，通过感知与操作、拆分与分析、识别与诊断、测试与总结等过程培养学生的工程设计及问题解决等能力。

- 机器人纠错任务形式较为多样。在实际教学应用中，纠错包含两个层

---

① 李婷婷．高中机器人课程中不同学习方式下的学生纠错行为分析［D］．南京：南京师范大学，2018.

② Jonassen D H, Hung W. Learning to troubleshoot: A new theory-based design architecture[J]. Educational Psychology Review, 2006, 18(1): 77-114.

③ 李婷婷，钟柏昌．中小学机器人教育的核心理论研究——论实验模拟型教学模式［J］．电化教育研究，2017，38（9）：96-101.

面，第一个层面是机器人教学过程中自然发生的错误，第二个层面是教师人为设计的纠错任务。为充分验证纠错复原型机器人教学模式的教学效果，本研究将重点采用人为设计的纠错任务，但不排除自然发生的纠错任务。

● 机器人纠错涉及领域较为广泛。机器人的故障检测与修复存在于造型搭建领域、程序设计领域等，教师需针对不同领域分别设计纠错内容。

（二）纠错复原型机器人教学案例设计

1. 纠错复原型机器人教学方法设计

在机器人教育中，通过教师提供的故障产品培养学生的纠错能力是必要的，此过程也为机器人理论知识应用于实际问题、提高学生的工程设计水平提供了新的途径。纠错复原型机器人教学过程具体体现为：感知与操作—拆分与分析—识别与诊断—测试与总结等，即教师在教学中提供给学生已损坏或功能缺失的机器人产品，学生通过对机器人的拆分和结构分析发现故障产生的根源，从而实现机器人结构或功能的复原。

（1）感知与操作

本环节的教学意在吸引学生的学习兴趣，明确机器人产品的结构与功能，掌握其使用方法。不同于传统的讲授演示型教学，感知与操作过程可以让学生自主探索，减少对机器人产品的陌生感，轻松自由的学习环境还可以为学生以后的问题解决提供基础。

在机器人的造型搭建领域，感知与操作的载体体现在机器人的组成结构。教学开始时，不同于直接讲授机器人的组成部分，使学生感知和操作已损坏或功能缺失的机器人产品结构，可以为以后的机器人拆分与分析作准备。在机器人的程序设计领域，感知与操作的载体体现在机器人产品的程序指令，主要包括机器人实现的功能和已有程序的测试，此部分要求学生已经掌握机器人软硬件操作相关的基础知识和基本技能，显然不适用于教学初期。

（2）拆分与分析

拆分与分析意指拆解、拆分机器人产品，观察机器人各部分的结构组成以及功能实现的原理。本环节的教学旨在使学生基于逆向工程等理论来理解机器人产品的工程设计过程，通过动手实践分析产品的结构和功能，并尝试寻找故障根源。

在机器人的造型搭建领域，拆分与分析体现在机器人结构的拆解，学生在教师的引导下对机器人进行分步拆解，同时测量和记录各零部件位置及功能，在分析和揣摩别人安装过程中推断产品的设计意图，并尝试寻找故障根源。在机器人的程序设计领域，此步骤侧重于执行程序的拆分与分析，学生将基于已有基础和教师的引导对功能实现的程序代码进行结构拆分，分析和记录故障指令与作用，并构思实现该功能所需要的正确执行程序代码，为下一步故障程序的识别与诊断作好准备。

（3）识别与诊断

识别与诊断是解决故障根源过程中非常重要的环节，是学以致用的体现。很多学生能够发现故障根源，但在解决问题时会遇到困难。本环节的教学意在使学生针对发现的问题提出可执行的解决方案，培养学生的问题解决和工程设计能力。

在机器人的造型搭建领域，识别与诊断是指学生识别出机器人结构搭建的错误所在，结合各零部件的测量和记录梳理修正故障所需要的材料，并经过思考与讨论对可执行的修改方案作出判断；在机器人的程序设计领域，该过程是指通过上一环节中分析和记录的指令功能，对故障指令进行筛选并提出修改意见、完善诊断报告。

（4）测试与总结

纠错复原型机器人教学的最终物化成果是修正存在故障的机器人产品，本环节的教学旨在结合诊断报告，在考虑需求、成本、安全、制造、环保、文化和综合性因素之后选择最佳方案进行检验测试，使学生进一步理解如何将科学技术知识转化为实际产品，以获取更深层的学习体验①。此环节在工程设计过程中至关重要，不断地完善故障机器人的造型或程序会促进学生的成就感，反复调试的过程会使学生掌握真实经验，有利于提高解决实际问题的能力。

在实际教学过程中，该步骤不仅包括学生对机器人纠错与复原全过程的感悟与总结，也包括教师对本节课教学内容的总结、教学知识的回顾以及课程

---

① 李婷婷，钟柏昌．中小学机器人教育的核心理论研究——论实验模拟型教学模式［J］．电化教育研究，2017，38（9）：96-101.

的评价，其中课程评价包括与机器人课程内容相符的能力水平标准测试、参考已有研究设计的问题解决能力问卷调查、多维度的机器人作品评价以及课堂观察等方式[①]。多方面的评价有利于学生巩固课程中习得的知识，教师也能结合学生的学习情况进行教学设计的反思和调整，不断提高教学质量。

2. 纠错复原型机器人教学案例设计

在本研究中，纠错复原型机器人案例设计主要考虑教学项目的趣味性和可行性、教学内容的探索性和连贯性等因素。

首先，教学项目的选择需符合中小学生的特点，更具趣味性的项目会吸引学生的注意力，使其充分投入教学内容中来。仍需结合学生的学习情况实施复杂的纠错项目，否则不仅无法解决已有问题还会增加学生的挫败感，因此在设计项目时要充分考虑实施过程的复杂程度，以平衡学生的学习动机和执行能力。

其次，教学内容的设计可以从生活实际出发，使学生在掌握知识和技能的基础上，激发学习机器人的积极性，进一步探索机器人的奥秘。结合已有知识，循序渐进地引导学生参与发现问题、解决问题的过程中，为提高学习效率、培养工程设计思想和问题解决能力提供可能。

3. 纠错复原型机器人教学案例设计应用

这里以“探测巡线走”的教学为例，介绍纠错复原型机器人教学案例的设计及应用。

（1）方案设计

① 教学内容与学生情况分析

本节课“探测巡线走”的教学重点是实现探测机器人的巡线行进，主要涉及的传感器是巡线传感器，教学对象是小学五年级的学生。总体而言，该学段位于学习机器人的初级阶段，侧重于机器人基本知识与基本技能的掌握。前面几节课，学生学习了探测机器人的拆装步骤和电机的原理及应用，熟练掌握了机器人的造型搭建、程序编写及上传程序至机器人的流程，对探测机器人有

① 李婷婷，钟柏昌．中小学机器人教育的核心理论研究——论实验模拟型教学模式［J］．电化教育研究，2017，38（9）：96-101．

了浓厚的学习兴趣。与初学者相比，在动手操作与编程能力方面都有了显著的提升。

② 教学目标

在知识与技能方面，要求学生了解巡线传感器具备的功能和运行原理，学会在 mBlock 图形化编程软件中使用巡线传感器等指令实现巡线功能，并了解巡线功能在日常生活中的现实意义。

在过程与方法方面，要求学生在掌握巡线传感器原理的基础上，理解相关指令代码的功能与意义，并通过纠错复原的过程实现探测机器人的巡线功能。

在情感、态度与价值观方面，要求学生通过修改并完善程序指令，感受程序设计的操作过程，使学生了解机器人课程并不只是简单地搭建机器人，激发对机器人进一步探索的积极性。

③ 可选方案的设计与选择

基于教学内容可知，本节课主要是使学生理解巡线传感器原理，实现探测机器人巡线功能，本研究初步设计以下几种教学方案（表 4-2）。

表 4-2　教学方案

方案名称	教学方案描述	优点	缺点
方案一	教师介绍巡线传感器原理及应用—教师下发存在故障的巡线程序—学生实施纠错复原过程	难度系数最低，便于观察	学生难以摆脱教师引导
方案二	教师下发存在故障的巡线程序—学生通过程序分析巡线指令—教师介绍巡线传感器原理及应用—学生实施纠错复原过程	从感知未知事物开始，便于探索学习	难度系数高，抽象，不易理解
方案三	教师介绍巡线传感器原理及应用—学生自主编写巡线程序—学生实施纠错复原过程	最利于培养学生的逻辑思维能力	程序复杂，不易实现

笔者在综合几种方案的优缺点、实际教学时间，并分析五年级学生的学习情况之后，最终选择了方案一。先由教师介绍巡线传感器的原理及应用，接

着下发人为设计的故障巡线程序，随后展开纠错复原教学过程。

（2）教学实践

① 复习与导入

本环节主要是带领学生回顾上节课学习的电机原理及应用，引导学生从程序设计的角度去分析机器人的执行过程。教师以巡线传感器在现实生活中的应用为例，导入本节课的教学重点——实现机器人巡线功能，并播放探测机器人巡线走的视频，为学生开拓思路，以便教学的展开。

② 讲解与抛疑

本环节的第一部分是向学生介绍巡线传感器的工作原理，让学生了解巡线传感器上有两个传感器，每个传感器上包含红外发射 LED 灯和红外感应晶体管（图 4-5），而机器人正是利用传感器的信号才能在白底背景上巡线前进。随后向学生解释可以巡黑线是因为红外光线的反射特性，引导学生了解光的反射和信号传输等相关知识。

图 4-5　巡线传感器细节图

第二部分是向学生介绍通过 mBlock 图形化编程软件实现探测机器人巡线走的原理（表 4-3）。教师通过讲解机器人巡线功能与编程指令之间的关联，使学生进一步感知程序设计的原理，为之后的程序纠错作铺垫。

表 4-3　巡线程序编写原理

图例	机器人位置	侦测值	解释说明
	一直处于黑线上	0	如果小车一直处于黑线上，则巡线传感器的侦测值为 0，为实现小车继续沿黑线行驶，需要设置“前进”指令
	向右行驶	1	如果小车向右行驶，则巡线传感器的侦测值为 1，此时小车即将偏离黑线，为实现继续沿黑线行驶，需要设置“左转”指令

续表

图例	机器人位置	侦测值	解释说明
	向左行驶	2	如果小车向左行驶，则巡线传感器的侦测值为2，此时小车即将偏离黑线，为实现小车继续沿黑线行驶，需要设置“右转”指令
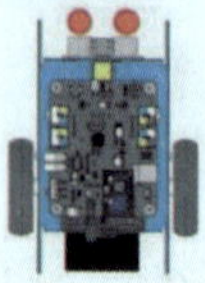	完全偏离黑线	3	如果小车完全偏离黑线，则巡线传感器的侦测值为3，为实现小车继续沿黑线行驶，需要设置“后退”指令

备注：○表示接收不到红外信号；●表示可接收到红外信号。

学生掌握了实现机器人巡线功能的原理之后，第三部分是由教师下发纸质版路线示意图（以小组为单位）和存在故障的程序（以个人为单位），如图4-6、图4-7所示，为之后的纠错复原作好准备。

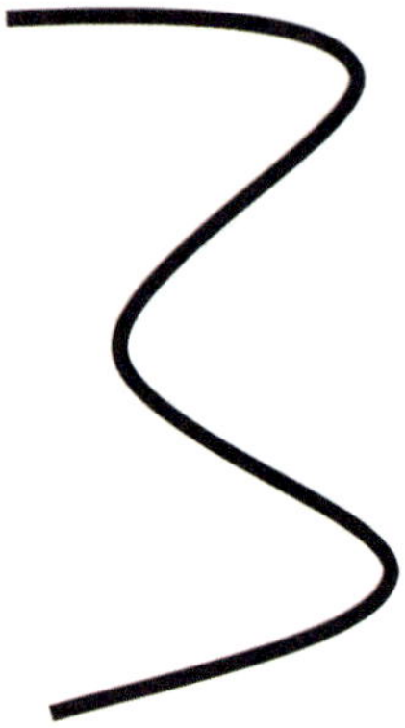

图 4-6　巡线示意图

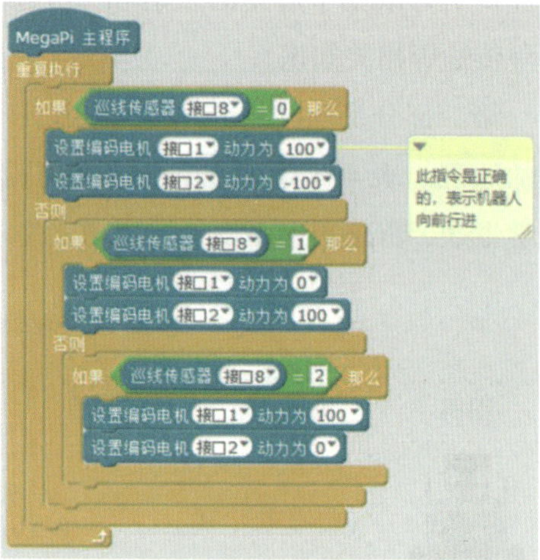

图 4-7　故障巡线程序

③ 感知与操作

本环节是在前一环节的基础上对机器人进行的自主探究学习。学生以小组为单位领取探测机器人，并对故障程序进行测试。

④ 拆分与分析

在本环节中，学生仍以小组为单位，基于已有知识以及教师的指导，对故障程序进行结构拆分，并分析和记录相关指令及功能。通过组内商讨对填写的指令功能达成统一意见，按照表 4-4 依次记录指令分析的序号、名称及功能。

表 4-4　拆分与分析表格

拆分与分析表格		组号：
序号	指令名称	指令功能

⑤ 识别与诊断

本环节是上一环节的延续，侧重于识别故障指令中的错误。学生以个人为单位按照表 4-5 依次记录序号、指令名称和修改意见，填写好之后与组内同学协商，并达成统一意见，为下一步测试作准备。

表 4-5　识别与诊断表格

识别与诊断表格		组号：
序号	指令名称	修改意见

⑥ 测试与总结

本环节共包含四个部分。第一部分是学生根据识别与诊断表格对程序进行修改和测试，同时教师负责观察各组的修改意见是否正确；第二部分是时间截止后，成功调试出巡线功能的小组进行演示，并讲解指令修改意见；第三部分是教师对本节课下发程序进行故障讲解，并下发程序文件，讲解正确程序的结构和功能，如图 4-8 所示；第四部分是教学效果的评价，包括能力水平标准测试、问题解决能力问卷调查等。

（3）教学反思

从实际教学效果来看，学生对巡线传感器的使用、程序的修改和编写掌握得比较扎实，这主要源于学生学习机器人的兴趣。不同于以往的讲授演示型教学，从故障程序出发更容易调动学生的积极性，使学生在学习过程中注重发现问题和解决问题。当然，本节课也有需要改进的地方，比如课堂教学时间的把控、如何引导学生进行迁移创新等，希望能够再次完善教学过程，以便呈现更好的教学效果。

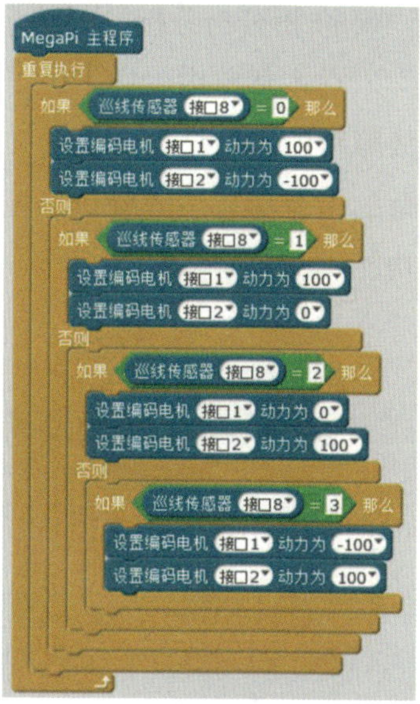

图 4-8　正确巡线程序

（三）总结

学生在“探测巡线走”的学习过程中深入探索，尝试发现和解决问题。提供给学生存在故障的机器人或程序，以纠错复原型教学模式进行知识与技能的学习，有益于帮助学生掌握机器人相关知识、自主地探索与发现。本研究着力于机器人的教学实践，通过纠错复原型机器人项目的开发和应用探讨更多的教学模式的可行性，为中小学机器人教学模式提供一种新的参考。

二、结构创新型机器人教学案例的设计与实施[①]

教育机器人以培养学生的分析能力、创造力和实践能力为目标，具有巨大的教育价值与潜能[②]，如何将其教育价值最大化，需要探索合适的教学模式。教育部印发的《教育信息化十年发展规划（2011—2020 年）》指出，坚持育人

① 康斯雅，钟柏昌．纠错复原型机器人教学案例研究［J］．数字教育，2019，5（1）：37-41．

② 周进，安涛，韩雪婧．教育机器人对学生学习效果影响的元分析［J］．现代远程教育研究，2019，31（3）：96-105．

为本，要以教育理念创新为先导，以学习方式和教育模式创新为核心。结构创新型教学模式以逆向工程理论为指导思想，以培养学生创新能力为主要目标，引导学生经历一个对机器人试用与感知、分解与观察、结构再造与测试、评价与总结的探究过程①。本研究尝试将此模式应用于中小学机器人课堂，从实际生活出发选择教学项目、设计教学内容，为机器人教育提供理论与实践参考。

（一）结构创新型教学模式的特点和价值

与传统教学方式相比，结构创新型机器人教学模式具有以下特点。

1. 侧重“双基”应用，结合实际定方案

结构创新型教学模式的教育目标重在基础知识和基本技能（“双基”）的应用与创新实践，此模式以学生为主体、教师为主导，学生首先需要通过试用与感知、分解与观察等过程掌握现有机器人产品的造型搭建要领和相关程序指令，并结合过往经验，从形式或功能等方面分析其存在的不足和改进的方向。为了完善机器人产品，需要学生将理论知识与实际问题相结合，协作制定解决问题的新方案。

2. 培养创新思维，注重产品“再设计”

结构创新型教学模式的结构再造与测试环节是教学实施的关键环节，此环节注重机器人产品的“再设计”，机器人产品的“再设计”是指在原有产品的基础上，根据重新设计的方案实现机器人作品的优化②。有研究证明，再创作编程作品的复杂度和难度更大，学生不仅需要理解已有功能，还需在此基础上考虑如何修改所选的代码段、保留什么，以及增加或删除程序中的哪些过程、变量③。此过程并非一蹴而就，需要通过迭代测试完成最终目标，因此“再设计”环节有助于培养学生的问题解决和知识应用等能力。

---

① 康斯雅，钟柏昌．机器人教育中的逆向工程教学模式构建［J］．现代远程教育研究，2019，31（4）：56-64.

② 闫妮，钟柏昌．中小学机器人教育的核心理论研究——论发明创造型教学模式［J］．电化教育研究，2018，39（4）：66-72.

③ Kafai Y B, Burke Q. The social turn in K-12 programming: moving from computational thinking to computational participation[C]//Proceeding of the 44th ACM Technical Symposium on Computer Science Education. New York: Association for Computing Machinery, 2013: 603-608.

（二）结构创新型机器人教学的过程环节与设计要点

1. 教学环节

结构创新型教学模式的主要过程包括试用与感知、分解与观察、结构再造与测试、评价与总结四个环节，具体解释如下。

试用与感知环节分别从造型搭建和程序设计两个方面进行。在机器人的造型搭建方面，重点在于通过亲身接触感受完整产品，宏观把控机器人的造型特征。在机器人的程序设计方面，重点在于通过实际操作测试产品的性能，了解产品的设计意图，由此猜想实现功能可能需要的程序指令，为下面的程序设计作好铺垫。

分解与观察环节是指学生结合逆向思维理解产品的设计过程。在机器人的造型搭建方面，学生可以选择自主或在教师的引导下对机器人进行分解。为了方便教师观察、加深学生的学习记忆，学生需要填写机器人的拆分记录。在机器人的程序设计方面，重点在于学习程序指令，如果教师选择提供已有程序，则重在理解程序的组成部分及功能；如果教师没有提供已有程序，则重在使学生根据功能倒推程序。

结构再造与测试环节是指对现有产品进行结构或功能的优化。在教师的指导下，学生首先需要明确现有产品存在的不足，以及哪些要素对机器人“再设计”起关键作用，并针对该元素提出修改功能和原因，形成“再设计”方案，教师在整个教学过程中起辅助和引导作用。值得注意的是，在机器人教育中，重构产品不局限于单一的数字作品，既可以扩展为能够独立运行的机器人产品，也可以是支持联机运行的装置；既可以与实际生活应用相联结，也可以与其他学科相融合。

评价与总结环节是指对重构产品的评价。学生需要对重构产品进行自评，如果时间允许，还可以通过产品展示的方式比较重构产品与原始产品的优缺点。教师则需要通过课堂观察对学生的表现及小组协作情况进行评价，并结合课堂拆分记录和“再设计”方案等分析重构产品的功能与性能、技术与实现、创意与个性，如产品在以上三方面均没有变化或导致产品无法正常运转，则需要进一步分析原因。

2. 教学案例设计要点

结构创新型教学模式侧重知识应用与创新实践，更适用于培养学生创新能力的中后阶段，若将此教学模式应用于具体的教学设计，需要特别注意器材选用、课时安排、项目设计等问题。

教师在选用机器人器材时，需要充分了解自身和学生的教学情况，切忌要求过高，过于高端的产品不仅不会带来好的学习体验，反而会增加操作难度，影响教学效果。目前市面机器人种类繁多，教师可以参考以下几点合理选择机器人设备：机器人套件是否有配套教材、配件是否丰富、套件接口及组件设计是否合理、套件材质及机器人编程环境等①。

教师在制定教学方案时，需要考虑教学时间的有效利用。现阶段中小学机器人教育大多数以每周 1 课时（40 分钟）开展，就实际教学经验来看，仅用 1 课时完成结构创新型教学具有很大难度，难以保证教学效果。因此，对于难度适中的项目，可以选择使用 2 课时完成，其中第一课时实现产品的解构复原，并制定“再设计”方案，第二课时进行结构创新实践。对于相对复杂的项目，为了达到更好的教学效果，也可以适当延长课时。

教师在设计教学项目时，需要考虑教学项目的基础性和可操作性。为了让学生有更多的自主发挥空间，最初呈现的机器人产品应该具有基础性，以便在此基础上设计具有创造力的产品。最初的机器人产品包含两种形式，一种是现有的机器人套件制作的作品，另一种是教师自己制作的作品，从产品的可塑性和实用性来看，后者更占优势。但是，如果采用教师自己制作的作品作为逆向工程教学的起点，在多个班级轮流上课时，将面临工作量过大的问题。因此，可以考虑在每节课结束前，抽出时间让学生恢复产品原貌，这样一方面可以减轻教师课前准备的负担，另一方面也可以培养学生的动手能力和责任意识。

（三）结构创新型机器人教学案例设计与应用

结合生活实际，选择了自己制作的“第一代多功能小车”作为最初呈现

---

① 钟柏昌，张禄．我国中小学机器人教育的现状调查与分析［J］．中国电化教育，2015（7）：101-107.

的机器人产品。将设计“多功能小车”作为再设计的目标，从实际生活出发，引导学生探索更多的设计可能。下面以此为例，详细介绍结构创新型机器人教学案例的设计与实施。

1.“多功能小车”前端分析与方案设计

（1）教学内容与学生情况分析

本节课使用的器材是蓝猫智能小车（图 4-9），编程软件为 AS-Block（图 4-10）。教学重点是在理解“第一代多功能小车”造型搭建要领和相关程序指令的基础上，使学生自主设计出具有创造力的“多功能小车”。对具体使用的电子元件不作要求，既可以选择本学期学过的旋钮等传感器，也可以探索未知的蜂鸣器等元件。教学对象是小学六年级的学生，在之前的项目中，学生已经掌握了蓝猫智能小车软件与硬件的基本操作，了解了基础元件的使用方法，正处于本学期机器人学习的后期。教学目标在于“双基”的应用和学生创造力的培养，适用于结构创新型机器人教学模式。

图 4-9　蓝猫智能小车

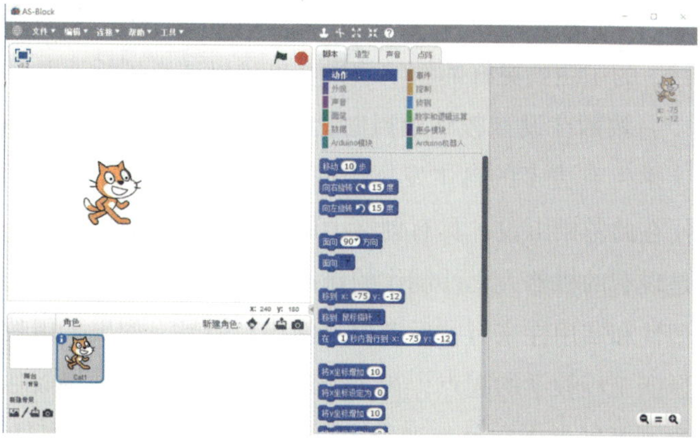

图 4-10　AS-Block 软件首页

（2）教学目标定位

在知识与技能方面，要求学生通过“第一代多功能小车”的解构复原过程掌握多功能小车的设计理念，通过分析已有产品的不足，制定“再设计”方案，实现对本学期学过的旋钮、直流电机、直流电机风扇、温度检测、声音检测、LED 灯等传感器的综合应用。

在过程与方法方面，要求学生通过对“第一代多功能小车”的解构复原，掌握自主探究机器人产品结构和功能的方法，在分析已有产品的不足之后进行“再设计”，使学生掌握绘制草图、流程图的方法，实现多功能小车结构和功能的完善。

在情感、态度与价值观方面，要求学生通过对“第一代多功能小车”的解构复原培养学习兴趣，通过对多种传感器的选择和设计实现对多功能小车的结构创新，以此激发学生对科技创新的兴趣。

（3）教学方案的形成

由于本节课的教学内容涉及旧知识的回顾和新项目的设计，考虑到实际教学时间和六年级学生的学习情况，笔者决定使用2课时完成教学。第一课时的主要任务是使学生自主解构和复原“第一代多功能小车”，并结合已有知识对其进行“再设计”；第二课时将根据“再设计”方案展开实践，主要包括多功能小车的硬件搭建和程序编写，经过迭代测试之后进行重构产品的评价与总结。

2. 教学过程的设计与实践

（1）复习与导入

在本环节中，教师首先带领学生回顾本学期学习过的旋钮、直流电机、直流电机风扇、温度检测、声音检测、LED灯等多种传感器，指出以蓝猫智能小车为载体，可以综合应用以上传感器。接着从生活实际出发，向学生介绍汽车已经是日常生活不可或缺的一部分，引出本节课使用的机器人产品——“第一代多功能小车”（功能是实现车灯的交替闪烁），在简单观看其运行视频之后进入下一阶段的学习。

（2）试用与感知

在本环节中，首先由教师为每一小组下发已经安装好的小车，由各个小组自主完成对小车的试用，意在感知小车的结构、操作和功能。试用与感知结束后填写产品体验与拆分复原记录表中的主要功能和特征部分（图4-11）。

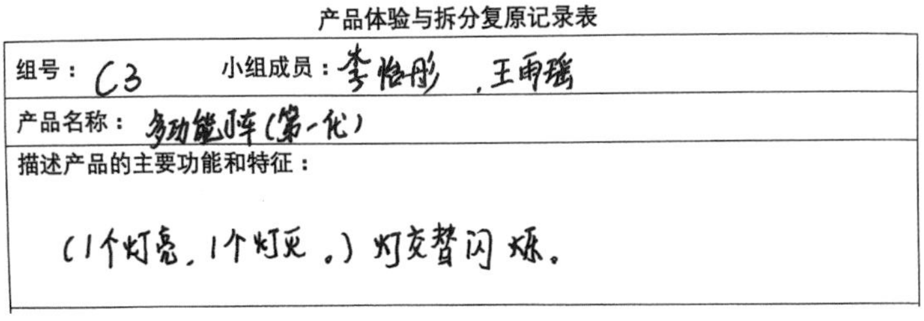
产品体验与拆分复原记录表

组号：C3　小组成员：李怡彤，王雨瑶

产品名称：多功能小车（第一代）

描述产品的主要功能和特征：

（1个灯亮，1个灯灭，）灯交替闪烁。

图4-11　产品描述记录

（3）分解与观察

本环节主要包含两个部分，在造型搭建方面，学生需要对“第一代多功能小车”进行硬件拆分，以此掌握产品连接方法，同时需在拆分记录表中填写拆分顺序、零件名称、连接位置等；在程序设计方面，教师将不提供现成的程序，由学生根据产品试用经验，猜测并验证车灯交替闪烁的运行程序。此环节需要记录硬件拆分过程，绘制程序流程图（图 4-12）。

描述硬件拆分的过程（包括拆分顺序、零件名称、位置等），复原过程可以参考拆分过程： LED灯 数字3号接口 LED灯 数字4号接口	
如果老师提供了现成程序，描述程序拆分的过程（将整个过程拆分为哪几个部分？分别描述每个部分的功能和包含的指令），复原过程按此过程逆序进行：	如果老师没有提供现成程序，请根据产品试用经验，猜测程序，画出程序流程图： 1. 设置LED灯3为开，等待1秒 否则设置LED灯3为关，等待1秒 ↓ 2. 设置LED灯4为开，等待1秒 否则设置LED灯为4关，等待1秒 ↓ 3. 重复执行

图 4-12　硬件拆分过程与程序流程图

（4）复原与结构再造

本环节包含两个部分，第一部分是在上一环节的基础上，复原“第一代多功能小车”的产品。学生需要以小组为单位编写车灯交替闪烁的运行程序，由教师检查后上传和执行，执行后填写“比较与总结”一栏（图 4-13），如果复原成功则直接进入下一个教学过程，否则需要分析未复原成功的原因。

比较与总结（与原始产品功能相比，复原后的作品是否一致，如果不一致描述具体差异和原因）：
一致

图 4-13　比较与总结记录

第二部分是对“第一代多功能小车”的“再设计”。此部分有助于培养学生的创造力和逻辑思维，是本节课的重要教学环节。在正式设计之前，教师需要向学生介绍多功能的含义，随后使学生在原有产品的基础上，提出准备修改或新增的功能，并根据功能的变化，描述拟修改的产品结构，包括产品结构或程序算法等（图 4–14）。此过程中教师起辅助作用，不应该直接提示和引导学生。在“再设计”完成后对学生的方案进行检查，确保可行性后由学生设计产品结构草图和程序流程图（图 4–15），全部绘制完成后交由教师保存，至此第一课时结束。

产品改造记录表（结构创新型）

组号：E1组　小组成员：程思怡、张天喜
产品名称：风扇防撞警车
在原有产品基础上，准备修改的功能： 新增功能，丰富小车
针对上述产品功能的变化，描述拟修改的产品结构（如产品结构或程序算法），并说明理由： 超声波传感器连超声波接口， 两个LED灯分别连数字接口3和4， 风扇插~~模拟接口A0~~数字接口2。

图 4–14　产品改造记录

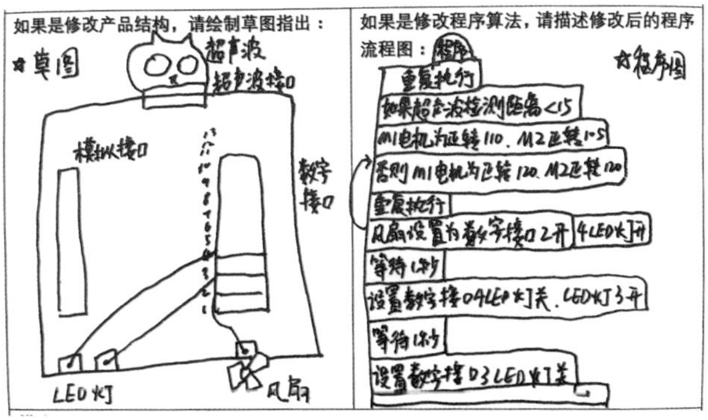

图 4–15　硬件及程序设计记录

（5）测试“再设计”产品

本环节的教学重点是实现方案表中重构多功能小车的预设功能。为了充分利用课堂有效时间、维护课堂纪律，教师需要根据上一课时每一小组的方案设计表，在课前准备并下发蓝猫智能小车和各组需要的元件。由于 2 课时之间间隔一周，学生难以完全想起之前的“再设计”方案，因此在正式设计之前，教师需要提醒学生仔细阅读方案记录，充分利用课堂时间，如有问题可以举手向教师寻求帮助。接着进入测试阶段，实际操作过程中会面临各种不确定的问题，如串口连接问题、程序上传不成功问题、程序编写细节问题等，学生需要通过探究问题根源、不断地调整测试增强迭代意识、动手操作能力和问题解决能力。如果学生寻求帮助，教师应给予引导，但是不应直接给出解决办法。值得注意的是，在测试过程中允许学生结合自身实际情况调整方案，逐步完善设计，从而提升学生的创造性自我效能感。由于课堂教学时间有限，学生需要在固定时间内完成测试，时间截止后进入下一环节。

（6）评价与总结

本环节主要包含两个部分，第一部分是学生对重构产品的自评，结合前期的“再设计”方案，学生需要从是否实现预定目标、与原始产品比较等方面进行自评。此过程有利于学生反思设计意图，回顾设计过程中遇到的问题和解决办法。第二部分是教师评价，对于成功实现方案的学生，教师给予肯定评价，对于未成功实现方案的同学，教师结合存在的问题提出改善建议，帮助学生反思原因。最后由教师对每一小组的重构产品进行打分，填写由本团队设计的机器人作品评分表，从功能与性能、技术与方法、创意与个性三个维度评价机器人作品，详见附录 8。

3. 教学效果评价

本案例系首次将结构创新型教学模式应用于小学机器人课堂。通过观察学生填写的产品拆分记录表和“再设计”方案，发现大部分学生可以自主还原“第一代多功能小车”，没有还原成功的少部分学生也在教师和同学的帮助下找到了原因。在结构创新部分，大多数学生不再是原样模仿教师讲过的案例，而是通过同伴协作综合运用前期学过的元件，还有个别小组试图探索未学习过的蜂鸣器元件，并成功达到预设目标。

与前期的机器人作品评分相比，学生在功能与性能、技术与方法、创意与个性三个维度的评分结果均有所提高。通过课后的访谈得知，学生认为教师使用的新教学模式有更多的不确定性，不再需要把想法限制在某个项目或者某些固定的元件之中，而需要和同伴共同思考和商议；虽然最初设计阶段有些难度，但是成功实现之后很有成就感。

4. 教学反思

对于六年级学生而言，直接创造出新产品具有难度和复杂度，如果想在传统的大班教学中培养学生的创造性思维，则需要探索合适的教学模式。在本案例中，笔者选择了结构创新型教学模式开展机器人教学，通过课堂观察和分析机器人课堂记录表，发现学生能够在课堂上和同伴协作，集中精力完成项目的学习和“再设计”，也能在已有产品的基础上高效率地设计出新产品。此过程有助于培养学生的创造力、团队协作能力。新产品的设计过程并非一气呵成，而是在不断地询问、修改和测试中完成。迭代的测试有助于培养学生的问题解决能力和逻辑思维，使学生有效地将“双基”与实际应用结合起来。当然，本节课仍有需要改进的地方，例如教师如何更好地兼顾到每组学生、更有效地利用有限的课堂时间、设计出更具趣味性的机器人产品等。

（四）小结

逆向工程教学模式包含解构复原型、纠错复原型、要素增减型和结构创新型等四种，也不排除介于四种教学模式之间的其他教学模式。其中，结构创新型主要包含拆解、分析和“再设计”三个核心步骤，是执行最复杂、对学生基础知识和基本技能要求最高的一种教学模式，适用于培养学生创新能力的中后阶段。就目前而言，相比于传统的授课模式，结构创新型教学模式能够有效提升学生的学习兴趣和积极性。如何将逆向工程教学模式更合理地应用于中小学机器人教育的各个阶段，需要更多研究去探索。本研究试图提供一种可行性方案，为中小学机器人教学模式的创新应用提供参考。

三、逆向工程教学法在机器人教育中的有效性研究①

合理构建教学模型对教学活动的开展起着重要作用，逆向工程在工程类教学中的效果显著，但是关于逆向工程教学模式的研究却有限，不少教师苦于没有系统的逆向工程教学模型作为教学参考。本研究在相关文献中找寻线索，从逆向工程的教学目标出发构建了“灯笼”模型，提出了四种逆向工程教学模式（包含解构复原型、纠错复原型、要素增减型和结构创新型），四种教学模式倡导“做—学—教”的教学过程，对应的教学目标、实施过程、实施方法和相关案例等内容可以为逆向工程在机器人教育中的应用提供更多理论参考。

① 本节内容节选自钟柏昌教授指导的研究生康斯雅的硕士毕业论文。

实践是检验真理的唯一标准，为了探究逆向工程教学法的有效性，本研究中的实验基于真实的课堂，在预实验和正式实验中将四种教学模式应用于小学机器人教育，试图通过实验后的数据分析逆向工程教学法和正向项目教学法两种模式下学生的学习效果差异。效果评价指标包含学习态度、沉浸度、融洽度、创造性自我效能感、机器人作品评价和学习绩效等方面，真实地反映使用逆向工程教学法的问题和优势。实验采用的器材是现阶段机器人教育常用的工具，操作软件也符合当下的主流选择，使用的辅助材料为团队自主设计，提供的教学实例细致地阐述了教学流程，希望能够为一线教师及其他教育研究者在机器人教育的教学探究提供一种选择和实践参考。

（一）概念界定

本研究主要涉及“机器人教育”“正向项目教学法”“逆向工程”“逆向工程教学法”四个核心概念，下面将对以上概念进行界定。

随着我国基础教育信息化的发展，机器人教育正在逐渐普及，受到了社会各界的普遍重视①。机器人教育是指开设机器人课程或活动、学习机器人或人工智能的知识与技能②，意图将课堂归还给学生，以学生为主体，将机器人作为学习内容或工具，在教学过程中提升学生的创新思维和动手操作等能力③。调查显示，在学校机器人教育中，大多数教师上课使用的教材为自编教材，教学内容大致包含机器人造型设计、程序设计、创意设计和原理理解等部分④。本研究主要针对小学高年级的机器人教育，结合学校已有的机器人软硬件自编教学内容，使用不同的教学方法，以常规课的形式开展教学实践。

为了探究逆向工程教学法在机器人教育中的有效性，本研究将其与正向项目教学法进行对比。实际上，现阶段在 STEM 教育及机器人教育中经常使用

---

① 王俊卿．对小学机器人教育的探索［J］．天津师范大学学报（基础教育版），2015，16（3）：56-59.

② 孙苗，兰晓红，杨豪．基于创客理念的青少年机器人教育模式探究与实践［J］．中国教育信息化，2018（10）：18-22.

③ 李艺，谢作如．机器人教育何以进入中小学课堂［J］．中国信息技术教育，2015（10）：4-9.

④ 钟柏昌，张禄．我国中小学机器人教育的现状调查与分析［J］．中国电化教育，2015（7）：101-107.

的项目教学法本质上是一种正向的项目教学，强调以具体活动为依托组织教学内容，以学生为主体开展教学活动，以可视化和多样化的学习成果评价学生的学习效果①，使学生从零开始完成项目的开发，大致经历“需求分析”“可选方案设计”“详细方案设计”“系统实现与测试”“作品包装与分享”等阶段。与其相反，逆向工程教学不是从零开始，而是需要从完整的作品出发，在界定逆向工程教学法之前需要先了解逆向工程。

国内外关于逆向工程（reverse engineering）的概念没有统一界定，更多研究者将其作为一种技术实施手段，本研究参考黄诚驹和祖文明对于逆向工程的定义，将其理解为反求工程或反向工程，即以先进产品的实物、样件、软件等作为研究对象，通过现代设计理论、方法、测量技术对已有产品进行建模、仿真，最终实现优化既有产品和再创造的过程②③。

逆向工程教学法是指在教学过程中以逆向工程为指导思想，遵循“做—学—教”模式的教学方法。本研究将其作为项目教学的一种，同样以作品开发为取向，侧重物化成果的产生，引导学生在产品设计与开发的过程中学习④。国内外研究者将逆向工程教学法应用于工程类课程之中，使学生大致经历“作品使用与工程分析”“作品分解与复原”“再设计与微创新”“原型制作或作品再造”“比较评估与反思”等阶段，在“认识原型—再现原型—超越原型”的过程中深化学习⑤。

（二）相关研究

1. 逆向工程的教学优势

目前有关逆向工程的研究主要集中在高校的工程类课程，目的在于探索其教学效果。大多数研究者将产品的拆分活动作为逆向工程教学的一部分。已

① 刘景福，钟志贤．基于项目的学习（PBL）模式研究［J］. 外国教育研究，2002（11）：18-22.

② 黄诚驹．逆向工程综合技能实训教程［M］. 北京：高等教育出版社，2004：8.

③ 祖文明．逆向工程技术的应用及国内外研究的现状及发展趋势［J］. 价值工程，2011（21）：30-31.

④ 夏莉颖，钟柏昌．试论STEM教育的两种取向与四种方法［J］. 中小学数字化教学，2018（9）：8-11.

⑤ 吴兰岸，刘延申．基于逆向工程的工程课程开放式教学［J］. 高等工程教育研究，2016,（6）：185-189.

有研究表明，逆向工程教学主要在以下三个方面具有优势。

（1）促进学生对概念的理解和运用。逆向工程过程有利于习得概念的知识迁移，参与逆向工程教学中的问题解决活动可以让学生群体更容易学习和应用概念①。产品的拆分活动也可以使学生加深对概念的理解②，有研究表明，完成拆分活动的团队所提出的设计概念比率比未参加拆分活动的团队高③。

（2）激发学生的学习积极性。有意义的学习目标利于学生的自我激励④，逆向工程教学任务中包含动手操作元素，此过程可以积极影响学生在课程中的学习效果。学习兴趣被激发之后，学生展示出了同时管理多项任务的能力⑤。有研究证明，产品拆分活动可为贫困地区教育提供潜在的解决方案，它有助于激励和促进知识的迁移⑥。

（3）激发学生的创造力。学生在接触新概念和工程解决方案之后，他们在工程类课堂上的学习效果有所增强，且可以提出更多具有创造力的工程设计方法⑦。一项有关产品拆分对再设计活动的影响研究中表明，没有进行拆分活动的学生团队更注重产品形式，而完成拆分的团队能够在产品形式和功能上同

---

① Hess H L. Teaching manufacturing using the golden key reverse engineering[C]//2000 Annual Conference & Exposition. St. Louis, Missouri, 2000: 1-7.

② Barr R E, Schmidt P S, Krueger T J, et al. An introduction to engineering through an integrated reverse engineering and design graphics project[J]. Journal of Engineering Education, 2000, 89(4): 413-418.

③ Grantham K, Okudan G, Simpson T W, et al. A study on situated cognition: Product dissection's effect on redesign activities[C]//International Design Engineering Technical Conferences and Computers and Information in Engineering Conference. American Society of Mechanical Engineers, New York, 2011: 617-626.

④ Elizalde H, Solorio I R, Perez Y, et al. An educational framework based on collaborative reverse engineering and active learning: A case study[J]. The International Journal of Engineering Education, 2008, 24(6): 1062-1070.

⑤ Orta P, Medoza R R, Elizalde H, et al. Engineering education through reverse engineering[C]//2006 Annual Conference & Exposition. Chicago, Illinois, 2006: 1-12.

⑥ Dalrymple O O, Sears D A, Evangelou D. The motivational and transfer potential of disassemble/analyze/assemble activities[J]. Journal of Engineering Education, 2011, 100(4): 741-759.

⑦ Toh C, Miller S, Kremer G E O. The role of personality and team-based product dissection on fixation effects[J]. Advances in Engineering Education, 2013, 3(4): n4.

样出色，且后者在再设计过程中的创造力水平较高①。还有研究显示使用逆向工程教学法的学生在解决项目目标的方案中展现出良好的资源创造力②。

除了促进学生对概念的理解和运用、激发学生的学习积极性和激发学生的创造力三个主要方面，另有研究表明逆向工程教学对学生的动手实践能力③④⑤、交流能力⑤、理解和改善产品结构方面④也有积极影响。此外，一些研究者将逆向工程与其他教学策略或工具相结合，如主动学习、协作学习和计算机支持的协作学习。例如，埃利萨尔德（Elizalde）等⑥认为，协作学习与主动学习策略与逆向工程的结合有利于提高学生的综合能力。

2. 逆向工程在教育中的应用

逆向工程最早出现于二战时期，在飞机、坦克以及其他军事装备的开发中扮演着重要角色，而将逆向工程应用于教育的研究出现在20世纪末。国外的相关研究中，有两例模型应用最为广泛。

2001年，伍德（Wood）和詹森（Jensen）等人⑦参考已有研究，简要总结了

---

① Grantham K, Okudan G, Simpson T W, et al. A study on situated cognition: Product dissection's effect on redesign activities[C]//International Design Engineering Technical Conferences and Computers and Information in Engineering Conference. American Society of Mechanical Engineers, New York, 2011: 617–626.

② Orta P, Medoza R R, Elizalde H, et al. Engineering education through reverse engineering[C]//2006 Annual Conference & Exposition. Chicago, Illinois, 2006: 1–12.

③ Hess H L. Solid modeling and reverse engineering: the stimulus for teaching manufacturing[C]//Proceedings of the 2002 American Society of Engineering Education Annual Conference and Exposition, 2002.

④ Barr R E, Schmidt P S, Krueger T J, et al. An introduction to engineering through an integrated reverse engineering and design graphics project[J]. Journal of Engineering Education, 2000, 89(4): 413–418.

⑤ Ogot M. The creative design workshop: Learning and discovery through reverse engineering[J]. Age, 2002, 7: 2.

⑥ Elizalde H, Solorio I R, Perez Y, et al. An educational framework based on collaborative reverse engineering and active learning: A case study[J]. The International Journal of Engineering Education, 2008, 24(6): 1062–1070.

⑦ Wood K L, Jensen D, Bezdek J, et al. Reverse engineering and redesign: Courses to incrementally and systematically teach design[J]. Journal of Engineering Education, 2001, 90(3): 363–374.

逆向工程与再设计十步法，总体结构共有三个阶段。第一阶段是逆向工程，将产品视为一个黑匣子，有利于避免学生对产品的偏见以及心理上的惯性，在此过程中需要对产品进行调查、预测和假设，预测解决产品的功能和原则之后，开始进入产品的拆分与实验过程，以便了解产品的实际功能和形式。第二阶段是建模与分析，仍然遵循逆向工程原理，此阶段的目的是充分理解产品的物理原理和设计参数。第三阶段是再设计，学生可以选择三种改进产品的途径，即参数化、自适应性和原创性。逆向工程与再设计十步法在教育和工业领域均产生了非常重要的影响，并在德克萨斯大学、麻省理工学院和美国空军学院有广泛的应用。研究结果显示，逆向工程有助于解决不同类型学生的学习需求，但是针对操作时间和项目迭代设计上的问题，仍需要在课程结构上进行下一步的设计和改进。

2006 年，克雷默（Kremer）和奥格特（Ogot）[①] 提出了 Disassemble/Assemble/Analyze（DAA）模型，即拆分、装配、分析模型。由教师指导的程度和学生完成 DAA 所需的工程知识交叉形成的四个象限分别命名为 Expose（演示）、Inspire（激励）、Enquire（询问）、Discover（发现）。四个象限不是独立的，对应不同的学习需求，Discover 象限适用于理解逆向工程的过程并探索设计原理；Enquire 象限适用于强化工程概念；Expose 象限适用于学习工程词汇和术语，减少对工程的恐惧；Inspire 象限适用于学习基础科学原理或主题。增强的 DAA 模型表明，Discover 和 Inspire 象限适合问题解决型教学，Expose 和 Enquire 象限适合主动学习。这个模型常见于产品拆分活动的相关研究中，帮助研究者探索其教学效果[②③④]。

---

① Kremer G E, Ogot M. Developing A Framework For Disassemble/Assemble/Analyze (Daa) Activities In Engineering Education[J]. Age, 2006, 11: 1.

② Grantham K, Okudan G, Simpson T W, et al. A study on situated cognition: Product dissection's effect on redesign activities[C]//International Design Engineering Technical Conferences and Computers and Information in Engineering Conference. American Society of Mechanical Engineers, New York, 2011: 617-626.

③ Dalrymple O O, Sears D A, Evangelou D. The motivational and transfer potential of disassemble/analyze/assemble activities[J]. Journal of Engineering Education, 2011, 100(4): 741-759.

④ Moore-Russo D, Grantham K, Lewis K, et al. Comparing physical and cyber-enhanced product dissection: Analysis from multiple perspectives[J]. International Journal of Engineering Education, 2010, 26(6): 1378.

近年来，有很多研究者将逆向工程应用于机械工程、电子工程和软件工程等工程类专业领域，其中大多数研究将机械产品的重新设计作为教学目标。例如：赫斯（Hess）①将固体建模和逆向工程应用于大学二年级工程专业学生的机械制造课上，为期 14 周的焊接车床零件、塑料成型、零件重新设计的学习结果显示，学生的概念理解能力、学习兴趣、创造力和想象力都得到提升；2015 年，滕志霞等人将逆向工程应用于软件工程课程，教学过程包括使用软件、提出需求、软件改造、编码分析、总体设计、设计验证和过程回顾，研究结果表明逆向工程法更容易帮助学生消化空洞的理论知识、把握理论与实践的结合点②；2016 年，韩凤霞为培养学生的创新和实践能力，在开放实验中将逆向工程与自动编程技术相结合，对可乐瓶进行数据测量、数据处理和重构，研究显示该方法可以培养学生适应现代设计与制造工程领域的实践能力③；2017 年，查托帕迪亚（Chattopadhyay）将逆向工程用于大学二年级的机械工程实践课程，学生以小组为单位对机械产品进行拆解和分析，意在为新的产品选择合适的机械材料④；麦高恩（McGowan）通过“介绍项目—设计方案—理解原理—再设计产品—包装分享”等过程，让五年级学生在工程课程中通过不同的项目理解工程设计思维，发挥个性化创造力；2019 年，伯托尼（Bertoni）使用逆向工程辅助学生理解系统工程，通过拆解咖啡机和榨汁机了解产品功能，结果表明此方法有助于熟悉产品，促进学生参与到课堂中⑤；成思源以一款手机壳的设计为例，对逆向工程在计算机辅助设计实验中的教学效果展开探究，结果表明学生

---

① Hess H L. Solid modeling and reverse engineering: the stimulus for teaching manufacturing[C]//Proceedings of the 2002 American Society of Engineering Education Annual Conference and Exposition, 2002.

② 滕志霞，陆光，刘欣．基于逆向工程法的软件工程教学模式改革与实践［J］. 计算机教育，2015（20）：32-34.

③ 韩凤霞．基于逆向工程的开放实验教学研究［J］. 科技资讯，2016，13（21）：136-137.

④ Chattopadhyay S. Material and processing basics through reverse engineering[C]//2017 ASEE Annual Conference and Exposition. American Society for Engineering Education, Columbus, 2017: 20385.

⑤ Bertoni A. A reverse engineering role-play to teach systems engineering methods[J]. Education Sciences, 2019, 9(1): 30.

在掌握逆向工程的流程后进行创新，对提高创新意识和设计能力有促进作用①。

事实上，本研究团队近些年已经开展了初步尝试，试图将逆向工程理论作为指导思想应用于机器人教育中。2017年，将逆向工程作为指导思想之一应用于实验模拟型项目的制作上，并以“自动变速风扇”为例介绍了利用逆向工程思维理解工程设计的过程，即学生通过观察、分析风扇的结构和功能，学习相关的操作原理等知识②，随后还探讨了机器人课程中学生纠错能力的培养方法问题③。2018年，又将逆向工程思想作为机器人教学模式探索的理论指导之一，应用于发明创造型教学模式的构建。该模式的“微创新”阶段，将DAA活动模型与工程设计思想相结合，引导学生通过产品体验、解构、分析、再设计、测试与调试等五个环节体验“微创新”的过程④。综上所述，机器人教育是一门典型的工程教育类课程，具有丰富的教育价值⑤。为实现其价值，参考逆向工程法在其他工程教育领域所展现出来的教学优势以及本团队的初步尝试，有必要进一步总结经验，探索逆向工程法在机器人教育中的具体应用模式及应用效果，丰富和夯实已有研究。

（三）研究方法与过程

1. 研究方法

在研究过程中主要采用了文献研究法、问卷调查法、准实验研究法和统计分析法。

（1）文献研究法

文献综述是本研究模型构建和实践开展的基础，利用学校图书馆、网络

---

① 成思源，张中宝，杨雪荣，张湘伟，王小康．面向产品创新设计的逆向工程技术实验教学［J］．实验室研究与探索，2019，38（4）：161-164.

② 李婷婷，钟柏昌．中小学机器人教育的核心理论研究——论实验模拟型教学模式［J］．电化教育研究，2017，38（9）：96-101.

③ Zhong B, Li T. Can pair learning improve students' troubleshooting performance in robotics education? [J]. Journal of Educational Computing Research, 2020, 58(1): 220-248.

④ 闫妮，钟柏昌．中小学机器人教育的核心理论研究——论发明创造型教学模式［J］．电化教育研究，2018，39（4）：66-72.

⑤ 钟柏昌，王艳霞．配对学习模式在机器人教育中的有效性［J］．现代远程教育研究，2018，153（3）：66-74.

工具以及专业文献数据库等多种渠道和方式查阅国内外优秀博硕士论文、书籍、期刊和网络资源，深入了解当前国内外与逆向工程教学相关的研究成果及不足，以此为鉴，提出有关逆向工程模型构建、实践应用效果的观点和假设。

（2）问卷调查法

结构化的调查问卷是用来发现复杂现象中起关键作用的变量以及变量之间关系的一种重要方法①。参考本团队已有研究，结合国内外具有影响力的相关量表设计了问卷调查，分两次发给被测者。通过数据统计分析和讨论，验证逆向工程教学法在机器人教育中是否具有有效性。

（3）准实验研究法

在实际教学环境中，无法保证完全剔除无关变量、也无法实现随机抽取实验对象等要求，因此本研究选用了准实验研究法，包含预实验和正式实验两部分。两次实验均经历了制定实验方案、准备实验材料、先备知识测验、确定实验对象、开展对比实验、数据统计收集等环节，实验结束后通过对比实验班和对照班的数据评估机器人教育中逆向工程教学法的有效性。

（4）统计分析法

在分析逆向工程教学法与正向项目教学法对机器人教学的影响阶段，本研究运用统计分析软件 SPSS 统计分析软件进行数据分析，对数据采用非参数检验（曼 - 惠特尼 U 检验）和独立样本 t 检验等方法，分析两种模式与学生学习态度、沉浸度、融洽度等指标的变化关系，以期探讨逆向工程教学法在机器人教育中的应用有效性。

2. 研究内容

针对上述研究问题，本研究主要包含以下几部分内容。

（1）对国内外有关逆向工程教学模式、教学优势和相关应用的研究进行梳理和总结，厘清已有研究对本研究的启示。

（2）系统构建适用于机器人教育的逆向工程教学模型。

---

① Bishop-Clark C, Courte J, Howard E V. Programming in pairs with Alice to improve confidence, enjoyment, and achievement[J]. Journal of Educational Computing Research, 2006, 34(2): 213-228.

（3）构建评价指标，开展教学实验，探究逆向工程教学法在机器人教育中的有效性。

3. 测量工具

（1）机器人课程学习态度

在机器人课程的学习中，为了进一步加强机器人学习效果，探索正向项目教学和逆向工程教学两种模式的教学差异，有必要了解学生学习态度的转变。机器人学习态度调查主要参考了毕晓普－克拉克等人于2006年设计的问卷，以及本研究团队于2017年作的优化，最后形成了自信心、享受度和价值观三个维度的问卷（附录3）。

（2）机器人课程学习融洽度

在实际教学过程中，受教学器材和教学环境限制，无法实现让学生独立学习机器人，因此研究者将学生分为四人一组，每组拥有一套器材，以此实现合作学习。让每个学生对在团队环境中完成的工作负责是实现合作学习的基石，分析学生对同伴在某种教学模式下的合作学习表现，判定他们在机器人学习过程中履行职责的程度，有助于研究者对小组学习效果进行评估。本研究参考考夫曼（Kaufman）等人在1999年的研究，设计了3个问题来调查学生的机器人课程学习融洽度（表4-6），上述问题采用李克特五点量表的形式，均为正向题，计分方式为1（非常不同意）到5（非常同意）。

表4-6　机器人课程学习融洽度调查

题目	内容
1	我和我的同伴配合默契
2	我的同伴在合作完成任务的过程中尽力做到了他/她能做到的
3	我和同伴在合作完成任务的过程中有较多的交流

（3）创造性自我效能感

创造性自我效能感是指个体如何看待自己在创意产品开发中的能力，尤其指创造力。影响创造性自我效能感的因素不仅有个体属性，还有在创意产品开发中和环境的互动等因素。有研究证实创造性自我效能感在学生创造力表现中的重要作用。把握学生的创造性自我效能感，可以辅助教师了解学生在遇到困难时是否有坚持克服困难的动力[①]，以及学生如何看待自己在机器人创意产品设计中的创造力表现，因此在正式实验中将其作为一项重要指标。本研究参考了 Liu 等人在 2017 年的研究，设计了创意产品、创意策略和个体反馈三个维度，共 7 个问题（表 4-7），上述问题采用李克特五点量表的形式，均为正向题，计分方式为 1（非常不同意）到 5（非常同意）。

表 4-7　创造性自我效能感调查

维度	内容
创意产品（2 个问题）	当使用机器人软硬件创作作品时，和别人相比，我相信自己的作品是特别的
	当使用机器人软硬件创作作品时，我创作了一个完整的作品
创意策略（3 个问题）	当使用机器人软硬件创作作品时，我能为制作优秀作品添加新的想法
	当使用机器人软硬件创作作品时，我能巧妙应用一些想法或资源做出具有创造性的成果
	当使用机器人软硬件创作作品时，和别人相比，我能为我的作品添加一些新的元素
个体反馈（2 个问题）	当使用机器人软硬件创作作品时，我坚持自己最初的想法，尽管那个想法被批判
	当使用机器人软硬件创作作品时，如果其他学生或老师不同意我的想法，我会尽力说服他们

（4）机器人作品评分

机器人作品评分表是指学生在完成项目 3 温控车扇和项目 5 多功能小车后，由教师和助教通过对比产品设计表和实际操作情况，以统一的标准为机器人作品打分，主要包含功能与性能（5 分）、技术与方法（5 分）和创意与个性

① Hu B, Zhao Y. Creative self-efficacy mediates the relationship between knowledge sharing and employee innovation[J]. Social Behavior and Personality: An International Journal, 2016, 44(5): 815-826.

（10分）三部分（附录8）。

（5）机器人课程学习绩效检测

所有项目完成之后将进行期末学习绩效检测（百分制），内容以考查学生学习机器人软硬件的基础知识和思维能力为主，包含单项选择题、多项选择题、填空题、判断题、简答题、程序理解题和程序设计题（附录9）。学习绩效检测由学生独立完成，由教师和助教将纸质试题下发给学生，填写完成后立即统一回收。

（四）预实验实施过程与结果

1. 预实验安排

预实验在江苏省无锡市吴桥小学以机器人课程的形式开展，实验时间为2018年9月10日至2019年1月4日，为期16周。研究对象是该校五年级四个班级的学生，在正式开始授课之前被随机分为两组：正向项目教学班（对照组，五年级1班和五年级2班，$N=70$）和逆向工程教学班（实验组，五年级3班和五年级4班，$N=75$）。由于客观原因，最终有效参与者有105人，其中正向项目教学班51人（男生26人，女生25人），逆向工程教学班54人（男生30人，女生24人）。研究对象的年龄都在10~12岁之间，在正式开展实验之前，对所有学生进行了机器人先备知识测验和机器人学习态度调查，结果显示，两组实验班级的先备知识测验和机器人学习态度没有显著差异，表明学习起点基本一致。

本研究开展的实验为期16周，每周为每个班级安排一节课（课时为40分钟），实验进程如表4-8所示。本实验选择了十合一机器人中的探测机器人形态，它由众多零件组成，相比于其他形式更贴合日常生活，也更适用于初学者。探测机器人需要使用mBlock软件进行编程，该软件操作界面简单易懂，非常适合初学者的编程学习。

表4-8　实验进程表

学习阶段	课时	内容
前测阶段	1	机器人先备知识测验与机器人学习态度前测
准备阶段	2	认识十合一机器人与mBlock操作软件

续表

学习阶段	课时	内容
准备阶段	3	
第一阶段	4	项目 1：初识探测机器人
	5	
第一阶段中测	6	学习绩效检测及关于机器人的学习态度、沉浸度、融洽度调查
第二阶段	7	项目 2：电机原理及应用
	8	
第二阶段中测	9	学习绩效检测及关于机器人的学习态度、沉浸度、融洽度调查
第三阶段	10	项目 3：巡线传感器及应用
	11	
第三阶段中测	12	学习绩效检测及关于机器人的学习态度、沉浸度、融洽度调查
第四阶段	13	项目 4：综合项目之“开拓新线路”
	14	
后测阶段	15	机器人课程学习绩效检测
	16	机器人学习态度、沉浸度、融洽度后测

2. 预实验结果

（1）机器人课程学习态度

本研究通过非参数检验（曼－惠特尼 U 检验）分析正向项目教学班（forward project teaching group，简称“FPG”，对照组）和逆向工程教学班（reverse engineering teaching group，简称“REG”，实验组）在机器人课程学习态度方面的差异。项目 1 课程完成后，第一阶段调查结果如表 4-9 所示。两组学生在整体态度量表（$U=1\ 553.500$，$p>0.05$）上没有显著差异，从三个维度出发，两组学生在自信心（$U=1\ 650.000$，$p>0.05$）、享受度（$U=1\ 447.500$，$p>0.05$）和价值观（$U=1\ 465.500$，$p>0.05$）上均没有显著差异，与实验假设相悖。

表 4-9　FPG 与 REG 在机器人学习态度方面的差异（第一阶段）

维度	实验组别	样本量	秩均值	秩和	曼 – 惠特尼 U 检验	p
自信心	FPG	51	47.65	2 430.00	1 650.000	0.074
	REG	54	58.06	3 135.00		
享受度	FPG	51	51.62	2 632.50	1 447.500	0.649
	REG	54	54.31	2 932.50		
价值观	FPG	51	51.26	2 614.00	1 465.500	0.557
	REG	54	54.64	2 950.50		
整体态度量表	FPG	51	49.54	2 526.50	1 553.500	0.257
	REG	54	56.27	3 038.50		

项目 2 课程完成后，第二阶段学生机器人课程学习态度调查结果如表 4-10 所示。两组学生在整体态度量表（U=1 394.000，p>0.05）上没有显著差异，从三个维度出发，两组学生在自信心（U=1 580.500，p>0.05）、享受度（U=1 323.500，p>0.05）和价值观（U=1 373.500，p>0.05）上均没有显著差异，与实验假设相悖。

表 4-10　FPG 与 REG 在机器人学习态度方面的差异（第二阶段）

维度	实验组别	样本量	秩均值	秩和	曼 – 惠特尼 U 检验	p
自信心	FPG	51	49.01	2 499.50	1 580.500	0.183
	REG	54	56.77	3 065.50		
享受度	FPG	51	54.05	2 756.50	1 323.500	0.729
	REG	54	52.01	2 808.50		
价值观	FPG	51	53.07	2 706.50	1 373.500	0.981
	REG	54	52.94	2 858.50		
整体态度量表	FPG	51	52.67	2 686.00	1 394.000	0.913
	REG	54	53.31	2 878.50		

项目 3 课程完成后，第三阶段学生机器人课程学习态度调查结果如表 4-11 所示。两组学生在整体态度量表（U=1 563.500，$p>0.05$）上没有显著差异，从三个维度出发，两组学生在自信心（U=1 669.000，$p>0.05$）、享受度（U=1 505.000，$p>0.05$）和价值观（U=1 488.000，$p>0.05$）上均没有显著差异，与实验假设相悖。

表 4-11 FPG 与 REG 在机器人学习态度方面的差异（第三阶段）

维度	实验组别	样本量	秩均值	秩和	曼－惠特尼 U 检验	p
自信心	FPG	51	47.27	2 410.50	1 669.000	0.057
	REG	54	58.41	3 154.00		
享受度	FPG	51	50.49	2 575.00	1 505.000	0.407
	REG	54	55.37	2 990.00		
价值观	FPG	51	50.82	2 592.00	1 488.000	0.464
	REG	54	55.06	2 973.00		
整体态度量表	FPG	51	49.34	2 516.00	1 563.500	0.230
	REG	54	56.45	3 048.00		

项目 4 课程完成后，学生在机器人课程学习中的态度后测调查结果如表 4-12 所示。两组学生在整体态度量表（U=1 552.500，$p>0.05$）上没有显著差异，从三个维度出发，两组学生在享受度（U=1 433.000，$p>0.05$）和价值观（U=1 515.500，$p>0.05$）上没有显著差异，在自信心维度（U=1 724.000，$p<0.05$）有显著差异，数据表明逆向工程教学班得分更高。

表 4-12 FPG 与 REG 在机器人学习态度方面的差异（后测）

维度	实验组别	样本量	秩均值	秩和	曼－惠特尼 U 检验	p
自信心	FPG	51	46.20	2 356.00	1 724.000	0.023
	REG	54	59.43	3 209.00		

续表

维度	实验组别	样本量	秩均值	秩和	曼－惠特尼 *U* 检验	*p*
享受度	FPG	51	51.90	2 647.00	1 433.000	0.717
	REG	54	54.04	2 918.00		
价值观	FPG	51	50.28	2 564.00	1 515.500	0.360
	REG	54	55.56	3 000.00		
整体态度量表	FPG	51	49.56	2 527.50	1 552.500	0.259
	REG	54	56.25	3 037.50		

（2）机器人课程学习融洽度

通过非参数检验（曼－惠特尼 *U* 检验）分析有关学生机器人课程学习融洽度的调查结果，四个阶段数据如表 4-13 所示。两组班级在第一阶段中测（U=1 418.000，p>0.05）、第二阶段中测（U=1 564.000，p>0.05）、第三阶段中测（U=1 491.500，p>0.05）和后测阶段（U=1 445.000，p>0.05）的融洽度方面均没有显著差异，与实验假设相悖。

表 4-13　FPG 与 REG 在机器人学习融洽度方面的差异

阶段	实验组别	样本量	秩均值	秩和	曼－惠特尼 *U* 检验	*p*
第一阶段中测	FPG	51	52.20	2 662.00	1 418.000	0.777
	REG	54	53.76	2 903.00		
第二阶段中测	FPG	51	49.33	2 516.00	1 564.000	0.199
	REG	54	56.46	3 049.00		
第三阶段中测	FPG	51	50.75	2 588.00	1 491.500	0.428
	REG	54	55.12	2 976.50		
后测阶段	FPG	51	51.67	2 635.00	1 445.000	0.641
	REG	54	54.26	2 930.00		

（3）机器人课程学习绩效检测

通过非参数检验（曼－惠特尼 U 检验）分析有关学生机器人课程学习绩效的结果，四个阶段数据如表 4-14 所示。两组班级在第二阶段中测（$U=1\ 505.500$，$p>0.05$）、第三阶段中测（$U=1\ 330.000$，$p>0.05$）和后测阶段（$U=1\ 361.000$，$p>0.05$）的绩效均没有显著差异，在第一阶段中测（$U=1\ 703.500$，$p<0.05$）的绩效有显著差异，数据表明逆向工程教学班得分更高。

表 4-14　FPG 与 REG 在机器人学习绩效的差异

阶段	实验组别	样本量	秩均值	秩和	曼－惠特尼 U 检验	p
第一阶段中测	FPG	51	46.60	2 376.50	1 703.500	0.032
	REG	54	59.05	3 188.50		
第二阶段中测	FPG	51	50.48	2 574.50	1 505.500	0.407
	REG	54	55.38	2 990.50		
第三阶段中测	FPG	51	53.92	2 750.00	1 330.000	0.758
	REG	54	52.13	2 815.00		
后测阶段	FPG	51	53.31	2 719.00	1 361.000	0.918
	REG	54	52.70	2 846.00		

3. 实验反思

通过统计无锡市吴桥小学五年级四个班级两种教学模式的实验数据，发现两组学生在机器人课程学习态度和融洽度方面均没有显著差异，在第二、三和四阶段的学习绩效检测也没有显著差异，此研究成果与研究假设存在明显差异。

通过对教学实验过程的反思，包括反思教师在教学研究过程的问题及学生课堂表现等，研究者发现了一些不足。

（1）教学器材问题

无锡市吴桥小学采用的器材是 Makeblock 公司的十合一套件。结合实际情况，研究者选择了探测机器人的形态，并在实验开始之前对器材进行了重新整理。然而五年级学生在使用探测机器人的过程中主要出现了以下问题。

第一，机器人器材数量少，零件繁杂，前期安装节奏混乱。四个班级共用 9 套器材，不同的课堂进度导致拆装的节奏有些混乱。例如，五年级 1 班第一节安装探测机器人的过程中，受学生分工不明确、机器人体积庞大等影响，实际操作中发现学生的操作能力和进度没有想象中的好。为了能让下节课五年级 4 班的学生使用完整的机器人进行分析和拆装，研究者只能自行重新组装，因此导致五年级 1 班在上第二节课时无法衔接第一节课的安装进度。

第二，机器人硬件故障。十合一机器人套件在后面测试指令时常发生故障，个别小组编写完成正确的程序，在教师的帮助下依然不能执行，推测是机器人硬件的问题，后来更换了机器人，程序可以执行却耽误了课上的宝贵时间。

（2）教材问题

十合一机器人没有指定教材，因此研究者结合实验材料和实际教学环境，参考已知的 mBot 小车教材设计了教学内容，包括神秘的 mBlock（mBlock 软件介绍）、初识探索机器人（探测机器人的拆装）、电机原理及应用（介绍电机相关的硬件知识和编程需要的相关指令）、巡线传感器及应用（巡线传感器的原理和编程需要的相关指令）和综合项目之“开拓新线路”（学生自由设计路线并实现探测机器人的运行）。

每个项目的授课时间是 2 课时（每课时 40 分钟），项目完成后进行 1 课时的调查与测试。实验结束后研究者发现，教学内容虽然完整，但是项目相关知识点的多元性较差，经不起推敲。

（3）学生课堂表现

在实验开始之前，研究者对学生课堂表现的预判比较理想，但是实际教学情况显示每个班级学生的课堂表现都呈现正态分布状态。研究者通过反思发现主要存在以下两个问题。

第一，学生在填写问卷时具有厌倦心理。通过观察学生的表现，研究者发现学生在填写调查问卷时具有厌倦心理，具体体现在学生快速地填完问卷，在教师要求检查后也无动于衷。在教师强调端正态度后学生的表现虽然有所改变，但是题目中有的答案也与日常表现不相符。研究者分析其原因，大致可归为三点：一是在本研究中同样的调查内容反复出现，使学生忽略它的重要性；二是学生对所选答案的定位不准确，填写的选项应该是与自身情况相符的答案而不是与事实对应的答案；三是研究者没有及时强调填写问卷的重要性。

第二，个别学生没能全程参与到教学实验中。由于要参加学校社团课和完成其他科目作业等，个别学生在实验期间缺课，影响了整体教学质量。虽然这部分学生的数据不纳入实验数据分析，但是同组学生的机器人学习态度、沉浸度和融洽度等难免受到影响。

（4）学习绩效检测

各个阶段的学习绩效检测以基础知识和基本技能训练为主要学习目标和测试目标。学习任务和测试任务的设计以封闭性任务为主，少量半封闭性任务为辅。学生普遍能较好地达成目标，但体现不出个体差异和小组差异，不能较好地培养学生解决问题的能力和创新能力。

根据上述原因分析，拟从以下方面改进实验方案。

（1）以系统的正向项目教学和逆向工程教学为主要方法论设计教学项目，实验组无须全部使用四种教学模式，根据不同的教学项目选择最合适的教学模式即可。同时，在保证权威性和系统性的基础上，增加具有开放性、创新性的项目任务，以开放性、创新性项目的完成表现作为重要的学业能力评判依据。

（2）进一步完善评价指标，在原有的机器人课程学习态度、融洽度和学习绩效检测的基础上，新增学生的创造性自我效能感调查。为了确保数据的可信度，由阶段性调查调整至前期测验和后期测验。

（3）除了过程性学业能力评判，由阶段性学习绩效检测调整为总结性百分制能力水平测试。测试内容不仅包含基础知识，还需以半开放形式考查学生的知识迁移能力，题目设计遵循“721”原则（70% 基础题，20% 提高题，10% 拔高题）。

（4）学生由四人一组调整至两人一组，教师在教学过程中增加助手，形成“主教 + 助教”的合作教学模式。为方便指导学生的操作，规范机器人操作行为，教师可以提供半结构化的产品记录表格，要求学生学会观察和测量，做好拆分记录，并以此为参考依据评判学生的阶段性表现。

（五）正式实验实施过程与结果

1. 正式实验安排

受实习条件限制，正式实验无法继续在无锡进行，改在南京市龙江小学以机器人课程的形式开展。实验时间为2019年3月11日至2019年6月7日，为期11周。实验研究对象为南京市龙江小学六年级两个班级的学生，年龄在11~13岁之间。在正式授课之前，随机抽选教学模式，将两个班级分为正向项目教学班（对照组，六年级5班，$N=31$，男生15人，女生16人）和逆向工程教学班（实验组，六年级2班，$N=33$，男生19人，女生14人）。在正式开展实验之前，对研究对象进行了机器人先备知识测验和机器人学习态度调查，结果显示，两个班级的先备知识测验和机器人学习态度没有显著差异，表明学习起点基本一致，与无锡实验对象的先备条件测试结果一致。

在本研究中，对照组采用正向项目教学法，实验组采用逆向工程教学法。基于逆向工程四种教学模式的教学目标及适用性，结合本轮实验的项目1、项目2和项目4的难度和复杂度，考虑到纠错复原型主要适用于有机器人学习基础的学生，因此以上三个封闭式教学项目均使用解构复原型教学模式；项目3属于半开放式教学项目，涉及产品的“微创新”，使用要素增减型教学模式；项目5属于开放式教学项目，考查学生对已有知识整合和产品“再设计”的能力，使用结构创新型教学模式。在后两种模式中，受教学周期、教学内容和学生能力基础的影响，研究者决定采用打散重组的方式展开机器人教学，从智能小车的解构复原开始，围绕小车进行要素增减和结构创新。具体实验方法见表4-15。

表4-15　实验方法

实验组别	教学方法	教学步骤
对照组（6年级5班）	项目教学法	需求分析—可选方案设计—详细方案设计—系统实现与测试—作品包装与分享
实验组（6年级2班）	逆向工程法	解构复原型：试用与感知—分解与观察—还原与测试—评价与总结
		要素增减型：试用与感知—解构与复原—要素增减与测试—评价与总结
		结构创新型：试用与感知—解构与复原—结构再造与测试—评价与总结

正式实验为期 11 周，每周为每个班级安排 1 课时（1 课时为 40 分钟），实验进程如表 4-16 所示。AS-Block 是一款基于 Scratch 软件开发的积木式图形化编程软件，充分继承 Scratch 软件的优点，学生可以在没有编程基础的前提下完成操作，构成程序的命令和参数通过积木形状模块来实现。本实验以 CFunWorld 公司的创客教育智能车套件——小蓝猫作为学生学习机器人的平台。实验过程中为每组学生提供小蓝猫套件中配备的元件，包括 CF-Board 或 Little-Board 主控板 1 个、旋钮模块 1 个、声音检测模块 1 个、LED 灯模块 3 个、温度检测模块 1 个、直流电机风扇 1 个、超声波检测模块 1 个。

表 4-16　正式实验进程表

阶段	课时	内容
前测阶段	1	机器人先备知识测验与机器人学习态度前测；学生自由分组（2 人一组）
准备阶段	2	学习机器人软硬件基础知识，掌握基本技能
教学阶段	3	项目 1：变速小车
	4	项目 2：声控小车
	5	项目 3：温控车扇
	6	
	7	项目 4：智能探测小车
	8	项目 5：多功能小车
	9	
后测阶段	10	机器人学习态度、沉浸度、融洽度和创造性自我效能感的调查
	11	期末学习绩效检测

2. 正式实验结果

（1）机器人课程学习态度

通过使用独立样本 t 检验分析正向项目教学班（forward project teaching group，简称“FPG”，对照组）和逆向工程教学班（reverse engineering teaching group，简称“REG”，实验组）在后测中的机器人课程学习态度差异（表4-17）。两组学生在整体态度量表（$t=1.632$，$p>0.05$）上没有显著差异，与假设不一致。从三个维度出发，两组学生在自信心（$t=1.512$，$p>0.05$）、享受度（$t=1.131$，$p>0.05$）和价值观（$t=1.770$，$p>0.05$）上均没有显著差异。

表4-17　FPG与REG在机器人学习态度方面的差异（后测）

维度	实验组别	样本量	平均值	标准差	t	p
自信心	FPG	31	19.548	5.271 6	1.512	0.137
	REG	33	21.212	3.218 7		
享受度	FPG	31	19.742	4.265 9	1.131	0.262
	REG	33	20.879	3.772 9		
价值观	FPG	31	18.968	3.919 9	1.770	0.082
	REG	33	20.606	3.481 6		
整体态度量表	FPG	31	58.258	12.535 2	1.632	0.109
	REG	33	62.697	8.769 6		

（2）机器人课程学习融洽度

通过非参数检验（曼－惠特尼U检验）分析有关学生机器人课程学习融洽度的调查结果（表4-18），两组班级在后测阶段（$U=257.500$，$p<0.05$）的融洽度方面有显著差异，逆向工程教学班在机器人课程学习融洽度方面显著好于正向项目教学班，与假设一致。

表4-18　FPG与REG在机器人学习融洽度方面的差异

阶段	实验组别	样本量	秩均值	秩和	曼－惠特尼U检验	p
后测阶段	FPG	51	24.31	753.50	257.500	0.000
	REG	54	40.20	1 326.50		

（3）创造性自我效能感

通过非参数检验（曼－惠特尼 U 检验）分析有关学生创造性自我效能感的调查结果（表 4-19）。两组学生在创造性自我效能感（$U=300.500$，$p<0.05$）上具有显著差异，与假设一致。从三个方面出发，两组学生在创意产品（$U=421.500$，$p>0.05$）的自我效能感方面没有显著差异，在创意策略（$U=351.000, p<0.05$）和个体反馈（$U=305.000, p<0.05$）上均具有显著差异，逆向工程教学班显著优于正向项目教学班。

表 4-19　FPG 与 REG 在创造性自我效能感的差异（后测）

维度	实验组别	样本量	秩均值	秩和	曼－惠特尼 U 检验	p
创意产品	FPG	31	29.60	917.50	421.500	0.212
	REG	33	35.23	1 162.50		
创意策略	FPG	31	27.32	847.00	351.000	0.028
	REG	33	37.36	1 233.00		
个体反馈	FPG	31	25.84	801.00	305.000	0.005
	REG	33	38.76	1 279.00		
整体量表	FPG	31	25.69	796.50	300.500	0.004
	REG	33	38.89	1 283.50		

（4）机器人作品评分

通过非参数检验（曼－惠特尼 U 检验）分析学生在“项目 3　温控车扇”和“项目 5　多功能小车”中的机器人作品评分。项目 3 的作品评分数据（表 4-20）在技术与方法（$U=49.500$，$p<0.05$）和创意与个性（$U=23.000$，$p<0.05$）方面具有显著差异，逆向工程教学班显著优于正向项目教学班；在功能与性能（$U=103.500$，$p>0.05$）方面两个班级没有显著差异。项目 5 的作品评分数据（表 4-21）在功能与性能（$U=124.500$，$p>0.05$）、技术与方法（$U=102.500$，$p>0.05$）和创意与个性（$U=97.000$，$p>0.05$）方面无显著差异。

表 4-20　项目 3 温控车扇机器人作品评分差异

维度	实验组别	样本量	秩均值	秩和	曼－惠特尼 U 检验	p
功能与性能	FPG	31	14.97	239.50	103.500	0.135
	REG	33	18.91	321.50		
技术与方法	FPG	31	11.59	185.50	49.500	0.002
	REG	33	22.09	375.50		
创意与个性	FPG	31	9.94	159.00	23.000	0.000
	REG	33	23.65	402.00		

表 4-21　项目 5 多功能小车机器人作品评分差异

维度	实验组别	样本量	秩均值	秩和	曼－惠特尼 U 检验	p
功能与性能	FPG	31	16.28	260.50	124.500	0.597
	REG	33	17.68	300.50		
技术与方法	FPG	31	14.91	238.50	102.500	0.224
	REG	33	18.97	322.50		
创意与个性	FPG	31	14.56	233.00	97.000	0.154
	REG	33	19.29	328.00		

（5）机器人课程学习绩效检测

通过非参数检验（曼－惠特尼 *U* 检验）分析两个班级学生的学习绩效检测差异（表 4-22），结果显示在学习绩效方面（$U=344.000$，$p<0.05$）有显著差异，逆向工程教学班显著优于正向项目教学班，与假设一致。

表 4-22　机器人学习绩效差异（后测）

阶段	实验组别	样本量	秩均值	秩和	曼－惠特尼 U 检验	p
后测阶段	FPG	31	27.10	840.00	344.000	0.024
	REG	33	37.58	1 240.00		

（六）讨论

1. 两种教学方法下的学习态度无显著差异

为了探究不同教学方法的应用效果，本团队将机器人学习态度作为测评的重要指标，其中态度包含自信心、享受度和价值观三个维度。由于以上数据无法直接测量，本研究主要采用问卷调查的形式进行调查。研究结果表明，逆向工程教学法与正向项目教学法对机器人学习态度的影响无显著差异。

就机器人学习态度而言，已有研究将正向项目教学法应用于实验中，结果表明学生在自信心和享受度方面有显著提高，在价值观方面无显著影响[①②]。本研究的两种方法在态度方面无显著差异，说明逆向工程教学法也能够实现与正向项目教学法同样的教学效果。究其原因，可以从以下方面展开讨论：首先是机器人学习自信心，在项目设计的过程中，尽管创意和功能不同，但是大多数学生都能够完成设计任务，即完成度较高，且通过课堂观察与教学反馈了解到学生对于机器人一直保有积极情绪，且不受教学方法的影响，说明学生的情绪是影响其学习自信心的一个重要因素[③]；其次是机器人享受度，两个班级的学生此前均无机器人学习经验，机器人课堂上的动手拆装和对图形化编程指令的控制与其他科目不同，不同教学方法下的学生都曾表示“机器人课太有趣了，感觉课上很自由，内容也很有趣，希望一直有这门课”，由此可见不论是正向项目教学法还是逆向工程教学法，都能使学生保持对机器人的喜爱，未来的研究可以深入探究教学内容对享受度的影响；最后是价值观维度，机器人教学没有指定教材和专门的机器人实验室，授课教师对于两组学生而言是新鲜但陌生的，学生也曾咨询过是否还会有机器人课程，然而不确定的答案也许会影响学生对于机器人的价值判断。如何做好机器人顶层设计、完善课程体系、匹配教师与教学环境，使学生在价值与价值观方面改变对机器人的态

① 张禄．Arduino机器人的聚类化项目教学行动研究［D］．南京：南京师范大学，2015.

② 钟柏昌，王艳霞．配对学习模式在机器人教育中的有效性［J］．现代远程教育研究，2018，153（3）：66-74.

③ Van Passel P, Eggink W. Exploring the influence of self-confidence in product sketching[C]// Proceedings of the 15th International Conference on Engineering and Product Design Education, Dublin, Ireland, 2013: 70-75.

度，仍然是值得关注的问题。

2. 逆向工程教学在融洽度、创造性自我效能感和学习绩效方面显著优于正向项目教学

有研究证明，应用逆向工程理论的教学模式有助于指导学生去学习、发现和设计产品，鼓励同伴教学和合作学习①。本研究中的融洽度指标与合作学习有相同之处，主要考查小组内学生之间的默契度、满意度和交流程度，分析学生与同伴在某种教学模式下的合作学习表现。研究结果显示，逆向工程教学班在机器人课程学习融洽度方面显著优于正向项目教学班，原因可能如下：在正向项目教学中，组内二人从零开始进行项目需求分析和设计，而逆向工程教学从一个完整的项目出发，经历拆分、分析、装配、复原和“再设计”等过程；在项目拆分复原过程中，学生需要分工合作，这部分比直接设计作品更容易。有研究证明，逆向工程教学会使学生更明确团队各成员的职责②，学生通过提前商议明确自己和同伴的分工（如一位同学负责检查并填写拆分复原记录表，另一位同学负责动手操作），为产品“再设计”过程中的更多交流打下了良好的基础，这可能会导致逆向工程教学班的学生在交流过程中有更融洽的体验。

创造性自我效能感在学习中起着关键作用③，不同教学干预会产生不同的创造性自我效能。有研究证实，将重构思想应用于英语教学有益于培养学生的创造性自我效能，却鲜有研究将其应用于机器人等工程教育当中。本研究首次将创造性自我效能感作为一项重要指标展开探究，整体而言，逆向工程教学班在创造性自我效能感方面显著优于正向项目教学班；分开来看，实验班与对照班在创意策略和个体反馈维度有显著差异，在创意产品维度无显著差异。原因

① Ogot M. The creative design workshop: Learning and discovery through reverse engineering[J]. Age, 2002, 7: 2.

② Barr R E, Schmidt P S, Krueger T J, et al. An introduction to engineering through an integrated reverse engineering and design graphics project[J]. Journal of Engineering Education, 2000, 89(4): 413-418.

③ Hu B, Zhao Y. Creative self-efficacy mediates the relationship between knowledge sharing and employee innovation[J]. Social Behavior and Personality: An International Journal, 2016, 44(5): 815-826.

如下：创意策略意图了解学生对创造性思维和策略的看法①，相比于正向项目教学，逆向工程教学法注重学生创造力的培养，“再设计”过程更是希望学生超越原型，找到更多具有创造力的工程设计方法，但对于小学生而言，直接创造出全新的作品无疑是困难的，在实际教学中有机器人原型作参考，可能导致逆向工程教学班的学生在创造性思维与策略上有更显著的优势；个体反馈试图了解学生对同伴提出反馈后的反应，主要考查组内学生的融洽度和交流能力，结果表明逆向工程教学班的学生对待同伴提出反馈后的反应显著优于正向项目教学，与融洽度的测评结果一致，此处不再赘述；创意产品试图了解学生对自己创造的产品的看法，数据表明两个班级的学生无显著差异，且在后期的机器人作品评分中发现，两个班级的机器人作品在功能与性能、技术与方法、创意与个性三方面无显著差异，两个结果相吻合，说明不论是逆向工程教学还是正向项目教学，学生都设计出了创意产品，其原因可能是本次教学采用的项目大多数属于第一阶段的初级内容，小学高年级的学生可以做到对已有知识进行重组，在问及能否接受此难度内容时，学生也表示“学的内容不难，学过的元件都能理解，就是实际操作需要一些时间”，因此在以后的研究中，可以设计一些相对复杂的项目来锻炼学生的创造力，在更具挑战性的项目中评判学生对于自身创作产品的看法。

学习绩效主要考查学生对基础知识的掌握程度，研究结果显示，逆向工程教学班的学习绩效显著优于正向项目教学班。有研究证明，逆向工程教学中的问题解决活动有助于学生学习和应用相关概念，其中的产品拆分过程可以加深学生对概念的理解②。结合现实教学情况，我们发现逆向工程教学班的学生善于在拆分过程中提出问题，如“这是什么接口？”“这个接口是干什么的？”；在复原过程中善于和同伴交流，调取拆分过程的记忆，如“这条线刚

---

① Liu C C, Lu K H, Wu L Y, et al. The impact of peer review on creative self-efficacy and learning performance in Web 2.0 learning activities[J]. Journal of Educational Technology and Society, 2016, 19(2): 286-297.

② Barr R E, Schmidt P S, Krueger T J, et al. An introduction to engineering through an integrated reverse engineering and design graphics project[J]. Journal of Engineering Education, 2000, 89(4). 413 418.

刚连在这里”“让我想一下这条程序要用到哪些指令”。这样，学生就能够做到边观察边思考，边提问边解决，通过同伴交流共同想出答案。与此同时，我们发现正向项目教学班的学生更善于发现问题，而逆向工程教学班的学生更注重对相关概念巩固强化。

3. 两种教学方法下的机器人作品评价结果不同

在已有研究的基础上，本研究将机器人作品评分划分为功能与性能、技术与方法、创意与个性三个维度，分别在教学中期和后期展开，要求学生在教学中期对温控车扇项目进行要素增减，在教学后期对多功能小车项目进行结构创新。研究结果显示，在温控车扇项目中，逆向工程教学班的技术与方法、创意与个性显著优于正向项目教学班，但在功能与性能方面无显著差异；在多功能小车项目中，三个方面均无显著差异。

逆向工程教学班的温控车扇项目应用了要素增减型教学模式，要求学生实现机器人产品基本要素的增加或减少，以此改变机器人的部分性能，培养学生的求异思维；正向项目教学班直接经历需求分析、方案设计、测试与优化等环节。两个班级的学生在功能与性能实现方面基本一致，能够让机器人稳定地运行。但是在分析设计报告时发现，逆向工程教学班的学生能更清晰准确地描述设计内容，且能综合运用前期学习的元件，原因可能是逆向工程教学班的学生有意识地对原有产品进行“微创新”，试图设计出具有特色的机器人作品，而正向项目教学班的学生大多数以完成作品为目标，这也可能导致了在创意与个性方面，逆向工程教学班显著优于正向项目教学班。

（七）总结与展望

1. 研究总结

本研究通过文献研究、准实验研究、统计分析和问卷调查等方法探究了逆向工程教学模式的构建及应用，现结合上文作以下总结。

（1）逆向工程教学模型及选用策略

本研究结合国内外有关逆向工程的研究，面向中小学机器人教育的实际需要，从不同的教学目标定位出发，构建了四种逆向工程教学模式：解构复原型教学重在培养学生的基础知识和基本技能，需要学生经历一个对机器人产品分解与复原的探究过程，侧重学生“双基”的培养，适用于机器人教育的教学初期阶段；纠错复原型教学强调学生在掌握“双基”的前提下学会应用（分析问题和解决故障问题），但依然不涉及创新能力的培养，适用于“双基”的巩固与强化阶段；要素增减型教学需要学生经历一个对机器人产品分解与“微创新”的探究过程，依然侧重学生对“双基”的掌握及其应用，但试图超越机器人产品的原始设计，开展较为基础的“微创新”，适用于培养学生创新能力的初级阶段；结构创新型教学模式需要学生经历一个对机器人产品分解与结构再造的探究过程，与前三种模式相比，它更侧重知识应用与创新实践，适用于培养学生创新能力的中后阶段。需要强调的是，无论哪一种逆向工程教学模式，都需要从现成的产品出发，引导学生代入原有产品设计者的身份意识，换位思考去揣摩原设计者的意图，从而快速进入产品复原、改造或纠错的状态。从这个意义上说，四种教学模式都具有“造物”的特征，与创客教育有高度的契合①，因此这些模式也可以在创客教育中应用。

对一线教师而言，需要注意四种教学模式的选用策略问题。四种教学模式体现了一种循序渐进提升学生实践创新能力的格局。因此，依据教学阶段和学生学习基础，设计循序渐进、由简到繁的不同项目主题，分别选用四种教学模式开展教学是一种基本策略；还可能存在另外一种选用策略，即打散重组的方式，针对同一个项目主题，先后采用不同的模式，不断扩展项目任务，提升作品设计的创新程度和复杂程度。逆向工程本身是一个复杂的过程，在教学应用时也并非如上文所述那样阶段分明，需要根据实际情况灵活调整和组合。

（2）逆向工程教学法的有效性

通过实验设计与实施、结果分析与讨论发现，逆向工程教学法的应用效果如下。

在机器人学习态度、沉浸度方面，逆向工程教学班和正向项目教学班无明显差异，说明两种教学方法对于学生的学习态度和沉浸度的培养具有同等作用。参考已有研究，就学习态度而言，两种方法均能正向促进学生的自信心和对机器人的享受度，但是对于机器人学习价值观的培养无明显优势；在机器人学习融洽度方面，逆向工程教学班相比于正向项目教学班有显著提高，说明逆

① 钟柏昌．谈创客教育的背景、本质、形式与支持系统［J］．现代教育技术，2016，26（6）：13-19．

向工程教学法对于学生组内交流有正向促进作用；在学生的创造性自我效能感方面，逆向工程教学班显著优于正向项目教学班，主要体现在创意策略和个体反馈方面，说明逆向工程教学法适用于培养学生的创造性思维，锻炼同伴交流和反馈能力；在学习绩效方面，逆向工程教学班呈现了更具优势的教学效果，说明逆向工程教学法对于学生概念的理解和巩固有着正向促进作用；在机器人作品评价方面，逆向工程教学法未展现出明显的教学优势，其原因可能与教学内容和教学周期有关。

需要说明的是，关于逆向工程教学法和正向项目教学法的选用不是非此即彼，有关正向项目教学法在机器人教育中的优势也有诸多研究，本研究将逆向工程教学法与正向项目教学法相比较，意在参考正向项目教学法，判断逆向工程教学法在机器人教学过程中的可行性和有效性，为一线教师在机器人教学方法的选用上提供更多可能。

（3）逆向工程教学法在机器人教育中的实施建议

本研究首次将逆向工程教学法应用于机器人教育领域，结果表明，逆向工程教学法在提升机器人课程学习的自信心和享受度上与正向项目教学法有同等优势，而在学生的创造性自我效能感、学习绩效以及与同伴相处的融洽度方面具有显著优势。此结果对教学实践有以下启示：首先，在机器人教育课程开始前，教师应结合教学环境、教学器材、学习情况等因素选用或设计难度适中的教学项目，确保学生在有限的教学时间内顺利完成任务，并争取从多维度出发全面评价学生学习效果，例如，适当的课堂记录表等辅助材料便于教师观察和学生复习，多次的项目作品评分表辅助教师发现学生在设计过程中的短板，也能使学生在实际操作中发现并解决问题；其次，在课程实施过程中，除了动手操作能力，教师应积极在机器人课堂中培养学生的创造力和问题解决能力，创造力的培养不是一蹴而就的，需要循序渐进地激发。研究结果显示，逆向工程教学法在培养学生创造性自我效能感方面有显著优势，同时验证了纠错复原型教学模式在课堂中的可行性，将其广泛应用于课堂也许能够发掘机器人教学的更多潜能。就教师而言，可以考虑主教加助教的模式，因为在实际操作性强的机器人课程中，一位教师有时难以及时回答所有学生的问题，两位教师会更加有效地利用课堂时间，提高教学效率。就两位教师是否会影响学生注意力的问题，本团队在未来的研究中将会重点关注。

最后需要说明的是，本研究将逆向工程教学模式应用于机器人教育中，并不是对工业领域成熟的逆向工程方法的简单照搬。作为一种成熟的工程设计与生产方法，逆向工程有非常高的技术要求。例如，工业领域往往会借助计算机辅助设计做再设计，利用虚拟仿真系统做仿真测试，利用精密仪器做测量，等等。在基础教育领域，无论是学生的知识基础还是学校的教学条件，均无法与工业领域相比。因此，逆向工程方法在中小学领域的应用，主要侧重其基本思想和方法的应用，同时采用一些相对低端的技术工具和手段，如利用三维打印、激光切割等进行要素或结构改造；在作品的精度、稳定性等质量上的要求也相对较低，甚至可以称得上粗糙，这都是正常现象，在实践中切忌过分拔高作品质量要求。

2. 研究不足与展望

本研究基于逆向工程思想构建了逆向工程教学模型，将其应用于机器人教育之中，基本回答了研究问题，但仍存在不足之处：首先，考虑到课程实施的条件与成本，将研究对象定位于小学高年级阶段，事实上初中和高中学生创造力的培养也尤为重要，逆向工程在初中和高中的应用效果亟须探讨；其次，受到教学器材和教材的限制，本研究采用教师自主设计项目的形式，这就造成了项目可能不具备代表性；最后，本研究设计了解构复原型、纠错复原型、要素增减型和结构创新型四种教学模式，在预实验中四种教学模式均有应用，而正式实验则根据不同项目采用了其中三种教学模式（解构复原型、要素增减型和结构创新型）。需要注意的是，本研究中教学模式的选择和使用顺序并不是唯一合理的方案，只是作为一次实验的选用顺序，如果变通一下采用其他的顺序，可能对教学产生不同的效果。另外，虽然本研究经历了两轮实验过程，但是由于实验地点不同，导致每个实验教学周期较短，因此在以后的研究中，希望能够延长周期，更加深入地探讨逆向工程的教学效果。

在后续的机器人教学系列研究中，我们将着重做好机器人顶层设计、完善课程体系、匹配教师与教学环境，使学生在价值与价值观方面改变对机器人的态度。在此基础上，合理运用逆向工程教学模型，更深层次和多元地探究与评价逆向工程教学法在机器人教育不同时期的教学效果。

第五章 中小学机器人教育的配对与竞合学习模式

教育机器人是机器人应用于教育领域的代表，是人工智能、语音识别和仿生技术在教育应用中的典型。由此催生的机器人教育表现出重要的教育价值和发展前景，尤其有利于培养学生的实践创新能力、合作能力等核心素养。然而，机器人教育的价值不是凭空产生的，实践和研究表明，有效教学模式的设计与使用至关重要。这一点恰是我们引入配对与竞合学习模式的重要原因。本章将从反思机器人课程中合作学习的问题出发，借鉴配对编程和合作学习的最新研究进展，着重探讨中小学机器人教育的配对与竞合学习模式，并详细介绍据此开展的八个实证研究案例。

第一节 配对与竞合学习模式的研究缘起

结合以往相关文献，本节将详细阐述在机器人课程教学中开展合作学习遇到的具体挑战，以及配对编程及合作学习领域的最新进展所给予我们的启示。

一、合作学习：从备受推崇到面临困境

（一）合作学习在机器人教育中备受推崇

我国的机器人教育通常由信息技术教师或综合实践活动教师承担授课任务[①]，基本沿袭信息技术课程中常用的任务驱动法、讲练结合法、讲授演示法等[②]。国际上，则普遍强调基于项目的协作学习/合作学习[③]。

一方面，机器人的可触摸、可观察和跨学科特点使其非常适合用于合作学习[④]。通过合作学习，可以把不同知识基础和兴趣的学生团结在一起，扬长避短、优势互补，在设计、实现和修改作品的过程中不断整合团队成员的意见，协商和协调观点以达成共识，直至设计和制作出有形的作品，从而直观体验到成功的喜悦和团队的力量[⑤⑥⑦]。

另一方面，合作学习有助于提高学生在机器人课程中的学习绩效，吸引和

---

① 张剑平，王益．机器人教育：现状、问题与推进策略［J］．中国电化教育，2006（12）：65-68.

② 王小根，张爽．面向创客教育的中小学机器人教学研究［J］．现代教育技术，2016，26（8）：116-121.

③ Xia L, Zhong B. A systematic review on teaching and learning robotics content knowledge in K-12[J]. Computers and Education, 2018, 127(1): 267-282.

④ Yuen T, Boecking M, Stone J, et al. Group tasks, activities, dynamics, and interactions in collaborative robotics projects with elementary and middle school children[J]. Journal of STEM Education, 2014, 15(1): 39-45.

⑤ Wainer J, Ferrari E, Dautenhahn K, et al. The effectiveness of using a robotics class to foster collaboration among groups of children with autism in an exploratory study[J]. Personal and Ubiquitous Computing, 2010, 14(5): 445-455.

⑥ Cheng C C, Huang P L, Huang K H. Cooperative learning in LEGO robotics projects: Exploring the impacts of group formation on interaction and achievement[J]. Journal of Networks, 2013, 8(7): 1529-1535.

⑦ Yuen T, Boecking M, Stone J, et al. Group tasks, activities, dynamics, and interactions in collaborative robotics projects with elementary and middle school children[J]. Journal of STEM Education, 2014, 15(1): 39-45.

激励他们从事 STEM 相关职业。研究表明，团队合作可以让学生使用集体智慧发现问题和寻找解决方案，提升其解决机器人复杂问题的能力和信心①②③。因此，作为 STEM 教育的重要载体，在机器人教育中开展合作学习，可以有效提升学生解决复杂工程问题的自我效能感，从而增强其对从事 STEM 相关职业的兴趣。

（二）合作学习在机器人教育中面临困境

研究表明，传统的合作学习在机器人教育中暴露出一系列“水土不服”的问题:“搭便车”现象与旁观者效应，团队成员缺乏责任意识，凭空享受其他成员的劳动果实；当其他成员意识到有同伴正在“搭便车”时，也会降低自身参与度，导致整个团队都对小组任务持观望态度④；利益冲突，因操作机会不均而造成的同伴间的矛盾关系⑤；角色固化，因任务分工缺乏变化而导致团队成员持续做同一类任务或工作⑥；团队迷思，受从众心理影响，机器人教育中的合作学习极易成为个别学生的“一言堂”，限制了其他成员的个性化思考和不同意见⑦。

---

① McLurkin J, Rykowski J, John M, et al. Using multi-robot systems for engineering education: Teaching and outreach with large numbers of an advanced, low-cost robot[J]. IEEE Transactions on Education, 2012, 56(1): 24-33.

② Liu E Z F, Lin C H, Chang C S. Student satisfaction and self-efficacy in a cooperative robotics course[J]. Social Behavior and Personality: An International Journal, 2010, 38(8): 1135-1146.

③ Nugent G, Barker B, Grandgenett N, et al. Impact of robotics and geospatial technology interventions on youth STEM learning and attitudes[J]. Journal of Research on Technology in Education, 2010, 42(4): 391-408.

④ Puurtinen M, Mappes T. Between-group competition and human cooperation[J]. Proceedings of the Royal Society B, 2009, 276(1655): 355-360.

⑤ Lindh J, Holgersson T. Does LEGO training stimulate pupils' ability to solve logical problems?[J]. Computers and Education, 2007, 49(4): 1097-1111.

⑥ Liu E Z F, Lin C H, Chang C S. Student satisfaction and self-efficacy in a cooperative robotics course[J]. Social Behavior and Personality: An International Journal, 2010, 38(8): 1135-1146.

⑦ Mills K A, Chandra V, Park J Y. The architecture of children's use of language and tools when problem solving collaboratively with robotics[J]. The Australian Educational Researcher, 2013, 40(3): 315-337.

为此，一些研究给出了相应的解决办法，例如：控制小组规模，一些学者认为机器人教育中的合作学习宜控制在2~3人一组[①]；脚本化角色，在机器人课程中让学生两两配对，轮流扮演“科学家”和“机器人”的角色，分工协作[②]；组内/组外协调机制，强化教师监督或小组成员内部协调机制以解决合作学习中的矛盾和冲突[③]。

遗憾的是，上述对策多系研究人员的经验总结或直接将合作学习研究的最新进展移植于机器人教育中，缺乏独特性，而且零散、不成体系。机器人教育毕竟有其鲜明的特点，尽管合作学习有普适意义，但应用于机器人教育时，需要做针对性的融合设计才能充分发挥其教育价值。例如，从动手操作的角度看，如何确定小组最佳规模，如何分配小组成员角色，如何让小组成员在机器人活动中得到充分锻炼，如何使小组成员积极投入到小组任务中去，目前仍缺乏细致的研究和成功的经验。

二、配对编程所蕴含的配对学习理念

在与机器人教育密切相关的编程教育领域，一种特殊的合作学习模式已被广泛应用，即配对编程（pair programming）：两名学习者使用同一台计算机学习编程，其中一名成员扮演“驾驶员”，负责编写代码，另一名成员称为“导航员”，负责观察和指挥，随时审查代码并提出改进意见；在学习和完成任务的过程中两者需要按一定的规则进行角色交换[④]。配对编程领域特别关注组员搭配和角色交换频率两个方面的研究。有关组员搭配，大量研究探索了小组

① Bianco A S. Starting and teaching: Basic robotics in the classroom: Modern, engaging engineering in technology education[J]. Technology and Engineering Teacher, 2014, 73(7): 32–38.

② Okita S Y. The relative merits of transparency: Investigating situations that support the use of robotics in developing student learning adaptability across virtual and physical computing platforms[J]. British Journal of Educational Technology, 2014, 45(5): 844–862.

③ Hwang W Y, Wu S Y. A case study of collaboration with multi-robots and its effect on children's interaction[J]. Interactive Learning Environments, 2014, 22(4): 429–443.

④ Williams L A, Kessler R R. All I really need to know about pair programming I learned in kindergarten[J]. Communications of the ACM, 2000, 43(5): 108–114.

成员的能力水平[①②]、学习风格[③④]、个性特征[⑤]和社会关系[⑥]等因素对配对编程学习效果的影响。角色交换频率方面，有研究发现半自由交换（即要求学生每节课根据需要至少交换一次角色）的学习效果优于每5分钟、每课时等交换频率[⑦]。可见，配对编程系统包含了控制小组规模、脚本化角色、组内外协调机制等解决传统合作学习困境的策略，且研究表明其具有一定的优越性。

鉴于机器人教育与编程教育密切相关，本研究团队试图将配对编程的理念提炼、延伸到机器人教育当中，形成了初步的机器人教育中的配对学习模式：两名学生共用一套机器人套件，在明确且可交换的角色分配和任务分工下，协同完成机器人的设计和搭建。不同于编程教育，学习机器人不仅涉及程序编写，还涉及工程设计和硬件搭建等内容。因此，配对学习的角色分配和角色交换将呈现不同的特点，学生的配对学习行为也将更加复杂，有必要进一步对机器人教育中的配对学习的机制和可行性展开深入研究。

三、合作学习领域的最新研究进展

一些研究指出，采用动态分组（如互动协作小组、机遇性协作小组）可

---

① Hannay J E, Arisholm E, Engvik H, et al. Effects of personality on pair programming[J]. IEEE Transactions on Software Engineering, 2009, 36(1): 61-80.

② Lui K M, Chan K C C. Pair programming productivity: Novice - novice vs. expert - expert[J]. International Journal of Human-Computer Studies, 2006, 64(9): 915-925.

③ Williams L, Layman L, Osborne J, et al. Examining the compatibility of student pair programmers[C]//AGILE 2006(AGILE'06). IEEE, 2006: 411-420.

④ Salleh N, Mendes E, Grundy J. Empirical studies of pair programming for CS/SE teaching in higher education: A systematic literature review[J]. IEEE Transactions on Software Engineering, 2010, 37(4): 509-525.

⑤ Sfetsos P, Stamelos I, Angelis L, et al. An experimental investigation of personality types impact on pair effectiveness in pair programming[J]. Empirical Software Engineering, 2009, 14(2): 187-226.

⑥ Zhong B, Wang Q, Chen J. The impact of social factors on pair programming in a primary school[J]. Computers in Human Behavior, 2016, 64: 423-431.

⑦ Zhong B, Wang Q, Chen J, et al. Investigating the period of switching roles in pair programming in a primary school[J]. Journal of Educational Technology and Society, 2017, 20(3): 220-233.

以显著提高小组的集体认知责任和学习收获，弥补固定分组的不足①。鉴于动态分组的灵活性、生成性和互动性等特点，将其应用于机器人教育中的合作学习，将有助于小组成员依据自身需要和意愿，自由形成、解散和重构小组，从而促进小组内部的知识增长和小组之间的交流互动。

此外，考虑到传统合作学习面临的诸多困境，部分研究认为竞争能更有效地提高学生的积极性和学习能力②，从而形成了合作学习与竞争学习的分野。在此基础上，一些研究试图跳出合作与竞争的争论，提出将整合两者优点的竞合模式应用于教育领域③④。最新的研究则进一步指出，相较于零和博弈式竞合，社会比较式竞合能够实现竞争双方的共赢，达到更优的学习效果⑤⑥⑦。

遗憾的是，就目前而言，合作学习研究领域的这些最新进展尚未引入机器人教育研究中。其适切性和可操作性如何，尚需严谨的研究予以证实或证伪。

根据上述文献梳理结果，对国内外相关研究状况总结如下。

（1）机器人教育的核心价值已获得社会认可，但教学模式鲜有突破：国

---

① Siqin T, Van Aalst J, Chu S K W. Fixed group and opportunistic collaboration in a CSCL environment[J]. International Journal of Computer-Supported Collaborative Learning, 2015, 10(2): 161-181.

② Lawrence R. Teaching data structures using competitive games[J]. IEEE Transactions on Education, 2004, 47(4): 459-466.

③ Chen B, Hwang G H, Lin T S. Impacts of a dynamic grouping strategy on students' learning effectiveness and experience value in an item bank-based collaborative practice system[J]. British Journal of Educational Technology, 2020, 51(1): 36-52.

④ Evripidou S, Georgiou K, Doitsidis L, et al. Educational robotics: Platforms, competitions andexpected learning outcomes[J]. IEEE Access, 2020, 8: 219534-219562.

⑤ Carpio Cañada J, Mateo Sanguino T J, Merelo Guervós J J, et al. Open classroom: Enhancing student achievement on artificial intelligence through an international online competition[J]. Journal of Computer Assisted Learning, 2015, 31(1): 14-31.

⑥ Wang X, Wallace M P, Wang Q. Rewarded and unrewarded competition in a CSCL environment: A coopetition design with a social cognitive perspective using PLS-SEM analyses[J]. Computers in Human Behavior, 2017, 72: 140-151.

⑦ Ter Vrugte J, de Jong T, Vandercruysse S, et al. How competition and heterogeneous collaboration interact in prevocational game-based mathematics education[J]. Computers and Education, 2015, 89: 42-52.

内盛行以小组合作为依托，沿袭信息技术课堂惯用的任务驱动教学法；国际上，合作学习在机器人教育中占据主流。

（2）传统的合作学习在机器人教育中面临“搭便车”、责任扩散、利益冲突、角色固化和团队迷思等困境。

（3）已有研究虽对此提出了若干解决对策，如控制组内人数、明确成员角色等，但这些措施缺乏独特性和系统性，且有关合作学习的最新研究进展尚未及时纳入机器人教育的研究中。

（4）整体而言，在机器人教育中究竟如何开展合作学习仍缺乏细致的研究和成功的经验。

（5）编程教育中的配对编程模式颇具参考价值，包含了解决传统合作学习困境的各种策略。

第二节　配对与竞合学习模式的研究框架

鉴于机器人教育与编程教育同源交叉的关系，我们从配对编程模式出发，吸纳合作学习研究领域的最新成果，提出机器人教育的配对学习模式，以中小学教育为背景，进行系统的理论建构和实证研究。根据预研结果，有关配对学习的应用机制研究将从角色分配、成员分组、配对学习与竞合学习整合三个方面入手；配对学习的有效性研究将通过与独立学习、多人合作学习的比较进行探讨。研究内容可分为四个有机组成部分（图 5-1）。

一、配对学习的角色研究

拟解决的关键问题：在机器人教育中，如何进行角色分配才能获得较好的配对学习效果?

（一）关于角色分类的研究

与配对编程只涉及学习者与计算机的互动不同，机器人教育中的配对学习包括三种互动对象：计算机、机器人和学习者。因此，除配对编程惯用的角色分类（驾驶员—导航员）之外，还存在一种新的角色分类（软件操作者—硬

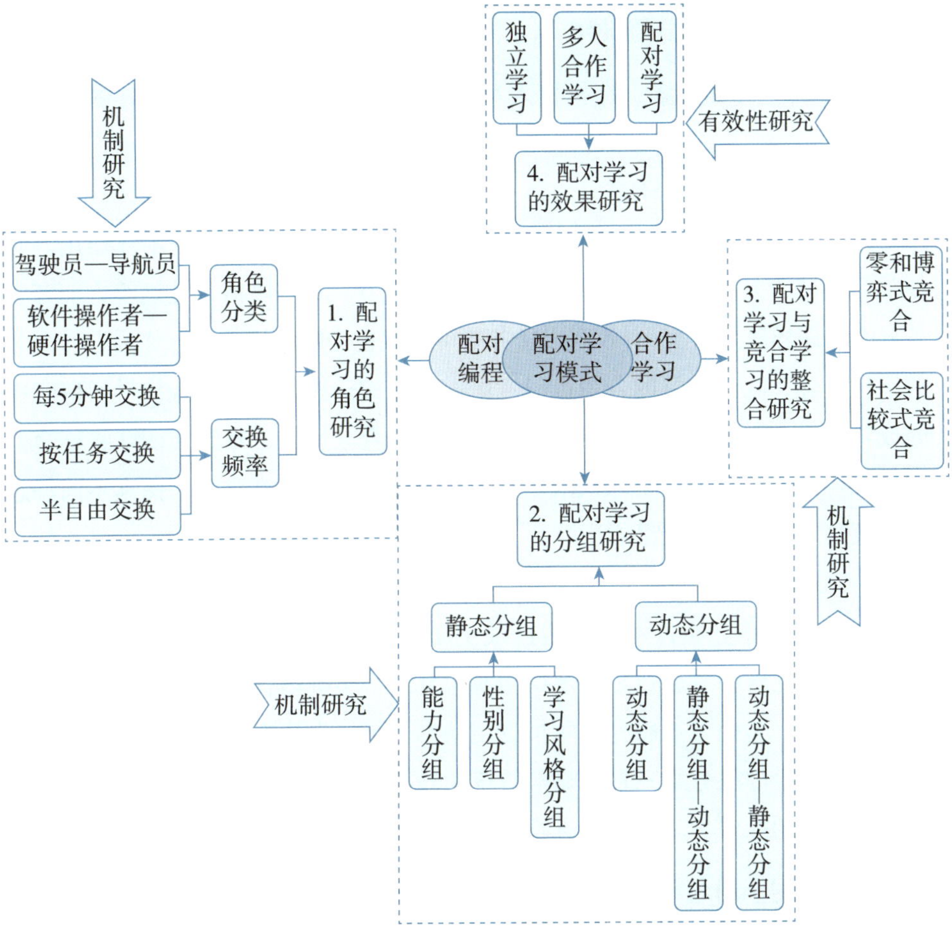

图5–1　研究框架

件操作者)：即一名学生负责计算机端的软件操作，另一名学生负责机器人搭建等硬件操作。本研究团队将设计针对性的比较实验探索其适切性。

（二）关于交换频率的研究

为使学生在机器人设计、搭建、编程、包装等各个方面都能获得较好的锻炼机会，因此在进行角色分配的同时，应该辅以角色交换机制，避免学生的角色固化。本研究团队借助前期对配对编程的实践和调研，拟挑选三种代表性的交换频率（每5分钟交换/按任务交换/半自由交换）开展教学比较实验，探究交换频率对配对学习效果的影响。

二、配对学习的分组研究

拟解决的关键问题：在机器人教育中，如何分组才能获得较好的配对学习效果？

（一）静态分组的研究

对于静态分组，事先确定的分组策略对合作学习效果起决定性作用。合作学习领域的大量研究表明，当团队成员在能力、学习风格、性别等方面存在差异时（即异质分组），有效完成任务的可能性也会随之增大①。作为合作学习的下位概念，配对学习的分组也应考虑上述因素。然而，以往合作学习研究中的成员分组，主要关注的是单一分组因素的组合。为此，本研究团队将结合前期研究经验，按能力、学习风格、性别等对学生进行多维分组，探索不同静态分组策略对配对学习效果的影响。

（二）动态分组的研究

相较于静态分组，动态分组打破了小组之间相互隔绝的状态，知识建构的过程由固定转为生成，虽外部结构看似复杂，实则蕴含了更普遍、灵活、分布式的协作。为此，本研究团队拟选用动态分组、先静态分组后动态分组以及先动态分组后静态分组三种策略与传统的静态分组开展教学比较实验，探讨在机器人教育的配对学习中如何进行动态分组更为有效。

三、配对学习与竞合学习的整合研究

拟解决的关键问题：在机器人教育中，如何实现竞合学习与配对学习的有效整合？

配对学习模式的提出，不只是为了形成两人合作的机制，更重要的是塑造一种新的学习文化。长期以来，受机器人竞赛思路的影响，机器人教学的内容大多局限于传授机器人技术知识本身②，学校开设机器人课程的动机往往也局限于为机器人竞赛做准备③。受此竞赛文化“熏染”，学生在机器人课程中难

①② Zhong B, Wang Q, Chen J. The impact of social factors on pair programming in a primary school[J]. Computers in Human Behavior, 2016, 64: 423-431.

③ 王同聚.“微课导学”教学模式构建与实践——以中小学机器人教学为例［J］. 中国电化教育，2015（2）：112-117.

免产生争强好胜、功利心强的心态。因此，将竞争与合作融为一体，同时与配对学习相整合，在理论上将不仅有利于促进学生学习，而且有利于塑造健康的学习文化，使学生正确看待竞争与合作的关系。

当前盛行的机器人竞赛通常设计成以小组合作的方式完成某一竞赛任务，小组之间为争取有限的奖励而展开竞争，即典型的零和博弈式竞合，表现为一个群体的成功以其他群体的失败为代价，放大了竞争可能导致的负面影响。与之相对，社会比较式竞合强调组间竞争不以获得奖励为目的，而以相互参照、启发为目的①。那么，在机器人教育中如何开展社会比较式竞合？效果如何？还需实践探索。

四、配对学习的效果研究

拟解决的关键问题：基于上述研究结论，如何组合形成一种或多种有效的配对学习模式？

本部分处于整个研究的后期阶段。上述三个部分分别探讨了配对学习模式的不同方面，但缺乏整合。因此，我们将首先基于上述三个部分的研究结论，分别选择实施效果较佳的角色分配策略、成员分组策略、竞合策略，组合形成几种代表性的配对学习模式；然后，将这几种模式与单人的独立学习模式、多人的合作学习模式进行教学比较实验，以确认在机器人教育中配对学习模式是否具有独特优势，发现可能存在的问题。

第三节 实证研究案例

在配对与竞合学习模式的研究框架指导下，我们分别展开了配对学习的角色研究、配对学习的分组研究、配对学习与竞合学习的整合研究以及配对学习的效果研究。本节将对此类实证研究作详细介绍。

---

① Wang X, Wallace M P, Wang Q. Rewarded and unrewarded competition in a CSCL environment: A coopetition design with a social cognitive perspective using PLS-SEM analyses[J]. Computers in Human Behavior, 2017, 72: 140-151.

一、关于角色分类与交换频率的研究①

合作学习模式是机器人课程教学中常用的教学策略，并已在众多教学实验中被证实是一种有效的学习模式，但还存在操作机会不均、角色固化、责任分散等问题。为避免机器人课程教学中合作学习存在的问题，本研究采用了源自配对编程基本思想的配对学习模式，以缩小团队规模、明确分工、分配角色和轮换角色。然而，机器人课程教学内容除了编程，还有其他硬件组装等，也就是说，编程只需要涉及计算机的操作，而在机器人课程中学生需要操作计算机和机器人两种器材，将配对编程中的角色分配方案直接迁移至机器人课程教学中是否合适，需要进一步探究。另外，学习风格也是合作学习和配对编程模式中的一个重要影响因素，不同学习风格的学生在担任配对中的不同角色时，可能会有不一样的学习表现。因此，本研究聚焦角色分配和学习风格对配对学习模式的影响。

（一）概念界定

1. 配对学习

配对学习延伸了配对编程的概念。配对编程是指两个人在一台计算机上工作，密切合作创建一个程序。其中，一个人是“驾驶员”（driver），负责操作计算机软件编写程序；另一个人被称为“导航员”（navigator），负责观察指导“驾驶员”的工作，掌控整体布局架构，及时发现工作中的问题并提出问题解决建议②。配对学习是两名学生成组开展合作学习，每位成员拥有自己的角色分工，但要求在项目过程中交换角色，然后共同完成任务的学习模式。

2. 机器人课程中的配对学习

机器人课程中的配对学习模式指两个学习者成组，共用一套机器人套件，合作完成机器人的设计与搭建任务。学习机器人与学习编程之间的最大差异在于机器人活动存在计算机、机器人和学习者三个互动对象，程序设计活动只有

---

① 本节内容节选钟柏昌教授指导的研究生王艳霞的硕士毕业论文。

② Williams L A, Kessler R R. All I really need to know about pair programming I learned in kindergarten[J]. Communications of the ACM, 2000, 43(5): 108-114.

计算机和学习者，学习者需要操控的器材不同。由于这种差异，需要重新考虑角色分配。

（二）相关研究

本研究聚焦机器人课程中配对学习模式的两个影响因素——角色分配和学习风格，探索不同的角色分配和不同的学习风格组合对配对学习模式的影响。

角色分配是配对学习模式中的重要环节，程序设计只是机器人课程中的一部分知识内容，而且程序设计课程和机器人课程活动中涉及的操作对象也不相同。因此，角色分配方案需要深入思考，探究直接迁移配对编程的角色分配方案是否合适，或根据机器人课程活动中所使用的器材来分配角色更合适。关于学习风格对合作学习的效果影响的研究一直备受关注，研究结论却不尽相同。同时，学习风格还与配对编程模式中的角色密切相关，不同学习风格的学生对于角色的分配选择有不一样的倾向，这容易造成角色固化的问题，而配对学习模式中的轮换机制可以避免这一问题，但是哪种学习风格组合更加适合配对学习，或者更加适合何种角色分配，还需要进一步探究。

1. 配对学习的角色分配研究

除了程序设计知识，机器人课程还涵盖很多其他知识，包括数学、物理、美术、设计等领域的知识①②，从程序设计教育领域衍生的配对学习模式是否能够直接迁移于机器人课程教学中，还需要进一步探究。除此之外，程序设计的学习活动与机器人课程活动最大的不同是交互对象存在差异，程序设计学习过程中学习者仅需要操控计算机一个器材，而在机器人课程活动中，学习者需要操控计算机和机器人两种器材，操作需求较多，对于初学者来说较为复杂。因此，机器人课程教学中配对学习的角色应该如何分配，需要进一步探究。

根据上述机器人课程活动的特点，以及以往机器人课程教学中研究者提

① Fernandez J, Marin R, Wirz R. Online competitions: An open space to improve the learning process[J]. IEEE Transactions on Industrial Electronics, 2007, 54(6): 3086-3093.

② Gerecke U, Wagner B. The challenges and benefits of using robots in higher education[J]. Intelligent Automation and Soft Computing, 2007, 13(1): 29-43

出的角色分配方案，并结合配对编程，本研究构建了两种机器人课程教学中配对学习模式的角色分配方案。

（1）直接模仿程序设计中的配对编程学习模式，构建驾驶员—导航员模式（简称驾导配对模式），即一名学生担任“驾驶员”，负责搭建组装和调试机器人以及设计程序；另一名担任“导航员”，负责观察指导驾驶员的工作，及时指出对方程序和搭建过程中的错误并提出问题解决建议，任务完成过程中，配对双方需要交换角色。

（2）软件—硬件分配模式（简称软硬配对模式），其中一名学生负责计算机编程的软件操作，一名学生负责机器人搭建组装和调整的硬件操作，任务完成过程中，要求配对双方交换角色。

以上两种配对学习模式角色分配方案的不同体现在：驾导配对模式依据学习行为将角色划分为操作者和观察指导者两种，而软硬配对模式则是根据操作对象的不同，将角色分为软件操作者和硬件操作者两种。

2. 学习风格的影响研究

在合作学习模式的教学研究中，合作学习的学习效果并不总是优于独立学习的，合作小组中学生的能力水平、性别、伙伴关系、个性特征和外部奖励等因素可能会影响小组群体的学习表现①。很多研究者认为，教师应根据学生的学习风格分组②。

从课程实施的角度来看，对学生学习风格的了解，有助于教师解决学习者个体差异的问题，可以帮助教师选择更有效的教学策略，促进以教师为中心的学习方式向以学生为中心的学习方式的转变，这是影响学生学习效果的关键③。基于学习风格的合作学习策略，相关研究提出了不同观点。有研究表明，

---

① Yuen T, Boecking M, Stone J, et al. Group tasks, activities, dynamics, and interactions in collaborative robotics projects with elementary and middle school children[J]. Journal of STEM Education, 2014, 15(1): 39-45.

② Çolak E. The effect of cooperative learning on the learning approaches of students with different learning styles[J]. Eurasian Journal of Educational Research, 2015, 15(59): 17-34.

③ Lau W W F, Yuen A H K. Exploring the effects of gender and learning styles on computer programming performance: Implications for programming pedagogy[J]. British Journal of Educational Technology, 2009, 40(4): 696-712.

相比由学习风格相同的学生组成的团队，学习风格不同的团队的学习绩效更好，团队表现也更好[①②]。当然，也有一些不同的研究结论，例如，阿丹·科埃略（Adán-Coello）等人发现，在解决问题的过程中，学习风格不同的团队组员往往会有不同的观点，针对这些观点需要花费很长的时间来讨论以决定解决方案，因而学习风格不同的团队学习绩效并不突出[③]。

配对编程学习模式的学习效果同样也受团队成员学习风格的影响。奥马尔（Umar）和胡伊（Hui）研究发现，在配对编程的学习过程中，当所学知识，或知识的呈现方式与学生的学习风格相匹配时，学生会取得更优异的学习成绩[④]。有研究者将学习风格与配对编程中的角色分配相联系，劳（Lau）和袁（Yuen）曾在教学研究中发现，顺序学习风格的学生主要扮演“导航员”，负责提供战略性指导和建议，随机学习风格的学生则偏向担任“驾驶员”这一角色，负责编写代码，这个合作策略可以弥补随机学习风格学生的不足[⑤]。李（Lee）和杨（Yang）曾探究了学习风格（主动型 / 反思型）和配对编程角色分配对学生学习绩效的影响。研究结论表明，学习风格和角色之间的交互作用具有显著差异，不同学习风格的学生在担任不同角色时，会取得不一样的学习成绩，具体体现在反思型的学生更适合扮演“导航员”，主动型的学生扮演“导航员”时的学习成绩要低于反思型的学生；在担任“驾驶员”时，两种学习风

① Kayes A B, Kayes D C, Kolb D A. Experiential learning in teams[J]. Simulation and Gaming, 2005, 36(3): 330-354.

② Sandmire D A, Boyce P F. Pairing of opposite learning styles among allied health students: Effects on collaborative performance[J]. Journal of Allied Health, 2004, 33(2): 156-163.

③ Adán-Coello J M, Tobar C M, de Faria E S J, et al. Forming groups for collaborative learning of introductory computer programming based on students' programming skills and learning styles[J]. International Journal of Information and Communication Technology Education, 2011, 7(4): 34-46.

④ Umar I N, Hui T H. Learning style, metaphor and pair programming: Do they influence performance?[J]. Procedia-Social and Behavioral Sciences, 2012, 46: 5603-5609.

⑤ Lau W W F, Yuen A H K. Exploring the effects of gender and learning styles on computer programming performance: Implications for programming pedagogy[J]. British Journal of Educational Technology, 2009, 40(4): 696-712.

格的学生在学习成绩方面没有显著差异①。以上的研究虽然选取的学习风格维度不同，但是结果都表明，学习风格会影响配对学习模式下学生的学习成绩或态度。然而，也有一些研究结果显示，学习风格对于配对编程模式下学生的学习绩效的影响并不大②。

配对编程学习模式中关于学习风格的研究结论不一，说明在机器人课程教学中有必要继续探讨学习风格对于配对学习模式的影响。研究者统计了以往研究中使用的学习风格分类，部分研究者在探究合作学习模式中学习风格的影响时，使用的是 GSD（gregorc style delineator）③来测量参与者的学习风格，但更多的研究者使用的是费尔德（Felder）和西尔弗曼（Silverman）的量表④。费尔德（Felder）和西尔弗曼（Silverman）的量表包括四个维度：主动型 / 反思型、感知型 / 直觉型、视觉型 / 语言型、顺序型 / 全局型。在这四个维度中，主动型 / 反思型在合作学习模式的研究中被频繁使用，如郑（Jeong）和李（Lee）⑤、莱曼（Layman）⑥、李（Lee）和杨（Yang）⑦等研究者的教学实验中都使用了该维度。

综上所述，主动型和反思型这一维度的学习风格不仅是以往研究中使用较多的划分方式，也可能影响着配对学习模式中角色的分配与轮换。因此，本研究采用主动型 / 反思型这一维度来测量学生的学习风格，两种学习风格可以组成三种学习风格组合，即主动—主动、主动—反思和反思—反思。

---

①⑦ Lee C I, Yang Y F. A study on the effect of combination of pair programming with learning styles on students learning motivation[C]//Proceedings of the 2015 International Conference on eBusiness, eCommerce, eManagement, eLearning and eGovernance(IC5E). Association of Scientists, Developers and Faulties, 2015: 99-103.

②⑥ Layman L. Changing students' perceptions: An analysis of the supplementary benefits of collaborative software development[C]//19th Conference on Software Engineering Education & Training(CSEET'06). IEEE, 2006: 159-166.

③ Gregorc A F. An adult's guide to style[M]. Boulder: Gabriel Systems, 1982.

④ Felder R M, Silverman L K. Learning and teaching styles in engineering education[J]. Engineering Education, 1988, 78(7): 674-681.

⑤ Jeong A, Lee J M. The effects of active versus reflective learning style on the processes of critical discourse in computer-supported collaborative argumentation[J]. British Journal of Educational Technology, 2008, 39(4): 651-665.

（三）研究工具与过程

本研究的教学实验是在无锡市广益实验小学以常规课程的形式开展，每周 1 课时，实验时间为 2017 年 9 月至 2018 年 1 月，有效实验课时为 12 课时。教学实验的研究对象是从五年级 6 个班中随机选取的 2 个班，共 66 名学生。其中驾导配对模式的班级人数为 34 人，主动型有 25 人，反思型有 9 人；软硬配对模式的班级人数为 32 人，主动型有 22 人，反思型有 10 人。前测数据表明，参与实验的两个班级在机器人方面的基础知识和基本技能没有显著差异，可以进行教学实验。

本教学实验采用的是入门级的 mBot 教育机器人，它的受众群体是初学机器人课程的小学生，外观简单易搭建是它的优点。mBot 小车可以通过配套的 mBlock 软件（基于 Scratch 2.0）、Makeblock App 来控制。在教学过程中，研究者和学校一线教师根据学校的计算机硬件设备条件，最后选择使用积木式编程软件——mBlock 软件来进行教学。

在实验过程中，2 个班级通过不同的配对学习模式学习机器人课程，班级内学生自由分组，在学习内容和授课教师、数据收集方式和内容等其他方面是一样的，具体实施情况如下。

班级 A：学生以驾导配对模式学习机器人课程，两人小组合作，一名学生负责搭建组装机器人以及编程、调试，另一名学生负责观察指导，及时指出搭档的错误并提出问题解决建议。在完成项目的过程中，根据小组需求交换组员的角色，不规定具体交换频率，但要求每个项目中组员至少交换一次角色。

班级 B：学生以软硬配对模式学习机器人课程，两人小组合作，一名学生负责机器人硬件组装调试，另一名学生负责计算机软件编程。在完成项目的过程中，根据小组需求交换组员的角色，不规定具体交换频率，但要求每个项目中组员至少交换一次角色。

整体实验安排如表 5-1 所示。

表 5-1　教学实验的课时安排

阶段	课时	课程内容
准备阶段	1	先备知识测试（前测），学习风格测试，学生分组，教师向学生讲解配对学习的准则和注意点
	2	
学习阶段	3	学习内容：小车与计算机的连接，电机的驱动原理，车轮转弯原理，延迟指令的使用 完成项目 1：实现 mBot 小车前进 1 s 后直角转弯
	4	
	5	学习内容：重复指令的学习与使用 完成项目 2：实现 mBot 小车自动走正方形
	6	
	7	学习内容：电机正负数值的设定，小车转向的原理 完成项目 3：实现 mBot 小车自动走“8”字
	8	
	9	学习内容：超声波传感器的原理与使用，判断指令的学习与使用 完成项目 4：实现 mBot 小车在行进过程中自动躲避障碍物
	10	
后测阶段	11	进行最终任务考核，学生填写后测问卷，其中包括学习态度调查问卷和学习沉浸度调查问卷、合作默契程度问卷以及认知负荷问卷
	12	

（四）数据分析与结果

1. 学生作品成绩差异

学生的最终作品制作成绩采用多因素方差分析，其中角色配对和学习风格作为主体因素，最终作品制作测试成绩作为因变量。本研究中角色配对构建了两种配对学习模式，分别是驾导配对模式和软硬配对模式；学习风格组合则是构成了三种组合，分别是主动—主动、主动—反思和反思—反思组合。因此，本实验的数据分析将使用多因素方差分析。

数据结果显示，主要效应和交互效应之间的差异均不显著。不同角色配对学习模式下学生的作品制作成绩并没有显著差异，$F(1, 60)=0.958$，$p>0.05$。不同学习风格组合下学生的作品制作成绩并没有显著差异，$F(2, 60)=$

0.750，$p>0.05$。在角色配对和学习风格的交互效应下，$F(2, 60)=1.071$，$p>0.05$，不同角色配对学习模式下，不同的学习风格组合的学生作品制作成绩也没有显著差异。方差分析结果具体数据见表 5-2。

表 5-2　作品制作成绩方差分析

因变量 *	自变量	F	p
作品制作成绩	角色配对	0.958	0.332
	学习风格	0.750	0.477
	交互效应	1.071	0.349

* 在方差同质性检验中，Levene 法检验结果 $p>0.05$，符合方差同质性假定。

在数据统计分析过程中，研究者还计算了不同组合学生的最终作品制作成绩的均值，具体数据见表 5-3，均值之间的差值很小，不具有统计学意义。

表 5-3　不同组合学生的作品制作成绩的均值

角色分配	学习风格组合	均值	标准偏差
驾导配对	主动—主动	15.11	3.34
	主动—反思	13.67	3.93
	反思—反思	13.83	3.75
	总计	14.63	3.46
软硬配对	主动—主动	14.78	4.45
	主动—反思	13.88	2.17
	反思—反思	17.00	3.02
	总计	14.97	3.82
总计	主动—主动	14.96	3.83
	主动—反思	13.79	2.91
	反思—反思	15.42	3.64
	总计	14.80	3.61

因此，基于以上的数据统计与分析可以得知，不同角色配对和学习风格组合下的学生在最终作品得分上没有显著差异。驾导配对模式和软硬配对模式下的学生的最终作品得分没有显著差异；三种学习风格组合下的学生的最终作品得分没有显著差异；驾导配对模式和软硬配对模式下，不同的学习风格组合的学生作品制作成绩也没有显著差异。

2. 机器人课程学习态度差异分析

数据统计分析方法与作品制作成绩数据分析操作类似，数据结果显示主要效应和交互效应之间的差异均不显著。不同角色配对学习模式下学生的机器人课程学习态度没有显著差异，$F(1, 60)=1.65$，$p>0.05$。不同学习风格组合下学生的机器人课程学习态度没有显著差异，$F(2, 60)=0.118$，$p>0.05$。在角色配对和学习风格的交互效应下，$F(2, 60)=1.21$，$p>0.05$，即不同角色配对学习模式下，不同的学习风格组合的学生课程学习态度也没有显著差异。具体数据见表 5-4。

表 5-4　机器人课程学习态度方差分析

因变量 *	自变量	F	p
机器人课程学习态度	角色配对	1.650	0.204
	学习风格	0.118	0.889
	交互效应	1.210	0.307

* 在方差同质性检验中，Levene 法检验结果 $p>0.05$，符合方差同质性假定。

虽然学生的学习态度总体上没有显著差异，但不能保证学生在自信心、享受度和价值观三个维度上都没有显著差异，因此对学习态度下的自信心、享受度以及价值观再次做了多变量方差分析。数据结果显示，不同角色配对学习模式和不同的学习风格组合，学生在机器人课程学习态度的三维度上均没有显著差异，角色配对和学习风格也不存在显著的交互效应，p 值均大于 0.05。具体数据见表 5-5。

表 5-5　机器人课程学习态度三维度方差分析

自变量	因变量 *	F	p
角色配对	自信心	2.26	0.138
	享受度	0.157	0.693
	价值观	1.58	0.214
学习风格	自信心	0.645	0.528
	享受度	0.144	0.866
	价值观	0.986	0.379
交互效应	自信心	1.40	0.255
	享受度	0.465	0.631
	价值观	1.74	0.185

* 在方差同质性检验中，Levene 法检验结果 $p>0.05$，符合方差同质性假定。

因此，基于以上的数据统计与分析可以得出，不同角色配对和学习风格组合下的学生在机器人课程学习态度上没有显著差异。驾导配对模式和软硬配对模式下的学生，在课程学习态度上没有显著差异；三种学习风格组合下的学生的课程学习态度没有显著差异；驾导配对模式和软硬配对模式下，不同的学习风格组合的学生课程学习态度也没有显著差异。

3. 机器人课程学习沉浸度差异分析

数据结果表明，在机器人课程学习沉浸度方面，主要效应和交互效应之间的差异均不显著。两种角色配对学习模式下学生的机器人课程学习沉浸度没有显著差异，$F(1,60)=2.01$，$p>0.05$。不同学习风格组合下，学生的机器人课程学习沉浸度没有显著差异，$F(2,60)=0.835$，$p>0.05$。在角色配对和学习风格的交互效应下，$F(2,60)=3.04$，$p>0.05$，即不同角色配对学习模式下，不同的学习风格组合的学生课程学习沉浸度也没有显著差异。具体数据见表 5-6。

表 5-6　机器人课程学习沉浸度方差分析

因变量 *	自变量	F	p
机器人课程学习沉浸度	角色配对	2.01	0.162
	学习风格	0.835	0.439
	交互效应	3.04	0.055

* 在方差同质性检验中，Levene 法检验结果 $p>0.05$，符合方差同质性假定。

学习沉浸度也具体划分为行为沉浸度、情绪沉浸度和认知沉浸度三个维度，也需要对其进行多变量方差分析。分析结果表明，不同角色配对学习模式和不同的学习风格组合，学生在机器人课程学习沉浸度的三个维度上均没有显著差异，$p>0.05$，角色配对和学习风格也不存在显著的交互效应，$p>0.05$。具体数据见表 5-7。

表 5-7　机器人课程学习沉浸度三维度方差分析

自变量	因变量 *	F	p
角色配对	行为沉浸度	3.53	0.065
	情绪沉浸度	0.208	0.650
	认知沉浸度	1.60	0.211
学习风格	行为沉浸度	0.316	0.731
	情绪沉浸度	0.765	0.470
	认知沉浸度	1.79	0.175
交互效应	行为沉浸度	2.24	0.116
	情绪沉浸度	2.73	0.074
	认知沉浸度	1.80	0.173

* 在方差同质性检验中，Levene 法检验结果 $p>0.05$，符合方差同质性假定。

因此，基于以上的数据统计与分析可以得知，不同角色配对和学习风格组合下的学生在机器人课程学习沉浸度上没有显著差异。驾导配对模式和软硬配对模式下的学生的学习沉浸度没有显著差异；三种学习风格组合下的学生的学习沉浸度没有显著差异；驾导配对模式和软硬配对模式下，不同的学习风格组合的学生学习沉浸度也没有显著差异。

4. 合作默契程度差异分析

在机器人课程学习合作默契程度方面，主要效应和交互效应之间的差异均不显著。两种角色配对学习模式下学生的合作默契程度没有显著差异，$F(1, 60)=2.14$，$p>0.05$。不同学习风格组合下学生的合作默契程度没有显著差异，$F(2, 60)=0.370$，$p>0.05$。在角色配对和学习风格的交互效应下，$F(2, 60)=3.15$，$p>0.05$，即不同角色配对学习模式下，不同的学习风格组合的学生合作默契程度也没有显著差异。具体数据见表 5-8（合作默契程度问卷详见附录 10）。

表 5-8　合作默契程度方差分析

因变量 *	自变量	F	p
合作默契程度	角色配对	2.14	0.149
	学习风格	0.370	0.693
	交互效应	3.15	0.050

* 在方差同质性检验中，Levene 法检验结果 $p>0.05$，符合方差同质性假定。

因此，基于以上的数据统计与分析可以得出，不同角色配对和学习风格组合下的学生在合作默契程度上没有显著差异。驾导配对模式和软硬配对模式下学生的合作默契程度没有显著差异；三种学习风格组合下的学生的合作默契程度没有显著差异；驾导配对模式和软硬配对模式下，不同的学习风格组合的学生的合作默契程度也没有显著差异。

5. 认知负荷差异分析

学生完成最终作品制作测试的认知负荷并没有显著差异。数据结果显示，主要效应和交互效应之间的差异均不显著。两种角色配对学习模式下学生的认知负荷没有显著差异，$F(1, 60)=0.292$，$p>0.05$。三种学习风格组合下学生的认知负荷没有显著差异，$F(2, 60)=2.65$，$p>0.05$。在角色配对和学习风格的交互效应下，$F(2, 60)=1.05$，$p>0.05$，即不同角色配对学习模式下，不同的学习风格组合的学生认知负荷也没有显著差异。具体数据见表 5-9。

表 5-9 认知负荷方差分析

因变量 *	自变量	F	p
认知负荷	角色配对	0.292	0.591
	学习风格	2.65	0.079
	交互效应	1.05	0.357

* 在方差同质性检验中，Levene 法检验结果 $p>0.05$，符合方差同质性假定。

在数据统计分析过程中，研究者还计算了不同组合学生的认知负荷的均值，具体数据见表 5-10，可以发现，学习风格为主动与主动型组合的学生的认知负荷均值最低，主动与反思型其次，反思与反思型组合的学生认知负荷均值最高，但是均值之间的差值较小，不具有统计学意义。在教学过程中，可以将主动型学生与主动型学生组合以降低学生的认知负荷，建议反思型学生与主动型学生组合，可以降低其完成任务的认知负荷。总体来说，认知负荷的均值处于中等水平，可以侧面反映最终作品制作任务的难度适中、合理。

表 5-10 不同组合学生的认知负荷的均值

角色分配	学习风格组合	均值	标准偏差
驾导配对	主动—主动	5.73	2.49
	主动—反思	6.17	3.71
	反思—反思	6.50	3.56
	总计	5.94	2.84
软硬配对	主动—主动	3.94	2.88
	主动—反思	6.50	1.20
	反思—反思	6.67	3.20
	总计	5.09	2.88

续表

角色分配	学习风格组合	均值	标准偏差
总计	主动—主动	4.93	2.79
	主动—反思	6.36	2.47
	反思—反思	6.58	3.23
	总计	5.53	2.87

因此，基于以上的数据统计与分析可以得知，不同角色配对和学习风格组合下的学生在认知负荷上没有显著差异。驾导配对模式和软硬配对模式下学生的认知负荷没有显著差异；三种学习风格组合下的学生的认知负荷没有显著差异；驾导配对模式和软硬配对模式下，不同的学习风格组合的学生的认知负荷也没有显著差异。

6. 学生对配对学习的态度差异分析

学生对配对学习的态度是通过面对面访谈获得的，本研究团队采访了 8 组，共 16 名学生，每个班级 4 组学生参与访谈，涵盖每个学习风格组合。研究者利用课后时间，每次与 1 组学生交谈，虽然没有问卷数据可以统计分析，但从他们的回答中获得了以下信息。

首先，16 名学生中有 15 人在适应了配对学习模式之后，都认为配对学习模式很适合机器人课程的学习，角色分配和轮换比较合理，不会出现手忙脚乱的情况，其中仅有 1 名学生提出关于角色交换频率的建议，他提出不需要每个项目过程中至少交换一次，按项目轮换角色是值得尝试的方法。其次，关于配对学习的效果，所有被采访者都认为，在机器人课程学习中，配对学习能比独立学习带来更好的学习效果，因为两个人的明确分工可以更容易发现问题，同时在交流、操作过程中可以发现自己或搭档的优缺点，在搭档的指导下学习，能够更快地解决问题。而且，在遇到困难时，所有被采访者都表示，角色分配和轮换制度加强了合作伙伴之间的交流，会先与搭档积极尝试解决问题，积极发挥自己的长处，如果无法解决问题再求助教师。

结合学生的学习风格测试结果，参与者多为主动型学生，反思型学生数量较少；更多的反思型学生偏向于实践探索，喜欢合作学习。但是学习风格的差异并不影响学生对于配对学习模式的态度，无论是主动型学生还是反思型学生，都认为配对学习模式的学习效果要优于独立学习模式。从访谈和课堂角色交换记录表中还可以发现，学习风格的差异也不影响其角色交换的主动性，角色交换的时机往往是遇到困难的时候，不存在主动型或反思型学习风格的学生主导角色交换的情况。

结合与学生的面对面访谈和课堂观察记录表，可以得出，不同角色配对和学习风格组合下的学生对于配对学习的态度没有显著差异。驾导配对和软硬配对模式下的学生对于配对学习的态度没有显著差异；三种学习风格组合下的学生对于配对学习的态度没有显著差异；驾导配对和软硬配对模式下，不同的学习风格组合的学生对于配对学习的态度也没有显著差异。

（五）研究结论与讨论

本教学实验聚焦的两个影响因素是角色分配和学习风格。在角色分配上，分为驾导配对和软硬配对；学习风格上，组成主动—主动、主动—反思、反思—反思三种小组。经过数据的统计分析，结果表明不同角色配对下的学生在作品制作成绩、课程学习态度、课程学习沉浸度、认知负荷和合作默契程度、对配对学习的态度上没有显著差异；不同学习风格组合的学生在作品制作成绩、课程学习态度、课程学习沉浸度、认知负荷和合作默契程度、对配对学习的态度上也没有显著差异；不同角色配对学习模式下，不同的学习风格组合的学生在以上六方面也均没有显著差异。本部分将深入探讨角色分配和学习风格对小学机器人课程中的配对学习没有影响的原因。

1. 课程任务的复杂性对数据结果的影响分析

从数据结果来看，不同角色配对学习模式和不同学习风格组合之间在各方面都没有显著差异。研究者首先对研究数据的有效性、可靠性加以验证。研究者分析，可能是机器人课程最终测试任务的复杂性影响了结果，即设计的最终机器人测试项目过于复杂或者过于简单，从而导致学生的成绩区间分布不合理，影响了学生其他方面的表现。因此，研究者对成绩样本分布进行了分析，并计算了机器人课程最终测试任务的区分度。数据结果表明，成绩样本呈正态分布，Kolmogorov-Smimov $Z=0.105$，$p>0.05$，同时，机器人课程最终测试任务的区分度很好，$D=0.643$，说明机器人测试任务的难度适中，适合用来进行组间对比分析。综上所述，数据的分析统计结果是可靠的、有意义的。

2. 两种角色配对学习模式的差异探讨

两种角色配对学习模式下学生在各方面的表现没有显著差异，研究者分析可能和使用的机器人套件、机器人课程项目有关。本次教学实验的参与者是五年级学生，在此之前没有接触常规的机器人课程，没有编程基础，因此研究者和学校原执教教师选择了 mBot 机器人基础小车套件。这是一款集编程、通信等功能于一体的教育机器人，自带多种传感器，由于它的高度集成性，学生在课程项目中除了做一些简单的安装、布线、连接和调整等工作，几乎不需要做其他搭建设计工作。

在软硬配对学习过程中，硬件操作者可以在很短的时间内完成自己的硬件任务，然后观察、指导软件操作者的操作，同步进行小车硬件的调试和反馈。这样的学习过程和驾导配对模式的学习过程类似。驾导配对学习过程中，驾驶员负责简单的硬件操作和软件编程，导航员则是观察、指导搭档的操作。横向对比发现，硬件操作者和导航员的操作类似，软件操作者和驾驶员的操作类似，差别只在于简单的、短时间内可以完成的硬件任务。例如，在课程项目“小车走‘8’字”中，软硬配对模式中的硬件操作者仅需要正确连接电机，测试电机左右的正确性，所用时间很短，然后在调试过程中观察小车转动的方向和角度，及时反馈给软件操作者，在软件操作者操作过程中观察指导其修改代码或参数。而在驾导配对学习过程中，简单的连接任务和编写程序是由驾驶员负责，导航员所需要做的也是观察指导驾驶员的工作。

因此，软硬配对模式和驾导配对模式在实践中的作用相似，在未来的实践研究中，需要考虑到器材使用的全面性，从而设计出更多样化的项目，包含更多的传感器连接和外观设计等硬件任务，以来比较软硬配对模式和驾导配对模式在机器人课程教学中的差异。

3. 不同学习风格组合的差异探讨

有关学习风格的研究有很多，其中许多研究者认为学习风格是影响学生学习态度[①②]和沉浸度[③]的重要因素，不同学习风格的学生组合的学习绩效也存在差异[④]，并通过实证研究证实了其观点。郑（Jeong）和李（Lee）还指出，学习风格直接影响学生的合作方式和过程，不同学习风格的学生组合，其交互行为和交流方式会有所不同[⑤]。然而，在本研究中，数据结果却显示了与其不同的结论，即配对学习中不同的学习风格组合之间，学生的各方面表现都没有显著差异。对于这个不一致的结果，研究者分析，可能是由于以下四个原因。

首先，参与教学实验的学生大部分是第一次接触常规机器人课程，而且机器人课程具有丰富的操作性和实践性，学生对于机器人课程充满兴趣和期望。以往有研究表明，人们兴趣的产生和事物的新颖性有关[⑥]，因此第一次接触常规机器人课程的学生都能很快地被吸引，这种情况在课堂观察和面对面访谈中也得以证实。在与学生的交流中可以得知，当机器人小车能够在自己的控制下移动，学生的设计可以真实地在机器人小车上实现时，学生有更大的动力和兴趣去学习接下来的课程。同时，兴趣与沉浸度和态度之间也存在正相关关

---

① Zhan Z, Xu F, Ye H. Effects of an online learning community on active and reflective learners' learning performance and attitudes in a face-to-face undergraduate course[J]. Computers and Education, 2011, 56(4): 961-968.

② Alavi S S, Makarem J. Learning style and attitude toward computer among Iranian medical students[J]. Journal of Medical Education, 2015, 14(1): 18-23.

③ Aragon S R, Johnson S D, Shaik N. The influence of learning style preferences on student success in online versus face-to-face environments[J]. The American Journal of Distance Education, 2002, 16(4): 227-243.

④ Adán-Coello J M, Tobar C M, de Faria E S J, et al. Forming groups for collaborative learning of introductory computer programming based on students' programming skills and learning styles[J]. International Journal of Information and Communication Technology Education, 2011, 7(4): 34-46.

⑤ Jeong A, Lee J M. The effects of active versus reflective learning style on the processes of critical discourse in computer-supported collaborative argumentation[J]. British Journal of Educational Technology, 2008, 39(4): 651-665.

⑥ Chen A, Darst P W, Pangrazi R P. What constitutes situational interest? Validating a construct in physical education[J]. Measurement in Physical Education and Exercise Science, 1999, 3(3): 157-180.

系[1]，即学生的兴趣越浓厚，那么他们的课程学习沉浸度越高，课程学习态度越积极。

其次，本教学研究的参与者是小学生，他们的学习行为很容易受到教师的影响，这一现象可以称作教师权威[2]。在课堂教学中，小学生对于教师提出的要求和激励措施的反馈要明显优于中学生[3]。实践过程中，研究者和教师也观察到，参与教学实验的小学生，对于教师讲解的、要求遵守的配对学习模式原则，都能很好地遵守。学生会主动分配角色，并且基于角色轮换的机制，不存在操作机会不等的情况，学生之间也不会因分工不均而产生争执。学生能在完成项目的过程中主动交换，只有极少数的组员需要教师提醒，并在教师的指导下努力学习。因此，不同学习风格组合之间的学习绩效和其他表现没有显著差异不足为奇。在未来进一步的研究中，可以在初中、高中学生中进行教学实验，深入研究学习风格对配对学习模式的影响，可能会有不一样的结果。

权威期刊 *Computers & Education* 发表了一篇质疑学习风格的研究成果，文章提出研究者对于学习风格和学习方法之间的联系应持怀疑态度：在实践中，学生所偏爱的学习方法不一定会带来更加有效的学习效果，这两者之间不存在必然的因果关系，因此根据学生的学习风格来选择学习方法这一种观点不应该被定义为正确的选择[4]。在合作学习中，合作策略是核心关键，配对学习中的角色分配和轮换即是合作策略。配对学习模式中合作群体的规模较小，角色的分配和轮换显著减少了合作学习中经常遇到的问题。也就是说，配对学习模式让小组内所有的组员，包括反思型的学生，都积极参与到合作学习中，从而减少了学习风格所带来的差异。因此，研究者推断，配对学习中的联合效应弥补了学习风格引起的学习绩效和其他表现的差异，这也是学习风格对学生学

---

① Flowerday T, Schraw G, Stevens J. The role of choice and interest in reader engagement[J]. The Journal of Experimental Education, 2004, 72(2): 93-114.

② Schultz B D, Oyler C. We make this road as we walk together: Sharing teacher authority in a social action curriculum project[J]. Curriculum Inquiry, 2006, 36(4): 423-451.

③ 赵希斌. 不同学段、年级学生对教师评价行为知觉的特点［J］. 心理发展与教育，2005（4）：61-67.

④ Kirschner P A. Stop propagating the learning styles myth[J]. Computers and Education, 2017, 106: 166-171.

习绩效影响不显著的另一个重要原因。

最后，学习风格有多种分类方法①，但是本实验研究中只使用了主动型/反思型维度的学习风格。这种片面的分类可能导致了学习风格的不能完全体现，未来的教学实验可能需要结合其他的学习风格积极探索，如感知/直觉、视觉/语言、顺序/整体等。

二、静态分组的研究②

机器人教育的价值和优势在K12各教育阶段逐渐凸显，为加速推动机器人教育的发展，在教学实践中对于有效教学方法的探索、设计和使用，势在必行。结合配对编程和机器人教育的特点而形成的配对学习模式已在机器人教育领域初露头角，本研究将从认知层面探讨在配对学习模式下，学生完成不同类型的机器人任务和小组成员的合作默契程度对学生认知负荷的影响，以分析学生面对不同任务类型的心理变化以及合作默契程度高低对于学生认知负荷的作用情况。本研究综合多种已有的任务分类方法，参考用于评价计算思维的任务类型，以任务完成结果和任务完成方法的唯一性作为分类标准，将封闭式任务（the closed task）、半开放式任务（the semi-open task）和开放式任务（the open task）三种任务类型作为机器人教育中的任务分类方法。本研究采用准实验研究方法，期望通过实验验证机器人课程中任务类型和合作默契程度对学生学习机器人课程的认知负荷的影响，进一步证实配对学习模式在降低学生认知负荷方面的有效性。

（一）概念界定

1. 配对学习

详见本节第一部分“关于角色分类与交换频率的研究”的概念界定。

由于本研究中设计的实验内容在机器人硬件搭建的基础上以机器人程序编写和调试为主，以操作对象划分角色职能会导致团队成员操作机会不均，发生利益冲突。因此，本研究选择驾驶员—导航员模式，即两名学生共用一

---

① Kirschner P A. Stop propagating the learning styles myth[J]. Computers and Education, 2017, 106: 166-171.

② 本节内容节选自钟柏昌教授指导的研究生王佳玉的硕士毕业论文。

套机器人套件和一台计算机，协作完成机器人的设计、搭建和编程。两名学生中，一名是“驾驶员”，负责搭建调试机器人并为机器人编程；另一名为“导航员”，负责观察“驾驶员”的工作，及时指出错误并提出问题解决建议。

2. 认知负荷

国内外研究者对于认知负荷的概念一直没有统一定论，普遍认为认知负荷是一种用于加工信息的认知资源总量[①②]。在机器人教育领域，根据机器人教育的特点，机器人课程中，学生的学习活动主要围绕机器人的外形搭建、功能设计和以计算机为工具编程实现功能。学生在教师的干预下被要求完成多项机器人搭建和编程任务，此过程中所需要的认知资源总量即为机器人课程中的认知负荷。因此，本研究认为，在机器人教育领域，认知负荷可视为在学生完成机器人任务过程中，用以加工全部信息所投入的工作记忆总量。

认知负荷包含三种类型：内在认知负荷（intrinsic cognitive load，ICL）、外在认知负荷（extraneous cognitive load，ECL）和相关认知负荷（germane cognitive load，GCL）。在最近的研究中，相关认知负荷已被归入内在认知负荷，不再作为单独的认知负荷类型[③]。根据认知负荷理论，任务复杂度和学习者先验知识是内在认知负荷的主要影响因素，而外在认知负荷主要受到教学方法和策略的影响。作为一种教学方法，配对学习在机器人教育领域价值初现，但对于认知负荷的影响仍缺乏研究。因此，本研究将重点关注外在认知负荷，通过探索任务类型和合作默契程度对学生认知负荷的影响，分析配对学习对学生学习机器人课程的认知负荷的可能影响程度。

3. 任务类型

综合已有研究对于任务类型的划分，不确定因素的数量是重要的划分依

---

① Quiroga L M, Crosby M E, Iding M K. Reducing cognitive load[C]//Proceedings of the 37th Annual Hawaii International Conference on System Sciences, IEEE, 2004.

② 辛自强，林崇德. 认知负荷与认知技能和图式获得的关系及其教学意义［J］. 华东师范大学学报（教育科学版），2002（4）：55-60.

③ 高媛，黄真真，李冀红，黄荣怀. 智慧学习环境中的认知负荷问题［J］. 开放教育研究，2017，23（1）：56-64.

据。不确定因素越多，产生交互作用的因素越多，任务越复杂。换言之，任务类型是任务复杂程度的体现。机器人教育以全方位培养学生的创新能力、工程能力和计算思维为目的，教学过程中包含多种交互元素，是典型的复杂任务，有必要作进一步的任务类型划分。

本研究参考本节第一部分提及的三种任务类型，将机器人课程中的任务分为三类：封闭式任务，具有明确且唯一的任务结果和任务完成方法；半开放式任务，具有唯一的任务结果，但完成任务的方法不唯一；开放式任务（创造型任务），任务结果和完成任务的方法均不唯一①。

4. 合作默契程度

合作学习中小组成员的融合度是基于同一学习小组的学习者相互提供的评价，反映在学习活动过程中学习者对团队其他成员的满意程度以及合作意愿②。在本研究中学生将采用配对学习模式进行机器人课程的学习，基于已有概念结合机器人教育特点，本研究针对机器人教育中小组成员的合作默契程度进行概念界定，即合作默契程度是指在机器人教育中，学生以配对学习模式进行学习过程中对同组成员的评价，反映出学生对同组成员作为“驾驶员”或者“导航员”时的满意程度和合作意愿。

（二）相关研究

1. 认知负荷与测量

前面提到，认知负荷分为内在认知负荷、外在认知负荷和相关认知负荷三类。内在认知负荷是指与特定环境相关的认知负荷，涉及需要处理的内在信息。具体来说，对于一个特定的任务，如让一个探测机器人向前和向后移动，一个人的内在认知负荷将会稳定在一个固定水平上③。外在认知负荷是指与信

① Zhong B, Wang Q, Chen J, et al. An exploration of three-dimensional integrated assessment for computational thinking[J]. Journal of Educational Computing Research, 2016, 53(4): 562-590.

② Lambić D, Lazović B, Djenić A, et al. A novel metaheuristic approach for collaborative learning group formation[J]. Journal of Computer Assisted Learning, 2018, 34(6): 907-916.

③ Sweller J. Element interactivity and intrinsic, extraneous, and germane cognitive load[J]. Educational Psychology Review, 2010, 22(2): 123-138.

息或任务呈现方式有关的认知负荷，它会因教学方法的不同而不同①。例如，可以引导学生一步一步地制作一个检测机器人，也可以要求他们根据目标来自行设计，两种教学方式对学生产生不同的外在认知负荷。换言之，外在认知负荷是指学习中的负荷（图式构建），随着时间的推移，所构建的模式将会逐渐成熟，因此，对于知识丰富的学习者而言，工作记忆的限制就会消失②。

认知负荷描述了信息处理的内部过程。因此，认知负荷测量的可靠性和有效性是至关重要的③。一般认为，心理努力的投入体现了分配给任务执行的实际认知负荷④，帕斯（Paas）⑤开发了一个广泛使用的认知负荷评定量表，要求被试者以9分的李克特量表（即“9＝非常高的努力”到“1＝非常低的努力”）来评价他们在解决一个问题时投入的心智努力。这个量表测量了参与者的总的内在认知负荷及其所有可能的组成部分，已经被用于各种研究，并被证明是非侵入性的、有效和可靠的⑥。例如，艾尔斯（Ayres）用这个量表来测量不同任务对学生内在认知负荷的影响⑦。至于外在认知负荷的测量方式，本研究采用了融合度这一间接方法。

2. 认知负荷的影响因素

认知负荷理论认为，教学设计的目的是降低学生的认知负荷。合作学习

① Kirschner P A, Sweller J, Kirschner F, et al. From cognitive load theory to collaborative cognitive load theory[J]. International Journal of Computer-Supported Collaborative Learning, 2018, 13(2): 213-233.

② Holzinger A. Efficiency in learning: Evidence-based guidelines to manage cognitive load[J]. Educational Technology and Society, 2007, 10(3): 325-326.

③ Korbach A, Brünken R, Park B. Differentiating different types of cognitive load: A comparison of different measures[J]. Educational Psychology Review, 2018, 30(2): 503-529.

④ Paas F, Tuovinen J E, Tabbers H, et al. Cognitive load measurement as a means to advance cognitive load theory[J]. Educational Psychologist, 2003, 38(1): 63-71.

⑤ Paas F G W C. Training strategies for attaining transfer of problem-solving skill in statistics: A cognitive-load approach[J]. Journal of Educational Psychology, 1992, 84(4): 429-434.

⑥ Paas F G W C, Van Merriënboer J J G, Adam J J. Measurement of cognitive load in instructional research[J]. Perceptual and Motor Skills, 1994, 79(1): 419-430.

⑦ Ayres P. Using subjective measures to detect variations of intrinsic cognitive load within problems[J]. Learning and Instruction, 2006, 16(5): 389-400.

可以被视为一种学习环境，作为教学设计的内容之一，合作学习已在当今课堂中被广泛应用，对学生认知负荷的影响不言而喻。有研究表明，合作学习可以作为一种替代的方法克服个人工作记忆资源的局限性①②。根据认知负荷理论的观点，同组的合作学习者可以看作是一个信息处理系统③，它由多个容量有限的工作记忆组成。通过合作学习，小组成员可以创建一个集体的工作空间，在这个空间中与执行学习任务相关的认知负荷被分布在多个正在相互合作的工作记忆中，而形成了一个更大的认知资源库，进而降低了每个组员认知资源超载的风险。因此，虽然个体学习者在参与学习活动时的总认知负荷较高，但由于认知资源库的形成，认知负荷被分散到共同进行合作学习的团队成员中，团队成员个体的认知负荷降低④。

但是，进一步研究证明，合作学习并不是降低学生认知负荷的“万能处方”，在一些因素的干扰下，没有形成有效的合作学习，导致合作学习降低认知负荷的效果受到了影响。小组成员的沟通交流与协作是整个合作学习过程的核心，沟通交流与协作的情况可能对合作学习结果有利，也可能不利。有利意味着认知负荷被分化且在总工作记忆容量内，此时沟通带来的认知负荷促进了团队成员的理解、信任、相互绩效监控、协调或积极的认知冲突，反之，如果不能确保学习者分化认知负荷的优势大于学习者之间保持沟通和协调的交易成本，那么合作学习将是无效的，对合作学习结果不利⑤，这种存在于学习活

① Kirschner F, Paas F, Kirschner P A. A cognitive load approach to collaborative learning: United brains for complex tasks[J]. Educational Psychology Review, 2009, 21(1): 31-42.

② Kirschner F, Paas F, Kirschner P A. Individual and group-based learning from complex cognitive tasks: Effects on retention and transfer efficiency[J]. Computers in Human Behavior, 2009, 25(2): 306-314.

③ Hinsz V B, Tindale R S, Vollrath D A. The emerging conceptualization of groups as information processors[J]. Psychological Bulletin, 1997, 121(1): 43-64.

④ Kirschner F, Paas F, Kirschner P A, et al. Differential effects of problem-solving demands on individual and collaborative learning outcomes[J]. Learning and Instruction, 2011, 21(4): 587-599.

⑤ Janssen J, Kirschner F, Erkens G, et al. Making the black box of collaborative learning transparent: Combining process-oriented and cognitive load approaches[J]. Educational Psychology Review, 2010, 22(2): 139-154.

动过程中的协调和沟通本身就可能造成认知负荷的增加①。基施纳（Kirschner）等②研究者以生物学科为例在高中进行了一项实验研究，实验过程中合作学习者和独立学习者均被要求完成复杂度高和复杂度低两种类型的任务。研究结果表明，由于整体工作记忆容量增加，学生的信息处理能力提升，当学生同样面对能够产生高认知负荷的复杂度高的任务时，学生在合作学习环境中比在个体学习环境中更容易进行有意义的学习，认知负荷更低。相比之下，对于复杂度较低的任务，合作学习的优势无法充分体现，此时独立学习可能是最有效的策略，因为它不需要学习者在与同伴的沟通和协调上付出额外的心理努力，此时面对来自沟通的强加的认知负荷会导致学生发生错误、冲突和不必要的重复等。

总体而言，合作学习和认知负荷之间存在着紧密的联系，通过合作学习，学生的认知负荷降低，但是产生这种效果需要具备一定的条件。因此，需要进一步探索合作学习中认知负荷的影响因素。然而，大部分研究只针对认知客体或者认知主体探索其对认知负荷的影响，忽略了二者交互而产生的影响。

已有研究表明，相比独立学习，合作学习的优势显著。例如，有利于培养学习者沟通交流的能力，提升学习者的自我效能感，等等。但事实上，在教学中采用合作学习模式，学习者的学习效果并不比独立学习的学习者效果更好③，造成这种现象的原因是受到了某些条件的限制。有关合作学习效果的研究表明，任务复杂度是决定学习者在合作学习环境中学习效果的关键因素④，同样地，在编程教育领域，任务复杂度也是影响配对编程效果的重要因素之

---

① Tolsgaard M G, Kulasegaram K M, Ringsted C V. Collaborative learning of clinical skills in health professions education: The why, how, when and for whom[J]. Medical Education, 2016, 50(1): 69-78.

② Kirschner F, Paas F, Kirschner P A. Task complexity as a driver for collaborative learning efficiency: The collective working-memory effect[J]. Applied Cognitive Psychology, 2011, 25(4): 615-624.

③ Retnowati E, Ayres P, Sweller J. Collaborative learning effects when students have complete or incomplete knowledge[J]. Applied Cognitive Psychology, 2018, 32(6): 681-692.

④ Weingart L R. Impact of group goals, task component complexity, effort, and planning on group performance[J]. Journal of Applied Psychology, 1992, 77(5): 682-693.

一[1][2]。因此，学习活动中的任务需要足够复杂才能够使合作学习模式产生积极的影响。

从认知负荷的角度来看，任务作为认知客体，如果过于简单，那么合作学习的环境会增加学习者的外在认知负荷，原因是进行合作学习的学习者对于协调和沟通的需要会远远大于个体学习者，然而对于过于简单的任务来说这些协调和沟通都是不必要的[3]。根据不同对象的学习需求，可以设置入门、进阶与高阶等不同难度的机器人任务，任务的难易程度会对学习者的认知负荷产生影响。因此，如何区分任务的难易程度也需要一个明确的标准，换句话说，就是要对任务进行分类，根据任务的特点归纳任务的类型。有研究表明，教师创建合作学习环境时采用多种任务类型，对学习效果的提升也有着积极作用[4]。

关于任务类型，已有研究提出了一些可以参考的分类方法。早期的任务分类方法是坎贝尔依据四种复杂任务属性（存在多种任务方法和唯一任务结果、存在多种任务结果、存在冲突矛盾的相互依赖和存在不确定因素或者概率性联系）将任务划分为五种类型：简单任务（simple task）、决策任务（decision task）、判断任务（judgement task）、问题任务（problem task）和模糊任务（fuzzy task）[5]。

在此基础上，本文采用了前期研究提出的三种任务分类：封闭式任务、半开放式任务、开放式任务。这三种任务类型暗示了不同的任务复杂性和难度

---

① Arisholm E, Gallis H, Dyba T, et al. Evaluating pair programming with respect to system complexity and programmer expertise[J]. IEEE Transactions on Software Engineering, 2007, 33(2): 65-86.

② Hannay J E, Arisholm E, Engvik H, et al. Effects of personality on pair programming[J]. IEEE Transactions on Software Engineering, 2009, 36(1): 61-80.

③ Elen J, Clark R. Handling complexity in learning environments: Theory and research[M]. Emerald Group Publishing, 2006: 1-329.

④ Hwang W Y, Wu S Y. A case study of collaboration with multi-robots and its effect on children's interaction[J]. Interactive Learning Environments, 2014, 22(4): 429-443.

⑤ Campbell D J. Task complexity: A review and analysis[J]. Academy of Management Review, 1988, 13(1): 40-52.

水平，已被证明是评估与机器人教育密切相关的计算思维的可行方法。

综上所述，本研究选择封闭式任务、半开放式任务和开放式任务三种任务类型来设计机器人任务。

3. 合作学习中融合度的研究

关于认知负荷影响因素的研究，除认知客体外，认知主体也是一个非常重要的维度。合作学习中的认知主体是小组学习者，而合作学习的第一步就是组团队。合作学习领域的研究表明大多数合作学习的失败都是由于团队凝聚力出现问题[①]。如果一个团队因此合作得非常糟糕，以至于成员之间无法共享对当前问题至关重要的独特信息，那么合作的效果肯定会受到影响[②]。因此，一个团队的凝聚力对于团队的绩效是有益的。社会心理学理论认为，这种凝聚力是通过小组成员在一项集体任务上相互依存地工作而产生的，它体现了小组成员对集体任务做出平等的贡献，增强了小组成员相互帮助的愿望[③]。总之，一个配合默契，凝聚力强的小组在提升合作学习有效性和推动学习进程方面有着至关重要的作用[④]。

合作学习中的融合度是一项可以反映出团队成员的默契程度和凝聚力的指标。融合度基于同一学习小组的学习者相互提供的评价，反映出在学习活动过程中学习者对团队其他成员的满意程度以及合作意愿[⑤]。有研究发现，学习者之间融合度高有助于产生团队意识。团队意识是指从团队成员处获知的各方面内容，如团队成员在哪里、他们在做什么、他们对什么感兴趣或者其他人对

① Johnson D W, Johnson R T. The internal dynamics of cooperative learning groups[M]//Slavin R, Sharan S, Kagan S, et al. Learning to cooperate, cooperating to learn. Boston: Springer, 1985: 103-124.

② Hackman J R, Kaplan R E. Interventions into group process: An approach to improving the effectiveness of groups[J]. Decision Sciences, 1974, 5(3): 459-480.

③ Janssen J, Kirschner F, Erkens G, et al. Making the black box of collaborative learning transparent: Combining process-oriented and cognitive load approaches[J]. Educational Psychology Review, 2010, 22(2): 139-154.

④ Slavin R E. When does cooperative learning increase student achievement?[J]. Psychological Bulletin, 1983, 94(3): 429-445.

⑤ Lambić D, Lazović B, Djenić A, et al. A novel metaheuristic approach for collaborative learning group formation[J]. Journal of Computer Assisted Learning, 2018, 34(6): 907-916.

他们的感觉如何①。团队意识涵盖了对一个团队或其成员的行为、认知和社会背景信息的认识和看法。其中，认知团队意识是指学习者所拥有的对共同学习者如何在认知层面处理信息的认识和看法，如团队成员的知识水平或者观点状态②。认知团队意识的产生是有效合作学习的重要前提。这种认知团队意识减少了团队成员用于协调活动的努力，提高团队效率，并降低错误率③。

大量研究证明，团队融合度高对合作学习的有效性有积极影响，然而，目前关于融合度对学习者认知负荷的影响的直接研究极其缺乏。如前所述，有效的合作学习会降低学习者的认知负荷，那么，融合度是否也会影响认知负荷的产生？团队成员之间额外的交互活动的产生，如解决人际关系矛盾、克服社会交往障碍等，根本原因在于团队融合度低、默契不足。产生与学习活动无关的协调和交流是无效合作的表现，会增加学习者的认知负荷。因此，融合度可能对学习者认知负荷的产生极其重要的影响。

（三）研究内容与过程

根据已有的关于机器人教育以及其他领域的任务分类的研究，经过分析，本研究选择了上述三种任务类型：封闭式任务、半开放式任务、开放式任务（创造型任务）。依据三种任务类型的特点，本研究设计了对应的机器人任务项目，学生以配对学习小组的形式完成任务，任务结束后进行合作默契程度和认知负荷测量，获取数据。本研究将计算配对学习小组分别完成三种类型任务的得分，用于确定三种任务类型的难度梯度，以及将合作默契程度得分进行高低分组并分析两组得分差异是否显著，最后针对三种任务类型和两种合作默契程度的认知负荷测量结果进行交叉分析得出结果。通过将以上结果综合分析，探究在配对模式下，机器人课程中任务类型和合作默契程度对学

① Bodemer D, Dehler J. Group awareness in CSCL environments[J]. Computers in Human Behavior, 2011, 27(3): 1043-1045.

② Erkens M, Bodemer D. Improving collaborative learning: Guiding knowledge exchange through the provision of information about learning partners and learning contents[J]. Computers and Education, 2019, 128: 452-472.

③ Gutwin C, Greenberg S. The importance of awareness for team cognition in distributed collaboration[M]//Salas E E, Fiore S M. Team cognition: Understanding the factors that drive process and performance. Washington: American Psychological Association, 2004: 177 - 201.

生认知负荷的影响。

实验器材方面，本研究选择 Ultimate 2.0 十合一机器人套件、探测机器人和《慧编程》。Ultimate 2.0 十合一机器人套件是一款基于 Makeblock 平台的机器人套件，具有丰富的功能和强大的兼容性；探测机器人是一款带有线巡线传感器和超声波传感器的履带式机器人，可以顺畅地穿越沙地或崎岖的道路，具有出色的越野性能；《慧编程》是一款面向 STEAM 教育领域的基于 Scratch 3.0 开发的积木式编程和代码编程软件。

本研究在江苏省无锡市吴桥实验小学以机器人课程的形式开展，实验时间为 2017 年秋季学期，实验持续 12 周，每周 1 课时，共 12 课时。研究对象是该校五年级学生，为增加实验数据的可信度，扩大数据量，研究对象覆盖三个班级，A 班 26 人，B 班 26 人，C 班 24 人，共 76 人。所有学生自由随机分组，两两配对，每个配对学习小组配备一套机器人套件和一台计算机。研究者根据配对学习手册指导学生进行角色分配以及角色交换。在教学实验开展之前，研究者对参与者做了机器人课程学习基础前测，结果显示，三个班级的学生几乎都是机器人初学者，在机器人知识和技能方面没有显著差异。教学实验安排表 5-11 所示。

表 5-11 教学实验安排

周数	实验内容
第 1 周	实验准备：机器人基础知识测试，学生分组和学习配对学习准则
第 2~3 周	教学内容：搭建探测机器人
第 4 周	教学内容：探测机器人基本结构和慧编程软件介绍，以及连接串口和上传程序的方法
第 5 周	教学内容：探测机器人动起来
第 6 周	教学内容：实现探测机器人前进后退以及变速运动
第 7 周	教学内容：实现探测机器人检测障碍物功能

续表

周数	实验内容
第 8 周	后测项目 1：避障项目 实验后测：认知负荷和合作默契程度测量
第 9 周	教学内容：实现探测机器人转弯
第 10 周	后测项目 2：走正方形 实验后测：认知负荷和合作默契程度测量
第 11 周	教学内容：了解车轮速度差原理，实现探测机器人走圆形
第 12 周	后测项目 3：路线设计 实验后测：认知负荷和合作默契程度测量

（四）数据分析与结果

1. 三种任务类型难度的分析

本研究选择的三种任务类型分别为封闭式任务、半开放式任务和开放式任务，这种分类方法以任务方法和任务结果的唯一性作为分类依据，最初用于评价计算思维的研究中。虽然在机器人教育中学生的计算思维能力非常重要，但工程能力、创新能力等也同样重要。因此，这种任务分类方式是否适合应用于更为复杂的机器人教育领域，有待证实或证伪。为确定不同任务类型对认知负荷的影响，需要首先确认三种任务类型的难度是否具有显著差异。因此，有必要对三种任务类型的难度、梯度做进一步确认。

本研究为进一步确认三种任务类型的难度进行了任务测试，将任务测试成绩作为因变量，三种任务类型作为自变量，进行了单因素方差分析，结果显示三种类型的任务测试成绩有显著差异（表 5-12），$F(2, 225)=15.35$，$p<0.001$，$\eta^2=0.120$。事后分析结果显示，学生在封闭式任务中得分最高（$M=7.95$），在开放式任务中得分最低（$M=5.92$）（表 5-13）。三种机器人任务类型测试结果的显著差异，表明了三种机器人任务类型在难度上有明显的区分，即最困难的任务是开放式任务，最简单的任务是封闭式任务。

表 5-12　三种任务类型在测试结果上的差异

	平方和	自由度	均方	F	p	效应量（η^2）
组间	158.00	2	79.00	15.35	0.000***	0.120
组内	1 158.00	225	5.15			
总数	1 316.00	227				

注：$^{***}p < 0.001$。

表 5-13　三种任务类型在测试结果上的 SNK 事后分析结果

任务类型	样本量	子集***		
		1	2	3
开放式任务	76	5.92		
半开放式任务	76		7.13	
封闭式任务	76			7.95

注：$^{***}p < 0.001$。

为了更准确地获得三种机器人任务类型的难度，本研究对任务测试结果进行了难度的计算，如表 5-14 所示，其结果与上述结果一致，三种任务类型从易到难分别为：封闭式任务、半开放式任务和开放式任务。图 5-2 为三种任务类型任务测试平均分数和难度的折线图，从图 5-2 可以看出，三种任务类型测试分数与任务难度呈负相关，进一步确认了三种任务类型的难度，证实了此种任务分类方法的有效性。

表 5-14　三种任务类型的难度

任务类型	平均值	标准差	难度
封闭式任务	7.95	2.70	0.21
半开放式任务	7.13	2.22	0.29
开放式任务	5.92	1.79	0.41

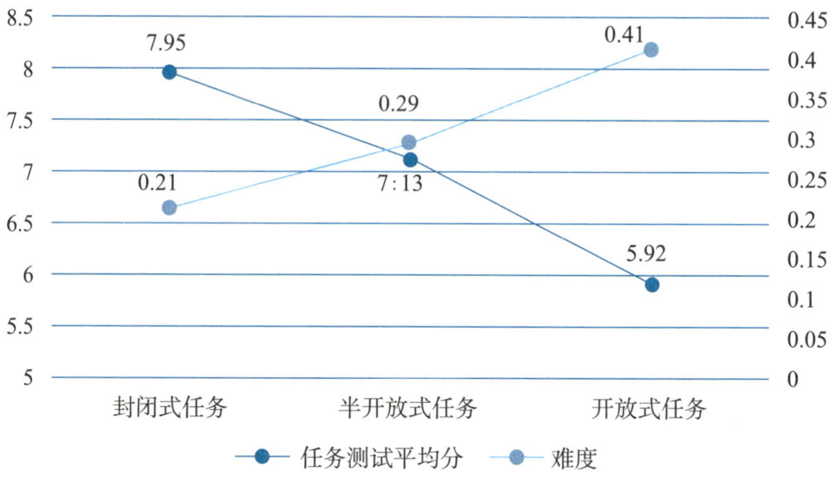

图5-2　三种任务类型任务测试平均分数和难度趋势图

2. 合作默契程度的差异分析

根据融合度调查，我们计算了所有学生在三类任务中的融合度的平均分。结果显示，总体而言，学生参与学习的融合度很高（$M=4.64$）。

为了进一步比较三类任务之间的融合度，对融合度进行了单因素重复测量方差分析。然而，处理效果并不显著，$F(2, 150)=2.34$，$p>0.05$。表5-15列出了各任务类型中融合度的平均得分，表明在封闭式任务（$M=4.67$，$SD=0.50$）、半开放式任务（$M=4.58$，$SD=0.54$）和开放式任务（$M=4.67$，$SD=0.46$）中，学生的融合度水平都高于4。因此，结果表明，在机器人教育中，配对学习可以使配对者达到较高的融合度，这意味着学生在配对学习中的外在认知负荷较低（合作默契程度问卷详见附录10）。

表5-15　三种任务类型的融合度差异

任务类型	平均值	标准差	样本量
封闭式任务	4.67	0.50	76
半开放式任务	4.58	0.54	76
开放式任务	4.67	0.46	76

注：分数从“5 = 非常兼容”到“1 = 非常不兼容”。

3. 任务类型和合作默契程度对认知负荷的影响

为了分析不同机器人任务给学生带来的认知负荷，对认知负荷进行了单因素重复测量方差分析。结果显示，与三类任务相关的认知负荷没有明显差异，$F(2, 150) = 1.54$，$p>0.05$。此外，表 5-16 显示，学生对所有三种类型的任务都有中等程度的认知负荷。虽然没有统计学意义，但学生在开放式任务上产生的认知负荷最低（$M = 4.84$，$SD = 2.41$），而在封闭式任务上的认知负荷水平相对较高（$M = 5.22$，$SD = 2.77$）。

表 5-16　三种任务类型的认知负荷的平均值与标准偏差

任务类型	平均值[a]	标准差	样本量
封闭式任务	5.22	2.77	76
半开放式任务	5.24	2.62	76
开放式任务	4.84	2.41	76

注：得分范围从“9 = 非常努力”到“1 = 非常不努力”。

（五）讨论

如前所述，协作学习可以减少学生对复杂任务的认知负荷①。本研究在一定程度上支持了这一观点，因为三种任务的复杂性差异很大，而学生的认知负荷都处于中等水平。然而，在本研究中，学生对简单任务的认知负荷并没有明显下降。事实上，三种不同复杂程度的机器人任务所带来的内在认知负荷和配对学习（即融合度）所带来的外在认知负荷在三次后测中都没有显著差异。

1. 学生在配对学习中的内在认知负荷降低的原因分析

通常而言，配对学习中有两个因素可以用来降低学生的认知负荷。

首先，融合度和群体意识使内在的认知负荷在“驾驶员”和“导航员”之间有效分配。本研究发现，配对学习可以使机器人教育中的配对者达到更高的融合

① Zhong B, Li T. Can pair learning improve students' troubleshooting performance in robotics education?[J]. Journal of Educational Computing Research, 2020, 58(1): 220-248.

度，这与以往配对编程领域的研究一致①。如前所述，融合度有助于团体意识的产生②，当小组成员以高度的融合度和群体意识完成一项任务时，根据信息处理系统的原理，每个成员需要处理的任务信息会减少③。在这种情况下，内在的认知负荷会在小组成员中得到有效分配。然而，庞大的团体规模和不明确的角色分配可能适得其反。例如，"搭便车"是协作学习中的一个常见问题。这种"搭便车"的问题可能会引发"傻瓜效应"，进而影响团队成员的参与度④。尤其在解决复杂任务的过程中，小组成员的内在认知负荷会因无法合理分配而处于高水平状态。在以前的研究中，已经提出了解决"搭便车"问题的实质性想法，包括：角色转换，指的是在协作学习过程中对学习者的角色和活动进行结构化规定⑤；指导者的促进作用，指的是指导者可以在学习活动开始时制定规则，加强个人责任，减少"搭便车"现象⑥；限制小组规模，这意味着小组成员通常更容易看到彼此的贡献，从而减少"搭便车"现象⑦。有趣的是，配对学习可以有效结合这些想法，如脚本化的角色（"驾驶员"或"导航员"）、规则（在每个项目中至少转换一次角色）和小团体成员（两名学生在一个小组）。因此，配对学

① Zhong B, Wang Q, Chen J. The impact of social factors on pair programming in a primary school[J]. Computers in Human Behavior, 2016, 64: 423-431.

② Sevenhuysen S, Farlie M K, Keating J L, et al. Physiotherapy students and clinical educators perceive several ways in which incorporating peer-assisted learning could improve clinical placements: A qualitative study[J]. Journal of Physiotherapy, 2015, 61(2): 87-92.

③ Hinsz V B, Tindale R S, Vollrath D A. The emerging conceptualization of groups as information processors[J]. Psychological Bulletin, 1997, 121(1): 43-64.

④ Fontenot M, Canales K, Quicksall A N. Taking care of the team in a first-year design experience course[C]//2014 IEEE Frontiers in Education Conference(FIE)Proceedings. IEEE, 2014: 1-5.

⑤ Okita S Y. The relative merits of transparency: Investigating situations that support the use of robotics in developing student learning adaptability across virtual and physical computing platforms[J]. British Journal of Educational Technology, 2014, 45(5): 844-862.

⑥ Chandra S, Alves-Oliveira P, Lemaignan S, et al. Children's peer assessment and self-disclosure in the presence of an educational robot[C]//2016 25th IEEE international symposium on robot and human interactive communication(RO-MAN). IEEE, 2016: 539-544.

⑦ Bianco A S. Starting and teaching: Basic robotics in the classroom: Modern, engaging engineering in technology education[J]. Technology and Engineering Teacher, 2014, 73(7): 32-38.

习有效地分配了两个伙伴之间内在的认知负荷，使配对者达到高度的融合度和群体意识。然而，配对学习通常需要群体意识工具的支持[①]，包括配对信息和配对学习指导的学生手册。在这种情况下，在本研究中，配对学习能使配对者达到较高的融合度和群体意识就不足为奇了。

学生手册还起到了认知支架的作用，学生可以利用认知资源来减少无关的认知负荷，建立更好的知识结构[②]。否则，由于缺乏合作经验，协作学习将是无效的。

总之，高融合度不仅使内在的认知负荷在“驾驶员”和“导航员”之间得到有效分配，而且减少了小组成员之间的互动成本，缓解“搭便车”的问题，从而降低了配对学习中的外在认知负荷。

2. 配对学习中未能降低学生简单任务认知负荷的原因分析

在本研究中，当学生完成简单任务时，学生的认知负荷并没有降低到比复杂任务更低的水平。如上所述，配对学习可以在两个伙伴之间分配内在的认知负荷。鉴于这一本质，任务越复杂，个人就越有可能与伙伴合作以减少学习压力[③]。本研究中的复杂任务具有多样化的解决方案，这可能会促使两人之间的讨论和分享[④]。与之相反，简单任务（即本研究中的封闭式任务）有一个确定的结果和过程。在这种情况下，两人所体验到的学习压力相对较低，觉得没有必要互相讨论和指导。正如在三个实验班中所观察到的现象，独立的“驾驶员”实际上是单独解决了简单任务中的问题，而不是合作。因此，在这种配对学习中，认知负荷并没有平均分配。

我们还可以从相关认知负荷的角度来解释这种因果关系。对于知识渊博

① Janssen J, Erkens G, Kirschner P A. Group awareness tools: It's what you do with it that matters[J]. Computers in Human Behavior, 2011, 27(3): 1046-1058.

② Kirschner P A, Sweller J, Kirschner F, et al. From cognitive load theory to collaborative cognitive load theory[J]. International Journal of Computer-Supported Collaborative Learning, 2018, 13(2): 213-233.

③ Kirschner F, Paas F, Kirschner P A. A cognitive load approach to collaborative learning: United brains for complex tasks[J]. Educational Psychology Review, 2009, 21(1): 31-42.

④ Sweller J, Sweller S. Natural information processing systems[J]. Evolutionary Psychology, 2006, 4(1): 434-458.

的学习者来说，工作记忆的局限性会消失。换言之，学生的先前知识将决定他们对一项任务的内在认知负荷。在这项研究中，学生依次经历了从简单任务到复杂任务的学习过程。因此，当学生解决简单任务时，由于认知图式并未充分适应，其认知负荷并未降低。然而，当学生试图完成复杂任务时，情况恰恰与此相反。

（六）总结与反思

本部分将对研究进行归纳和总结，根据研究所得结果和发现对教学实践提出建议。同时，本部分也将指出本研究当前存在的局限和不足，以明确未来开展进一步研究的方向，作为相关研究和教学实践的参考。

1. 研究总结

这项研究表明，在配对学习中，学生在复杂的机器人任务中的认知负荷有所降低，但在简单任务中却没有降低。换言之，配对学习和不同复杂度的机器人任务对学生认知负荷的影响并不明显。这个结果应该从多个角度来解释。一方面，配对学习提供了一个协作学习环境，在这个环境中，学生可以通过其中的认知支架工具达到更高的融合度和群体意识。因此，配对学习通常不仅可以在“驾驶员”和“导航员”之间分配内在的认知负荷，而且可以减少他们的外在认知负荷。此外，任务越复杂，个人与伙伴的合作就越积极，以促进两个伙伴之间内在认知负荷的平等分配。然而，对于简单的任务，两人可能会觉得没有必要对简单的任务进行讨论和指导，进而阻碍认知负荷的平均分配。另一方面，有意义的认知负荷在本质上也可能发挥了重要作用。因此，在本研究中，学生经历了从简单任务到复杂任务的学习过程，当学生遇到简单任务时，他们的图式并没有自动转化，他们的认知负荷也不会有效降低。然而，在后期学习阶段，这种情况就会发生改变。

综上，本研究列出以下建议，供实践者在机器人教育中有效实施配对学习。

第一，根据配对学习的原则，提高学习的流畅性。因此，教师应提高学生自己转换角色的意识，并通过协商指导学生进行角色转换。同时，教师应监督和关注无意义的角色轮换或不充分的协商，这将有效地提高学生的融合度和群体意识，从而促进认知负荷的分配。

第二，在复杂任务中应用配对学习。配对学习并不具有普适性，从认知负荷的角度来看，在解决简单任务时，配对学习并不优于个人学习。因此，在应用配对学习模式的同时需关注任务难度的动态评估，即根据学生的知识和经验，科学合理地评估任务的复杂性。

第三，能够设计出适合学生完成的复杂任务。在本书中，我们把开放式任务作为一种特殊的复杂任务。所谓的开放性任务没有唯一的解决方案，它要求学习者定义结果和解决问题的过程①。因此，教师要事前明确学生的机器人智能水平，并为学生设计一个合适的任务框架。

2. 研究反思

在这项研究中可以看到一些局限性。第一，由于我们只选择了小学生作为样本，结论可能无法外推至初中和高中生群体。建议今后在其他年龄段的学生中开展进一步研究，以证实可能存在的差异。第二，本研究没有提供对照组来与配对学习进行比较。第三，我们观察到学生在课堂上的合作行为与融合度高分的结果是一致的，然而缺乏其他数据（如视频或音频记录）来进行交叉验证。第四，前测注重了解学生的机器人和编程知识，但忽略了学生的操作技能，这可能会影响他们的认知负荷和其他得分。第五，虽然我们采用了重复测量设计和重复测量方差分析，但没有控制任务顺序对学生认知水平的影响，因此未来的研究可以考虑采用随机区块设计来减弱这种顺序效应。第六，我们采用分类法②将机器人任务分为三类，然而仍可能有第四种任务，即有确定过程但结果未知的任务。虽然第四种任务在本研究中很难设计，但值得在未来进一步探索。第七，本研究只探讨了在完成机器人任务过程中的点对点互动，而没有涉及人机互动，越来越多的人机互动研究③将为配对学习的新模式带来启示。

三、动态分组的研究④

作为人工智能在教育中的典型应用，机器人教育表现出了重要的教育价

①② Zhong B, Wang Q, Chen J, et al. An exploration of three-dimensional integrated assessment for computational thinking[J]. Journal of Educational Computing Research, 2016, 53(4): 562-590.

③ Su H, Hu Y, Karimi H R, et al. Improved recurrent neural network-based manipulator control with remote center of motion constraints: Experimental results[J]. Neural Networks, 2020, 131: 291-299.

④ 本节内容节选自钟柏昌教授指导的研究生黄水艳的硕士毕业论文。

值和发展前景，尤其有利于合作能力等核心素养的培养①。国际范围内，机器人教育普遍强调基于项目的合作学习②。合作学习的影响因素众多，如互动模式、小组规模和分组策略等，其中分组策略至关重要。在传统合作学习中，每个小组的成员一般维持不变，即所谓静态分组。

然而，学习者的学习状态不是一成不变的，近年来的一些研究表明，静态分组可能会造成一系列问题，如“搭便车”现象与旁观者效应③、角色固化④、负面的小组思维效应⑤和合作倦怠⑥等。又如钟（Jong）等⑦的批评，静态分组忽略了小组条件随时间的变化，如小组成员之间的异质性水平以及合作融洽度的变化。因此，教学中必须对小组进行不间断的检查，并在必要时进行调整。一些研究⑧⑨发现采用动态分组策略可以显著提高小组的集体认知责任和

① Benitti F B V. Exploring the educational potential of robotics in schools: A systematic review[J]. Computers and Education, 2012, 58(3): 978-988.

② Xia L, Zhong B. A systematic review on teaching and learning robotics content knowledge in K-12[J]. Computers and Education, 2018, 127(1): 267-282.

③ Puurtinen M, Mappes T. Between-group competition and human cooperation[J]. Proceedings of the Royal Society B: Biological Sciences, 2009, 276(1655): 355-360.

④ Liu E Z F, Lin C H, Chang C S. Student satisfaction and self-efficacy in a cooperative robotics course[J]. Social Behavior and Personality: An International Journal, 2010, 38(8): 1135-1146.

⑤ Kuhlen R, Griesbaum J, Jiang T, et al. K3 - an e-learning forum with elaborated discourse functions for collaborative knowledge management[C]//E-Learn: World Conference on E-Learning in Corporate, Government, Healthcare, and Higher Education. Association for the Advancement of Computing in Education(AACE), 2005: 2981-2988.

⑥ Chen B, Hwang G H, Lin T S. Impacts of a dynamic grouping strategy on students' learning effectiveness and experience value in an item bank-based collaborative practice system[J]. British Journal of Educational Technology, 2020, 51(1): 36-52.

⑦ Jong B S, Wu Y L, Chan T Y. Dynamic grouping strategies based on a conceptual graph for cooperative learning[J]. IEEE Transactions on Knowledge and Data Engineering, 2006, 18(6): 738-747.

⑧ Zhang J, Scardamalia M, Reeve R, et al. Designs for collective cognitive responsibility in knowledge-building communities[J]. The Journal of the Learning Sciences, 2009, 18(1): 7-44.

⑨ Siqin T, Van Aalst J, Chu S K W. Fixed group and opportunistic collaboration in a CSCL environment[J]. International Journal of Computer-Supported Collaborative Learning, 2015, 10(2): 161-181.

学习成绩，以弥补静态分组的不足。遗憾的是，国内机器人教育乃至相关的科技创新教育、STEM 教育中鲜有以动态分组作为分组策略的研究，那么在机器人教育中引入动态分组策略是否可行，尚缺少证据说明。因此，本研究拟采用实验研究法探究这一问题。

（一）概念界定

1. 固定小组

为了共同的学习目标，学生通常会以小组学习的形式来完成特定的任务，并在一定的激励机制下最大化个人和他人的学习成果。在整个项目学习过程中，一旦形成学习小组，便不会重组，小组相对固定下来。在本研究中，学生初始随机分组后，组内成员维持不变一直到学期结束，期间学习小组共同探讨项目内容，小组内也可以自行组织和调整分工情况，则形成的小组称为固定小组，也叫静态分组策略。

2. 动态分组

祖里塔等人①指出，动态分组是在合作学习中对小组成员进行重组以实现预定的教育目标。奥克利等人②认为，重组学习小组主要是为了解散功能失调的小组以重新组建更有效的小组。阿伦森③认为，经过一段时间的学习后，对于学习较差的小组成员，动态分组有助于重建小组学习。在动态分组中，可以多次创建、解散和重组学习小组，具有灵活性和互动性强等特点。在本研究中，将动态分组归纳为一种分组策略，具体操作为：初始随机分组，经过每个学习阶段的合作学习后，根据小组的最新情况（依据学生的学业成就和合作能力、人际关系等）进行异质分组，以组建更有效的小组。

目前动态分组的研究处于起步阶段，存在“理论基础较为薄弱”“技术研发零散，尚未成熟”和“实践应用的学段和学科分布不均，覆盖面窄”等问

① Zurita G, Nussbaum M, Salinas R. Dynamic grouping in collaborative learning supported by wireless handhelds[J]. Journal of Educational Technology and Society, 2005, 8(3): 149-161.

② Oakley B, Felder R M, Brent R, et al. Turning student groups into effective teams[J]. Journal of Student Centered Learning, 2004, 2(1): 9-34.

③ Aronson E, Patnoe S. The jigsaw classroom: Building cooperation in the classroom[M]. London: Longman, 1997: 1-150.

题。此外，动态分组的实证研究较缺乏，在教育实践层面上，大部分研究以大学生为实验对象且以电子线路、数学等理科课程开展教学实验，而基于其他年龄层和学科的实证研究较零散。其中，面向小学阶段的研究只有四例[①]。

（二）相关研究

前面提到，动态分组指的是在合作学习中对小组成员进行重组以实现预定的教学目标[②]。与本文紧密相关的研究主要涉及动态分组的学习效果和分组策略。

1. 学习效果

关于动态分组对学习者学习效果的影响，主要涉及学业成就、合作能力和学习积极性等维度。从学业成就来看，众多研究者[③④⑤]一致认为，相比静态分组，动态分组可以有效提高学习者的学习成绩；张（Zhang）等[⑥]和斯琴（Siqin）等[⑦]发现，动态分组可以提高学习者的集体认知责任，并促使学生产生更高水平的问题和想法。阿伦森（Aronson）和布莱尼（Blaney）[⑧]也认为，经过一段时间的学习后，对于学习较差的小组成员，动态分组有助于重

① 钟柏昌，黄水艳．合作学习动态分组的研究进展与思考——基于国际文献的系统综述［J］．开放教育研究，2021，27（4）：85-97.

② Zurita G, Nussbaum M, Salinas R. Dynamic grouping in collaborative learning supported by wireless handhelds[J]. Journal of Educational Technology and Society, 2005, 8(3): 149-161.

③ Jong B S, Wu Y L, Chan T Y. Dynamic grouping strategies based on a conceptual graph for cooperative learning[J]. IEEE Transactions on Knowledge and Data Engineering, 2006, 18(6): 738-747.

④ Shih T K, Gunarathne W K T M, Ochirbat A, et al. Grouping peers based on complementary degree and social relationship using genetic algorithm[J]. ACM Transactions on Internet Technology, 2018, 19(1): 1-29.

⑤ Jong B S, Chan T Y, Chen C M, et al. Adaptive group learning strategy based on conceptual graph and thinking styles for e-learning[C]//Frontiers In Education 36th Annual Conference. IEEE Computer Society, 2006: 6-11.

⑥ Zhang J, Scardamalia M, Reeve R, et al. Designs for collective cognitive responsibility in knowledge-building communities[J]. The Journal of the Learning Sciences, 2009, 18(1): 7-44.

⑦ Siqin T, Van Aalst J, Chu S K W. Fixed group and opportunistic collaboration in a CSCL environment[J]. International Journal of Computer-Supported Collaborative Learning, 2015, 10(2): 161-181.

⑧ Aronson E, Patnoe S. The jigsaw classroom: Building cooperation in the classroom[M]. London: Longman, 1997: 1-150.

启小组学习。动态分组策略给予了学生选择成员的权力和自由，有利于促使从“以教师为中心”的教学转向“以学生为中心”的学习。从合作能力来看，陈（Chen）等①发现，动态分组更有助于提高学习者的合作能力（代表了学习者在合作过程中进行协调、讨论并最终与其同伴达成共识的努力水平）；庄（Chuang）等②发现，动态分组可以帮助低成就者找到更合适的合作者。除直接指向学习层面的合作能力外，在动态分组的过程中，学习者通过组间交流互动，还有助于锻炼更具普适价值的合作能力——人际沟通与交往能力。例如：钟（Jong）等③认为，相对于静态分组的学习者，动态分组的学习者在学习和社交方面表现更好；祖里塔（Zurita）等④发现，小组的动态形成显著改善了学习者学习和社交行为（交流、互动、帮助、谈判等）的质量和数量。从学习积极性来看，钟（Jong）等⑤通过课堂观察发现，相比静态分组，动态分组的学习者能更为积极主动地参与小组讨论。奥克利（Oakley）等⑥认为，重组学习小组主要是为了解散功能失调的小组以重组更有效的小组。

当然，动态分组也可能引发一些负面效应：一方面，需要花费师生大量的时间和精力，并有可能增加学习者的认知负荷；另一方面，小组成员多次调整，可能导致学习者失去小组归属感或联系感⑦，这在高竞争性的合作学习中可能带来更大的负面效果。

---

① Chen B, Hwang G H, Lin T S. Impacts of a dynamic grouping strategy on students' learning effectiveness and experience value in an item bank-based collaborative practice system[J]. British Journal of Educational Technology, 2020, 51(1): 36-52.

② Chuang P J, Chiang M C, Yang C S, et al. Social networks-based adaptive pairing strategy for cooperative learning[J]. Journal of Educational Technology and Society, 2012, 15(3): 226-239.

③⑤ Jong B S, Chan T Y, Wu Y L. Students' learning status evolved from dynamic grouping learning[C]//Proceedings Frontiers In Education 35th Annual Conference. IEEE, 2005: F2C-26.

④ Zurita G, Nussbaum M, Salinas R. Dynamic grouping in collaborative learning supported by wireless handhelds[J]. Journal of Educational Technology and Society, 2005, 8(3): 149-161.

⑥ Oakley B, Felder R M, Brent R, et al. Turning student groups into effective teams[J]. Journal of Student Centered Learning, 2004, 2(1): 9-34.

⑦ Siqin T, Van Aalst J, Chu S K W. Fixed group and opportunistic collaboration in a CSCL environment[J]. International Journal of Computer-Supported Collaborative Learning, 2015, 10(2): 161-181.

总的来说，上述研究主要探讨动态分组对学习效果的影响，如学业成就、合作能力和学习积极性。就目前而言，尚缺少将动态分组应用到更加注重合作学习的机器人课程的研究；在学习效果的比较上，学生合作能力的改变无疑是一个关键变量，然而现有研究仅笼统地检验了动态分组对合作能力（人际沟通与交往能力）的影响，未作细分研究，缺少对合作倾向、合作融洽度和群体凝聚力等深层因素的探索。因此，本研究将尝试以上述多个维度作为因变量之一来探究动态分组对学生学习机器人课程的影响。

2. 分组策略

目前计算机支持的合作学习（computer-supported collaborative learning，CSCL）已经成为动态分组研究的核心领域。研究者在 CSCL 环境中尝试利用平台并结合不同算法进行动态分组方法的改良和创新[①②]。然而，这些分组算法具有一定的技术难度，不利于在常态课进行普及与推广，但其动态分组的具体做法为本研究的开展提供了借鉴。例如，在小组规模方面，庄（Chuang）等[③]和陈（Chen）等[④]皆以两人配对学习方式开展动态分组。在分组标准方面，结合汉明距离异构分组算法，陈（Chen）等[⑤]提出了多维动态分组策略，以认知风格、性别和知识水平作为分组标准。在动态分组时机或触发条件方面，钟

---

① Chan T, Chen C M, Wu Y L, et al. Applying the genetic encoded conceptual graph to grouping learning[J]. Expert Systems with Applications, 2010, 37(6): 4103-4118.

② Chan T Y, Cheng Y T, Wu Y L, et al. W. Applying learning achievement and thinking styles to cooperative learning grouping[C]//2007 37th Annual Frontiers In Education Conference-Global Engineering: Knowledge Without Borders, Opportunities Without Passports. IEEE, 2007: T1C-9-T1C-13.

③ Chuang P J, Chiang M C, Yang C S, et al. Social networks-based adaptive pairing strategy for cooperative learning[J]. Journal of Educational Technology and Society, 2012, 15(3): 226-239.

④⑤ Chen B, Hwang G H, Lin T S. Impacts of a dynamic grouping strategy on students' learning effectiveness and experience value in an item bank-based collaborative practice system[J]. British Journal of Educational Technology, 2020, 51(1): 36-52.

(Jong)等[①]和陈(Chan)等[②]将学习过程分为多个阶段，每个阶段结束后进行小组重组。另有研究尝试将动态分组与独立学习结合，如吴(Wu)[③]提出的两阶段学习策略：自学阶段和动态分组阶段。目前，动态分组策略的关键因素主要聚焦于分组的人数规模、分组标准和触发条件等，其中区别于静态分组的主要是分组时机、触发条件和调整频次。

遗憾的是，以上研究侧重于信息学、计算机科学等学科，而在机器人教育乃至相关的科技创新教育、STEM教育中尚缺乏动态分组的研究。就国内而言，动态分组研究则更为鲜见，有待进一步研究。

（三）研究方法与设计

1. 研究思路

本研究主要采用文献研究法、准实验研究法、问卷调查法等方法，按照“准备阶段—策略设计—实验阶段—总结阶段”的路线开展研究，具体研究过程和相对应的方法如图5-3所示。其间，还采用课堂观察法和访谈法作为解释研究结论的佐证。

2. 研究方法

（1）文献研究法

文献综述是本研究模型构建和实践开展的基础，利用学校图书馆、网络工具以及专业文献数据库等多种渠道和方式查阅国内外优秀博硕士论文、书籍、期刊和网络资源，深入了解当前国内外与动态分组策略相关的研究成果及不足，以此为鉴，提出有关动态分组策略构建、实践应用效果的观点和假设。

（2）准实验研究法

在实际教学环境中，无法保证完全剔除无关变量、也无法实现随机抽取

① Jong B S, Chan T Y, Wu Y L. Students' learning status evolved from dynamic grouping learning[C]//Proceedings Frontiers in Education 35th Annual Conference. IEEE, 2005: F2C-26.

② Chan T, Chen C M, Wu Y L, et al. Applying the genetic encoded conceptual graph to grouping learning[J]. Expert Systems with Applications, 2010, 37(6): 4103-4118.

③ Wu Y L. Applying learning diagnosis diagram in computer aided instructions: Research, practice and evaluation[J]. International Journal of Distance Education Technologies, 2010, 8(2): 28-42.

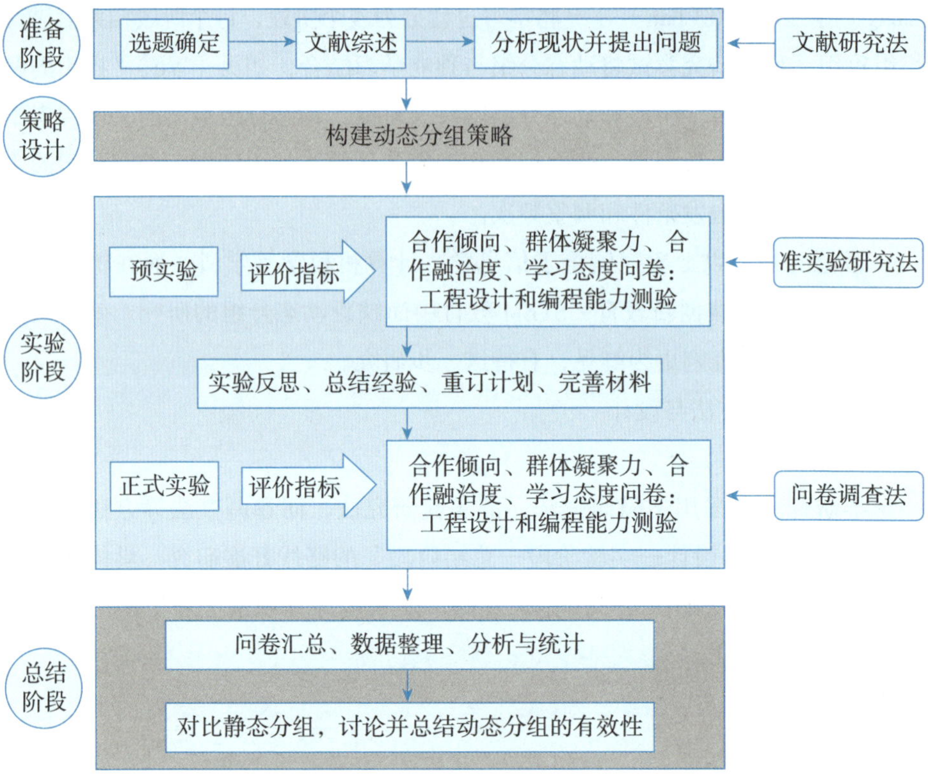

图 5–3　研究路线

实验对象等要求，因此本研究选用了准实验研究法，包含预实验和正式实验两部分。两次实验均经历了制订实验方案、准备实验材料、先备知识测验、确定实验对象、开展教学实验、数据统计收集等环节，实验结束后采用数据统计方法分析数据，评估机器人教育中动态分组策略的有效性。

（3）问卷调查法

首先，无论是预实验还是正式实验，在开始实验之前都会对所有学生进行前测，以调查学生的初始水平；其次，为验证动态分组策略能否提升学生的学习态度，对学生的学习态度进行前后测；再次，为探究学生的最新学习状态，在动态分组时采用了合作倾向、群体凝聚力和合作融洽度问卷；最后，在预实验的数据处理阶段，会检验问卷的信效度，并修改完善问卷的维度，凝练问卷中的措辞等，以备正式实验使用。

3. 测量工具

本研究以动态分组策略为自变量，以学生的合作倾向、群体凝聚力、合作融洽度、学习态度、工程设计和编程能力作为因变量，采用问卷或者测验获得数据。所有问卷均参考专业文献，并经过专家论证修改形成，有较高的内容效度。此外，本次研究还采用课堂观察法和访谈法作为后续研究结论的佐证。

先备知识测试包括5道选择题，旨在调查学生的经验背景，如“你以前是否有搭建机器人的经历？ A. 是 B. 否”。通过描述性统计方法分析发现，学生先备知识水平没有显著差异，即说明学生的起始水平相差不大。

机器人课程学习态度问卷（详见附录3）分为三个维度，分别考查学生对机器人搭建和编程的自信心、享受度和价值观①。

机器人课程合作倾向问卷由9题构成（详见附录14），所有题项均采用李克特五点量表，选项从“1（非常不同意）”到“5（非常同意）”划分为5个水平。该问卷分为三个维度：包容性（inclusiveness），指的是个体在与他人的合作过程中，能够充分考虑他人的意见，顾及他人的需要和集体的利益；互惠性（reciprocity），指的是个体意识到他人的付出是团队成功的必要条件，必须与他人共同努力才能实现集体目标；合群意愿（gregariousness），指的是个体在和他人的合作过程中，能够享受合作所带来的愉悦感。

机器人课程群体凝聚力问卷（详见附录13）的所有题项均采用李克特七级量表，选项从“1（非常不同意）”到“7（非常同意）”划分为7个水平。该问卷分为四个维度：群体互动对个人的吸引力（individual attractions to the group-social），指的是群体成员对群体互动和群体关系的感受；群体任务对个人的吸引力（individual attractions to the group-task），指的是群体成员对于群体集体目标实现的个人参与感；群体统合互动（group integration-social），指的是群体成员对群体亲密度、相似性和作为一个社会单位的联结感；群体统合任务（group integration-task），指的是群体成员对群体亲密度、相似性和围绕群体任务的凝聚力的信念。

合作默契程度问卷旨在让学生根据小组成员合作完成学习任务的贡献值

① 钟柏昌，王艳霞．配对学习模式在机器人教育中的有效性［J］．现代远程教育研究，2018（3）：66-74.

衡量小组的合作默契程度。该问卷共包含两个子问题：第一个问题是让学生评价小组搭档在合作学习中的贡献程度，第二个问题是让学生评价自己在合作学习中的贡献程度。两个问题均采用李克特三级量表，选项从“1（表现差劲）”到“3（表现出色）”划分为3个水平。在此基础上，本研究还增加了一道填空题：“请输入你希望下次合作的组员姓名（最多两个）。”

学生的工程设计和编程能力主要通过填写学习任务单（详见附录15、16）和编程测试题两种方式来考查。其中学习任务单总分40分，其评价标准（详见附录21）由研究者所在研究团队参照他人对实验记录的评价方式改编而成。编程测试总分100分，需要学生根据任务单中填写的设计思路合作完成；根据任务完成质量，由教师、助教和他评（其他小组）依据机器人作品评分表（详见附录8）共同评分并取平均值。

（四）预实验安排与结果

1. 预实验安排

（1）研究问题

机器人教育与当今时代发展密切相关，从编程能力、合作能力到计算思维与创新思维，这是机器人教育顺应时代发展的缩影①。本研究将构建机器人教育中的动态分组策略，并从三个维度（因变量）探究此策略的应用效果。其中，学习态度能检验开展动态分组后学生的学习积极性；合作倾向、合作融洽度和群体凝聚力是表征合作能力的三个重要维度。机器人课程的学业成就主要体现在工程设计和编程能力方面。三个维度涵盖了学习态度、合作能力、学业水平三个方面，构成了评价一种分组策略的基本指标。由此，我们将回答以下五个问题：

① 动态分组策略对学生学习机器人的学习态度是否有显著影响？

② 动态分组策略对学生的合作倾向是否有显著影响？

③ 动态分组策略对学生的合作融洽度是否有显著影响？

④ 动态分组策略对学生的群体凝聚力是否有显著影响？

⑤ 动态分组策略对学生的工程设计和编程能力是否有显著影响？

---

① 周进，安涛，韩雪婧．国际机器人教育研究前沿与热点——基于Web of Science文献的可视化分析［J］．开放教育研究，2018，24（4）：43-52.

为回答上述问题，本研究在某高校的选修课中以 18 名大二教育技术学专业学生为教学对象，包含 1 名男生和 17 名女生。先备知识测试结果显示，绝大部分学生没有机器人相关课程的学习经验，不具备工程设计和编程能力，即绝大部分学生的起始水平相差不大。

（2）实验材料

① DFRobot 探索机器人套件

预实验选用的是 DFRobot 探索者 D1 教育机器人（图 5-4），它是一款入门级教育机器人套件，能够帮助学生认识机器人各种机械和电子零件。在实际教学过程中，教师采用配套的 Mind + 软件进行编程，其操作界面如图 5-5 所示。

图 5-4　DFRobot 探索者 D1 教育机器人

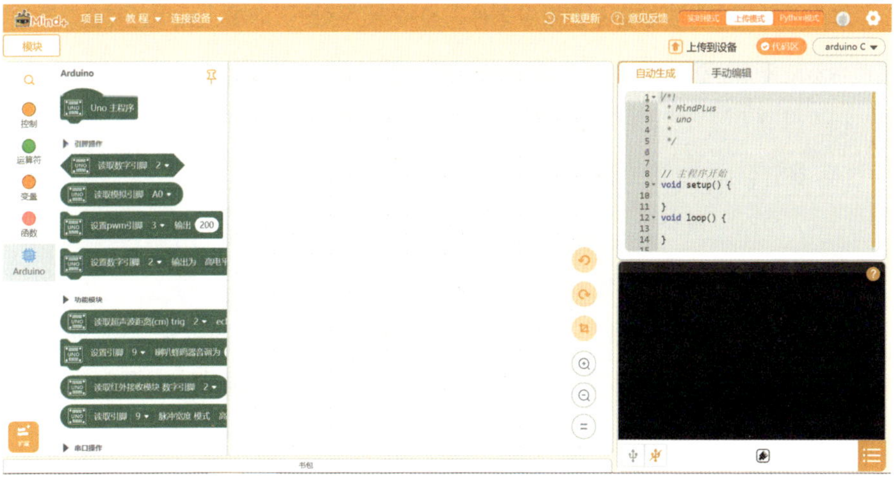

图 5-5　Mind + 编程软件操作界面

② 教学材料

本研究选用《普通高中教科书　信息技术　选择性必修6　开源硬件项目设计》（教科版）作为教材，这对于在高中阶段尚未学习过开源硬件项目设计相关知识的学生而言更容易上手。本研究摘选教材中第一、第二单元的项目进行基础知识教学，设计了“无聊的盒子”和“智能快递车”两个原创项目，并设计了配套的学习任务单“无聊的盒子：模仿与创新”和“智能快递车：模仿与创新”。学习任务单主要包括五部分：体验作品、还原作品、再设计与微创新（图5-6）、作品测试和作品评价，发挥了学习支架的作用。其中，第三部分“再设计与微创新”为任务单中的核心部分，主要内容包括：从不同角度设计3~4个作品改造方案；小组讨论确定最终方案并阐述理由；绘制作品流程图和结构图；详细描述所需器材和加工方法。

三、再设计与微创新

（1）本小组计划如何改进上述仿造的作品？请从不同角度设计3~4个可选方案，经过小组充分讨论确定一个最终方案，并说明理由。

方案	作品名称	功能	实现思路
方案一			
方案二			
方案三			
方案四			

最终选定的方案：

理由（设计者需要综合考虑限定条件，如特定“客户”需求、成本、安全、制造条件、环保、文化等因素）：

（2）根据选定的方案，请绘制流程图说明作品的程序控制流程。

（3）请同学们在下面空白处绘制规范的盒子结构图（比例尺参考1∶5，要有图例或图示说明）。

（4）请详细描述需要准备的器材和加工方法。

图5-6　“无聊的盒子：模仿与创新”第三部分内容

（3）动态分组策略设计

现有动态分组的研究以奥苏贝尔的有意义学习理论为依据，认为学习者的知识水平在一周的时间发生了变化，故学习小组需要每周动态调整[①]。除此

① Chen B, Hwang G H, Lin T S. Impacts of a dynamic grouping strategy on students'learning effectiveness and experience value in an item bank-based collaborative practice system[J]. British Journal of Educational Technology, 2020, 51(1): 36-52.

之外，班杜拉的社会学习理论、皮亚杰的认知发展理论、西蒙斯的联通主义，乃至脑科学与学习科学的最新进展，均与动态分组有或明或暗的联系，但显然缺少具体而充分的研究[①]。

结合机器人教育的特点，整合庄（Chuang）等人的配对策略[②]和陈（Chen）等人的多维动态分组策略[③]，我们将动态分组的过程具体分为如图 5-7 所示的步骤流程图。

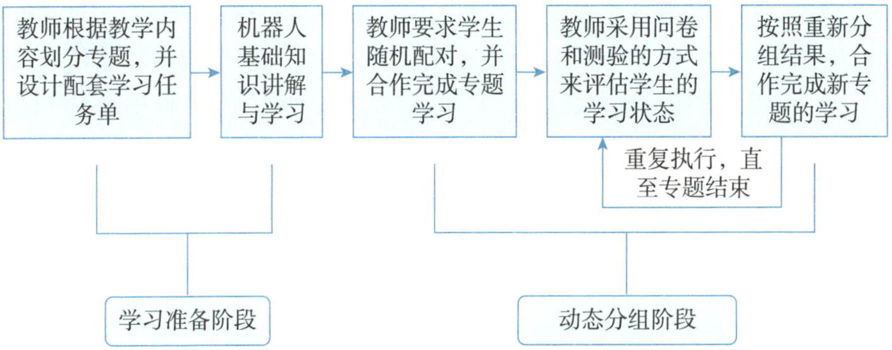

图 5-7　动态分组的具体操作步骤流程图

① 课前准备：教师根据教学内容划分专题，并设计配套学习任务单。

② 知识储备：机器人基础知识讲解与学习。

③ 初始分组：教师要求学生随机配对，并合作完成专题学习。

④ 评估与重新分组：经过一段时间的专题学习后，教师采用问卷和测验的方式来评估学生的学习状态。首先，教师根据合作倾向、群体凝聚力、合作融洽度（前两题）、工程设计和编程能力测验的分数加权计算出排名，然后按照排名进行初步的异质分组，即第一名和最后一名为一组，依此类

---

① 钟柏昌，黄水艳．合作学习动态分组的研究进展与思考——基于国际文献的系统综述［J］．开放教育研究，2021，27（4）：85-97.

② Chuang P J, Chiang M C, Yang C S, et al. Social networks-based adaptive pairing strategy for cooperative learning[J]. Journal of Educational Technology and Society, 2012, 15(3): 226-239.

③ Chen B, Hwang G H, Lin T S. Impacts of a dynamic grouping strategy on students'learning effectiveness and experience value in an item bank-based collaborative practice system[J]. British Journal of Educational Technology, 2020, 51(1): 36-52.

推；然后，参考合作融洽度问卷的填空题调整分组情况，最终得到最新的分组结果。

⑤ 重新配对学习：按照重新分组结果，合作完成新专题的学习；重复执行第四和第五步，直到最后一个专题结束动态分组。参考吴（Wu）① 的两阶段学习状态，本研究中①和②为学习准备阶段，后续为动态分组阶段。

（4）实验内容

教学实验时间跨度为 2020 年 9 月 15 日至 2021 年 1 月 5 日，一共持续 17 周，每周 3 节课，共 51 课时。本研究分为学习准备阶段和动态分组阶段（表 5-17）：前四个专题为理论讲授部分；专题五为教师带领学生使用开源硬件设计与开发多个创客项目，以熟悉 Arduino 软硬件的操作；专题六和七合作完成学期任务考核，并独立填写问卷。

表 5-17　教学安排

<table>
<tr><th>阶段</th><th>专题</th><th>周次</th><th colspan="2">教学内容</th></tr>
<tr><td rowspan="8">学习准备阶段</td><td>一</td><td>1</td><td colspan="2">课程解读、学习安排与要求</td></tr>
<tr><td>二至四</td><td>2~6</td><td colspan="2">专家讲座：STEM&STEAM 与创新教育、C-STEAM</td></tr>
<tr><td rowspan="6">五</td><td rowspan="6">7~10</td><td rowspan="6">Arduino 软硬件的基本操作
教师带领学生使用开源硬件设计与开发多个创客项目</td><td>1. 点亮 LED</td></tr>
<tr><td>2. 声光检测</td></tr>
<tr><td>3. 避障小车</td></tr>
<tr><td>4. 巡线小车</td></tr>
<tr><td>5. 溜“哈士奇”</td></tr>
<tr><td>6. 自动变速风扇</td></tr>
</table>

① Wu Y L. Applying learning diagnosis diagram in computer aided instructions: Research, practice and evaluation[J]. International Journal of Distance Education Technologies, 2010, 8(2): 28-42.

续表

阶段	专题	周次	教学内容
动态分组阶段	六和七	11～14	教师讲授激光雕刻机的基本操作 发布“无聊的盒子：模仿与创新”项目任务
			学生选择无聊的盒子的成品，使用开源硬件和逆向工程方法开展复原、创新设计
		15～18	教师讲授三维打印的基本操作 发布“智能快递车：模仿与创新”项目任务
			学生选择智能快递车的半成品，使用开源硬件和逆向工程方法开展复原制作和创新设计

注：第 5 和第 12 周没有教学安排。

（5）实验设计

整个实验流程分为前测、专题六学习、后测 1、专题七学习和后测 2 共五个环节。专题一至五为学习准备阶段，不作实验干预；专题六和七为实验阶段：① 使用先备知识测试进行前测；② 学生随机配对完成专题六的内容；③ 后测 1，学生完成合作倾向问卷、群体凝聚力问卷、合作融洽度问卷和工程设计和编程能力测验；④ 学生根据分组结果共同完成专题七的内容；⑤ 后测 2，合作倾向问卷、群体凝聚力问卷和合作融洽度问卷、学习态度问卷以及工程设计和编程能力测验。因实验时间限制，本研究只在专题六后开展了一次动态分组，专题七也做了动态分组需求的测试，但因课时关系没有执行新专题的合作学习。具体实验流程如图 5-8 所示。

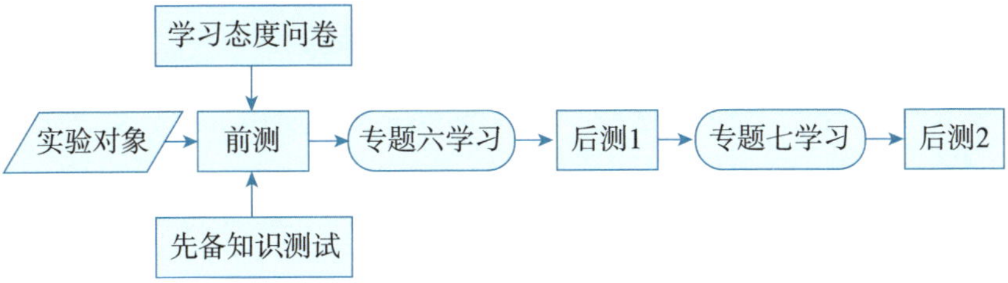

图 5-8　实验流程图

2. 预实验结果

数据分析共分为五部分，第一部分是学习态度前后测比较，第二到第四部分分别是合作倾向、群体凝聚力和合作融洽度的前后测比较，第五部分是工程设计和编程能力前后测比较。

（1）学习态度差异

为了检验经动态分组后学生对学习机器人的态度是否有差异，本研究对学习态度进行了非参数检验中 2 个相关样本的威尔科克森检验。统计结果如表 5-18 所示，动态分组前后学生的学习态度存在显著差异（$p<0.01$）；从维度来看，动态分组前后学生的自信心和价值观存在显著差异（$p<0.05$），而享受度不存在显著差异（$p>0.05$）。进一步分析表 5-19，从中位数可以看出，动态分组后学生的学习态度明显高于动态分组前，其中，学生的自信心和价值观尤为突出。

表 5-18　动态分组前后学生的学习态度检验统计

维度	Z	p
学习态度总分（后）—学习态度总分（前）	-2.852^{b}	0.004**
自信心（后）—自信心（前）	-2.112^{b}	0.035*
享受度（后）—享受度（前）	-1.638^{b}	0.101
价值观（后）—价值观（前）	-2.852^{b}	0.004**

b. 基于正秩；下同

注：*$p<0.05$；**$p<0.01$；***$p<0.001$；下同

表 5-19　动态分组前后学生的学习态度描述统计

维度	百分位数		
	第 25 个	第 50 个（中位数）	第 75 个
学习态度总分（前）	52.50	56.50	67.25
学习态度总分（后）	59.00	61.00	71.75
自信心（前）	15.00	17.50	20.25

续表

维度	百分位数		
	第 25 个	第 50 个（中位数）	第 75 个
自信心（后）	16.75	19.50	23.50
享受度（前）	16.75	19.50	23.50
享受度（后）	19.75	21.00	24.00
价值观（前）	20.00	20.00	23.25
价值观（后）	20.00	23.50	25.00

（2）合作倾向差异

对合作倾向的分析同样采用非参数检验中 2 个相关样本的威尔科克森检验。统计结果如表 5-20 所示，动态分组前后学生的合作倾向不存在显著差异（$p>0.05$）；从维度来看，动态分组前后学生的包容性存在显著差异（$p<0.05$），而互惠性和合作意愿不存在显著差异（$p>0.05$）。进一步分析表 5-21，从中位数可以看出，动态分组后学生的包容性高于动态分组前。

表 5-20　动态分组前后学生的合作倾向检验统计

维度	Z	p
合作倾向总分（后）—合作倾向总分（前）	-1.784^{b}	0.075
包容性（后）—包容性（前）	-2.070^{b}	0.038*
互惠性（后）—互惠性（前）	-1.381^{b}	0.167
合作意愿（后）—合作意愿（前）	-0.756^{b}	0.450

表 5-21　动态分组前后学生的合作倾向描述统计

维度	百分位数		
	第 25 个	第 50 个（中位数）	第 75 个
合作倾向总分（前）	42.75	44.50	45.00
合作倾向总分（后）	40.00	44.50	45.00

续表

维度	百分位数		
	第 25 个	第 50 个（中位数）	第 75 个
包容性（前）	13.75	14.50	15.00
包容性（后）	14.50	15.00	15.00
互惠性（前）	15.00	15.00	15.00
互惠性（后）	13.75	14.50	15.00
合作意愿（前）	15.00	15.00	15.00
合作意愿（后）	14.50	15.00	15.00

（3）群体凝聚力差异

对群体凝聚力的分析依然采用非参数检验中 2 个相关样本的威尔科克森检验。统计结果如表 5-22 所示，动态分组前后群体互动对个人吸引力的影响存在显著差异（$p<0.05$），其他维度则均不存在显著差异（$p>0.05$），全体凝聚力没有显著差异（$p>0.05$）。进一步分析表 5-23，从中位数可以看出，动态分组后学生的群体互动对个人的吸引力小于动态分组前，说明动态分组可能降低群体互动对个人的吸引力。

表 5-22　动态分组前后学生的群体凝聚力检验统计

维度	Z	p
群体凝聚力总分（后）—群体凝聚力总分（前）	−1.241[b]	0.214
群体互动对个人的吸引力（后）—群体互动对个人的吸引力（前）	−2.311[b]	0.021*
群体任务对个人的吸引力（后）—群体任务对个人的吸引力（前）	−0.0427[c]	0.670
群体统合互动（后）—群体统合互动（前）	−1.196[b]	0.232
群体统合任务（后）—群体统合任务（前）	−1.167[b]	0.243

表 5-23　动态分组前后学生的群体凝聚力描述统计

维度	百分位数		
	第 25 个	第 50 个（中位数）	第 75 个
群体凝聚力总分（前）	95.50	112.00	114.75
群体凝聚力总分（后）	96.75	104.50	111.00
群体互动对个人的吸引力（前）	28.75	32.00	33.25
群体互动对个人的吸引力（后）	25.00	28.50	31.00
群体任务对个人的吸引力（前）	26.50	31.00	34.00
群体任务对个人的吸引力（后）	29.00	32.00	34.00
群体统合互动（前）	16.75	21.00	21.00
群体统合互动（后）	15.75	18.00	21.00
群体统合任务（前）	24.00	28.00	28.00
群体统合任务（后）	24.00	26.00	28.00

（4）合作融洽度差异

对群体凝聚力的分析，同样采用非参数检验中 2 个相关样本的威尔科克森检验。统计结果如表 5-24 所示，动态分组前后学生的合作融洽度不存在显著差异（$p>0.05$）。从中位数（表 5-25）也可以得出动态分组前后合作融洽度相等的结论。

表 5-24　动态分组前后学生合作融洽度检验统计

维度	Z	p
合作融洽度（后）—合作融洽度（前）	-1.633^{b}	0.102

表 5-25　动态分组前后学生合作融洽度描述统计

维度	百分位数		
	第 25 个	第 50 个（中位数）	第 75 个
合作融洽度（前）	5.00	6.00	6.00
合作融洽度（后）	6.00	6.00	6.00

（5）工程设计和编程能力差异

动态分组过程中涉及两个学习项目，学习难度层层递进，因此学生在编程技能上的得分不具有可比性，故不赘述；但填写的学习任务单则能体现学习者工程设计和编程能力的实质变化。为此，本研究对学习任务单进行了进一步分析。

首先，本研究要求3个评分者独立完成学习任务单的质量判定，然后使用肯德尔和谐系数（Kendall's W）测量评分者之间的一致性。统计结果表明，显著性 $p=0.021<0.05$，且 Kendall's $W=0.605>0.6$，表明3个评委的打分具有一致性。然后，我们对两次学习任务单的分数进行了非参数检验。统计结果如表5-26所示，动态分组前后学生的能力表现不存在显著差异（$p>0.05$）。

表5-26 两次学习任务单的分数检验统计

维度	Z	p
第二次分数—第一次分数	-1.604^{b}	0.109

3. 预实验结论

（1）动态分组能提高学生的自信心和价值观

在常规机器人课程的学习中，学生会遇到各种各样的问题，如硬件连接、程序错误等，这些问题导致学生无法按照任务要求实现特定效果①。面对众多未知的问题，学生对学好机器人课程会出现信息不足的问题。课堂观察发现，初始分组时，合作学习只停留在组内合作，学生仅按照以往的经验进行分工合作，遇到问题时容易产生焦虑情绪；在第一次动态分组后，生生之间越来越熟悉，合作学习从组内合作扩散到组间合作。当新的小组遇到问题时，学生会尝试和原来的小组成员交流沟通、共享经验和资源，以完成特定的任务。此时，小组之间不再是一种相互隔绝的状态，而是通过组间的交互促进小组内部的知

① 司秋菊，钟柏昌．纠错教学方法在机器人教育中的有效性探索［J］．现代远距离教育，2019（5）：67-76.

识发展，从而促进知识的传播和集体知识的增长①。此外，动态分组增加了学生之间的互动②。

上述观点在本实验中得到了印证。实验结果表明，动态分组后学生的自信心明显高于实验前的学生。通过访谈我们了解到，有学生表示“更换小组成员后，她比我懂得更多，她产生了一些我完全没思考过的想法，她还坚信该想法并做出来了”。经历过一次项目合作，两人都积累了一定的经验，高成就者更会运用自己成功的经验并带领低成就者共同完成项目。

此外，在合作融洽度问卷中，第二次评估自己团队中表现一般的学生数比第一次有明显减少，这也印证了动态分组后学生的自信心提高了。

（2）动态分组有助于培养大学生的包容性

过往研究发现，在学习竞争激烈的环境下，部分学生为了保持自身竞争力，不愿共享知识和资源，以抗拒抵触的心理面对合作学习模式③④。然而，本研究与上述观点相反，实验后合作倾向中的包容性明显高于实验前，且合作融洽度也不存在明显差异，说明学生对动态分组没有产生抗拒心理，对合作伙伴也体现出更大的包容性。此结果与斯琴（Siqin）（2015）⑤提出的动态分组有助于促进更高水平的集体认知责任的观点一致。

课堂观察发现，一名学生初始与新的合作伙伴基本零交流且情绪低落，对分组结果产生了较大的抗拒心理。经过教师的开导和两周的磨合后，该学生接受了新伙伴并尝试引领其一起完成任务。项目结束后，该学生表示：“一方面是课程的学习要求，另一方面希望能考验一下自己，看看比较内向的自己在

---

① Zhang J, Scardamalia M, Reeve R, et al. Designs for collective cognitive responsibility in knowledge-building communities[J]. The Journal of the Learning Sciences, 2009, 18(1): 7-44.

② Wu Y L. Applying learning diagnosis diagram in computer aided instructions: Research, practice and evaluation[J]. International Journal of Distance Education Technologies, 2010, 8(2): 28-42.

③ 曾红梅．合作学习模式在教学中的误区及其破解［J］．教学与管理，2018（24）：101-103.

④ 樊雪君．中小学课堂合作学习低效的成因与矫正［J］．教学与管理，2018（33）：104-106.

⑤ Siqin T, Van Aalst J, Chu S K W. Fixed group and opportunistic collaboration in a CSCL environment[J]. International Journal of Computer-Supported Collaborative Learning, 2015, 10(2): 161-181

一个陌生的环境与同学合作会有怎样的突破；我也意识到，因个人原因抵触合作伙伴，会让她觉得不自在，所以我主动接触她，和她一起想办法完成任务，这也是我职责的一部分吧。”从该学生的谈话中可以看出，开展动态分组的初始阶段的确会有部分学生产生抗拒抵触心理，但经过一段时间的磨合后，双方为完成共同的目标，会接纳新伙伴，关系也会更加和谐融洽。

同样，从合作默契程度问卷最后一题的统计中会发现，经历动态分组后，他们更愿意尝试与陌生同学的合作，打破了只与朋友搭档的僵局，印证了动态分组有助于培养学生的包容性。

（3）动态分组没有提高学生的工程设计和编程能力

从工程设计和编程能力的角度来看，实验前后学生的学习绩效不存在明显的差异。这与钟（Jong）等人（2005，2006，2014）①②③、陈（Chan）等人（2007）④、吴（Wu）（2010）⑤、苏（Su）等人（2014）⑥和施（Shih）等

① Jong B S, Chan T Y, Wu Y L. Students' learning status evolved from dynamic grouping learning[C]//Proceedings Frontiers in Education 35th Annual Conference. IEEE, 2005: F2C-26.

② Jong B S, Wu Y L, Chan T Y. Dynamic grouping strategies based on a conceptual graph for cooperative learning[J]. IEEE Transactions on Knowledge and Data Engineering, 2006, 18(6): 738-747.

③ Jong B S, Chen C M, Chan T Y, et al. Effect of knowledge complementation grouping strategy for cooperative learning on online performance and learning achievement[J]. Computer Applications in Engineering Education, 2014, 22(3): 541-550.

④ Chan T Y, Cheng Y T, Wu Y L, et al. Applying learning achievement and thinking styles to cooperative learning grouping[C]//2007 37th Annual Frontiers In Education Conference-Global Engineering: Knowledge Without Borders, Opportunities Without Passports. IEEE, 2007: T1C-9-T1C-13.

⑤ Wu Y L. Applying learning diagnosis diagram in computer aided instructions: Research, practice and evaluation[J]. International Journal of Distance Education Technologies, 2010, 8(2): 28-42.

⑥ Su H M, Shih T K, Chen Y H. Grouping teammates based on complementary degree and social network analysis using genetic algorithm[C]//2014 7th International Conference On Ubi-Media Computing And Workshops. IEEE, 2014: 59-64.

人（2018）① 的结果不一致，即动态分组策略不一定有利于提高学生的学习绩效。

综上，动态分组对学生学习机器人产生了积极的态度影响，在合作学习的包容性方面也有明显改善；学生的合作倾向、合作融洽度、群体凝聚力、工程设计与编程能力方面没有发生明显上升或下降。由于本研究没有采用对照组实验，故无法直接与静态分组的学习绩效进行比对。但整体而言，动态分组在提升学生合作能力的同时并没有因为组员的变动而降低学习绩效，这本身就是值得肯定的，并与教师惯常采用静态分组的经验形成了认知冲突：一些教师习惯认为组员的变动容易涣散团队精神和战斗力，从而影响合作学习的成效。从这个意义上说，动态分组在机器人教育中展现出了较好的应用潜力。未来仍需进一步探究动态分组策略在机器人教育中的应用，尤其需要找到影响分组效果的因素和改进办法，进一步优化动态分组的效果。

4. 预实验的研究反思

研究者基于预实验的结果，对实验班级的部分学生进行了访谈。回顾预实验的整个过程，结合访谈结果，可以看出尽管预实验取得了一定的收获，学生在机器人课程中的积极性确实是非常高的，但是预实验的实施过程中仍然存在一些问题亟待改进。下文将重点对预实验研究中存在的不足进行总结和反思，并从中探讨正式实验拟采用的解决策略。

（1）动态分组策略问题

预实验采取多元标准进行分组，分别是学习态度、合作能力以及工程设计和编程能力。触发条件和调整频次是每个专题结束后进行动态分组。预实验的动态分组为全部重组，分组过程中没有充分考虑学生的个人意愿，导致部分小组内部关系紧张，组内合作无法高效、积极地开展。教师也从课堂观察中发现，个别小组在看到分组结果后，立刻要求任课教师重新分组，表现出强烈的抵抗心理。

---

① Shih T K, Gunarathne W, Ochirbat A, et al. Grouping peers based on complementary degree and social relationship using genetic algorithm[J]. ACM Transactions on Internet Technology, 2018, 19(1): 1-29.

解决方案：采取动态分组中允许分组策略，让学生自行挑选小组合作伙伴，课程实施过程中允许小组成员经过“磨合期”后，提出动态调整分组的申请，教师亦可根据学生的能力水平给予适当的分组调整意见，使各小组总体水平相当、差距不大。

动态分组策略既可以保证组内各成员之间的差异性、互补性，又因为各小组都是学生自己选择组建的，学生们进行组内合作时积极性更高。

（2）样本量少和性别比例失衡

本次教学实践是面向本科生的一门选修课，在学生自然选课的情况下，最终选课人数为18人（17名女生1名男生），出现了样本量少和性别比例失衡等问题。鉴于此，研究结论的推广性和普适性还有待进一步验证。

解决方案：针对难以探究组内性别差异对动态分组的影响，希望未来能扩大样本量并尽可能把握性别均衡问题。在未来条件许可的情况下，可以设置对照组实验，开展多维度的比较实验，如静态分组和动态分组策略的对比实验。

（3）实验时间问题

整体而言，实验时间跨度为17周，实验周期较长，但因前期理论讲授部分占用时间较长，实际开展动态分组实验的时间仅为8周，导致动态分组次数较少，未能对大学生在机器人课程中开展动态分组的情况进行跟踪研究。

解决方案：未来需要扩充项目学习的数量以增加动态分组的次数。与此同时，延长每次项目学习的合作时间，给予学生充足的时间经历“抗拒—磨合—合作”的过程，可以充分考查学生合作能力的变化。

（五）正式实验安排与结果

1. 正式实验安排

根据预实验的研究结果和研究反思，为进一步探索动态分组策略在小学机器人教育中的应用机制，充分挖掘动态分组的教育潜力，研究者在小学开展了正式的准实验研究。正式实验采用的是等组实验，设置对照组和实验组，对照组采用静态分组，实验组采取动态分组。

静态分组：学生初始随机分组后，组内成员维持不变一直到学习结束。

动态分组：学生初始随机分组后，在学习不同的项目活动前，允许学生自由寻找小伙伴开展新一轮的配对学习，并传授沟通交流技巧。

（1）研究问题

为进一步检验动态分组策略的有效性，依然从三个因变量来探究静态分组和动态分组策略的效果。其中，合作倾向、合作融洽度和群体凝聚力是合作能力的三个维度。另外，由于正式实验中不涉及编程知识，因此我们将研究以下五个问题。

① 两种分组策略对学生学习机器人的学习态度是否有显著影响?

② 两种分组策略对学生的合作倾向是否有显著影响?

③ 两种分组策略对学生的合作融洽度是否有显著影响?

④ 两种分组策略对学生的群体凝聚力是否有显著影响?

⑤ 两种分组策略对学生的工程设计能力是否有显著影响?

（2）研究对象

本研究在某小学以招募学生的方式开展夏令营，实验时间为2021年7月11日至2021年7月20日，共10天。研究对象是2021年秋季的准三、四、五年级的学生。所有被试者都完全自愿免费报名参加此次机器人课程夏令营，在正式开始学习前被自由分成2个班。一共有51人参与了本研究的正式实验，但由于病假、事假等缘故，剔除无效数据后得到38份有效样本（表5-27）。正式实验的机器人课程由一名教师负责主讲并配备三名助教。

表5-27　正式实验的研究对象

实验组别	人数	男生	女生
静态分组	20	14	6
动态分组	18	10	8
合计	38	24	14

（3）实验材料

① micro:bit 造物粒子

正式实验选用的是蘑菇云创造公司的 micro:bit 造物粒子套件（图 5-9），内含 micro:bit 主控板和各种元件（图 5-10），元件分为输入模块、输出模块、功能模块和电源模块。其中，输入模块包括声音传感器、运动传感器、光线传感器、按钮、旋钮等；输出模块包括舵机、LED 灯、蜂鸣器、七彩灯带、风扇等；功能模块包括逻辑与模块、逻辑非模块、逻辑或模块、分支模块等；电源模块包括一路电源或三路电源模块、电池盒、充电宝。此外，还有 USB 数据线和杜邦线。

图 5-9　micro: bit 造物粒子套件

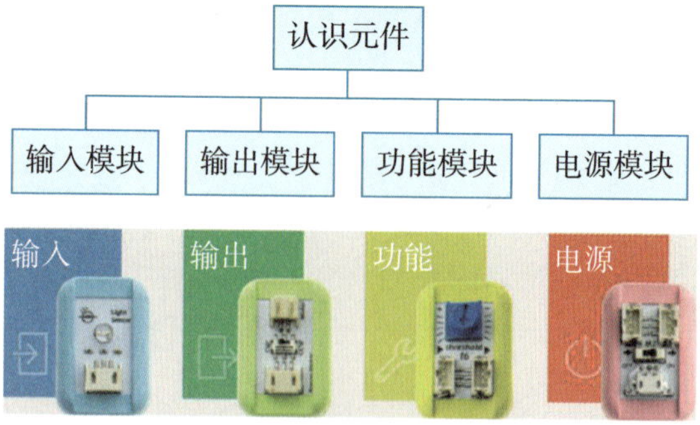

图 5-10　套件的全部模块

此套件兼具了免编程和编程两种功能。它把传统少儿编程学习中的电子积木实体化，告别了基于软件的编程形式，通过杜邦线或USB数据线即可实现按钮控制亮灯等操作（图5-11）。

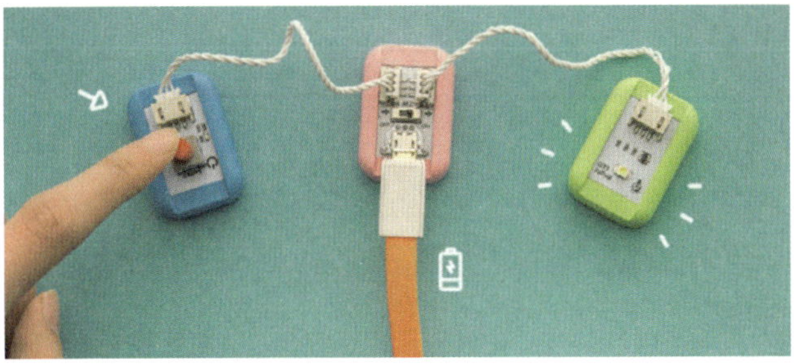

图5-11　即插即用例子

② 教学材料

本研究选用micro:bit造物粒子的配套教材，并通过团队内部试教的方式丰富了授课内容和案例。此外，还设计了学习任务单，任务单主要包括五部分：学习新知、选择作品主题和功能、连接硬件、外观设计和作品制作、作品测试和作品评价，发挥了学习支架的作用。其中，第三部分“连接硬件”（图5-12）为学习任务单中的核心部分。

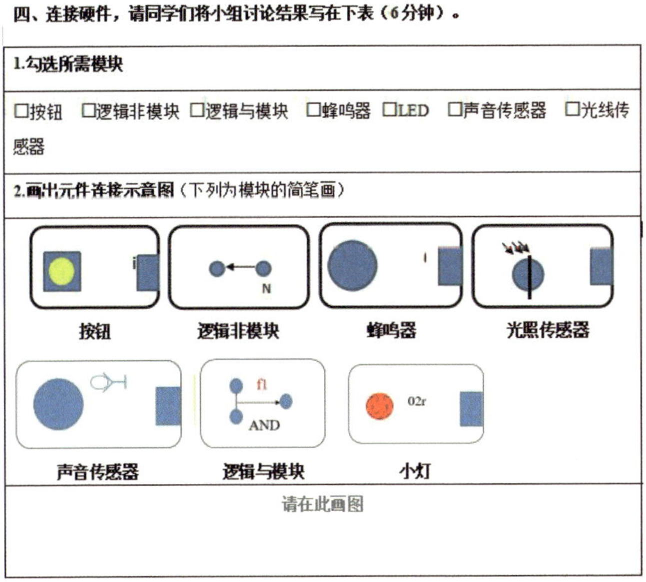

四、连接硬件，请同学们将小组讨论结果写在下表（6分钟）。

1.勾选所需模块

□按钮 □逻辑非模块 □逻辑与模块 □蜂鸣器 □LED □声音传感器 □光线传感器

2.画出元件连接示意图（下列为模块的简笔画）

按钮　逻辑非模块　蜂鸣器　光照传感器

声音传感器　逻辑与模块　小灯

请在此画图

图5-12 《声光检测》的第二部分内容

（4）实验内容

本研究开展的教学实验为期10天，5天为一期，每个班每天上课时间为3.5小时（8：30-12：00），每次4课时，一期总共20课时，实验内容安排详见表5-28。

表5-28 实验内容

课次	项目专题	教学内容
1~4	照明工具	前测：机器人基础测试和机器人学习态度问卷
		破冰游戏：击鼓传花，介绍自己；学生配对分组
		项目1：按钮台灯
		项目2：旋钮台灯
		根据学习任务单要求，小组合作自行设计与制作作品并分享汇报
5~8	警报装置	项目3：展台警报器
		项目4：报晓的公鸡
		根据学习任务单要求，小组合作自行设计与制作作品并分享汇报
9~12	声光检测	项目5：声光互动蛋糕
		项目6：楼道灯
		根据学习任务单要求，小组合作自行设计与制作作品并分享汇报
13~16	创意广州塔	项目7：创意广州塔
		根据学习任务单要求，小组合作自行设计与制作作品并分享汇报
17~20	创意设计	项目8：留言机
		项目9：节能风扇
		根据学习任务单要求，小组合作自行设计与制作作品并分享汇报
		后测：学习态度后测、合作倾向、群体凝聚力和合作融洽度问卷

在课程开始前，学生需完成机器人课程基础知识与学习态度前测并进行随机分组。随后，教师正式开展课程教学，让学生初步了解机器人，并结合正

式实验的学习任务单（详见附录 16）进行作品制作与分享。共安排 9 个机器人项目，难度层层递进。最后一天为创意设计阶段，要求学生运用所学内容完成一个创意作品，并完成后测问卷。

（5）动态分组策略

结合预实验的研究反思，动态分组策略应充分考虑学生的个人意愿。因此，本次动态分组步骤如图 5-13 所示。

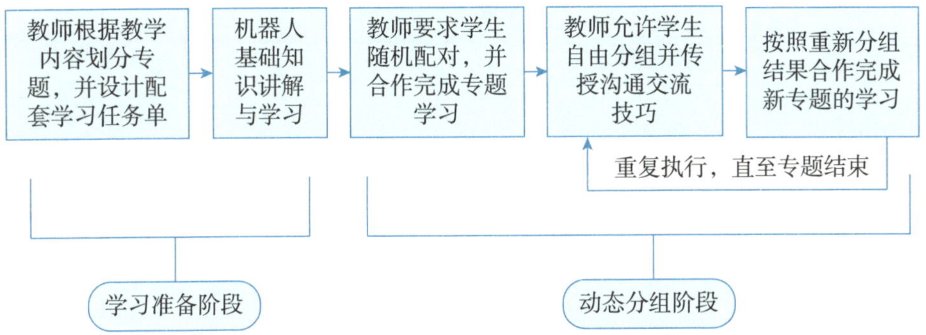

图 5-13　动态分组的具体操作步骤流程图

① 课前准备：教师根据教学内容划分专题，并设计配套学习任务单。

② 知识储备：选取基础知识讲解与学习。

③ 初始分组：要求学生随机配对，并合作完成专题学习。

④ 重新分组：鼓励学生重新分组，在此过程中教授学生沟通交流的表达方式，如“你好，请问我可以和你一起组队吗？”。

⑤ 重新配对学习：按照再分组结果，合作完成新专题的学习；重复执行④⑤，直到最后一个专题结束。

值得注意的是，循环的次数由具体的专题数量来决定。正式实验共 5 个专题，第 1 个专题处于学习准备阶段，第 2~5 个专题处于动态分组阶段，整个正式实验共进行了 4 次动态分组。

（6）实验设计

整个实验流程分为前测、等组实验和后测三个环节。本研究以分组策略（静态分组 VS 动态分组）作为单一变量来分析其对学生合作能力和学习态度的影响，实验设计如图 5-14 所示。

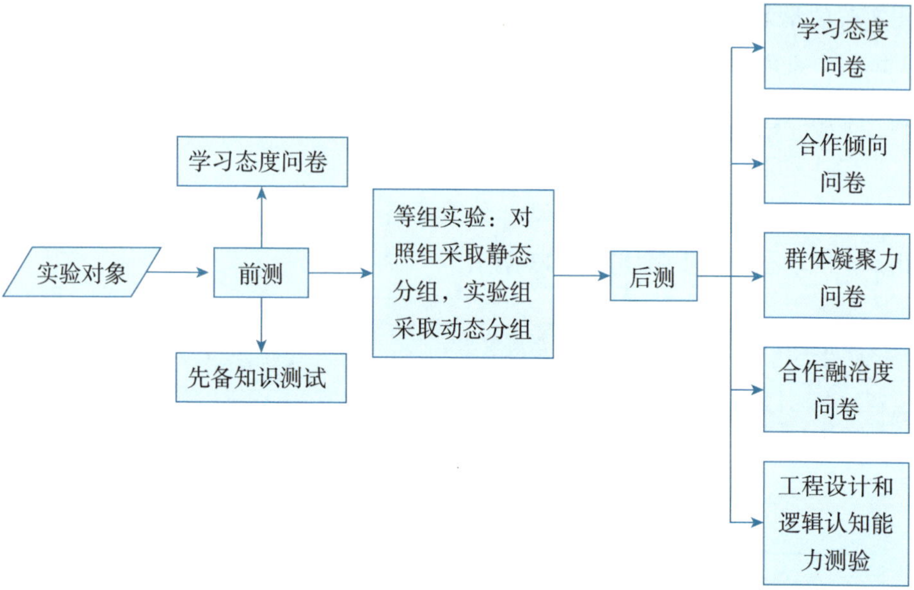

图 5-14　实验设计

2. 正式实验的研究结果

数据分析共分为五部分，第一部分是对照组和实验组的学习态度前测、后测比较，第二到第四部分是对照组和实验组的合作倾向、群体凝聚力和合作融洽度后测比较，第五部分是对照组和实验组的工程设计能力后测比较。

（1）学习态度

为了检验两种分组策略下学生对学习机器人的学习态度是否有差异，本研究对两个班级的学习态度数据进行了双因素方差分析（表 5-29）。统计结果显示，实验组和对照组实验前后的学习态度不存在显著差异（$p>0.05$）。

表 5-29　主体间效应检验

源	III 类平方和	自由度	均方	F	p	偏 Eta 平方
修正模型	206.178[a]	3	68.726	1.176	0.325	0.047
截距	311 026.809	1	311 026.809	5 321.976	0.000	0.987

续表

源	Ⅲ类平方和	自由度	均方	F	p	偏 Eta 平方
分组策略	102.178	1	102.178	1.748	0.190	0.024
时间	103.158	1	103.158	1.765	0.188	0.024
分组策略 * 时间	2.105	1	2.105	0.036	0.850	0.001
误差	4 207.822	72	58.442			
总计	315 710.000	76				
修正后总计	4 414.000	75				

注：a.R方 =0.047（调整后 R方 =0.007）

（2）合作倾向

为了验证两种分组策略下学生在机器人课程中的合作倾向是否存在差异，本研究采用两独立样本非参数检验方法（曼－惠特尼 U 检验）分析两个班级的合作倾向数据。统计结果如表 5-30 所示，两种分组策略下学生的合作倾向不存在显著差异（$p>0.05$）。

表 5-30　对照组和实验组合作倾向（后测）检验统计

维度	实验班别	样本量	秩均值排序	曼－惠特尼 U 检验	秩和	Z	p
包容性	实验组	18	19.47	179.500	350.500	−0.015	0.988
	对照组	20	19.52				
互惠性	实验组	18	20.78	157.000	367.000	−0.697	0.486
	对照组	20	18.35				
合群意向	实验组	18	22.08	133.500	343.500	−1.440	0.150
	对照组	20	17.18				

（3）群体凝聚力

为了验证两种分组策略下学生在机器人课程中的群体凝聚力是否存在差异，本研究采用两独立样本非参数检验方法（曼－惠特尼 U 检验）分析两个班级的群体凝聚力数据。统计结果如表 5-31 所示，两种分组策略下群体凝聚力不存在显著差异（$p>0.05$）。

表 5-31 实验组和对照组在群体凝聚力（后测）方面的差异

维度	实验班别	样本量	秩均值排序	曼－惠特尼 U 检验	秩和	Z	p
群体互动对个人的吸引力	实验组	18	21.75	139.500	349.500	−1.187	0.235
	对照组	20	17.48				
群体任务对个人的吸引力	实验组	18	21.97	135.500	345.500	−1.311	0.190
	对照组	20	17.27				
群体统合互动	实验组	18	22.81	120.500	330.500	−1.782	0.075
	对照组	20	16.52				
群体统合任务	实验组	18	21.86	137.500	347.500	−1.260	0.208
	对照组	20	17.38				

（4）合作融洽度

为了验证两种分组策略下学生在机器人课程中的合作融洽度是否存在差异，本研究采用了独立样本非参数检验方法（曼－惠特尼 U 检验）分析两个班级的合作融洽度数据。统计结果如表 5-32 所示，动态分组前后学生的合作融洽度存在显著差异（$p=0.037<0.05$，$r_G=0.306$）。

表 5-32 实验组和对照组在合作融洽度（后测）方面的差异

实验变量	实验班别	样本量	秩均值排序	曼－惠特尼 U 检验	秩和	Z	p	效应值（r_G）
合作融洽度	实验组	18	22.56	125.000	335.000	−2.087	0.037*	0.306
	对照组	20	16.75					

注：$^*p<0.05$。

（5）工程设计能力

本研究从学习任务单和作品评价两个方面测量实验组和对照组的工程设计能力。首先，本研究要求3个评分者独立完成导学单和作品的质量判定，然后使用肯德尔和谐系数测量评分者之间的一致性。统计结果如表5-33显示，显著性 $p=0.021<0.05$，且 Kendall's W 值大于0.8，表明3个评委的打分具有一致性。然后，我们采用两独立样本非参数检验方法（Mann-Whitney U 检验）分析两种分组策略下学习任务单作品的分数。统计结果如表5-33显示，两种分组策略下学生的工程设计能力表现不存在显著差异（$p>0.05$）。

表5-33　两组在学习任务单和作品方面的差异

实验变量	实验班别	样本量	秩均值排序	曼-惠特尼 U 检验	秩和	Z	p
学习任务单	实验组	18	20.50	162.000	372.000	-0.527	0.598
	对照组	20	18.60				
作品	实验组	18	18.86	168.500	339.500	-0.337	0.736
	对照组	20	20.08				

（六）结论与讨论

本部分对正式实验中得到的数据分析结果展开讨论，分析本研究取得的结果，并解释导致上述研究结果的可能原因，以此为基础，总结得出以下结论。

1. 在学习态度方面，动态分组与静态分组无显著差异

从实验数据结果来看，两个班级的学习态度不存在显著性差异，即相对于静态分组，动态分组策略不会降低学生的学习态度。主要原因如下：机器人的可触摸、可观察和跨学科特点[①]激发了学生的学习兴趣，让学生保持良好的

① Yuen T, Boecking M, Stone J, et al. Group tasks, activities, dynamics, and interactions in collaborative robotics projects with elementary and middle school children[J]. Journal of STEM Education, 2014, 15(1): 39-45.

学习兴趣；通过合作学习，可以把不同知识基础和兴趣的学生团结在一起，扬长避短、优势互补，在设计、实现和修改作品的过程中不断整合团队成员的意见，协商和协调观点以达成共识，直至设计和制作出有形的作品，从而直观体验到成功的喜悦和团队的力量[①②③]；动态分组策略鼓励学生自行调整小组成员，这在一定程度上避免了合作倦怠的问题，让学生对组内成员保持新鲜感。

2. 在合作倾向方面，动态分组与静态分组无显著差异

相对静态分组，学生对动态分组的认可度以及乐于开展动态分组的合作倾向并不会随着机器人课程的任务难度增大而下降，这一点体现在实验前后的合作倾向没有显著性差异，即呈保持不变状态。此外，根据课堂观察发现，部分小组成员在相处时发现与原来同伴的契合度不高时，他们会敢于尝试和其他人一起合作，即乐于不断通过动态分组来寻找契合度高的小伙伴。相反，采用静态分组策略的对照组在合作过程中因无法协调矛盾，教师多次劝说，依然没能重新调动小组的积极性。

3. 在群体凝聚力方面，动态分组与静态分组无显著差异

从实验数据结果来看，两个班级的群体凝聚力不存在显著性差异。动态分组策略不会让学生的群体凝聚力降低，这与动态分组中小组成员多次调整导致学习者失去小组归属感或联系感的预期是不一致的。在动态分组的过程中，虽然外部结构看似复杂，但由于每个小组成员能明确个人责任，反而提高了合

① Cheng C C, Huang P L, Huang K H. Cooperative learning in LEGO robotics projects: Exploring the impacts of group formation on interaction and achievement[J]. Journal of Networks, 2013, 8(7): 1529-1535.

② Mitnik R, Recabarren M, Nussbaum M, et al. Collaborative robotic instruction: A graph teaching experience[J]. Computers & Education, 2009, 53(2): 330-342.

③ Wainer J, Ferrari E, Dautenhahn K, et al. The effectiveness of using a robotics class to foster collaboration among groups of children with autism in an exploratory study[J]. Personal and Ubiquitous Computing, 2010, 14(5): 445-455.

作的效率和研究的兴趣[①]。相对于预实验的全部重组，正式实验采用的是部分重组，当小组成员发现同伴存在“搭便车”现象与旁观者效应等情况时，小组可以在项目结束后进行重组，而其他相处融洽的小组可以不变。随着时间的推移，重组的团队成员的目标趋于一致、志趣相投、心理相容和互补，也能共同面对外界的压力与威胁等。就目前而言，动态分组有益于让学生逐渐找到自己的最佳搭档，使得小组的群体凝聚力最大化。

4. 在合作融洽度方面，动态分组优于静态分组

从实验数据结果来看，实验组和对照组的合作融洽度不存在显著性差异。这一结果说明，动态分组策略不会让学生产生合作倦怠。动态分组策略允许学生重新分组，避免和相处不融洽的学生保持合作，影响整体的合作学习效果。根据学生特点和知识水平合理分组可以提高小组的融合度，促进融洽的伙伴关系[②]。根据课堂观察，经历动态分组后，他们迈出与陌生的同学合作（高低年级合作）的步伐，打破了只与朋友搭档的僵局，这也印证了动态分组有助于培养学生的合作融洽度。

5. 在工程设计能力方面，动态分组与静态分组无显著差异

动态分组过程中涉及多个学习项目，学习难度层层递进，但整体而言，动态分组没有因为组员的变动而降低学习绩效，这本身就是值得肯定的方面，并与教师惯常采用静态分组的经验形成了认知冲突。毋庸置疑的是，动态分组会重新调整小组的知识结构，但针对全班而言，全班的知识结构并没有发生较大的变化。

综上，学生的学习态度、合作能力、工程设计能力方面没有发生明显上升或下降，即相对静态分组，动态分组策略在机器人教育中没有因为组员变动而产生负面影响，这本身就是值得肯定的方面，并与教师惯常采用静态分组的经验形成了认知冲突：一些教师习惯认为组员的变动容易涣散团队精神和战斗

① Siqin T, Van Aalst J, Chu S K W. Fixed group and opportunistic collaboration in a CSCL environment[J]. International Journal of Computer-Supported Collaborative Learning, 2015, 10(2): 161-181.

② 王佳玉. 机器人课程中任务类型和合作默契程度对学生认知负荷的影响研究［D］. 南京师范大学，2019.

力，从而影响合作学习的成效。从这个意义上说，动态分组在机器人教育中展现出了较好的应用潜力。

相对以往研究，正式实验的动态分组策略没有展现较大的优势，原因有以下三方面。

（1）抽样方式不恰当。由于设备缺乏及课时限制等问题，导致本实验无法在常态课中开展，最终选择以招募学生的方式开展教学实验。然而，招募而来的学生通常互不相识，往往需要较长的磨合期才能达到正常的合作学习状态，为动态分组带来了一定挑战。

（2）样本学段不适合。本实验的研究对象为小学生，行为、情感等尚不成熟，在允许动态分组的合作学习过程中，由于人际关系冲突，他们会频繁更换伙伴或者选择独立学习。

（3）未考虑特定的动态分组策略。文献综述表明，当前有关动态分组的实证研究较为欠缺，聚焦于机器人教育的实证研究更是屈指可数。本研究只是初步探索了有别于静态分组的动态分组策略在实际教学中的运用效果，尚未系统考虑和设计更加多元的动态分组策略。

未来仍需进一步探究动态分组策略在机器人教育中的应用，尤其需要找到影响分组效果的因素和改进办法，进一步优化动态分组的效果。

（七）总结与展望

本部分旨在梳理研究的主要工作，呈现研究的主要成果，在系统回顾预实验和正式实验开展情况的基础上，总结得出本研究的结论，分析本研究的创新之处。同时，本部分亦将根据研究过程中存在的局限性指出未来研究的方向，力求在后续研究中进一步探索动态分组策略在机器人教育中的更多可能性。

1. 研究总结

以机器人教育为代表的人工智能进中小学已经成为重要的国家战略之一。大量研究证明，合作学习在机器人课程中占据主导地位，然而传统的合作学习仍然存在一些问题，尤其是分组策略方面不利于机器人教育的健康发展。以此为背景，本研究以机器人教育的特点出发，从组内合作和组间交流两个方面探究动态分组策略，旨在丰富机器人教育中的分组策略。基于上述研究背景分析，本研究设计并实施了预实验和正式的准实验研究。

预实验设计了两个学习阶段：学习准备阶段和动态分组阶段，在动态分组阶段以专题结束为调频和触发条件，以合作倾向、群体凝聚力、合作融洽度以及工程设计和编程能力作为分组标准并强制分组。本次实验为单组实验，选取了大学二年级的班级，开展了为期一个学期的教学实验。实验过程中采用问卷调查法和面对面访谈等形式，从学习态度、合作能力以及工程设计和编程能力三个方面综合评价学生的表现。结果显示，动态分组策略能提高学生的自信心和价值观，有助于培养大学生的包容性；然而，学生的工程设计和编程能力却没有显著差异。

基于预实验的反思与优化，正式实验也设置了两个学习阶段：学习准备阶段和动态分组阶段。在动态分组阶段同样以专题结束作为调频和触发条件，但是分组方式由“强制”调整为“自愿”。以招募学生的方式，开展了为期 10 天的等组教学实验，教学对象是小学二年级至四年级学生。实验过程中采取了问卷调查法和课堂观察法等形式，从学习态度、合作倾向、群体凝聚力、合作融洽度以及工程设计能力多个方面综合评价学生的表现。结果显示，动态分组与静态分组除在合作融洽度方面有明显差异外，其他方面均无显著差异。根据上述研究结果可以总结出以下结论。

（1）在学习态度方面，动态分组与静态分组无显著差异。在机器人课程学习结束时，实验组和对照组学生在学习态度上无显著差异这一结果并不意外，说明学生短期内对机器人课程非常感兴趣。这恰恰证实了动态分组策略并没有弱化学生学习机器人的积极态度，反而可以在某种程度上激发学生的学习动机。

（2）在合作融洽度方面，动态分组优于静态分组。有别于静态分组，动态分组可以让学习者迭代学习和总结合作学习技巧，以促进下一次更好的合作交流。本研究从合作倾向、群体凝聚力和合作融洽度三个维度来测量学生的合作能力。从实验数据来看，除了实验组学生的合作融洽度优于对照组学生以外，实验组和对照组的学生在合作倾向和群体凝聚力上均无显著差异，这一结果与其他研究[1][2]不一致。其他研究主要面向心智成熟的大学生，他们可以自行解决组内的矛盾或者是宽容组内成员的缺点。但本研究的研究对象为小学生，他们心智尚未发展成熟，没有形成接纳他人的度量，同时也缺乏合作交流的技巧，导致动态分组后其合作能力没有明显改善。

（3）在工程设计能力方面，动态分组与静态分组无显著差异。不可否认，动态分组在机器人教育中有其独特优势，但并不总是优于静态分组。本研究中预实验和正式实验在工程设计能力上皆没有显著差异，这与以往研究不一致。其他研究搭建了不同的平台以方便且科学地收集学生数据和优化算法，加之不断优化策略和增加实验次数，得以提高学生的成绩。未来在机器人教育中，本团队需要不断优化策略和增加实验次数，让学生在寻找最有默契的伙伴的过程中提高学习成绩。

总而言之，本研究的结果表明，动态分组在机器人课程中的优势并不明显。但是，我们并不能直接否定动态分组在分组策略的价值。在动态分组领域，也有研究得出了不确定的结论[3]。研究指出，动态分组的影响因素众多，如学习目标、互动模式、小组规模、小组数量、分组策略、社会因素（性别和

---

① Chen B, Hwang G H, Lin T S. Impacts of a dynamic grouping strategy on students'learning effectiveness and experience value in an item bank-based collaborative practice system[J]. British Journal of Educational Technology, 2020, 51(1): 36-52.

② Chuang P J, Chiang M C, Yang C S, et al. Social networks-based adaptive pairing strategy for cooperative learning[J]. Journal of Educational Technology and Society, 2012, 15(3): 226-239.

③ Siqin T, Van Aalst J, Chu S K W. Fixed group and opportunistic collaboration in a CSCL environment[J]. International Journal of Computer-Supported Collaborative Learning, 2015, 10(2): 161-181.

同伴关系等）[1][2][3]、角色交换频率等[4][5][6]。本研究考虑到了其中的部分因素，在实验中主要控制了参与者的技能和经验水平——所有参与者都是机器人和编程的初学者，以保证统一的学习起点。此外，我们让动态分组的学生根据需要自由选择小组成员并交换在组内的角色，以避免角色固化。但不可否认，本研究没有考虑到实验研究中所有重要的因素，这也突出了进一步研究的必要性。

2. 创新之处

本研究的创新之处可以总结为以下三点。

（1）研究视角的创新。本研究选题新颖，从合作学习在机器人教育领域面临的困境出发，综合考虑多种对策后，将动态分组的理念引入小学机器人教育，构建适用于小学机器人教育的动态分组策略，在一定程度上丰富了机器人教育的理论体系，也为小学机器人课程教学提供了新的视角。

（2）研究内容的创新。本研究分析了合作学习在机器人教育中的应用价值和现实瓶颈，提出将计算机领域的动态分组引入其中，构建促进学生组内积极合作、组间良性交流合作的动态分组策略，塑造互惠互利的机器人学习文化。随后，通过预实验和正式实验，验证了两种分组策略在机器人教育中的优势与不足，提出动态分组策略在小学机器人教育中的实施策略和教学建议。

（3）研究方法的创新。本研究综合运用了文献研究法、准实验研究法、

---

① Zhong B, Wang Q, Chen J. The impact of social factors on pair programming in a primary school[J]. Computers in Human Behavior, 2016, 64: 423-431.

② Lewis C M. Is pair programming more effective than other forms of collaboration for young students?[J]. Computer Science Education, 2011, 21(2): 105-134.

③ Choi K S. A comparative analysis of different gender pair combinations in pair programming[J]. Behaviour and Information Technology, 2015, 34(8): 825-837.

④ Chong J, Hurlbutt T. The social dynamics of pair programming[C]//29th International Conference on Software Engineering(ICSE'07). IEEE, 2007: 354-363.

⑤ Plonka L, Segal J, Sharp H, et al. Collaboration in pair programming: Driving and switching[C]//Agile Processes in Software Engineering and Extreme Programming. Springer, 2011: 43-59.

⑥ Zhong B, Wang Q, Chen J, et al. Investigating the period of switching roles in pair programming in a primary school[J]. Journal of Educational Technology and Society, 2017, 20(3): 220-233.

问卷调查法、访谈等多种研究方法。在文献综述部分，系统回顾了机器人教育、合作学习以及动态分组的最新进展；在理论构建部分，从两个学习阶段出发设计动态分组在小学机器人课程中的应用机制；在实证研究部分，使用准实验研究法分别在大学和小学学段分别开展了预实验和正式实验，通过定性与定量相结合的方式综合评价各个实验班级的学生在两种分组策略下的学习效果。

3. 研究的不足之处

尽管研究者已经尽最大努力深入小学机器人课堂，探索动态分组的应用机制，然而受到现实条件的制约，本研究仍然存在一些不足之处。

（1）样本量较少。本研究的预实验和正式实验一共选取了 3 个实验班级，由于学生在实验中途因故缺席等不可控因素，两次实验的有效样本量较少，因此对于研究结论的推广性和普适性还有待进一步验证。

（2）实验周期较短。正式实验周期较短，导致动态分组频次较少；此外，预实验与正式实验的研究对象不同，未能对不同学段的学生在机器人课程中开展动态分组的情况进行长时间的跟踪研究。

（3）课程内容不甚丰富。本研究两次实验选取的样本均为机器人课程的初学者，考虑到小学生的学习基础和学习能力，本研究在实验过程中设计的课程内容都是以基础知识和基本技能训练为主，学生普遍能较好地达成目标，难以全面培养学生的问题解决能力和实践创新能力。

4. 未来展望

本研究对动态分组策略在小学机器人教育中的应用机制进行了初步探索，尽管动态分组在实验过程中体现出了较好的教育潜力，但本研究只能作为一个新的研究起点，未来还需要对动态分组策略在机器人教育中的更多可能性展开探索，具体可以从以下三个方面着手。

（1）动态分组的过程性评价工具。采用可靠的过程性数据收集方法和工具，对学生在日后不同的动态分组策略下的过程性表现进行跟踪分析。机器人课程具备可操作性和可观察性，采取单一的数据对学生的合作能力进行评价，缺乏全面性和适切性。在两次实验中，研究主要采取学习任务单的方式来收集学生过程性表现，但因无法监测该学习任务单是个别成员独立完成还是合作完成的，故无法详细探究组内合作的机制。在未来条件允许的情况下，可以引人认知网络分析法对课堂实录进行剖析，以方便探究小组内部的合作机制，也便于探究组间的交流合作情况。此外，研究团队后续探究混合学习环境下的动态分组策略，可以将讨论过程迁移到线上讨论区，以便于对讨论内容进行梳理分析。

（2）动态分组的机器人项目设计。采用开放性、创新性的机器人项目，有利于进一步激发学生在机器人课程中开展动态分组的积极性。项目设计的难度层层递进，最大限度地激发学生的积极性和提高学生的参与度。在学习准备阶段，教师应尽可能地通过经典案例来教授机器人的基础知识和基本操作；在动态分组阶段，教师预设开放的主题后给予学生充分的时间和空间去大胆假设、验证、评价不同的问题解决方案。对于动态分组而言，组内合作为学生解决复杂的机器人问题提供了可能性，组间重组为学生提高合作学习的创新性增加了概率，后续研究可以为动态分组在机器人教育中的应用设计具有更多可能性的课程内容。

（3）动态分组新角度的探索。从学习主体匹配度的角度，在未来的研究中，可以探究同质分组和异质分组对动态分组效果的影响，以及不同小组规模条件下的动态分组学习效果；或者探索动态分组与静态分组的混合式应用策略；也可以研究由不同主体（教师、学习者或系统）主导的动态分组的教学过程和效果。在学习环境方面，除了探究三种环境（传统合作学习环境、计算机支持的协作学习、移动设备支持的协作学习）下的动态分组，还可以探究混合学习环境下的动态分组。此外，现代学习科学的研究仍在不断探究性别差异对静态分组的影响，未来也可以探究小组中性别差异对动态分组的影响。总之，未来需要不断探索新的角度并开展严谨的教学实验，在实践中获得更多的经验证据以支持和丰富动态分组的研究。

四、配对学习与竞合学习的整合研究①

近年来，以机器人教育为代表的人工智能教育广受关注和重视。从教学层面看，合作学习在机器人课程中占据主导地位，然而，常规的多人合作模式

---

① 本节内容节选自钟柏昌教授指导的研究生夏莉颖的硕士毕业论文。

在教学实践中面临多重困境，不利于机器人教育的健康发展。以此为背景，本研究从机器人教育的特点出发，提出将商业领域的竞合理念引入其中，尝试从组内合作和组间竞争两个维度探究适合机器人课程教学的竞合学习机制，旨在丰富机器人教育的理论，为机器人课程的教学实践提供切实可行的方法支撑和案例参照。

（一）概念框架

本项研究分两步进行。首先，我们借鉴了合作学习和竞争学习的理论，从组内合作和组间竞争两个维度来构建竞合设计。其次，我们进行了实证研究，以考察哪种竞合设计在机器人课程中更有效。在这一部分，我们将重点讨论竞合设计的理论构建。

1. 组内合作

现有的研究[①]表明，在机器人课程中，工作组的规模不宜太大。考虑到学生的安全和机器人的保护，将不超过三名学生分配到一个小组是一种有效的分组策略[②]。

机器人教育的目标是促进学生的全面发展，这就要求每个学生在机器人设计、建造、编程和测试方面进行充分实践。因此，在组内合作的过程中，有必要对角色进行分配和转换。配对学习，即两个学生在脚本和可切换的角色下配对合作，可以同时控制小组人数，为所有小组成员分配角色，并定期切换角色。这种特殊形式的合作学习已经被证明可以提高学生在编程教育[③]和机器人教育[④]领域中的信心、产出质量、学习成就和合作水平。

---

① Lindh J, Holgersson T. Does LEGO training stimulate pupils'ability to solve logical problems?[J]. Computers and Education, 2007, 49(4): 1097-1111.

② Bianco A S. Starting and teaching: Basic robotics in the classroom: Modern, engaging engineering in technology education[J]. Technology and Engineering Teacher, 2014, 73(7): 32-38.

③ Habibe ç A L, Gü lfidan C A N. The Influence of Pair Programming on Secondary School Students'Confidence and Achievement in Computer Programming[J]. Trakya Eğitim Dergisi, 2020, 10(1): 221-237.

④ Zhong B, Wang Y. Effects of roles assignment and learning styles on pair learning in robotics education[J]. International Journal of Technology and Design Education, 2021, 31(1): 41-59.

2. 组间竞争

在竞争性学习中，学生或学生群体被激励着为有限的预期结果而相互竞争。在竞争中提供奖励（如有形的货币奖励）能够刺激学生的学习动机，提高学习表现和创造力，并提高团体成就[①]。尽管如此，奖励也有可能会对不同群体之间的社会关系，以及学生的内在动机和兴趣带来消极影响[②]。一项研究提出了一种没有奖励的竞争（即无奖励的竞争），其设计形式为组间比较，再让不同组的成员相互学习[③]。王（Wang）等人（2017）[④]的报告结果进一步指出，无奖励竞争在促进学生的合作学习方面表现出比有奖励竞争更多的优势。

3. 竞合

有奖励和无奖励的竞争，加上配对学习，产生了两种竞合设计类型：零和博弈式竞合[⑤]，即两名学生合作完成组内层面的任务，同时在组间层面与其他组竞争，为获胜者设置有限的奖励；社会比较式竞合[⑥]，即两名学生合作完成组内层面的任务，同时在组间层面与其他组竞争，但没有为获胜者设置奖励。在零和博弈式竞合中，每个小组都会尽最大努力来提高自己的获胜概率。相反，在社会比较式竞合中，输赢并不被强调，而竞争的存在只是为了同行的参考和比较。

4. 从组内合作和组间竞争中设计竞合策略

本研究试图将配对学习引入竞合设计的组内合作。我们将根据配对学习

---

① Eisenberger R, Shanock L. Rewards, intrinsic motivation, and creativity: A case study of conceptual and methodological isolation[J]. Creativity Research Journal, 2003, 15(2-3): 121-130.

② Deci E L, Koestner R, Ryan R M. Extrinsic rewards and intrinsic motivation in education: Reconsidered once again[J]. Review of Educational Research, 2001, 71(1): 1-27.

③④ Wang X, Wallace M P, Wang Q. Rewarded and unrewarded competition in a CSCL environment: A coopetition design with a social cognitive perspective using PLS-SEM analyses[J]. Computers in Human Behavior, 2017, 72: 140-151.

⑤ Von Neumann J, Morgenstern O. Theory of games and economic behavior(60th Anniversary Commemorative Edition)[M]. Princeton: Princeton university press, 2007: 1-1295.

⑥ Ke F, Grabowski B. Gameplaying for maths learning: Cooperative or not?[J]. British Journal of Educational Technology, 2007, 38(2): 249-259.

的三个原则来设计组内合作。首先，我们将每两名学生安排成一个小组，每个小组共享一个机器人套件。其次，我们借鉴威廉姆斯（Williams）和凯斯勒（Kessler）（2000）[①]的角色分配策略，即“驾驶员”和“导航员”配对，引导学生在组内层面进行合作。具体来说，“驾驶员”负责操作计算机和机器人进行设计、建造和编程，而“导航员”则负责观察驾驶员的工作，通过指出错误或提供解决问题的思路来提供支持。最后，我们决定在“驾驶员”和“导航员”之间采用半自由的角色转换方式。半自由意味着两人根据自己的需要转换角色，而且在一节课上必须至少转换一次角色[②]。这种角色转换方式有利于培养学生理性的角色转换意识，引导学生在合作过程中根据自身需要进行灵活的角色转换。

对于组间竞争，本研究将有奖励竞争和无奖励竞争同时引入合作竞赛设计中，探讨哪种激励制度（有奖励或无奖励）能够更有效地促进学生在机器人课程中的合作效果。对于有奖励竞争，当学生达到预定的学习目标时，教师会给他们奖励（包括礼物、奖金和证书等）。对于无奖励竞争，竞争没有奖励，也没有赢家，每个小组通过参考、学习其他小组的进展，以提高他们的未来表现。无奖励竞争的理论基础是班杜拉的社会学习理论，他认为人类行为是个人认知和环境因素相互作用的产物，即个人可以通过观察和模仿他人来学习某些社会态度和行为。

5. 机器人教育中的竞合

纵观机器人教育领域，大量研究实则早已隐式地应用了竞合这一形式。例如，作为目前机器人教育的一种惯用形式，机器人竞赛通常设计成学生以小组为单位合作完成某一任务，同时，小组之间为争取有限的奖励而展开竞争[③]。

---

① Williams L A, Kessler R R. All I really need to know about pair programming I learned in kindergarten[J]. Communications of the ACM, 2000, 43(5): 108-114.

② Zhong B, Wang Q, Chen J, et al. Investigating the period of switching roles in pair programming in a primary school[J]. Journal of Educational Technology and Society, 2017, 20(3): 220-233.

③ Nag S, Katz J G, Saenz-Otero A. Collaborative gaming and competition for CS-STEM education using SPHERES Zero Robotics[J]. Acta Astronautica, 2013, 83: 145-174.

遗憾的是，这类竞赛的焦点往往不在于机器人教育本身，更像是研发技术、培养技能的平台，较之常规的机器人课程而言普遍缺乏针对性[①]。与机器人竞赛不同，常规的机器人教育活动涉及教师、学生、机器人等多个互动对象，学生的竞合学习行为也将更加复杂。另外，机器人竞赛属于典型的零和博弈式竞合，即一个群体的成功以其他群体的失败为代价，无疑放大了竞争可能导致的消极情绪和压力。有必要追问，在机器人课程中采取更温和的社会比较竞合是否能够更大程度地汲取合作—竞争之所长？有必要进一步对机器人教育中的竞合学习机制展开深入研究。

以上研究反映了合作学习在机器人教育领域的最新研究进展和发展趋势：整体而言，合作学习在中小学机器人教育中的普适价值已获得国内外众多学者的认可。然而，直接将常规的多人合作模式照搬至机器人教育容易引发“搭便车”现象、利益冲突、角色固化、团队迷思等问题。尽管一些研究提出了相应的解决对策（如控制小组规模，明确小组成员角色等）。遗憾的是，上述措施的提出大多较为零散、不成体系，且缺乏细致的研究和成功的经验。为此，迫切需要深入实践解决合作学习在机器人教育中面临的困境。

在机器人教育领域之外，能够实现合作与竞争优势互补的竞合理念已得到广泛应用。事实上，国内外盛行的机器人竞赛早已隐式应用了竞合这一理念，但这种竞合机制属于典型的零和博弈式竞合，无疑放大了竞争可能导致的负面影响。相较于零和博弈式竞合，组间竞争机制更加温和的社会比较式竞合引起了研究人员的关注。无论是零和博弈式竞合，还是社会比较式竞合，在常规机器人课程教学中的实施效果均缺乏实证研究的验证。基于这一背景，本研究将对竞合理念在机器人教育中的设计与应用开展严谨的实证研究。

（二）研究方法与设计

1. 研究方法

（1）文献分析法

借助学校图书馆的专业文献数据库以及谷歌学术等网络工具，多渠道、

① Qu Z, Wu X. A new curriculum on planning and cooperative control of autonomous mobile robots[J]. International Journal of Engineering Education, 2006, 22(4): 804-814.

全方位查阅国内外优秀期刊论文、硕博学位论文、书籍、会议论文等资源，深入了解竞合学习相关的国内外研究进展和趋势。

（2）教育实验法

利用科学的实验原理和实验方法，确定实验的自变量和因变量，严格控制实验的无关干扰变量，设计、实施严谨的教育实验，探索竞合学习在小学机器人教育中的应用机制。通过收集学生的合作融洽度、合作—竞争倾向、作品完成质量、群体凝聚力等数据分析实验结果，总结得出实验结论。

（3）问卷调查法

在实验实施前和实验实施后分别采用不同的量表测试学生的合作融洽度、合作—竞争倾向等数据，进而分析不同实验处理对学生学习机器人课程的影响。

（4）访谈法

在实验实施过程中定期对学生进行面对面访谈，了解学生在不同的竞合学习机制中学习机器人的感受，为进一步改进实验设计方案提供思路。

2. 研究思路

本研究属于准实验研究，需要研究者深入机器人课堂开展全面、严谨的教学实验，因此本研究确立如下的基本研究思路。

实验前：确定实验对象，设计实验方案，联系实验学校，准备实验器材。

实验中：完成实验前测，开展实验教学，完成实验后测。

实验后：分析实验数据，形成实验结论，撰写研究论文。

3. 测量工具

（1）合作融洽度分量表

合作融洽度分量表主要参考了考夫曼（Kaufman）[①] 等人编制的问卷，旨在让学生根据自己和小组其他成员在机器人课程中合作完成学习任务的贡献值，衡量小组的合作融洽度。该问卷一共设置了两个子问题，第一个问题是让学生

① Kaufman D B, Felder R M, Fuller H. Peer ratings in cooperative learning teams[C]///Proceedings of the 1999 Annual ASEE Meeting, 1999 Annual American Society for Engineering Education Meeting, 1999: 4. 416. 1-4. 416. 12.

评价小组搭档在合作学习机器人课程中的贡献程度，第二个问题是让学生评价自己在合作学习机器人课程中的贡献程度。问卷采用李克特三级量表，答案从“1（非常不理想）”到“3（非常理想）”划分为3个水平，信度是0.76。

（2）合作—竞争倾向分量表

以往研究表明，合作与竞争是同一维度中的两极，可以看作是个体稳定的人格倾向，现实中存在着合作者和竞争者两种稳定的个体差异，他们具有不同的世界观①。也就是说，不同的学生对于合作和竞争的倾向性存在差异。研究发现，竞争性强的人倾向于认为他人和自己一样，具有很强的竞争意识；而合作性强的人倾向于认为有的人喜欢竞争，有的人喜欢合作，不能一概而论②。以此为契机，本研究试图探索性地调查小学生在学习机器人课程中的合作—竞争倾向性，一方面可以引导学生更好地适应机器人课程中的各类学习活动，另一方面也可以为教师在机器人课程中设计针对性的合作或竞争学习策略提供参考。

合作—竞争倾向分量表从合作倾向和竞争倾向两个维度调查了学生在机器人课程中的合作和竞争倾向。本研究在参考了宾（Bing）③、卢（Lu）④、里克曼（Ryckman）⑤⑥、西蒙斯（Simmons）⑦以及谢晓非⑧等人编制的问卷基础上，根据机器人课程的特点以及小学生的心理特征编制了“小学生在机器人课程中

---

①② Kelley H H, Stahelski A J. Social interaction basis of cooperators'and competitors'beliefs about others[J]. Journal of Personality and Social Psychology, 1970, 16(1): 66-91.

③ Bing M N. Hypercompetitiveness in academia: Achieving criterion-related validity from item context specificity[J]. Journal of Personality Assessment, 1999, 73(1): 80-99.

④ Lu L, Argyle M. Happiness and cooperation[J]. Personality and Individual Differences, 1991, 12(10): 1019-1030.

⑤ Ryckman R M, Hammer M, Kaczor L M, et al. Construction of a hypercompetitive attitude scale[J]. Journal of Personality Assessment, 1990, 55(3-4): 630-639.

⑥ Ryckman R M, Hammer M, Kaczor L M, et al. Construction of a personal development competitive attitude scale[J]. Journal of Personality Assessment, 1996, 66(2): 374-385.

⑦ Simmons C H, Wehner E A, Tucker S S, et al. The cooperative/competitive strategy scale: A measure of motivation to use cooperative or competitive strategies for success[J]. The Journal of Social Psychology, 1988, 128(2): 199-205.

⑧ 谢晓非，余媛媛，陈曦，陈晓萍．合作与竞争人格倾向测量［J］．心理学报，2006（1）：116-125.

的合作与竞争倾向量表”。该量表包括合作倾向和竞争倾向两个维度。

合作倾向从9个题项进行调查，涉及包容性（inclusiveness）、互惠性（reciprocity）以及合群意愿（gregariousness）三个方面。包容性是指个体在与他人的合作过程中，能够充分考虑他人的意见，顾及他人的需要和集体的利益；互惠性是指个体意识到他人的付出是团队成功的必要条件，必须与他人共同努力才能实现集体目标；合群意愿是指个体在和他人的合作过程中，能够享受合作所带来的愉悦感。竞争倾向同样是由9个题项展开调查，包括过度竞争（hypercompetitive attitude）、自我成长（personal development）以及超越他人（desire to win）三个方面。过度竞争是指个体在竞争中有意识地不惜压制甚至操控他人以谋取自己的胜利；自我成长是指个体在竞争中关注自身的成长和进步；超越他人是指个体在竞争中渴望自己表现得比他人更优秀。所有题项均采用李克特五点量表设计，答案从“1（非常不同意）”到“5（非常同意）”划分为五个水平，整个量表的信度是0.81。有关合作—竞争倾向问卷的详细信息参见附录11。

（3）学业成绩测试

机器人课程的学业成绩测试是在机器人课程学习结束之后进行的，每个学生独立完成所有的学业成绩测试项目，以全面评估学生学习机器人课程后在设计、搭建、编程以及测试机器人等环节中的表现。学业成绩测试由纯软件编程和软硬件结合两类题型组成：纯软件编程类包含三道题目，学生需要编程控制mBlock软件中的角色在舞台上完成规定的操作；软硬件结合类包含六道题目，学生需要根据题目要求选择相应的元器件进行安装，然后编程控制mBot小车实现规定的功能。每位学生需要分别从纯软件编程类和软硬件结合类中随机抽取一道题目完成。“学业测试卷”题目详见附录12。需要注意的是，学生在考试前除了拿到试题的文字描述外，还会在计算机端接收到一个文件夹，内容是教师提前准备好的针对考题制作完成后的作品演示视频，帮助学生直观感受考题的要求。

所有考题均由研究者本人和资深一线教师共同商讨确定，同一类型测试的题目难度控制在相同水平。学生的两类作品当场提交并经由研究者本人参照事先确定的评分标准进行打分。具体的评分细则见表5-34，其中纯软件编程类的作品满分是 10 分，软硬件结合类的作品满分也是 10 分，学业成绩测试的总分值为 20 分。每位学生在机器人课程中的最终学业成绩为纯软件编程类作品得分和软硬件结合类作品得分之和。

表 5-34　学业成绩测试的评分标准

一级指标	二级指标
功能与性能（3 分）	1. 作品能够基本实现预定的功能（2 分）
	2. 作品性能稳定，多次测试使用后仍能稳定运行（1 分）
技术与实现（5 分）	1. 能够应用本节所学新知识制作作品（1 分）
	2. 能够综合运用所学机器人及其他学科知识制作作品（1 分）
	3. 能够清晰、准确地描述作品设计方案（1 分）
	4. 作品开发方案和实现过程简洁、经济、有效（2 分）
创意与个性（2 分）	1. 作品在功能方面构思新颖、富有个性（1 分）
	2. 作品在技术方面（如结构、材料、外形包装或控制方法等）有创新设计（1 分）
总分（10 分）	

（4）群体凝聚力分量表

群体凝聚力分量表被用来分析学生在机器人课程中团体凝聚力的构建。群体凝聚力被定义为一个动态的过程，在这个过程中，一个群体团结在一起并保持团结，以追求集体目标的实现[①]。以往研究表明，具有较高群体凝聚力感知的群体通常具有更高的效能感和信念，在群体活动中更有动力[②]，且更有可

① Carron A V, Brawley L R. Cohesion: Conceptual and measurement issues[J]. Small Group Research, 2000, 31(1): 89-106.

② Heuzé J P, Raimbault N, Fontayne P. Relationships between cohesion, collective efficacy and performance in professional basketball teams: An examination of mediating effects[J]. Journal of Sports Sciences, 2006, 24(1): 59-68.

能取得优异的成绩①。目前，群体凝聚力量表已经在体育科学、教育科学等领域得到了广泛的应用。

群体凝聚力分量表采用的问卷形式是李克特七级量表，可参照本节第三部分的相关描述，答案从“1（非常不同意）”到“7（非常同意）”划分为七级水平，信度是0.88。该分量表的四个子维度分别设有5、5、3、4个子问题，主要参考了卡伦（Carron）等人②和惠顿（Whitton）等人③研究编制的问卷，该分量表的详细维度划分和所有题项详见附录13。

（三）竞合学习的设计

本研究是在前文文献综述的基础上，结合合作学习、竞争学习以及竞合的最新研究动态，立足于小学机器人教育的本质特征，从组内合作和组间竞争两个维度出发，构建适用于小学机器人教育的竞合学习设计，为后续面向小学机器人课程的实证研究提供规范化的理论依据。

1. 竞合学习的组内合作机制研究

本部分研究旨在从组内合作维度出发，甄别出有效的组内合作机制。本部分研究拟解决的关键问题：在小学机器人课程中开展竞合学习时，哪种组内合作机制更为有效?

（1）多人合作学习

合作学习的小组规模和合作质量的关系一直备受关注。在科研合作领域，研究指出，团队规模与合作质量呈显著正相关，即合作规模越大，合作的质量越高，团队的影响力也越大④⑤。研究发现，在英语口语测试中，小组规模和

---

① Bahli B, Buyukkurt M D. Group performance in information systems project groups: An empirical study[J]. Journal of Information Technology Education: Research, 2005, 4(1): 97-113.

② Carron A V, Brawley L R. Cohesion: Conceptual and measurement issues[J]. Small Group Research, 2000, 31(1): 89-106.

③ Whitton S M, Fletcher R B. The group environment questionnaire: A multilevel confirmatory factor analysis[J]. Small Group Research, 2014, 45(1): 68-88.

④ Wallmark J T, Eckerstein S, Langered B, et al. The increase in efficiency with size of research teams[J]. IEEE Transactions on Engineering Management, 1973(3): 80-86.

⑤ 陈晓玲，孙雍君．合作规模与丁肇中科研成果影响力——基于SCI论文署名人数与论文被引用量关系的分析［J］．自然辩证法通讯，2010，32（4）：56-63.

合作产出呈负相关，即小组规模越大，每位学生获得的交际机会越少，合作的产出也就相应减少①。其中，三人一组在整体口语测评中的结果最为理想②。在机器人教育领域，多数研究采用的是常规的多人合作学习，即三至五名学生组成一个小组。莫斯利（Mosley）等人发现，在机器人教育中采用四人一组开展合作学习具有明显优势：一名学生负责操作、控制机器人，一名学生负责观察、指导，另外两名学生负责计算机端的程序设计和编写③。另有研究指出，机器人课程中每三人一组最为适宜，动手能力较好的学生负责组装机器人，逻辑思维能力较强的学生负责编写程序，分析能力较强的学生负责观察机器人的运行情况并将结果反馈给其他同伴④。

上述研究虽然考虑了合作学习的小组规模和角色分配等因素，但机器人教育毕竟不同于语文、数学等学科，在机器人课程中开展两人以上的多人合作学习，很容易引发小组成员之间的矛盾（“搭便车”行为、利益冲突、角色固化等）。因此，将合作学习应用于机器人教育时，有必要做针对性的融合设计，以充分发挥合作学习的教育价值，增强学生在小组合作中对团队的认同感和责任感，从而发自内心地为完成小组任务而寻求与同伴的高效合作。鉴于小组规模直接关系竞合的利益诉求，本研究试图在组内合作维度寻找更优化的解决方案。

（2）配对学习

在编程教育领域，两名学生配对学习编程（配对编程）已经得到广泛的应用。研究表明，配对编程能够显著提高学生的编程技能和编程质量⑤，

---

① Liski E, Puntanen S. A study of the statistical foundations of group conversation tests in spoken English[J]. Language Learning, 1983, 33(2): 225-246.

② 魏冉．小组规模对英语口语群测的影响研究［J］．解放军外国语学院学报，2018，41（6）：56-63.

③ Mosley P, Kline R. Engaging students: A framework using LEGO robotics to teach problem solving[J]. Information Technology, Learning, and Performance Journal, 2006, 24(1): 39-45.

④ 陈浩然．高中机器人活动中合作学习的策略研究［J］．中国信息技术教育，2016（10）：108-111.

⑤ Hannay J E, Dybå T, Arisholm E, et al. The effectiveness of pair programming: A meta-analysis[J]. Information and Software Technology, 2009, 51(7): 1110-1122.

减少新手的挫折体验并激发学生学习编程的兴趣[①]，培养学生的交流与合作能力[②]。

考虑到机器人教育和编程教育之间存在的共性，部分研究开始探索从配对编程模式中提炼出的配对学习理念在机器人教育中的教育潜力[③④]。配对学习是指两名学生共用一套机器人套件，在明确且可交换的角色分配和任务分工下，协同完成机器人的设计和搭建。研究表明，配对学习在机器人教育中具有较为重要的教育潜力，值得在今后的机器人教育研究与实践中作进一步探索[⑤]。本研究试图将配对学习引入竞合学习的组内合作维度，力求有效解决常规的多人合作学习可能面临的搭便车、利益冲突、角色固化、团队迷思等问题，下面将从角色分配和角色交换两个维度对配对学习的应用机制展开设计。

① 角色分配。为了明确两名小组成员在组内合作中的职责，需要在小组内部预先设定角色分配机制。本研究将直接模仿配对编程模式中应用最为广泛的一种角色分配机制:“驾驶员—导航员”模式。在“驾驶员—导航员”模式中，一名学生扮演“驾驶员”，负责搭建机器人并为机器人编程；另一名学生扮演“导航员”，负责观察“驾驶员”的工作，及时指出“驾驶员”的错误并提出改进建议。

② 角色交换。机器人教育是面向全人的教育，需要学生在机器人设计、搭建、编程、包装等各个方面都能获得较好的锻炼机会，因此在进行角色分配的同时，应该辅以角色交换机制，避免学生的角色固化。为了让小组内的每

① Bishop-Clark C, Courte J, Howard E V. Programming in pairs with Alice to improve confidence, enjoyment, and achievement[J]. Journal of Educational Computing Research, 2006, 34(2): 213-228.

② Cliburn D C. Experiences with pair programming at a small college[J]. Journal of Computing Sciences in Colleges, 2003, 19(1): 20-29.

③ Zhong B, Li T. Can pair learning improve students'troubleshooting performance in robotics education?[J]. Journal of Educational Computing Research, 2020, 58(1): 220-248.

④ Zhong B, Wang Y. Effects of roles assignment and learning styles on pair learning in robotics education[J]. International Journal of Technology and Design Education, 2021, 31(1): 41-59.

⑤ 钟柏昌，王艳霞．配对学习模式在机器人教育中的有效性［J］．现代远程教育研究，2018（3）：66-74.

位学生在机器人课程中得到均等的操作机会，避免学生重复做自己擅长的工作而不愿去尝试其他任务，有必要在角色分配的基础上再进行角色交换，让小组成员在一节课中既有机会尝试“驾驶员”的工作，也有机会扮演“导航员”的角色。有关角色交换的频率，已有研究提出了四种可行的机制：每5分钟交换、每课时交换、按任务交换、半自由交换①。其中，半自由交换是指以培养学生的默契合作为导向，不强制规定学生进行角色交换的时间和次数，但每节课要求学生根据需要至少交换一次角色。本研究提倡在具体的教学实践中，培养学生养成理性的角色转换意识，引导学生在组内合作过程中根据需要灵活进行角色交换，角色交换过于频繁或过少这两种极端都会影响学生组内合作的效果。

综上，本研究将在组内合作维度实施两人配对学习，其中，角色分配上将采用“驾驶员—导航员”机制，角色交换上将采用半自由交换机制。即，每个小组由两名学生组成，其中一名学生是“驾驶员”，负责机器人的硬件搭建和软件编程等工作；另一名学生是“导航员”，负责观察“驾驶员”的工作，及时指出“驾驶员”的错误并提出问题解决建议；任务完成过程中，配对学习的双方根据需要进行两种角色的交换。

2. 竞合学习的组间竞争机制研究

本部分研究旨在从组间竞争维度出发，甄别出有效的组间竞争机制。本部分研究拟解决的关键问题：在小学机器人课程中开展竞合学习时，哪种组间竞争机制更为有效?

（1）有偿竞争

有偿竞争是指当合作学习的小组达到预定的学习目标时，教师对表现突出的小组或个人进行奖励。从有偿竞争的奖励形式看，教师可以提供的物质奖励包括礼物、奖金、奖状等。物质奖励将目标具象化，一方面，物质奖励可以激发学生的学习动机，提高学生的表现和创造力；另一方面，物质奖励可以让

① Zhong B, Wang Q, Chen J, et al. Investigating the period of switching roles in pair programming in a primary school[J]. Journal of Educational Technology and Society, 2017, 20(3): 220-233.

小组成员在合作过程中感到彼此有着共同的追求目标，小组成员为了这一共同目标而相互支持、相互鼓励、相互促进。

鉴于此，本研究将在组间竞争维度上引入有偿竞争机制，探索物质奖励对小学生在机器人课程中的竞合学习表现是否具有促进作用。

（2）无偿竞争

尽管物质奖励在小组竞争中具有显著的激励作用，但也有研究发现，竞争中设置的物质奖励可能会对学生的社交关系产生负面影响，降低学生学习的内在动机和对学习任务本身的兴趣①。为此，王（Wang）等人提出了比施加物质奖励的有偿竞争更为温和的竞争机制，即无偿竞争②，且该团队的研究结果表明，在促进学生的合作学习方面，无偿竞争相对于有偿竞争更具优势。这种没有物质奖励的竞争，其实是一个不断的比较过程，每个小组都在参考其他小组的进展和进步，并从中得到启发，以此改善小组成员未来的表现和成绩。

无偿竞争的理论依据是班杜拉的社会学习理论，该理论认为人类的行为是个人的认知和环境因素交互作用下的产物，个体可以通过观察他人或模仿榜样，学习某种社会态度和行为③。在观察学习中，环境中的其他人员是一种重要的信息来源，观察学习可以在没有任何其他外在强化的情况下发生。鉴于此，本研究将在组间竞争维度引入无偿竞争机制，探讨观察学习和社会比较对小学生在机器人课程中的竞合学习表现是否具有促进作用。

综上，本研究将围绕组间竞争是否设有物质奖励对竞合学习效果的影响展开研究。具体来看，根据竞争是否设有物质奖励可以得到两种组间竞争机制：有偿竞争，小组竞争强调输赢且获胜小组设有物质奖励，一个小组的成功

---

① Deci E L, Koestner R, Ryan R M. Extrinsic rewards and intrinsic motivation in education: Reconsidered once again[J]. Review of Educational Research, 2001, 71(1): 1-27.

② Wang X, Wallace M P, Wang Q. Rewarded and unrewarded competition in a CSCL environment: A coopetition design with a social cognitive perspective using PLS-SEM analyses[J]. Computers in Human Behavior, 2017, 72: 140-151.

③ Bandura A, Walters R H. Social learning theory(1st Edition)[M]. Englewood Cliffs: Prentice Hall, 1976: 1-256.

以其他小组的失败为代价；无偿竞争，小组竞争不以获取物质奖励为目的，而以相互参照、启发为目的。

3. 竞合学习的应用机制研究

本部分研究旨在整合前述研究中的组内合作和组间竞争机制，构建促进学生组内积极合作、组间良性竞争的竞合学习机制，塑造互惠互利的机器人学习文化。本部分研究拟解决的关键问题：在小学机器人教育中，何种竞合学习机制能够取得更优化的学习效果？

本部分研究主要包含两个方面的工作：首先，对组内合作机制（配对学习）和组间竞争机制（有偿竞争或无偿竞争）进行交叉组合，进而得到两种不同的竞合学习设计——零和博弈式竞合和社会比较式竞合（图 5-15）；随后，通过设计、实施严谨的教学实验，甄别出适用于小学机器人教育的竞合学习设计，探究竞合学习在小学机器人教育中的应用机制。

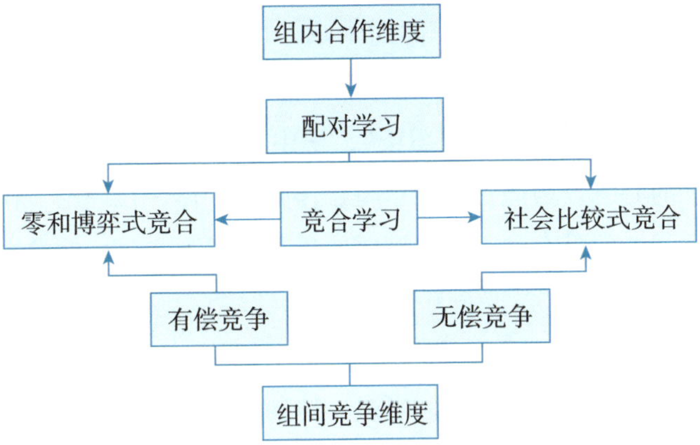

图 5-15　竞合学习设计

（1）零和博弈式竞合

综合前文，本研究通过组内合作和组间竞争两个维度的交叉构建了零和博弈式的竞合学习设计：有偿竞争（组间竞争）和配对学习（组内合作）。对于零和博弈式竞合，具体的做法是：每节机器人课伊始，教师向全班展示今天准备发放的物质奖励（本研究将物质奖励设置为文具等学习用品），告知学生本节课的竞合学习规则；教师在每节课下课前评选出本节课表现最突出的 3 个小组，小组内每位成员发放一个奖品，在全班表扬获胜小组并鼓励其他同学向这些获胜小组学习。

（2）社会比较式竞合

综合前文，本研究通过组内合作和组间竞争两个维度的交叉构建了社会比较式的竞合学习设计：无偿竞争（组间竞争）和配对学习（组内合作）。对于社会比较式竞合，具体的做法是：每节机器人课伊始，教师向全班详细讲解竞合学习的分组情况和社会比较的规则；上课时，教师多表扬进步明显、进展迅速的小组，鼓励学生观察其他小组的表现和进步，向优秀的小组和同学学习，全班共同进步；下课前，教师在全班点评部分表现突出的小组作品，为全体学生提供可供观察和参考的目标。对于社会比较式竞合，无论学生在课堂中表现多么优异，每个小组都没有获得物质奖励的机会，教师需要不断强调并引导学生通过组间观察和比较，从而实现自我成长、自我进步和自我超越。

长久以来，受机器人竞赛思路的影响，机器人教学的内容大多局限于传授机器人技术知识本身[①]，学校开设机器人课程的动机往往也局限于为机器人竞赛做准备[②]。受此竞赛文化“熏染”，学生在机器人课程中难免产生争强好胜、功利心强的心态。因此，将竞争与合作融为一体，在理论上将不仅有利于促进学生的学习，而且有利于塑造健康的机器人学习文化，使学生理性看待竞争与合作的关系。

机器人教育领域的很多研究与实践都隐性地包含了竞合学习的理念，尤其是当前盛行的各类机器人竞赛。当然，这种竞赛活动并不属于我们关注的机器人教育范畴，且机器人竞赛大多属于典型的零和博弈式竞合。与零和博弈式竞合相对，有研究认为社会比较式竞合更能促进学生的学习，即组间竞争不以

---

① 钟柏昌．中小学机器人教育的核心理论研究——机器人教学模式的新分类［J］．电化教育研究，2016，37（12）：87-92.

② 张国民，张剑平．我国基础教育中机器人教育的现状与对策研究［J］．现代教育技术，2008（5）：92-94.

获得奖励为目的，而以相互参照、启发为目的[1]。有必要追问的是，在机器人教育中采用温和的社会比较式竞合是否能够取得更好的学习效果？显然，这一构想还需接受实践的检验。

（四）预实验安排与结果

1. 预实验安排

预实验是在江苏省无锡市梁溪区某公立小学开展的，实验周期是 2018 年 9 月到 2019 年 1 月，为期 5 个月。研究对象是该小学的五年级学生，一共选取了两个班级参与本次预实验研究。学生此前均未学习过机器人课程，实验开始前每班由教师随机指定一种竞合设计。两个实验班级一共有 90 人参与了本研究的预实验，由于病假、事假等缘故，实际参与前测 86 人，实际参与后测 87 人，剔除无效数据后预实验研究共整理得到 82 份有效样本，其中男生 42 人，女生 40 人。

在预实验正式开展之前，研究者对两个实验班级进行了机器人课程的前测。前测分为机器人课程的基础知识测试以及合作—竞争倾向测试。前测结果显示，两个实验班级的学生在机器人课程的基础知识、合作倾向、竞争倾向方面均没有显著差异，学习起点基本一致。

预实验采用的实验器材是 Makeblock 公司的 mBot 入门级编程机器人套件。mBot 作为一款入门级的教育机器人，采用模块化设计，拥有丰富的传感器，加上 4 个扩展接口，可外接 100 多种电子模块。mBot 兼容拼砌类积木，可以搭配扩展包和其他自己动手做的零件，创造出多种创意形态。mBot 适用于机器人课程的初学者，不仅可以学习编程和机器人基础知识，还可以在硬件搭建过程中学习电子、机械原理等知识，建立对机器人和人工智能的初步认识。在 Makeblock 公司的官方网站 https://www.makeblock.com/cn 可以找到更多有关 mBot 和 mBlock 的介绍。mBot 小车需要搭配使用 Makeblock 公司配套的 mBlock 软件进行编程控制。mBlock 是一款专注机器人教育的图形化编程平台，可以

① Wang X, Wallace M P, Wang Q. Rewarded and unrewarded competition in a CSCL environment: A coopetition design with a social cognitive perspective using PLS-SEM analyses[J]. Computers in Human Behavior, 2017, 72: 140-151.

编程控制Makeblock 机器人、Arduino 和 micro:bit 等教育硬件设备。预实验教学安排如表5-35所示。

表5-35 预实验的教学安排

时间	预实验的教学进度
第1周	前测：机器人基础知识；合作—竞争倾向
第2周	认识 mBot 小车和 mBlock 编程软件
第3周	项目一：组装 mBot 小车
第4周	项目二：直流电机（上）（熊猫画正多边形；小车走正方形）
第5周	项目三：直流电机（下）（熊猫画圆和“8”字；小车走圆和“8”字）
第6周	项目四：超声波模块（熊猫迷宫寻食；小车避障）
第7周	项目五：巡线模块（熊猫闯关；小车巡线）
第8周	项目六：红外遥控器（小猴觅食记；遥控小车）
第9周	项目七：板载LED灯（亮车灯；打双闪；转向灯）
第10周	项目八：七彩灯带（点亮灯带；流水彩灯；呼吸灯）
第11周	项目九：表情面板（随机表情；倒计时；读取距离值）
第12周	项目十：声音传感器（读取声音值；声控车灯；声控小车）
第13周	回顾与复习
第14周	后测：合作融洽度；合作—竞争倾向；学业成绩

2. 预实验结果

本部分将呈现预实验研究各项实验数据的统计与分析结果，根据预实验的研究问题和研究假设。

（1）合作融洽度

假设1A：两种竞合学习机制下学生学习机器人课程的合作融洽度存在显著差异。

为了验证两种竞合学习机制下学生学习机器人课程的合作融洽度是否存在差异，研究者对合作融洽度的相关数据进行了独立样本 t 检验。数据分析结果如表 5-36 所示，$t=0.518$，$p=0.606>0.05$，数据未达到显著水平，表明零和博弈式竞合班（$M=5.548$）和社会比较式竞合班（$M=5.450$）的学生在机器人课程中的合作融洽度不存在显著差异。因此，假设 1A 不成立。

表 5-36　两个实验班级合作融洽度的独立样本 t 检验结果

检验变量	实验组别	样本量	平均值	标准差	t	p
合作融洽度	零和博弈式竞合	42	5.548	0.771 5	0.518	0.606
	社会比较式竞合	40	5.450	0.932 3		

（2）合作倾向

假设 2A：两种竞合学习机制下学生学习机器人课程的合作倾向存在显著差异。

通过独立样本 t 检验分析两个实验班级的学生在机器人课程中的合作倾向是否有显著差异。结果如表 5-37 所示，$t=-0.387$，$p=0.700>0.05$，数据未达显著水平，表明零和博弈式竞合班（$M=40.048$）和社会比较式竞合班（$M=40.625$）的学生在机器人课程中的学生合作倾向不存在显著差异。因此，假设 2A 不成立。

表 5-37　两个实验班级合作倾向的独立样本 t 检验结果

检验变量	实验组别	样本量	平均值	标准差	t	p
合作倾向	零和博弈式竞合	42	40.048	6.843 0	−0.387	0.700
	社会比较式竞合	40	40.625	6.655 2		

（3）竞争倾向

假设 3A：两种竞合学习机制下学生学习机器人课程的竞争倾向存在显著差异。

通过独立样本 t 检验分析两个实验班级的学生在机器人课程中的竞争倾向是否存在显著差异。结果如表 5-38 所示，$t=2.678$，$p=0.009<0.05$，数据达到显

著水平，零和博弈式竞合班（$M=29.500$）的学生在机器人课程中的竞争倾向显著高于社会比较式竞合班（$M=24.750$）的学生。因此，假设 3A 被证实成立。

表 5-38　两个实验班级竞争倾向的独立样本 t 检验结果

检验变量	实验组别	样本量	平均值	标准差	t	p
竞争倾向	零和博弈式竞合	42	29.500	9.731 1	2.678	0.009*
	社会比较式竞合	40	24.750	5.973 2		

注：*$p<0.05$。

（4）学业成绩测试

假设 4A：两种竞合学习机制下学生学习机器人课程的学业成绩存在显著差异。

为了验证两种竞合学习机制下学生在机器人课程中的学业成绩是否存在差异，研究者对两个实验班级在机器人课程中的学业成绩进行了独立样本 t 检验。结果如表 5-39 所示，$t=2.459$，$p=0.016<0.05$，表明数据达到显著水平，零和博弈式竞合班（$M=147.333$）的学生在机器人课程中的学业成绩显著高于社会比较式竞合班（$M=119.500$）的学生。因此，假设 4A 被证实成立。

表 5-39　两个实验班级学业成绩的独立样本 t 检验结果

检验变量	实验组别	样本量	平均值	标准差	t	p
学业成绩	零和博弈式竞合	42	147.333	40.815 9	2.459	0.016*
	社会比较式竞合	40	119.500	59.472 0		

注：*$p<0.05$。

以上是预实验的数据分析结果，可以看出，尽管预实验的数据没有“一边倒”地支持某一种竞合设计，但整体而言，零和博弈式竞合班（组内合作：配对学习；组间竞争：有偿竞争）在机器人课程中显示出了较为重要的教育潜力。零和博弈式竞合班的学生不仅在机器人学业水平测试中的成绩显著高于社会比较式竞合班的学生，还在机器人课程中极大地培养了学生的竞争倾向。后续的追踪访谈也表明这个班级的学生对机器人课程的满意度更高，有学生表示:“教师给的奖品让我在机器人课上很有动力，我和搭档都很想通过努力拿到奖品。”还有学生表示:“我很喜欢机器人课上的合作学习，碰到棘手的问题可以和搭档一起想办法解决，两个人分工合作效率也更高。”

3. 预实验反思

预实验研究结束后，研究者基于预实验的结果，对两个实验班级的部分学生进行了访谈。通过回顾预实验的整个过程，结合访谈结果，可以看出尽管预实验取得了一定的收获，而且学生在机器人课程中的积极性确实很高，但是在预实验的实施过程中仍然存在一些问题亟待改进。下面将重点对预实验研究中存在的不足进行总结和反思，并从中探讨下一阶段正式实验拟采用的解决策略。

（1）分组策略问题

预实验两个实验班级的小组都是在机器人课程正式开始之前，由实验学校的信息技术教师根据计算机教室的座位编排形成的，分组过程中没有充分考虑学生的个人意愿，导致部分小组内部关系紧张，组内合作无法高效、积极地开展。个别小组甚至时常在课上、课后闹矛盾，要求任课教师重新分组。

解决方案：采取双向选择策略，让学生自行挑选小组合作伙伴，课程实施过程中允许小组成员经过“磨合期”后，提出动态调整分组的申请，教师亦可根据学生的能力水平给予适当的分组调整意见，使各小组总体水平相当、差距不大。

双向选择和动态分组策略既可以保证组内各成员之间的差异性、互补性，保证组间竞争的合理性、公平性，又因为各小组都是学生自己选择组建的，学生们进行组内合作和组间竞争的积极性很高，小组任务面临问题时也没有什么好抱怨和推诿的。

（2）竞合策略问题

预实验中采用零和博弈式竞合的班级设置为全班所有小组共同开展组间竞争，每节课上评选出表现最突出的 3 个小组作为获胜小组并领取奖品。无论采取何种分组策略，都容易形成一些强势小组和弱势小组。由于部分小组过于优秀，部分小组自律性较差，导致每次上课获胜的小组基本都是老面孔，班级内其他同学难免产生沮丧感，对奖励的渴望也随之消磨，不仅如此，这种重复的失败还会导致学生产生习得性无助的心理状态。

解决方案：实施划片竞争策略，将水平相当的2~3个小组划分形成一个竞争团体，每个竞争团体内部的若干小组进行组间竞争，每节课从每个竞争团体中评选出表现最好的小组作为获胜小组并获得奖品。课程实施过程中允许学生动态调整划片竞争的区域，教师亦可根据小组水平给予适当调整，使每个竞争团体内部各小组的总体水平相当。

划片竞争策略可以最大限度地保证组间竞争的公平性，确保不同基础和水平的小组都有机会在组间竞争中取得成功，有利于在机器人课程中形成组内积极合作、组间良性竞争的健康学习氛围。

（3）人手不足问题

教师在预实验研究过程中，需要同时兼顾机器人课程教学，维持课堂纪律，解答学生疑惑，维修机器人套件，解决计算机、键盘、鼠标等硬件故障，收集实验数据，整理实验器材和数据，等等。除此之外，预实验的课程教师还需要负责多个班级的信息技术课程教学工作，在一定程度上分散了教师的精力，对预实验或多或少造成了不利的影响。

解决方案：配备研究助手，负责帮助学生解决技术问题，协助收集实验数据，进行课堂观察等工作。主讲教师与研究助手分工合作，主讲教师负责上课，课后与研究助手多沟通多反思，及时总结每节课的不足和改进之处。

（五）正式实验安排与结果

1. 正式实验安排

本研究的正式实验是在江苏省南京市鼓楼区某公立小学开展的，实验周期是2019年3月到2019年6月，为期4个月。研究对象是该小学的六年级学生，一共选取了三个班级参与本研究的正式实验。学生此前均未学习过机器人相关课程，实验开始前每班由教师随机指定一种竞合设计。

正式实验采用的实验器材是创趣天地CFunWorld公司的蓝猫智能小车，这款小车套件由结构件和电子件两部分组成，是该公司在充分结合学校课堂科创教学和创客社团创意开发需求的基础上研制推出的一款机器人教学套件，吸收了Scratch和Arduino的优点，具有功能丰富、拼接简易、趣味编程、美观小巧等优点。蓝猫智能小车需要结合积木式图形化编程软件AS-Block进行编程控制。AS-Block是一款从Scratch演变而来的图形化编程软件，和Scratch的工作界面基本保持一致，代码采用拖拽方式实现，所见即所得，大大降低了编程的难度，非常适合机器人课程的初学者。

正式的准实验研究设计了以下三种实验处理。

（1）实时物质奖励，以每节课的表现为依据，向获胜小组提供物质奖励。

（2）延时物质奖励，以每个项目的表现为单位，向获胜小组提供物质奖励。

（3）无物质奖励，不提供物质奖励，强调小组之间的参照和观察学习。

前两种实验处理属于零和博弈式竞合（即零和博弈—实时奖励、零和博弈—延时奖励），后一种实验处理属于社会比较式竞合。根据需要，将在实验学校开设机器人课程的年级中随机选择三个班作为实验班级，每个班授课内容一致，授课教师一致，分别采用一种竞合设计，每个小组按照竞合学习的准则学习机器人课程。将从学生的合作融洽度、合作倾向、竞争倾向、学业成绩以及群体凝聚力的角度对正式实验的效果进行评价和比较。

本研究的正式实验可以分为准备阶段、实施阶段以及总结与反思阶段。实验安排如表 5-40 所示。

表 5-40　正式实验的教学安排

<table>
<tr><th>时间</th><th colspan="2">正式实验的教学进度</th></tr>
<tr><td>第 1 周</td><td colspan="2">前测：机器人基础知识；合作—竞争倾向</td></tr>
<tr><td>第 2 周</td><td rowspan="2">项目一：小车动起来</td><td>认识直流电机</td></tr>
<tr><td>第 3 周</td><td>变速小车</td></tr>
<tr><td>第 4 周</td><td rowspan="3">项目二：小车大变身</td><td>声控车灯</td></tr>
<tr><td>第 5 周</td><td>温控风扇</td></tr>
<tr><td>第 6 周</td><td>避障小车</td></tr>
<tr><td>第 7 周</td><td rowspan="2">项目三：多功能蓝猫智能小车</td><td>多功能蓝猫智能小车的设计</td></tr>
<tr><td>第 8 周</td><td>多功能蓝猫智能小车的制作</td></tr>
<tr><td>第 9 周</td><td colspan="2">后测：学业成绩测试</td></tr>
<tr><td>第 10 周</td><td colspan="2">后测：合作融洽度；合作—竞争倾向；群体凝聚力</td></tr>
</table>

2. 正式实验结果

（1）合作融洽度

假设 1B：三种竞合学习机制下学生学习机器人课程的合作融洽度存在显著差异。

为了验证三种竞合学习机制下学生学习机器人课程的合作融洽度是否有差异，研究者对合作融洽度相关数据进行了单因素方差分析。其中，三种竞合学习机制设定为因子，学生在机器人课程中的合作融洽度设定为因变量。方差同质性检验结果显示，$F=3.692$，$p=0.029<0.05$，不符合方差同质性的假定。

鉴于此，研究者采用 Brown-Forsythe 统计量检验各组均数是否相等。统计结果如表 5-41 所示，$F=3.685$，$p=0.030<0.05$，数据达到显著水平，表明三个实验班级的合作融洽度存在显著差异，接下来需要进行事后比较检查哪些组别的差异达到显著。

表 5-41　三个实验班级的合作融洽度方差分析

检验变量	分组变量	样本量	平均值	标准差	F	p
合作融洽度	社会比较	26	14.269	1.733 4	3.685	0.030*
	零和博弈—实时奖励	30	13.333	2.233 5		
	零和博弈—延时奖励	24	12.667	2.296 8		

注：$^*p<0.05$。

采用盖姆斯 - 霍威尔（Games-Howell）检验法对三个实验班级在机器人课程中的合作融洽度进行事后比较发现（表 5-42），社会比较班（$M=14.269$）的学生在机器人课程中的合作融洽度显著高于零和博弈—延时奖励班（$M=12.667$）的学生。因此，假设 1B 被证实成立，即三种竞合学习机制下学生学习机器人课程的合作融洽度存在显著差异。

表 5-42　三个实验班级的合作融洽度事后比较

检验变量	分组变量		均值差	标准误	*p*
合作融洽度	社会比较	零和博弈—实时奖励	0.935 9	0.530 9	0.192
		零和博弈—延时奖励	1.602 6*	0.579 1	0.022*
	零和博弈—实时奖励	社会比较	−0.935 9	0.530 9	0.192
		零和博弈—延时奖励	0.666 7	0.621 4	0.535
	零和博弈—延时奖励	社会比较	−1.602 6*	0.579 1	0.022*
		零和博弈—实时奖励	−0.666 7	0.621 4	0.535

注：*$p<0.05$。

（2）合作倾向

假设 2B：三种竞合学习机制下学生学习机器人课程的合作倾向存在显著差异。

为了验证三种竞合学习机制下学生在机器人课程中的合作倾向是否存在差异，研究者对三个实验班级的合作倾向数据进行了单因素方差分析，然而，方差同质性检验结果显示，合作倾向的 F 值为 8.416（$p=0.000<0.05$），不符合方差同质性的假定。

鉴于此，研究者选择采用 Brown-Forsythe 统计量检验各组均数是否相等。统计结果如表 5-43 所示，$F=5.400$（$p=0.007<0.05$），数据达到显著水平，至于哪些组别在合作倾向的差异达到显著，须要进行事后比较方能得知。

表 5-43　三个实验班级的合作倾向方差分析

检验变量	分组变量	样本量	平均值	标准差	*F*	*p*
合作倾向	社会比较	26	42.885	2.405 4	5.400	0.007*
	零和博弈—实时奖励	30	40.267	5.836 5		
	零和博弈—延时奖励	24	38.917	4.302 8		

注：*$p<0.05$。

采用 Games-Howell 检验法对三个实验班级的学生在机器人课程中的合作倾向进行事后比较，结果如表 5-44 所示，社会比较班（$M=42.885$）的学生在机器人课程中的合作倾向显著高于零和博弈—延时奖励班（$M=38.917$）的学生。因此，假设 2B 被证实成立，即三种竞合学习机制下学生学习机器人课程的合作倾向存在显著差异。

表 5-44　三个实验班级的合作倾向事后比较

检验变量	分组变量		均值差	标准误	p
合作倾向	社会比较	零和博弈—实时奖励	2.617 9	1.165 3	0.076
		零和博弈—延时奖励	3.967 9*	0.997 0	0.001*
	零和博弈—实时奖励	社会比较	−2.617 9	1.165 3	0.076
		零和博弈—延时奖励	1.350 0	1.380 9	0.594
	零和博弈—延时奖励	社会比较	−3.967 9*	0.997 0	0.001*
		零和博弈—实时奖励	−1.350 0	1.380 9	0.594

注：*p<0.05。

（3）竞争倾向

假设 3B：三种竞合学习机制下学生学习机器人课程的竞争倾向存在显著差异。

为了验证三种竞合学习机制下学生在机器人课程中的竞争倾向是否存在差异，研究者对竞争倾向的相关数据进行了单因素方差分析，然而，方差同质性检验结果显示，竞争倾向的 F 值为 3.124（$p=0.050\leqslant 0.05$），不符合方差同质性的假定。

鉴于此，研究者选择采用 Brown-Forsythe 统计量检验各组均数是否相等。统计结果如表 5-45 所示，$F=1.322$（$p=0.274>0.05$），数据没有达到显著水平，假设 3B 不成立，表明三个实验班级的学生在机器人课程中的竞争倾向没有显著差异。

表 5-45　三个实验班级的竞争倾向方差分析

检验变量	分组变量	样本量	平均值	标准差	F	p
竞争倾向	社会比较	26	25.846	8.196 1	1.322	0.274
	零和博弈—实时奖励	30	27.767	6.610 8		
	零和博弈—延时奖励	24	26.288	4.614 9		

（4）学业成绩

假设 4B：三种竞合学习机制下学生学习机器人课程的学业成绩存在显著差异。

为了验证三种竞合学习机制下学生在机器人学业水平测试中的成绩是否存在差异，研究者对学业成绩的相关数据进行了单因素方差分析。其中，三种竞合学习机制设定为因子，学业成绩设定为因变量。方差同质性检验结果显示，$F=3.057$，$p=0.053>0.05$，样本没有违反方差同质性假定。进一步的单因素方差分析结果显示（表 5-46），$F=4.825$，$p=0.011<0.05$，数据达到显著水平，表明三个实验班级的学业成绩存在显著差异，接下来需要进行事后比较，确认哪些组别在学业成绩方面的差异达到显著。

表 5-46　三个实验班级的学业成绩方差分析

检验变量	分组变量	样本量	平均值	标准差	F	p
学业成绩	社会比较	26	14.673 1	2.217 85	4.825	0.011*
	零和博弈—实时奖励	30	14.800 0	2.923 15		
	零和博弈—延时奖励	24	12.479 2	3.711 70		

注：*$p<0.05$。

采用 Scheffe 检验法对三个实验班级在机器人课程中的学业成绩进行事后比较，结果如表 5-47 所示，社会比较班（$M=14.673\ 1$）和零和博弈—实时奖励班（$M=14.800\ 0$）的学生在机器人课程中的学业成绩显著高于零和博弈—延时奖励班（$M=12.479\ 2$）的学生。因此，假设 4B 被证实成立。

表 5-47　三个实验班级的学业成绩事后比较

检验变量	分组变量		均值差	标准误	p
学业成绩	社会比较	零和博弈—实时奖励	−0.126 92	0.800 72	0.988
		零和博弈—延时奖励	2.193 91*	0.845 91	0.040*
	零和博弈—实时奖励	社会比较	0.126 92	0.800 72	0.988
		零和博弈—延时奖励	2.320 83*	0.818 40	0.022*
	零和博弈—延时奖励	社会比较	−2.193 91*	0.845 91	0.040*
		零和博弈—实时奖励	−2.320 83*	0.818 40	0.022*

注：$^*p<0.05$。

（5）群体凝聚力

假设 5B：三种竞合学习机制下学生学习机器人课程的群体凝聚力存在显著差异。

为了验证三种竞合学习机制下学生在机器人课程中的群体凝聚力是否存在显著差异，研究者对群体凝聚力的相关数据进行了单因素方差分析，然而，方差同质性检验结果显示，F 值为 8.486（$p=0.000<0.05$），不符合方差同质性的假定。

鉴于此，研究者选择采用 Brown-Forsythe 统计量检验各组均数是否相等，统计结果如表 5-48 所示。$F=10.116$（$p=0.000<0.05$），数据达到显著水平，至于哪些组别在群体凝聚力的差异达到显著，须要进行事后比较方能得知。

表 5-48　三个实验班级的群体凝聚力方差分析

检验变量	分组变量	样本量	平均值	标准差	F	p
群体凝聚力	社会比较	26	106.923	8.250 7	10.116	0.000***
	零和博弈—实时奖励	30	92.900	16.341 9		
	零和博弈—延时奖励	24	92.583	13.903 1		

注：$^{***}p<0.001$。

采用 Games-Howell 检验法对三个实验班级在机器人课程中的群体凝聚力进行事后比较，结果如表 5-49 所示，社会比较班（M=106.923）的学生在机器人课程中的群体凝聚力显著高于零和博弈—实时奖励班（M=92.900）和零和博弈—延时奖励班（M=92.583）的学生。因此，假设 5B 被证实成立，即三种竞合学习机制下学生学习机器人课程的群体凝聚力存在显著差异。

表 5-49　三个实验班级的群体凝聚力事后比较

检验变量	分组变量		均值差	标准误	p
群体凝聚力	社会比较	零和博弈—实时奖励	14.023 1*	3.394 1	0.000*
		零和博弈—延时奖励	14.339 7*	3.266 8	0.000*
	零和博弈—实时奖励	社会比较	−14.023 1*	3.394 1	0.000*
		零和博弈—延时奖励	0.316 7	4.117 8	0.997
	零和博弈—延时奖励	社会比较	−14.339 7*	3.266 8	0.000*
		零和博弈—实时奖励	−0.316 7	4.117 8	0.997

注：$^{*}p<0.05$。

（六）结论与讨论

本部分对正式实验中得到的数据分析结果展开讨论，分析本研究取得的结果，并解释导致上述研究结果的可能原因，以此为基础，总结得出本研究的结论。

1. 社会比较式竞合有利于提高学生的合作融洽度

在正式实验中，社会比较班的学生合作融洽度显著高于零和博弈—延时奖励班的学生，零和博弈—实时奖励班在合作融洽度方面的均值也略低于社会比较班。可以看出，物质奖励对于促进学生在竞合学习中的合作融洽度效果并不理想。相反，强调参照、启发为目的的社会比较式竞合让学生在组内合作中联系得更为紧密。这一结论反映出组间竞争中设置的物质奖励，尤其是延时奖励，使得学生在竞合学习的过程中过分关注物质奖励和竞争的输赢，在一定程度上忽视了和同伴之间的磨合与默契，从而导致学生之间的合作融洽度不佳。

2. 社会比较式竞合有利于培养学生的合作倾向

正式实验从包容性、互惠性和合群意愿三个维度测量三个实验班级的学生在机器人课程中的合作倾向。结果显示，社会比较班的学生在合作倾向上显著高于零和博弈—延时奖励班的学生，零和博弈—实时奖励班在合作倾向方面的均值同样低于社会比较班。进一步对社会比较班和零和博弈—延时奖励班在合作倾向三个子维度的表现进行独立样本 t 检验发现（表 5-50），社会比较班在包容性和合群意愿两个维度要显著优于零和博弈—延时奖励班，而在互惠性维度，两个班级之间则不存在显著差异。

表 5-50　社会比较和零和博弈—延时奖励班合作倾向子维度的独立样本 t 检验结果

子维度	分组变量	样本量	平均值	标准差	t	p
包容性	社会比较	26	14.385	1.134 1	4.095	0.000*
	零和博弈—延时奖励	24	12.375	2.143 0		
互惠性	社会比较	26	14.269	1.372 8	1.126	0.267
	零和博弈—延时奖励	24	13.708	2.053 2		
合群意愿	社会比较	26	14.231	1.274 6	3.387	0.001*
	零和博弈—延时奖励	24	12.833	1.633 0		

注：$^*p<0.05$。

已有研究指出，合作倾向中的包容性维度与个体的社会适应性存在显著的正相关性，而互惠性维度仅与个体的人际适应性存在显著相关性[①]。可以看出，一方面，社会比较式竞合有利于培养学生的包容性，引导学生在竞合学习中照顾同伴的想法和意见；另一方面，社会比较式竞合有利于培养学生在机器人课程中的合群意愿，让学生在竞合学习的过程中享受组内合作和组间竞争所带来的愉悦感。而在零和博弈式竞合这一机制下，小组成员倾向于将更多的注

① 岑延远，聂衍刚．大学生合作竞争倾向与社会适应、职业决策自我效能的关系［J］．心理研究，2009，2（5）：70-74.

意力放在赢得组间竞争并获得物质奖励，对组内合作的维系则稍显不足，小组的合作融洽度表现不佳。相应地，学生对合作学习的认可度以及乐于开展合作学习的倾向性未能随着机器人课程的深入而得到提高，这一点体现在零和博弈—延时奖励班的学生对同伴的包容性和合群意愿显著低于社会比较班的学生。

3. 零和博弈—实时奖励有利于培养学生的竞争倾向

预实验的研究结果指出，零和博弈式竞合有利于培养学生在机器人课程中的竞争倾向。在正式实验中，虽然两个零和博弈式竞合的班级（零和博弈—实时奖励、零和博弈—延时奖励）在竞争倾向维度上和社会比较班不存在显著差异，但是从均值来看，零和博弈—实时奖励班（$M=27.767$）和零和博弈—延时奖励班（$M=26.288$）的竞争倾向依然比社会比较班（$M=25.846$）更加明显。一定程度上进一步确认了零和博弈式竞合对于培养学生竞争倾向的优势，组间竞争设置的物质奖励，无论是实时的还是延时的，都有利于激发学生在机器人课程中的竞争意识，让学生获得更充足的动力去超越他人。

物质奖励是激发学生学习动机、提高学生学习积极性的重要手段。与强调参照、启发为目的的社会比较式竞合不同，零和博弈式竞合为组间竞争提供了物化的、有形的目标，促使小组成员在机器人课程中能够朝着教师预先设定的物质奖励展开高效合作。这一看得见、摸得着的物质奖励不仅能够肯定学生在以往机器人课程中的优异表现，还能够进一步激发学生在随后的竞合学习中投入更多的努力。长此以往，零和博弈式竞合班的学生在机器人课程中的竞争意识、竞争精神和竞争能力不断得到加强。

4. 不同竞合学习设计对学生学业成绩的影响

与预实验相比，正式实验的两个零和博弈式竞合班级在学业成绩测试中并没有压倒性地胜出社会比较班。在正式实验的学业成绩测试中，社会比较班显示出了不俗的实力。与设置延时物质奖励的零和博弈式竞合相比，社会比较式竞合对学生学业成绩产生了更加积极的影响。从均值来看，零和博弈—实时奖励班的学业成绩仍然是三个实验班级中最优秀的，进一步肯定了预实验得出的结论：零和博弈式竞合有利于提高学生的学业成绩。需要注意的是，并不是所有的零和博弈式竞合都能提高学生在机器人课程中的学业成绩，如果组间竞争的物质奖励方式设置不当（如本研究正式实验采用的延时奖励），反而会对学生产生不利影响。也就是说，组间竞争设置的物质奖励并不是激发学生在机器人课程中取得优异成绩的必要条件，物质奖励的设置方式非常关键。

本研究在正式实验针对延迟满足这一心理机制设计了零和博弈—延时奖励实验处理，延迟满足是一种心理成熟的表现，专指一种甘愿为更有价值的长远结果而放弃即时满足的抉择取向，以及在等待期中展示的自我控制能力①。在本研究中，延时设置的物质奖励效果并不理想，甚至组间竞争没有设置物质奖励的社会比较班也比零和博弈—延时奖励班在学业成绩测试中表现更佳。

根据心理账户理论，个体在做出选择的过程中会对多种选择的结果进行估价②。例如，改变心理预期参照点，可以影响人们对同一结果的认知评价，从而引起不同的情绪反应，达到不同的激励效果③。也就是说，即使在组间竞争时提供奖励（包括物质奖励和精神奖励）本身是一件鼓舞人心的事，但如果学生对奖励的心理预期过高，随后却没有得到奖励或奖励并没有想象的那么好，结果可能不但没有起到激励作用，反而挫伤了学生组内合作的积极性。因此，建议教师在实践中事先采用心愿单等形式了解学生对组间竞争机制的心理预期，通过奖励形式或奖励时机的变化提高奖励对学生的激励作用。

5. 社会比较式竞合有利于提升学生的群体凝聚力

本研究从群体互动对个人的吸引力、群体任务对个人的吸引力、群体统合互动以及群体统合任务四个维度评价学生在机器人课程中的群体凝聚力。正式实验的研究结果显示，社会比较班的学生在群体凝聚力方面显著高于零和博弈—实时奖励班和零和博弈—延时奖励班的学生。

群体凝聚力是影响团队成员工作态度、工作行为与工作绩效的一个极为关键的因素，高凝聚力的群体通常表现为团队成员相互吸引、共同对团队的工作任务承担责任以及团队的自豪感④。群体凝聚力产生的条件包括：团队成员

---

① 程萍．儿童自我延迟满足能力发展的研究［J］．社会心理科学，2006，21（3）：37-40.

② 汪明，汪少环．心理账户理论在教育教学管理中的应用［J］．中小学管理，2008（7）：10-12.

③ 李爱梅，凌文辁．心理账户与薪酬激励效应的实验研究［J］．暨南学报（哲学社会科版），2009，31（1）：80-87.

④ 林美珍．团队凝聚力的研究述评［J］．科学与管理，2010，30（1）：20-23.

的目标一致、志趣相投、心理相容和互补，以及外界的压力与威胁等。由此可见，强调参照、启发为目的的社会比较式竞合对于学生的群体凝聚力培养非常有利。这一温和的竞合机制有利于在团体内部形成一种积极的、健康的情感气氛，从而增强团体成员对群体的归属感和责任感，团队成员会因自己完成团队的工作任务而继续产生正面的情感。从长期来看，团队成员之间的相互信任和相互帮助会促使团队成员更加认同自己的团队身份，对群体的认可度也会随之提高，这也是社会比较班的学生在合作融洽度和合作倾向维度的表现均优于其他两个零和博弈班级的一个重要原因。

（七）总结与展望

本部分旨在梳理研究的主要工作，呈现研究的主要成果，在系统回顾预实验和正式实验开展情况的基础上，总结得出本研究的结论，分析本研究的创新之处。同时，本部分亦将根据研究过程中存在的局限性指出未来研究的方向，力求在后续研究中进一步探索竞合学习机制在小学机器人教育中的更多可能性。

1. 研究总结

以机器人教育为代表的人工智能教育进中小学已经成为一项重要的国家教育战略。从教学层面看，合作学习在机器人课程中占据主导地位，然而，常规的多人合作模式在教学实践中面临多重困境，不利于机器人教育的健康发展。以此为背景，本研究从机器人教育的特点出发，提出将竞合理念引入其中，从组内合作和组间竞争两个维度探究适合机器人课程教学的竞合学习应用机制，旨在丰富机器人教育的教学理论，为机器人课程提供行之有效的教学方法和案例参考。

基于上述研究背景分析，本研究设计并实施了预实验和正式的准实验研究，验证不同竞合学习机制在小学机器人教育中的教学效果。

预实验设计了零和博弈式竞合和社会比较式竞合两种实验处理，选取了2个五年级的班级，开展了为期一个学期的教学实验。实验过程中采用问卷调查、课堂观察和面对面访谈等形式，从合作融洽度、合作—竞争倾向以及学业成绩三个方面评价学生的表现。结果显示，零和博弈式竞合班级和社会比较式竞合班级的学生在合作融洽度和合作倾向不存在显著差异；然而，零和博弈式竞合班级的学生在机器人课程中的竞争倾向和学业成绩要显著高于社会比较式竞合班级的学生。

正式实验设计了社会比较、零和博弈—实时奖励和零和博弈—延时奖励三种实验处理，选取了三个六年级的班级，开展了为期一个学期的教学实验。实验过程中采用问卷调查、课堂观察和访谈等形式，从合作融洽度、合作—竞争倾向、学业成绩以及群体凝聚力四个方面评价学生在不同竞合学习机制下的表现。结果显示：社会比较班的合作融洽度和合作倾向显著优于零和博弈—延时奖励班；三个班级在竞争倾向方面不存在显著差异，但两个零和博弈班的均值略高于社会比较班；社会比较班和零和博弈—实时奖励班的学业成绩显著高于零和博弈—延时奖励班；除此之外，社会比较班的群体凝聚力要显著高于零和博弈—实时奖励班和零和博弈—延时奖励班。

根据上述研究结果，可以总结得出以下结论。

（1）零和博弈式竞合有利于培养学生的竞争意识。在物质奖励的刺激下，小学生在机器人课程中的竞争意识愈发强烈，看得见、摸得着的物质奖励不仅能够肯定学生在以往机器人课程中的优异表现，还能够进一步激发学生在随后的竞合学习中投入更多的努力。

（2）零和博弈—实时奖励有利于提高学生的学业成绩。组间竞争设置的实时物质奖励可以更好地调动学生在机器人课程中的学习积极性，激发学生的学习动机，给予学生充足的动力以取得在竞合学习中的成功。

（3）社会比较式竞合有利于培养学生的合作意识。正式实验指出，社会比较班的学生在合作融洽度、合作倾向、群体凝聚力等多个维度均占有明显的优势，表明强调参照、启发为目的的社会比较式竞合并不是一无是处，相反，这种温和的竞争机制可以充分培养学生的团队精神和合作意识。

总体而言，社会比较式竞合和零和博弈式竞合在小学机器人课程中各有利弊，教师可以结合学生情况和现实条件灵活选取竞合学习的机制。需要注意的是，无论组间竞争维度是否设置物质奖励，适度的竞争有利于避免或减轻合作学习可能导致的“搭便车”等问题，而过度竞争倾向是我们在开展竞合学习过程中需要尽量避免的问题。教师要注重引导学生树立理性的竞争意识，不仅要培养学生敢于竞争、乐于竞争的意识，还要培养学生善于竞争的能力。

2. 创新之处

本研究的创新之处可以总结为以下三点。

（1）研究视角的创新。本研究选题新颖，从合作学习在机器人教育领域面临的困境出发，取合作与竞争之所长，弃二者之所短，将竞合的理念引入小学机器人教育，从组内合作和组间竞争两个维度构建适用于小学机器人教育的竞合学习机制，在一定程度上丰富了机器人教育的理论体系，也为小学机器人课程教学提供了新的视角。

（2）研究内容的创新。本研究分析了合作学习在机器人教育中的应用价值和现实瓶颈，提出将企业经营领域的竞合引入其中，构建促进学生组内积极合作、组间良性竞争的竞合学习机制，塑造互惠互利的机器人学习文化。随后，通过预实验和正式实验，验证了不同竞合学习机制在机器人教育中的优势与不足，提出竞合学习机制在小学机器人教育中的实施策略和教学建议。

（3）研究方法的创新。本研究综合运用了文献研究法、准实验研究法、问卷调查法、访谈等多种研究方法。在文献综述部分，系统回顾了机器人教育、合作学习以及竞合的发展历程和最新进展；在理论构建部分，从组内合作和组间两个维度出发，设计竞合学习在小学机器人课程中的应用机制；在实证研究部分，使用准实验研究法在两所小学分别开展了预实验和正式实验，通过定性与定量相结合的方式综合评价各个实验班级的学生在不同竞合学习机制下的学习效果。

3. 研究的不足之处

尽管研究者已经尽最大的努力深入小学机器人课堂，探索竞合学习的应用机制，然而受到现实条件的制约，本研究仍然存在一些不足之处。

（1）样本量较少。本研究的预实验和正式实验一共选取了 5 个实验班级，由于学生在实验中途因故缺席等不可控因素，两次实验的有效样本量较少，因此对于研究结论的推广性和普适性还有待进一步验证。

（2）实验周期较短。本研究的两次实验分别开展了一个学期，且两次实验是在不同的学校开展的，未能对小学生在机器人课程中开展竞合学习的情况进行跟踪研究。

（3）课程内容不甚丰富。本研究两次实验选取的样本均为机器人课程的初学者，考虑到小学生的学习基础和学习能力，本研究在实验过程中设计的课程内容都是以基础知识和基本技能训练为主，学生普遍能较好地达成目标，难以全面培养学生的问题解决能力和实践创新能力。

4. 研究展望

本研究对竞合学习在小学机器人教育中的应用机制进行了初步探索，尽管竞合学习在实验过程中体现出了较好的教育潜力，但本研究只能作为一个新的研究起点，未来还需要对竞合学习在机器人教育中的更多可能性展开探索，具体而言可以从以下两方面着手。

（1）竞合学习的过程性评价工具。采用可靠的过程性数据收集方法和工具，对学生在不同竞合学习机制下的过程性表现进行跟踪分析。例如，采用弗兰德斯编码体系分析师生在不同竞合学习机制中的课堂互动行为，评价不同竞合学习机制师生在机器人课堂上互动行为的影响，同时也可以帮助教师了解学生在机器人课堂上的表现，从而改进教学和竞合学习的设计。

（2）竞合学习的机器人项目设计。采用开放性、创新性的机器人项目有利于进一步激发学生在机器人课程中开展竞合学习的积极性，机器人课程对于大多数学生来说都是非常新奇的，学生乐于在机器人课程中开展自主探索，教师不能将机器人课程仅仅局限于教授机器人的基础知识和基本操作，学生需要充分的时间和空间去大胆假设、验证、评价不同的问题解决方案。对于竞合学习而言，组内合作为学生解决复杂的机器人问题提供了可能性，组间竞争为学生的合作探究提供了动力，后续研究可以为竞合学习在机器人教育中的应用设计具有更多可能性的课程内容。

五、有效构建人工智能教育中的竞合学习模式

2017 年 7 月，国务院印发并实施《新一代人工智能发展规划》，明确提出要在中小学阶段设置人工智能相关课程，逐步推广编程教育。《普通高中信息技术课程标准（2017 年版）》在必修模块增加了人工智能基础知识的内容，并设立了“人工智能初步”选择性必修模块。

在国家层面的有力推动下，以编程、机器人、无人机、创客等为主题的各类人工智能课程纷纷涌现。人工智能正以超乎人们预想的速度发展并迅速

进入教育领域，既成为教育改革的新工具，也成为课程教学的新内容[①]。然而，当前我国的人工智能教育仍处于起步阶段，在教学模式上，基本沿袭信息技术课堂惯用的讲练结合或封闭式任务教学法。单一学习模式不仅制约了人工智能教育在中小学校的良性发展，而且阻碍了人工智能教育对创新型人才的培养。鉴于此，人工智能教育的实施与普及亟待开辟新思路、探索新路径、实践新模式。

（一）人工智能教育的几种学习模式

1. 人工智能教育中的合作学习

受限于人工智能套件的价格和班级授课的规模等因素，合作学习在当前的人工智能教育中应用十分广泛。人工智能套件的可触摸、可观察和跨学科等特点确实非常适合开展合作学习[②]。例如，让动手能力较强的学生负责搭建硬件平台，逻辑思维能力较强的学生负责编写程序，对结构和材料感兴趣的学生负责设计人工智能应用系统的外观和造型，小组成员各司其职、分工协作。

尽管合作学习有普适意义，但人工智能教育毕竟不同于语文、数学等学科。实践表明，直接将常规的多人合作照搬至人工智能教育面临一些“水土不服”的问题。例如，①“搭便车”行为：因缺乏责任意识而导致部分小组成员袖手旁观，坐享他人之利；② 利益冲突：因操作机会不均而导致小组内部关系紧张；③ 角色固化：因分工缺乏变化而导致小组成员持续做同一类型的任务或工作，小组成员无法得到充分的锻炼机会。

2. 人工智能教育中的配对学习

人工智能教育中的合作涉及软硬件等多个操作对象，与一般意义上的合作学习不同，需要做针对性的融合设计才能充分发挥合作的教育价值。

两人配对学习编程得到广泛而成熟的应用，编程教育与人工智能教育密切相关，配对学习理念也开始在人工智能教育中应用探索。配对学习是指两名

① 任友群．人工智能教育如何进校园［N］．中国教育报，2018-05-19（1）．

② Yuen T, Boecking M, Stone J, et al. Group tasks, activities, dynamics, and interactions in collaborative robotics projects with elementary and middle school children[J]. Journal of STEM Education, 2014, 15(1): 39-45.

学生共用一套设备，在明确且可交换的角色分配和任务分工下，协同完成人工智能应用系统的开发过程。配对学习意味着学生不再是自由地合作，而是在清晰的角色分工下协同完成任务，并根据需要灵活进行角色交换，以避免传统多人合作可能导致的搭便车、角色固化等问题。已有研究表明，配对学习在人工智能教育中具有重要意义，可以促进学生制作出更优秀的人工智能作品，在人工智能教育的研究与实践中值得进一步探索①。

3. 人工智能教育中的竞争学习

人工智能教育在中小学的推广，主要借助于各类竞赛活动。采用竞赛的形式以赛促学，可以有效激发学生参与科技创新的兴趣和积极性，对培养学生的创新精神与实践能力具有重要意义②。组织得当的竞赛活动能够让学生在竞争的压力驱动下显著增强学习动机，进而发挥出最佳状态并提高表现③。竞争对手的创意和表现也可以激发学生做出更优的设计和改进。

然而，传统的人工智能类竞赛有越来越功利化、商业化的趋势，商业因素对竞赛项目的设立和评价干扰过度。受竞赛活动的影响，人工智能教育的内容大多局限于传授人工智能技术知识本身，学校开设人工智能课程往往也在为竞赛做准备。学生的能力在人工智能教育中未能得到充分的锻炼，且“英雄主义”盛行，缺乏团队意识，不利于学生的全面发展。不仅如此，人工智能教育如果只停留在以精英取向的竞赛活动为依托，就只能局限在少数学校的少数学生当中，而无法走向真正的普及④。

4. 人工智能教育中的竞合学习

合作与竞争并非水火不容、非此即彼的关系。建立在博弈论基础之上的竞合（coopetition）理念是一种基于合作与竞争相融合的战略，强调个体或团

---

① 钟柏昌，王艳霞．配对学习模式在机器人教育中的有效性［J］．现代远程教育研究，2018（3）：66–74.

② 张云洲，吴成东，崔建江，丛德宏．基于机器人竞赛的大学生创新素质培养与实践［J］．电气电子教学学报，2007（1）：116–119.

③ Lawrence R. Teaching data structures using competitive games[J]. IEEE Transactions on Education, 2004, 47(4): 459–466.

④ 钟柏昌，张禄．我国中小学机器人教育的现状调查与分析［J］．中国电化教育，2015（7）：101–107.

队之间通过竞争与合作实现“双赢”，甚至“共赢”。

所谓竞合学习，旨在将上述竞合理念延伸至教育领域，打破合作学习与竞争学习的对立局面，扬长避短，发挥合作和竞争的最大效力。在竞合学习中，组内成员一般表现为合作，而为了避免组内竞争导致合作难以进行的局面，宜将竞争机制设置在组间层面[①]。通过组内合作，可以把不同知识基础和兴趣的学生团结起来完成小组任务，从而直观感受团队的力量；组间竞争则为小组合作提供内在驱动力，有利于增强群体凝聚力，提高小组表现。

将竞争与合作融为一体，同时与配对学习相整合，不仅有利于提升人工智能教育的效果，而且有利于塑造健康的学习文化，使学生正确看待合作与竞争的关系。

（二）竞合学习模式的建构

考虑到人工智能教育的鲜明特点，还需要对组内合作和组间竞争做更具针对性的融合设计，以促进学生组内积极合作、组间良性竞争。

1. 组内合作机制的设计

（1）小组规模。在人工智能教育中开展合作学习时，即便是规模相对较小的三人合作，有时也会游离出一个“看客”[②]。因此，本研究提倡在组内合作维度实施两人配对学习，即每两名学生自愿形成一个配对小组，共用一套人工智能教育套件，协同完成学习任务。合作过程中允许学生动态调整配对学习的搭档。

（2）角色分配。为了明确两名小组成员的职责，需要预先设定角色分配机制。例如，动手能力较好的学生负责组装、搭建平台，逻辑思维能力较强的学生负责编写、测试程序。再如，一名学生负责搭建平台并编写程序，另一名学生负责检查硬件连接和程序逻辑，及时指出错误并提出改进建议。

（3）角色交换。人工智能教育是面向所有人的教育，需要学生在人工智能应用系统的设计、搭建、编程、包装等各个方面都能获得充分的锻炼机会，

---

① 李京杰，马德俊．博弈论与协作学习的组内合作及组间竞争问题探讨［J］．电化教育研究，2010（2）：18-21.

② 赵加兴，杨改学．合作学习在中小学机器人教学中的应用［J］．软件导刊．教育技术，2010，9（3）：40-42.

因此在进行角色分配的同时，有必要辅以角色交换机制，避免学生的角色固化。有关角色交换的频率，已有研究提出了四种可行的机制：每 5 分钟交换、每课时交换、按任务交换、半自由交换①。其中，半自由交换是指以培养学生的默契合作为导向，不强制规定学生进行角色交换的时间和次数，但每节课要求学生根据需要至少交换一次角色。从培养学生理性的角色转换意识出发，本研究提倡采用半自由交换角色的机制。

2. 组间竞争机制的设计

组间竞争的核心是竞赛活动和奖励规则的设计。

（1）划片竞争。实践表明，无论采取何种分组策略，都容易形成一些强势小组和一些弱势小组，如不加干预，弱势小组将永远无法获得奖励，即产生前述竞争门槛过高的问题。为了最大限度地保证组间竞争的公平性，确保不同基础和水平的小组都有机会在组间竞争中取得成功，本研究提倡在组间竞争维度上采取划片竞争策略。即水平相当的 2~3 个小组划分形成一个竞争区域，每个竞争区域内的若干小组进行组间竞争。教学实施过程中允许学生动态调整划片区域，教师亦可根据小组水平适当调整，确保每个区域内的小组水平相当。

（2）教室布局。一种学习环境决定一种学习类型，塑造一种学习文化。为方便学生开展竞合学习，本研究提倡将开展人工智能教育的教室设计成圆桌式（图 5-16）。其中，每张圆桌由六名学生组成，每两名学生形成一个配对小组开展组内合作，每张圆桌内的三个小组进行组间竞争。从实践效果看，这种布局非常有利于提高课堂效率，减少教师管理压力。

（3）奖励形式。奖励分为物质奖励和精神奖励。物质奖励（如礼物、奖状等）将目标具象化，小组成员为赢得奖励相互支持、相互鼓励、相互促进。尽管如此，研究发现物质奖励可能会降低学生学习的内在动机和对任务本身的兴趣②。为此，教师在提供物质奖励的同时应辅以精神奖励（如口头表扬、分

---

① Zhong B, Wang Q, Chen J, et al. Investigating the period of switching roles in pair programming in a primary school[J]. Journal of Educational Technology and Society, 2017, 20(3): 220-233.

② Deci E L, Koestner R, Ryan R M. Extrinsic rewards and intrinsic motivation in education: Reconsidered once again[J]. Review of Educational Research, 2001, 71(1): 1-27.

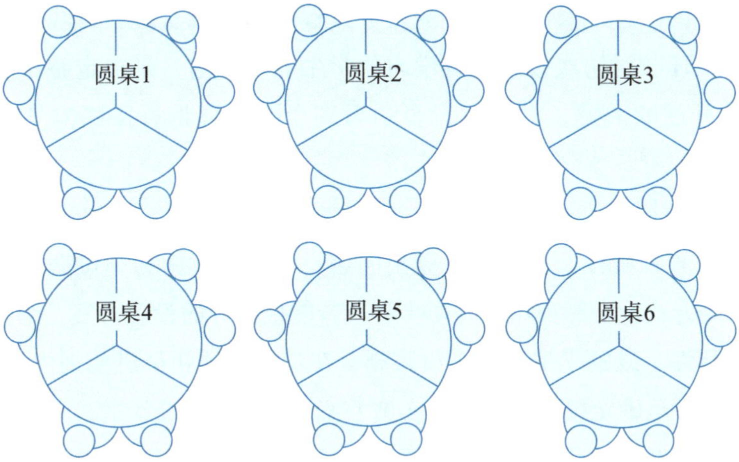

图5-16　竞合学习的教室布局

数等）。更重要的是，一方面，教师要充分了解现在的学生究竟需要何种奖励，如通过心愿单的方式了解实际需求，从而契合学生的预期；另一方面，教师还要引导学生树立理性的竞争意识，降低奖励预期，强化在组间竞争中实现自我提高和自我超越的预期。

（4）奖励策略。组间竞争不能单一地以输赢来定夺，过于片面的评价只能使极少数人得到鼓励，奖励策略应采用“适量+位移”的原则。“适量”是指奖励不能太频繁，即使是一张奖状也要体现出价值和分量，只有这样才能充分激发学生的兴趣和动力。“位移”是指奖励的范围要扩大，每位学生只要愿意在人工智能课程中付出努力就有机会争取奖励。教师不仅要奖励每个竞争区域内表现突出的小组，还要根据每个小组成员的表现对个别学生实施奖励。

（三）竞合学习模式的典型教学案例分析

为帮助读者进一步理解竞合学习模式在人工智能教育中的实践应用过程，本部分以智能楼道灯项目为例做进一步说明。为节约篇幅，仅从操作程序环节进行简要描述。

1. 规则介绍

教师在正式上课前介绍竞合学习的规则，帮助学生树立组内积极合作、组间良性竞争的学习观。竞合学习的意义不只是赢得竞争或奖励，更在于完成任务本身的乐趣以及学生在完成任务过程中的自我实现、自我提高和自我超越。这一环节对初次接触竞合学习的学生非常关键，是决定整个竞合学习能否成功开展的关键，教师对竞合学习理念的把握将直接影响学生的竞合表现。

2. 项目规划

在项目规划阶段，教师负责抛出问题，学生以小组为单位调研生活中的楼道灯控制方式，在组内讨论并初步形成智能楼道灯的设计方案。为综合评估方案的可行性，鼓励学生打破小组限制，在竞争区域和全班范围内集思广益、各抒己见，直至确定楼道灯的最终实施方案。这一组间交流的过程不仅可以让学生从不同角度客观分析设计方案的优势与不足，还可以为配对小组提供了解其他小组学习进展的机会。

3. 项目实现

项目实现主要围绕硬件搭建和程序编写两个方面展开。硬件搭建和程序编写通常是一节人工智能课的重点和难点，两名学生配对合作不仅可以大大提高学习效率，还可以为问题的解决提供更多可能性。教师则负责扮演竞合学习活动的“组织者”“引导者”“监督者”，在必要时讲解硬件搭建和程序编写涉及的新知识，指导学生在明确的角色分工和角色交换机制下逐步完成智能楼道灯的搭建、编程、测试和优化。

硬件搭建过程可为学生提供多种不同的分工，例如：① 两名学生交替安装声音传感器、光线传感器和 LED 灯；② 一名学生负责安装所有电子元件，另一名学生负责检查接线和接口；③ 一名学生安装完所有硬件后，另一名学生拆解硬件并重新安装。程序编写同样以小组为单位进行，各小组成员合理分工，如一名学生负责编写程序，另一名学生负责检查程序并及时指出错误。

4. 项目评价

竞合学习模式非常重视学习评价和反馈机制，教师可根据评价反馈及时调整竞合学习的活动设计。例如，若某个竞争区域内出现较明显的强势小组或弱势小组，教师可提醒学生适当调整分组。竞合学习的评价以多元化、合理化为原则，可以从学习投入程度、合作默契程度、作品展示和作品评分等多个方面进行。

需要注意的是，教师在开展竞合学习的过程中要注重引导学生树立理性的合作观与竞争观，不仅要培养学生乐于合作、敢于竞争的意识，还要培养学生善于合作、善于竞争的能力。我们认为，竞合学习不只是为了形成组内合作、组间竞争的机制，更重要的是塑造一种新的学习文化，促使学生正确看待竞争与合作的关系。当今社会要求个体既要有良好的合作态度，也要有积极的竞争精神，学会合作与竞争对于学生的成长具有非常重要的意义。

六、配对学习与独立学习的比较研究[①]

以 Arduino 为代表的开源软硬件的流行，开启了中小学机器人教育的普及之路，近五年来，中小学开源机器人课程开始在全国各地兴起[②]。机器人教育是多学科的整合体，涉及数学、物理、美术等学科知识。理论上，机器人教育具有丰富的教育价值，更重要的是，能够培养学生的实践创新等核心素养。但是，机器人教育价值的有效发挥，离不开有效教学模式、教学方法的保障。

在程序设计教育领域，采用两人配对模式学习编程（即“配对编程”）在国际上有比较广泛和成熟的应用。配对编程不是两人自由合作，而是具有明显的角色分工，在任务完成过程中进行角色互换，以避免普通合作学习模式存在的角色固化和“搭便车”问题，这给机器人教育领域提供了借鉴和启发。

但是，设计和制作机器人的过程，除涉及编程控制之外，还有工程设计、硬件搭建和外形包装等内容，那么，将配对编程模式迁移于机器人教育是否具有可行性？抑或有其特殊性？这些问题值得深入研究。

（一）相关研究

1. 机器人教育中的合作学习

在机器人教育中，合作学习相较于独立学习具有明显的优势：合作学习

① 钟柏昌，王艳霞．配对学习模式在机器人教育中的有效性［J］．现代远程教育研究，2018（3）：66-74.

② 钟柏昌，张禄．我国中小学机器人教育的现状调查与分析［J］．中国电化教育，2015（7）：101-107

可以显著增加学生的互动频率，引导学生积极学习并创造知识[①][②]；合作学习可以提高学生对机器人教育的满意度及其在机器人操作中的自我效能感[③]；合作学习有助于提高学生的学习绩效[④]，并提高学生在学习过程中的参与度[⑤]；合作学习有助于帮助学生更好地完成机器人搭建任务[⑥]。

以上大多数的研究均采用了常规的合作学习模式，即每组由三到五名学生组成。只有少数研究者关注组员数量和角色分配对学生在机器人教育中的学习绩效的影响。比安科（Bianco）（2014）[⑦]指出，组内成员数量不超过三名是综合考虑学生及设备安全的一种最有效的分组方法。有研究者则表示四人一组学习也具有优势，其中一名学生操作控制机器人，一名学生观察指导，另外两名负责计算机端的程序设计[⑧]。同时，一些研究人员还提出，在合作学习中需要考虑角色分配和转换，以避免角色固化的问题[⑨]。然而，以上研究都只是提

---

① Denis B, Hubert S. Collaborative learning in an educational robotics environment[J]. Computers in Human Behavior, 2001, 17(5-6): 465-480.

② Wainer J, Ferrari E, Dautenhahn K, et al. The effectiveness of using a robotics class to foster collaboration among groups of children with autism in an exploratory study[J]. Personal and Ubiquitous Computing, 2010, 14(5): 445-455.

③ Liu E Z F, Lin C H, Chang C S. Student satisfaction and self-efficacy in a cooperative robotics course[J]. Social Behavior and Personality: An International Journal, 2010, 38(8): 1135-1146.

④ Cheng C C, Huang P L, Huang K H. Cooperative learning in LEGO robotics projects: Exploring the impacts of group formation on interaction and achievement[J]. Journal of Networks, 2013, 8(7): 1529-1535.

⑤ Correll N, Rus D. Peer-to-peer learning in robotics education: Lessons from a challenge project class[J]. Computers in Education Journal, 2010, 1(3): 60-66.

⑥ Liu E Z F, Lin C H, Chang C S. Student satisfaction and self-efficacy in a cooperative robotics course[J]. Social Behavior and Personality: An International Journal, 2010, 38(8): 1135-1146.

⑦ Bianco A S. Starting and teaching: Basic robotics in the classroom: Modern, engaging engineering in technology education[J]. Technology and Engineering Teacher, 2014, 73(7): 32-38.

⑧ Mosley P, Kline R. Engaging students: A framework using LEGO robotics to teach problem solving[J]. Information Technology, Learning, and Performance Journal, 2006, 24(1): 39-45.

⑨ McGoldrick C, Huggard M. Peer learning with LEGO mindstorms[C]//34th Annual Frontiers Education, 2004. FIE 2004. IEEE, 2004: S2F-24.

出了理论假设，并没有提供任何来自实证研究的证据。

2. 配对编程相关研究

配对编程最早主要用于软件公司的程序开发工作，研究表明，配对编程与独立编程相比，编程者能够从更全面的角度进行思考，获得更好的程序设计思路，设计出具有更优结构和更高执行效率的算法和程序代码。同时，也能更早地发现程序问题，写出错误更少、质量更高的程序代码①。研究表明，在不同的任务和人员条件下，配对编程能将代码错误率降低约15%②。

随着配对编程思想的成熟及其在基础教育领域的渗透，配对编程成为了程序设计教育领域的一种合作学习模式。相关研究表明，配对编程可以显著提高学生的编程技能和编程质量③，还能减少初学者的沮丧感，培养初学者对学习编程的积极态度④，并进一步提高学生沟通交流和协作学习的能力⑤。设计和制作机器人的过程，除涉及硬件搭建以外，还有大量的编程控制及工程设计等内容，因此配对编程是机器人教育中值得借鉴与参考的一种模式。基于以上研究分析，理论上来说，引申自配对编程的配对学习模式也是机器人教育中具有可行性的一种教学模式。但与程序设计活动不同的是，机器人教育活动过程中存在人—计算机、人—机器人、计算机—机器人三种交互活动。此外，基于机器人教育的整合性，机器人课程不只有编程知识，还覆盖了包括力学、自动化、数学、计算机工程和人工智能等相关领域的知识体系⑥。因此机器人教育中的配对学习与配对编程有一定的差异，配对学习的有效性尚需进一步研究和检验。

---

① Cockburn A, Williams L. The costs and benefits of pair programming[J]. Extreme Programming Examined, 2000, 8: 223-247.

② Williams L A. The collaborative software process[D]. The University of Utah, 2000.

③ Hannay J E, Dybå T, Arisholm E, et al. The effectiveness of pair programming: A meta-analysis[J]. Information and Software Technology, 2009, 51(7): 1110-1122.

④ Bishop-Clark C, Courte J, Howard E V. Programming in pairs with Alice to improve confidence, enjoyment, and achievement[J]. Journal of Educational Computing Research, 2006, 34(2): 213-228.

⑤ Cliburn D C. Experiences with pair programming at a small college[J]. Journal of Computing Sciences in Colleges, 2003, 19(1): 20-29.

⑥ Fernandez J, Marin R, Wirz R. Online competitions: An open space to improve the learning process[J]. IEEE Transactions on Industrial Electronics, 2007, 54(6): 3086-3093.

（二）研究目标与问题

根据上述机器人教育的特点，本节第一部分将其划分为两类：驾驶员—导航员模式（驾导配对模式），软件—硬件分配模式（软硬配对模式）。这两种配对学习模式的主要区别在于小组成员的角色分工不同，驾导配对模式将行为分离成操作和观察指导两种，而软硬配对模式则是根据操作对象的不同，将其划分为软件和硬件两种。

为此，本研究的目标就是要进一步探索这两类配对学习模式在机器人教育中的教学效果。为便于比较研究，我们将独立学习作为比较的参照。因此，本研究将分别比较驾导配对模式、软硬配对模式、独立学习模式三种学习模式的学生学习效果。学生学习效果的评价将主要通过学生的最终作品制作质量、学习机器人的态度和学习沉浸度来测量。由此，我们首先需要回答如下三个问题。

（1）三种学习模式下的学生的作品制作质量是否有差异?

（2）三种学习模式下的学生学习机器人的态度是否有差异?

（3）三种学习模式下的学生的学习沉浸度是否有差异?

其次，本研究根据机器人教育的特点构建了软硬配对模式，与沿袭配对编程的驾导配对模式相比是否更加适合机器人教育？只通过上述三个问题还无法得到全面的答案，而学生在完成项目的过程中，其互动行为是否有差异，将是体现深度合作学习的一个重要方面。从配对学习的角度而言，同伴之间角色交换频率的差异可以作为一个衡量指标。因此，本研究除了关注两种配对学习模式在以上三方面的差异外，还将回答以下问题：

在学习过程中，两种配对学习模式的学生的角色交换频率是否有差异?

（三）研究设计

1. 实验对象

为回答上述问题，我们在无锡市梁溪区某小学五年级学生中开展了为期一个学期（2017 年秋学期）的教学实验。我们从 6 个班级中随机选择了 3 个班级，共 88 名学生作为实验对象。根据初步调查，这些学生在 2017 年秋学期开始接触学习机器人基础课程，之前没有学习过相关课程，不具备编程的基础知识和基本技能。为了进一步确保所有实验对象的知识储备处于同一水平，我们在实验开始前还进行了先备知识测试（前测），单因素方差分析结果显示，

$F(3, 126) = 1.709$，$p > 0.05$，说明 3 个班级在编程方面的基础知识和基本技能没有显著差异。

实验过程中，3 个班级分别以不同的学习模式进行机器人课程的学习，具体如下。

1 班以软硬配对模式进行机器人课程的学习，根据自己需求进行角色交换，要求在完成每个项目的过程中至少交换一次角色。

2 班以驾导配对模式进行机器人课程的学习，根据自己需求进行角色交换，要求在完成每个项目的过程中至少交换一次角色。

3 班以独立学习的模式进行机器人课程的学习，即一个人独立完成项目。

2. 课时安排

教学实验一共持续 12 周。其中前两周进行先备知识测试以及学生分组；第 3 周至第 10 周学习机器人课程知识，并完成 4 个项目；第 11 周和第 12 周进行任务考核，以及态度问卷调查和学习沉浸度问卷调查。任务考核和问卷填写要求每个学生独立完成。具体课时安排见表 5-51。

表 5-51　实验课时安排

阶段	周时	课程内容
准备阶段	1	先备知识测试，学生分组，以及向学生讲解配对学习准则
	2	
学习阶段	3	学习并完成项目 1：小车前进 1 s 后直角转弯
	4	
	5	学习并完成项目 2：实现小车走正方形
	6	
	7	学习并完成项目 3：实现小车走“8”字
	8	
	9	学习并完成项目 4：实现小车在行进过程中能够躲避障碍物
	10	
后测阶段	11	最终任务考核，并填写学习态度调查问卷和学习沉浸度调查问卷
	12	

3. 实验材料

（1）mBlock 机器人套件

本实验采用的是简单易搭建的 mBot 教育机器人，它是一款面向小学生，包含编程、电子和机器人知识的一体化教育机器人产品，图 5-17 展示了 mBot 基础版机器人小车。mBot 小车可以通过配套的 mBlock 软件（基于 Scratch 2.0）、mBot 手机 App 以及 mBlockly 平板 App 来控制。在教学过程中，教师根据学校的硬件设备条件，选择利用积木式编程环境 mBlock 进行教学，图 5-18 是 mBlock 软件操作界面。

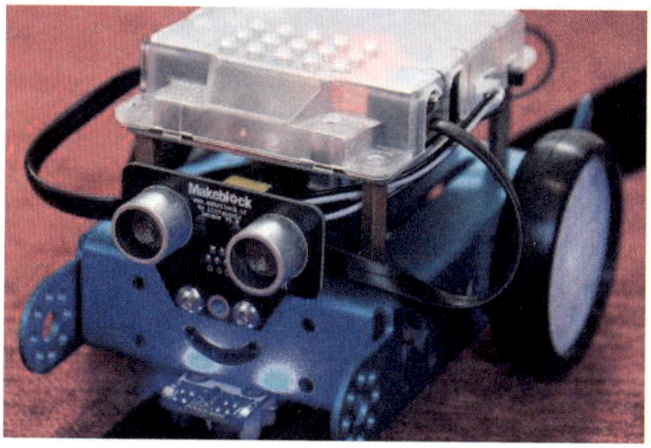

图 5-17　mBot基础版机器人小车

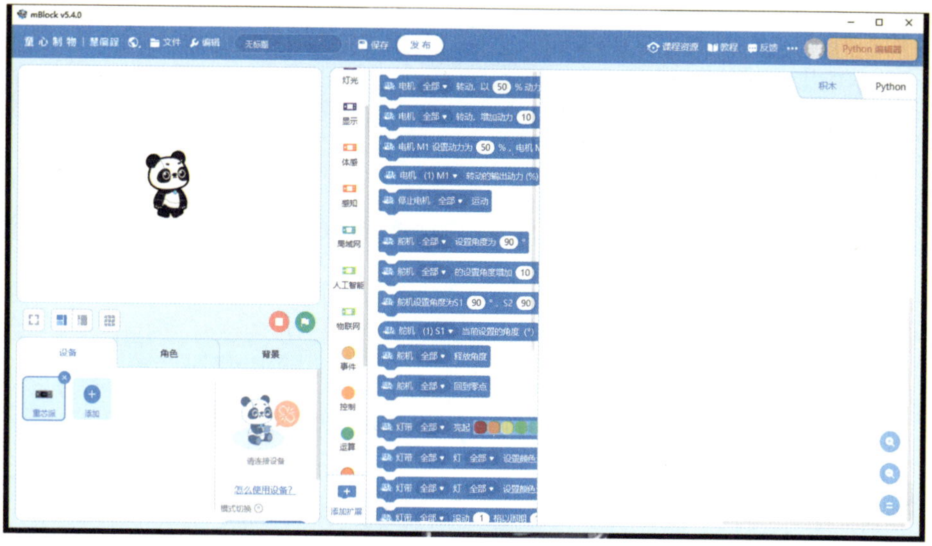

图 5-18　mBlock软件操作界面

（2）配对学习手册

为了培养学生的配对学习习惯，并及时记录学生的配对学习行为，我们设计了配对学习手册，内容包括配对学习介绍、角色的分配准则、交换准则，以及配对学习角色交换记录表（表5-52）。教师会在每节课上课之前将配对学习手册发放给每组学生，每节课结束后收回，要求学生认真填写角色交换记录表，教师在每次课后仔细检查手册。

表5-52　配对学习角色交换记录表（软硬配对模式）

交换次数	角色	姓名	交换发起者	配合情况
1	硬件操作者			
	软件操作者			
2	硬件操作者			
	软件操作者			
3	硬件操作者			
	软件操作者			
4	硬件操作者			
	软件操作者			
5	硬件操作者			
	软件操作者			

备注：① 此观察记录表只记录学生配对完成某个项目时的互动行为；

② 要求小组成员在每一个项目中至少交换一次；

③ 交换发起者填写主动提出角色交换的学生姓名，如果是经两人商量一致同意的交换则可以填写“协商交换”；

④ 配合情况为方便填写，填写代号：A 很配合；B 比较配合；C 一般；D 不太配合；E 完全不配合。

4. 研究方法及工具

为探索配对学习模式在小学机器人教育中的有效性，本研究设定教学干预措施——学习模式为自变量，作品制作质量、学习态度、学习沉浸度为因变量，分别经由作品制作测试、学习态度问卷调查、学习沉浸度问卷调查获得分数，如图5-19所示。

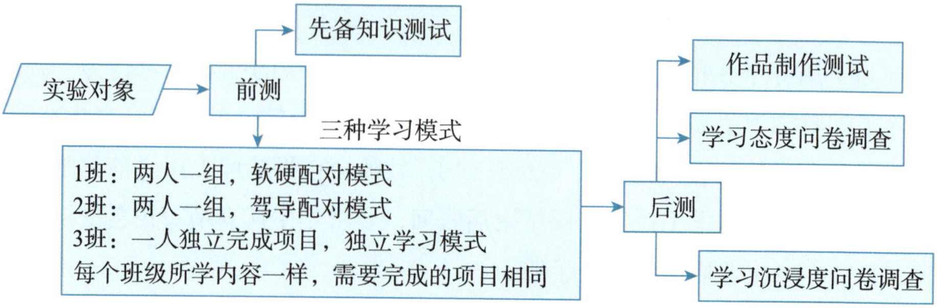

图 5-19　实验设计流程图

先备知识测试包含了 7 个选择题，其中前 3 题调查学生的经验背景，例如，一个问题是:“你以前参加过机器人竞赛吗？ A. 是 B. 否”。后面 4 题则是编程常识和程序设计题目，数据分析结果显示，即使少部分学生有参加过机器人竞赛的经历，但编程基础和技能不存在显著差异，所有实验对象的编程基础和技能起点相似，这保证了实验的有效性。学习态度问卷用来调查学生接受一学期的机器人课程学习之后对机器人搭建和机器人编程的自信心、享受度以及价值观上的认可度。问卷采用的是李克特五点量表，即答案范围从“非常同意”到“非常不同意”分为五个水平。学习态度问卷中关于自信心、享受度和价值观三维度问题的划分详见附录 3。

学习沉浸度问卷旨在调查学生在课堂学习过程中的投入程度，为李克特五点量表。学习沉浸度主要体现在行为沉浸度、情绪沉浸度和认知沉浸度三方面，详见附录 4。量表来源和信度详见表 5-53。

表 5-53　量表的来源和信度

项目		来源	克朗巴哈系数
学习态度问卷	自信心（10 题）	毕晓普 - 克拉克（Bishop-Clark）等人，2006	0.844
	享受度（10 题）	毕晓普 - 克拉克（Bishop-Clark）等人，2006	0.789
	价值观（8 题）	钟柏昌等人，2017	0.740

续表

项目		来源	克朗巴哈系数
沉浸度量表	行为沉浸度（5 题）	弗雷德里克斯（Fredricks）等人（2004，2005）	0.754
	情绪沉浸度（5 题）	弗雷德里克斯（Fredricks）（2004，2005）	0.681
	认知沉浸度（3 题）	弗雷德里克斯（Fredricks）（2004，2005）	0.719

作品制作测试是在机器人课程学习结束之后进行，每个学生独立完成任务，以评估学生的机器人搭建能力和编程能力。由研究者和专业一线教师共同商议，并结合课程内容和学生知识掌握程度，设计了作品制作测试题（作品测试任务单）：小车走一个完整的圆之后实现躲避障碍物；根据需要选择传感器，并正确组装在小车上；任务单中还指定了轮子转速，并提供了部分提示。最后根据学生提交的程序代码和小车的搭建质量，由专业教师打分，总分 20 分。

（四）研究结果

1. 作品制作成绩

第一个研究问题是探索三种学习模式的学生的作品制作质量是否有差异。为此，我们以学习模式作为自变量，作品制作测试成绩作为因变量，进行了单因素方差分析。数据显示三种学习模式下学生的作品制作质量没有明显差异，$F(2,85)=0.10, p>0.05$。但从三个班级成绩的平均分（表 5-54）中可以看出，使用软硬配对模式的班级的平均分要略高于其他两个班级。

表 5-54　三种学习模式下学生作品制作成绩的平均值

学习模式	作品制作成绩	样本量
软硬配对模式	14.97（3.81）	32
驾导配对模式	14.63（3.46）	34
独立学习模式	14.53（4.57）	22
总体	14.73（3.85）	88

备注：作品制作成绩中包括了平均值和标准差。

2. 学习态度差异

为了调查三种学习模式下学生学习机器人的态度是否有差异，我们进行了多元方差分析。其中，三种学习模式为固定因子，学习态度的三个维度作为因变量。多元方差分析结果显示，Wilks' $\Lambda = 0.847$，$p<0.05$，表明三种学习模式对学生学习机器人课程的态度产生了显著不同的影响。

为了找出具体差异，需要对学习态度中的每个维度进行单因素方差分析。在自信心、享受度和价值观三方面，方差同质性检验的 F 值均不显著，$p>0.05$，可进行方差分析。单因素方差分析结果显示，不同学习模式下的学生在自信心和享受度上都存在显著差异，$p<0.05$，而在价值观上无显著差异，$p>0.05$。对存在显著差异的自信心和享受度两个维度分别采用 SNK 事后检验法进行两两比较，统计结果（表 5-55 和表 5-56）表明，独立学习模式下学生的自信心明显高于驾导配对模式下的学生，而软硬配对模式下的学生的自信心处于两者之间；独立学习模式下的学生的享受度明显高于两种配对学习模式，两种配对模式下的学生的享受度没有显著差异。

表 5-55　学习态度中自信心 SNK 检验法

学习模式	样本量	子集 *	
		1	2
驾导配对模式	34	36.88	
软硬配对模式	32	40.59	40.59
独立学习模式	22		41.77

注：$^*p<0.05$。

表 5-56　学习态度中享受度 SNK 检验法

学习模式	样本量	子集 *	
		1	2
驾导配对模式	34	37.76	
软硬配对模式	32	38.38	
独立学习模式	22		42.45

注：$^*p<0.05$。

3. 学习沉浸度差异

第三个研究问题是探究三种学习模式下学生的学习沉浸度是否存在差异。学习沉浸度分为三维度，即行为、情绪和认知。我们首先进行了多元方差分析，其中三种学习模式为固定因子，学习沉浸度的三维度作为因变量。数据显示，Wilks' $\Lambda = 0.846$，$p<0.05$，表明三种不同的学习模式对学生学习机器人课程的沉浸度产生了显著不同的影响。

在行为沉浸度方面，Levene 检验结果为 $F = 1.456$，$p>0.05$，说明方差差异未达显著，可进行方差分析。单因素方差分析结果显示 $p<0.05$，随后采用 SNK 事后检验法进行两两比较，统计结果（表 5-57）表明，独立学习模式和软硬配对模式下的学生的行为沉浸度明显高于驾导配对模式下的学生，而独立学习模式和软硬配对模式下的学生的行为沉浸度基本没有差异。在情绪和认知沉浸度方面，方差同质性检验结果 p 分别是 0.038 和 0.037，虽然违反方差同质性假定，但方差分析模型较为稳定，情况并不严重，不需要进行校正操作①。对情绪和认知沉浸度分别进行单因素方差分析，统计结果表明，学生在情绪沉浸度上存在明显差异，$p<0.05$；SNK 事后检验法的结果（表 5-58）表明，独立学习模式下的学生情绪沉浸度要显著高于驾导配对模式下的学生，而软硬配对模式处于两者之间。学生在认知沉浸度上并没有显著差异，$p<0.05$。这些统计结果与上述学习态度的统计结果基本一致。从学生的访谈中可以发现，学生虽然喜欢合作学习，但是也表示和搭档存在意见分歧的时候会觉得麻烦，这在一定程度上降低了他们学习过程中的享受度和情绪沉浸度。

表 5-57　行为沉浸度 SNK 检验法

学习模式	样本量	子集 **	
		1	2
驾导配对模式	34	18.47	
软硬配对模式	32		20.72
独立学习模式	22		21.27

注：$^{**}p<0.01$。

① 吴明隆. 问卷统计分析实务：SPSS 操作与应用［M］. 重庆：重庆大学出版社，2010: 343.

表 5-58 情绪沉浸度 SNK 检验法

学习模式	样本量	子集 *	
		1	2
驾导配对模式	34	20.41	
软硬配对模式	32	21.28	21.28
独立学习模式	22		22.73

注：$^{*}p<0.05$。

4. 两种配对学习模式之间角色交换频率差异

第四个研究问题旨在探究两种配对学习模式中学生的角色交换频率是否存在差异。为此，我们计算了每次完成项目过程中的角色交换次数。如图 5-20 所示，两种配对学习模式下角色交换的频率变化趋势都是随着时间的增长而降低，没有显著差别。这一情况与课堂观察和学生访谈相符合，有学生表示："一开始交换得很多，因为对这种角色分配比较感兴趣，而且总想自己来做；后来换得比较少，基本上只交换一次或者两次；而且如果不是教师强制要求交换，自己不想交换角色。"还有学生表示，一开始学习机器人课程比较兴奋，后来知道自己会哪些不会哪些，只有合作伙伴不会而自己会的时候才会主动提出交换。整体而言，学生的角色交换会随着合作时间的推移而变得更加默契和理性。

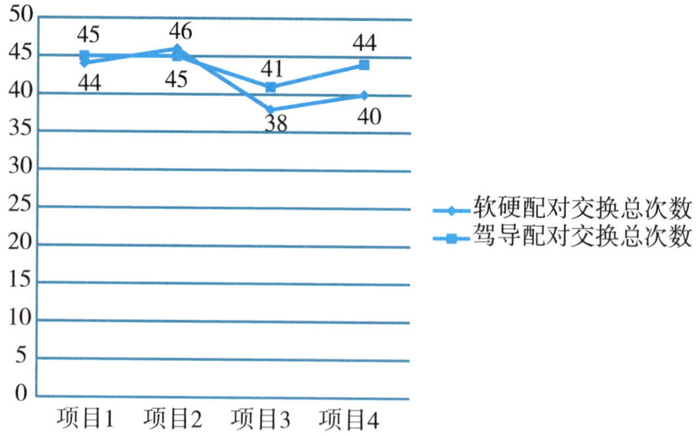

图 5-20 两种配对模式的角色交换次数

（五）结果讨论

配对编程在程序设计学习上所产生的积极效果得到了大部分研究者的肯定，但是这一种新型的学习模式，目前只在程序教育领域应用，机器人教育领域还未有研究者尝试。本研究尝试将配对编程迁移到机器人教育中，并根据机器人教育活动的特点，构建了软硬配对模式。那么这两种配对学习模式在小学机器人教育中是否具有优势呢？本研究作为首个探索性研究，结果表明软硬配对模式下的学生具有一定优势，比驾导配对模式和独立学习模式下的学生表现更好一些，而直接从程序设计领域迁移而来的驾导配对模式效果略差。

在早期的研究中，研究者就发现团体在各种学习任务中的表现优于个人①。机器人教育和程序设计教育中的众多研究也证实了这一观点②③。然而，这些研究关注的是团体学习表现与个人学习表现的差距，而不是每个学生之间的学习绩效差异。本研究对比每个学生的学习成绩，尽管配对学习模式对学生成绩的影响并没有显著高于独立学习，但鉴于配对学习模式下的每个学生经历了配对合作的学习过程，有利于其合作精神的培养，且在每个学生独立完成的作品制作测试过程中也获得了不错的表现（学生得分略高于独立学习模式）。从这个角度而言，配对学习模式具有较重要的教育价值。

在学习机器人的态度方面，驾导配对模式下的学生的自信心明显低于独立学习模式和软硬配对模式下的学生，而独立学习模式和软硬配对模式中的学生在自信心方面没有显著差别；与之呼应，三种学习模式中学生的情绪沉浸度的差异与学习态度中自信心的差异一致。这些结论与配对编程模式对初学者学习积极性的显著提升有所不同④。差异的产生可能与机器人教育活动自身特

① Hill G W. Group versus individual performance: Are N+1 heads better than one?[J]. Psychological Bulletin, 1982, 91(3): 517-539.

② Yuen T, Boecking M, Stone J, et al. Group tasks, activities, dynamics, and interactions in collaborative robotics projects with elementary and middle school children[J]. Journal of STEM Education, 2014, 15(1): 39-45.

③ Denis B, Hubert S. Collaborative learning in an educational robotics environment[J]. Computers in Human Behavior, 2001, 17(5-6): 465-480.

④ McGoldrick C, Huggard M. Peer learning with lego mindstorms[C]//34th Annual Frontiers in Education(FIE). IEEE, 2004: 24-29.

点有关，程序设计只存在两个交互对象，即学习者和计算机，而机器人教育活动存在学习者、机器人和计算机三个交互对象。完成课堂项目过程中的“驾驶员”需要负责机器人和计算机，需要较多的操作；“导航员”也需要同时观察机器人和计算机并指导两类问题。有学生在访谈中表示，自己一个人同时负责机器人和计算机会手忙脚乱，而导航员有时并不能起到指导作用。学生在课堂中不能从容有序地完成项目，情绪受到影响，而学生的情绪是影响其学习自信心的一个重要因素①。

学习态度中的享受度也存在差异，独立学习模式下的学生的享受度明显高于驾导配对模式和软硬配对模式下的学生。值得关注的是，学生的行为沉浸度的差异也极为相似，相比驾导配对模式，独立学习模式和软硬配对模式下的学生行为沉浸度更高。我们根据课堂观察和访谈，分析可能存在以下两个原因。首先，配对学习本质是合作学习，两人合作过程中无法避免意见分歧的问题，有独立模式下的学生表示：“配对学习是比独立学习好，但是我更喜欢独立学习，因为两个人意见不一样时会很麻烦，自己一个人想怎么做就怎么做。”其次，机器人套件对小学生的吸引力是巨大的，独立学习的学生自己拥有一套器材，在学习过程中可以不断调试，而配对模式下的学生需要与搭档共享一套器材，分配调试机器人小车的时间，尤其是在学期前期阶段，合作成员之间默契程度不够，存在争夺调试机器人小车的问题。组内不和谐的合作环境同时也影响小学生的积极性与兴趣度，而兴趣与沉浸度呈正相关关系②。

两种配对学习模式在角色交换频率上的逐步下降，表明配对学习模式确实有利于培养学生的合作精神，有利于培养学生养成合作解决问题的意识和能力。

整体而言，尽管本研究结论并没有“一边倒”地支持配对学习模式，但

① Van Passel P, Eggink W. Exploring the influence of self-confidence in product sketching[C]//Proceedings of the 15th International Conference on Engineering and Product Design Education, The Design Society, 2013: 70-75.

② Sun J C Y, Rueda R. Situational interest, computer self-efficacy and self-regulation: Their impact on student engagement in distance education[J]. British Journal of Educational Technology, 2012, 43(2): 191-204.

在一定程度上表明配对学习尤其是软硬配对模式具有较为重要的教育潜力，值得在今后的机器人教育研究与实践中做进一步探索，特别是需要找到更多影响配对学习效果的因素和改进的办法。例如，本研究中采用的是半自由交换，容易出现角色交换过多和过少两种极端，因此，需要教师注意培养学生的理性转换意识，引导学生在配对过程中根据实际需要进行角色转换，如果引导不到位，必然影响配对学习的效果。

七、配对学习对学生纠错能力的影响研究①

机器人教育的价值不会凭空产生，实践和研究表明，对于一个尚处于起步阶段的学科领域而言，有效教学方法的设计与使用至关重要。本研究探讨配对学习与独立学习两种方式下学生的纠错行为，以了解学生在不同学习方式下学习机器人课程的纠错行为，以及参与机器人课程之后的纠错能力表现。通过研究已有的相关文献，并结合机器人课程的内容特点，本研究拟建构一个纠错行为分析框架，并依据该框架开展实证的比较研究，期望通过实验验证配对学习模式在培养学生纠错能力方面的有效性。因此，本研究的目的有以下两点：

（1）建构机器人课程中学生纠错行为的分析框架；

（2）探究机器人教育中配对学习是否能够有效提升学生的纠错能力。

（一）概念界定

1. 纠错

纠错是一种常见的问题解决方式。可参照第三章第三节第一部分的相关描述。

2. 纠错行为

本研究中的纠错行为，是指在学习机器人的过程中，学生完成机器人项目时针对遇到的纠错问题所采取的纠错行为。纠错在医学、工程、物理等许多学科领域中都有广泛应用。在工程教育中，学生不仅通过纠错任务来提升他们的工程设计能力，也能将所学的知识转化为真实问题的解决方案，从而提升对

---

① 本节内容节选自钟柏昌教授指导的研究生李婷婷的硕士毕业论文。

真实问题的解决能力①。依据“科学—技术—工程”三元论的观点②，机器人教育的本质是一种工程教育，其核心在于“造物”。开源硬件为学生提供了一个独特的技术平台，其本身也是一种工程产品。学生通过学习开源硬件项目，不仅能够关注作为产物的科学知识或技术，更加深对人类基于理性认识改造世界的过程和方法的体验③。但是，机器人课程的学习通常不是一帆风顺的，学生会遇到各种问题，可能是硬件的、程序的、连接的或其他问题，这些问题导致学生的作品不能实现预期的效果，学生需要进行不断测试和调试，才能将设计的作品变为实际的工程产品，这就涉及一系列的纠错行为。纠错经验的积累能够帮助学生掌握有效的机器人故障排除和问题解决方法，增强学生解决技术问题的信心，因此，纠错是增强学生问题解决能力的重要“催化剂”④。

机器人教学中的纠错主要有两类，一类是学生在完成项目的过程中自然遇到的各种纠错任务，另一类是教师人为设置的训练学生纠错技能的纠错任务。本研究针对学生完成项目的过程中自然遇到的纠错任务开展研究。

（二）相关研究

1. 纠错在机器人教育及相关领域中的研究

当面临一个困难的问题或任务时，儿童（甚至成年人）往往无法在第一次尝试时确定一个合适的解决方案。在这些情况下，“调试”技能是非常重要的。调试，又称为纠错，是工程和计算机科学领域使用的一种解决问题的形式。为了调试一个问题，一般经历四个步骤：认识到有些东西不工作或没有达到既定的目标；要么决定保留原来的目标，要么改用一个适当的替代方案；提出一个假设；基于假设尝试解决问题⑤。

---

① Barak M, Hacker M. Fostering human development through engineering and technology education[M]. Rotterdam: Sense Publishers, 2011: 233-255.

② 李伯聪. 努力向工程哲学领域开拓［J］. 自然辩证法研究，2002（7）：36-39.

③ 唐小为，王唯真. 整合STEM发展我国基础科学教育的有效路径分析［J］. 教育研究，2014，35（9）：61-68.

④ Nugent G, Barker B, Grandgenett N, et al. The use of digital manipulatives in k-12: Robotics, GPS/GIS and programming[C]//2009 39th IEEE Frontiers in Education Conference. IEEE, 2009: 1-6.

⑤ Bers M U, Flannery L, Kazakoff E R, et al. Computational thinking and tinkering: Exploration of an early childhood robotics curriculum[J]. Computers and Education, 2014, 72: 145-157.

在完成机器人项目的同时，纠错主要集中在机器人故障问题的迭代解决和替代方案的测试上，因其复杂性和高发生率而占据着特殊的重要地位。为了帮助学生建立一个更系统的方法来开发机器人项目并解决问题，纠错技能将是整个项目的重点。根据泰勒（Tayler）等人（2018）[①] 的说法，尽管教师可能在机器人项目的设计过程和技术方面提供支持和指导，但许多学生仍然继续使用试错法。即使试错可能是一种可行的问题解决策略，但如果缺乏系统或科学的方法，它似乎阻碍了学生在开发工作设计或程序方面的进展，进而影响机器人问题的解决过程。

然而，目前仍然缺乏学生在机器人教育纠错活动中的相关研究。根据以往的研究，在工程、编程和物理等相关领域，纠错活动为教员提供了培养学习者解决问题能力的策略。研究者认为，在工程设计中，设计理念和原型需要不断地进行纠错，唯有如此，才会发现并修复明显或细微的缺陷，因此，对于设计师来说，诊断性纠错策略能够帮助他们在多次迭代中改进理念和原型[②]。此外，调试步骤是工程设计过程的关键组成部分。所谓工程设计过程，指的是工程师为了满足需求而用于设计工件的循环或迭代过程[③]。根据马萨诸塞州课程框架的定义，其步骤包括：确定一个问题，寻找解决方案的想法并开发原型，测试，改进，与他人分享解决方案。调试在“测试”和“改进”步骤中发挥着至关重要的作用。

在编程教育中，纠错是反映学生问题解决能力的一种直接方式，有研究使用纠错任务来评估学生的编程成绩。韦布（Webb）[④] 设计了一个带有五个纠错场景的真实评估，以评估一个游戏设计和计算机编程的教学单元的有效性。根据学生在课堂上学习的编程模式，这些故障排除场景中穿插了一些错误，如

---

① Taylor K, Baek Y. Collaborative robotics, more than just working in groups[J]. Journal of Educational Computing Research, 2018, 56(7): 979-1004.

② Barak M, Hacker M. Fostering human development through engineering and technology education[M]. Rotterdam: Sense Publishers, 2011: 233-255.

③ Massachusetts Department of Education. Massachusetts science and technology/engineering curriculum framework[EB/OL]. http://www.doe.mass.edu/frameworks/current.html, 2006.

④ Webb D C. Troubleshooting assessment: An authentic problem solving activity for it education[J]. Procedia-Social and Behavioral Sciences, 2010, 9: 903-907.

“一种汽车在高速公路上没有移动”（游戏场景中有一些代理，如汽车、青蛙等）。同样，本研究团队①曾提出了三个维度（方向性、开放性和过程性）的模型来设计纠错任务以评估学生的计算思维。例如，其中一个任务是解决小兔子吃花椰菜时为什么不弯腰的问题，因为在“兔子的花园”这个场景中，小兔子被设计成有弯腰吃花园花椰菜的动作。

纠错也为物理教育者提供了强大的支持，能够帮助培养学生解决问题的能力。电路纠错是物理学科中常见的教学活动，电路故障包括电路中的组件（电池或仪表）连接错误、组件短路、由电源和电阻导致的电压与电流过高或过低等问题②。学生参与这些纠错活动诊断并修复故障，能够积累纠错经验并学习学科知识。范戈（Van Gog）等人③研究了物理电路纠错中不同学习序列对学习迁移效率的影响，研究表明面向过程的电路纠错任务（即提供了相关过程信息的纠错任务）能够产生更高的学习迁移效率，这些过程的辅助信息包括相关物理原理、详细而系统的电路纠错方法。耶鲁莎尔米（Yerushalmi）等人④通过研究学生学习欧姆定律时的在线纠错活动，了解学生的知识整合过程。在该研究中，线上助教分两步来组织纠错任务：安排学生诊断描述有误的内容；学生将他们的诊断结果与教师的诊断内容进行比较。通过这个活动，学生用自己的言语解释任务中相关的物理原理和概念，并试图将冲突的概念统一起来。类似地，萨法迪（Safadi）⑤比较了在简单电路纠错中，纠错任务（TS,

① Zhong B, Wang Q, Chen J. The impact of social factors on pair programming in a primary school[J]. Computers in Human Behavior, 2016, 64: 423-431.

② Van Gog T, Paas F, Van Merriënboer J J G. Uncovering expertise-related differences in troubleshooting performance: Combining eye movement and concurrent verbal protocol data[J]. Applied Cognitive Psychology, 2005, 19(2): 205-221.

③ Van Gog T, Paas F, Van Merriënboer J J G. Effects of process-oriented worked examples on troubleshooting transfer performance[J]. Learning and Instruction, 2006, 16(2): 154-164.

④ Yerushalmi E, Puterkovsky M, Bagno E. Knowledge integration while interacting with an online troubleshooting activity[J]. Journal of Science Education and Technology, 2013, 22(4): 463-474.

⑤ Safadi R, Yerushalmi E. Problem solving vs. troubleshooting tasks: The case of sixth-grade students studying simple electric circuits[J]. International Journal of Science and Mathematics Education, 2014, 12(6): 1341-1366.

troubleshooting tasks）和常规问题解决任务（PS，problem solving tasks）的学习结果以及知识整合过程。在常规问题解决活动中，学生被要求单独解决概念问题，描述他们的看法，并在后续学习中进行分享。在纠错任务中，针对同样的问题，教师设计了有错误的解决方案，学生被要求识别、解释和纠正这些错误的方案，并在后续学习中进行分享。最终，耶鲁莎尔米（Yerushalmi）等人发现参与纠错任务的学生在后续的问题解决过程中，表现出更高的知识迁移水平，尤其是那些先验知识水平较低的学生①。

2. 纠错行为的评价

（1）纠错行为的过程性评价

毫无疑问，对于机器人教育，合作学习有其重要价值，但需要指出的是，相比独立学习，尚缺乏细致的、实证的比较研究来证明合作学习的具体优势。有关机器人教育的研究中，不少研究设计都存在缺陷，例如，由于缺乏可靠的研究设计，控制组经常缺失，几个变量同时被操纵，结果的测量往往是基于观察和定性数据，以及研究对象的年龄限制没有明确阐述等②。此外，机器人教育中对学习的评价，大多关注对学习结果而非学习过程的评价。显然，这种评价是不全面的，因为学生在学习过程中的表现是评价学生学习的一个重要方面。

参考与机器人学科紧密相关的其他学科领域的经验，例如，物理学科中，认为一个擅长纠错的学生应该表现出三方面的特点：能够快速加入纠错过程中；只在遇到新的或困难的纠错问题时寻求教师的帮助；最终能够解决问题③。换言之，对于学生而言，能够尽可能快地独立解决纠错问题是十分重要的。在本研究中，从过程性评价的角度出发，将从三个维度评价学生在学习过

① Yerushalmi E, Puterkovsky M, Bagno E. Knowledge integration while interacting with an online troubleshooting activity[J]. Journal of Science Education and Technology, 2013, 22(4): 463-474.

② Alimisis D. Educational robotics: Open questions and new challenges[J]. Themes in Science and Technology Education, 2013, 6(1): 63-71.

③ Dounas-Frazer D R, Lewandowski H J. Electronics lab instructors' approaches to troubleshooting instruction[J]. Physical Review Physics Education Research, 2017, 13(1): 010102.

程中的纠错表现：学生遇到的纠错数量；学生遇到的纠错问题类型；学生是否能够自己解决纠错问题（或是寻求教师的指导）。

（2）纠错行为的总结性评价

仅有过程性的比较是不够的，虽然学生能够与他人合作成功地解决问题，但是当自己单独面对这些问题时，却不一定能顺利解决。也就是说，小组的表现并不等同于每个成员个体的表现。因此，在课程学习结束时，有必要对学生做总结性的评价，以单独测评每个学生的纠错能力。

回顾机器人教育中已有对合作学习的评价的研究，其内容主要集中在三方面：与 STEM 相关的学科知识的掌握情况[①②]；学生在完成任务时的表现，如任务的完成率、工程设计、问题解决、计算思维、社会交流或是团队合作技能等[③④]；学生的情感和态度，如学生的愉悦度（融合度、兴趣）、动机、自信和自我效能（或满意度）等[⑤⑥]。

总的来说，在机器人教育中，学生的学习主要通过知识、技能和态度等方面进行评价。然而，很少有研究关注学生认知水平的发展[⑦]，特别是认知负荷，更不用说对合作学习与独立学习方式下学生认知负荷的比较。在教学中，将学生的学习行为和认知负荷相结合，被认为是一种可靠的评价方法，因为在

---

① Bers M U, Portsmore M. Teaching partnerships: Early childhood and engineering students teaching math and science through robotics[J]. Journal of Science Education and Technology, 2005, 14(1): 59-73.

②⑤ Nugent G, Barker B, Grandgenett N, et al. Impact of robotics and geospatial technology interventions on youth STEM learning and attitudes[J]. Journal of Research on Technology in Education, 2010, 42(4): 391-408.

③ Bers M U, Flannery L, Kazakoff E R, et al. Computational thinking and tinkering: Exploration of an early childhood robotics curriculum[J]. Computers and Education, 2014, 72: 145-157.

④⑦ Di Lieto M C, Inguaggiato E, Castro E, et al. Educational robotics intervention on executive functions in preschool children: A pilot study[J]. Computers in Human Behavior, 2017, 71: 16-23.

⑥ Liu E Z F, Lin C H, Chang C S. Student satisfaction and self-efficacy in a cooperative robotics course[J]. Social Behavior and Personality: An International Journal, 2010, 38(8): 1135-1146.

达成相同的学习效果时，两个学习者可能投入了不同的心理努力[①]。

认知负荷理论非常关注设计有效的教学方法，利用人们有限的认知处理能力，将获得的知识和技能应用于新的情境（即迁移）[②]。在完成复杂任务时，大量的交互式信息元素包含在其中，因此会产生高强度的工作记忆负荷，也就是内在认知负荷[③]。纠错任务就是复杂任务的一种，对初学者会施加很高的内在认知负荷[④]。为了诊断机器人故障，学生需要在工作记忆中同时处理综合的STEM相关的信息。因此，从认知发展的角度看，在完成纠错任务时学生的认知负荷是评价学生纠错能力的另一个指标。

认知负荷的测量工具有很多，包括主观的和客观的，在完成任务时，心理努力被认为能够反映真实的认知负荷强度[⑤]。主观的心理努力量表，如帕斯（Paas）提出的九点量表[⑥]，不仅易于使用，也能够敏锐地探测到内在认知负荷的波动，其测量的结果非常可靠[⑦]。因此，本研究在总结性评价中将采用帕斯的九点量表[⑧]来测量学生的心理努力。

最终，本研究中学生在纠错测试中的纠错表现将从四个维度进行评价：学生的纠错测试得分（评价学生的知识和技能掌握情况）；学生对学习机器人的态度；学生完成纠错任务所用的时间；学生投入的认知负荷（心理

---

① Di Lieto M C, Inguaggiato E, Castro E, et al. Educational robotics intervention on executive functions in preschool children: A pilot study[J]. Computers in Human Behavior, 2017, 71: 16-23.

② Paas F, Tuovinen J E, Tabbers H, et al. Cognitive load measurement as a means to advance cognitive load theory[J]. Educational Psychologist, 2003, 38(1): 63-71.

③ Sweller J, Van Merrienboer J J G, Paas F G W C. Cognitive architecture and instructional design[J]. Educational Psychology Review, 1998, 10(3): 251-296.

④⑤ Van Gog T, Paas F, Van Merriënboer J J G. Effects of studying sequences of process-oriented and product-oriented worked examples on troubleshooting transfer efficiency[J]. Learning and Instruction, 2008, 18(3): 211-222.

⑥⑧ Paas F G W C. Training strategies for attaining transfer of problem-solving skill in statistics: A cognitive-load approach[J]. Journal of Educational Psychology, 1992, 84(4): 429-434.

⑦ Yeo G B, Neal A. A multilevel analysis of effort, practice, and performance: Effects; of ability, conscientiousness, and goal orientation[J]. Journal of Applied Psychology, 2004, 89(2): 231-247

努力）。

（三）研究内容与过程

1. 研究内容

本研究的目标在于系统分析高中机器人课程中学生的纠错行为，此外，鉴于机器人教育与编程教育同源交叉的关系，本研究引入配对编程模式中的配对学习方法，并验证相比独立学习，配对学习模式在培养学生纠错能力上的有效性。因此，本研究中待回答的关键问题如下：在机器人教育中，如何分析学生的纠错行为在机器人教育中，配对学习模式与独立学习模式相比是否能够促进学生纠错能力的培养？

根据上述问题，本研究将在已有相关研究的基础上，建构机器人课程中学生纠错行为的分析框架，然后以中学教育为背景，通过准实验研究验证配对学习能否有效促进学生纠错能力的培养。由此，本研究的主要内容包括两项：构建机器人课程中纠错行为的分析框架；根据构建的分析框架，比较配对学习与独立学习方式对学生纠错能力的影响。

（1）构建机器人课程中纠错行为的分析框架

参考已有的对机器人教育价值的研究以及机器人教育中的学习结果评价的研究，本研究从学习过程和学习结果两方面，构建机器人课程中的纠错行为分析框架。

① 过程维度的纠错行为分析

在机器人课程学习过程中，本研究从过程性方面对学生的纠错行为进行分析，具体包括学生在机器人课程中遇到的错误数量、错误类型（如程序错误、硬件连接错误等）、是否求助教师帮助解决问题。

具体地，在上课过程中，教师根据课程内容安排相关的机器人学习任务，在学生完成任务的过程中，助教在学生中间进行观察并记录产生的问题。记录时，每次课使用一张课堂观察表，助教在观察表上按照学生遇到错误的先后顺序依次编号记录，并标出学生遇到的错误类型和解决问题的方式。课程结束后，汇总和整理所有课堂观察表的数据，分析学生在学习过程中的纠错行为。

②结果维度的纠错行为分析

在机器人课程学习后期，本研究设计纠错任务测试学生的纠错能力，分析的内容包括学生的纠错测试得分、纠错时长、学习机器人课程的态度、纠错认知负荷。

在完成纠错任务时，学生找出的问题越多，并能够正确地解决问题，获得的纠错得分越高。而学生完成纠错任务花费的时间也将由助教进行记录。此外，学生完成纠错任务后，助教会立即提示学生完成认知负荷测试，以及时测量学生完成任务所投入的心理努力。最后，学生需要填写机器人课程学习态度问卷，从而调查学生学习机器人实验课程后的态度。收集到的纠错测试中的数据将用于学生的总结性纠错行为分析。

最终，本研究构建综合过程性分析和总结性分析的纠错行为分析框架（表5-59），以全面分析机器人课程中学生的纠错行为。

表5-59　机器人课程中学生的纠错行为分析框架

过程维度的纠错行为分析	结果维度的纠错行为分析
错误数量	纠错测试得分
错误类型	纠错时长
是否求助教师帮助解决问题	学习态度
	纠错认知负荷

（2）比较配对学习与独立学习方式对学生纠错能力的影响

根据纠错行为分析框架中的过程性分析，本研究开展教学实验，通过观察和记录学生在学习机器人过程中遇到的错误数量、错误类型和求助教师解决问题的情况，并对观察获得的数据进行统计分析，比较学习过程中配对学习与独立学习两种方式下学生的纠错表现。此外，通过收集和分析学生在纠错测试中的纠错测试得分、纠错时长、学习态度、纠错认知负荷，从学习结果的角度对数据进行统计分析，比较配对学习与独立学习两种方式下学生的总结性纠错行为。最后，综合学生在学习过程和学习结果中的纠错表现，验证配对学习模式对促进学生纠错能力培养的有效性。

2. 研究假设

根据研究目标与研究问题，本研究从学习过程和学习结果的角度，提出配对班与独立班的过程性纠错行为和结果性纠错行为两组研究假设。

考虑到机器人教育中合作学习的优势以及配对编程模型的应用经验，本研究假设在学习机器人的过程中，配对学习班的学生将比独立学习班的学生有更好的纠错表现。因此，本研究的第一组研究假设如下。

假设 1A：在学习机器人的过程中，配对班的学生遇到的纠错问题数量比独立班的学生少。

假设 1B：在学习机器人的过程中，配对班的学生遇到的纠错问题类型与独立班的学生不同。

假设 1C：在学习机器人的过程中，配对班的学生自己解决问题的成功率比独立班的学生高。

当学生在课程结束时单独参加测试，配对小组的“组合效应”将不存在。因此，不同于过程性纠错行为，假设配对班学生与独立班学生在总结性纠错测试中有相似的纠错表现。本研究的第二组研究假设如下。

假设 2A：在纠错测试中，配对班学生与独立班学生的纠错分数无差异。

假设 2B：在纠错测试中，配对班学生与独立班学生花费的时间无差异。

假设 2C：在纠错测试中，配对班学生与独立班学生的态度无差异。

假设 2D：在纠错测试中，配对班学生与独立班学生的认知负荷无差异。

3. 实验安排

（1）研究对象

本研究在江苏省无锡市第一中学以夏令营的形式开展，实验时间为 2017 年 8 月 11 日至 18 日，共 8 天。研究对象是 2017 年秋季即将进入该中学就读的准高一学生。所有被试者都完全自愿免费报名参加此次机器人夏令营。参与的学生一共有 38 名，在正式开始学习前被分成 2 个班：配对班（实验组，$N=24$，男生 19 人，女生 5 人）和独立班（对照组，$N=14$，全部为男生），详见表 5-60。两个班的学生年龄都在 15～16 岁。配对班学生自由选择 2 人一组使用一套 Arduino 机器人进行学习，一共有 12 个配对学习小组；

独立班学生则一人使用一套机器人套件进行学习。在教学实验开展之前，研究者对参与者做了机器人课程学习基础前测，结果显示，两个班的学生几乎都是机器人初学者，已有机器人知识和技能没有显著差异，学习的起点基本一致。

表 5-60　参与者基本信息统计

实验组别	人数	男生	女生	年龄
配对班	24	19	5	15 ~ 16
独立班	14	14	0	15 ~ 16

（2）实验材料

本实验以 Arduino 机器人作为学生学习机器人的平台，使用 Arduino IDE 和 Scratch for Arduino（S4A）编程界面进行编程。S4A 具有图形化程序设计的特点和功能，简单易懂，并且提供了对 Arduino 的支持，为连接到 Arduino 的传感器和执行器提供了新的模块。根据本研究的实验安排，学生学习完实验课程中 Arduino 的基础内容后，在第 7 天自主使用 S4A 开发互动游戏，对课程中所学的相关内容进行巩固和应用，增强深层学习体验。

为了提高配对学习的有效性，并且及时收集数据，本研究使用了配对学习手册帮助学生控制配对学习的过程。该手册包括配对小组成员姓名、配对学习提示信息和配对学习过程记录表（图 5-21）。其中，配对学习过程记录表中记录的数据有角色、姓名、交换发起者、配合情况、代表性话语。为方便记录，学生可以使用姓氏的首字母代表自己的姓名。

配对班的学生采用半自由方式根据自己的需求交换角色。每次课要求至少交换一次，即配对的学生轮流做“驾驶员”和“导航员”，分别负责在旁边操作和指导，其目的是避免配对学习中出现角色固化的问题，使小组内的学生都获得均等的学习和练习机会。配对学习手册在每节课上课时发放给学生，课后进行回收。上课期间，助教检查每个组的配对学习手册，如果学生没有交换角色，教师会询问具体原因并进行督促。

配对学习过程观察记录表

班级：1　　　　　　　　　　　　　　　　　　　组员：李阳（L）　吴泽文（W）

课题：1. 模拟楼道灯　2. 倒计时时钟　　　　　　　上课日期：8 月 14 日

<table>
<tr><th>角色</th><th>姓名</th><th>交换发起者</th><th>配合情况</th><th>代表性话语</th></tr>
<tr><td>驾驶员</td><td>L</td><td rowspan="2"></td><td rowspan="2">A</td><td rowspan="2"></td></tr>
<tr><td>观察员</td><td>W</td></tr>
<tr><td>驾驶员</td><td>W</td><td rowspan="2">W</td><td rowspan="2">A</td><td rowspan="2">“这个我来做”</td></tr>
<tr><td>观察员</td><td>L</td></tr>
<tr><td>驾驶员</td><td>L</td><td rowspan="2">W</td><td rowspan="2">A</td><td rowspan="2">“该你操作了”</td></tr>
<tr><td>观察员</td><td>W</td></tr>
<tr><td>驾驶员</td><td>W</td><td rowspan="2">L</td><td rowspan="2">A</td><td rowspan="2">“我不会，你来操作吧”</td></tr>
<tr><td>观察员</td><td>L</td></tr>
<tr><td>驾驶员</td><td>L</td><td rowspan="2"></td><td rowspan="2">A</td><td rowspan="2"></td></tr>
<tr><td>观察员</td><td>W</td></tr>
<tr><td>驾驶员</td><td></td><td></td><td></td><td rowspan="2"></td></tr>
<tr><td>观察员</td><td></td><td></td><td></td></tr>
<tr><td>驾驶员</td><td></td><td></td><td></td><td rowspan="2"></td></tr>
<tr><td>观察员</td><td></td><td></td><td></td></tr>
<tr><td>驾驶员</td><td></td><td></td><td></td><td rowspan="2"></td></tr>
<tr><td>观察员</td><td></td><td></td><td></td></tr>
</table>

备注：

1. 此观察记录表只记录学生配对完成某个项目时的互动行为。
2. 小组成员在每一个项目中至少交换两次。
3. 交换发起者填写提出角色交换的同学姓名，如果是经两人商量一致同意的交换则可以填写“协商交换”。
4. 配合情况填写代号：A 很配合；B 比较配合；C 一般；D 不太配合；E 完全不配合。

图 5–21　配对学习过程记录表

（3）实验内容

本研究开展的教学实验为期 8 天，每个班每天上课时间为 3 小时，实验内容安排详见表 5-61。

表 5-61　实验内容

课次	内容
1	● 机器人基础测试和机器人课程学习态度前测 ● 破冰游戏：你演我猜；学生分组，配对学习方法介绍 ● 介绍机器人的基本内容：机器人的结构及其应用场景 ● 熟悉 Arduino 机器人：介绍 Arduino 的组成部分和使用方法
2	● 控制 LED ● 项目 1：模拟交通灯 ● 项目 2：按钮控制 LED 1.0
3	● 项目 3：按钮控制 LED 2.0 ● 项目 4：呼吸灯
4	● 项目 5：模拟楼道灯 ● 项目 6：倒计时钟
5	● 项目 7：电子骰子 ● 项目 8：小小演奏家 1.0
6	● 项目 9：小小演奏家 2.0 ● 熟悉 S4A：介绍 S4A 案例，熟悉 S4A 的使用方法
7	● 项目 10：开发 S4A 游戏
8	● 机器人课程学习态度后测 ● 纠错测试 ● 心理努力测量

（四）数据收集方法

1. 基础知识测试

在机器人课程教学正式开始之前，研究者安排学生完成了机器人基础知识测试，以帮助教师根据学生的实际情况调整教学内容。基础知识测试总共有

10个单项选择题，主要了解学生的机器人课程学习基础和编程基础（详见附录17）。其中首先设计了几个题目调查学生的机器人相关学习或比赛经历，如“你在初中阶段学习过机器人吗？”“你在初中参加过机器人竞赛吗？”等。随后研究者设计了题目考查学生对编程基础概念和程序逻辑的理解。

2. 机器人课程学习态度

研究调查学生学习机器人实验课程前后的学习态度，以比较配对学习和独立学习对学生学习机器人态度的影响。在编制机器人学习态度问卷的过程中，研究者主要参考毕晓普-克拉克（Bishop-Clark）等人①设计的问卷（详见附录3）。

3. 课堂观察

在本研究中，配对班与独立班均由同一位教师任教，来自南京师范大学的5名硕士研究生担任助教进行课堂观察，记录配对班和独立班学生在学习机器人课程中的纠错行为。配对班学生共有12组，独立班学生一共14人，因此5名助教每人负责观察和记录2~3组（人）的课堂纠错行为。学生根据教师安排的任务完成机器人项目，遇到问题时可以向教师寻求指导，也可以和小组同学讨论或独立思考寻找解决办法（本实验鼓励学生尽量自己主动思考解决问题）。图5-22是两个班的学生在机器人夏令营学习机器人，图5-23是学生不能独立解决问题时，教师进行指导。

本研究中助教全程参与课堂教学，将学生的纠错行为记录在课堂观察表上。课堂观察表的内容有上课内容、日期、学生姓名和班级（1班为配对班，2班为独立班）。表中的纠错记录包括学生遇到的错误数量（序号）、错误类型、纠错时间（若在教师指导下解决问题则不记录时间）、是否求助教师解决纠错问题（若有教师指导，记为Y，学生自己解决则记为N），详见图5-24。在实验开展过程中，研究者根据课堂观察的实际情况和助教的反馈，不断调整观察表的格式，以便于记录学生的纠错行为。

---

① Bishop-Clark C, Courte J, Howard E V. Programming in pairs with Alice to improve confidence, enjoyment, and achievement[J]. Journal of Educational Computing Research, 2006, 34(2): 213-228.

图 5-22　配对班（左）与独立班（右）学生在学习机器人

图 5-23　教师指导配对班（左）与独立班（右）学生纠错

机器人课堂纠错记录表

上课内容：按钮控制 LED；呼吸灯　日期：8 月 13 日　学生姓名：姜铭宇　班级：2

序号	遇到的错误	造成错误的原因	所用时间	教师指导
1	编译错误	程序语句中少分号	30 s	N
2	按下按钮，灯不亮	灯没有插在正确的针脚	1 min	N
3	按下按钮，灯亮，松开就熄灭，灯不能保持亮一段时间后自动熄灭	程序中控制灯亮或灭的 if 语句后面有多条语句没有用 {} 括起来	2 min	N
4	按下按钮，灯没反应	程序中用按钮控制灯的语句错误	20 s	N
5	按钮抖动没有消除	程序中缺少消抖语句		Y

图 5-24　课堂纠错行为观察记录表

4. 配对学习过程记录

配对学习过程观察记录表记录了配对班学生的合作学习情况。通过表中记录的内容以及教师和助教反馈的信息，配对班学生在配对学习过程中的表现差异明显。一方面，部分学生配合良好，有很好的默契，学习过程中的矛盾较少，有积极的学习表现。他们当中有一些在学习过程中有较多的交流，也有一些配合默契的学生交流很少，但能合作完成机器人项目并解决纠错问题；另一部分学生则拒绝合作，表现出消极的配对态度，其原因可能与学生本来的熟悉程度、学习风格等有关，在本研究的讨论部分将进行详细阐述，此处不再赘述。另一方面，就学生的角色交换来看，一些配对小组能够按照要求自由交换角色，他们有的根据任务交换，有的学生根据遇到的问题进行交换（谁有想法就由谁进行操作），也有学生根据软硬件操作交换角色。交换的频率则有高有低，一些小组频繁地交换角色，也有一些小组出现一人主导的情况，这时教师会提醒学生交换角色。也有一些配对小组没有明显的“驾驶员”和“导航员”的角色分配，他们一人拿着键盘编写程序，另一个则拿着鼠标和机器人器材做相应的操作。图 5-25 是配对学习过程观察记录表示例。

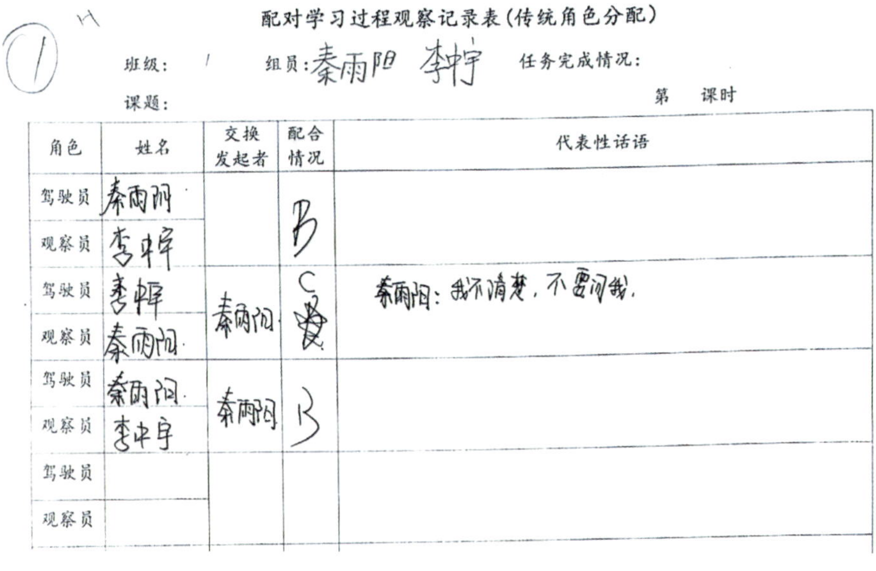
配对学习过程观察记录表（传统角色分配）

班级：　组员：秦雨阳 李宇　任务完成情况：

课题：　第　课时

角色	姓名	交换发起者	配合情况	代表性话语
驾驶员	秦雨阳		B	
观察员	李宇			
驾驶员	李宇	秦雨阳	C	秦雨阳：我不清楚，不要问我。
观察员	秦雨阳			
驾驶员	秦雨阳	秦雨阳	B	
观察员	李宇			
驾驶员				
观察员				

图 5-25　配对学习过程记录表示例

5. 纠错测试

在机器人实验课程的最后一天，本研究组织了纠错测试。提供给学生的纠错项目是一个机器人半成品，其功能是通过按钮控制风扇的转速。该纠错项目总共设计了 10 个大错误，包括 2 个硬件连接错误和 8 个程序代码错误。其中部分纠错问题设计了同类的多个小错误。根据难度，每纠正一个错误可以得到 3 至 10 分，满分为 100 分。例如，学生如果能将按钮连接到正确的位置，可以得 5 分，如果能将错写成等号的赋值符号修改正确，可以得到 3 分。每个学生单独排查测试项目中的故障并纠正错误。该测试中学生的纠错表现有两个评价指标：纠错得分和纠错所用时间（以分钟为单位，规定在 120 分钟内完成，完成后可提交程序和机器人给教师或助教检查）。具体的“纠错测试任务设计与得分细则”见附录 17，“纠错测试程序”见附录 18。

此外，为了准确核对学生的纠错成绩，研究者给学生发放纠错题目的纸质材料，并要求学生将找到的错误记录在答题纸上，纠错测试题目与答题纸见附录 19。

纠错测试结束后学生完成的纠错测试答题页面如图 5-26 所示。

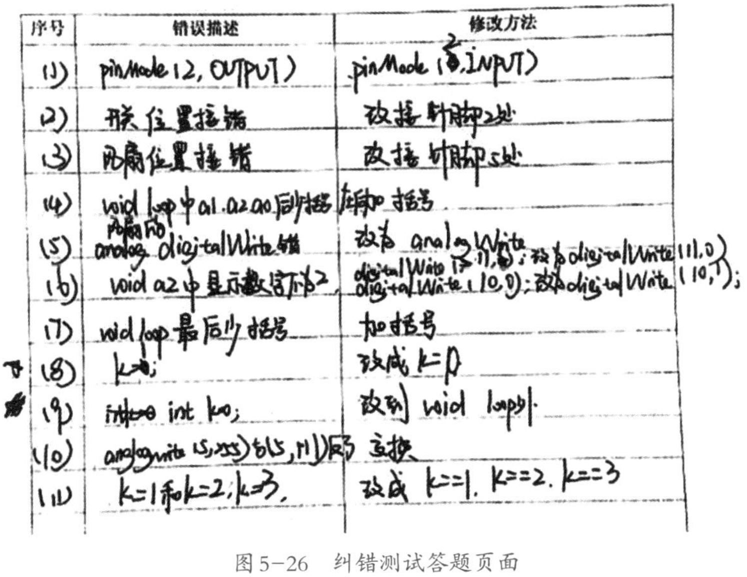

序号	错误描述	修改方法
(1)	pinMode 12, OUTPUT)	pinMode ([illegible], INPUT)
(2)	开关位置插错	改插针脚2处
(3)	风扇位置插错	改插针脚5处
(4)	void loop中a1.a2.a0后少括	应加括号
(5)	analog digitalWrite错	改为analogWrite [illegible]; 改为digitalWrite(11,0)
(6)	void a2中显示数字为2	digitalWrite [illegible] digitalWrite(10,0); 改为digitalWrite(10,1);
(7)	void loop最后少括号	加括号
(8)	k=0;	改成k=0
(9)	[illegible] int k=0;	改到void loop外
(10)	analogWrite(5,255)与(5,[illegible])反	互换
(11)	k=1和k=2, k=3,	改成 k==1. k==2. k==3

图 5-26　纠错测试答题页面

6. 认知负荷

学生完成纠错项目后，会立即为他们安排心理努力测量，反馈他们在纠错测试中投入的心理努力。可参照第三章第三节第一部分的相关介绍。

（五）数据分析与结果

1. 学生纠错行为的过程性评价

（1）错误数量

假设 1A：在学习机器人的过程中，配对班的学生遇到的纠错问题数量比独立班的学生少。

为了验证此研究假设，本研究计算了两个班的学生在每次机器人课上遇到的纠错问题总数，并通过独立样本 t 检验分析两个班学生在错误数量上的差异。如表 5-62 所示，配对班（$M = 5.27$）和独立班（$M = 5.31$）学生在错误数量上并没有显著差异（$t= -0.095$，$p>0.05$）。因此，研究假设 1A 不成立。

表 5-62　配对班与独立班学生在错误数量上的差异

实验组别	样本量	平均值	标准差	t	p
配对班	60	5.27	2.962	−0.095	0.924
独立班	70	5.31	2.748		

注：实验第 2 天至第 6 天共 5 天记录了学生在学习机器人过程中的纠错行为，因此配对班一共有 60 条记录（12 × 5），独立班一共有 70 条记录（14 × 5）。

（2）错误类型分布

假设 1B：在学习机器人的过程中，配对班的学生遇到的纠错问题类型与独立班的学生不同。

为了比较两个班学生遇到的错误类型的差异，本研究根据课堂观察的数据，总结了学生在学习机器人过程中遇到的纠错问题类型，主要分为四种：通信错误、控制错误、传感错误和系统错误（表 5-63）。通信错误是指 Arduino 主控板与计算机之间通信的故障，如由于控制板的开关未打开、USB 数据线连接错误和端口设置错误等造成的控制板与计算机之间无法正常通信（传输数据）。控制错误是指学生在完成机器人项目时，编写的机器人控制程序中出现的错误，通常是一些语法错误，如缺少大括号、子程序或函数调用错误等。传感错误是指传感器故障或传感器使用不当造成的错误，如传感器本身出现故障、传感器与控制板连接错误等。系统错误是指 Arduino 软硬件故障带来的问题，如驱动未安装成功、控制板损坏等。

表 5-63　学生在机器人实验课程中遇到的纠错问题类型

错误类型	例子
通信错误	1. Arduino 主控板开关未打开 2. USB 数据线插反 3. 端口设置错误
控制错误	各种程序语法错误
传感错误	1. 设备连接错误，如元器件所连接的针脚与程序中设置的针脚不一致 2. 3P 线接反 3. 传感器故障
系统错误	1. Arduino 软件故障 2. Arduino 主控板故障 3. 驱动问题

根据上述分类，通过独立样本 t 检验分析两个班在错误类型分布上的差异。如表 5-64 所示，两个班遇到最多的错误都是控制类错误，但两个班的学生在四种错误类型的分布上并没有显著差异。因此，研究假设 1B 不成立。

表 5-64　配对班与独立班学生在错误数量分布上的差异

错误类型	实验组别	样本量	平均值	标准差	t	p
通信错误	配对班	60	0.38	0.61	1.08	0.280
	独立班	70	0.27	0.56		
控制错误	配对班	60	4.48	2.73	−0.23	0.820
	独立班	70	4.59	2.39		

续表

错误类型	实验组别	样本量	平均值	标准差	t	p
传感错误	配对班	60	0.23	0.53	−0.11	0.916
	独立班	70	0.24	0.49		
系统错误	配对班	60	0.17	0.49	−0.52	0.601
	独立班	70	0.21	0.54		

（3）成功率

假设 1C：在学习机器人的过程中，配对班的学生自己解决问题的成功率比独立班的学生高。

通过独立样本 t 检验分析配对班与独立班在学习机器人过程中的成功率的差异。如表 5-65 所示，配对班的纠错成功率并没有显著高于独立班学生（t= 1.97，p>0.05）。因此，研究假设 1C 不成立。

表 5-65　配对班与独立班学生在自己纠错成功率上的比较

实验组别	样本量	平均值	标准差	t	p
配对班	60	2.73	1.83	1.97	0.051
独立班	70	2.13	1.67		

注：纠错成功率是指学生每次课上未寻求教师指导而自己独立解决的问题数量。

2. 学生纠错行为的总结性评价

（1）纠错分数

假设 2A：在纠错测试中，配对班学生与独立班学生的纠错分数无差异。

考虑到纠错测试中的样本量较小，本研究通过非参数检验（曼 - 惠特尼 U 检验）比较两个班学生在纠错测试中的分数差异，如表 5-66 所示，两个班学生在分数上无显著差异（U = 161.000，p>0.05）。因此，研究假设 2A 被证实成立。

表 5-66　配对班与独立班学生在纠错分数上的差异

实验组别	样本量	秩均值	秩和	曼－惠特尼 *U* 检验	*p*
PLG	24	19.21	461.00	161.000	0.816
ILG	14	20.00	280.00		

（2）纠错时间

假设 2B：在纠错测试中，配对班学生与独立班学生花费的时间无差异。

通过分析两个班学生在纠错测试中花费的纠错时间，结果如表 5-67 所示，独立班学生花费的纠错时间少于配对班的学生，但并无显著的统计学差异（U= 159.500，p>0.05）。因此，研究假设 2B 被证实成立。

表 5-67　配对班与独立班学生在纠错时间上差异

实验组别	样本量	秩均值	秩和	曼－惠特尼 *U* 检验	*p*
PLG	24	19.85	476.50	159.500	0.783
ILG	14	18.89	264.50		

3. 机器人课程学习态度

假设 2C：在纠错测试中，配对班学生与独立班学生的态度无差异。

为了验证两个班学生在机器人课程学习态度上的差异，通过曼－惠特尼 U 检验，结果如表 5-68 所示，两个班学生在机器人课程学习态度的三个维度，即自信心（U= 132.500，p>0.05）、享受度（U= 143.000，p>0.05）、价值观（U= 154.500，p>0.05）上都没有显著差异。因此，研究假设 2C 被证实成立。

表 5-68　配对班与独立班学生在机器人课程学习态度上的差异（后测）

态度	实验组别	样本量	秩均值	秩和	曼－惠特尼 *U* 检验	*p*
自信心	配对班	24	18.02	432.50	132.500	0.274
	独立班	14	22.04	308.50		

续表

态度	实验组别	样本量	秩均值	秩和	曼－惠特尼 U 检验	p
享受度	配对班	24	18.46	443.00	143.000	0.444
	独立班	14	21.29	298.00		
价值观	配对班	24	18.94	454.50	154.500	0.678
	独立班	14	20.46	286.50		

4. 心理努力

假设 2D：在纠错测试中，配对班学生与独立班学生的认知负荷无差异。

数据分析结果显示（表 5-69），配对班与独立班学生在纠错测试中投入的心理努力没有显著差异（$U=135.500$, $p>0.05$）。因此，研究假设 2D 被证实成立。

表 5-69　配对班与独立班学生在心理努力上的差异

实验组别	样本量	秩均值	秩和	曼－惠特尼 U 检验	p
配对班	24	20.85	500.50	135.500	0.317
独立班	14	17.18	240.50		

（六）研究结论与讨论

本部分对教学实验中的过程性纠错行为和总结性纠错行为数据结果进行分析，讨论本研究结果与已有研究的异同，并解释产生这一结果的可能原因，得出研究结论。

1. 学生纠错行为的过程性分析及与过往研究的异同

对学生在一般合作学习中的过程性表现进行细致比较的研究相对较少，而配对学习与独立学习的过程性行为比较也同样缺乏。例如，卢（Lou）等人[①]对实证研究中的小规模合作学习与独立学习过程进行定量分析。其结果指

① Lou Y, Abrami P C, d'Apollonia S. Small group and individual learning with technology: A meta-analysis[J]. Review of Educational Research, 2001, 71(3): 449-521.

出，独立学习的学生向教师寻求支持的频率显著高于合作学习的学生，独立学习的学生完成任务的速度比合作学习的学生更快。而相较于独立学习，合作学习的学生与同伴积极互动的频率更高，更能采取恰当的任务完成策略，更能坚持完成任务，并且能获得更高的成功率。类似地，基施纳（Kirschner）等人①研究了独立学习与小组学习对保持（retention）和迁移（transfer）效率的影响。结果显示，在学习阶段，小组成员投入的心理努力显著少于独立学习的学生，完成学习任务时的表现也优于独立学习的学生。此外，在解决问题时，小组成员与独立学习的学生投入的时间没有显著差异。

在本研究中，尽管配对班学生在机器人课程学习的过程中有更高的纠错成功率，但并没有显著的统计学差异。也就是说，配对学习的"组合效应"并不明显。因此，在某种程度上本研究与已有研究的结果保持一致。整体上，配对班在学习过程中的纠错表现略优于独立班，但差异并不显著。这样的结果并非是消极的，因为它暗示了未来做进一步研究的必要，以探究其他可能影响合作学习效果的重要因素。例如，任务的类型可能是决定合作学习是否有利的重要因素。对于复杂任务，小组合作学习的效果优于独立学习，因为小组具有更好的信息处理能力，在学习时可以共享需要的相关信息②。

此外，配对班学生与独立班学生遇到最多的纠错问题都是控制类问题。这种结果可能是由以下两方面的原因所导致：一方面，两个班大多数学生已有的机器人基础和编程基础都非常薄弱，对于新手来说，他们需要一定时间熟悉 Arduino 及其编程语言；另一方面，本实验涉及的学习内容主要是通过 Arduino 模拟现实生活中的产品，程序设计的内容占比较大，而机器人搭建方面的内容相对简单，因为模块化的元器件使用起来非常方便。

---

① Kirschner F, Paas F, Kirschner P A. Individual and group-based learning from complex cognitive tasks: Effects on retention and transfer efficiency[J]. Computers in Human Behavior, 2009, 25(2): 306-314.

② Laughlin P R, Bonner B L, Miner A G. Groups perform better than the best individuals on letters-to-numbers problems[J]. Organizational Behavior and Human Decision Processes, 2002, 88(2): 605-620.

2. 学生纠错行为的总结性分析及与过往研究的异同

实验数据结果表明，第二组研究假设与预期的结果一致，配对班的学生在纠错测试中的表现与独立班的学生相似。

长期以来，在各种学习任务中，如概念理解、创造力和问题解决能力等方面，小组的表现被认为优于个人①。这些研究发现也应用在机器人教育和编程教育中②。大量研究从总结性评价的角度证明合作学习的效果优于独立学习，然而，一些研究发现是从小组整体的学习结果得出的，而未对个体的能力进行单独测量③。此外，对学习效果的测量通常只是间接测试学生在学习阶段获得的技能、表现或小组学习的过程，而非直接测量学生实际的学习表现，例如涉及认知层面的心理努力④。

本研究认可已有的研究结论，故不再强调合作学习的优越性，主要从纠错能力和认知负荷两个方面来比较配对学习与独立学习的效果，对已有的研究工作进行扩展。纠错有助于培养学生复杂的探究技巧，包括观察、假设生成、假设检验和解决方案评估的迭代反馈⑤。因此，在总结性评价中，配对班与独立班学生均单独完成纠错测试，以比较配对学习与独立学习对学生个体纠错能力的影响。

就学生的机器人课程学习态度而言，本研究的结果与已有研究结果一致。机器人教育有助于增加学生的愉悦感，培养学生对 STEM 相关职业的积极

---

① Hill G W. Group versus individual performance: Are N+1 heads better than one?[J]. Psychological Bulletin, 1982, 91(3): 517-539.

② Hannay J E, Dybå T, Arisholm E, et al. The effectiveness of pair programming: A meta-analysis[J]. Information and Software Technology, 2009, 51(7): 1110-1122.

③ Leite I, McCoy M, Lohani M, et al. Narratives with robots: The impact of interaction context and individual differences on story recall and emotional understanding[J]. Frontiers in Robotics and AI, 2017, 4: 29.

④ Paas F, Tuovinen J E, Tabbers H, et al. Cognitive load measurement as a means to advance cognitive load theory[J]. Educational Psychologist, 2003, 38(1): 63-71.

⑤ Sullivan F R. Robotics and science literacy: Thinking skills, science process skills and systems understanding[J]. Journal of Research in Science Teaching, 2008, 45(3): 373-394.

态度①。

根据机器人课程学习态度的前后测结果，配对学习与独立学习并没有显著差异。如表 5-70 所示，配对班学生与独立班学生都有很高的态度得分，平均分在 4（同意）和 5（非常同意）之间，并且前后测之间没有显著差异。所有学生都是免费自愿报名参加本次夏令营，学习动机很强。因此，在机器人课程学习结束时，测出两个班的学生在机器人课程学习态度上没有显著差异这一结果并不意外，而本研究也证实了配对学习没有弱化学生学习机器人的积极态度。

表 5-70　配对班与独立班在机器人课程学习态度上的前后测差异

态度	实验组别	态度调查	样本量	平均值	标准差	t	p
自信	配对班	前测	24	4.01	0.55	−1.97	0.051
		后测	24	4.29	0.52		
	独立班	前测	14	4.07	0.74	−1.50	0.145
		后测	14	4.46	0.61		
娱乐	配对班	前测	24	4.21	0.42	−0.82	0.415
		后测	24	4.32	0.50		
	独立班	前测	14	4.07	0.63	−1.87	0.073
		后测	14	4.46	0.45		
价值	配对班	前测	24	4.51	0.49	0.78	0.439
		后测	24	4.40	0.52		
	独立班	前测	14	4.44	0.49	−0.14	0.892
		后测	14	4.47	0.61		

总体上，本研究的结果表明，在机器人课程中配对学习的优势并不明显。

① Nugent G, Barker B, Grandgenett N, et al. The use of digital manipulatives in k-12: Robotics, GPS/GIS and programming[C]//2009 39th IEEE Frontiers in Education Conference. IEEE, 2009: 1-6.

但是，我们并不能直接否定配对学习的价值。在配对编程领域，也有研究得出了不确定或相反的结论①。研究指出，影响配对编程效果的因素有很多，如任务复杂程度②③、同伴的技能和经验④、同伴的学习风格⑤、同伴的性格和脾气⑥、社会因素（性别和同伴关系等）⑦、角色交换频率⑧等。本研究考虑到了其中的部分因素，在实验中主要控制了参与者的技能和经验水平——所有参与者都是机器人和编程初学者，以保证统一的学习起点。此外，我们让配对班的学生根据需要自由交换角色，以避免角色固化。不可否认，本研究没有考虑到实验研究中所有重要的因素，这也突出了进一步研究的必要性。

（七）研究与展望

本部分对研究进行总结，根据研究发现提出建议，同时也指出本研究的局限以及未来开展进一步研究的方向，为相关研究和教学实践提供参考。

1. 研究总结

已有研究大多关注使用纠错任务评价学生在问题解决、故障排除、电路和编程等方面的表现。遗憾的是，少有研究重视学生在机器人课堂中遇到的

---

① Balijepally V G, Mahapatra R K, Nerur S, et al. Are two heads better than one for software development?The productivity paradox of pair programming[J]. MIS Quarterly, 2009, 33(1): 91-118.

② Arisholm E, Gallis H, Dyba T, et al. Evaluating pair programming with respect to system complexity and programmer expertise[J]. IEEE Transactions on Software Engineering, 2007, 33(2): 65-86.

③④ Hannay J E, Arisholm E, Engvik H, et al. Effects of personality on pair programming[J]. IEEE Transactions on Software Engineering, 2009, 36(1): 61-80.

⑤ Salleh N, Mendes E, Grundy J. Empirical studies of pair programming for CS/SE teaching in higher education: A systematic literature review[J]. IEEE Transactions on Software Engineering, 2010, 37(4): 509-525.

⑥ Katira N, Williams L, Wiebe E, et al. On understanding compatibility of student pair programmers[C]//Proceedings of the 35th SIGCSE Technical Symposium on Computer Science Education. Association for Computing Machinery, 2004: 7-11.

⑦ Choi K S. A comparative analysis of different gender pair combinations in pair programming[J]. Behaviour and Information Technology, 2015, 34(8): 825-837.

⑧ Chong J, Hurlbutt T. The social dynamics of pair programming[C]//29th International Conference on Software Engineering(ICSE'07). IEEE, 2007: 354-363.

纠错问题，对学生纠错行为的分析则更加缺乏。此外，合作学习，如合作解决问题，在机器人教育中备受推崇，因为小组的学习绩效普遍优于独立学习的学生。然而，合作学习也存在“搭便车”、角色固化、责任感缺乏等问题。再者，机器人教育中对学生学习的评价机制存在缺陷。教育者经常通过任务、问题或调查来间接测试学生的学习效果，而忽视了对学生的内部认知的直接测量，如学生完成任务时投入的心理努力。针对上述问题，本研究不仅系统梳理了学生在机器人课程中遇到的纠错问题，也结合过程性评价和总结性评价，包括对学生的认知负荷进行测量，通过实证的比较研究，探究配对学习对学生纠错能力的影响。研究结果表明，相比独立学习，配对学习在培养学生的纠错能力上并无明显优势。

在已有研究的基础上，本研究强调关注学生在真实课堂中的纠错行为，只有充分了解学生的纠错行为，才能进一步研究如何设计恰当的纠错任务以促进学生纠错能力的培养。此外，考虑到机器人教育中对学习评价存在的不足，本研究提出了高中机器人课程中纠错行为的分析框架——过程性分析与总结性分析相结合。进一步地，本研究吸收合作学习的最新研究成果，引入配对编程模式中的配对学习方法，通过严谨的教学实验，探索其在机器人教育中的有效运行机制和独特教育价值。此外，已有研究普遍关注学生学习机器人课程后在知识、态度、技能方面发生的变化，而很少重视学生的认知负荷。本研究试图将学生的表现和认知负荷同时纳入机器人教育的评价指标，以获得对配对学习模式教学效果的可靠评估。最后，已有研究大多以小组学习绩效与独立学习学生个人的绩效进行比较，这种比较方式没有考虑到合作学习小组的“组合效应”。因此，本研究的总结性评价中配对班和独立班的学生都单独完成纠错测试，以比较两个班学生在纠错能力上的差异，弥补了已有研究的不足。

本研究综合过程性评价和总结性评价，发现相比独立学习，配对学习在培养学生的纠错能力方面并未呈现出显著优势。这对教学实践有以下几方面启示：① 在合作学习中，教师应重视采取有效的教学策略以提高学生的纠错能力。不可否认，在机器人教育中，合作学习有其独特优势，但并不总是优于独立学习。机器人课程中纠错问题的解决是学生学习机器人课程的重要内容，在本研究中，独立学习的学生解决纠错问题时的表现与配对学习的学生没有差异。因此有必要探索更加有效的合作学习策略，例如，采用积极有效的竞争机制和奖励机制，提升小组整体和个人的纠错能力。② 需要对学生遇到的纠错问题进行系统梳理和指导，不同机器人课程中学生遇到的纠错问题可能存在差异。对于机器人课程的初学者而言，要解决纠错问题并不容易，特别是调试程序时，他们需要教师的指导。当学习项目的规模和复杂性增加时，学生需要更多的帮助才能完成机器人系统设计和调试。③ 需要综合评估学习者在学习过程、学习成果、学习态度和心理努力等方面的表现，完善学生纠错能力评估的教学策略。

2. 不足与展望

本研究中参与的学生全部为准高中生，且样本量不大，研究结论只适用于特定的群体。如果研究对象为小学生或初中生，研究结果可能不同。其他如教师的教学能力以及教学内容的安排，也可能会对实验结果产生影响。

后续还将有系列研究在本研究的基础上开展，如机器人教育中纠错任务的设计原则，机器人教育中的配对学习策略（配对学习的角色交换频率、性别等因素对配对学习效果的影响）等。

八、配对学习对女生学习绩效的影响[①]

当今社会，培养多元化的人才至关重要。作为一门跨学科的学科，机器人教育对于培养学生的综合素养有着重要作用。大量研究表明，机器人有利于提高学生在 21 世纪应具备的技能，包括计算思维、解决问题的能力、批判性思维等[②][③]。由于其巨大的教育潜力，机器人教育引发了从幼儿园到大学的教

---

① Zhong B, Liu X, Huang Y. Effects of pair learning on girls'learning performance in robotics education[J]. Journal of Educational Computing Research, 2022: 1663-1705.

② Leonard J, Buss A, Gamboa R, et al. Using robotics and game design to enhance children's self-efficacy, STEM attitudes, and computational thinking skills[J]. Journal of Science Education and Technology, 2016, 25(6): 860-876.

③ Zhong B, Li T. Can pair learning improve students'troubleshooting performance in robotics education?[J]. Journal of Educational Computing Research, 2020, 58(1): 220-248.

育工作者的极大关注①②。

上述机器人教育取得的成效并不是凭空发生的，学习模式是保证机器人教育有效性的一个关键方面。目前，机器人教育的一般模式有项目教学、竞争学习和合作学习③。其中，合作学习可以将具有不同兴趣和特点的学生聚集在一起完成一个项目，是机器人教育中使用最广泛的学习模式之一④。与独立学习和单独学习相比，合作学习可以极大地提高学生的互动频率⑤，提高学生的问题解决能力⑥，提高学生的自我效能感⑦，以及改善学生的工作完成情况⑧。

与此同时，我们也需要关注合作学习中的一系列实际问题，如由于操作

① Zhong B, Xia L. A systematic review on exploring the potential of educational robotics in mathematics education[J]. International Journal of Science and Mathematics Education, 2020, 18(1): 79-101.

② Zhong B, Zheng J, Zhan Z. An exploration of combining virtual and physical robots in robotics education[J]. Interactive Learning Environments, 2020: 1-13.

③ Zhong B, Wang Y. Effects of roles assignment and learning styles on pair learning in robotics education[J]. International Journal of Technology and Design Education, 2021, 31(1): 41-59.

④ Zhong B, Xia L. Effects of new coopetition designs on learning performance in robotics education[J]. Journal of Computer Assisted Learning, 2022, 38(1): 223-236.

⑤ Wainer J, Ferrari E, Dautenhahn K, et al. The effectiveness of using a robotics class to foster collaboration among groups of children with autism in an exploratory study[J]. Personal and Ubiquitous Computing, 2010, 14(5): 445-455.

⑥ Yuen T, Boecking M, Stone J, et al. Group tasks, activities, dynamics, and interactions in collaborative robotics projects with elementary and middle school children[J]. Journal of STEM Education, 2014, 15(1): 39-45.

⑦ Liu E Z F, Lin C H, Chang C S. Student satisfaction and self-efficacy in a cooperative robotics course[J]. Social Behavior and Personality: An International Journal, 2010, 38(8): 1135-1146.

⑧ Correll N, Rus D. Peer-to-peer learning in robotics education: Lessons from a challenge project class[J]. Computers in Education Journal, 2010, 1(3): 60-66.

机会不均而产生的利益冲突①、“搭便车”现象或旁观者效应②、责任分散③等问题。针对以上问题，我们将配对学习引入到机器人教育当中。配对学习是一种合作学习模式，源于配对编程，即两名学生（“驾驶员”和“导航员”）在一台计算机前并排工作，共同构思、搭建一个机器人并编写程序④⑤。配对学习提供了一系列协调策略，如小组规模调节、角色分配等机制，用于解决传统合作学习所遇到的问题。鉴于上述分析，可以说配对学习正在成为机器人教育中一个新兴模式。

目前，探讨如何将学生配对以获得有效学习的研究还较为缺乏。现有研究表明，学生的技能、经验、个性、性别和伙伴关系是配对学生需要考虑的重要因素⑥，其中性别被视为确保可持续教育的有力标准⑦。大量研究显示，性别差异存在于各种 STEM 学科中，并且女生在自信心、热情、参与等方面的优势

---

① Hwang W Y, Wu S Y. A case study of collaboration with multi-robots and its effect on children's interaction[J]. Interactive Learning Environments, 2014, 22(4): 429-443.

② Puurtinen M, Mappes T. Between-group competition and human cooperation[J]. Proceedings of the Royal Society B, 2009, 276(1655): 355-360.

③ Karau S J, Williams K D. Social loafing: A meta-analytic review and theoretical integration[J]. Journal of Personality and Social Psychology, 1993, 65(4): 681.

④ Zhong B, Wang J. Exploring the non-significant difference on students'cognitive load imposed by robotics tasks in pair learning[J]. International Journal of Social Robotics, 2022, 14(1): 3-13.

⑤ Zhong B, Wang Y. Effects of roles assignment and learning styles on pair learning in robotics education[J]. International Journal of Technology and Design Education, 2021, 31(1): 41-59.

⑥ Zhong B, Wang Q, Chen J. The impact of social factors on pair programming in a primary school[J]. Computers in Human Behavior, 2016, 64: 423-431.

⑦ European Institute for Gender Equality. Gender equality and youth: Opportunities and risks of digitalisation[R]. Luxembourg: Publications Office of the European Union, 2019. https://data.europa.eu/doi/10. 2839/148393.

不如男生[①②]。此外，相关研究发现，在合作学习的过程中，单一性别组的女生在自信心和热情方面得到了极大的提高[③④]。在这种情况下，本研究强调性别是一个关键因素，关注女生在不同学习模式和性别配对模式下的学习绩效，同时探索在机器人教育中提高女生学习绩效的有效教学方法。

（一）相关研究

1. 机器人教育及相关领域中的性别差异

性别平衡对任何社会都具有结构性的重要意义[⑤⑥]。基于性别的平等参与也利于课堂上有效学习氛围的营造[⑦]。虽然在过去的十年里，性别差异已经大幅缩小，但仍存在几个明显的差距[⑧]。女性在计算机科学和信息系统等 STEM

---

① Guo J, Wang M T, Ketonen E E, et al. Joint trajectories of task value in multiple subject domains: From both variable-and pattern-centered perspectives[J]. Contemporary Educational Psychology, 2018, 55: 139-154.

② Master A, Cheryan S, Moscatelli A, et al. Programming experience promotes higher STEM motivation among first-grade girls[J]. Journal of Experimental Child Psychology, 2017, 160: 92-106.

③ Cheng C C, Huang P L, Huang K H. Cooperative learning in LEGO robotics projects: Exploring the impacts of group formation on interaction and achievement[J]. Journal of Networks, 2013, 8(7): 1529-1535.

④ Milto E, Rogers C, Portsmore M. Gender differences in confidence levels, group interactions, and feelings about competition in an introductory robotics course[C]//32nd Annual Frontiers in Education. IEEE, 2002, 2: 7-14.

⑤ Rahman M. Interactions in science classrooms: A qualitative exploration of students' perception through a gender lens[D]. Dhaka Bangladesh: Brac University, 2021.

⑥ Shilpi M, Hasnayen S, Ilahi T, et al. Education scenario in Bangladesh: Gender perspective[R]. Bangladesh Bureau of Statistics, UCEP and Diakonia Bangladesh, 2017: 1-51.

⑦ Crombie G, Pyke S W, Silverthorn N, et al. Students'perceptions of their classroom participation and instructor as a function of gender and context[J]. The Journal of Higher Education, 2003, 74(1): 51-76.

⑧ Wang M T, Degol J L. Gender gap in science, technology, engineering, and mathematics(STEM): Current knowledge, implications for practice, policy, and future directions[J]. Educational Psychology Review, 2017, 29(1): 119-140.

学科中的低参与度，已经引起了科学界的关注[①②]。例如，最近的数据显示，女性在本科阶段的代表性不足，在学士学位的获得上，数学和统计学、计算机和信息科学、工程学以及物理和技术科学领域的女性占比分别为 43%、18%、19% 和 38%。这种趋势延展到了研究生阶段，女性在上述领域获得博士学位的占比为 29%、19%、23% 和 34%[③]。此外，佩顿（Payton）等人（2019 年）强调，女性在 STEM 中的代表性不足，是因为女性的自信心和女性对传统男性领域的兴趣受到了刻板印象威胁的不利影响[④]。特别是在科学教育中，现有的性别刻板印象经常阻碍女性追求科学家或工程师的职业[⑤⑥]。同时，在 STEM 相关领域，大量的研究表明男生一般比女生有更高的动机、兴趣、自我效能感，且更可能获得成功[⑦]。再者，女性确实面临着多种挑战，如高焦虑[⑧]、低自信[⑨]、弱批判性思维[⑩]等。

---

①④ Payton F C, Berki E. Countering the negative image of women in computing[J]. Communications of the ACM, 2019, 62(5): 56-63.

② Reilly D, Neumann D L, Andrews G. Investigating gender differences in mathematics and science: Results from the 2011 Trends in mathematics and science survey[J]. Research in Science Education, 2019, 49(1): 25-50.

③ Snyder T D, De Brey C, Dillow S A. Digest of education statistics 2014(NCES 2016-006)[R]. National Center for Education Statistics, 2016: 1-996.

⑤ Master A, Cheryan S, Moscatelli A, et al. Programming experience promotes higher STEM motivation among first-grade girls[J]. Journal of Experimental Child Psychology, 2017, 160: 92-106.

⑥ Rahman M. Interactions in science classrooms: A qualitative exploration of students' perception through a gender lens[D]. Dhaka Bangladesh: Brac University, 2021.

⑦ Guo J, Wang M T, Ketonen E E, et al. Joint trajectories of task value in multiple subject domains: From both variable-and pattern-centered perspectives[J]. Contemporary Educational Psychology, 2018, 55: 139-154.

⑧ Correll S J. Talking about leaving: Why undergraduates leave the sciences[J]. Contemporary Sociology, 1997, 26(5): 644-645.

⑨ Arisholm E, Gallis H, Dyba T, et al. Evaluating pair programming with respect to system complexity and programmer expertise[J]. IEEE Transactions on Software Engineering, 2007, 33(2): 65-86.

⑩ Beer R D, Chiel H J, Drushel R F. Using autonomous robotics to teach science and engineering[J]. Communications of the ACM, 1999, 42(6): 85-92.

然而，在适当的条件下，上述负面的刻板印象能够得以改善①。为了提高女生对相关领域的兴趣，相关方已经在 K12 阶段制定了各种方案②。随着机器人平台的发展，这些 K12 阶段的学生既能负担得起又能使用的平台，已经成为这些方案的焦点③。在过去的几年里，研究者开展了许多深入的研究，以确定这些方案是否对女生在机器人活动中的自我认知和成就感产生积极影响。例如，努尔巴赫什（Nourbakhsh）等人（2004）在为高中生开设的为期七周的机器人课程中发现，女生参加课程时自信心不足，而且比男生更容易在编程方面遇到困难；在课程结束时，他们还发现女生的自信心提升幅度比男生更大④。阿特马齐杜（Atmatzidou）等人（2016）的另一项研究表明，计算思维能力的提高与性别无关，但女生需要更多的时间来达到与男生相同的学习效果⑤。此外，一项不同的研究表明，在搭建和编程乐高机器人时，男生的平均得分略高，但这个差异在统计学上并不显著⑥。同样，卡斯特罗（Castro）等人（2018）通过八周的机器人教育活动发现，选定年龄段的学生在学习上都有明显的改善，而且不存在性别差异⑦。

总的来说，机器人教育可以视为促进女生在 STEM 领域学习的工具，它

①⑤ Atmatzidou S, Demetriadis S. Advancing students'computational thinking skills through educational robotics: A study on age and gender relevant differences[J]. Robotics and Autonomous Systems, 2016, 75: 661-670.

② National Science Foundation(NSF). New formulas for America's workforce: Girls in science and engineering[M]. Alexandria: National Science Foundation, 2003: 1-215.

③ Barker B S, Nugent G, Grandgenett N F. Examining fidelity of program implementation in a STEM-oriented out-of-school setting[J]. International Journal of Technology and Design Education, 2014, 24(1): 39-52.

④ Nourbakhsh I R, Hamner E, Crowley K, et al. Formal measures of learning in a secondary school mobile robotics course[C]//Proceedings of 2004 IEEE International Conference on Robotics and Automation. IEEE, 2004, 2: 1831-1836.

⑥ Cheng C C, Huang P L, Huang K H. Cooperative learning in LEGO robotics projects: Exploring the impacts of group formation on interaction and achievement[J]. Journal of Networks, 2013, 8(7): 1529-1535.

⑦ Castro E, Cecchi F, Valente M, et al. Can educational robotics introduce young children to robotics and how can we measure it?[J]. Journal of Computer Assisted Learning, 2018, 34(6): 970-977.

可能会有效地缩小性别差距。脚手架是其中的原因之一，它在解决问题的过程中对减少学生的认知负荷至关重要①。机器人教育中的脚手架主要指虚拟环境，它可以帮助学生在学习过程中以较低的认知负荷达到更好的学习效果②。因此，参与机器人活动的学生能够有良好的体验③④。在机器人教育中创造情境兴趣是提高女生对计算机科学和工程的兴趣的前提⑤。

2. 机器人教育中针对性别的配对学习研究

如前所述，配对学习是一种源自配对编程的特殊策略。鉴于机器人教育也包含大量的编程任务，配对学习被视为该领域一种新兴和前瞻性的方法⑥⑦。在对学生进行配对时，需要考虑许多因素，如任务的复杂性⑧、伙伴的技能和

---

① Mutlu-Bayraktar D, Cosgun V, Altan T. Cognitive load in multimedia learning environments: A systematic review[J]. Computers and Education, 2019, 141: 103618.

② Zhong B, Zheng J, Zhan Z. An exploration of combining virtual and physical robots in robotics education[J]. Interactive Learning Environments, 2020, 31(1): 370-382.

③ Master A, Meltzoff A N. Cultural stereotypes and sense of belonging contribute to gender gaps in STEM[J]. International Journal of Gender, Science and Technology, 2020, 12(1): 152-198.

④ Nugent G, Barker B, Grandgenett N, et al. Robotics camps, clubs, and competitions: Results from a US robotics project[J]. Robotics and Autonomous Systems, 2016, 75: 686-691.

⑤ Kucuk S, Sisman B. Students'attitudes towards robotics and STEM: Differences based on gender and robotics experience[J]. International Journal of Child-Computer Interaction, 2020, 23-24: 100167.

⑥ Zhong B, Wang J. Exploring the non-significant difference on students'cognitive load imposed by robotics tasks in pair learning[J]. International Journal of Social Robotics, 2022, 14(1): 3-13.

⑦ Zhong B, Wang Y. Effects of roles assignment and learning styles on pair learning in robotics education[J]. International Journal of Technology and Design Education, 2021, 31(1): 41-59.

⑧ Arisholm E, Gallis H, Dyba T, et al. Evaluating pair programming with respect to system complexity and programmer expertise[J]. IEEE Transactions on Software Engineering, 2007, 33(2): 65-86.

经验[①]以及伙伴的学习风格[②]等。同时，另一批研究在实验的变量系统中强调社会因素，特别是性别。一些研究关注了女生在不同学习模式下的表现，例如维尔纳（Werner）等人（2004）在编程课程中进行了面向500多名学生的实验，发现经历过配对编程的女生比单独编程的女生表现更好[③]。此外，有了配对编程的经验，这些女生在计算机相关专业展现出更大的编程信心、更好的程序完成度、更高的乐趣和更持久的记忆力，而且她们更有可能继续学习计算机相关专业。

此外，也有研究关注配对学习的性别差异，例如，库塔尔（Kuttal）等人（2019）发现，单一性别的配对是民主的，而混合性别的配对经常包括一个权威的合作伙伴，并不偏向于女生[④]。再加上男生对科学活动的控制欲望，降低了女生对活动的兴趣和参与度[⑤]。此外，崔（Choi）（2015）选择了一组大学编程课程的学生作为实验对象，调查了三种类型的性别配对：女性—女性，女性—男性，男性—女性；结果发现，在编码输出方面没有明显的性别差异，但在配合度方面，单一性别配对明显高于混合性别配对[⑥]。此外，基于对中国小学六年级四个班级的实验，本研究团队（2016）发现，不同性别配对在配合度、编程成就和自信心方面没有显著差异，但女生在配对学习中的自信心

① Lui K M, Chan K C C. Pair programming productivity: Novice - novice vs. expert - expert[J]. International Journal of Human-computer Studies, 2006, 64(9): 915-925.

② Salleh N, Mendes E, Grundy J. Empirical studies of pair programming for CS/SE teaching in higher education: A systematic literature review[J]. IEEE Transactions on Software Engineering, 2010, 37(4): 509-525.

③ Werner L L, Hanks B, McDowell C. Pair-programming helps female computer science students[J]. Journal on Educational Resources in Computing, 2004, 4(1): 4-es.

④ Kuttal S K, Gerstner K, Bejarano A. Remote pair programming in online CS education: Investigating through a gender lens[C]//2019 IEEE Symposium on Visual Languages and Human-Centric Computing(VL/HCC). IEEE, 2019: 75-85.

⑤ Guzzetti B J, Williams W O. Gender, text, and discussion: Examining intellectual safety in the science classroom[J]. Journal of Research in Science Teaching, 1996, 33(1): 5-20.

⑥ Choi K S. A comparative analysis of different gender pair combinations in pair programming[J]. Bchaviour and Information Technology, 2015, 34(8): 825-837.

更强①。

最后，我们总结了机器人教育相关领域配对学习实证研究的重要发现，特别是将性别因素纳入研究框架的研究。目前，很少有研究同时探讨不同学习模式和性别配对模式下女生的学习绩效。鉴于配对学习是机器人教育中富有潜力的学习模式之一，社会因素尤其是性别，需要进一步探讨。

（二）研究目的和研究问题

本研究旨在分析女生在两种学习模式和两种性别配对模式（男生—女生和女生—女生）中的学习绩效，并探索在机器人教育中提高女生学习绩效的有效教学法。因此，本研究将回答以下两个问题。

（1）在机器人课程中，两种学习模式下女生的学习绩效有什么不同?

（2）在机器人课程中，两种性别配对模式下女生的学习绩效有什么不同?

在本研究中，学习绩效从三个方面来衡量：学习态度、学习沉浸度和机器人作品。基于现有的研究，我们假设在制作机器人作品的过程中，不同的学习模式和性别配对模式下，女生的学习绩效存在差异。研究假设如下。

假设 1：在配对学习组和独立学习组之间，女生的学习绩效存在差异。

假设 1A：在配对学习组和独立学习组之间，女生的学习态度存在差异。

假设 1B：在配对学习组和独立学习组之间，女生的学习沉浸度存在差异。

假设 1C：在配对学习组和独立学习组之间，女生的机器人作品存在差异。

假设 2：在男生—女生组和女生—女生组之间，女生的学习绩效存在差异。

假设 2A：在男生—女生组和女生—女生组之间，女生的学习态度存在差异。

假设 2B：在男生—女生组和女生—女生组之间，女生的学习沉浸度存在差异。

假设 2C：在男生—女生组和女生—女生组之间，女生的机器人作品存在

① Zhong B, Wang Q, Chen J. The impact of social factors on pair programming in a primary school[J]. Computers in Human Behavior, 2016, 64: 423-431.

差异。

（三）研究设计

1. 实验对象

实验对象来自江苏省无锡市的一所小学，研究者随机抽选了五年级两个班级的 60 名学生作为实验对象，其中一个班级的 40 名学生作为实验组，另一个班级的 20 名学生作为对照组（表 5–71）。所有学生均自愿参与实验。进行实验的学校虽然开展过“mBot 机器人小车”课程，但抽选出的学生没有学过机器人课程，也没有掌握基本的编程知识和技能。因此，我们在实验前进行了先验知识测试，结果显示，两组学生在机器人知识和技能方面没有显著差异（$t=-0.945$，$p=0.899>0.05$）。

表 5–71　样本特征

实验组别	班级规模（人）	男生（人）	女生（人）	女生—女生（对）	男生—女生（对）
实验组	40	14	26	11	4
对照组	20	8	12	—	—
总计	62	23	39	11	4

在实验过程中，两组学生通过不同的学习模式学习机器人课程。实验组通过配对学习学习机器人课程。实验前，所有学生必须随机配对，自然形成三类小组：女生—女生、男生—女生、男生—男生。很明显，本实验不考虑男生—男生组。此外，在不同的阶段，小组中的每个成员都要负责不同的角色，并且每隔 10 分钟到 15 分钟必须交换角色。对照组通过独立学习学习机器人课程，这意味着每个学生都需要单独完成机器人搭建和编程等任务。

2. 研究过程

实验一共持续了 16 周，每周各有一个课时。在第 1 周和第 2 周，所有学生都参加了先验知识测试，以确定两个班级的编程知识和技能水平是否相同。此外，实验组的学生自由配对。随后，教师向两个班级介绍配对学习和独立学习的规则。

从第3周到第15周，学生完成了三个入门级机器人项目和两个高级机器人项目。特别是在第10~11周，安排了中期测试。在第16周，进行了学习态度调查、学习沉浸度调查、作品评价。所有学生都由同一位教师授课，并且参加了一样的课程和测试。详细的实验安排见表5-72。

表5-72　实验时间安排表

实验周	内容
第1~2周	前测与准备。开展前测，介绍两种学习模式的具体组织，对学生进行分组，并给予配对学习指导
第3周	指导。介绍mBot小车的基本结构和功能，搭建一个探测小车
第4~9周	项目1：学习如何使mBot小车向前和向后移动，并转弯 项目2：学习如何使小车走正方形和其他多边形路线 项目3：学习如何使小车沿圆形路线行走和完成“8”字形循环
第10~11周	中期测试；面对面采访学生；通过调查两个班级学生的学习情况，即时调整教学计划
第12~15周	项目4：学习如何使小车在行驶中避开障碍物 项目5：学习如何使小车沿着指定的路线行驶
第16周	后测：学习态度调查，学习沉浸度调查，作品评价

3. 实验材料

（1）mBot机器人套件和mBlock图形化编程软件

本实验使用的是易于使用的教育机器人套件mBot，它是一个集成的教育机器人套件，包括编程、电子和主板等（图5-27）。mBot可以由《慧编程》软件编程，它是一个基于Scratch开源代码的图形化编程环境。关于mBot和mBlock的详细信息可以在https://www.makeblock.com查阅。

（2）配对学习手册

为了记录学生在配对学习组中的行为，研究者设计了一本配对学习手册，包括配对信息、配对学习介绍和配对学习进度表（表5-73）。每个机器人项目都会有一本手册，需要在项目结束后归还。

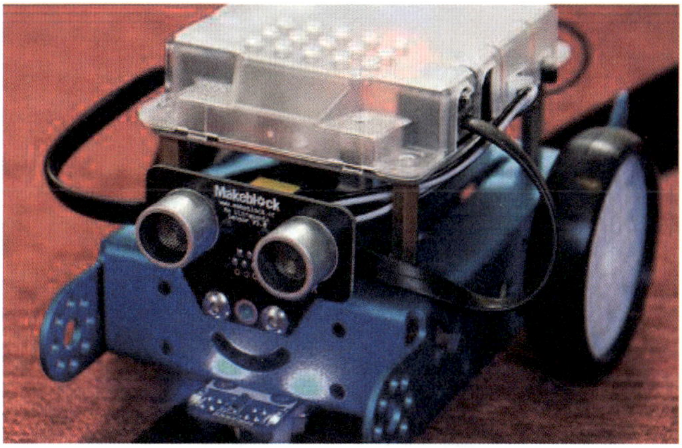

图 5-27　mBot 机器人套件

表 5-73　配对学习进度记录表

交换	角色	姓名	谁发起的	合作情况
1	驾驶员			
	导航员			
2	驾驶员			
	导航员			
3	驾驶员			
	导航员			
4	驾驶员			
	导航员			
5	驾驶员			
	导航员			

注意：

① 本表应在每个项目结束后由配对学习组中的导航员完成。

② 在每个项目中，配对学生应每隔 10 分钟至 15 分钟交换一次角色。

③ 在“谁发起的”一栏，填写发起角色转换的学生的名字。如果他们都同意转换角色，请填写“协商”。

④ 在“合作情况”一栏中，对合作的水平进行评分，从“5＝非常和谐”到“1＝不和谐”。

4. 实验措施

我们采用了 2×2 的因子设计来研究两种不同的学习模式和两种不同的性别配对模式对女生学习成绩的影响（图 5-28）。前测和后测分别提供了不同的工具（表 5-74）。所有学生单独完成前测和后测，配对学习组以配对的方式完成机器人作品评价。

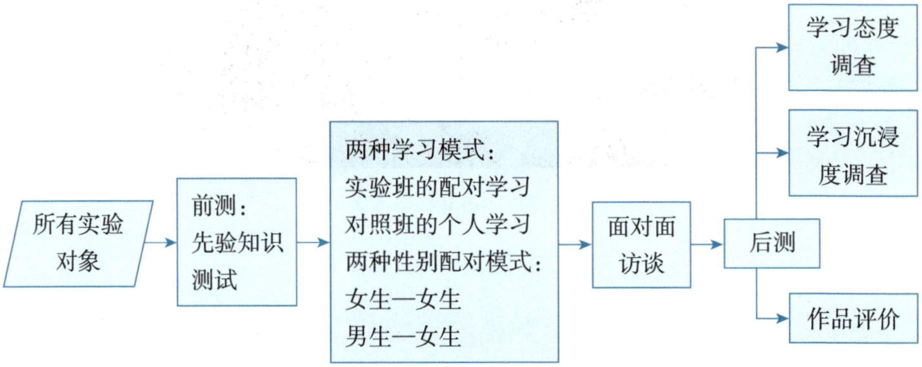

图 5-28　实验设计概述

表 5-74　数据收集工具

工具	来源	前测 / 后测	克朗巴哈系数
先验知识测试（7 个问题）	自主开发	前测	0.75
面对面访谈（10 个问题）	自主开发	后测	—
学习态度调查（28 个问题）	毕晓普 - 克拉克（Bishop-Clark）等人（2006） 钟柏昌等人（2020）	后测	0.84
学习沉浸度调查（13 个问题）	弗雷德里克斯（Fredricks）等人（2004，2005）	后测	0.88
作品评价标准	自主开发	后测	—

（1）先验知识测试

在实验前，为了让教师更好地制定教学内容，学生被安排参加先验知识测试。先验知识测试共有 7 道选择题，前 3 道题用来调查学生的先验经验，例如“你以前上过机器人课程吗？”后4道题用来评估学生对编程基础知识的理解，例如“写好的程序代码能在不同的编程软件中运行吗？”这一题用于评估学生的机器人基础知识和技能。测试的有效性由专家进行评估，其信度系数（克朗巴哈系数）为0.75。

（2）面对面访谈

访谈内容由课堂观察和团队讨论决定，包括10个问题，如“你喜欢合作学习还是独立学习？”“你认为配对学习比独立学习更有效吗？”等。实验结束两个月后，研究者邀请了实验班的六个小组，两个女生—女生小组和四个男生—女生小组，分别就相关问题进行了访谈。

（3）学习态度调查

态度是反映学生学习状况和未来学习兴趣的重要方面之一。态度调查包括评估学生对机器人课程的自信心、享受度和价值观三个方面。我们采用了改良的李克特五点量表，范围从“5（非常同意）”到“1（非常不同意）”，该量表源自毕晓普－克拉克（Bishop-Clark）等人（2006）[①]和钟柏昌（Zhong）等人（2020）[②]的研究，详见附录3。在本研究中，学习态度调查量表的信度系数都高于0.84。

（4）学习沉浸度调查

学习沉浸度是指学生为表现良好或达到预期结果而做出的努力，它通常影响学生的学业成绩，并能显示学生在学习过程中的沉浸程度。本研究采用李克特五点量表来评估学生行为、情绪和认知方面的沉浸度（附录4），它来自弗雷德里克斯（Fredricks）等人（2004,2005）的研究[③][④]。在本研究中，学习

---

① Bishop-Clark C, Courte J, Howard E V. Programming in pairs with Alice to improve confidence, enjoyment, and achievement[J]. Journal of Educational Computing Research, 2006, 34(2): 213-228.

② Zhong B, Li T. Can pair learning improve students'troubleshooting performance in robotics education?[J]. Journal of Educational Computing Research, 2020, 58(1): 220-248.

③ Fredricks J A, Blumenfeld P C, Paris A H. School engagement: Potential of the concept, state of the evidence[J]. Review of Educational Research, 2004, 74(1): 59-109.

④ Moore K A, Lippman L H. What do children need to flourish?Conceptualizing and measuring indicators of positive development[M]. New York: Springer, 2005: 305-321.

沉浸度调查量表信度系数总计为 0.88。

（5）作品评价标准

为了探索每项任务后学生的学习效果，我们从三个维度对独立学习组和配对学习组制作的机器人作品进行评价，评价总分为 20 分（附录 8）：功能和性能（5 分），技术和实现（5 分），创意和个性（10 分）。在评价过程中，配对学习组中每个机器人作品的最终得分由两个组员的平均得分决定。

（四）结果

由于样本数量有限，我们没有进行方差分析。为了证实上文提到的研究假设，我们进行了曼 – 惠特尼 *U* 检验，并以此揭示差异。

1. 不同学习模式下女生的学习绩效

表 5-75 显示了三个因变量中曼 – 惠特尼 *U* 检验的结果。

表 5-75　两种学习模式之间的曼 – 惠特尼 *U* 检验结果

变量	子维度	分组	样本量	秩均值	秩均值排序	秩和	曼 – 惠特尼 *U* 检验	*p*
学习态度	自信心	PLG	26	20.46	21.90	569.50	93.5	0.049*
		ILG	12	16.33	14.29	171.50		
	享受度	PLG	26	18.96	21.10	548.50	114.5	0.191
		ILG	12	15.75	16.04	192.50		
	价值观	PLG	26	15.46	20.13	523.50	139.5	0.603
		ILG	12	14.25	18.13	217.50		
	总计	PLG	26	54.88	21.33	554.50	108.5	0.136
		ILG	12	46.33	15.54	186.50		
学习沉浸度	行为沉浸度	PLG	26	11.08	21.92	570.00	93.0	0.046*
		ILG	12	8.258	14.25	171.00		
	情绪沉浸度	PLG	26	10.04	22.08	574.00	89.0	0.034*
		ILG	12	7.17	13.92	167.00		
	认知沉浸度	PLG	26	7.12	21.92	570.00	93.0	0.045*
		ILG	12	5.17	14.25	171.00		

续表

变量	子维度	分组	样本量	秩均值	秩均值排序	秩和	曼－惠特尼 *U* 检验	*p*
学习沉浸度	总计	PLG	26	28.23	22.40	582.50	80.5	0.018*
		ILG	12	20.58	13.21	158.50		
机器人作品	功能和性能	PLG	15	2.50	15.17	227.50	72.5	0.370
		ILG	12	2.17	12.54	150.50		
	技术和实现	PLG	15	3.63	15.63	234.50	65.5	0.212
		ILG	12	3.17	11.96	143.50		
	创意和个性	PLG	15	0.67	15.33	230.00	70.0	0.283
		ILG	12	0.42	12.33	148.00		
	总计	PLG	15	6.54	15.47	232.00	68.0	0.267
		ILG	12	5.75	12.17	146.00		

注：$^*p<0.05$。

假设 1A：在配对学习组和独立学习组之间，女生的学习态度存在差异。

如表 5-75 所示，女生的学习态度在配对学习组和独立学习组之间没有显著差异（$p>0.05$）。因此，假设 1A 不成立。然而，对于自信心这个子维度，配对学习组和独立学习组之间存在着显著的差异（$p<0.05$）。此外，从平均值来看，配对学习组的女生自信心（$M=20.46$）明显高于独立学习组的女生（$M=16.33$）。

假设 1B：在配对学习组和独立学习组之间，女生的学习沉浸度存在差异。

表 5-75 显示，在配对学习组和独立学习组之间，女生的学习投入存在显著差异（$p<0.05$）。此外，就平均值而言，女生在配对学习组的沉浸度要高于独立学习组。因此，假设 1B 成立。这与面对面的访谈结果一致，当被问及是喜欢独立学习还是配对学习时，几乎所有的女生都声称配对学习使课程气氛更加轻松融洽，使她们能迅速适应学习过程，甚至偶尔会因为过度投入而忘记转换角色。

假设 1C：在配对学习组和独立学习组之间，女生的机器人作品存在差异。

在各项目中女生完成的机器人作品的比较中（表 5-75），配对学习组和独立学习组之间没有发现明显的差异（$p>0.05$）。因此，假设 1C 不成立。

2. 不同性别配对模式下女生的学习绩效

表 5-76 显示了三个因变量中曼 - 惠特尼 *U* 检验的结果。

表 5-76　两种性别配对模式下的曼 - 惠特尼 *U* 检验结果

变量	子维度	分组	样本量	秩均值	秩均值排序	秩和	曼 - 惠特尼 *U* 检验	*p*
学习态度	自信心	女生—女生	22	19.68	12.45	274.00	21.0	0.101
		男生—女生	4	24.75	19.25	77.00		
	享受度	女生—女生	22	18.45	12.43	273.50	20.5	0.093
		男生—女生	4	21.75	19.38	77.50		
	价值观	女生—女生	22	15.18	13.05	287.00	34.0	0.475
		男生—女生	4	17.00	16.00	64.00		
	总计	女生—女生	22	53.32	12.34	271.50	18.5	0.070
		男生—女生	4	63.50	19.88	79.50		
学习沉浸度	行为沉浸度	女生—女生	22	10.72	12.77	281.00	28.0	0.252
		男生—女生	4	13.00	17.50	70.00		
	情绪沉浸度	女生—女生	22	9.77	12.77	281.00	28.0	0.251
		男生—女生	4	11.50	17.50	70.00		

续表

<table>
<tr><th>变量</th><th>子维度</th><th>分组</th><th>样本量</th><th>秩均值</th><th>秩均值排序</th><th>秩和</th><th>曼–惠特尼 U 检验</th><th>p</th></tr>
<tr><td rowspan="4">学习沉浸度</td><td rowspan="2">认知沉浸度</td><td>女生—女生</td><td>22</td><td>6.73</td><td>12.45</td><td>274.00</td><td rowspan="2">21.0</td><td rowspan="2">0.098</td></tr>
<tr><td>男生—女生</td><td>4</td><td>9.25</td><td>19.25</td><td>77.00</td></tr>
<tr><td rowspan="2">总计</td><td>女生—女生</td><td>22</td><td>27.23</td><td>12.50</td><td>275.00</td><td rowspan="2">22.0</td><td rowspan="2">0.117</td></tr>
<tr><td>男生—女生</td><td>4</td><td>33.75</td><td>19.00</td><td>76.00</td></tr>
<tr><td rowspan="8">机器人作品</td><td rowspan="2">功能和性能</td><td>女生—女生</td><td>11</td><td>2.32</td><td>6.18</td><td>68.00</td><td rowspan="2">2.0</td><td rowspan="2">0.006**</td></tr>
<tr><td>男生—女生</td><td>4</td><td>3.00</td><td>13.00</td><td>52.00</td></tr>
<tr><td rowspan="2">技术和实现</td><td>女生—女生</td><td>11</td><td>3.41</td><td>6.27</td><td>69.00</td><td rowspan="2">3.0</td><td rowspan="2">0.009**</td></tr>
<tr><td>男生—女生</td><td>4</td><td>4.25</td><td>12.75</td><td>51.00</td></tr>
<tr><td rowspan="2">创意和个性</td><td>女生—女生</td><td>11</td><td>0.45</td><td>6.55</td><td>72.00</td><td rowspan="2">6.0</td><td rowspan="2">0.024**</td></tr>
<tr><td>男生—女生</td><td>4</td><td>1.25</td><td>12.00</td><td>48.00</td></tr>
<tr><td rowspan="2">总计</td><td>女生—女生</td><td>11</td><td>6.19</td><td>6.14</td><td>67.50</td><td rowspan="2">1.5</td><td rowspan="2">0.006**</td></tr>
<tr><td>男生—女生</td><td>4</td><td>8.50</td><td>13.13</td><td>52.50</td></tr>
</table>

注：**p<0.01。

假设 2A：在男生—女生组和女生—女生组之间，女生的学习态度存在差异。

如表 5-76 所示，女生—女生组和男生—女生组的女生在学习态度方面没有显著差异（$p>0.05$）。因此，假设 2A 不成立。

假设 2B：在男生—女生组和女生—女生组之间，女生的学习沉浸度存在差异。

女生学习沉浸度的比较（表 5-76）表明，女生—女生组和男生—女生组之间没有显著差异（$p>0.05$）。因此，假设 2B 也不成立。

假设 2C：在男生—女生组和女生—女生组之间，女生的机器人作品存在差异。

如表 5-76 所示，女生—女生组和男生—女生组在女生机器人作品方面有显著差异（$p<0.05$）。此外，根据秩均值，男生—女生组的女生制作的机器人作品比女生—女生组的更好。因此，假设 2C 成立。大多数女生在访谈时反馈说，与男生配对时，她们能够通过停留在任务主题上而不是交换不相关的话题。这当然也验证了我们的定量研究结果。

（五）讨论

1. 两种学习模式中女生的学习绩效

（1）女生的学习态度在配对学习组和独立学习组之间没有显著差异

机器人教育与编程密不可分，但编程通常不受女生的欢迎[①]。这可能是因为女生的自信心和编程能力不足[②]。许多学者认为，配对有助于消解编程态度上的性别差异[③④]。已有研究表明，通过与伙伴一起编程和推理，编程新手学

① Grandell L, Peltomäki M, Back R J, et al. Why complicate things?Introducing programming in high school using Python[C]//Proceedings of the 8th Australasian Conference on Computing Education. Australian Computer Society, 2006, 52: 71-80.

② Milto E, Rogers C, Portsmore M. Gender differences in confidence levels, group interactions, and feelings about competition in an introductory robotics course[C]//32nd Annual Frontiers in Education. IEEE, 2002, 2: 7-14.

③ Wei X, Lin L, Meng N, et al. The effectiveness of partial pair programming on elementary school students'computational thinking skills and self-efficacy[J]. Computers and education, 2021, 160: 104023.

④ Werner L L, Hanks B, McDowell C. Pair-programming helps female computer science students[J]. Journal on Educational Resources in Computing, 2004, 4(1): 4-11.

生可以减少挫折和焦虑，并培养对编程的积极态度[①][②]。特别是对于女性配对学生，配对学习比独立学习更愉快[③]。然而，关于女生对机器人教育的态度，本研究的结果显示女生的学习态度在配对学习组和独立学习组之间没有显著差异，这与之前的研究不一致。

有两个原因可能会导致这样的结果。一方面，我们强制要求在每个项目中每隔 10 分钟到 15 分钟就要进行一次角色转换，每节课的角色转换时间实际上降低了学生学习编程的享受度[④]。另一方面，大多数学生第一次接触正式的机器人课程，他们对机器人任务和工具包非常感兴趣。现有的研究表明，新颖性与兴趣相关[⑤]。由于兴趣和态度之间也有正相关关系，这个结果不足为奇[⑥][⑦]。

在配对学习中，学生可以进行合作，能够通过互相帮助、分享知识和纠正错误来解决复杂的编程问题，将他们从合作学习中学到的知识转移到未来的经验中[⑧]。相应地，随着女生经验的积累，她们的自信心也随之增强。

---

① Wei X, Lin L, Meng N, et al. The effectiveness of partial pair programming on elementary school students' computational thinking skills and self-efficacy[J]. Computers and education, 2021, 160: 104023.

②④ Zhong B, Wang Q, Chen J, et al. Investigating the period of switching roles in pair programming in a primary school[J]. Journal of Educational Technology and Society, 2017, 20(3): 220-233.

③ Williams L, McDowell C, Nagappan N, et al. Building pair programming knowledge through a family of experiments[C]//Proceedings of 2003 International Symposium on Empirical Software Engineering. IEEE, 2003: 143-152.

⑤⑥ Flowerday T, Schraw G, Stevens J. The role of choice and interest in reader engagement[J]. The Journal of Experimental Education, 2004, 72(2): 93-114.

⑦ Zhong B, Wang Y. Effects of roles assignment and learning styles on pair learning in robotics education[J]. International Journal of Technology and Design Education, 2021, 31(1): 41-59.

⑧ Waite W M, Jackson M H, Diwan A, et al. Student culture vs group work in computer science[C]//Proceedings of the 35th SIGCSE Technical Symposium on Computer Science Education. Association for Computing Machinery, 2004: 12-16.

（2）配对学习组在提高女生的学习沉浸度方面优于独立学习组

参与是儿童享受学习的前提[①]。与之前的研究一致，我们的研究发现，配对学习组的女生比独立学习组的女生学习沉浸度更高。许多研究已证明，合作是影响沉浸度的一个关键变量[②]。例如，英克彭（Inkpen）等人（1999）发现，儿童在相互合作时表现出明显更高的参与度[③]。特别是，小规模的合作更能提高儿童的享受度、沉浸度和积极性[④]。谢（Xie）等人（2008）也同意，合作的氛围具有生态学意义，它可以引发情境兴趣，从而使学生更持久地参与[⑤]。

（3）配对学习组和独立学习组的女生制作的机器人作品没有明显差异

大量的研究表明，学生在通过配对学习完成编程任务时优于独立学习[⑥⑦]。同样，由于配对学习有助于激励学生理解新的编程语言和记忆新的概念，伊斯克雷诺维奇－莫姆奇洛维奇（Iskrenovic-Momcilovic）（2019）发现，学生在配对编程时比独立编程更有效[⑧]。而在我们的研究中，配对学习组和独立学习组的女生制作的机器人作品在统计学上没有显著差异。伙伴的技能和经验对配对

① Salomon G, Globerson T. When teams do not function the way they ought to[J]. International Journal of Educational Research, 1989, 13(1): 89–99.

②⑤ Xie L, Antle A N, Motamedi N. Are tangibles more fun?Comparing children's enjoyment and engagement using physical, graphical and tangible user interfaces[C]//Proceedings of the 2nd International Conference on Tangible and Embedded Interaction. Association for Computing Machinery. 2008: 191–198.

③④ Inkpen K, Ho-Ching W, Kuederle O, et al. This is fun！ We're all best friends and we're all playing!: Supporting children's synchronous collaboration[C]//Proceedings of the 1999 Conference on Computer Support for Collaborative Learning. International Society of the Learning Sciences, 1999: 344–355、31-es.

⑥ Underwood J, Underwood G, Wood D. When does gender matter?Interactions during computer-based problem solving[J]. Learning and Instruction, 2000, 10(5): 447–462.

⑦ Williams L, McDowell C, Nagappan N, et al. Building pair programming knowledge through a family of experiments[C]//Proceedings of 2003 International Symposium on Empirical Software Engineering. IEEE, 2003: 143–152.

⑧ Iskrenovic-Momcilovic O. Pair programming with scratch[J]. Education and Information Technologies, 2019, 24(5): 2943–2952.

学习的有效性影响很大[①②]，伙伴的学习风格也是如此[③]。本研究的结果可以从两方面来解释。

一方面，这可能是由伙伴的技能和经验的差异造成的。庄（Chong）等人（2007）观察到，在配对编程中经验较少的伙伴容易走神、参与度较低[④]。托马斯（Thomas）等人（2003）对此表示赞同，他们声称老手对配对学习的满意度较低，并且更有可能觉得他们被他们的伙伴“拖累”了[⑤]。此外，在丹纳（Denner）等人（2014）所做的研究中，当与那些不太感兴趣或不愿意合作的伙伴互动时，配对学习显示出局限性[⑥]。在这项实验研究中，所有的学生都是随机配对的，没有受到干预，也没有根据他们的技能和经验进行动态调整。因此，在分配小组成员时，教师可以将学生与那些对机器人有相似经验的人进行配对，减少学生的消极心态。

另一方面，可能是因为在配对分组时没有考虑到学生学习风格的差异。郑（Jeong）等人（2008）指出，学习风格直接影响学生的合作过程[⑦]。本研究团队（2021）进一步将学生的学习风格分为三类：主动—主动，主动—反思，

---

① Lui K M, Chan K C C. Pair programming productivity: Novice - novice vs. expert - expert[J]. International Journal of Human-Computer Studies, 2006, 64(9): 915-925.

② Zhong B, Wang Q, Chen J, et al. Investigating the period of switching roles in pair programming in a primary school[J]. Journal of Educational Technology and Society, 2017, 20(3): 220-233.

③ Salleh N, Mendes E, Grundy J. Empirical studies of pair programming for CS/SE teaching in higher education: A systematic literature review[J]. IEEE Transactions on Software Engineering, 2010, 37(4): 509-525.

④ Chong J, Hurlbutt T. The social dynamics of pair programming[C]//29th International Conference on Software Engineering(ICSE'07). IEEE, 2007: 354-363.

⑤ Thomas L, Ratcliffe M, Robertson A. Code warriors and code-a-phobes: A study in attitude and pair programming[J]. Association for Computing Machinery, 2003, 35(1): 363-367.

⑥ Denner J, Werner L, Campe S, et al. Pair programming: Under what conditions is it advantageous for middle school students?[J]. Journal of Research on Technology in Education, 2014, 46(3): 277-296.

⑦ Jeong A, Lee J M. The effects of active versus reflective learning style on the processes of critical discourse in computer-supported collaborative argumentation[J]. British Journal of Educational Technology, 2008, 39(4): 651-665.

以及反思—反思[①]。有效的合作需要小组成员的积极参与和对话[②]。也就是说，在配对学习的过程中，两个成员都必须是积极的参与者，互相支持，才能使小组获得成功。一旦合作出现问题，多人集思广益的优势将被削弱，学生的学习体验将恢复到类似于独立学习的状态[③]。

2. 两种性别配对模式下女生的学习绩效

（1）男生—女生组和女生—女生组之间女生的学习态度和沉浸度没有显著差异

研究表明，女生更喜欢在单性别配对中学习，因为她们经常觉得自己的评论不正确，在混合性别配对中贡献很小[④⑤]。也许这是因为女生的信心较低，再加上男生对科学活动的控制欲，降低了女生的兴趣和参与度，甚至在极端情况下导致了疏离感。此外，刘（Liu）等人（2007）指出，女生在单性别配对中感到更舒适[⑥]。安德伍德（Underwood）等人（2000）还观察到，与单性别配对相比，混合性别配对显示出较低水平的言语互动和键盘合作[⑦]。然而，斯特凡诺（Stefanou）等人（2014）指出，男女混合组可以发展积极的学习行为和

---

① Zhong B, Wang Y. Effects of roles assignment and learning styles on pair learning in robotics education[J]. International Journal of Technology and Design Education, 2021, 31(1): 41-59.

② Yuen T, Boecking M, Stone J, et al. Group tasks, activities, dynamics, and interactions in collaborative robotics projects with elementary and middle school children[J]. Journal of STEM Education, 2014, 15(1): 39-45.

③ Barron B. When smart groups fail[J]. Journal of the Learning Sciences, 2003, 12(3): 307-359.

④ Guzzetti B J, Williams W O. Gender, text, and discussion: Examining intellectual safety in the science classroom[J]. Journal of Research in Science Teaching, 1996, 33(1): 5-20.

⑤ Kuttal S K, Gerstner K, Bejarano A. Remote pair programming in online cs education: Investigating through a gender lens[C]//2019 IEEE Symposium on Visual Languages and Human-Centric Computing(VL/HCC). New York: IEEE, 2019: 75-85.

⑥ Liu N, Lim J, Zhong Y. Joint effects of gender composition, anonymity in communication and task type on collaborative learning[C]//PACIS 2007-11th Pacific Asia Conference on Information Systems: Managing Diversity in Digital Enterprises, Pacific Asia Conference on Information Systems 2007 Proceedings, 2007: 85.

⑦ Underwood J, Underwood G, Wood D. When does gender matter?Interactions during computer-based problem solving[J]. Learning and Instruction, 2000, 10(5): 447-462.

态度①。

然而，在其他研究中，研究人员无法发现关于性别配对的学习绩效的显著差异②③，这与我们的研究是一致的。同时，菲茨帕特里克（Fitzpatrick）等人（2000）对不同的结果做出了几种可能的解释，例如，任务特征、任务指示、学习环境、评价方法等④。其中，学习环境的特点可以成为长期兴趣、态度和参与的先导⑤。机器人教育是跨学科的，很容易就能实现合作⑥。特别是对于配对学习中的开放性学习任务，机器人有可能激励学生集中他们的才能，在一个项目上合作。此外，布兰兹（Brandts）等人（2012）证实，女生的责任感不受合作伙伴的性别影响⑦。因此，无论是男生—女生组还是女生—女生组，女生在学习过程中都会保持一致的态度和互动状态。

（2）男生—女生组在女生完成机器人作品方面优于女生—女生组

迄今为止，在探讨合作学习中性别分组对学生绩效的影响方面，人们已经进行了大量的尝试，但尚未定论。一些学者观察到不同性别组成的小组之间在小组产出方面没有显著差异，例如，谢（Xie）（2011）进行的实验研究得

---

① Stefanou C, Lord S M, Prince M J, et al. Effect of classroom gender composition on students'development of self-regulated learning competencies[J]. International Journal of Engineering Education, 2014, 30(2): 333.

② Choi K S. A comparative analysis of different gender pair combinations in pair programming[J]. Behaviour and Information Technology, 2015, 34(8): 825-837.

③ Littleton K, Light P. Learning with computers: Analysing productive interaction[M]. London and New York: Routledge, 1999: 24-45.

④ Fitzpatrick H, Hardman M. Mediated activity in the primary classroom: Girls, boys and computers[J]. Learning and Instruction, 2000, 10(5): 431-446.

⑤ Gomoll A, Hmelo-Silver C E, Šabanović S, et al. Dragons, ladybugs, and softballs: Girls'STEM engagement with human-centered robotics[J]. Journal of Science Education and Technology, 2016, 25(6): 899-914.

⑥ Yuen T, Boecking M, Stone J, et al. Group tasks, activities, dynamics, and interactions in collaborative robotics projects with elementary and middle school children[J]. Journal of STEM Education, 2014, 15(1): 39-45.

⑦ Brandts J, Garofalo O. Gender pairings and accountability effects[J]. Journal of Economic Behavior and Organization, 2012, 83(1): 31-41.

出，小组的性别组成对合作学习成果没有明显影响①。同样，阿比斯（Abbiss）（2008）总结说，基于性别的配对对学习结果只有轻微的调节作用，这主要是由学习者复杂的社会背景决定的②。相比之下，由于固定的沟通方式，刘（Liu）等人（2007）指出，男生和女生在单性别配对中都取得了最佳学习成果③。同样，斯蒂芬森（Stephenson）（1994）证明，混合性别配对的大学生更注重社会互动，但单性别配对的大学生有更高的成就④。这可能与较低频率的社会互动有关，单性别配对的学生在小组合作期间的目的性更强，从而产生更好的学习成果⑤。

与上述研究不同，我们的研究注意到，男女混合配对的女生在机器人作品方面的表现优于单性别配对的女生。一些研究人员指出合作学习中沟通方式的性别差异，表明男生倾向于主动询问与探讨，而女生更愿意与同伴沟通，并表示认可⑥。正如豪（Howe）（1997）所提到的，女生在独立解决问题时往往面临更多的困难，因为她们更喜欢给予支持和与他人互动⑦。因此，混合性别交

① Xie B. Older adults, e-health literacy, and collaborative learning: An experimental study[J]. Journal of the American Society for Information Science and Technology, 2011, 62(5): 933-946.

② Abbiss J. Rethinking the ‘problem’of gender and IT schooling: Discourses in literature[J]. Gender and Education, 2008, 20(2): 153-165.

③ Liu N, Lim J, Zhong Y. Joint effects of gender composition, anonymity in communication and task type on collaborative learning[C]//PACIS 2007-11th Pacific Asia Conference on Information Systems: Managing Diversity in Digital Enterprises, Pacific Asia Conference on Information Systems 2007 Proceedings, 2007: 85.

④ Stephenson S D. The use of small groups in computer-based training: A review of recent literature[J]. Computers in Human Behavior, 1994, 10(3): 243-259.

⑤ Bennett J, Hogarth S, Lubben F, et al. Talking science: The research evidence on the use of small group discussions in science teaching[J]. International Journal of Science Education, 2010, 32(1): 69-95.

⑥ Zhan Z, Fong P S W, Mei H, et al. Effects of gender grouping on students'group performance, individual achievements and attitudes in computer-supported collaborative learning[J]. Computers in Human Behavior, 2015, 48: 587-596.

⑦ Howe C, Tolmie A. Productive interaction in the context of computer-supported collaborative learning in science[M]//Learning with Computers. Routledge, 2002: 38-59.

流所创造的动态交互氛围可能对女生更有利①，这使混合性别配对的女生比单性别配对的女生有更好的合作和学习成果。

大多数女生在访谈时反馈，与异性配对时，她们能够通过聚焦任务主题而进行充分的交流。这无疑也验证了我们的定量研究结果。

（六）结论和启示

目前，大多数研究都是为了探讨学生在基于合作的机器人学习中的整体表现。然而，很少有研究同时关注女生在不同学习模式和性别配对模式下的学习绩效。因此，本研究旨在分析女生在两种学习模式（独立学习和配对学习）和两种性别配对模式（男生—女生和女生—女生）下的学习表现，并探讨在机器人教育中提高女生学习绩效的有效教学方法。

我们随机选择了两个班级进行实验，持续时间为16周。实验期间，实验组通过配对学习学习，允许学生自由配对并根据需要转换角色，共有三种类型的性别组合。同时，对照组通过独立学习学习，这意味着每个学生都单独工作。学习成绩从三个方面来衡量：学习态度、学习沉浸度和机器人作品。相关信息通过问卷调查、面对面访谈和任务来收集。统计结果显示，女生的学习态度和机器人作品在配对学习和独立学习之间没有统计学意义上的差异，但女生在配对学习中的沉浸度要高于独立学习。就不同的性别配对模式而言，在男生—女生组和女生—女生组之间，女生的学习态度和学习沉浸度在统计学上没有显著差异，但男生—女生组的女生制作的机器人作品比女生—女生组更好。

根据上述研究结果，可以得出以下结论。

（1）配对学习在提高女生的学习沉浸度方面优于独立学习。

（2）配对学习和独立学习对女生的学习态度和机器人作品有相同的影响。

（3）混合性别配对（即男生—女生组）比单一性别配对（即女生—女生组）更有利于女生完成机器人作品。

（4）混合性别配对（即男生—女生组）和单一性别配对（即女生—女生

---

① McCaslin M, Tuck D, Wiard A, et al. Gender composition and small-group learning in fourth-grade mathematics[J]. The Elementary School Journal, 1994, 94(5): 467–482.

组）对女生的学习态度和学习沉浸度有相同的影响。

在某种程度上，本研究并未与现有的配对学习研究结果保持高度一致，但是不能否认机器人配对学习对女生学习绩效的整体影响。换句话说，这个结果并不消极，因为它表明配对学习的“组合效应”可能对机器人教育中的女生有其特定的应用。为了鼓励女生在机器人教育中取得更好的学习绩效，采用机器人配对学习模式的策略还需要进一步探讨。

本研究中，我们没有回避STEM领域的性别差异问题，并认为机器人教育是缩小这一差距的可行手段。同时，通过全面的研究设计，我们的研究证实，在整个实施过程中采用适当的教学方法和策略，对确保女生的学习绩效至关重要。具体来说，我们为实践者提出了以下建议，以有效地在机器人教育中实施配对学习。一方面，配对学习被视为解决工程教育中女生参与不足的有效学习模式。同时，在实践中应考虑一些因素以确保配对学习的功效，如任务的复杂性、伙伴的技能和经验、伙伴的学习风格、伙伴的性格。另一方面，本研究为“性别配对对女生的机器人作品质量有重要影响”这一观点提供了证据和支持。结合现有的研究，混合性别配对和单一性别配对在不同的情况下确实表现出其明显的优势。因此，在实践中，应将性别问题纳入配对学习的设置中，并根据情况进行调整。

（七）研究局限和未来展望

以下为本研究存在的一些不足和局限。

第一，在这项研究中，实验对象是小学生，样本数量相对较小。因此，本研究的结论仅适合特定的群体，不能推及到其他群体（如初中生、高中生、大学生等）。鉴于在不同的学术层次进行类似的调查可以加强本研究的结果，我们将在未来的研究中进一步探索其他方案。

第二，考虑到本研究的多项结果并不显著，应采用更多的定性研究方法。特别是加强课堂观察以加强研究结果的有效性，让研究者深入探讨女生在不同学习模式和性别配对模式下的学习绩效。

第三，建议在未来的研究中进行纵向的时间序列调查，学生的表现可能会随着时间变化而变化。纵向研究也许能够提供更多的细节，更清楚地说明女生在两种不同的学习模式和性别配对模式下的学习绩效差异。在这方面，人种学研究也是一种可借鉴的方法，它包含对个体和集体行为的长期观察和访谈。

第四，本实验中没有考虑男生—男生组。在未来，我们希望通过探索不同的学习模式（独立学习和配对学习）对男生的影响，以及男生—男生组和男生—女生组之间的差异来扩展这项研究。

第六章 未来研究展望

作为一个快速发展的新兴领域，机器人教育亟须智能技术的辅助和先进教育理论的指导。借此，我们发现人工智能技术可以很好地支持机器人教育的创新发展，与此同时，具身学习、深度学习等理论进一步拓展了机器人教育的发展方向。另外，虚实融合的技术路线有利于开展普惠与创新相统一的机器人教育实践。本章将着重介绍机器人教育的未来研究方向和我们开展的初步探索。

第一节 学习理论指导下的机器人教育研究

学习是如何发生的，有何种规律，又是以怎样的方式进行的？近百年来，教育学家和教育心理学家们围绕这些问题，从不同角度，以不同方式进行了各种研究，由此形成了多元化的学习理论。本节选择以具身学习、聚类学习、深度学习等理论为指导，探讨机器人教育的发展方向与趋势。

一、不同具身程度编程工具对小学生编程学习的影响研究

近年来，人们越来越重视将编程教育纳入 K12 阶段。研究人员和教育工作者认为，在低年级进行编程教育是帮助学生获得编程技能、培养计算思维和创造力的有力尝试①。儿童的早期经历也可能成为他们在该领域持续探索和选择未来职业的重要因素。

根据皮亚杰的认知发展阶段理论，小学生的认知水平正处于从具体思维到抽象思维过渡的初级阶段，学习编程对他们而言存在一定的难度。研究发现，学生在学习编程时对基础编程结构（如变量、循环、表达式等逻辑运算）的抽象概念存在理解上的困难，甚至容易产生误解。例如，当其中一个操作数为“真”，而不是两个都为“真”时，学生往往会将“AND”操作符的计算结果误解为“真”②。

考虑到青少年的认知发展水平特点以及传统编程语言（如 C++、Java 等）较为抽象的原因，选择适合青少年年龄发展阶段的编程工具，更加有利于帮

① Chen G, Shen J, Barth-Cohen L, et al. Assessing elementary students'computational thinking in everyday reasoning and robotics programming[J]. Computers and Education, 2017, 109: 162-175.

② Herman G L, Loui M C, Kaczmarczyk L, et al. Describing the what and why of students'difficulties in Boolean logic[J]. ACM Transactions on Computing Education, 2012, 12(1): 1-28.

助儿童掌握编程知识[①]。编程教育中的人机交互过程正是具身学习的重要体现，学生在编程工具的支持下通过一系列身体动作，形成对知识和概念的认知。具身认知理论表明，认知同感知经验是相关联的，而认知过程与学习有着不可分割的联系。因此，具身学习的理论为人们更好地理解学习过程、设计学习过程带来了启示。随着技术的发展，体感、虚拟现实等技术相继兴起，在很大程度上拓展了人们身体的感知，给具身学习带来了更多可能性。考虑到具身学习的优势，把身体动作与学习布尔运算联系起来，帮助学生理解布尔运算的内在规律。基于此，本研究将以不同具身程度的编程工具作为研究变量，按照布尔运算的学习规律，设计不同阶段的编程项目，探究不同具身程度编程工具对小学布尔运算学习的效果。

（一）文献综述

本部分将重点阐述编程教育、具身学习以及布尔运算的相关研究进展。

1. K12 阶段的编程教育

对于编程课程的定义，当前已经进行了大量的工作，但编程入门课程仍然面临着高流失率和缺乏动力的问题。学习者在编程方面的一个难题是编程语言的语法：记住要使用的正确命令，并将这些命令组合成一个工作程序[②]。由于学生成绩低，失败率高，人们开发了各种编程环境，以帮助和激励儿童的编程学习。

帕珀特（Papert）等人开发了一种编程语言——Logo[③]。利用 Logo，可以在屏幕上移动“乌龟”，根据其轨迹画出形状。Logo 是一种基于文本的编程语言，包含丰富、可扩展的词汇，反映了计算机的关键概念，如局部和全局变量、命

① Portelance D J, Bers M U. Code and tell: Assessing young children's learning of computational thinking using peer video interviews with ScratchJr[C]//Proceedings of the 14th International Conference on Interaction Design and Children. Association for Computing Machinery. 2015: 271-274.

② Hermans F. Hedy: A Gradual Language for Programming Education[C]//Proceedings of the 2020 ACM Conference on International Computing Education Research. Association for Computing Machinery. 2020: 259-270.

③ Papert S. On making a theorem for a child[C]//Proceedings of the ACM Annual Conference. ACM Annual Conference, 1972, 1: 345-349.

名、递归和程序[①]。经过多年 Logo 实践教学，研究人员认识到，大多数儿童还没有准备好用传统方式编写计算机程序，就算用键盘输入 Logo 代码，至少也要到 10~14 岁才能实现。

Logo 需要通过键盘输入文字，而由麻省理工学院媒体实验室的雷斯尼克（Resnick）开发的 Scratch 编程语言，通过允许用户使用鼠标指针在屏幕上组合虚拟命令块，使文字输入成为不必要的步骤[②]。Scratch 将编程活动形象化，通过鼠标拖拽不同功能的程序块，编写“小精灵”的互动故事、游戏和动画，使学生在简单轻松的学习环境下体会编程带来的乐趣。Scratch 还构建了“富媒体”环境，图形、声音、动画、视频、游戏和互动故事都能在编程界面有序展开[③]。

此外，有形编程（tangible programming）作为儿童编程工具的分支也获得迅速发展，这一概念由日本学者铃木（Suzuki）和加藤（Kato）于 1993 年提出[④]。有形编程摆脱了单纯的计算机环境编程，使儿童在真实的物理空间中参与编程活动，帮助他们接触和理解编程知识。

2. 布尔运算

布尔运算是 1847 年英国数学家乔治·布尔提出的数学计算法，是把逻辑推演法数字符号化的一种运算，也是用来表达认知原则的工具[⑤]。基本的布尔运算及其关系符有三种[⑥]：“与”运算（AND 运算）、“或”运算（OR 运算）、“非”运算（NOT 运算）。其中，“与”运算和“或”运算的运算对象必须且只

---

① Klahr D, Carver S M C. Cognitive objectives in a LOGO debugging curriculum: Instruction, learning, and transfer[J]. Cognitive Psychology, 1988, 20(3): 362-404.

② Maloney J, Resnick M, Rusk N, et al. The scratch programming language and environment[C]// ACM Transactions on Computing Education, Association for Computing Machinery, 2010, 10(4): 1-15.

③ Resnick M, Maloney J, Monroy-Hernández A, et al. Scratch: programming for all[J]. Communications of the ACM, 2009, 52(11): 60-67.

④ Suzuki H, Kato H. AlgoBlock: A tangible programming language, a tool for collaborative learning[C]//Proceedings of the 4th European LOGO Conference. 1993: 297-303.

⑤ Weng J F, Tseng S S, Lee T J. Teaching boolean logic through game rule tuning[J]. IEEE Transactions on Learning Technologies, 2010, 3(4): 319-328.

⑥ 张云鹤. 逻辑运算教学六法［J］. 盐城工学院学报，1998，11（3）：48-52.

能是两个，“非”运算的对象有且仅有一个。

对于编程初学者而言，布尔运算有一定的抽象性，远离青少年生活的日常环境，导致学习者难以理解。在传统的布尔运算教学中，通常通过三种方法来可视化不同运算符和逻辑表达式的结果：真值表、逻辑门、韦恩图（图6-1）。翁（Weng）等人①于2010年指出，这三种传统方法缺乏与学生经验世界相连接的有意义场景，即他们认为布尔逻辑和现实世界缺乏相关映射，使得学生在学习中难以想象和理解，因此他们认为有必要进一步探索适合布尔运算学习的策略。格罗弗（Grover）和巴苏（Basu）②在研究中发现，布尔运算符“AND”“OR”常被学生错误理解为他们在英语语言中所表达的含义，尤其是当其中一个条件为“真”且不是两个都为“真”时，学生往往把“AND”的计算结果误认为是“真”。

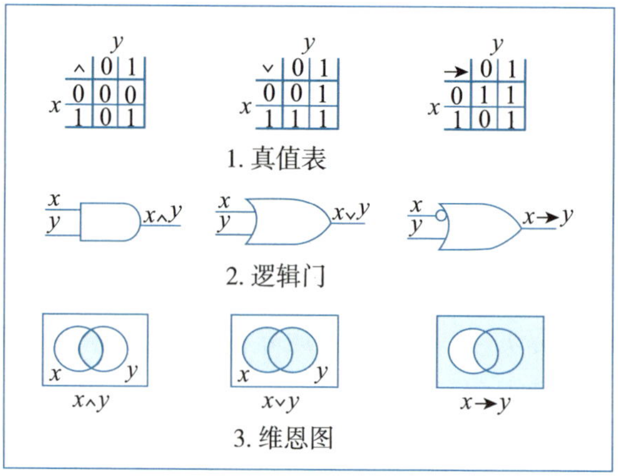

图6-1　传统的布尔逻辑教学工具

① Weng J F, Tseng S S, Lee T J. Teaching boolean logic through game rule tuning[J]. IEEE Transactions on Learning Technologies, 2010, 3(4): 319-328.

② Grover S, Basu S. Measuring student learning in introductory block-based programming: Examining misconceptions of loops, variables, and boolean logic[C]//Proceedings of the 2017 ACM SIGCSE Technical Symposium on Computer Science Education. Association for Computing Machinery, 2017: 267-272.

尽管布尔运算较抽象且不易理解，但其学习价值却不容忽视。在其他学科学习中也可以使用布尔逻辑帮助表达①。例如，可以用来描述数学和物理学科的定理、历史和文学中的因果关系。为了解决布尔运算学习难的问题，翁（Weng）等人②设计了基于游戏的布尔逻辑教学法，通过在学习活动中调整游戏规则，让学生了解布尔逻辑的变化是如何影响游戏场景效果的。实验结果显示，该方法提高了学生学习布尔运算的效果。然而，现阶段针对布尔运算的教学研究大多是针对高年级学生开展的，研究结果不一定适用于小学生。

3. 编程教育中的具身学习

具身并不是心理学中的一种“短暂的时尚”。具身学习是以当前认知科学领域最新发展的具身认知理论为基础而产生的。具身认知理论认为，人类的认知过程根植于身体与世界的互动，从而将感知和身体行为联系起来，也就是说，这一新的认知框架连接起了人的心理和身体过程，使人类能够在环境互动中成长③④。具身学习的核心要义是，有意识地使用和识别多模态身心活动与策略来促进视觉、感知、范式、行为与行动的转变⑤。

具身学习与非具身学习的效果比较是目前较为常见的一种研究角度。亨（Hung）等人⑥以医学中的左脑中风为学习内容，把学习者分为具身交互视频讲座组、非具身交互视频讲座组和传统视频讲座组。研究结果显示，具身互动视频教学的学习者在理解和记忆学习内容方面表现更好，也不会增加额外认知负荷。

随着具身学习研究的不断推进，研究者们在分析具身学习教学设计的过

①② Weng J F, Tseng S S, Lee T J. Teaching boolean logic through game rule tuning[J]. IEEE Transactions on Learning Technologies, 2010, 3(4): 319-328.

③ Wilson M. Six views of embodied cognition[J]. Psychonomic Bulletin and Review, 2002, 9(4): 625-636.

④ Barsalou L W. Grounded cognition: Past, present, and future[J]. Topics in Cognitive Science, 2010, 2(4): 716-724.

⑤ Munro M. Principles for embodied learning approaches[J]. South African Theatre Journal, 2018, 31(1): 5-14.

⑥ Hung I C, Chen N S. Embodied interactive video lectures for improving learning comprehension and retention[J]. Computers and Education, 2018, 117: 116-131.

程中发现了不同具身程度的学习，即身体动作参与环境交互的不同程度，可能会产生不同的学习效果。因此，另一种常见的研究角度是比较在不同技术干预下的具身学习效果。晁（Chao）等人①开发了一款基于 Kinect 的具身学习系统，用来帮助学生学习动作类短语词汇，并与基于鼠标的学习系统进行了学习效果的比较，前者的具身程度明显高于后者。实验结果显示，前者学习效果更好，证明了具身学习与技术的结合使得认知加工更加有效，学生的知识记忆水平有明显提高。库里斯（Merkouris）等人②探索了机器人课程中用户与机器人进行物理交互的模式，把用于控制远程机器人的接口设计为不同具身程度的交互类型，包括触摸、语音、手势和全身手势。实验发现，与远程控制的机器人进行丰富的具身交互，能有效促进学习。卡斯特罗·阿隆索（Castro-Alonso）等人③探究了进行乐高操作任务时，根据学习材料基于虚拟环境还是物理环境，学习材料在视觉上有无重点聚焦，以及学习材料有无添加手元素这三组因素进行实验探究。结果发现，在操作性学习任务中，动画比静态学习效果更好，物理环境和虚拟环境并无差异，如果操作元素足以激活具身机制，则无须再添加观察手元素。

上述研究不仅肯定了具身学习的应用价值，同时也对比了不同具身程度对学习效果的影响。多数研究结果显示出高具身程度的优越性，但也需在设计具身程度干预时充分考虑学习者年龄、先验知识水平、学习素材与具身程度的适应性，以免产生冗余效应④⑤。

---

① Chao K J, Huang H W, Fang W C, et al. Embodied play to learn: Exploring Kinect-facilitated memory performance[J]. British Journal of Educational Technology, 2013, 44(5): 151-155.

② Merkouris A, Chorianopoulos K. Programming embodied interactions with a remotely controlled educational robot[J]. ACM Transactions on Computing Education, 2019, 19(4): 1-19.

③ Castro-Alonso J C, Ayres P, Paas F. Animations showing LEGO manipulative tasks: Three potential moderators of effectiveness[J]. Computers and Education, 2015, 85: 1-13.

④ Post L S, Van Gog T, Paas F, et al. Effects of simultaneously observing and making gestures while studying grammar animations on cognitive load and learning[J]. Computers in Human Behavior, 2013, 29(4): 1450-1455.

⑤ Conley Q, Atkinson R K, Nguyen F, et al. MantarayAR: Leveraging augmented reality to teach probability and sampling[J]. Computers and Education, 2020, 153: 103895.

4. 编程工具的具身学习程度研究

编程教育是一种运用计算机编写代码、创造特定程序，并实现特定功能、解决特定问题的人机交互过程。具身学习强调身体、环境、心智共同参与学习过程，人机交互的编程学习方式无疑也是具身学习的体现。当编程教育的对象是儿童时，直接学习编程语言的方式不符合儿童认知发展规律，选择适合儿童认知发展水平的编程工具是成功开展儿童编程教育的重要前提。事实上，不同编程工具所对应的具身程度也不尽相同。

Logo 语言简化了传统编程语言，而又不失自然编程的特点，通过输入相应的简化编程语言操控“海龟”作图，相当于“键盘编程”。图形化编程工具 Scratch 将编程语言承载于各个指令模块上，只需拖拽指令模块，以搭积木的形式按照一定顺序表达程序执行流程即可，相当于“鼠标编程”。还有一种不需要搭载软件的有形编程工具，儿童无须利用计算机来操控虚拟对象，每个程序指令都是一个单独的实物块，按照程序逻辑流程，堆叠或用导线连接实物来实现特定功能，相当于“手动编程”，如 Project Bloks、Ifs、Boson Kit 造物粒子等。

在具身程度分级相关研究中，约翰逊·格伦格（Johnson-Glengerg）等人依据感觉运动、手势一致性以及沉浸感三个维度来划分具身程度等级，较具影响力和适用性：感觉运动，全身的运动参与是通过运动来实现的，因此为学习者提供移动机会的技术将在这方面得到最高分；手势一致性，指的是诱发的手势与要学习的内容有多好的映射；沉浸感，这是一个主观因素，与内容显示的类型和配置有很大关系。因此本研究将以此为参考，把不同编程工具对应的具身程度细化为低、中、高三个等级（表 6-1）。按此标准，“键盘编程”对应低具身程度，“鼠标编程”对应中具身程度，“手动编程”对应高具身程度。

由于低具身程度的编程工具在研究者所在地区没有中高具身程度的编程工具的使用范围广，且考虑到实验参与者数量有限等情况，本研究只选取了中级与高级这两种具身程度的编程工具进行对比实验。

表 6-1　编程工具的具身程度划分

等级	感觉运动	手势一致性	沉浸度	举例
低级	一般是坐着，通过键盘输入简单指令	键盘输入的简单指令呈现数字化图形绘图	身临其境感较低，呈现于计算机屏幕上	Logo 语言
中级	一般是坐着，使用鼠标拖拽图形模块，配合键盘输入文字	用鼠标拖拽程序块，搭建积木的顺序与程序逻辑有关	身临其境感较低，呈现于计算机屏幕上	Scratch Mind+ AS-Block
高级	一般是坐着，上半身参与，用手臂或手指进行编程	用手摆放实物模块的位置与程序逻辑有关	身临其境感较高，完全处在现实环境中	Project Bloks Ifs Boson Kit

5. 研究目的与问题

本研究旨在探讨不同具身程度的编程工具对布尔运算学习效果的影响。以高具身程度和中具身程度编程工具为研究变量，以小学生为研究对象，参考具身学习领域和编程教育领域的主要评价指标并结合实际情况，从学生学习态度、学习沉浸度、学习融洽度、认知负荷、学生作品质量和学习绩效六个维度来评价学习效果。结合研究目标，本研究确定的研究问题为：使用具有不同体现程度的编程工具来学习布尔运算，学生的表现是否存在差异？

（二）实验过程

本部分从实验对象、实验内容、实验材料和数据收集四个部分介绍实验过程，并展示实验过程中的教学实况。

1. 实验对象

本研究在江苏省南京市龙江小学力学分校进行，从该校五年级中随机选取两个班作为实验班级。实验开始前，两个班级的学生被随机分配至两种实验处理（表 6-2）：中具身程度班（$N=33$）和高具身程度班（$N=34$）。为方便统计与阅读，把使用创趣天地 AS-Block 的中具身程度班（Middle Embodied Level）简称为“MEL”，把使用 Boson Kit 造物粒子的高具身程度班（High Embodied Level）简称“HEL”。研究对象的年龄在10~12岁，共有67名学生参与了本研究。由于器材数量有限，安排每班学生两两组合为一个学习小组共同使用一套编程工具来学习布尔运算。两个班级均采用项目教学法，学习布尔运算知识内容，由研究者本人担任授课教师。

表6-2　参与者基本信息统计

实验处理	班级	人数（人）	男生（人）	女生（人）	年龄（岁）	编程工具
中具身程度	MEL	33	16	17	10~12	AS-Block
高具身程度	HEL	34	15	19	10~12	Boson Kit 造物粒子

为确认两个班级在实验开始前编程水平是否一致，研究者对所有被试学生进行了编程学习先备知识测验，共9道单选题，分为两个部分。第一部分调查学生学习编程的经历，如“你学习过编程类课程吗？”“你参加过编程类竞赛吗？”等，共3道题，选项为“是”“否”，依次为1分、0分。第二部分通过编程相关知识测试学生的编程基础，如“下列属于选择结构的是？”等，共6题，答对得1分，答错不得分。数据统计结果显示，两个班级在编程先备知识水平上无显著性差异（表6-3）。

表6-3　编程学习先备知识测验数据分析

班级	样本量	平均值	标准差	t	p
MEL	33	2.970	1.895 5	0.144	0.866
HEL	34	3.029	1.487 0		

2. 实验设计

本实验为期16周，从2020年9月1日至2021年1月15日，每个班级每周1节课，每节课40分钟。研究者参照小学生创客手册《麦克造物记》为实验班级设计了内容相同的布尔运算编程项目教学案例。图6-2为中具身程度班学生正在上传程序，图 6-3 为高具身程度班学生正在连接元件。由于两个班级采用的编程工具不同，导致部分编程项目的学习时间略有差别，具体实验进度如表 6-4 所示。

图 6-2　中具身程度班学生在上传程序

图 6-3　高具身程度班学生在连接元件

表 6-4　正式实验进度表

阶段	MEL	HEL	内容	涉及元件
前测	1	1	编程先备知识测验与编程学习态度测验	—
编程初步	2	2	学习相关编程工具的软硬件基础知识	—
	3	3	项目 1：声控风扇初级版	声音传感器、风扇模块、阈值模块
	4	4		
单布尔运算	5	5	项目 2：展台报警器	布尔“非”、按钮模块、蜂鸣器
	6	6		
	7	7	项目 3：声控风扇进阶版	布尔“或”、声音传感器、风扇模块、阈值模块、分支模块
	8			

续表

阶段	MEL	HEL	内容	涉及元件
双布尔运算	9	8	项目 4：智能路灯	布尔“与”、布尔“非”、声音传感器、光线传感器、LED 灯、阈值模块
	$10^{1/2}$			
	$10^{1/2}$	9	项目 5：找朋友机	布尔“与”、布尔“或”、按钮、LED 灯
	11			
综合布尔运算	12	10	项目 6：声控风扇高级版	布尔“与”、布尔“或”、布尔“非”、声音传感器、按钮、风扇模块、阈值模块、分支模块
	13	11		
	14	12	项目 7：模拟蜡烛	布尔“与”、布尔“或”、布尔“非”、光线传感器、按钮、LED 灯、阈值模块、分支模块
后测	15	13	学习绩效检测	—
	16	14	学习态度、沉浸度、融洽度、认知负荷的调查	—

注：$10^{1/2}$ 指第 10 课的一半课时。

3. 实验材料

（1）CFunWorld AS-Block

本实验以蓝猫智能车（可以从官网 https://www.cfunworld.com/ 中下载）作为中具身程度布尔运算学习的工具，蓝猫智能车由电子模块和开源硬件两部分组成，拼接简单且功能丰富（图 6-4）。其中，电子模块搭载 AS-Block 编程软件（图 6-5），该软件专门面向青少年，结合了图形化编程软件 Scratch 和 Arduino IDE 的特点，学习者仅需使用鼠标指针拖动语句模块，按照一定的规则与逻辑即可进行编程。AS-Block 融合了 Arduino 开源硬件，支持学习者调用硬件积木编程模块开发具有实用价值和趣味性的编程产品。

本实验为 MEL 班级每组学生提供的硬件元件有：CF-Board 或 Little-Board

主控板1个、声音传感器1个、光线传感器1个、按钮4个、风扇模块1个、蜂鸣器1个、LED灯2个。另外，布尔运算符均使用AS-Block电子模块中的“且”“或”“不成立”指令；AS-Block电子模块中的“>”或“<”指令则对应Boson Kit的“阈值模块”；顺序结构对应Boson Kit“分支模块”。

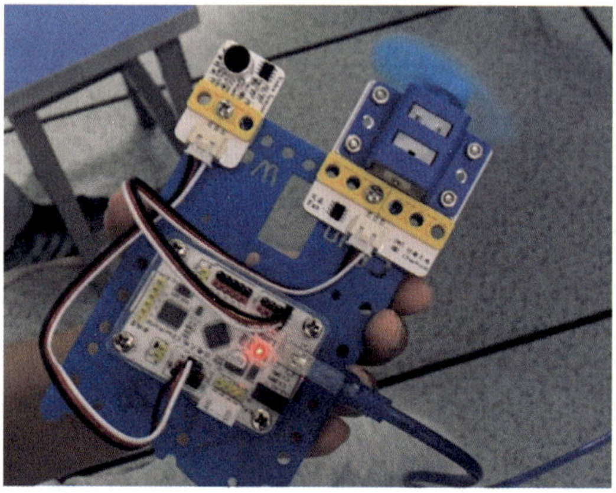

图6-4　创趣天地蓝猫智能车《声控风扇初级版》

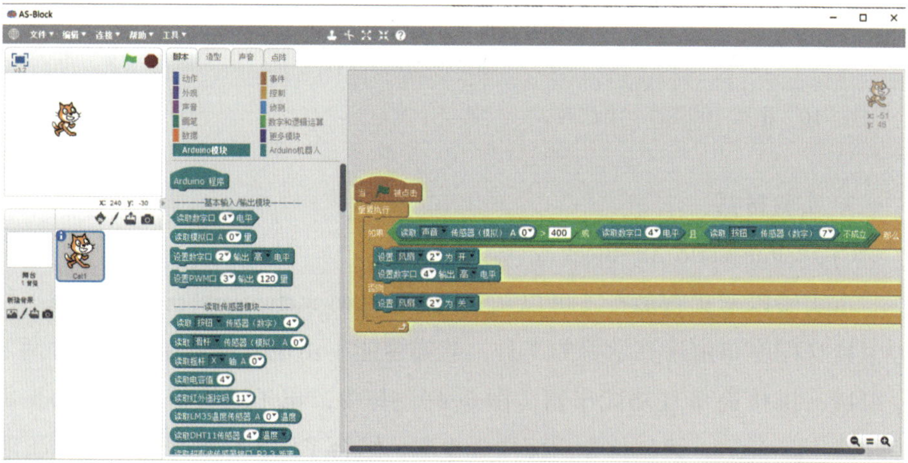

图6-5　AS-Block《声控风扇高级版》编程界面

（2）Boson Kit造物粒子

本实验以Boson Kit造物粒子（可以从官网https://www.dfrobot.com/中下载）作为高具身程度布尔运算学习的工具。Boson Kit造物粒子（图6-6）把传统少儿编程学习中的电子积木实体化，告别了基于软件的编程形式，同时也搭配了丰富的传感器模块，包含输入模块、输出模块和功能模块三种基本模块。该工具包含逻辑与、或、非三种基本逻辑模块，能帮助学习者轻松学习逻辑电路，学习者能够充分组合多种不同模块实现创意化产品。

图 6–6　Boson Kit《声控风扇高级版》元件线路连接图

本实验为 HEL 班级每组学生提供的硬件元件有：3IO 电源主板 1 个、声音传感器 1 个、光线传感器 1 个、按钮 4 个、风扇模块 1 个、蜂鸣器模块 1 个、小灯模块 2 个、分支模块 1 个、阈值模块 1 个、“逻辑与”模块 1 个、“逻辑非”模块 1 个、“逻辑或”模块 1 个。

4. 测量工具

本研究以不同具身程度的编程工具为变量，分析学生学习布尔运算的效果，实验设计如图 6–7 所示。除编程作品评分是以小组为单位外，所有学生均独立完成前测、后测以及学习绩效检测。

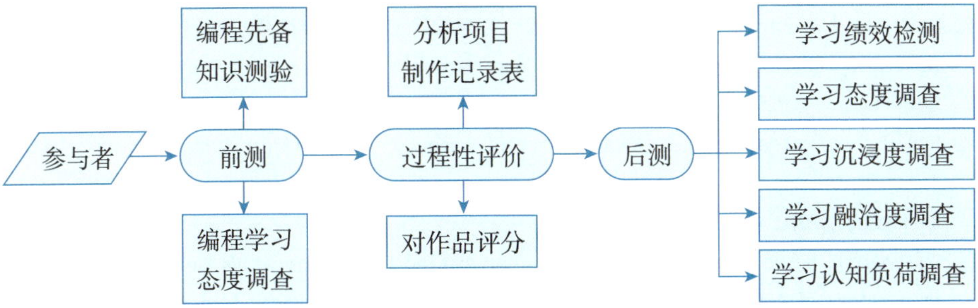

图 6–7　实验设计

本研究使用的数据收集工具包括编程先备知识测试、学习态度问卷、学习沉浸度问卷、学习融洽度问卷、认知负荷测量、作品质量评分表以及期末学习绩效检测，如表 6-5 所示。

表 6-5　数据收集工具

工具		来源	克朗巴哈系数
编程先备知识测试（9 题）		本研究团队设计	—
学习态度问卷	自信心（5 题）	毕晓普-克拉克（Bishop-Clark）等人，2006 ①	0.873
	享受度（5 题）		
	价值观（4 题）	钟柏昌（Zhong）等人，2017 ②	
学习沉浸度问卷	行为沉浸度（5 题）	弗雷德里克斯（Fredricks）等人，2004 ③	0.959
	情绪沉浸度（5 题）	弗雷德里克斯（Fredricks）等人，2005 ④	
	认知沉浸度（3 题）	孙（Sun）等人，2012 ⑤	
学习融洽度问卷（3 题）		考夫曼（Kaufman）等人，1999 ⑥	0.883

① Bishop-Clark C, Courte J, Howard E V. Programming in pairs with Alice to improve confidence, enjoyment, and achievement[J]. Journal of Educational Computing Research, 2006, 34(2): 213-228.

② Zhong B, Wang Q, Chen J, et al. Investigating the period of switching roles in pair programming in a primary school[J]. Journal of Educational Technology and Society, 2017, 20(3): 220-233.

③ Fredricks J A, Blumenfeld P C, Paris A H. School engagement: Potential of the concept, state of the evidence[J]. Review of Educational Research, 2004, 74(1): 59-109.

④ Fredricks J A, Blumenfeld P, Friedel J, et al. School Engagement[M]// Moore K A E, Lippman L H. What Do Children Need to Flourish?: Conceptualizing and measuring indicators of positive development. Berlin: Springer, 2005: 305-321.

⑤ Sun J C Y, Rueda R. Situational interest, computer self-efficacy and self-regulation: Their impact on student engagement in distance education[J]. British Journal of Educational Technology, 2012, 43(2): 191-204.

⑥ Kaufman D B, Felder R M, Fuller H. Peer ratings in cooperative learning teams[C]// Proceedings of the 1999 Annual ASEE Meeting. 1999 Annual American Society for Engineering Education Meeting, 1999: 4.416.1-4.416.12.

续表

工具	来源	克朗巴哈系数
认知负荷测量（1 题）	帕斯（Pass）等人，2003①	—
作品质量评分表	本研究团队设计	—
期末学习绩效检测	研究者自己设计	—

（1）学习态度调查

学习态度问卷的编制参考了本研究团队 2017 年在毕晓普 - 克拉克（Bishop-Clark）等研究者设计的问卷基础上修改后的版本问卷。问卷分为自信心、享受度和价值观三个维度，克朗巴哈系数值是 0.873，详见附录 3。

（2）学习沉浸度调查

学习沉浸度是具身学习领域用来衡量学生学习效果的重要指标之一，被用于衡量学生个体沉浸体验的程度。本实验参考弗雷德里克斯（Fredricks）等人和孙（Sun）等人的研究，从行为、情绪和认知三个维度设计了布尔运算学习沉浸度调查问卷，克朗巴哈系数值是 0.959，共 13 道题，详见附录 4。

（3）合作融洽度调查

参考 1999 年考夫曼（Kaufman）等人编制的融洽度量表，本研究以李克特五点量表形式设计了 3 道题，评估小组成员学习布尔运算时的合作融洽度，从“1（非常不同意）”到“5（非常同意）”进行计分，克朗巴哈系数值是 0.883，详见第五章第三节第四部分的相关介绍。

（4）认知负荷测量

本研究参考帕斯（Paas）设计的心理努力程度量表，设计了 1 道认知负荷测量题目，从“1（非常轻松）”到“9（非常努力）”进行计分，可参照第三章第三节第一部分的相关介绍。

（5）编程作品评分

每个编程项目完成后，由教师依据学生完成的项目制作记录表和实际操

---

① Paas F, Tuovinen J E, Tabbers H, et al. Cognitive load measurement as a means to advance cognitive load theory[J]. Educational Psychologist, 2003, 38(1): 63-71.

作情况，为每个小组评分。评分标准改编自李婷婷和钟柏昌于2017年编制的机器人作品评分表①，总分20分，涉及三个维度：功能与性能、技术与方法、创意与个性，详见附录8。

（6）学习绩效测验

为了检测学生使用不同具身程度的编程工具学习布尔运算的效果，研究者设计了考察范围、题型和分值上均保持一致的两套期末测试题。试题涵盖四类内容：编程工具基础知识、布尔运算知识、元件知识和布尔运算项目设计，包含多选题、填空题、连线题和程序设计题四种题型，按百分制计分。两套测试题仅存在编程工具上的差别，以程序设计题为例：请使用创趣天地AS-Block套件或Boson Kit造物粒子套件制作一款“火灾报警器”，当检测到有火灾时，发出报警声，最后通过某个元件关闭声音。

（三）数据分析结果

本部分根据研究问题和假设，使用统计分析软件SPSS对实验数据进行统计分析，数据分析结果如表6-6所示。

表6-6　实验后测数据分析

维度	分组	样本量	秩均值	秩和	曼－惠特尼 U 检验	p	效应值（r_G）
学习态度	MEL	33	35.09	1 158.00	525.000	0.651	0.064
	HEL	34	32.94	1 120.00			
学习沉浸度	MEL	33	35.44	1 169.50	513.500	0.551	0.085
	HEL	34	32.60	1 108.50			
合作融洽度	MEL	33	34.06	1 124.00	559.000	0.979	0.004
	HEL	34	33.94	1 154.00			

① Zhong B, Li T. Can pair learning improve students'troubleshooting performance in robotics education?[J]. Journal of Educational Computing Research, 2020, 58(1): 220-248.

续表

维度	分组	样本量	秩均值	秩和	曼－惠特尼*U*检验	*p*	效应值（r_G）
认知负荷	MEL	33	36.02	1 188.50	494.500	0.397	0.119
	HEL	34	32.04	1 089.50			
作品质量	MEL	17	12.97	220.50	67.5000	0.007*	−0.533
	HEL	17	22.03	374.50			
学习绩效	MEL	33	28.80	950.50	389.500	0.031*	0.306
	HEL	34	39.04	1 327.50			

注：$^*p<0.05$。

1. 学习态度结果分析

为了探究两个班级使用不同具身程度的编程工具学习布尔运算后，是否会对学习态度产生影响，研究者通过非参数检验（曼－惠特尼*U*检验）分析数据。结果显示，两个班级的整体态度（$p=0.651>0.05$）没有显著差异。因此，这两种不同具身程度的编程工具对学生学习布尔运算的态度没有产生显著影响。

2. 学习沉浸度结果分析

通过非参数检验（曼－惠特尼*U*检验）结果显示，两个班级学生的整体学习沉浸度（$U=513.500$，$p=0.551>0.05$）没有显著差异。由此得知，这两种不同具身程度的编程工具对学习布尔运算的沉浸度没有产生显著影响。

3. 合作融洽度结果分析

非参数检验（曼－惠特尼*U*检验）结果显示，两个班级学生的合作融洽度（$U=559.000$，$p=0.979>0.05$）没有显著差异。由此说明，这两种不同具身程度的编程工具对学生学习布尔运算的合作融洽度未产生显著影响。

4. 认知负荷结果分析

通过非参数检验（曼－惠特尼*U*检验）分析结果显示，两个班级学生学习布尔运算的认知负荷（$U=494.500$，$p=0.397>0.05$）没有显著差异。由此说明，这两种不同具身程度的编程工具对学生学习布尔运算投入的主观心理努力（即认知负荷）没有产生显著影响。

5. 编程作品评分结果分析

通过非参数检验（曼 - 惠特尼 U 检验）分析学生完成编程项目的作品质量，结果显示，两个班级的编程作品评分（$U=67.5000$，$p<0.01$，$r_G=0.533$）存在显著差异，高具身程度班学生作品质量比中具身程度班学生作品质量高。

6. 学习绩效结果分析

通过非参数检验（曼 - 惠特尼 U 检验）数据分析显示，两个班级学生在学习绩效检测中，总得分（$U=389.500$，$p=0.031<0.05$，$r_G=0.306$）具有显著差异。高具身程度班学生的学习绩效比中具身程度班学生的学习绩效高。

综上所述，在使用不同体现程度的编程工具学习布尔运算时，学生的学习态度、学习沉浸感和兼容性没有显著差异，而学生的编程作品质量和学习成果测试的分数则有显著差异。

（四）讨论

具身学习在教育教学实践中所产生的积极效果得到了大部分研究者的肯定，但在编程教育领域，尝试将不同具身程度的编程工具与儿童编程教育学习难点布尔运算相结合的研究与应用相对较少。本研究着眼于编程教育当前存在的布尔运算理解难问题，考虑到具身学习的优势及其与编程教育的关联性，选用两款适合编程初学者的编程工具作为研究变量，探索编程工具的具身程度是否会对小学生学习布尔运算的效果产生影响。

1. 不同具身程度编程工具对布尔运算学习心向的影响

具身学习领域的现有研究指出，当学生建设性地将新知识与已有知识结构整合在一起，并踊跃地参与学习活动时，便会展现出积极的学习心向[①②]。本研究选取的两个实验班级虽然采用了两种不同具身程度的编程工具开展布尔运算学习，但在学习态度、学习沉浸度、合作融洽度和认知负荷方面，均不存

① Ioannou M, Ioannou A. Technology-enhanced embodied learning: Designing and evaluating a new classroom experience[J]. Educational Technology and Society, 2020, 23(3): 81–94.

② Conley Q, Atkinson R K, Nguyen F, et al. MantarayAR: Leveraging augmented reality to teach probability and sampling[J]. Computers and Education, 2020, 153: 103895.

在显著差异。可能有以下几点原因。

（1）参与实验的小学五年级学生绝大部分是第一次接触编程，不管是高具身程度编程课还是中具身程度编程课，都有较强的操作性和实践性，学生们对编程课充满兴趣。

（2）研究者在教学过程中注意到，这两种具身程度下的课堂都具有浓厚的学习氛围，学生以两两一组的形式开展合作学习，师生之间以及生生之间互动沟通频繁。

（3）本研究两种实验处理都是基于传统课堂环境设计的，并未提供耦合多模态感知与运动反应的学习环境，如情景式多媒体艺术学习实验室（Situated Multimedia Arts Learning Lab，SMALLab）①、流星（Meteor）② 等，不存在与学习无关的信息或身体动作，因此没有产生额外认知负荷且学习态度、沉浸度等相差无异。

2. 不同具身程度编程工具对布尔运算学习成绩的影响

本研究的实验结果表明，编程作品得分和最终的期末测试得分，采用高具身程度编程工具的班级要显著优于采用中具身程度编程工具的班级。可能存在以下几点原因。

（1）学生使用高具身程度的编程工具时，身体参与学习的程度更高。具体而言，人对世界的理解是通过身体运动与世界的互动来实现的，也是人对外部世界心理表征的反映，互动越丰富，理解越准确③。学生使用高具身程度编程工具时，身体并没有局限于键盘或鼠标的小范围移动，而是由双手大范围地与学习内容进行交互，提高了身体动作的参与度，强化了身体与学习环境之间

① Johnson-Glenberg M C, Megowan-Romanowicz C, Birchfield D A, et al. Effects of embodied learning and digital platform on the retention of physics content: Centripetal force[J]. Frontiers in Psychology, 2016, 7: 1819.

② Tscholl M, Lindgren R. Designing for learning conversations: How parents support children's science Learning within an immersive simulation[J]. Science Education, 2016, 100(5): 877-902.

③ Nemirovsky R, Ferrara F. Mathematical imagination and embodied cognition[J]. Educational Studies in Mathematics, 2009, 70(2): 159-174.

的联系，使认知活动更有效，有助于创造意义①。此外，高具身程度编程工具对搭建布尔运算项目程序更加容易、直观、不容易发生嵌套错误，便于学生构建正确的逻辑体系。

（2）高具身程度班所使用的编程工具以“元件 + 连线”的形式呈现项目逻辑，更容易梳理，而中具身程度班的项目逻辑只能以搭建指令的形式呈现，且所搭建的指令中元件接口必须一一对应，相对来说更为复杂。从学习者对技术的敏感程度分析，已有研究②发现初学者对新技术干预的敏感性不同，会对学习效果产生影响。在先验知识水平相同的情况下，中具身程度班使用的编程工具属于日常生活学习中比较常见的形式，所产生的敏感性不会很高。相反，高具身程度班的编程工具更加新颖，刺激敏感性的增加。

（五）结论

本研究对编程教育和具身学习领域的相关研究有如下启发：首先，应根据学生的兴趣，尽可能设计出适用于编程教育的沉浸式虚拟现实环境，或者设计头戴式设备，支持学生通过三维方式感受编程中的操作，增加学习时的沉浸感；其次，尽可能多维度考核教学干预的影响，例如：在条件允许的情况下可以关注学生的记忆水平，开展保留记忆测试和延迟记忆测试，不同具身程度干预下的学习迁移能力也值得测量；最后，尽可能丰富数据收集形式，采用多模态数据收集方法，提高数据收集的准确度。

本研究的不足之处：研究对象为五年级学生，且样本量较少，若要全面探究小学生使用不同具身程度编程工具学习布尔运算的影响，应该尽量覆盖不同年龄段的更多被试者；由于条件限制，只选取了中级与高级具身程度的编程工具作为变量，缺少对低具身程度编程工具的研究；实验由研究者本人负责授课，由于缺乏教学经验，对各类课堂情况处理可能并不及时、恰当。

综上，未来研究可以从扩大研究样本的数量、提高研究样本的代表性、

---

① Anderson R C. Creative engagement: Embodied metaphor, the affective brain, and meaningful learning[J]. Mind, Brain, and Education, 2018, 12(2): 72–81.

② Conley Q, Atkinson R K, Nguyen F, et al. MantarayAR: Leveraging augmented reality to teach probability and sampling[J]. Computers&Education, 2020, 153: 103895.

选取不同具身程度的合适编程工具、保证实验过程的科学严谨等角度入手，进一步探究具身学习在编程教育领域的应用价值。

二、跨学科创新能力培养的初步探索

创新能力也称创造力、创新性、创造性，是人类心理机能的高级表现，也被视为 21 世纪人才的关键特征①。当今世界对培养学习者的创新能力给予了前所未有的关注。

2020 年全球创新指数报告②的发布引起了较大的轰动，作为唯一入围前 30 名的发展中国家，中国以第 14 名的位次排名靠前，并有 8 个指标排名全球第一。其中，排在第一位的指标是“阅读、数学和科学 PISA 量表得分”，这一成就成为我国教育发展的标志性成果。教育进展国际评估组织（IAEP）对全球 21 个国家进行的调查显示，中国孩子的计算能力排名世界第一，但想象力和创造力却排名倒数。PISA（国际学生评价项目）于 2018 年的测试结果解释了这一现象，其通过对北京、上海、江苏、浙江四省市学生的调查发现，中国学生取得优异成绩的背后所付出的代价是大量的学习时间、偏低的学习效率及幸福感，这意味着应试教育下的优异成绩并不代表优异的创新能力。这一发现继而引发教育界内外人士对教育本质的思考：我们的教育应该提升学生的成绩还是培养学生的能力？不可否认的是，在成绩提升方面，中国教育遥遥领先，国际奥林匹克竞赛中的中国学生成绩排名印证了这一点。然而，相比于其他各国，中国诺贝尔奖获奖者寥寥无几，重大原创性成果相对逊色。尴尬的社会现实亟需教育重心的偏转，“钱学森之问”实际为我们提供了教育改革的方向，即教育需关注创新能力的培养而非学科成绩的提升，强调解决真实问题的能力而非解题能力。

在发展动力亟待转型的新形势下，创新人才的竞争也成为国家综合竞争力的关键。国家层面也对创新能力培养给予了高度重视。例如，2018 年 3 月

① 褚宏启．学生创新能力发展的整体设计与策略组合［J］. 教育研究，2017, 38(10): 21-28.

② Dutta S, Lanvin B, and Wunsch-Vincent S. Global innovation index 2020: Who will finance innovation?[DB/OL]. (2020-09-02)[2020-09-02］. https://www.wipo.int/global_innovation_index/zh/2020/.

28日，北京师范大学中国教育创新研究院首次对外发布《21世纪核心素养5C模型研究报告（中文版）》，指出核心素养5C模式中的创新素养包括三个维度：创新人格、创新思维、创新实践①。这一报告的发布从立德树人层面指出了创新能力培养的重要性。又如，2019年中共中央、国务院印发《中国教育现代化2035》，强调要创新人才培养方式，推行启发式、探究式、参与式、合作式等教学方式以及走班制、选课制等教学组织模式，培养学生的创新精神与实践能力。再如，2020年发布的《中共中央关于制定国民经济和社会发展第十四个五年规划和二〇三五年远景目标的建议》，提出要激发人才创新活力，加强创新型、应用型、技能型人才培养。

概言之，现阶段我国的社会现实、科技发展、教育趋势等使创新能力成为我国教育转型升级的重要抓手，创新能力的培养也迅速成为教育界内外关注的热点，但创新能力的具体培养方向却尚无定论。如今，知识生产已经呈现跨学科发展态势，创新能力的培养必须建立在复杂、多元的知识网络基础上，知识交叉成为打破惯性思维、扩大思维广度、取得原创性成果的原动力②。根据《自然》杂志的一项研究，其在总结全球已发表的8.8万个高质量创新水平的科技论文的基础上，发现学科之间的交叉关系越来越密切，这也说明跨学科创新逐渐成为全球科技发展的趋势③。基于此，在跨学科教育中培养学生的创新能力成为本研究关注的重点。

在前期研究中，研究者认为“核心素养”的内涵可从以下三个层次来把握：双基、问题解决与学科思维（图6-8）。其中，双基层以基础知识和基本技能为核心；问题解决层以解决问题

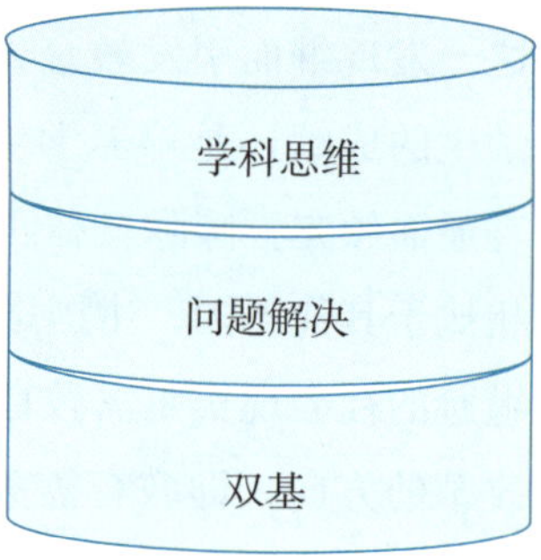

图6-8　核心素养的三层架构

① 甘秋玲，白新文，刘坚，魏锐，马利红，徐冠兴，刘妍，康翠萍．创新素养：21世纪核心素养5C模型之三［J］．华东师范大学学报（教育科学版），2020，38（2）：57-70．

② 王牧华，全晓洁．美国研究型大学本科拔尖创新人才培养及启示［J］．教育研究，2014，35（12）：149-155．

③ Gates A J, Ke Q, Varol O, et al. Nature's reach: Narrow work has broad impact[J]. Nature, 2019, 575(7781): 32-34.

过程中所获得的基本方法为核心；学科思维层指在系统的学科学习中通过体验、认识及内化等过程逐步形成的相对稳定的思考问题、解决问题的思维方法和价值观，实质上是初步得到学科特定的认识世界和改造世界的世界观和方法论[①]。从知识与技能的习得，到问题解决能力的培养，再到学科思想和方法的内化，是一个完整和连贯的过程[②]。一个获得学科思维的人无疑具备了总揽下面两个层次的能力，也意味着学习者习得了能够像学科专家一样深入思考问题时所需要的一种能力，即具备了学科素养。因此，有学者指出，素养导向的课堂转型的重点正是从教授专家结论转向培养以创新为特征的专家思维[③]。

在新课改的浪潮下，学科大概念成为诸多学者关注的热点。大概念研究可追溯至布鲁纳对教育过程的讨论。他指出，“无论教师教授哪类学科，一定要使学生理解该学科的基本结构，有助于学生解决课堂内外所遇到的各类问题。掌握事物的基本结构，就是以允许许多别的东西与它有意义地联系起来的方式去理解它，学习这种基本结构就是学习事物之间是怎样相互关联起来的”[④]。事实上，专家的知识正是通过大概念来组织的，反映了专家对学科的理解深度[⑤]。因此，大概念也被界定为反映专家思维方式的概念、观念或论题[⑥]。大概念可分为跨学科大概念和学科大概念，埃里克森称为宏观概念和微观概念[⑦]。跨学科大概念是不同学科领域、不同学段学科核心概念的综合、联结与再抽象，其层次一般比学科大概念高，可包含下位的学科大概念。借此，我们将“双基”替换为学科大概念，强调在问题解决过程中通过大概念的联

---

① 李艺，钟柏昌．谈“核心素养”[J]．教育研究，2015，36(9)：17-23.

② 钟柏昌，李艺．核心素养如何落地：从横向分类到水平分层的转向[J]．华东师范大学学报(教育科学版)，2018，36(1)：55-63.

③⑥ 刘徽．“大概念”视角下的单元整体教学构型——兼论素养导向的课堂变革[J]．教育研究，2020，41(6)：64-77.

④ Bruner, J. S. The Process of Education[M]. Cambridge: Harvard University Press, 1960: 11-21.

⑤ [美]约翰·D.布兰思福特，等．人是如何学习的：大脑、心理、经验及学校(扩展版)[M]．程可拉，孙亚玲，王旭卿，译．上海：华东师范大学出版社，2013：27-33.

⑦ [美]林恩·埃里克森，洛伊斯·兰宁．以概念为本的课程与教学：培养核心素养的绝佳实践[M]．鲁效孔，译．上海：华东师范大学出版社，2018：26.

结以获得学科思维的内化，最终指向学科素养的习得。在跨学科教育中亦是如此，即强调学生在问题解决过程中通过跨学科大概念的联结以获得跨学科思维的内化，最终指向跨学科素养的习得。同时，为解决当前创新能力培养中所存在的“窄口径”问题与“知识提升缺乏层次与结构”的问题，我们引入聚类教学与深度学习理念，进而建构了面向创新能力培养的4C教学模式（图6-9）。

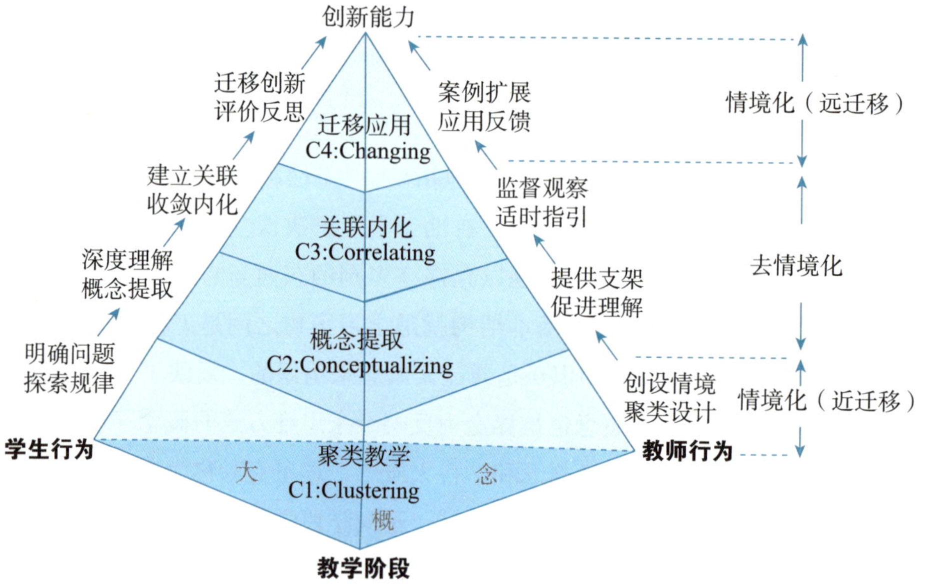

图6-9　面向创新能力培养的4C教学模式

4C教学模式是以聚类教学为起点的一种面向创新能力培养的教学模式。所谓聚类教学，就是依据某种线索组合一系列机器人项目，形成具有内在联系、螺旋上升和发散结构的教学单元，循序渐进地开展机器人教学。根据团队之前的研究，大致有三种聚类方式[①]：以相似的功能聚类，将具有相似功能的技术工具进行聚类，如将具有变速功能的自动变速风扇、遥控风扇聚为一类；以相似的目标聚类，将以实现对某一物体控制为目标的技术工具进行聚类，如

① 钟柏昌，李艺．信息技术课程内容组织的三层架构［J］．电化教育研究，2012，33（5）：17-21.

将实现对风扇控制为目标的智能风扇、变速风扇、创意风扇聚为一类；以相似的技术思想聚类，将使用相似原理或思想的技术工具进行聚类，如将使用自动控制思想的自动浇水花盆、自动加湿器聚为一类。

4C 教学模式下的学习是从一类问题情境（情境化）开始，经历概念提取和关联内化（去情境化），再通过迁移应用回到具体问题情境（情境化）的一个循环往复的学习阶梯，鉴于每个阶段均有以 C 开头的英文单词，故统称为 4C 模式。主要包含四个教学阶段。

（1）聚类教学：教师在学科大概念的视角下，根据学科理论体系，整理出包括基本概念、定理、理论和应用在内的情境案例或问题，将其进行归类整理后呈现给学生。以相似的功能聚类为例，教师可将自动变速风扇、遥控风扇聚为一类，让学生分别设计出具有变速功能的风扇产品。

（2）概念提取：学生在经历了一系列相似问题的解决过程后，需要在教师的指导下归纳这一类事物的普遍特征和一般规律，进行概念提取，从而真正实现从若干“个”的学习迁移到“类”的学习。例如，学生在设计自动变速风扇、遥控风扇的过程中，逐渐提取“变速功能”的设计原理。

（3）关联内化：当不断提取出新概念时，教师需要通过概念地图等工具帮助学生建立新旧概念之间的联系，鼓励学生深入探究知识背后的思想方法，通过讨论和辩论修正概念，对概念的取舍作出合理判断，从而将抽象的概念赋予自己的认知与意义，达到深度理解，从而实现认知结构的变化和内化。例如学生将变速风扇的原理与遥控台灯形成关联并理解其实际价值。

（4）迁移应用：此处迁移应用主要指远迁移，即学生需要将习得的概念性知识迁移至与原学习情境极不相似的其他具体情境中，利用自身所提取的概念性、抽象性知识解释和解决生活中的实际问题，达到迁移创新的目的。例如，学生在习得变速功能的原理与技能后，又迁移至智能门锁的作品开发。

第二节　人工智能背景下的机器人教育项目开发与实践

人工智能正以超乎人们预想的速度发展且迅速进入教育领域，既成为教育改革的新工具，亦成为课程教学的新内容①。作为人工智能在教育中应用的典型，机器人教育在中小学表现出了重要的教育价值和发展前景，尤其有利于学生实践创新能力的培养。调查显示，中小学机器人教育正在全国各地兴起②。以此为基础，《新一代人工智能发展规划》强调“在中小学阶段设置人工智能相关课程”③，《高等学校人工智能创新行动计划》提出“支持高校教师参与中小学人工智能普及教育及相关研究工作”④，这从国家层面为中小学机器人教育的普及注入了新的力量。可以说，随着人工智能技术的成熟与普及，机器人进课堂将成为一种新常态。借此，本节将详细介绍人工智能背景下机器人教育项目的开发与实践案例，从而为中小学机器人教育的发展提供参考。

一、基于敏捷迭代模型的“广州塔创意沙盘”开发与实践⑤

工程技术是社会经济发展的动力源，工程教育和工程技术人才是国家持续发展的潜力所在和提升国家竞争力的有力保证，我国也逐渐认识到建设创新

---

① 任友群．人工智能教育如何进校园［N］．中国教育报，2018-05-19(1).

② 钟柏昌，张禄．我国中小学机器人教育的现状调查与分析［J］．中国电化教育，2015（7）：101-107.

③ 中华人民共和国中央人民政府．国务院关于印发新一代人工智能发展规划的通知（国发〔2017〕35号）［EB/OL］.（2017-07-20）［2020-09-20］.http://www.gov.cn/zhengce/content/2017-07/20/content_5211996.htm.

④ 中华人民共和国教育部．教育部关于印发《高等学校人工智能创新行动计划》的通知（教技〔2018〕3号）［EB/OL］.（2018-04-03）［2020-09-20］. http://www.moe.gov.cn/srcsite/A16/s7062/201804/t20180410_332722. html.

⑤ 莫莉姣，陈岚鑫，钟柏昌．基于敏捷迭代模型的“广州塔创意沙盘”开发与实践［J］．中小学数字化教学，2021（6）：27-32.

型国家的关键在于人才，这需要有高质量的工程教育[①]。在教育领域，科学教育一直是人们关注的热点，但随着各个领域对工程人才需求的不断扩大，工程教育逐渐显现出重要性。尤其是在STEM整合教育思路的引领下，工程实践融入中小学科学教育备受关注。2017年，我国颁布《义务教育小学科学课程标准》[②]，将工程教育作为独立的学习领域或模块纳入其中，意味着工程教育正式成为基础教育领域一个重要组成部分。同年颁布的《普通高中通用技术课程标准（2017年版）》[③]也指出，通用技术课程包含工程技术，且课程的评价既要关注学生技术知识的掌握、实践技能的习得、技术作品的形成等方面的知识，也要关注学生工艺实践和方案物化的能力。由此可见，工程教育在基础教育的发展已经成为一大趋势。

遗憾的是，相较于科学教育，我国的工程教育在高等教育阶段虽然得到了比较好的发展，但在基础教育阶段还是处于缺位状态[④]，较大程度上影响了学生对未来专业的追求和职业取向的形成[⑤]。另一方面，对工程教育目标定位的不准确，也导致中小学在开展工程项目教学时缺乏科学的教学设计，常常错误地将教学目标定位于掌握先进技术[⑥]。此类现象显然需要改变。

我们注意到，一些特定领域的课程开发模型表现出来的理念与中小学工程教育的培养目标有契合之处。例如，应用于培训领域的敏捷迭代模型是一种强调迭代思想的课程开发模型，它将项目的开展划分成不同阶段和基于小任务的迭代循环，既降低了项目任务的难度，也能在迭代过程中促进学习者思维的

---

① 周玲，马晓娜，孙艳丽，孙晓娟．工程教育，让世界更美好——2015年全面工程教育国际研讨会(TEE 2015)综述［J］．高等工程教育研究，2015（4）：27-35.

② 中华人民共和国教育部．义务教育小学科学课程标准［M］．北京．北京师范大学出版社，2017：1-82.

③ 中华人民共和国教育部．普通高中通用技术课程标准（2017年版）［M］．北京．人民教育出版社，2018：1-104.

④ 钟柏昌．创客教育究竟是什么——从政策文本、学术观点到狭义创客教育定义［J］．电化教育研究，2019，40（5）：5-11.

⑤ 占小红．工程实践融入基础科学教育：内涵、目标与路径［J］．基础教育，2017，14（3）：45-49.

⑥ 余胜泉，胡翔．STEM教育理念与跨学科整合模式［J］．开放教育研究，2015，21（4）：13-22.

发展。基于此，我们尝试将敏捷迭代模型应用于中小学的工程教育，探索其可行性和有效性。

（一）理论基础：迭代及 SAM 敏捷迭代模型简介

1. 迭代

“迭代”一词首先出现于计算机领域，作为一种程序算法，随后逐渐被看作是一种思维方式。在思维方式方面，李光斗（2014）① 认为，互联网时代下的迭代思维是总结、积累和升华，是量变到质变再到量变的过程；李法勇和真溱等人（2014）② 将迭代思维的基本特征概括为目标的不确定性、行为的试探性以及过程的周期性；李艺和钟柏昌（2015）③ 进一步将迭代思维的周期性细化为在实现若干小周期循环改进的基础上，实现大周期循环改进的持续优化。在项目开发方面，温（Wynn）等人（2012）④ 认为，设计开发项目不可避免地需要迭代设计，如迭代能够支持知识的渐进生成并产生积极的效果；朱龙和胡小勇（2016）⑤ 认为创客项目制作过程中的一大特点就是迭代循环；刘恩山（2017）⑥ 认为从基础教育的视角来看，工程学需要通过迭代设计对材料和技术进行优化。在教学应用方面，张捷和鲁家皓（2015）⑦ 认为，与传统的教学方式相比，迭代式教学更符合跨学科课程的教学目标，其周期性更利于学生对课程内容的吸收；项聪（2017）⑧ 通过分析多个有关迭代设计的案例，构建了工程实践中促进知识增长的迭代循环模型。整体而言，教育学领域关于迭代的研究相对来说较少，主要集中于迭代式教学法、创客学习、STEM 教育和迭代设计等研究。

---

① 李光斗. 移动互联网时代的迭代思维［J］. 福建质量管理，2014（Z3）：52-53.

② 李法勇，真溱，汤珊红. 迭代思维在知识服务产品化中的运用［J］. 情报理论与实践，2014，37（7）：11-13.

③ 李艺，钟柏昌. 谈“核心素养”［J］. 教育研究，2015，36（9）：17-23.

④ Wynn D C, Eckert C M. Perspectives on iteration in design and development[J]. Research in Engineering Design, 2017, 28(2): 153-184.

⑤ 朱龙，胡小勇. 面向创客教育的设计型学习研究：模式与案例［J］. 中国电化教育，2016（11）：23-29.

⑥ 刘恩山. 工程学在基础教育中的地位和作用［J］. 科普研究，2017，12（4）：5-10.

⑦ 张捷，鲁家皓. 跨学科课程中的迭代式教学研究［J］. 教育与职业，2015（5）：162-163.

⑧ 项聪. 工程实践中的知识增长：基于多案例研究［J］. 高等工程教育研究，2017（4）：160-164.

中小学工程教育往往是以项目式教学的形式展开，有设计、实施、评价等不同阶段，因此，在中小学工程教育中同样可以融入迭代思维，通过一次次迭代循环，完善项目作品。然而，如何有效地开展迭代循环，相关研究尤其国内研究还比较缺乏。

2. 敏捷迭代模型之 SAM

近年来，敏捷迭代模型在培训领域受到广泛关注，其中，SAM（successive approximation model，逐次逼近模型）是最具代表性的敏捷迭代模型之一。SAM 由迈克尔·艾伦（Michael Allen）在 2013 年的 ASTD（American Society for Training and Development，美国培训与发展协会）会议上提出，主张采用相对快捷的方式进行课程开发，以迭代为本质特征，强调重复小步骤的循环模式，通过不断“迭代—反馈”的方式探索趋向完善的、高效灵活的开发过程。

SAM 将整个开发过程分为 3 个阶段、8 个步骤和 7 项任务（图 6-10）①。其中，第一个阶段是准备阶段，包括信息收集和认知启动两个步骤，这一阶段的主要目标是通过收集背景信息，帮助我们设定目标并为下一阶段的设计做准备。第二个阶段是迭代设计阶段，这一阶段是 SAM 的中心环节，包括项目规划和附加设计两个步骤，目的是识别设计需求、发现问题或机会。第三个阶段是迭代开发阶段，这一阶段通常需要经过四个迭代周期，分别产生四个版本的“产品”。第一个生产周期产生标准设计，用于发现潜在的问题。第二个生产周期生成 A 版本，用于修改标准设计中发现的问题。但通常 A 版本仍会存在误差，因而需要进入第三个生产周期，修改误差形成 B 版本。若是 B 版本被证实没有问题，则无须进一步开发即可变成黄金版本，提前结束开发流程；如果发现有新的问题，则按照要求对 B 版本进行修改，进入最后一个生产周期，形成最终版本——黄金版本。

SAM 也被视作 ADDIE（analysis、design、develop、implement、evaluate，分析、设计、开发、实施、评价）的替代模型。在追求效率、碎片化的组织学习环境中，SAM 舍弃了 ADDIE 强调的各环节之间的线性特征和内容之间的系统性，

---

①［美］迈克尔·艾伦，理查德·赛茨．SAM 课程设计与开发［M］．仁脉学习技术研发中心，译．北京：电子工业出版社，2015：47-48.

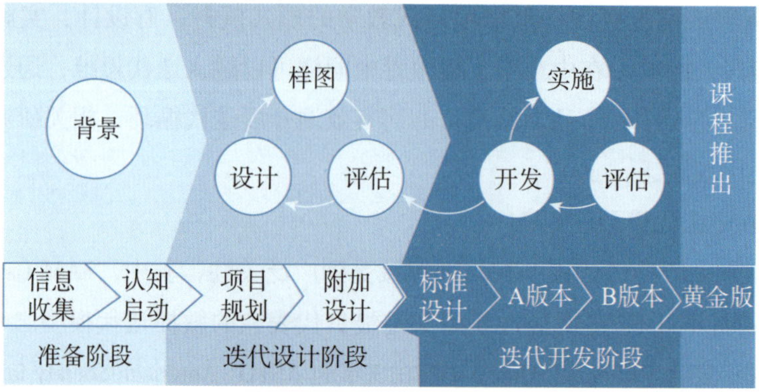

图6-10 SAM敏捷迭代模型

只围绕几个重要的问题设计并开发课程内容，目标明确，为解决某一特定问题而反复推敲，反馈与修正，逐渐向目标靠近①。从这点来看，SAM 似乎更加适合应用于开发基于真实情境的学习案例、课堂讨论和仿真练习等②。由此可见，SAM 模型为更高效地开发课程提供了一种可能。

（二）实践探索：基于 SAM 敏捷迭代模型的广州塔创意沙盘项目实践

目前，SAM 主要用于培训类课程，较少用于基础教育阶段的课程开发，但 SAM 自身的特征及其在培训课程开发实践中表现出的优势，使我们产生了将其应用于基础教育的“遐想”。当下，中小学创客教育与 STEM 教育发展迅猛，但同时也出现了忽视学生思维发展、项目流程开发保守、技术本位严重等问题，亟需探索新的教学模式。而 SAM 模型强调为解决问题而不断反馈与修正，逐渐向目标靠近，理论上能够适应中小学创客教育、STEM 教育等工程教育的需要。因此，我们借用 SAM 表达的敏捷迭代理念，尝试性地应用于中小学工程教育项目的开发。下文将以“广州塔创意沙盘”项目为例，介绍 SAM 模型的应用过程。

1. 项目简介与目标定位

跨学科的学习主张面向真实情境中的问题，使用 SAM 敏捷迭代模型开发

① 段春雨．敏捷课程开发的缘起、特征与模式［J］．数字教育，2020，6（4）：8-14.

② 乔艳瑛．基于 SAM 模型核心方法 CCAF 的教学设计研究与实践［J］．中国教育信息化，2020（8）：34-37.

的工程项目也应当与学生的实际生活紧密关联。广州塔是广州市的文化地标，是一座以观光旅游为主，兼具广播电视发射功能的综合性建筑。选用广州塔这一地标建筑作为学习载体，对于广州学生来说，认同感较强，探索的热情也更高。本项目将主题聚焦于重现广州市的文化地标——广州塔，旨在通过一系列科学探究、工程设计的过程，使学生了解广州塔的结构特点、功能特点等，体验广州塔的魅力。因此，我们将项目的教学总目标确定为："学生以广州塔为原型，分析广州塔的结构特点和功能特点，再现广州塔。通过不断地迭代设计与开发体验工程项目设计的过程，在这一过程中学习三维打印、激光切割等工程技术；通过一系列科学探究活动，了解工程设计的内涵，进一步体验工程学、技术、科学和社会的联系。"需要特别说明的是，过往有关 STEM 教育案例的教学目标描述，只是分别罗列四个学科领域的目标，我们认为这不利于建立学科之间的联系，因此专门增加了一个连接不同学科的维度——学科融合，以显性的方式描述本项目中潜藏的不同学科知识的关联结构[①]。以本项目为例，其教学目标分解如表 6-7 所示。

表 6-7　教学目标分解

维度	描述
Science （科学）	1. 通过收集相关信息，了解广州塔的结构特点、功能特点、设计思想等，提高获取信息的能力 2. 通过科学探究对比古今中外建筑的特点，通过小游戏——"孔明锁"探索榫卯结构的基本原理，提高收集与分析资料及科学探究的能力
Technology （技术）	1. 学习相关的工程技术，如三维打印技术、激光切割技术等 2. 学习相关软件的使用，如 Mind+图形化编程、Sketchup 建模等 3. 学习开源硬件相关知识，掌握传感器的使用方法
Engineering （工程）	1. 学习项目开发的基本过程，提高整体规划的能力 2. 了解工程设计的一般步骤，设计广州塔的模型，制定设计方案，并根据方案制作开发完成广州塔创意沙盘项目

① 乔艳琰. 基于 SAM 模型核心方法 CCAF 的教学设计研究与实践［J］. 中国教育信息化，2020（8）：34-37.

续表

维度	描述
Arts（艺术）	1. 结合开源硬件和编程知识为广州塔设计多变的灯光效果，增加语音讲解功能，丰富广州塔的功能 2. 了解沙盘这一艺术形式的基本组成及其表现形式，增加广州塔周边建筑，以沙盘形式全方位展现广州塔的特色
Mathematics（数学）	1. 学习比例尺的使用，能用比例尺计算出模型的各部分数据 2. 在实验探究的过程中收集数据并做详细的记录
Disciplinary Integration（学科融合）	1.（M&A）：学会用数学语言表达结果的抽象思维，探寻广州塔的外形之美，探索广州塔独特造型中的数学应用 2.（S&E）：在开发广州塔项目过程中，学会依据科学证据多次修改方案设计；学会利用科学的证据解释自己的规划方案 3.（E&M）：探究广州塔的建筑特色和图形的关系，分析特殊形状传递的艺术之美；探究广州塔结构中的数学原理 4.（S&M）：进行科学探究的过程中，学会使用数据表现探究结果；探究对比不同的塔类建筑的特点，了解数学图形在建筑中的应用

2. 基于SAM的广州塔创意沙盘项目的设计与开发过程

参照SAM模式，广州塔创意沙盘项目的设计与开发过程可以分为三个阶段，分别是准备阶段、迭代设计阶段、迭代开发阶段。根据实际需要，我们对SAM模型做了如下调整：在培训类课程中，SAM强调在培训前要组成一个包括培训师和项目经理的课程开发团队。本研究关注的是学生工程能力的培养，因而将开发团队确定为由学生组成的学习小组，教师担任专业指导者的角色。在下文的描述中，我们将视角定位于学习小组在项目各阶段的探究和实践，结合SAM模型的各个阶段，分析广州塔创意沙盘项目设计与开发的过程。

（1）准备阶段

SAM的准备阶段包括信息收集和认知启动两个步骤。首先是收集项目背景信息，通过收集信息，明确项目目标、已知信息、项目后续发展等。掌握基本信息之后，进入认知启动环节，即学习小组以头脑风暴的形式筛选收集的信息。

在广州塔创意沙盘项目中，学生需要在信息收集阶段通过网络搜索或实地考察的方式收集相关的信息，包括广州塔的结构特点、功能特点这两大方面。在认知启动阶段，首先是学生小组进行集体讨论，筛选有效信息，再经过头脑风暴，思考通过什么样的形式将广州塔的这些特点表现出来，将讨论的结果记录下来，形成初步的规划草案。在这一阶段学生需要完成的任务如图 6-11 所示。

信息收集	
结构特点	功能特点
1. 塔高：总高600 m（塔身454 m，塔顶146 m）	造型展示
2. 体型：塔体上小下大，中部扭转且较细，平面呈椭圆形	语音播报
3. 塔身：24根立柱，造型结构由两个彼此扭转135°的椭圆变化生成	灯光变化

→

认知启动
小组讨论
筛选信息
头脑风暴
规划草案

图 6-11　广州塔创意沙盘项目的准备阶段

（2）迭代设计阶段

项目规划是项目设计者观点的第一次表达。在 SAM 中，迭代设计阶段包括样图、设计和评估三个环节，每一环节都是渐进式向前迭代完成的，迭代设计阶段需要形成项目的规划方案。

从教与学的角度来看，设计阶段的迭代周期促进了科学知识的课堂应用。结合广州塔创意沙盘项目来看，学生小组不仅需要再次探究如何将不同的选项内容组合在一起以选定最佳的设计，还需进一步明确用于制作产品的工程技术、材料、制作顺序等。首先，学生可以将不同的想法记录在纸上，产生初步的设计文档，再进行评估修正，形成更好的设计文档；随后，教师加入学生小组进一步评估上述内容，最终形成整体项目规划。在这个不断循环迭代的过程中，将逐渐形成一个最佳的规划方案，学生的设计思维也能得到进一步的锻炼和提升。

由于项目的复杂度较高，难以一次设计完成广州塔创意沙盘的外形结构和功能，需要先进行外形结构设计，再对功能做出修改调整，同时在迭代过程中不断完善已有的方案。以某小组为例，最终形成一份较为完整的项目规划方案，如图 6-12 所示。该规划方案分为四方面内容，分别是结构设计、功能设计、硬件资源和制作顺序。关于结构设计部分，使用榫卯结构还原广州塔结构，希望能将现代建筑风格与传统建筑艺术结合，同时展现广州塔的外形之美；使用四块木板拼接塔芯，并用 16 个圆环固定在塔芯上，再在圆环上缠绕上棉线，通过圆环和棉线，直观地将广州塔的扭转结构表现出来；将广州塔创意沙盘的主要功能分为灯光变化效果和语音播报功能，以及能够通过红外遥控和自动感应控制灯光和语音的变化，为了实现这些功能，需要主控板和传感器等硬件资源的支持。由此初步确定制作开发的顺序。

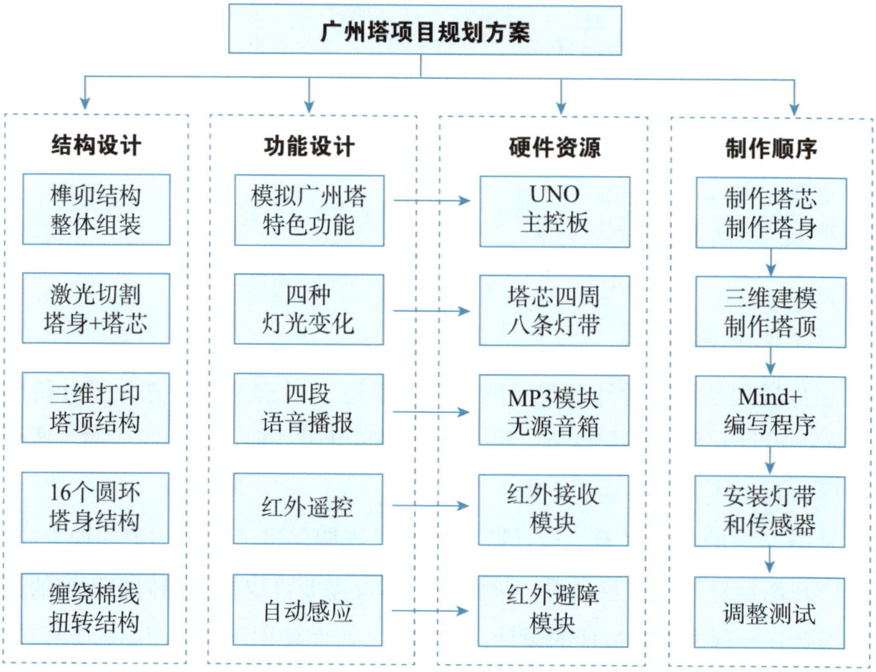

图 6-12　广州塔创意沙盘项目的规划方案举例

（3）迭代开发阶段

开发阶段是项目设计者观点的第二次表达。SAM 的迭代开发阶段是在项目规划的指导下，将迭代设计形成的规划方案实施出来的过程。迭代开发阶段经过四个生产周期，每个周期都要完整地经历“开发—实施—评估”三个环节的迭代循环。以第一个生产周期为例，以迭代设计阶段产生的方案为开发标准实施，这一周期的产物被称为标准设计。标准设计产生的过程，可明确检查预期的成果是否能够得到满足。学生小组需要不断测试和评估“产品”效果，以趋向完善。下文将依据图 6-13 详细介绍广州塔创意沙盘项目的四个生产周期及其迭代过程。

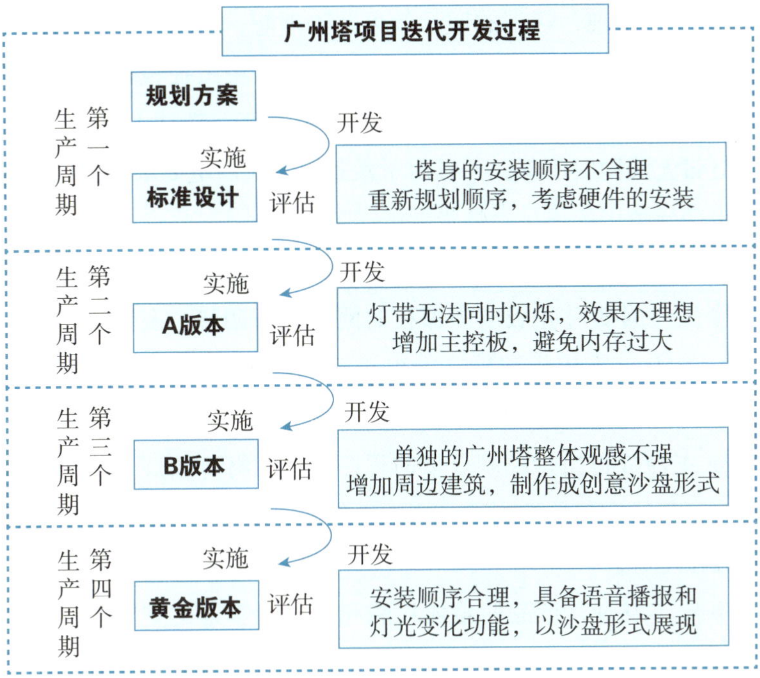

图 6-13　广州塔创意沙盘项目的迭代开发过程

① 第一个生产周期——标准设计

第一个生产周期根据迭代设计阶段产生的规划方案（图 6-12），完成整个项目的开发过程，形成标准设计。

评估发现，项目的整体搭建过程中存在安装顺序的问题。在实施过程中制作完成塔身各部分组件后，应立即进行组装，包括缠绕棉线，完成整个塔体的制作。如果这一过程缺乏综合性规划，不考虑电子元件部分，会导致电子元件难以顺利安装。项目的每一步制作都应该做综合性考虑，即本项目的安装顺序应该有整体观。

② 第二个生产周期——A 版本

第二个生产周期对标准设计中存在的安装顺序问题做出调整。调整后的顺序改为先安装灯带等硬件资源，再组装塔身的圆环，最后再缠绕棉线，由内向外进行安装，避免破坏塔身结构。经过这一周期，形成 A 版本。

评估 A 版本发现，灯带的展示效果并不理想，无法同时闪烁。经过分析发现，存在内存和供电方面的问题。单独使用一块主控板控制八条灯带（共 800 多个 LED 灯），运行时会占用控制器大量内存，造成 UNO 主控板内存溢出，导致灯带无法同时闪烁。并且由于八条灯带对供电要求过高，只使用一块主控板供电会导致电压不足，灯带无法完全亮起来。

③ 第三个生产周期——B 版本

第三个生产周期对 A 版本中存在的问题进行调整，调整的方式为增加一块主控板——Mega 主控板和独立的电源输出模块。在 UNO 主控板上连接上 Mega 主控板，作为灯带模块的控制核心，由 UNO 主控板输出信号到 Mega 主控板，Mega 主控板再执行控制灯带的程序。同时将每条灯带的信号线及正负极分开连接，信号线连接控制板，灯带正负极连接电源输出模块，电源输出模块则直接连接电源。

评估 B 版本发现，产品的整体功能和结构能基本达到要求，但可观赏性不强。孤零零的建筑无法引起参观者的兴趣，难以激发他人进一步了解的欲望。因此需要进入下一生产周期对 B 版本做整体上的修改。

④ 第四个生产周期——黄金版本

第四个生产周期对 B 版本做出调整，为广州塔增加周边的建筑，以沙盘的形式展示广州塔。具体过程为，使用三维打印技术制作周边的建筑模型，使用贴纸模拟道路与草地，展现城市规划，让沙盘更为逼真地展现出广州塔所处区域的城市风貌。使用丙烯颜料增加整个沙盘的美观性，最后使用椴木板制作沙盘底座。整个开发过程到此结束。图 6-14 为一个代表性“产品”的示例。

在 SAM 模型理念的指导下，本项目最终以创意沙盘模型的形式开发出来。广州塔创意沙盘不仅仅是造型艺术的展示，更是一个系统性的高信息量载体。以多维空间的视觉形象展现广州的文化特色，展示现代建筑的空间感与设

图6-14 广州塔创意沙盘最终作品示例
（扫描右上方二维码，观看广州塔创意沙盘演示视频）

计感。作为一个典型的工程项目，广州塔的设计、开发过程始终坚持迭代循环这一理念，学生小组在实践中体会到了探究的乐趣，把各科知识和工程学思想结合起来，不断改进设计方案，提高了工程设计能力与统筹规划的能力，同时也培养了设计感与艺术感。这样的项目实践，能够极大程度地增加学生的学习热情和工程设计的兴趣。

3. 总结

本研究从中小学工程教育的实际需要出发，介绍了SAM模型在工程教育中的具体应用。以广州塔创意沙盘项目为例，详细描述了基于SAM模型的工程教育项目的开发与实践过程。毋庸置疑，这是一次全新的尝试，然而SAM模型在中小学工程教育中的进一步应用与推广，还需要积累更为丰富的经验，尤其需要注意以下两个方面的问题。

（1）如何选择项目主题。不同于专门开设工程技术专业的职业教育，中小学工程教育的主要目标在于以技术和工程素养为抓手培养学生的创新能力，需要围绕技术与工程素养设计项目活动，而非职业技能的训练。从这个意义上来说，工程项目的选题尤为重要，我们建议项目主题聚焦于跨学科、综合性强且与学生学习和生活紧密相关的问题情境。

（2）教育项目如何与 SAM 模型融合。目前 SAM 主要应用于培训领域，在其他教育领域的应用较少，尤其缺少基础教育领域的实践研究。其中有多方面的原因，例如，以 SAM 为代表的敏捷迭代模型的目标之一就是“敏捷”，但追求高效的同时难以保证课程的完整度。与培训领域及时性的技能训练不同，课程的系统性和完整度对基础教育而言较为重要。如何保证课程完整性又不失其敏捷性是 SAM 模型应用于基础教育的一大难题。

需要明确的是，SAM 之于基础教育的重要意义，不在于其模式操作步骤本身，而在于其重视迭代循环的过程。引导学生正确地思考并懂得以迭代的方式完善方案，这种迭代思维是学生学会学习和工作的重要品质。

二、人工智能 + STEM 教育如何实现

STEM 教育起源于美国，是科学、技术、工程、数学四门学科的简称，强调多学科的交叉整合，并形成有机整体，以更好地培养学生的创新精神和实践能力①。STEM 教育中包含的“技术”领域，其本质在于将技术与科学、工程和数学等知识进行有效融合，促进学生生成性成果的形成，进而培养学生的创新能力②。随着人工智能技术的迅猛发展与快速普及，全方位提高人们对人工智能的整体认知和应用水平迫在眉睫。尤其是“人工智能 + 教育”的提出，更加明确地将人工智能与教育改革连接在一起。2017 年，教育部颁布的《普通高中信息技术课程标准（2017 年版）》将“人工智能初步”列为选择性必修模块。同年，国务院颁布的《新一代人工智能发展规划》要求实施全民智能教育项目，在中小学阶段设置人工智能相关课程。在一系列政策的大力支持下，人工智能相关课程从为学生个性化发展而设计的选择性必修课程中脱颖而出。如何在 STEM 教育掀起的狂潮中，用人工智能的计算机视觉、人机交互、机器学习等新兴技术作为支持，创新 STEM 教育项目的设计，促进学生实践创新能力

---

① 余胜泉，胡翔．STEM 教育理念与跨学科整合模式［J］．开放教育研究，2015，21（4）：13-22.

② 唐烨伟，郭丽婷，解月光，钟绍春．基于教育人工智能支持下的 STEM 跨学科融合模式研究［J］．中国电化教育，2017（8）：46-52.

的培养，实现真正的跨学科融合，是当下课程与教学研究的重要内容①②。

为促进人工智能技术与现有课程深度融合，部分学校和一线教师开始尝试在STEM教育和创客教育等跨学科课程中探索人工智能的应用。尤其是在垃圾分类这一社会热点议题下，智能分类垃圾桶作为典型的“人工智能+STEM”教育项目，吸引了众多学校的关注。遗憾的是，仅从实践层面看，其设计与实现方法依然老套，缺少新意，未能有效培养学生的创新实践能力。

（一）智能分类垃圾桶研究现状分析

1. 智能分类垃圾桶的分类

人工智能技术能够代替用户完成垃圾分类过程中某个环节的工作。智能分类垃圾桶的工作原理就是将人工智能技术应用于垃圾收集和分类环节，辅助人们间接或直接完成垃圾分类工作。智能分类垃圾桶可以分为辅助分类和全自动分类两大类型。

辅助型智能分类垃圾桶，通常是图像识别技术与分类垃圾桶的结合，在用户端或结合微信小程序或配套App完成垃圾扫描的工作，系统识别出垃圾后会自动匹配到相应的垃圾收集箱并打开其盖门，随后由用户手动投放垃圾。此类产品（作品）未能实现自动投放垃圾的功能，仅在垃圾识别与分类这一环节发挥辅助作用。而全自动型智能分类垃圾桶则是将人工智能技术应用于垃圾识别、分类、自动投放的全过程，用户只需在垃圾投放口放置垃圾，系统在扫描垃圾时就能识别出垃圾的类型，随后可自行完成自动分类和倾倒垃圾的工作。但由于功能的局限性，目前多数全自动型智能分类垃圾桶只能实现单件垃圾的单次投放。

总之，无论是哪一种类型，智能分类垃圾桶已逐渐走进人们的生活，其蕴含的科学原理也具备一定的探究价值。事实上，智能分类垃圾桶作为典型的“人工智能+STEM”教育项目早已活跃在中小学课堂中，其开发与制作过程不仅能让学生体验人工智能技术的应用，也能让学生参与到垃圾分类的实践活动

① 莫莉姣，陈岚鑫，钟柏昌．基于敏捷迭代模型的“广州塔创意沙盘”开发与实践［J］．中小学数字化教学，2021（6）：27-32.

② 钟柏昌，刘晓凡．创新能力培养的学理机制与4C教学模式建构［J］．现代远程教育研究，2021，33（4）：20-32.

中，旨在通过跨学科学习，有效提升学生的创新实践能力和问题解决能力。

2. 以智能分类垃圾桶为主题的教学探索

目前看来，以智能分类垃圾桶为主题的教学或依托于信息技术课程、STEM课程和创客课程展开，或出现在人工智能课程模块中，学习内容主要涉及垃圾分类软件的开发、智能分类垃圾桶的设计与制作等，学习难度不一。在课程的设置上，通常是基于学科融合的项目式教学模式展开。这类课程可以分为面向设计思维的STEM课程、创意智造类的STEM课程和面向人工智能的应用类课程等。

面向设计思维的STEM课程通常是由教师定义一个具有操作性的问题，学生小组通过头脑风暴激发设计想象，再经简单的工程设计过程，最终完成项目的制作。此类课程主要面向低年级学生，教学中对作品功能不做过多要求，而是从思想教育和实践操作两个方面培养学生的环保意识和初步物化的能力，注重学生思维的发展和创造力的培养，学习难度较小。例如，在“创意DIY分类小助手”为主题的STEM项目中，学生通过想象、设计、制作等步骤，创作出简易的“隐形”垃圾桶、“悬浮”垃圾桶、“阶梯”垃圾桶（图6-15）等[①]。

图6-15 “阶梯”垃圾桶

在创意智造类STEM课程中，学生通常需要结合Arduino等开源硬件和各类传感器进行实践，项目制作的过程需要综合运用编程知识和其他学科知识。这类课程通常也是设计思维类STEM课程的提升。例如，在“环保小能手—智能垃圾桶”项目中，教师基于STEM理念指导学生综合运用Arduino编程知识和舵机模块、触摸传感器、超声波传感器等引导学生完成了智能垃圾桶的原型设计（图6-16）[②]。

① 潘金晶．基于设计思维的小学生人工智能课程设计与实施研究［D］．浙江大学，2020.

② 王伟伟．STEM理念下的“智能垃圾桶”项目活动设计与实践［J］．中小学数字化教学，2019（9）：71-74.

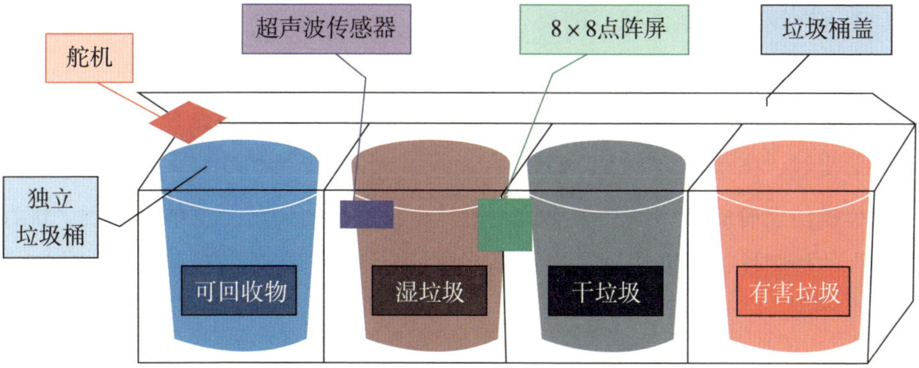

图 6-16　智能垃圾桶原型设计

又如，为能有效实现金属垃圾的再利用，张禄、周靖皓等人设计制作了一款基于 Arduino 的金属垃圾回收系统（图 6-17），以实现金属垃圾与非金属垃圾的自动分类[①]。

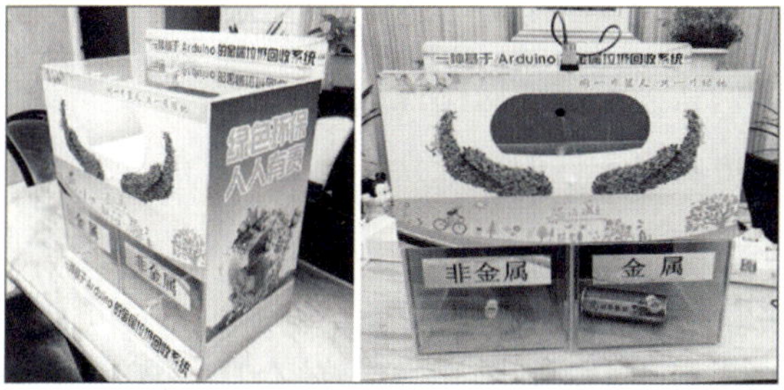

图 6-17　一种基于 Arduino 的金属垃圾回收系统

在面向人工智能的应用类课程中，教师通常更关注人工智能技术的应用和学生核心素养的培养。为进一步带领学生体验人工智能技术的应用，教师通常会选择需要经过一定训练的人工智能模块。例如，北京市十一学校校本课程《人工智能技术与应用》为使学生掌握计算机视觉技术和语音识别技术，以"AI 助力垃圾分类"这一真实项目作为载体，运用 Teachable Machine 工具教会机器识别废纸、塑料瓶，让学生对训练分类器有更加深入的认识[②]。

① 张禄，周靖皓，谢作如．设计能够识别金属的垃圾回收系统［J］．中国信息技术教育，2019（Z3）：109-111.

② 韩思瑶．《人工智能初步》模块的项目式教学实践——以"AI 助力垃圾分类"单元为例［J］．中小学信息技术教育，2021（1）：62-65.

3. 对当前教学实践研究的反思

从以上案例可知，作为一个典型的教学项目，智能分类垃圾桶在中小学阶段有着广泛的教学实践应用，且多数教师能够抓住社会热点并将新兴技术融入教学实践。但也不难发现，现阶段智能分类垃圾桶教学项目大都侧重于让学生简单模仿已有的教学产品，导致无论是新技术的使用还是功能的实现，都存在较大的局限性，从而出现作品雷同、缺乏个性和创造性的现象，具体表现在以下几方面。

（1）人工智能技术应用的浅层化。图像识别确实是计算机视觉技术领域发展得最为成熟的技术之一，但现有的智能分类垃圾桶项目，尤其是在创意智造类 STEM 课程中，大多仍只局限于图像识别的应用，且多以识别图片垃圾为主。虽然就技术的使用而言，掌握图像识别的简单应用已能够满足中小学阶段对人工智能技术的学习需求，但是从项目本身来看，若是使用图片垃圾作为识别的内容，其体积和重量都无法模拟真实的垃圾，进而难以增加“溢满判断”的功能。因此，我们认为，需要对图像识别的内容进一步创新，如尽量使用真实的垃圾或是使用更具真实性的三维立体垃圾，才能提升人工智能技术的应用水平。

（2）项目的功能单一化。智能分类垃圾桶的主要功能是帮助人们完成垃圾分类的工作。但是目前出现在中小学实践项目中的智能分类垃圾桶，多数还是局限于辅助类智能垃圾桶的功能，也就是单独实现自动分类和开盖的过程，无法将扔、识别、投放等过程整合起来，需要用户在识别垃圾后手动投放垃圾。显然，这不能满足我们对人工智能的期待。我们认为，智能分类垃圾桶的出现本就是为减少人们在垃圾分类投放过程中的工作，而识别与投放分离的智能分类垃圾桶难以真正体现智能的优势。作为一个教学项目，如何带领学生全面体验人工智能的优势并向往未来美好生活是人工智能教育的一个重要诉求。

（3）外观设计的定式化。现有的智能分类垃圾桶在外观造型上多以并排的四个分类垃圾桶为主，分类垃圾桶的并排式分布已然成为思维定式，这明显不利于学生创新思维的培养。另外，分类垃圾桶的分类标识不明显，大多数分类垃圾桶只是在颜色和基本标识上有所区别，并没有明确的分类图示或语音提示，对于教学项目来说，尚缺乏进一步的创意挖掘。

上述问题从多个侧面反映出当前的教学应用没有充分挖掘人工智能技术在中小学教育中的价值，甚至一些实践者还没有意识到人工智能技术在中小学 STEM 教育中的潜力。在未能感知技术应用价值的情况下，教育者和实践者往往难以实现对技术的充分利用，即使有所探索，其教学效果也会大打折扣①。由此可见，用于教学的智能分类垃圾桶项目还有很大的改进空间，有必要从上述几方面对智能分类垃圾桶进行创新性改进。

（二）全自动智能分类垃圾桶的设计

根据上述分析，我们针对智能分类垃圾桶提出了进一步的创新优化方案，并设计出了一款全自动、低成本的智能分类垃圾桶。

在材料选择上，我们选用了 Kendryte K210 处理器为核心开发的人工智能摄像头模块（以下简称“人工智能摄像头”）作为图像识别设备，Arduino UNO 主控板作为整个系统的控制核心，同时搭配超声波传感器、舵机、红外感应器、LED 灯、小喇叭等模块共同完成工作。各个部分的传感器协调配合工作，实现了全自动智能垃圾分类的功能，同时还具备一定的“人—桶”交互功能。整体设计如图 6-18 所示。

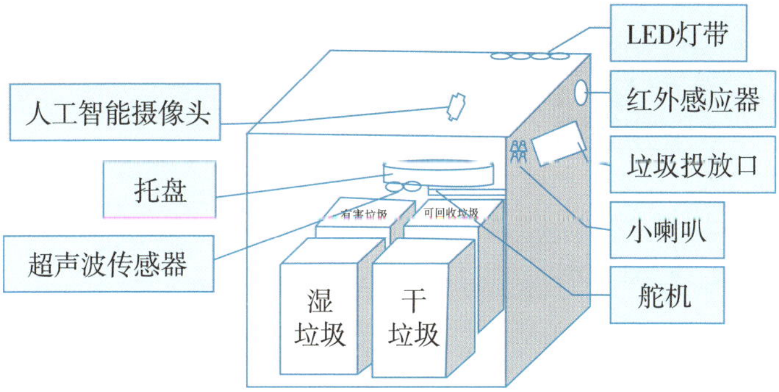

图 6-18 全自动智能分类垃圾桶

① 钟柏昌，夏莉颖．“人工智能＋教育”背景下机器人支持数学学习的国际案例研究［J］．电化教育研究，2020，41（12）：113-121．

1. 整体功能的创新设计

本项目最终从自动感应、图像识别、全自动投放、溢满判断和语音播报五个方面对智能分类垃圾桶进行创新设计，项目的工作流程如图 6-19 所示。

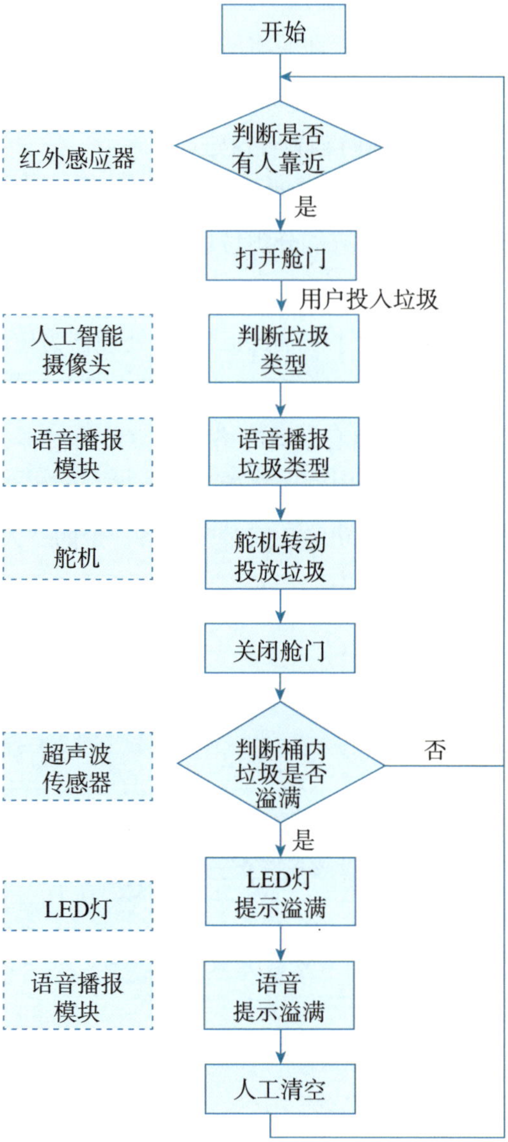

图 6-19　全自动智能分类垃圾桶的工作流程图

（1）自动感应

为解决垃圾桶的异味问题，我们在垃圾桶的投放口增加了一个红外感应门，使用红外感应器判断是否有人靠近，当用户靠近垃圾桶时，红外感应器感应到人，舵机转动，带动感应门，打开垃圾桶盖，用户便可在投放口投入垃圾。其中，位于垃圾桶上方的托盘就是供用户放置垃圾的地方。较之传统的脚踏式开盖的垃圾桶，自动感应开盖能为用户带来更好的使用体验。

（2）图像识别

本项目在进行图像识别的时候，将常规图片垃圾直接替换成实物垃圾或更加接近实物的“立体垃圾”（由三维打印制作完成），以最大程度地模拟真实情境。同时，在使用人工智能摄像头进行图像识别时，增加了模型训练的过程，即先采集所有“垃圾”的图像，再标记数据集，经过多次迭代训练，使人工摄像头自动识别出垃圾的类型。在教学中，若能以这种方式引导学生在探索中体验整个计算机识别图像的过程，必然会使其认识到数据对结果的重要性，进一步掌握图像识别的原理。

（3）全自动投放

为与传统智能分类垃圾桶作区分，我们在垃圾桶的投放功能上做了进一步的创新。分别使用两个舵机控制盛放垃圾的托盘“左右”和“上下”移动，通过“左右”移动将垃圾运载到相应的垃圾收集箱上方，通过“上下”移动“倾倒”垃圾完成自动、精准的垃圾投放工作。全自动投放是本作品最主要的功能也是最大的创新点，虽然还未能实现完全意义上的自动分拣，但已初步实现了单个垃圾从扔到分类再到精准投放的全自动过程。作为教学项目若能增加类似的功能，不仅能创新项目的功能，也更加贴合实际需求，帮助学生进一步体会人工智能技术给生活带来的便利。

（4）溢满判断

该款全自动智能分类垃圾桶由内置在托盘底部的超声波传感器完成溢满判断工作。置于托盘底部的超声波传感器，能够在每一次投放垃圾之前，也就是托盘移动到相应的垃圾收集箱上方时，判断各垃圾收集箱是否溢满。智能垃圾桶进入工作状态后，四个垃圾收集箱中若有一个已经装满，用户再次向垃圾桶扔入相同类型的垃圾，系统将停止“投放”并做出语音提示，否则可以正常“投放”。

（5）语音播报

该款全自动智能垃圾桶在进行投放垃圾和判断垃圾桶溢满的过程中都会进行语音播报。在垃圾桶识别到垃圾后，将会语音播报识别结果，包括垃圾名称和所属垃圾种类，便于用户确认自己投放的垃圾是否被正确识别。同时，在完成溢满判断之后，如果判断结果为垃圾桶溢满，则LED灯亮起红色灯光，同时还伴有语音播报，提示相应的垃圾桶已满，提醒用户及时清空垃圾桶，以保证系统正常运行。

2. 外观形状的创意设计

智能分类垃圾桶的造型设计应简洁、直观、不做过多的修饰，以保证易识别性。可以通过垃圾桶桶身的结构、图示、文字等要素，引导用户正确投放垃圾。为突破现有智能垃圾箱外观设计中的不足，我们将垃圾箱制作成一个大的立方体结构，内置四个垃圾收集箱，分别对应干垃圾、湿垃圾、可回收垃圾和有害垃圾，以“田字格”的形式分布在其中，实现空间利用的最大化。另外，常规的智能分类垃圾桶实现翻盖的方式往往是将舵机安装在每个垃圾收集箱的桶身和桶盖的连接处，通过四个舵机的转动，实现垃圾桶自动开盖，这样的控制方式，既浪费材料也缺乏创新性。针对这个问题，我们将四个舵机简化成两个舵机，通过两个舵机配合工作，就可以完成“精准投放”垃圾的工作。此外，为增强提示效果，我们在垃圾桶顶部设置了带有四个LED灯的灯带，分别对应四个类型的垃圾收集箱，作为溢满的信号提示，如图6-20所示。

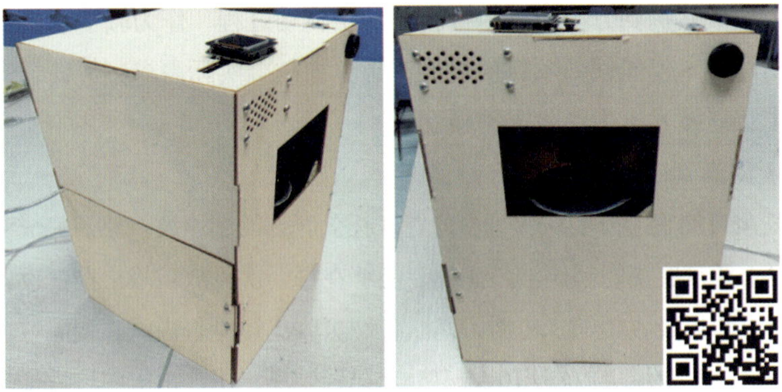

图6-20　全自动智能分类垃圾桶原型图（扫码观看视频）

最后，用户在使用该款全自动智能分类垃圾桶时，只需走近垃圾箱，并向投放口投入垃圾即可，同时可以根据灯带的提示，判断溢满的垃圾收集箱是哪一个，及时完成清理工作。

（三）基于结构创新型教学模式的“全自动智能分类垃圾桶”教学设计

为将全自动智能分类垃圾桶项目用于教学，需对其进行针对性的教学设计。然而，之前的 STEM 项目采用的教学方法较为单一，要求学生从“零”开始设计与制作项目，教学周期长，开发过程存在较多局限性。这并不适合强调迭代设计与创新开发的智能分类垃圾桶项目。本研究团队曾将逆向工程方法引入到机器人教育、创客教育和 STEM 教育，提出了逆向工程教学模式的“灯笼模型”，该“灯笼模型”包括四种具体的教学模式①。其中，结构创新型教学模式（图 6-21）适用于对现有产品或作品进行改造或改良的教学，强调培养学生的微创新能力。这一模式与上述智能分类垃圾桶项目强调通过优化产品来培养学生创新实践能力的目标十分契合。因此，下面以结构创新型教学模式为例，介绍如何在初中阶段开展“全自动智能分类垃圾桶”项目的教学。

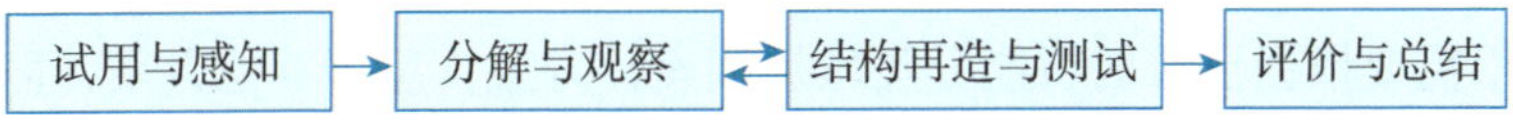

图 6-21 结构创新型教学模式的基本流程②

在设计学习活动之前，需要进一步明确教学目标。本项目的教学目标可以表述为：“学生在理解一定智能分类垃圾桶产品的基础上，对现有产品进行分解与观察，结合新的科学知识和人工智能技术进行迭代优化，再设计出创新性与个性化的产品，通过多元评价反思学习过程，进一步提高学生的创新实践能力和问题解决能力。”以教学目标为指引，参考结构创新型教学模式的基本流程，将整个教学过程分为试用与感知、分解与观察、结构再造与测试、评价与总结四个环节。

① 康斯雅，钟柏昌．机器人教育中的逆向工程教学模式构建［J］．现代远程教育研究，2019，31（4）：56-64．

② 康斯雅，钟柏昌．机器人教育中结构创新型教学模式的案例设计与实施［J］．课程教学研究，2020（1）：75-81．

1. 试用与感知

试用与感知环节旨在让学生全面体验现有的产品（作品），对产品的功能、结构等形成初步的认知，激发学生的兴趣。在教学中，教师可以引导学生以小组为单位试用“全自动智能分类垃圾桶”，体验产品的使用方式、结构组成等。同时，教师可以为学生提供学习工作纸，以便学生对产品的功能和结构进行记录。

2. 分解与观察

分解与观察是指让学生结合逆向思维推测产品的设计方法和过程，对产品进行自主解构和复原。在教学中，教师需为学生提供“全自动智能分类垃圾桶”的相关说明性文件（包括程序的解释说明、产品功能介绍等），学生在试用与感知的基础上进一步对智能分类垃圾桶进行自主分解与观察，同时描述出硬件的拆分过程，包括拆分的顺序、零件名称和位置等，作为产品结构再造时的参考。

3. 结构再造与测试

结构再造与测试是教学实施的关键环节，此过程需要学生依据改进策略，重新选材，进行产品的再设计，尤其注重完善产品的形式与功能。在教学中，学生小组需要根据已有的智能分类垃圾桶设计方案，思考其他方案，同时说明每一项修改的原因或理由，最终确定一个比较完整的再设计方案。随后，教师需要为学生准备所需的材料，学生结合再设计方案展开制作，并结合测试结果予以补充论证，突出创新性。

值得注意的是，结构再造强调再设计，这对学生的要求较高，教师应及时评估学生设计方案的可行性、创新性等，并提出建设性的指导意见，鼓励学生形成迭代意识、不断完善产品。

4. 评价与总结

评价与总结通常包括学生自我评价和教师评价两个方面。一方面，小组成员需要展示自己的智能分类垃圾桶作品，将再设计后的作品与原产品进行比较，从功能与结构、技术与创意等方面进行自我评价；另一方面，教师需要通过课堂观察，记录学生的表现以及小组合作的情况，并结合学习工作纸和“再设计”方案等，对学生的再设计过程进行评价。

需要说明的是，以上只是针对现有全自动智能分类垃圾桶教学项目作出的分析，并基于结构创新型教学模式给出的教学建议，可作为实现人工智能和STEM教育融合的一次积极探索。教师在进行教学实践的过程中，应避免简单的模仿，要参透其中的设计思想，结合实际的教学条件和经验，从人工智能技术本身和STEM教育的特点出发，不断完善教学项目。另外，在教学实践中，为使项目的整体设计更加直观，教师可以引导学生使用草图、流程图等方式，将设想的创意转化为视觉形象，并通过讨论、质疑等方式优化设计方案，最后深度使用新兴技术并参与实践创新行动。

（四）总结与展望

整体而言，要有效落实“人工智能＋STEM”教育，一方面需要全面把握人工智能和STEM教育的内涵；另一方面需要设计具有可操作性的教学项目作为二者的桥梁。本研究以“智能分类垃圾桶”为例，探讨了人工智能＋STEM教育的实施方式。

与过往实践案例相比，本研究提出的智能分类垃圾桶设计方案具有如下几个特点。

（1）面向真实场景，实物垃圾的识别以及自动投放功能的实现等均与实际生活场景高度相似。

（2）实现完整功能，从自动开合到智能分类再到精准投放，该款垃圾桶完整地实现了高度自动化的垃圾分类功能。

（3）优化组成结构，立方体的“田字式”分布结构占用空间小，侧开门收取垃圾桶的方式也更便于垃圾清理。

（4）节约制作成本，仅用两个舵机便完成了自动投放垃圾的工作，一个超声波传感器就实现了四个垃圾收集箱的溢满判断工作，极大地满足了低成本、高效率的开发需求。

在教学实践中，还需要注意如下三方面的问题。

第一，项目功能要体现智能化的思想。新技术支持下的产品设计应该注重功能的创新，从传统技术到数字技术，再到人工智能技术，我们可以运用的技术越来越先进，能够创新的方向自然也应更丰富。例如，制作智能分类垃圾桶需要考虑到用户对垃圾分类和自动投放的完整需求。实际上，无论是将要投放到市场的商品还是用于教学的项目，都要全方位考虑用户的实际需求，使人工智能真正发挥智能的作用。同时，人工智能时代背景下，项目的开发不能仅停留于传统的手工制作，而要利用更加现代化的技术手段，朝着更加智能化的方向发展，更好地落实创意物化的目标。

第二，设计大单元或专题化学习活动。STEM 教育向来强调项目式学习的方式，垃圾分类作为一个社会热点，绝非仅局限于智能分类垃圾桶这一制作过程的教学应用。可以将智能分类垃圾桶的制作扩展成一个大的专题活动，增加多样化的探究项目。例如，结合“为什么要进行垃圾分类”“垃圾的回收与利用”“智能分类垃圾桶的设计与制作”“垃圾的无害化处理”等问题开展活动，引导学生进行全面的探究，通过系列项目的深化以达到更好的学习效果。

第三，探索更多的教学模式。就教学而言，新的产品与项目层出不穷，但却常常受限于单一、传统的教学方法，使其难以出现在课堂中，这也是“人工智能 + STEM”教育难以真正实现的原因之一。因此，在充分理解和掌握现有教学项目的基础上，教师应该积极探索更具针对性的教学模式，使具有教学价值的项目落地。本研究以结构创新型的逆向工程教学模式为例，设计了全自动智能分类垃圾桶项目的教学活动，希望以此激发更多教师在探索人工智能 + STEM 教育的过程中不断尝试更具针对性的教学模式。

第三节　虚实融合背景下的机器人教育研究

机器人教育具有丰富的教育价值，可以培养学生的创造力、问题解决能力、实践动手能力等。现如今的机器人教学活动中，大多采用单一的实体机器人教学策略或者单一的虚拟机器人教学策略。过去的研究大多也只研究某一种机器人教学的效果，或者将这两种机器人教学进行简单的比较研究。已有的研究表明，这两种机器人教学策略各有其优势和劣势。但无论是选择单一的实体机器人教学策略还是单一的虚拟机器人教学策略，在这两种传统的机器人教学实践中，学生缺乏关于机器人工程实践的经验，动手操作能力弱，依赖教师的反复讲解和示范，导致了实验效率低，实验操作的准确性难以保证，很多实践环节甚至出现了学生不知所云、走马观花的现象①。

因此，在开展机器人教学活动时，可以将两种教学策略结合起来进行实践教学。在其他教育应用领域，已有先采用虚拟仿真实验模拟得到可行的结果后再实际操作的例子，这被认为是一种很有效的规避风险的方式。引入虚拟仿真实验，可使理论概念与实物实验较好地衔接起来。那么，这种方式是否同样适用于中小学机器人教育领域？这种方式与单一的实体机器人教学策略或单一的虚拟机器人教学策略相比，有没有什么优势？这些问题值得进一步研究。

本研究从提高学生的学习态度、程序设计能力、工程设计能力、沉浸度和减轻认知负荷的角度出发，通过实证的比较研究，验证两种教学策略的有效性。希望可以为中小学机器人教学提供现实依据和参考。

（一）概念界定

1. 实体机器人

实体机器人特指有具体形态的机器人，它既可以作为家庭益智玩具，也可作为学校课外活动与基础教育课程的平台②。从外形上来说，实体机器人可以分为两类：一类是有基本形状的机器人，学生可以在此基础上增加模块，进行改装；另一类是没有固定形状，只有一堆零部件的积木式机器人，学生可以根据自己的想象自主搭建各种形状的机器人。两类机器人的基本结构主要包括主控板、各种传感器、运动装置以及发生器等功能模块。

2. 虚拟机器人

虚拟机器人又称软件机器人，用户可以在虚拟机器人的软件平台上编制机器人运行的策略文件，在仿真测试平台中实现虚拟仿真运动的功能。

3. 萝卜圈机器人

萝卜圈机器人（IRobotQ3D）是一款基于网络的机器人教育和创新设计平台。该平台通过虚拟现实技术将机器人教育和设计的各个应用细节进行高度的三维仿真，实现三维世界里的任务场景设计、智能体构建、行为设计、运动模

---

① 鄢彩霞，包昆锦，包伦，蒋远胜．“两次循环、虚实结合”实践教学体系的创建及成效［J］．实验技术与管理，2012，29（12）：145-148.

② 张剑平，王益．机器人教育：现状、问题与推进策略［J］．中国电化教育，2006（12）：65-68.

拟和组织评价等功能。同时它又有硬件套装，可以进行实体机器人组装教学。

4. 实体机器人教学策略

实体机器人教学策略是指教师为了让学生掌握机器人课程知识，完成机器人教学任务，选择实体机器人作为教学工具，让学生在学习完机器人编程理论知识后，直接进行机器人实体硬件搭建操作的一系列执行过程。

5. 虚实结合的机器人教学策略

虚拟实验是借助于虚拟仿真技术和相关专业技术，在抽象的相关数学模型基础上，通过构建高仿真度的虚拟环境与物体，使实验者可以运用各种逼真的虚拟器材，完成相关的实验项目，基本实现跟真实实验一样的效果①。本研究中，虚实结合的机器人教学策略是指针对某个问题或任务，首先采用虚拟机器人软件尝试解决，虚拟仿真成功后再进行实体机器人的搭建、上传代码、测试与调试等操作。在实际教学中，要充分利用虚拟实验与真实训练的互补性，发挥各自的优点，相互促进，实现虚拟仿真与实际操作的有机结合、实现理论与实践的有机融合、知识与能力的同步培养。

（二）相关研究

1. 实体机器人及其教育价值

机器人教育最早依托实体机器人来开展，其中应用最广泛的实体机器人是一款娱乐工具的乐高机器人。在学习编程的过程中，实体机器人可以使学生更容易地理解基本的编程概念，并获得比传统的基于计算机的方法更好的编程学习效果②。有研究发现，当学生学习实体机器人时，他们还会学到很多机器人相关学科的知识③。实体机器人在教授科学、工程、技术概念知识中也起着重要作用④，能激发学生学习的主动性，特别是在学习复杂的编程语言过程

---

① 郭桂苹，南岳松．虚拟实验教学研究现状及问题分析［J］．实验室科学，2010，13（5）：175-178.

② Dagdilelis V, Sartatzemi M, Kagani K. Teaching (with) robots in secondary schools: Some new and not-so-new pedagogical problems[C]//Fifth IEEE International Conference on Advanced Learning Technologies(ICALT'05). IEEE, 2005: 757-761.

③ Rogers C, Portsmore M. Bringing engineering to elementary school[J]. Journal of STEM Education: Innovations and Research, 2004, 5(3/4): 17-28.

④ Barker B S, Ansorge J. Robotics as means to increase achievement scores in an informal learning environment[J]. Journal of Research on Technology in Education, 2007, 39(3): 229-243.

中[①]，编程语言 ADA 和 Java 的机器人辅助教学允许学生自己操纵实体机器人，以便在问题得到解决时增强对编程相关概念的理解[②]。

本研究团队 2015 年通过问卷调查发现，当前普及机器人教育的首要障碍就是实体机器人成本过高，乐高此类实体机器人产品需投入较高的成本和使用门槛较高，相对而言，一些成本较低的机器人品牌更受中小学教师的欢迎[③]。张剑平等人（2006）认为，实体教育机器人除了作为儿童和成人的益智工具外，还可以引进学校，作为学生课外活动和基础教育课程教学的载体，提高学生的信息素养和综合实践能力，应充分挖掘其在教育领域的潜能[④]。

2. 虚拟机器人及其教育价值

虚拟机器人也称仿真机器人，主要是通过软件平台对所编写的机器人程序进行仿真。根据虚拟的环境不同，可以分为二维虚拟机器人与三维虚拟机器人，两者的视觉观察效果不同，组成要素大致相同。

虚拟机器人系统具有高度的可定制性和交互性，克服了实体机器人遇到的许多限制。同时，它还消除了实体机器人维护管理中涉及的许多成本问题，提高了设备的可用性。虚拟机器人比实体机器人更便宜、更精确，更重要的是，它可以增强机器人及其组件的灵活性[⑤]。此外，虚拟机器人的行为和外观易于修改，不受器材和技术的限制，可以同时显示在不同设备（如移动设备和计算机）的屏幕上[⑥]。再者，虚拟机器人可以降低技术的复杂性。在机器人活

---

① Fagin B, Merkle L. Measuring the effectiveness of robots in teaching computer science[J]. Acm Sigcse Bulletin, 2003, 35(1): 307-311.

② Barnes D J. Teaching introductory Java through LEGO MINDSTORMS models[C]//Proceedings of the 33rd SIGCSE Technical Symposium on Computer Science Education. Association for Computing Machinery, 2002: 147-151.

③ 钟柏昌，张禄．我国中小学机器人教育的现状调查与分析［J］．中国电化教育，2015（7）：101-107.

④ 张剑平，王益．机器人教育：现状、问题与推进策略［J］．中国电化教育，2006（12）：65-68.

⑤ Altin H, Pedaste M. Learning approaches to applying robotics in science education[J]. Journal of Baltic Science Education, 2013, 12(3): 365-377.

⑥ Hoffmann L, Krämer N C. Investigating the effects of physical and virtual embodiment in task-oriented and conversational contexts[J]. International Journal of Human-Computer Studies, 2013, 71(7-8): 763-774

动的早期阶段，由于知识欠缺和技术不成熟，使用实体机器人会有风险，虚拟机器人的使用将能够有效地降低这种风险①。

在国内，虚拟机器人教学平台的使用，进一步推动了中小学机器人教育的发展，各地纷纷开始尝试利用虚拟机器人教学平台开展机器人教学实践活动。广州市早在2009年就将三维仿真虚拟机器人纳入中小学智能机器人竞赛项目中。广州市采取的“先行试点，以点带面”的策略，让虚拟机器人教育深入中小学课堂，使偏远农村地区也能开展②。吴尹（2013）通过实践探究发现，虚拟机器人应用于中学信息技术程序设计教学中，可以有效地解决学习过程中产生的问题，引起学生的兴趣，激发学生的学习动力并且能够使学生更容易地获得学习的成就感，建立学习的自信心③。张国民（2010）通过实证研究发现，虚拟机器人软件有助于学生掌握程序设计知识，保持学生学习机器人程序的积极态度④。王上飞（2012）通过使用三维仿真虚拟机器人探究具体项目发现，虚拟机器人在学生学习程序设计的过程中，对培养学生学习兴趣，提高学生编程思维和创造力具有重大作用⑤。

3. 实体机器人与虚拟机器人的教育价值比较

到目前为止，关于实体机器人和虚拟机器人教学效果的研究已经持续多年，但关于两者之间到底哪一种能够带来更好的教学效果尚未定论。对现有的文献进行研究发现，大致的结论分为三类⑥。

（1）实体机器人的教学效果优于虚拟机器人

在图形绘制和解释技能的教学中，实体机器人的教学效果几乎是虚拟机

---

① López-Nicolás G, Romeo A, Guerrero J J. Active learning in robotics based on simulation tools[J]. Computer Applications in Engineering Education, 2014, 22(3): 509-515.

② 韩荣胜，刘秀芝．虚拟机器人的校本课程开发［J］．中国教育信息化，2012（14）：26-27.

③ 吴尹．将虚拟机器人应用在中学信息技术程序设计教学中的探究［J］．科学咨询（科技·管理），2013（8）：143-144.

④ 张国民．运用虚拟机器人于初中程序设计教学模块的实证研究［J］．现代教育技术，2010，20（12）：137-140.

⑤ 王上飞．仿真虚拟机器人软件在小学程序设计教学中的作用［J］．中国现代教育装备，2012（18）：77-78.

⑥ 王海雪．实体机器人与虚拟机器人教学效果比较研究［D］．南京：南京师范大学，2018.

器人的两倍[①]，实体机器人在促进学生的学习动机和培养合作能力方面具有更好的优势[②]。根据建构主义学习理论，阿尔廷（Altin）和佩达斯特（Pedaste）（2013）认为，虚拟机器人无法像实体机器人那样利用学生的丰富感知系统认识和使用对象[③]。

（2）实体机器人的教学效果低于虚拟机器人

刘（Liu）等人（2013）使用实体机器人（VEX）和虚拟机器人（VEX 3D）进行了实验，并指出虚拟机器人能够让学生更有效地学习[④]。茨法斯塔斯（Tzafestas）等人（2006）通过研究发现，在教学中使用虚拟机器人更有利于学生中高级技能的获得[⑤]。阿尔卡迪（Alkhaldi）等人（2016）基于观察和发现的视角，得出结论：融合教学框架和师生互动的虚拟实验室能够带来更好的学习结果和更丰富的学习体验[⑥]。现有的研究表明，虚拟环境可以为执行仿真模拟和完成实践操作提供更多的可能性。伍德菲尔德（Woodfield）等人（2004）明确指出，学生可以在虚拟实验室采用物理实验室中不采用的探索性调查，帮助加深知识点的学习[⑦]。

（3）实体机器人的教学效果和虚拟机器人的教学效果持平

阿利米斯（Alimisis）（2012）通过教学研究发现，实体机器人和虚拟机器

① Mitnik R, Recabarren M, Nussbaum M, et al. Collaborative robotic instruction: A graph teaching experience[J]. Computers and Education, 2009, 53(2): 330-342.

② Schwaab J, Kman N, Nagel R, et al. Using second life virtual simulation environment for mock oral emergency medicine examination[J]. Academic Emergency Medicine, 2011, 18(5): 559-562.

③ Altin H, Pedaste M. Learning approaches to applying robotics in science education[J]. Journal of Baltic Science Education, 2013, 12(3): 365-377.

④ Liu A, Newsom J, Schunn C, et al. Students learn programming faster through robotic simulation[J]. Tech Directions, 2013, 72(8): 16-19.

⑤ Tzafestas C S, Palaiologou N, Alifragis M. Virtual and remote robotic laboratory: Comparative experimental evaluation[J]. IEEE Transactions on Education, 2006, 49(3): 360-369.

⑥ Alkhaldi T, Pranata I, Athauda R I. A review of contemporary virtual and remote laboratory implementations: Observations and findings[J]. Journal of Computers in Education, 2016, 3(3): 329-351.

⑦ Woodfield B F, Catlin H R, Waddoups G L, et al. The virtual ChemLab project: A realistic and sophisticated simulation of inorganic qualitative analysis[J]. Journal of Chemical Education, 2004, 81(11): 1672-1678.

人的教学效果之间没有显著差异①。吴（Wu）等人（2008）比较了使用乐高实体机器人和虚拟机器人的新手学习者分别学习编程的效果，发现两种情况下学生的学习成绩没有显著差异。尽管使用实体机器人的学生花费更多时间完成学习任务，但他们对学习机器人和学习编程更积极的态度表现出更大的兴趣②。贝兰（Berland）等人（2015）通过研究证明，虚拟机器人和实体机器人在支持学生复杂系统思维和计算思维的培养方面有着相似的效果③。

现有的研究发现，单独选择实体机器人或虚拟机器人进行教学活动时，各有其优势和劣势。虚拟机器人教学策略在启迪学生程序设计的思维方面更具有优势，在程序设计教学中采用虚拟机器人，可以使学生更直观地感受到受控对象是怎么样在程序的控制下运行的，能够使学生更形象地理解算法与程序。而实体机器人教学策略在培养学生的动手操作能力与激发学生的学习兴趣方面更有优势。一直以来，机器人教育都被认为是一种手脑并用的工程教育，在机器人课程中采用虚实结合的教学策略，充分利用了虚拟实验与真实训练的互补性，能够实现虚拟仿真与实际操作的有机结合、理论与实践的有机融合、知识与能力的同步培养，可能会为机器人课程带来更好的教学效果。

4. 虚实结合策略在教育领域中的应用

在其他很多领域中，虚实结合被认为是一种很有效的规避风险的方法。实践者在实体操作之前会选择先进行虚拟模拟仿真，从而提高学习或工作的效率。

在医学领域，虚拟现实技术可以帮助改善医生的培训，减少学习的时

---

① Alimisis D. Robotics in education&education in robotics: Shifting focus from technology to pedagogy[C]//Proceedings of the 3rd International Conference on Robotics in Education. Prague, Czech Republic: Charles University in Prague, 2012: 7-14.

② Wu C C, Tseng I C, Huang S L. Visualization of program behaviors: Physical robots versus robot simulators[C]//International Conference on Informatics in Secondary Schools-Evolution and Perspectives. Springer, 2008: 53-62.

③ Berland M, Wilensky U. Comparing virtual and physical robotics environments for supporting complex systems and computational thinking[J]. Journal of Science Education and Technology, 2015, 24(5): 628-647.

间①，并且可以为患者的术前评估提供大量有用的信息，帮助患者选择最佳的手术方案②。在人体工程学领域，基于虚拟人体模型的人体工程学模拟被引入产品开发的生命周期中，并成为虚拟产品开发的重要组成部分，这使得工作培训的安全性得到改善，降低了相关成本费用③，也减少了组装过程中肌肉骨骼损伤的风险④。在消防领域，消防员被认为是一种要求极高生理和心理条件的职业，虚拟模拟为实际的消防操作提供了一种安全且具有成本效益的替代方案，消防员通过其提供的入门级培训可以更快地达到特定的能力水平⑤。在机器人教育领域，贾拉（Jara）等人（2011）将实体机器人和虚拟机器人相结合，并将自动化与机器人技术引入课程教学中，有效地促进了学生理论知识的习得和实践技能的提升⑥；诺巴克什（Nourbakhsh）等人（2005）利用机器人硬件和程序设计软件之间的联系，将程序设计的知识点融入实体机器人的操作学习中，通过问题解决帮助学生学习程序设计的有关知识，促进编程思维的培养⑦。

---

① Martinez C H, Chalasani V, Knudsen B, et al. Virtual reality may improve training of renal surgeons[J]. SPIE Newsroom, 2009: 1-3.

② Kinoshita Y, Souzaki R, Tajiri T, et al. A preoperative evaluation for neo-infantile liver tumors using a three-dimensional reconstruction of multidetector row CT[J]. Oncology reports, 2009, 21(4): 881-886.

③ Honglun H, Shouqian S, Yunhe P. Research on virtual human in ergonomic simulation[J]. Computers and Industrial Engineering, 2007, 53(2): 350-356.

④ Rajan V N, Sivasubramanian K, Fernandez J E. Accessibility and ergonomic analysis of assembly product and jig designs[J]. International Journal of Industrial Ergonomics, 1999, 23(5-6): 473-487.

⑤ Williams-Bell F M, Kapralos B, Hogue A, et al. Using serious games and virtual simulation for training in the fire service: A review[J]. Fire Technology, 2015, 51(3): 553-584.

⑥ Jara C A, Candelas F A, Puente S T, et al. Hands-on experiences of undergraduate students in automatics and robotics using a virtual and remote laboratory[J]. Computers and Education, 2011, 57(4): 2451-2461.

⑦ Nourbakhsh I R, Crowley K, Bhave A, et al. The robotic autonomy mobile robotics course: Robot design, curriculum design and educational assessment[J]. Autonomous Robots, 2005, 18(1): 103-127.

（三）研究内容与过程

1. 研究对象

本实验的教学对象为无锡市凤翔实验学校初中一年级两个班的学生，初一（1）班44名学生，初一（3）班42名学生，男女比例接近1∶1。该校从未开设机器人相关课程，但学生已经学习过信息技术课程中的其他知识，对应用软件的操作已经具备扎实的基础，这为学习虚拟机器人软件奠定了知识迁移的前提条件。同时，该校开设了劳动技术和三维打印的课程，学生具备了一定的动手能力和工程设计的能力。此外，初中一年级的学生在数学逻辑智能和言语智能方面已经达到较好的认知水平，能够轻松地掌握简单的程序设计逻辑语句，这也为后面机器人相关课程的教学提供了极大的支持。

为了确保两个班级学生的机器人知识水平起点相似和实验的信度与效度，在实验开始前，对两个班级的学生进行了机器人知识水平的问卷前测。问卷调查结果显示，两个班级学生中只有个别学生在课外接触过机器人相关课程的学习，但相关的知识水平并不高，不影响两个班级学生整体的机器人知识水平，整体上两个班级学生的机器人知识水平都处于零起点。

2. 研究内容

本实验研究的是在中学机器人课程中采用虚实结合的机器人教学策略的教学效果。教学实验在初中一年级的两个班级同时进行，不同的是实验班采用虚实结合的机器人教学策略进行教学，对照班采用实体机器人教学策略进行教学。正式实验过程分为两个阶段，共16周时间。第一阶段是简单程序设计课程教学，第二阶段是复杂程序设计课程教学，符合学生的认知特点，每个阶段均持续半学期。实验过程中，由研究者担任授课教师，一定程度上保证了教学水平的一致。

第一阶段，简单程序设计课程教学。在这一阶段，两个班级均要完成3个基本相同的机器人作品制作任务。简单程序设计课程主要是围绕LED灯的相关知识点展开，学生需要学习萝卜圈软件平台程序设计入门知识，编写LED灯任务的相关程序，掌握LED灯硬件拼装搭建的知识点。详细的课程内容设计如表6-8所示。

表 6-8　简单程序设计课程

序号	标题	编程概念	机器人内容	课时
1	萝卜圈初体验	萝卜圈软件平台基本操作介绍	硬件套装盒器材零件介绍，计算机端口设置	2
2	点亮 LED 灯	单独 LED 灯程序设置	LED 灯零件模块与主控制器连接	1
3	闪烁的警灯	延时指令块	LED 灯闪烁功能测试	2
4	模拟交通灯	延时指令块 3 个 LED 灯设置	3 个 LED 灯与主控制器连接，测试模拟交通灯效果	2
5	流水灯	循环指令块 多个延时指令块 多个 LED 灯设置	多个 LED 灯与主控制器连接，测试模拟流水灯效果	1

第二阶段，复杂程序设计课程教学。在这一阶段，两个班级均要完成 3 个基本相同的机器人作品制作任务。复杂程序设计课程主要围绕机器人小车相关的知识点展开，学生在第一阶段学习的基础上，学习机器人小车的前进、后退、左转和右转等简单的小车移动程序和小车停车、避障、巡线等复杂的运动程序，并完成小车的实体拼装搭建和相关传感器的安装等。详细的课程内容设计如表 6-9 所示。

表 6-9　复杂程序设计课程

序号	标题	编程概念	机器人内容	课时
1	小车任我行	电机模块 延时指令块	小车组装搭建 基础移动	2
2	停车秘籍	电机模块 While 条件循环指令块 障碍传感器 常量模块	障碍传感器安装 避障	3
3	无人驾驶小车	电机模块 While 永远循环指令块 If 判断模块 灰度传感器 常量模块	灰度传感器安装 巡线	3

3. 实验设计与安排

本实验从 2018 年 9 月初开始，于 2019 年 1 月上旬结束，历时 4 个多月，共计 16 课时，实验对象为无锡市凤翔实验学校初一年级两个班级的学生。两个班级都学习 IRobotQ3D 机器人课程，其中一个班级采用实体机器人教学策略（对照班），另一个班级采用虚实结合的机器人教学策略（实验班），具体教学流程如图 6-22、图 6-23 所示。

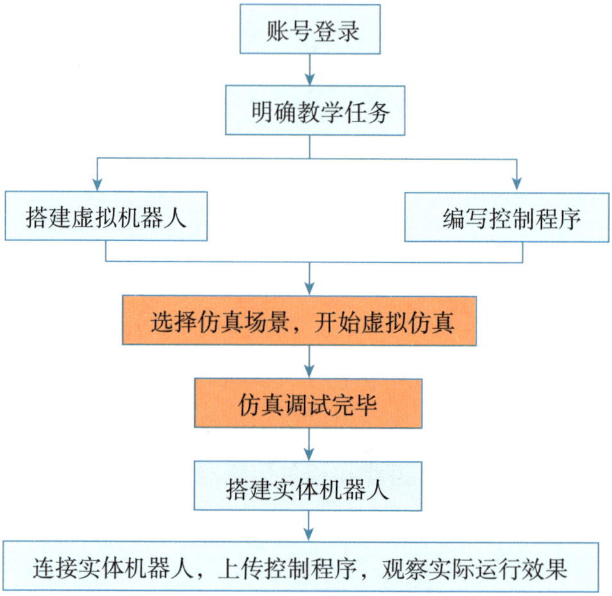

图 6-22　实验班教学流程

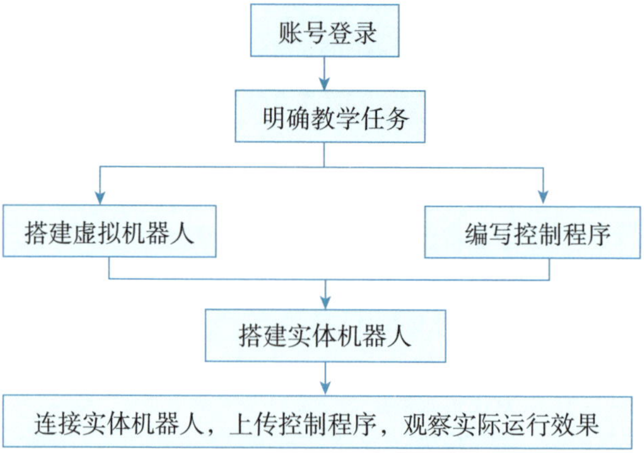

图 6-23　对照班教学流程

本实验共分为两个阶段，第一阶段是简单机器人课程教学，历时 2 个月，共计 8 课时；第二阶段是复杂机器人课程教学，历时 2 个月，共计 8 课时。实验开始前，对两个班级的学生进行机器人知识水平测试与机器人学习态度测试；实验过程中，每一学习阶段结束，通过笔试和搭建机器人作品来考核学生的程序设计能力和工程设计能力，通过问卷形式考察学生学习机器人的态度变化以及沉浸度、认知负荷等。具体实验流程如图 6-24 所示。

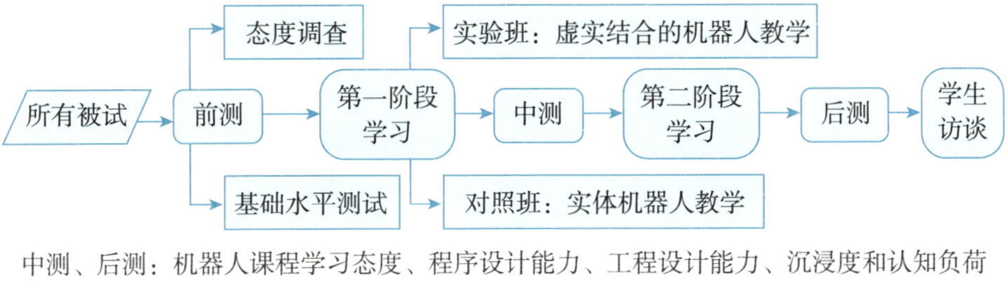

图 6-24　实验流程图

4. 研究假设

虚实结合的实验教学可以在一定程度上代替传统实验教学，突破空间的限制。根据研究目标与研究内容，结合机器人教学的特点，研究者针对本实验要考核的维度，提出以下几组实验假设。

假设 1：在机器人课程的学习中，实验班的学习态度要好于对照班。

假设 2：在机器人课程的学习中，实验班的程序设计能力要好于对照班。

假设 3：在机器人课程的学习中，实验班的工程设计能力要好于对照班。

假设 4：在机器人课程的学习中，实验班的沉浸度要好于对照班。

假设 5：在机器人课程的学习中，实验班的认知负荷要低于对照班。

（四）数据分析与结果

1. 机器人课程学习态度

（1）数据收集

本研究调查了两个班级学生在学习机器人课程前后的学习态度的变化，用以研究虚实结合的机器人教学策略和实体机器人教学策略对学生学习机器人态度的影响及变化的趋势。在机器人课程学习态度问卷的设计上，研究者参考了本研究团队在毕晓普－克拉克（Bishop-Clark）态度量表基础上编制的编程学习态度量表，其量表包含有三个维度，分别是自信心、享受度和价值观，详见附录 3。

（2）数据分析结果

假设 1：在机器人课程的学习中，实验班的学习态度要好于对照班。

实验前对两班的学生做了机器人课程学习态度前测问卷，利用统计分析软件 SPSS 对实验数据进行了独立样本 t 检验，结果如表 6-10 所示。

表 6-10　实验班和对照班机器人课程学习态度前测分析

维度	实验类型	样本量	均值	标准差	t	p
自信心	实验班	42	38.36	4.444	0.064	0.949
	对照班	42	38.31	5.104		
享受度	实验班	42	31.83	2.606	0.991	0.323
	对照班	42	31.43	2.690		
价值观	实验班	42	29.74	4.683	-1.375	0.171
	对照班	42	30.57	2.987		

由表 6-10 中的数据可以看出，实验班和对照班在学习态度前测中，在三个维度即自信心（$t=0.064$，$p>0.05$）、享受度（$t=0.991$，$p>0.05$）、价值观（$t=-1.375$，$p>0.05$）上都没有显著差异。由此可见，实验班与对照班的学生在学习机器人课程态度方面的起点水平基本一致。

为了验证两个班级的学生在两个阶段机器人课程学习后态度上的差异变化，通过 2 × 2 的因素分析（2 × 2 independent-groups ANOVA），结果如表 6-11、表 6-12 所示。

表 6-11　实验班和对照班机器人课程学习态度后测分析

维度	实验类型	实验阶段	样本量	均值	标准差
自信心	实验班	1	42	40.19	10.850
	对照班		42	38.45	10.191
	实验班	2	42	45.79	13.562
	对照班		42	38.48	8.558

续表

维度	实验类型	实验阶段	样本量	均值	标准差
享受度	实验班	1	42	37.43	7.603
	对照班		42	35.86	6.358
	实验班	2	42	36.48	5.407
	对照班		42	36.21	8.029
价值观	实验班	1	42	35.10	9.820
	对照班		42	35.14	6.261
	实验班	2	42	35.26	8.732
	对照班		42	35.19	6.224

表 6-12　两班两阶段机器人课程学习态度因素分析

维度	因素	F	p	效应量（η^2）
自信心	实验类型	7.182	0.008**	0.042
	实验阶段	2.770	0.098	0.017
	实验类型 * 实验阶段	2.723	0.101	0.016
享受度	实验类型	0.736	0.392	0.004
	实验阶段	0.078	0.781	0.000
	实验类型 * 实验阶段	0.375	0.541	0.002
价值观	实验类型	0.000	0.992	0.000
	实验阶段	0.008	0.930	0.000
	实验类型 * 实验阶段	0.002	0.961	0.000
整体	实验类型	2.876	0.092	0.017
	实验阶段	0.664	0.416	0.004
	实验类型 * 实验阶段	0.464	0.497	0.003

注：*p<0.05；**p<0.01；***p<0.001。

通过表 6-12 可以看出，在学习态度的三个维度上，享受度和价值观在主效应和交叉效应上均不显著，仅自信心（F=7.182，p<0.05）在实验类型的主

效应上有显著差异，说明实验班在自信心维度上比对照班更好。整体上来看，两个班级在机器人学习态度上并没有显著差异。因此，研究假设 1 被部分证实。出现该结果的原因可能是学生在虚实结合的机器人教学策略下学习比直接使用实体机器人学习多了一个可以调试修改的仿真模拟环节，从而更加敢于面对机器人课程任务的挑战。

2. 程序设计能力

（1）数据收集

在本实验中，程序设计能力的考核试题主要由研究者和实习学校的一线信息技术教师共同编制的，包含三方面，分别是基本编程知识、编程操作和算法思维。研究者根据前后两个阶段所教授课程内容的不同，分别围绕这三方面设计了两个阶段后测的程序设计考核试题，具体试题内容设置详见附录 20。

（2）数据分析结果

假设 2：在机器人课程的学习中，实验班的程序设计能力要好于对照班。

由表 6-13、表 6-14 可以看出，两班学生学习完机器人课程后，在实验类型上，程序设计能力（$F=1.570$，$p>0.05$）均不存在显著差异；在实验阶段上，程序设计能力（$F=118.932$，$p<0.05$）存在显著差异，造成此现象的原因是前后两个阶段关于程序设计能力考核的题目难度差异较大，分值不同；在交叉效应上，程序设计能力（$F=0.364$，$p>0.05$）不存在显著差异。因此，假设 2 不成立。

表 6-13　实验班和对照班工程设计能力分析

量表维度	实验类型	实验阶段	样本量	均值	标准差
程序设计	实验班	1	42	10.81	2.998
	对照班		42	10.48	2.689
	实验班	2	42	16.71	3.315
	对照班		42	15.76	4.125

表 6-14　两班两阶段工程设计能力因素分析

量表维度	因素	F	p	效应量（η^2）
程序设计	实验类型	1.570	0.212	0.009
	实验阶段	118.932	0.000***	0.420
	实验类型 * 实验阶段	0.364	0.547	0.002

注：*p<0.05；**p<0.01；***p<0.001。

3. 工程设计能力

（1）数据收集

本研究中，主要是从机器人基础搭建知识测试和分析学生动手搭建机器人作品两个方面出发，综合评价学生的工程设计能力。其中，基础搭建知识是通过问卷试题的形式测试，每个阶段设置了 4 道题，共计 8 分，详见附录 20。作品评价方面主要采用了本研究团队（2017）① 编制的机器人作品评价表，详见附录 8。

（2）数据分析结果

假设 3：在机器人课程的学习中，实验班的工程设计能力要好于对照班。

由表 6-15、表 6-16 可以看出，两班学生学习完机器人课程后，在实验类型上，工程设计能力（F=2.674，p>0.05）不存在显著差异；在实验阶段上，工程设计能力（F=100.058，p<0.05）存在显著差异，造成此现象的原因是前后两个阶段关于工程设计能力考核的题目难度差异较大，分值不同；在交叉效应上，工程设计能力（F=0.000，p>0.05）不存在显著差异。因此，研究假设 3 不成立。

① 李婷婷，钟柏昌．中小学机器人教育的核心理论研究——论实验模拟型教学模式［J］．电化教育研究，2017，38（9）：96-101．

表 6-15　实验班和对照班工程设计能力分析

量表维度	实验类型	实验阶段	样本量	均值	标准差
工程设计	实验班	1	42	10.43	3.321
	对照班		42	9.62	2.705
	实验班	2	42	15.38	2.938
	对照班		42	14.57	3.769

表 6-16　两班两阶段工程设计能力因素分析

量表维度	因素	F	p	效应量（η^2）
工程设计	实验类型	2.674	0.104	0.016
	实验阶段	100.058	0.000***	0.379
	实验类型 * 实验阶段	0.000	1.000	0.000

注：*p<0.05；**p<0.01；***p<0.001。

4. 学习沉浸度

（1）数据收集

在机器人课程的学习过程中，学生课堂注意力的集中程度会对学习效果产生重要影响。本实验中采用的沉浸度量表是基于弗雷德里克斯（Fredricks）等人（2004）① 提出的沉浸性测试指标，并对孙（Sun）和吕埃达（Rueda）（2012）② 制作的沉浸性量表做出修改得出的。主要包含三个维度，分别是行为沉浸度、情绪沉浸度和认知沉浸度，详见附录 4。

（2）数据分析结果

假设 4：在机器人课程的学习中，实验班的沉浸度要好于对照班。

① Fredricks J A, Blumenfeld P C, Paris A H. School engagement: Potential of the concept, state of the evidence[J]. Review of Educational Research, 2004, 74(1): 59-109.

② Sun J C Y, Rueda R. Situational interest, computer self-efficacy and self-regulation: Their impact on student engagement in distance education[J]. British Journal of Educational Technology, 2012, 43(2): 191-204.

由表 6-17、表 6-18 可以看出，两班学生学习机器人课程时，在三个维度上的主效应和交叉效应均不显著。在实验类型上，行为沉浸度（$F=0.098$，$p>0.05$）、情感沉浸度（$F=1.697$，$p>0.05$）和认知沉浸度（$F=0.298$，$p>0.05$）不存在显著性差异；在实验阶段上，行为沉浸度（$F=0.221$，$p>0.05$）、情感沉浸度（$F=0.754$，$p>0.05$）和认知沉浸度（$F=1.702$，$p>0.05$）不存在显著性差异；在交叉效应上，行为沉浸度（$F=0.166$，$p>0.05$）、情感沉浸度（$F=0.158$，$p>0.05$）和认知沉浸度（$F=0.163$，$p>0.05$）不存在显著性差异。整体上，两个班级在学习沉浸度上也不存在显著性差异。因此，研究假设 4 不成立。

表 6-17　实验班和对照班沉浸度后测分析

量表维度	实验类型	实验阶段	样本量	均值	标准差
行为	实验班	1	42	21.71	5.928
	对照班		42	21.79	4.117
	实验班	2	42	22.38	5.310
	对照班		42	21.83	4.108
情感	实验班	1	42	18.14	4.961
	对照班		42	18.45	4.608
	实验班	2	42	18.45	4.608
	对照班		42	17.86	3.213
认知	实验班	1	42	13.36	4.095
	对照班		42	13.29	2.361
	实验班	2	42	14.21	3.867
	对照班		42	13.74	2.242

表 6-18　两班两阶段沉浸度因素分析

量表维度	因素	F	p	效应量（η^2）
行为	实验类型	0.098	0.755	0.001
	实验阶段	0.221	0.639	0.001
	实验类型 * 实验阶段	0.166	0.685	0.001

续表

量表维度	因素	F	p	效应量（η^2）
情感	实验类型	1.697	0.194	0.010
	实验阶段	0.754	0.386	0.005
	实验类型 * 实验阶段	0.158	0.691	0.001
认知	实验类型	0.298	0.586	0.002
	实验阶段	1.702	0.194	0.010
	实验类型 * 实验阶段	0.163	0.687	0.001
整体	实验类型	0.591	0.443	0.004
	实验阶段	0.790	0.375	0.005
	实验类型 * 实验阶段	0.020	0.889	0.000

5. 认知负荷

（1）数据收集

在本研究中，学生在完成每个阶段的学习任务后，都会参与心理努力测试，以考查他们在不同的机器人教学策略下学习机器人课程的心理努力程度。具体量表信息可参照第三章第三节第一部分的相关介绍。

（2）数据分析结果

假设 5：在机器人课程的学习中，实验班的认知负荷要低于对照班。

数据分析结果如表 6-19、表 6-20 所示，在实验类型上，两班心理努力（$F=8.645$，$p<0.05$）有差异，且实验班两阶段都低于对照班；在实验阶段上，两个班级心理努力（$F=0.051$，$p>0.05$）没有差异。因此，研究假设 5 被证实。

实验结果说明实验班教学策略能较好地改善学生学习的认知负荷，可能是由于虚拟仿真环节给学生带来了一定的趣味性，降低了面对完成任务时的心理压力，学生学习比较轻松。

表 6-19　实验班和对照班认知负荷后测分析

量表维度	实验类型	实验阶段	样本量	均值	标准差
心理努力	实验班	1	42	5.62	2.241
	对照班		42	6.72	2.504

续表

量表维度	实验类型	实验阶段	样本量	均值	标准差
心理努力	实验班	2	42	5.79	2.475
	对照班		42	6.79	2.322

表 6-20 两班两阶段认知负荷因素分析

量表维度	因素	F	p	效应量（η^2）
心理努力	实验类型	8.645	0.004**	0.050
	实验阶段	0.051	0.889	0.000
	实验类型 * 实验阶段	0.051	0.821	0.000

注：$^*p<0.05$；$^{**}p<0.01$；$^{***}p<0.001$。

（五）实验总结与反思

本研究旨在通过教学实验比较在机器人课程的学习中，虚实结合的机器人教学策略和实体机器人教学策略在教学效果上的差异，并检验虚实结合的机器人教学策略是否能够在教学中对学生的学习态度、程序设计能力、工程设计能力、沉浸度和认知负荷方面产生更加正向的作用。在此基础上，试图为机器人教学提供一种值得借鉴的思路。本部分对实验中的教学效果考核维度所呈现的结果进行分析，讨论本研究结果与已有研究的异同，并解释产生这一结果的可能原因，同时对本研究进行总结，指出本研究的不足之处以及对未来研究方向的期望。

1. 结论与讨论

在对虚实结合机器人教学策略与实体机器人教学策略进行两个阶段的比较试验后，研究者对实验数据进行收集整理和分析，并对实验结果进行了反思，得到如下结论。

（1）在学习机器人课程学习态度方面，通过纵向比较发现，实验班和对照班的学生在学习后均有了一定程度的提高，此结果和已有的研究结果基本一致，即机器人教育能够有效地增强学生学习的愉悦感和满意度，培养学生对学习 STEM 相关专业的积极态度①；通过横向比较发现，在享受度和价值观方面两个班级学生整体的差异并不明显，但不同的是，在自信心方面，实验班比对照班更为显著。可能的原因是实验班使用虚实结合的机器人教学策略比对照班使用传统的实体机器人教学策略多了一个可以虚拟仿真测试的环节，学生能够及时发现一些错误的操作并修正，降低了其直接面对实体操作发生错误的风险，有效地促进学生建立学习和使用机器人的信心。

（2）在程序设计能力方面，实验班和对照班的学生在学习后并没有产生显著的差异，虚实结合教学策略在机器人课程的学习中优势并不明显，但我们不能就此否认其教学价值。已有的研究指出，影响学生编程能力培养的因素有很多，如任务的复杂程度②、同伴的学习风格③和社会因素④等，且学习程序设计重要的是逻辑思维能力的培养、编程思想的掌握以及对程序概念知识的理解。然而本实验中，模拟仿真窗口的设置只是为学生多提供了一种调试修改程序的方法，并不能从根本上解决学生理解程序设计较为困难的问题。考虑到部分影响因素，本研究将实验参与者的经验技能和知识水平都控制在机器人知识技能零基础水平，并且使各班编程任务的复杂程度保持一致，但并未考虑到实验研究中的所有影响因素。因此，学生通过虚实结合的机器人教学策略学习比直接使用实体机器人学习效果要好一些，但还未达到统计学角度上的显著性差异。

（3）在工程设计能力方面，实验班和对照班的学生在学习后并没有产生显著的差异。已有研究强调，通过课程培养学生的工程设计能力，需要将工程设计的各要素融合到课程的体系中，要有计划、分层次地培养学生的工程设计

---

① Nugent G, Barker B, Grandgenett N, et al. The use of digital manipulatives in k-12: Robotics, GPS/GIS and programming[C]//2009 39th IEEE Frontiers in Education Conference. IEEE, 2009: 1-6.

② Arisholm E, Gallis H, Dyba T, et al. Evaluating pair programming with respect to system complexity and programmer expertise[J]. IEEE Transactions on Software Engineering, 2007, 33(2): 65-86.

③ Williams L, Layman L, Osborne J, et al. Examining the compatibility of student pair programmers[C]//AGILE 2006(AGILE'06). IEEE, 2006: 411-420.

④ Zhong B, Wang Q, Chen J. The impact of social factors on pair programming in a primary school[J]. Computers in Human Behavior, 2016, 64: 423-431.

能力，要围绕工程设计任务构建课程体系，要注重课程的综合性和实践性[①]。在本实验中，虚实结合机器人教学策略和实体机器人教学策略在培养学生的工程设计方面都有两个环节，首先是虚拟的三维搭建，其次是实体的具象搭建。实验内容具有实践性，且课程教学从易到难，从简到繁，有计划、分层次地开展教学。然而，本研究在其他因素的控制上稍显薄弱。因此，在培养学生工程设计能力这方面，采用虚实结合机器人教学策略并没有突出的优势。

（4）在沉浸度方面，实验班和对照班都有较好的沉浸度，但从横向比较来看，两个班级的沉浸度没有显著的差异，可能的原因是两个班的学生都是机器人零基础的学生，对于学习机器人都有很强的兴趣与积极性，能很快地投入机器人课程的学习中；通过纵向比较发现，实验班沉浸度的增长高于对照班，可能的原因是在虚实结合机器人教学中，学生可通过仿真场景增加教学内容的可选择性和趣味性，由此有更好的学习表现。此外，两个班级的沉浸度表现差异并不明显，其原因可能与学习内容的复杂程度和仿真场景的设置有关。

（5）在认知负荷方面，实验班的认知负荷明显低于对照班。这说明虚实结合的机器人教学策略能够帮助学生在机器人课程的学习过程中用较少的心理资源达到更好的学习效果。

综上所述，虚实结合的机器人教学策略适用于中小学机器人教学活动，有其独特的优势，但并不总是明显优于实体机器人教学策略，其更适合复杂机器人程序课程教学。在机器人教学活动中采用虚实结合的机器人教学策略，与传统的实体机器人教学方法相比，更能够提高学生学习和使用机器人的自信心，同时有效地降低学生学习机器人课程时所产生的认知负荷。

2. 不足与展望

对研究过程进行反思后，认为本研究还存在以下不足。

（1）课时有限，每节课的时间只有 45 分钟，学生还没有深入课程的学习中，就已经下课，无法保证学生对知识的理解与掌握，不利于学生进行深入的实验研究。在后续的研究中，教师最好能够保证学生连续两节课、90 分钟的学习时间。这样学生能够深入掌握每节课的知识点，且有充分的时间动手操

---

① 雷庆，王敏．从课程视角看工程设计能力培养［J］．高等工程教育研究，2011（5）：152-156．

作，更好地将理论知识与动手实践联系起来。

（2）实验的班级和参与人数有限，导致样本量偏小，且学段比较单一。如果能在不同的学段，面向更多的对象中开展实验，研究结果会更有说服力。

（3）研究者的一线授课经验不足，在教学过程中可能会出现一些问题，不利于学生深入理解课程内容。在后续的研究中，应该邀请更多的一线教师进行指导并参与教学过程，及时修正教学中出现的问题，优化教学过程，提高实验结果的可信度。

（4）缺乏配套的教材指导实验教学。研究者进行实验的学校位于无锡市梁溪区，该区的创客教育处于起步阶段，很多学校使用的器材还没有系统完备的教材可供选择，教师只能根据自己的摸索进行教学；大多数学生也表示没有教材指导学习，很多知识点不好复习，容易遗忘。

综上，由于实验时间、实验对象和实验者授课经验和配套教材等方面存在不足，实验的质量难免会受影响，在后续的研究中，我们将丰富和规范本研究的内容。首先，将虚实结合的机器人教学方法作为第三种教学策略纳入实验中，将三个班级、三种方法进行比较，将多学段、多班级、多人数进行比较，最大限度地保证实验的信度与效度。其次，希望能够开发配套的教材，帮助教师与学生更好地掌握相应知识点。另外，丰富教学策略的评价指标，例如在实验原有的测量学习态度、程序设计能力、工程设计能力、沉浸度和认知负荷五个维度的基础上，增加创造性自我效能感（creative self-efficacy）维度①，作为评价实验的方法对学生创造力的影响的指标之一；或者是将考核指标进一步量化，例如考核记录学生在不同的教学策略下完成任务所需的时间、错误发生的数量以及程序调试的正确率。最后，多渠道争取购买机器人套件的经费，完善教学机器人的功能，以更好地满足实验的需求。

① Liu C C, Chen W C, Lin H M, et al. A remix-oriented approach to promoting student engagement in a long-term participatory learning program[J]. Computers and Education, 2017, 110: 1-15.

附录

附录1　三阶段纠错测试汇总

1. 入门阶段的纠错测试

纠错测试 1：让 mBot 小车以 255 的转速向前移动 3 秒后停止。（4 分）

错误程序

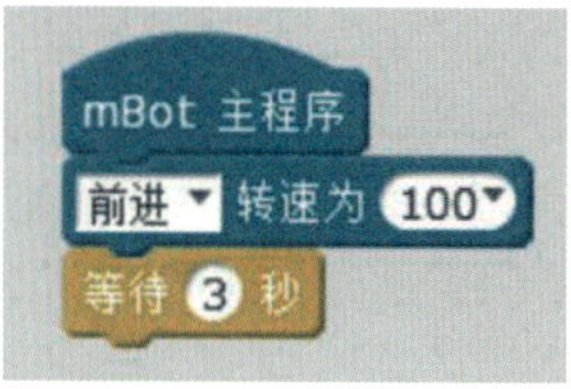

正确程序

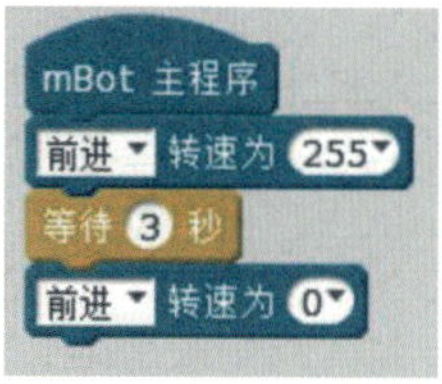

错误原因：

① 前进转速不对，应该由 100 改为 255

② 缺少停止指令

③ 左右电机接反

细节分值：

前进转速　1 分

小车停止　1 分

左右电机正确接线　1 分

成功上传　1 分（如上传失败，主动寻求教师指导，0.5 分；如上传失败，0 分）

纠错测试 2：让 mBot 小车通过右转弯，走一个完整的正方形后停止。（6 分）

错误程序

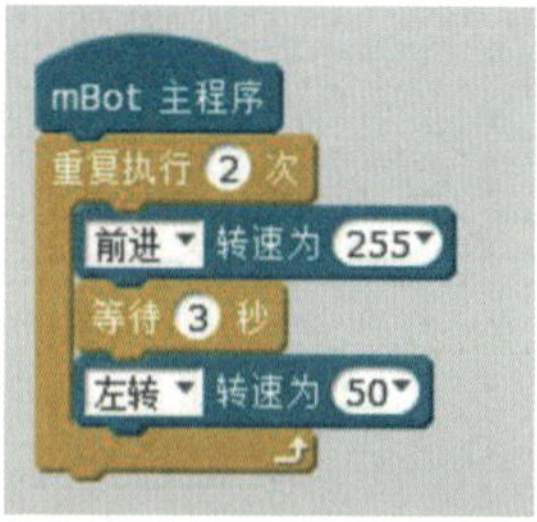

正确程序

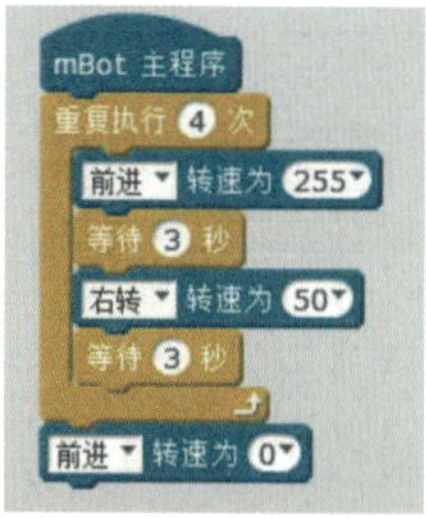

错误原因：

① 重复执行次数错误，应该由 2 改为 4

② 转向错误，应该由左转改为右转

③ 缺少右转的等待时间，应该补充等待时间

④ 缺少停止指令

细节分值：

重复执行次数　1 分

小车转弯的方向　1 分

小车转弯角度为 90 度，控制等待时间　2 分（如角度有偏差，0.5~1.5 分）

小车停止　1 分

成功上传　1 分（如上传失败、主动寻求教师指导，0.5 分；如上传失败，0 分）

纠错测试 3：利用两个电机接口控制轮胎速度，让 mBot 小车通过右转弯，走一个完整的正三角形。（6 分）

错误程序

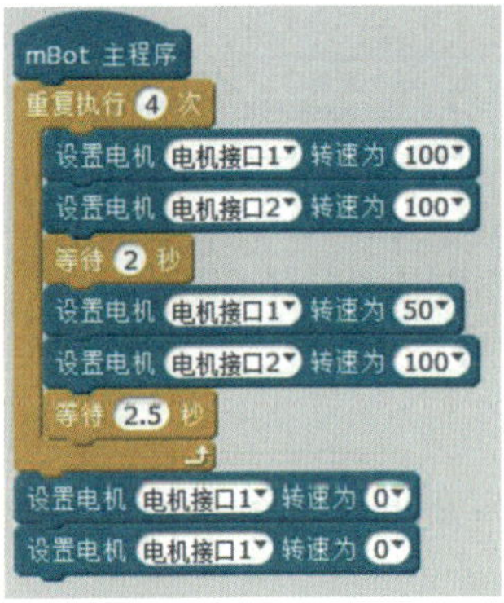

正确程序

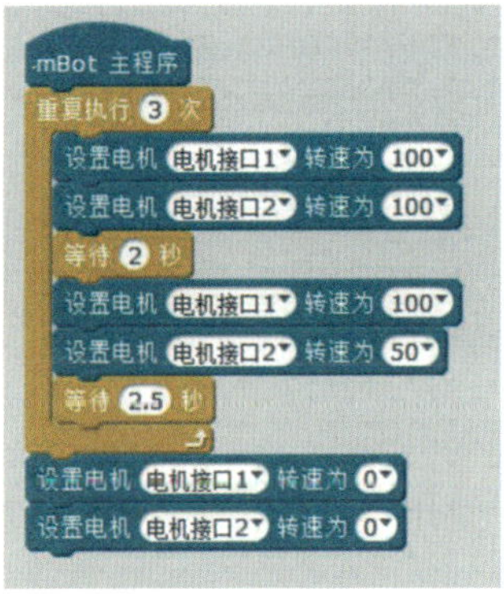

错误原因：

① 重复执行次数错误，应该由 4 改为 3

② 转向错误，应该由左转改为右转，即左电机转速大于右电机转速

③ 停止指令有误，应该将电机接口 1 和 2 的转速均设置为 0，而不是只设置电机接口 1 的转速

④ 右转等待时间根据具体情况调节

细节分值：

重复执行次数　1分

两个电机接口控制小车转弯的方向　1分

小车转弯角度为120度，控制等待时间　2分（如角度有偏差，0.5~1.5分）

两个电机接口控制小车停止　1分

成功上传　1分（如上传失败、主动寻求教师指导，0.5分；如上传失败，0分）

纠错测试4：利用两个电机接口控制轮胎速度，让mBot小车以100的转速直行2秒后，再让小车在地上走一个完整的圆形，然后让小车停止运动。（4分）

错误程序

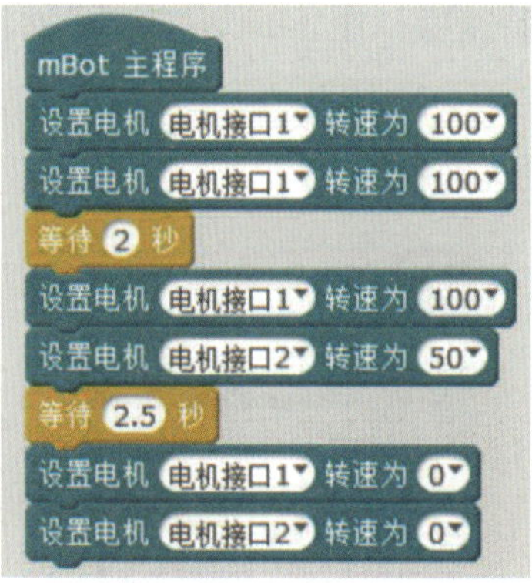

正确程序

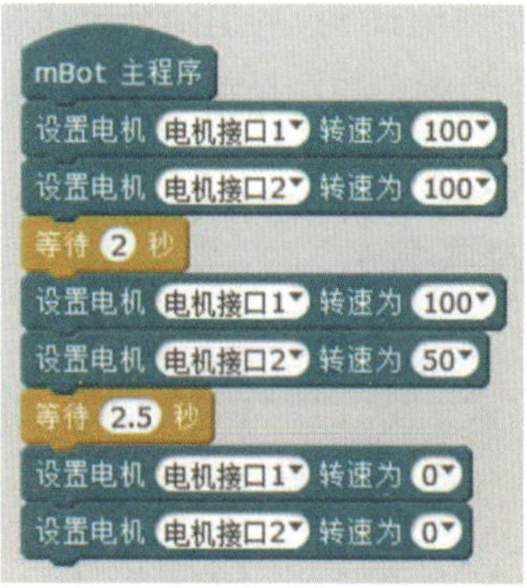

错误原因：

① 使用电机接口控制小车直行，应该将电机设置为电机接口1和电机接口2

② 根据情况调整走圆的等待时间

细节分值：

两个电机接口控制小车直行　1分

一个完整的圆360°，控制等待时间　2秒（如角度有偏差，0.5~1.5分）

成功上传　1分（如上传失败、主动寻求教师指导，0.5分；如上传失败，0分）

2. 熟悉阶段的纠错测试

纠错测试 1：利用遥控器控制 mBot 小车向前移动，当按下遥控器的 F 键时，小车以 100 的转速前进，其余时间小车处于静止状态。（4 分）

错误程序

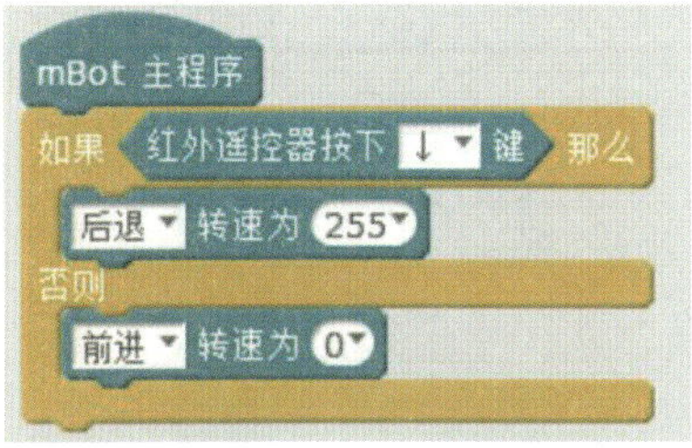

正确程序

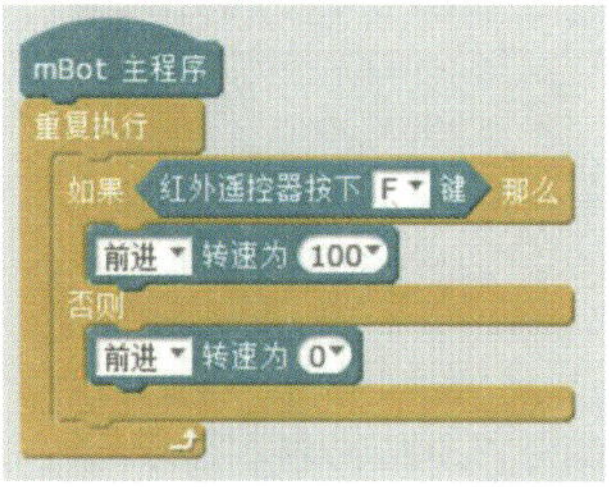

错误原因：

① 缺少重复执行

② 按键错误，F 键而不是“向下”键

③ 前进而不是后退

④ 转速为 100 而不是 255

细节分值：

缺少重复执行　1 分

按键错误，F 键而不是“向下”的箭头　1 分

前进而不是后退　1 分

转速为 100 而不是 255　1 分

纠错测试 2：小车巡线。根据流程图写程序。（6 分）

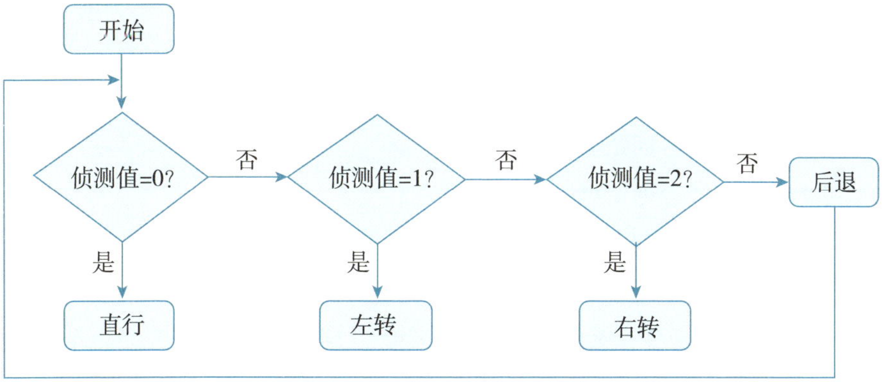

错误程序

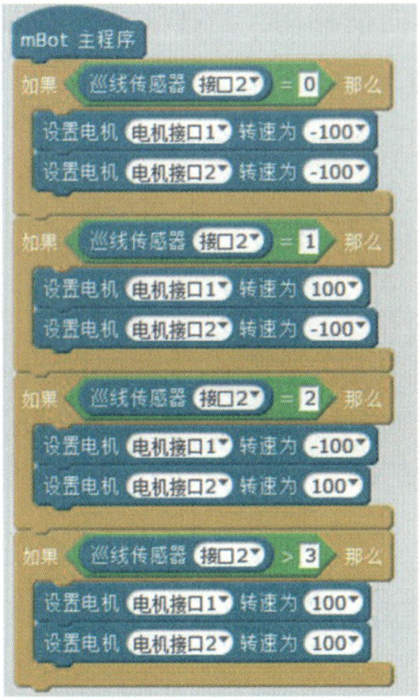

正确程序

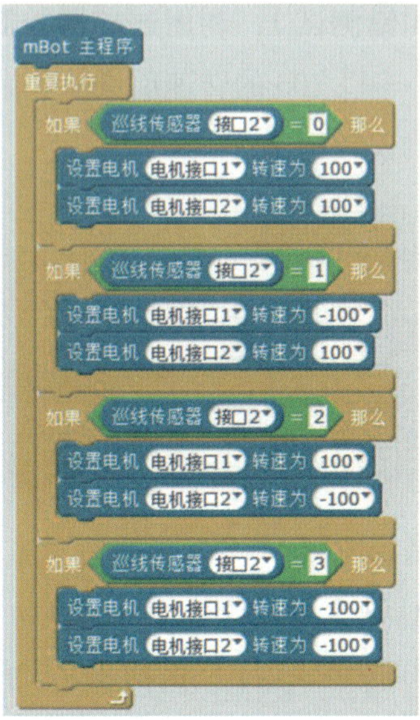

错误原因：

① 缺少重复执行

② 等于 0 时直行，两个电机转速应该都为正的

③ 等于 1 时左转方向错误

④ 等于 2 时右转方向错误

⑤ 等于 3 时的逻辑判断错误，是等于而不是大于

⑥ 等于 3 时后退，两个电机接口的转速应该都为负

细节分值：

缺少重复执行　1 分

等于 0 时直行，两个电机转速应该都为正的　1 分

等于 1 时左转方向错误　1 分

等于 2 时右转方向错误　1 分

等于 3 时的逻辑判断错误，是等于而不是大于　1 分

等于 3 时后退，两个电机接口的转速应该都为负　1 分

纠错测试 3：小车避障。通过两个电机接口控制小车转速，当小车距离障碍物的距离小于 10 时，小车先后退 1 s 然后右转避障；其他时间小车处于直

行状态。（6 分）

错误程序

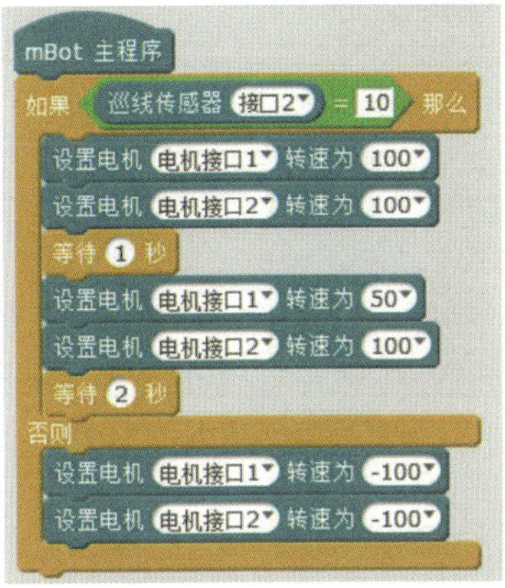

正确程序

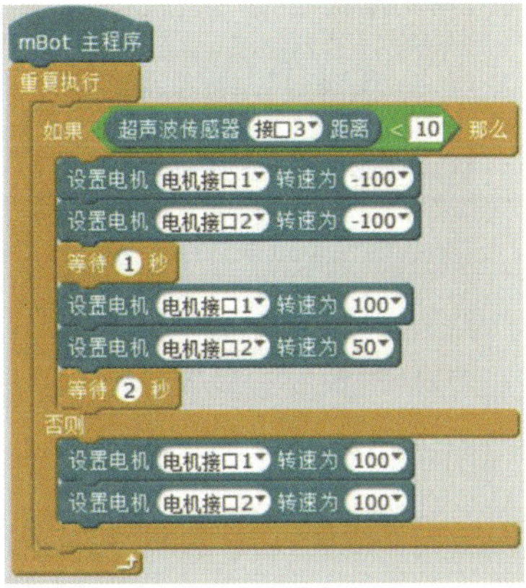

错误原因：

① 超声波传感器测量距离，而不是巡线传感器

② 缺少循环指令

③ 逻辑判断错误，“等于”应改为“小于”

④ 距离小于 10 时，应该后退，两个电机接口的转速均为负

⑤ 转向错误，右转避障时电机接口 1 转速应该大于电机接口 2 的转速

⑥ 小车直行时，两个电机接口的转速相等且为正值

细节分值：

重复执行次数　1 分

两个电机接口控制小车转弯的方向　1 分

小车转弯角度 120°，控制等待时间　2 分（如角度有偏差，0.5～1.5 分）

两个电机接口控制小车停止　1 分

成功上传　1 分（如上传失败、主动寻求教师指导，0.5 分；如上传失败，0 分）

纠错测试 4：利用遥控器控制 mBot 小车移动，当按下遥控器的 A 键时，小车自动走圆形；否则，小车处于静止状态。（4 分）

错误程序

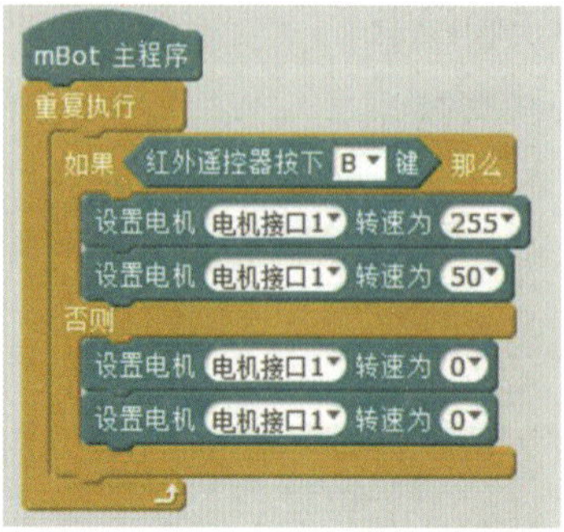

正确程序

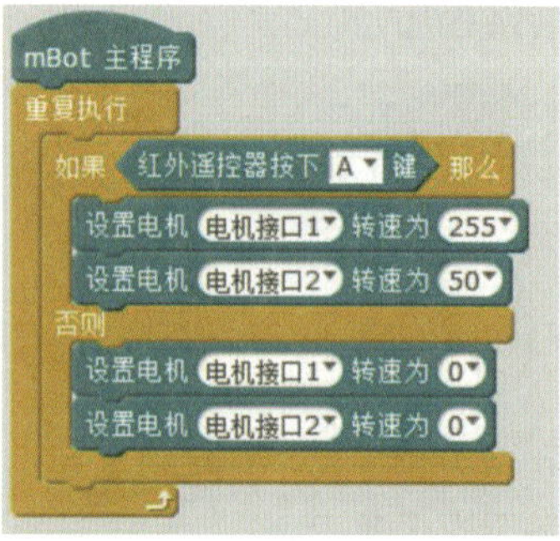

错误原因：

① 按键错误，A 键而不是 B 键

② 转弯程序电机接口设置错误，应该一个是接口 1，另一个是接口 2

③ 走圆缺少等待时间

④ 停止程序电机接口设置错误，应该一个是接口 1，另一个是接口 2

细节分值：

按键错误，A 键而不是 B 键　1 分

转弯程序电机接口设置错误，应该一个是接口 1，另一个是接口 2　1 分

走圆缺少等待时间　1 分

停止程序电机接口设置错误，应该一个是接口 1，另一个是接口 2　1 分

3. 应用阶段的纠错测试

纠错测试 1：智能光控灯。当光线传感器测得的值小于 600 时，小车车灯亮 1 s；否则，小车车灯处于熄灭状态。（2 分）

错误程序

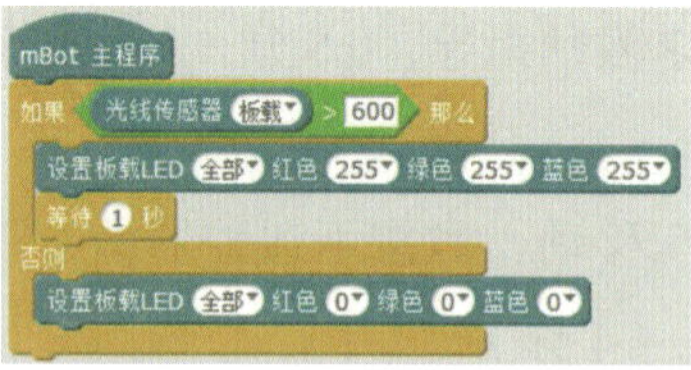

正确程序

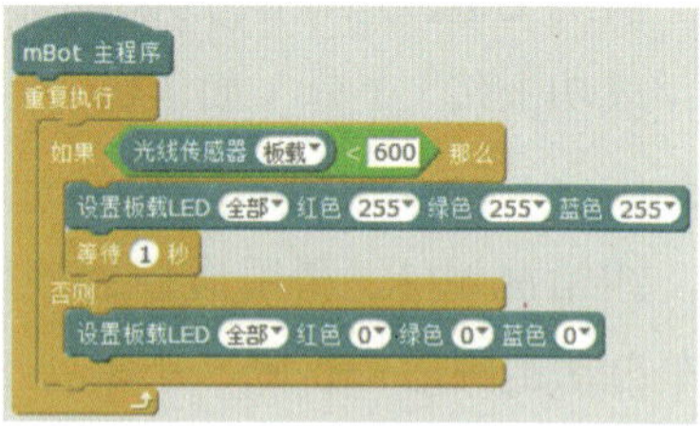

错误原因：

① 缺少重复执行

② 逻辑判断错误，“大于”应改为“小于”

细节分值：

缺少重复执行　1 分

逻辑判断错误，“大于”应改为“小于”　1 分

纠错测试 2：当按下红外遥控器的“向上”键时，小车 LED 亮白色灯光，3 s 后熄灭。（3 分）

错误程序

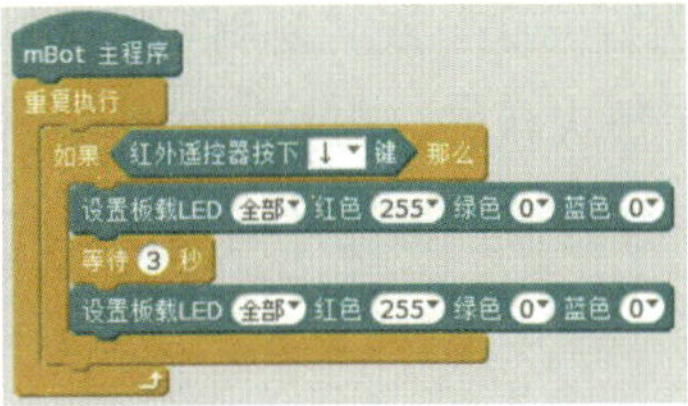

正确程序

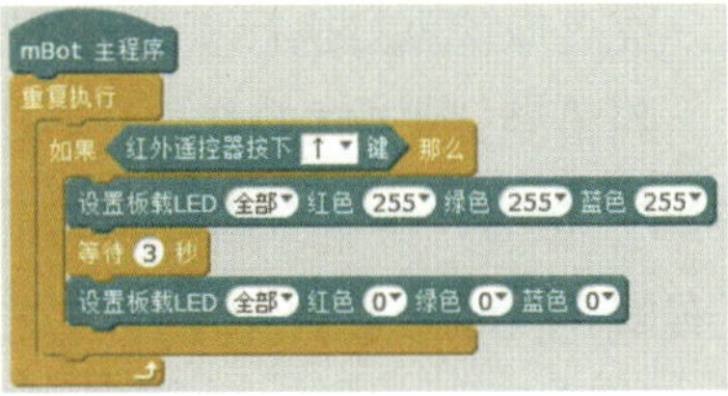

错误原因：

① 按键错误，“向上”键而不是“向下”键

② 亮白色光三个颜色都为 255

③ 熄灭三个颜色都为 0

细节分值：

按键错误，“向上”键而不是“向下”键　1 分

亮白色光三个颜色都为 255　1 分

熄灭三个颜色都为 0　1 分

纠错测试 3：当按下红外遥控器的设置键时，小车灯闪烁 3 次。（4 分）

闪烁 3 次：“亮 1 s——灭 1 s——亮 1 s——灭 1 s——亮 1 s——灭 1 s”

错误程序

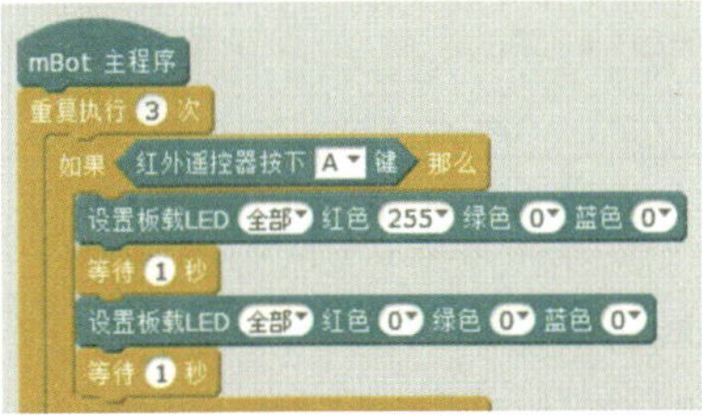

正确程序

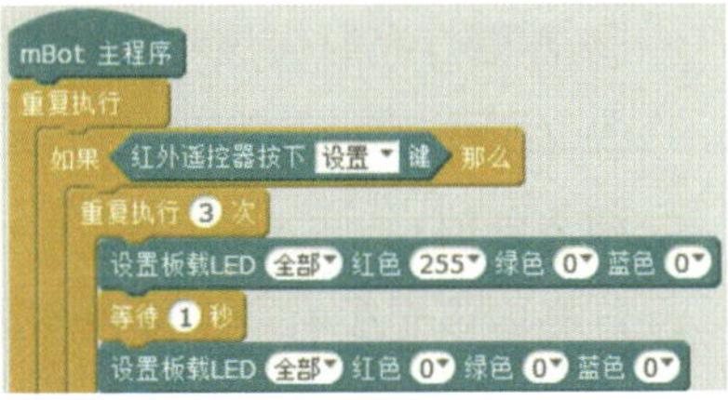

错误原因：

① 最外圈应该用最大的重复执行

② 按键错误，“设置”键而不是 A 键

③ 亮灭应该重复执行 3 次。可使用“重复执行三次”或“复制三遍”

细节分值：

最外圈应该用最大的重复执行　1 分

按键错误，“设置”键而不是 A 键　1 分

亮灭应该重复执行 3 次。可使用“重复执行三次”或“复制三遍”2 分

纠错测试 4：转向灯。开始让所有灯处于熄灭状态，当按下红外遥控器的“向左”键时，小车左侧灯闪烁 1 次。当按下红外遥控器的“向右”键时，小车右侧灯闪烁 1 次。（6 分）

闪烁 1 次：“亮 1 s——灭 1 s”

错误程序

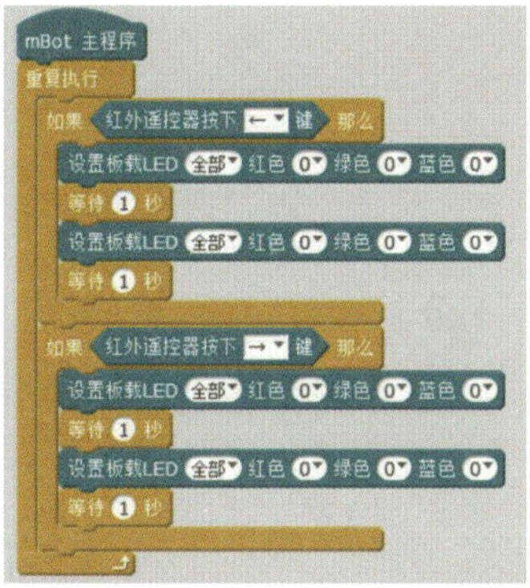

正确程序

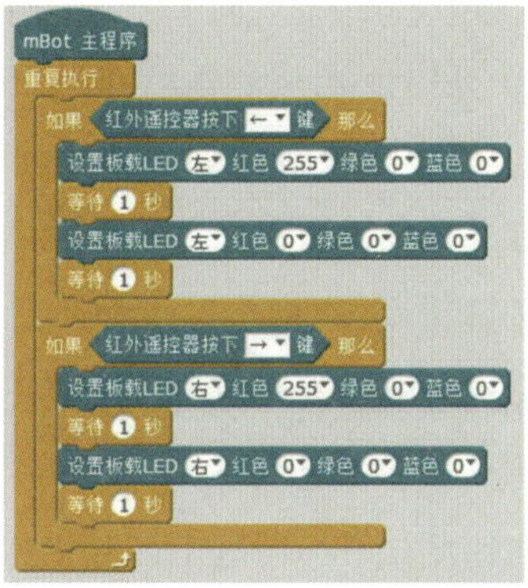

错误原因：

① 灯亮应该至少有一个颜色不为 0

② 左侧灯亮时应该将“全部”改为“左”

③ 右侧灯亮时应该将“全部”改为“右”

细节分值：

灯亮应该至少有一个颜色不为 0　2 分

左侧灯亮时应该将“全部”改为“左”　2 分

右侧灯亮时应该将“全部”改为“右”　2 分

附录2　三阶段编程测试汇总

一、入门阶段的编程测试

让小车走S形“8”字（10分）

1. 任务描述

首先，利用两个电机接口控制轮胎速度，让小车通过左转弯在地上走半个圆形。然后再让小车通过右转弯在地上走一个完整的圆形。最后让小车通过左转弯在地上再走半个圆形，实现让小车走S形“8”字。

2. 细节分值

两个电机接口控制速度差　1分

电机控制小车左转　1.5分

电机控制小车右转　1分

小车左转走前半个圆的时间控制　1.5分（如角度有偏差，0.5~1分）

小车右转走一个完整圆的时间控制　1.5分（如角度有偏差，0.5~1分）

小车左转走后半个圆的时间控制　1.5分（如角度有偏差，0.5~1分）

小车停止　1分

成功上传　1分（如上传失败、主动寻求教师指导，0.5分；如上传失败，0分）

3. 示例程序

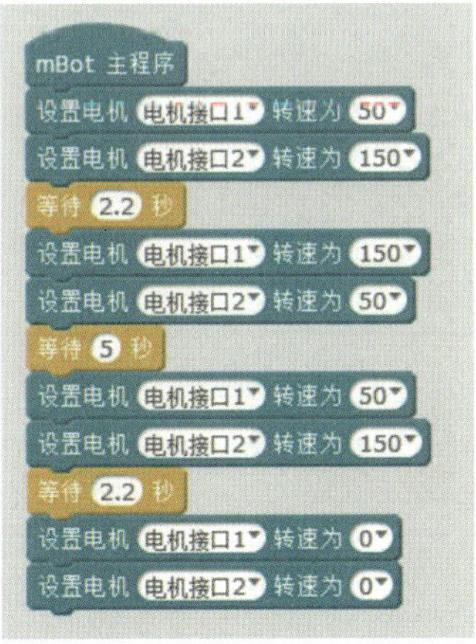

二、熟悉阶段的编程测试

遥控小车（10 分）

1. 任务描述

首先让小车处于静止状态，当按下遥控器上的“↑”键时，小车以 100 的转速前进；当按下遥控器上的“↓”键时，小车以 100 的转速后退；当按下遥控器上的“←”键时，小车以 100 的转速左转；当按下遥控器上的“→”键时，小车以 100 的转速右转。

2. 细节分值

小车静止，前进转速为 0　1 分

重复执行语句　1 分

条件判断语句　4 分

小车前进　1 分（转速和方向各 0.5 分）

小车后退　1 分（转速和方向各 0.5 分）

小车左转　1 分（转速和方向各 0.5 分）

小车右转　1 分（转速和方向各 0.5 分）

3. 示例程序

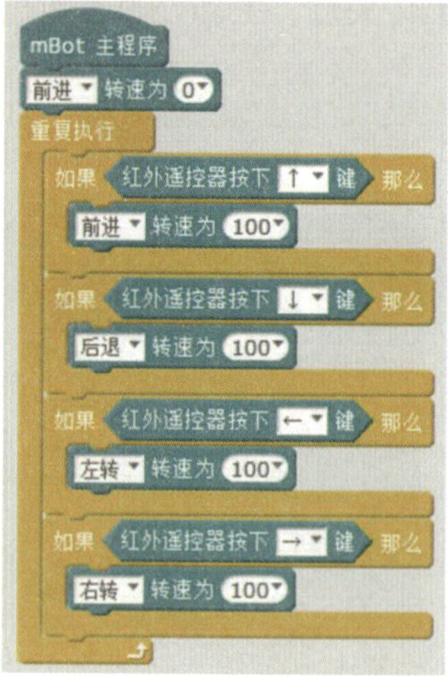

三、应用阶段的编程测试

光感小车（10 分）

1. 任务描述

编写脚本，让小车前进。光线越强，速度越快；光线越弱，速度越慢。（参见流程图）

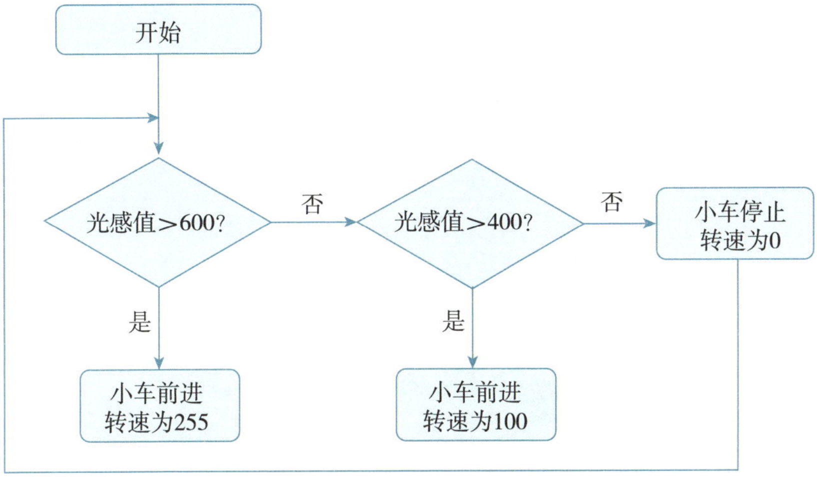

2. 细节分值

方法一

重复执行语句　1 分

条件判断语句　1 分

光线传感器　1 分

逻辑判断　1 分

前进转速为 255　1 分

条件判断语句　1 分

光线传感器　1 分

逻辑判断　1 分

前进转速为 100　1 分

前进转速为 0　1 分

方法二

重复执行语句　1 分

三个条件判断各 3 分

3. 示例程序

方法一

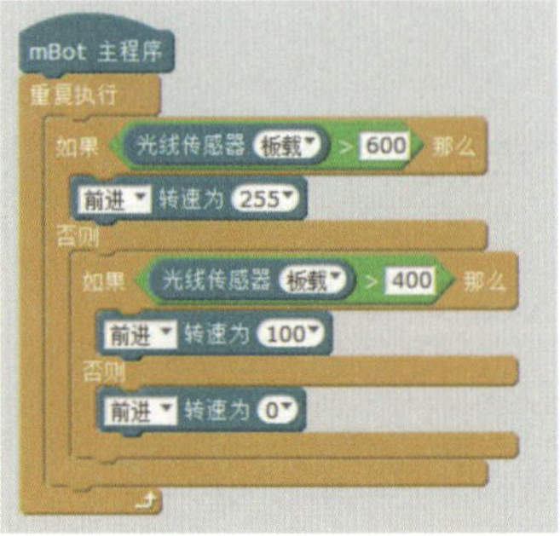

方法二

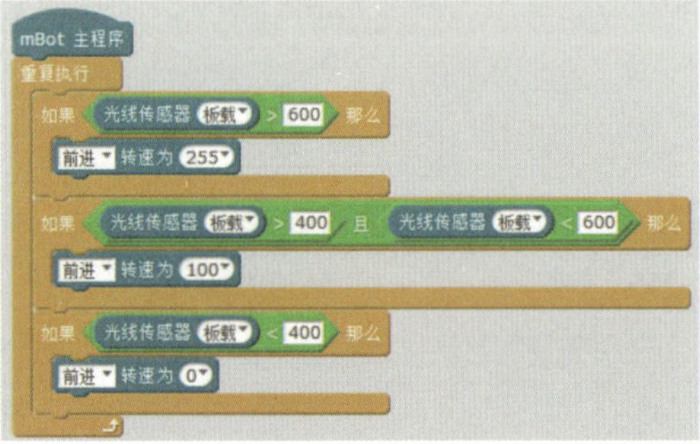

附录3　机器人课程学习态度问卷

亲爱的同学，你好：

欢迎参与我们的问卷调研！希望通过本问卷，了解同学们的心声。本调查仅作科学研究使用，与你的学习以及老师的评价毫无关系，因此无须有任何顾虑，请如实回答。谢谢你的支持与合作。

班级:______　姓名:______　性别:______　年龄:______　组号:______

1. 我对学习机器人编程很有把握（　　）

A. 非常同意　B. 比较同意　C. 一般同意　D. 不同意　E. 非常不同意

2. 我对学习搭建机器人很有把握（　　）

A. 非常同意 B. 比较同意 C. 一般同意 D. 不同意 E. 非常不同意

3. 我确信我可以学好机器人编程（ ）

A. 非常同意 B. 比较同意 C. 一般同意 D. 不同意 E. 非常不同意

4. 我确信我可以学好搭建机器人（ ）

A. 非常同意 B. 比较同意 C. 一般同意 D. 不同意 E. 非常不同意

5. 在学习机器人编程方面我有很强的自信心（ ）

A. 非常同意 B. 比较同意 C. 一般同意 D. 不同意 E. 非常不同意

6. 在学习搭建机器人方面我有很强的自信心（ ）

A. 非常同意 B. 比较同意 C. 一般同意 D. 不同意 E. 非常不同意

7. 我不擅长学习机器人编程（ ）

A. 非常同意 B. 比较同意 C. 一般同意 D. 不同意 E. 非常不同意

8. 我不擅长学习搭建机器人（ ）

A. 非常同意 B. 比较同意 C. 一般同意 D. 不同意 E. 非常不同意

9. 我不属于能学好机器人编程的类型（ ）

A. 非常同意 B. 比较同意 C. 一般同意 D. 不同意 E. 非常不同意

10. 我不属于能学好搭建机器人的类型（ ）

A. 非常同意 B. 比较同意 C. 一般同意 D. 不同意 E. 非常不同意

11. 我喜欢机器人编程（ ）

A. 非常同意 B. 比较同意 C. 一般同意 D. 不同意 E. 非常不同意

12. 我喜欢搭建机器人（ ）

A. 非常同意 B. 比较同意 C. 一般同意 D. 不同意 E. 非常不同意

13. 学习机器人编程是愉快而刺激的（ ）

A. 非常同意 B. 比较同意 C. 一般同意 D. 不同意 E. 非常不同意

14. 学习搭建机器人是愉快而刺激的（ ）

A. 非常同意 B. 比较同意 C. 一般同意 D. 不同意 E. 非常不同意

15. 我一旦开始学习机器人编程，就很难停下来（ ）

A. 非常同意 B. 比较同意 C. 一般同意 D. 不同意 E. 非常不同意

16. 我一旦开始学习搭建机器人，就很难停下来（ ）

A. 非常同意 B. 比较同意 C. 一般同意 D. 不同意 E. 非常不同意

17. 在学习机器人编程中遇到的问题和挑战对我没有吸引力（ ）

A. 非常同意 B. 比较同意 C. 一般同意 D. 不同意 E. 非常不同意

18. 在学习搭建机器人中遇到的问题和挑战对我没有吸引力（ ）

A. 非常同意 B. 比较同意 C. 一般同意 D. 不同意 E. 非常不同意

19. 学习机器人编程很枯燥（ ）

A. 非常同意 B. 比较同意 C. 一般同意 D. 不同意 E. 非常不同意

20. 学习搭建机器人很枯燥（ ）

A. 非常同意 B. 比较同意 C. 一般同意 D. 不同意 E. 非常不同意

21. 学习机器人能提高我的计算机技能（ ）

A. 非常同意 B. 比较同意 C. 一般同意 D. 不同意 E. 非常不同意

22. 学习机器人能提高我的动手操作能力（ ）

A. 非常同意 B. 比较同意 C. 一般同意 D. 不同意 E. 非常不同意

23. 学习机器人编程有助于对其他学科知识的学习（ ）

A. 非常同意 B. 比较同意 C. 一般同意 D. 不同意 E. 非常不同意

24. 学习搭建机器人有助于对其他学科知识的学习（ ）

A. 非常同意 B. 比较同意 C. 一般同意 D. 不同意 E. 非常不同意

25. 学习机器人编程让我做事更有逻辑和有条理（ ）

A. 非常同意 B. 比较同意 C. 一般同意 D. 不同意 E. 非常不同意

26. 学习搭建机器人让我做事更有逻辑和有条理（ ）

A. 非常同意 B. 比较同意 C. 一般同意 D. 不同意 E. 非常不同意

27. 学习机器人编程能提高我的创新思维能力（ ）

A. 非常同意 B. 比较同意 C. 一般同意 D. 不同意 E. 非常不同意

28. 学习搭建机器人能提高我的创新思维能力（ ）

A. 非常同意 B. 比较同意 C. 一般同意 D. 不同意 E. 非常不同意

29. 学习机器人编程有助于解决生活中的问题（ ）

A. 非常同意 B. 比较同意 C. 一般同意 D. 不同意 E. 非常不同意

30. 学习搭建机器人有助于解决生活中的问题（ ）

A. 非常同意 B. 比较同意 C. 一般同意 D. 不同意 E. 非常不同意

【注】该量表的维度信息如下：

维度	内容
自信心	一般来说，我对学习机器人感到有把握
	我相信我可以学会机器人知识
	当谈到学习机器人时，我很自信
	我不善于学习机器人
	我不是在学习机器人方面表现不错的人
享受度	我喜欢学习机器人
	学习机器人令人愉快和刺激
	一旦我开始尝试学习机器人，我发现很难停下来
	学习机器人的相关问题挑战并不吸引我
	学习机器人很无聊
价值观	学习机器人能提高我的计算机技能
	学习机器人能提高我的动手操作能力
	学习机器人有助于对其他学科知识的学习
	学习机器人让我做事更有逻辑和条理
	学习机器人有助于解决生活中的问题

附录4　机器人课程学习沉浸度问卷

亲爱的同学，你好：

欢迎参与我们的问卷调研！希望通过本问卷，了解同学们的心声。本调查仅作科学研究使用，与你的学习以及老师的评价毫无关系，因此无须有任何顾虑，请如实回答。谢谢你的支持与合作。

班级:______　姓名:______　性别:______　年龄:______　组号:______

1. 我能够遵守机器人课堂规则（　　）

A. 非常同意　B. 比较同意　C. 一般同意　D. 不同意　E. 非常不同意

2. 上课时，我能够长时间集中注意力（　　）

A. 非常同意　B. 比较同意　C. 一般同意　D. 不同意　E. 非常不同意

3. 上课时，我经常提问（　　）

A. 非常同意　B. 比较同意　C. 一般同意　D. 不同意　E. 非常不同意

4. 我能够按时完成任务（　　）

A. 非常同意　B. 比较同意　C. 一般同意　D. 不同意　E. 非常不同意

5. 我能够重复检查作品，并不断完善（　　）

A. 非常同意　B. 比较同意　C. 一般同意　D. 不同意　E. 非常不同意

6. 我喜欢上机器人课（　　）

A. 非常同意　B. 比较同意　C. 一般同意　D. 不同意　E. 非常不同意

7. 在机器人课上，我感到愉快（　　）

A. 非常同意　B. 比较同意　C. 一般同意　D. 不同意　E. 非常不同意

8. 我对机器人课上的任务感兴趣（　　）

A. 非常同意　B. 比较同意　C. 一般同意　D. 不同意　E. 非常不同意

9. 我对我的作品感到满意（　　）

A. 非常同意　B. 比较同意　C. 一般同意　D. 不同意　E. 非常不同意

10. 我能与不熟悉机器人的人分享我在课堂上所学的知识（　　）

A. 非常同意　B. 比较同意　C. 一般同意　D. 不同意　E. 非常不同意

11. 我试着通过网络、杂志、图书等其他资源查找与本课程相关的信息（　　）

A. 非常同意　B. 比较同意　C. 一般同意　D. 不同意　E. 非常不同意

12. 阅读课程资料时，我会积极思考以确保理解资料所讲内容（　　）

A. 非常同意　B. 比较同意　C. 一般同意　D. 不同意　E. 非常不同意

13. 当我在机器人课程学习时，我阅读了额外的材料来学习一个概念（　　）

A. 非常同意　B. 比较同意　C. 一般同意　D. 不同意　E. 非常不同意

【注】该量表的维度信息如下：

项目	问题
行为沉浸度	我能够遵守机器人课堂规则
	上课时，我能够长时间集中注意力
	上课时，我经常提问
	我能够按时完成任务
	我能够重复检查作品，并不断完善
情绪沉浸度	我喜欢上机器人课
	在机器人课上，我感到愉快
	我对机器人课上的任务感兴趣
	我对我的作品感到满意
	我能与不熟悉机器人的人分享我在课堂上所学的知识
认知沉浸度	我试着通过网络、杂志、图书等其他资源查找与本课程相关的信息
	阅读课程资料时，我会积极思考以确保理解资料所讲内容
	当我在机器人课程学习时，我阅读了额外的材料来学习一个概念

附录5　机器人科学知识问卷

前测问卷

1. 一般桥梁是由横放的（　　）、竖放的（　　）以及附加的（　　）三部分结构组成。

2. 水是液体，冰是固体，由水变成冰的物态变化叫作（　　　　）。

3. 物体由于地球的吸引而受到的力叫作（　　　　）。

4. 建筑房屋时，用来检查墙壁是否竖直的重锤线是根据（　　　　）原理制成的。

5.（多选题）提高金属的抗弯曲能力，我们可以采取（　　　　）方法？

A. 增加金属的宽度　　B. 增加金属的厚度　　C. 减少金属的宽度

D. 减少金属的厚度　　E. 改变金属的形状

6. 仪器是科学探究的重要工具，下列仪器用于测量物体质量的是（　　）

A. 刻度尺

B. 量筒

C. 天平

D. 温度计

7. 下列现象属于凝固的是（　　）

A. 初春，冰雪消融汇成溪流　　B. 仲夏，烈日炎炎土地干涸

C. 严冬，寒风凛冽湖水结冰　　D. 深秋，清晨草地出现白霜

8.（判断题）物体的质量就是我们平时说的重量。（　　）

9.（判断题）利用两张白纸分别卷成一个粗的圆柱形纸管和一个细的圆柱形纸管，粗的纸管要比细的纸管承重能力强。（　　）

10.（判断题）剪刀是利用了杠杆原理，是一种省力的工具。（　　）

11.（判断题）胶水是一种液体胶粘剂，具有干燥快、黏结力强等性能。（　　）

12.（判断题）桥梁桥面弯曲发生形变是汽车重力过大导致的。（　　）

13. 下面所示的体系的强度和稳定性不好，你认为应做怎样的改进？

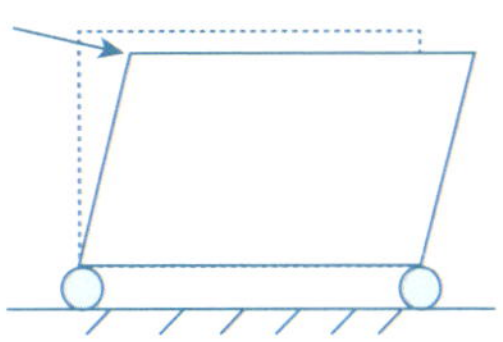

A

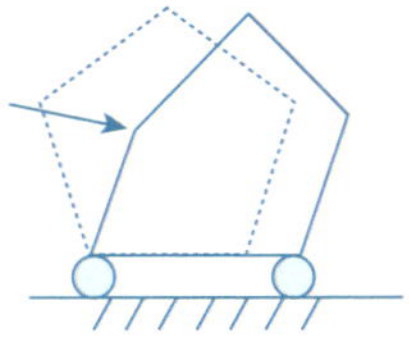

B

14. 以下图形中（　　）最稳定。

A

B

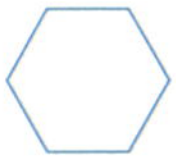

C

D

后测问卷

1. 桥梁按照不同形状结构可分为______桥、______桥、______桥、______桥。

2. 一般桥梁是由横放的（　　）、竖放的（　　）以及附加的（　　）三部分结构组成。

3. 物体由（　　）变为（　　）的过程叫作凝固。

4. 物体由于地球的吸引而受到的力叫作重力，重力的方向是（　　）。

5.（多选题）在用纸造桥时，（　　　）可以提高白纸的抗弯曲能力。

A. 增加白纸的宽度　B. 增加白纸的厚度　C. 减少白纸的宽度

D. 减少白纸的厚度　E. 改变白纸的形状

6. 仪器是科学探究的重要工具，下列仪器用于测量物体质量的是（　　）

A. 刻度尺

B. 量筒

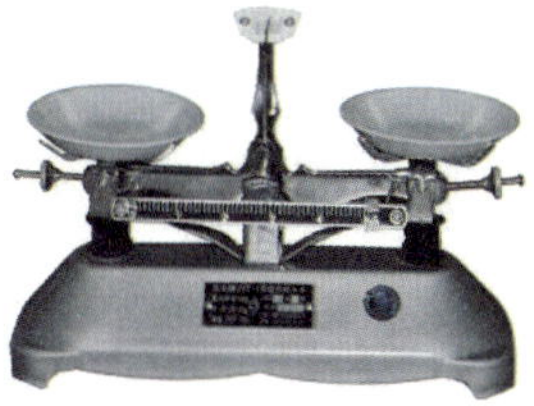
C. 天平

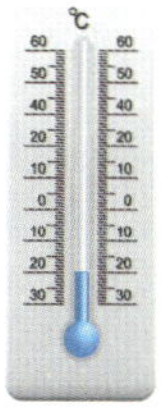
D. 温度计

7. 以下哪种形状桥柱的承重能力最强？（　　）

A. 三角形（柱）　B. 圆形（柱）　C. 四边形（柱）　D. 六边形（柱）

8. 胶水能快速黏结的性能是用到什么物理原理？（　　）

A. 熔化　B. 凝固　C. 液化　D. 升华

9.（判断题）力的作用效果是改变物体的运动状态和使物体发生形变。（　　）

10.（判断题）利用两张白纸分别卷成的圆柱形纸管和三角形纸管，圆柱形纸管要比三角形纸管抗弯曲能力强。（　　）

11.（判断题）剪刀是利用了杠杆原理，是一种省力的工具。（　　）

12.（判断题）胶水是一种液体胶黏剂，具有干燥快、黏结力强的性能。（　　）

13.（判断题）桥梁桥面弯曲发生形变是汽车重力过大导致的。（　　）

14. 在下图中分别圈出桥梁的上部结构和下部结构。

15. 尝试添加一条线，使得下面图形变得更稳定。

16. 利用←、↓、→画出拱形桥是如何承受箱子的重量。

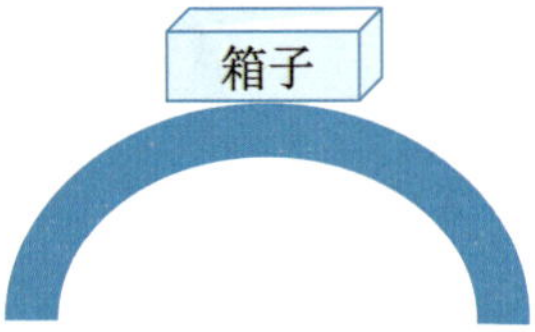

附录6　科学探究态度调查问卷

亲爱的同学：

你好！这是一份科学相关的态度问卷，目的是要研究温州市中学生对有关科学的态度情况，以及就其情况提出建议。

问卷不记姓名，你所填写的资料仅作为学术论文研究之用，对外绝对保密，请你放心。你所填写的数据很宝贵，恳请你能抽空填写，确实反映宝贵意见。祝你学习愉快！

一、基本数据

1. 就读学校名称：____________________________

2. 班级：________________________________

3. 性别：□男 □女

4. 班级：□初一 □初二 □初三 □高一 □高二 □高三

5. 学习机器人时间：□ 1~3 年 □ 4~9 年 □ 10~16 年 □ 17 年以上

6. 家里有机器人可供学习之用：□是 □否

7. 学校其他科目有使用机器人辅助教学：□是 □否

8. 你对学校机器人的教学质量很满意：□是 □否

9. 每周上机器人课的节数：□ 1 节 □ 2 节 □ 3 节 □ 4 节或以上

二、科学相关的态度

序号	题目	非常同意	同意	无意见	不同意	非常不同意
1	我喜欢通过做实验发现一些现象发生的原因而不是被告诉					
2	科学课很有趣					
3	我想加入科学俱乐部					
4	长大后我不想成为一个科学家					
5	做实验不如从老师那里直接获得信息好					
6	我不喜欢科学课					
7	在家中看有关科学的电视节目会让我觉得无聊					
8	长大后，我想和从事科学的人一起工作					
9	我喜欢做实验而不是阅读实验					
10	学校每周应该有更多的科学课					
11	我想要科学书或一套科学设备作为我的礼物					

续表

序号	题目	非常同意	同意	无意见	不同意	非常不同意
12	长大后，我不喜欢在科学实验室工作					
13	我愿意同意其他人的观点而不是做实验来证明我自己的观点					
14	科学课让我觉得很无聊					
15	我不喜欢在假期读有关科学的书					
16	在科学实验室工作将会是一个有趣的谋生方式					
17	我喜欢自己做实验而不是从老师那里直接获得信息					
18	科学课是学校课程中最有趣的课程之一					
19	我喜欢在家做科学实验					
20	从事科学职业将是枯燥和无聊的					
21	我愿意通过请教专家来发现问题而不是做实验					
22	科学课就是浪费时间					
23	课下和朋友讨论科学会很无聊					
24	长大后，我想要教科学					
25	我愿意通过做实验解决问题而不是被告诉答案					
26	我真的喜欢上科学课					
27	在假期期间，我想有一份在科学实验室的工作					
28	科学家的工作将会很无聊					
29	比起自己做实验，通过问老师得知答案更好					
30	科学课上的材料是无趣的					
31	在收音机上听科学的节目会很无聊					
32	科学家的工作将会很有趣					

续表

序号	题目	非常同意	同意	无意见	不同意	非常不同意
33	我喜欢做关于一个主题的实验而不是在科学杂志上阅读关于这个主题的实验					
34	我期待科学课					
35	在周末我喜欢去科学博物馆					
36	我不想成为科学家是因为它需要太多的教育					
37	相比从实验中得出结果，被直接告诉科学事实更好					
38	我更享受没有科学课的学校时光					
39	我不喜欢读关于科学的报纸上的文章					
40	毕业后，我想成为科学家					

附录7　创造力倾向调查问卷

亲爱的同学：

你好！为了了解你在机器人学习中的情况，促进机器人教学活动的顺利进行，欢迎你参加这项有关机器人的问卷调查。本调查仅做研究之用，不记名。请各位同学根据实际情况填写。非常感谢你的合作！

在下列句子中，如果你发现某些句子所描述的情形很适合你，请在题后的表格里“完全符合”的选项内打钩；若有些句子只是在部分时候适合你，则在“部分适合”的选项内打钩；如果有些句子对你来说，根本是不可能的，则在“完全不符”的选项内打钩。

请注意：

1. 每一题都要做，不必花太多时间去想。

2. 所有题目都没有“正确答案”，凭你读完每一句的第一印象作答。

3. 虽然没有时间限制，但尽可能地争取以较快的速度完成，越快越好。
4. 切记：凭你自己的真实感受作答，在最符合自己的选项内打钩。
5. 每一题只能打一个钩。

序号	题目	完全符合	部分符合	完全不符合
1	在学校里，我喜欢试着对事情或问题作猜测，即使不一定猜对也无所谓			
2	我喜欢仔细观察我没有见过的东西，以了解详细的情形			
3	我喜欢变化多端和富有想象力的故事			
4	画图时我喜欢临摹别人的作品			
5	我喜欢利用旧报纸、旧日历及旧罐头盒等废物来做成各种好玩的东西			
6	我喜欢幻想一些我想知道或想做的事			
7	如果事情不能一次完成，我会继续尝试，直到完成为止			
8	做功课时我喜欢参考各种不同的资料，以便得到多方面的了解			
9	我喜欢用相同的方法做事情，不喜欢去找其他新的方法			
10	我喜欢探究事情的真相			
11	我喜欢做许多新鲜的事			
12	我不喜欢交新朋友			
13	我喜欢想一些不会在我身上发生的事			
14	我喜欢想象有一天能成为艺术家、音乐家或诗人			
15	我会因为一些令人兴奋的念头而忘了其他的事			
16	我宁愿生活在太空站，也不愿生活在地球上			
17	我认为所有问题都有固定答案			
18	我喜欢与众不同的事情			

续表

序号	题目	完全符合	部分符合	完全不符合
19	我常想要知道别人正在想什么			
20	我喜欢故事或电视节目所描写的事情			
21	我喜欢和朋友们在一起，和他们分享我的想法			
22	如果一本故事书的最后一页被撕掉了，我就自己编造一个故事，把结果补上去			
23	我长大后，想做一些别人从没想过的事			
24	尝试新的游戏和活动，是一件有趣的事			
25	我不喜欢受太多规则限制			
26	我喜欢解决问题，即使没有正确答案也没关系			
27	有许多事情我都很想亲自去尝试			
28	我喜欢唱没有人知道的新歌			
29	我不喜欢在班上同学面前发表意见			
30	读小说或看电视时，我喜欢把自己想象成故事中的人物			
31	我喜欢幻想 200 年前人类生活的情形			
32	我常想自己编一首新歌			
33	我喜欢翻箱倒柜，看看有些什么东西在里面			
34	画图时，我很喜欢改变各种东西的颜色和形状			
35	我不敢确定我对事情的看法都是对的			
36	对于一件事情先猜猜看，然后再看是不是猜对了，这种方法很有趣			
37	玩猜谜之类的游戏很有趣，因为我想知道结果如何			
38	我对机器感兴趣，也很想知道它的里面是什么样子，以及它是怎样转动的			
39	我喜欢可以拆开来玩的玩具			

续表

序号	题目	完全符合	部分符合	完全不符合
40	我喜欢想一些新点子，即使用不着也无所谓			
41	一篇好的文章应该包含许多不同的意见或观点			
42	为将来可能发生的问题找答案，是一件令人兴奋的事			
43	我喜欢尝试新的事情，目的只是为了想知道会有什么结果			
44	玩游戏时，我通常是有兴趣参加，而不在乎输赢			
45	我喜欢想一些别人常常谈过的事情			
46	当我看到一张陌生人的照片时，我喜欢去猜测他是怎么样的一个人			
47	我喜欢翻阅书籍及杂志，但只想大致了解一下			
48	我不喜欢探寻事情发生的各种原因			
49	我喜欢问一些别人没有想到的问题			
50	无论在家里还是在学校，我总是喜欢做许多有趣的事			

附录8　机器人作品评分表

一级指标	二级指标	得分
功能与性能（5分）	1. 作品能够基本实现预定的功能（3分）	
	2. 作品性能稳定，多次测试使用后仍能稳定运行（2分）	
技术与方法（5分）	1. 能够综合运用所学机器人及其他学科知识制作作品（3分）	
	2. 能够清晰、准确地描述作品设计方案（2分）	
创意与个性（10分）	1. 设计方案在外形、功能或技术方面有新意或有个性（5分）	
	2. 作品在外形、功能或技术实现方面有新意或有个性（5分）	

附录9　2018—2019学年第二学期机器人课程期末测试

一、单项选择题（每题3分，共12分）

1. 本学期AS-Block和蓝猫智能小车的连接使用了哪种串口连接方式？（　　）

A. 2.4G无线模块　　B. USB连接线

C. 蓝牙无线模块　　D. 4P连接线

2. 关于传感器与主控板接口，下列说法正确的是：（　　）

A. 声音传感器输出的是模拟信号，可以接在3号接口。

B. 风扇直流电机输出的是数字信号，可以接在A3号接口。

C. 温度传感器输出的是模拟信号，可以接在A3号接口。

D. 超声波传感器输出的是模拟信号，可以接在A3号接口。

3. 以下关于旋钮模块的说法，错误的是：（　　）

A. 旋钮模块上有一个黑色圆筒形的旋钮，可以用手来回旋转。

B. 旋钮模块输出的是模拟信号，输出值上限是1023。

C. 旋钮模块必须连接在CF Board或Little Board主控板上的模拟接口才能正常使用。

D. 旋钮模块不需要借助3P线，可以直接连接在CF Board或Little Board主控板上。

4. 以下关于直流电机的说法，错误的是：（　　）

A. CF Board和Little Board主控板上各有两个电机接口，分别用来连接左电机和右电机。

B. 指令“设置电机M1方向为正、转速为120”，表示左电机将驱动左轮以120 km/h的速度前进。

C. 电机转速取值范围是0~255，转速为0时电机停止，转速为255时电机达到当前电压下的最大值。

D. 同时设置左右电机的方向为反转、速度为255，小车将以最大的速度倒退。

二、多项选择题（每题4分，共12分）

5. 下面哪条指令可以使接在13号口的LED灯开启？（　　　　）

A. “设置数字口13输出高电平”　　B. “设置数字口13输出低电平”

C. “设置LED灯13为开”　　D. “设置LED灯13为关”

6. 下列说法中，错误的有：（　　　　）

A. CF Board或Little Board主控板最多只能连接一个LED灯模块。

B. 风扇直流电机上有四片可以转动的蓝色扇叶。

C. LED灯是一种发光二极管，可以将电能转化为可见光。

D. 温度传感器必须借助4P线，才能连接在CF Board或Little Board主控板上。

7. 以下关于超声波传感器的说法，正确的是：（　　　　）

A. 超声波传感器有三个探头，分别用于发射和接收超声波。

B. 超声波传感器的功能是测量距离，可以应用于机器人自动避障或其他测距项目。

C. 超声波传感器必须连接在CF Board或Little Board主控板上的专用“超声波接口”。

D. 超声波传感器的测距范围是固定的，测量的距离上限大致是417 cm。

三、填空题（每题2分，共10分）

8. CF Board或Little Board主控板上连接左右电机的接口名称是________和________。

9. 温度传感器输出的是模拟信号，输出值是实际测得环境的________值。

10. 旋钮传感器的输出范围是________至________。

11. 本学期使用的CF Board或Little Board主控板，有________种供电方式。

12. 如果想让蓝猫小车右转，则左电机的速度减去右电机的速度应该________0（填写>、=或<）。

四、判断题（每题 2 分，共 10 分）

13. 在测试声音传感器时，既可以对着黑色拾音头说话，也可以对着黑色拾音头吹气。（　　）

14. 温度传感器必须连接在 CF Board 或 Little Board 主控板的模拟接口上，才能正常使用。（　　）

15. 声音传感器的输出范围是 0~255。（　　）

16. 使用指令“设置风扇 2 为开”，可以把连接在模拟口 2 的直流电机风扇打开。（　　）

17. 一个程序中可以出现两个“Arduino 程序”模块。（　　）

五、简答题（每题 8 分，共 16 分）

设计时可以在下列模块中选择你需要的模块。 学过：超声波传感器、声音模块、LED 灯、温度模块、旋钮模块、温度模块、风扇模块。 未学过（可根据猜测的功能进行选择）：红外线、蜂鸣器、七彩灯、滑竿、光线、按钮、火焰、水位等模块。 （注意：不需写出程序指令和制作流程，只需写出你想要通过哪些模块如何实现功能即可） 示例：假设你想在家中制作一个智能家居，请写出制作思路。

答：我想要通过声音的大小控制房间内灯的开关，需要使用声音传感器和 LED 灯；还想通过光线控制窗帘的开关，使用光线传感器和滑竿可以实现。

18. 假设你想在车中安装智能行进装置，请写出制作思路。

____

____

19. 假设你想帮助老师制作一个校园灾害警报装置，请写出制作思路。

____

____

六、程序理解题（每题 10 分，共 20 分）

20. 请仔细阅读以下程序示意图，描述其实现的主要功能。

程序主要功能：

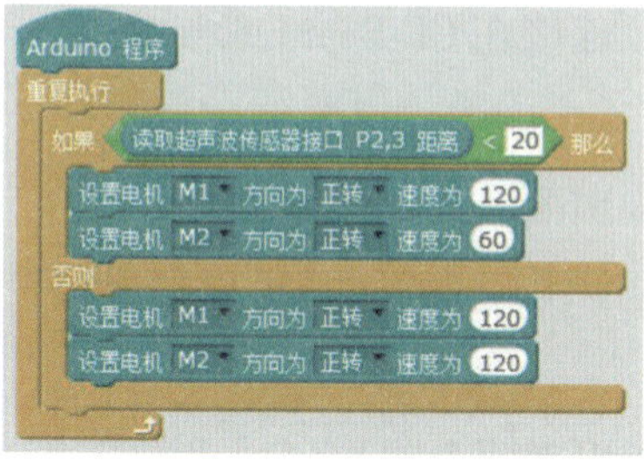

21. 请仔细阅读以下程序示意图，描述其实现的主要功能。

程序主要功能：

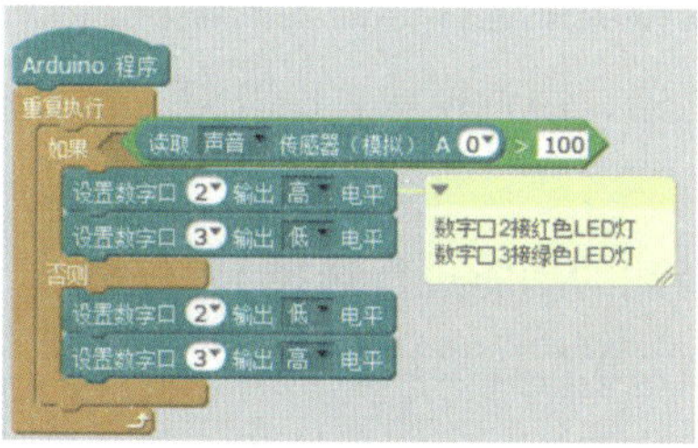

七、程序设计题（每题 10 分，共 20 分）

22. 要制作一辆智能小车，包括变速和声控车扇的功能，请连接草图并绘制程序流程图。（不需要书写完整程序，根据自己的理解绘制流程图即可）

补全草图（手绘线代表 3P 或电机线）：

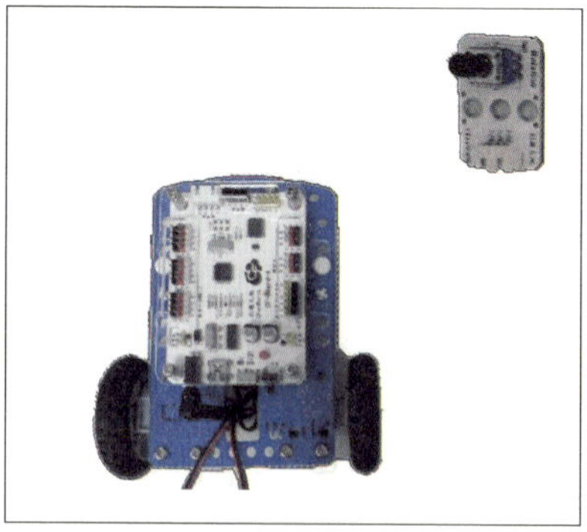

绘制流程图（需要标明传感器名称和接口）：

23. 要制作一辆警车，包括**LED灯交替闪烁和超声波避障**功能，请连接草图并绘制程序流程图。（不需要书写完整程序，根据自己的理解绘制流程图即可）

补全草图（手绘线代表3P、4P或电机线）：

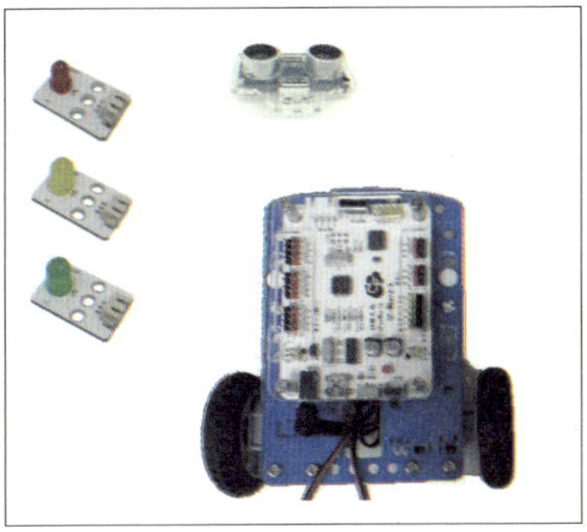

绘制流程图（需要标明传感器名称和接口）：

附录10　合作默契程度问卷

1. 你和你的组员配合默契（　　）

A. 非常同意　B. 比较同意　C. 一般同意　D. 不同意　E. 非常不同意

2. 你和组员在合作完成任务的过程中有较多的交流（　　）

A. 非常同意　B. 比较同意　C. 一般同意　D. 不同意　E. 非常不同意

3. 你在组内讨论时经常能够给出建设性意见（　　）

A. 非常同意　B. 比较同意　C. 一般同意　D. 不同意　E. 非常不同意

4. 你和组员之间经常存在意见分歧（　　）

A. 非常同意　B. 比较同意　C. 一般同意　D. 不同意　E. 非常不同意

5. 你的组员在合作完成任务的过程中尽力做到了他 / 她能做到的（　　）

A. 非常同意　B. 比较同意　C. 一般同意　D. 不同意　E. 非常不同意

附录11　机器人课程的合作—竞争倾向问卷

1. 与同伴合作完成机器人任务时，我愿意多听取他人意见，即使这些意见我并不赞同（　　）

A. 非常同意　B. 比较同意　C. 中立　D. 不同意　E. 非常不同意

2. 在与同伴合作完成机器人学习任务时，我能够整合同伴的意见（　　）

A. 非常同意　B. 比较同意　C. 中立　D. 不同意　E. 非常不同意

3. 在合作完成机器人学习任务时，我通常能够站在同伴的立场上为他 / 她着想（　　）

A. 非常同意　B. 比较同意　C. 中立　D. 不同意　E. 非常不同意

4. 为了在学习机器人的过程中取得好成绩，我必须与同伴合作（　　）

A. 非常同意　B. 比较同意　C. 中立　D. 不同意　E. 非常不同意

5. 我认为完成机器人学习任务离不开同伴的帮助与合作（　　）

A. 非常同意　B. 比较同意　C. 中立　D. 不同意　E. 非常不同意

6. 学习机器人时，我相信好的合作伙伴能战胜一切困难（　　）

A. 非常同意　B. 比较同意　C. 中立　D. 不同意　E. 非常不同意

7. 与同伴一起合作完成机器人学习任务时，我很愉快（　　）

A. 非常同意　B. 比较同意　C. 中立　D. 不同意　E. 非常不同意

8. 我相信在学习机器人时，合作比竞争更有助于提高学习成绩（　　）

A. 非常同意　B. 比较同意　C. 中立　D. 不同意　E. 非常不同意

9. 学习机器人时，我更喜欢与同伴合作完成机器人学习任务（　　）

A. 非常同意　B. 比较同意　C. 中立　D. 不同意　E. 非常不同意

10. 完成机器人学习任务时，如果别人表现得比我好，我会感到烦恼（　　）

A. 非常同意　B. 比较同意　C. 中立　D. 不同意　E. 非常不同意

11. 如果我在机器人竞赛中失利，我会非常伤心（　　）

A. 非常同意　B. 比较同意　C. 中立　D. 不同意　E. 非常不同意

12. 学习机器人时，当我的竞争者由于成绩优秀获得奖励时，我会感到嫉妒（　　）

A. 非常同意　B. 比较同意　C. 中立　D. 不同意　E. 非常不同意

13. 学习机器人时，我更喜欢竞争，因为竞争给我一个发现自身潜能的机会（　　）

A. 非常同意　B. 比较同意　C. 中立　D. 不同意　E. 非常不同意

14. 学习机器人时，我喜欢与他人竞争带来的挑战（　　）

A. 非常同意　B. 比较同意　C. 中立　D. 不同意　E. 非常不同意

15. 学习机器人时，我更喜欢竞争，因为竞争能够让我发挥出最佳状态（　　）

A. 非常同意　B. 比较同意　C. 中立　D. 不同意　E. 非常不同意

16. 与同伴合作完成机器人学习任务时，我希望自己的表现能够超过同伴（　　）

A. 非常同意　B. 比较同意　C. 中立　D. 不同意　E. 非常不同意

17. 学习机器人时，只有比其他同学表现得更加好，才能证明我的价值（　　）

A. 非常同意 B. 比较同意 C. 中立 D. 不同意 E. 非常不同意

18. 有时我将机器人课程的学习成绩视为一次证明我比其他人更聪明的机会（ ）

A. 非常同意 B. 比较同意 C. 中立 D. 不同意 E. 非常不同意

附录12 学业测试卷

预实验部分

第一部分 纯软件编程

1. 熊猫爬楼

① 点击绿旗后，熊猫开始从舞台左下方绘制台阶，绘制的台阶数由程序在 1~5 随机产生。

② 台阶的线条颜色为黑色，线条大小为 5；单个台阶高 40，长 60。

③ 台阶绘制完成后，熊猫说“一共爬了 X 个台阶。”并持续 2 s。

2. 吃豆子

① 导入素材中的“背景”，绘制两个角色并命名为“吃豆人”和“豆子”。

② 点击绿旗后，“吃豆人”开始从舞台左下角出发跟随鼠标指针移动。

③ 游戏过程中，“吃豆人”只能在棕色区域内移动，不允许进入绿色区域。

④ 当“吃豆人”碰到豆子后，说“成功”2 s 并结束程序。

3. 判断奇偶数

① 导入素材中的“背景”。

② 点击绿旗后，熊猫移动到舞台中央，然后随机说出一个 1~10 的数字并持续 2 秒。

③ 如果这个数字是偶数（见注释），熊猫在 1 s 内滑行到橙色的“偶数”文本框上方。

④ 如果这个数字是奇数（见注释），熊猫在 1 s 内滑行到蓝色的“奇数”文本框上方。

注：在整数中，能被 2 整除的数（即“除以 2 的余数是 0”）叫作偶数（又叫双数），不能被 2 整除的数（即“除以 2 的余数是 1”）叫作奇数（又叫单数）。

第二部分 软硬件结合

1. 请勿靠近

当 mBot 的板载按钮被按下时，进行如下判断：

① 如果超声波传感器检测到与障碍物的距离小于 20 cm，表情面板显示生气的表情；

② 如果超声波传感器检测到与障碍物的距离在 20~50 cm，表情面板显示文字“NO!”；

③ 如果超声波传感器检测到与障碍物的距离大于 50 cm，表情面板显示开心的表情。

2. 警灯闪烁

当 mBot 红外遥控器上的设置键被按下时，板载 LED 灯重复下面的操作 5 次后关闭：

① 左侧的板载 LED 灯亮红色，右侧的板载 LED 灯亮蓝色；

② 等待 0.5 s；

③ 左侧的板载 LED 灯亮蓝色，右侧的板载 LED 灯亮红色；

④ 等待 0.5 s。

3. 跑马灯

当 mBot 的板载按钮被按下时，按以下要求设置灯带：

① 点亮灯带的第 1/2/3 个灯珠并持续 1 s，颜色为白色；

② 点亮灯带的第 4/5/6 个灯珠并持续 1 s，颜色为白色；

③ 点亮灯带的第 7/8/9 个灯珠并持续 1 s，颜色为白色；

④ 点亮灯带的第 10/11/12 个灯珠并持续 1 s，颜色为白色；

⑤ 点亮灯带的第 13/14/15 个灯珠并持续 1 s，颜色为白色。

注意：使用变量完成该程序可以获得更高的分数。

4. 小车巡线走

① 当 mBot 的板载按钮被按下时，小车从地图右下角的绿色方框启动并沿

黑线前进。

② 当小车抵达地图左上角的黑框时，通过超声波传感器感应障碍物让小车停下来。

提示：由于黑框内都是白色区域，为了让小车彻底进入黑框内，可以设置小车在巡线传感器返回 3 时继续前进，直至超声波传感器感应到障碍物后停下。另外，适当降低小车行进速度，可以让巡线过程更顺利。

5. 小车入库

① 地面上共有 2 个车库，当 mBot 的板载按钮被按下时，表情面板上随机显示出一个车库号。

② 根据表情面板显示的车库号，使用红外遥控器上的"↑""↓""←"和"→"键控制小车移动至相应的车库中。

③ 小车入库后保持停止状态并让表情面板显示"OK!"。

注意：以走廊相邻的两个蓝色地板方格为车库，并贴有对应的车库号标签。

6. 声控灯光秀

打开 mBot 的电源开关后，表情面板实时显示出当前环境中的音量大小，并能根据音量大小有如下反应。

① 如果音量大于 500，两个板载 LED 灯亮红色，等待 0.5 s；两个板载 LED 灯亮绿色，等待 0.5 s；两个板载 LED 灯亮蓝色，等待 0.5 s。

② 如果音量介于 300~500，左侧板载 LED 灯亮白色，等待 1 s；右侧板载 LED 灯亮白色，等待 1 s。

③ 如果音量小于 300，两个板载 LED 灯熄灭。

正式实验部分

第一部分　纸质测试

一、单项选择题（每小题 0.5 分，共 4 分）

1. CF Board 和 Little Board 主控板有两种供电方式，一种是使用 4 节五号干电池或充电电池供电，另一种是使用（　　）

A. 发电机供电　　B. USB 供电　　C. 柴油机供电　　D. 电机供电

2. 以下关于直流电机的说法，错误的是（　　）

A. CF Board 和 Little Board 主控板上各有两个电机接口，分别用来连接左电机和右电机。

B. 指令“设置电机 M1 方向为正、转速为 120”，表示左电机驱动左轮以 120km/h 前进。

C. 电机的转速范围为 0~255，转速为 0 时电机停止，转速为 255 时达到当前电压下的最大值。

D. 同时设置左右电机的方向为反转、转速为 255，小车将以最大的速度倒退。

3. 以下关于旋钮模块的说法，错误的是（　　）

A. 旋钮模块上有一个黑色圆筒形的旋钮，可以用手来回旋转。

B. 旋钮模块输出的是模拟信号，输出值的范围是 0~1023。

C. 旋钮模块必须连接在 CF Board 或 Little Board 主控板的模拟接口上，才能正常使用。

D. 旋钮模块不需要借助 3P 线，可以直接连接在 CF Board 或 Little Board 主控板上。

4. 以下关于 LED 模块的说法，错误的是（　　）

A. LED 灯是一种发光二极管，可以将电能转化为可见光。

B. 使用指令“设置数字口 13 输出高电平”，可以把连接在数字口 13 的 LED 灯打开。

C. 使用指令“设置 LED 灯 13 为关”，可以把连接在数字口 13 的 LED 灯关闭。

D. CF Board 和 Little Board 主控板上最多只能连接一个 LED 模块。

5. 以下关于声音传感器的说法，错误的是（　　）

A. 声音传感器上有一个圆柱形的黑色拾音头，可以检测环境中的声音大小。

B. 声音传感器输出的是模拟信号，输出值的范围是 0~255。

C. 声音传感器必须连接在 CF Board 或 Little Board 主控板的模拟接口上，才能正常使用。

D. 在测试声音传感器时，既可以对着黑色拾音头说话，也可以对着黑色拾音头吹气。

6. 以下关于温度传感器的说法，错误的是（　　）

A. 温度传感器上有一个黑色的检测头，可以用来测量环境中的温度。

B. 温度传感器输出的是模拟信号，输出值是实际测得的温度值，单位是摄氏度。

C. 温度传感器必须连接在 CF Board 或 Little Board 主控板的模拟接口上，才能正常使用。

D. 温度传感器必须借助 4P 线，才能连接在 CF Board 或 Little Board 主控板上。

7. 以下关于直流电机风扇的说法，错误的是（　　）

A. 直流电机风扇上有四片可以转动的蓝色扇叶。

B. 使用指令“设置风扇 2 为开”，可以把连接在模拟口 2 的直流电机风扇打开。

C. 使用指令“设置风扇 2 为开”，可以把连接在数字口 2 的直流电机风扇打开。

D. 直流电机风扇需要借助 3P 线，才能连接在 CF Board 或 Little Board 主控板上。

8. 以下关于超声波传感器的说法，错误的是（　　）

A. 超声波传感器上有三个探头，分别用于发射和接收声波。

B. 超声波传感器的功能是测量距离，可以应用于机器人自动避障或其他测距项目。

C. 超声波传感器必须连接在 CF Board 或 Little Board 主控板的专用“超声波接口”上。

D. 超声波传感器的测距范围是有限的，测量的距离上限大致是 517 cm。

二、程序理解题（每小题 2 分，共 6 分）

请仔细阅读以下程序示意图，分别描述每个程序实现的主要功能。

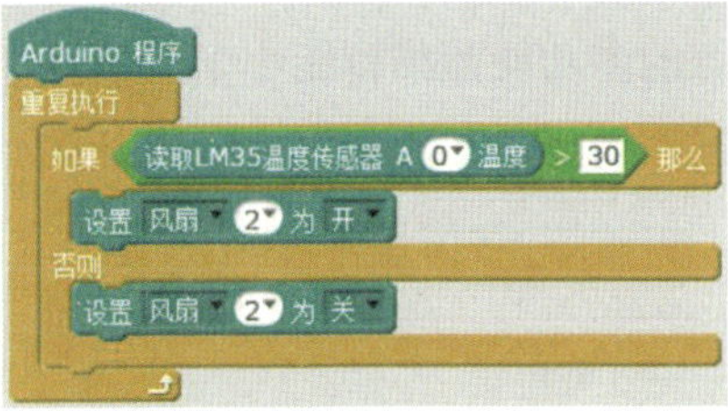 程序示意图 1	程序主要功能：
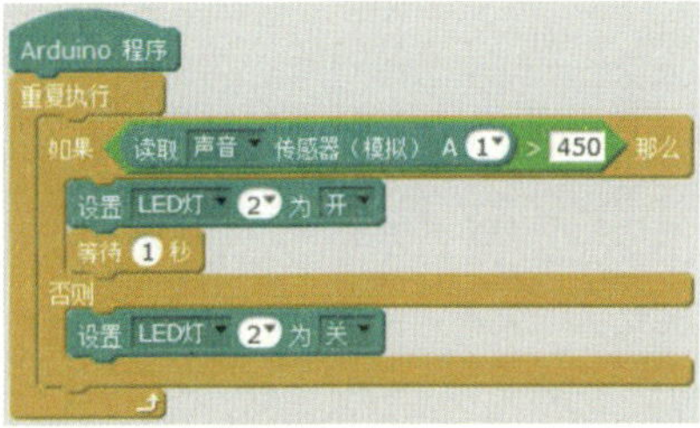 程序示意图 2	程序主要功能：
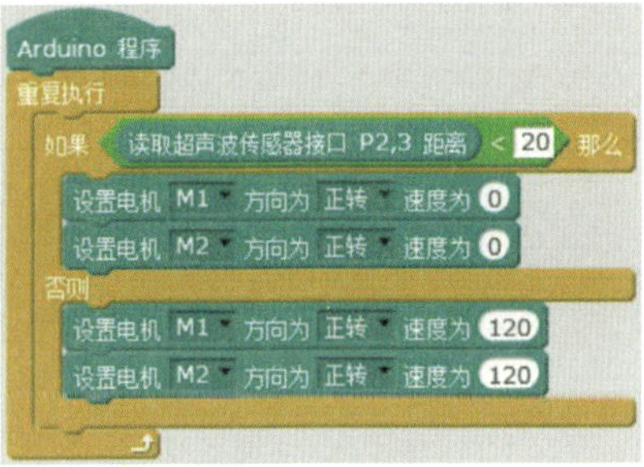 程序示意图 3	程序主要功能：

第二部分　上机测试

项目名称：多功能蓝猫智能小车

功能描述：使用本学期学过的器材设计并制作一款多功能蓝猫智能小车。

器材清单：直流电机；旋钮模块；LED 灯模块；声音检测模块；温度检测模块；风扇模块；超声波测距模块。

制作要求：从日常生活中的实际需求出发，在器材清单中挑选 2 种以上模块，设计并制作一款实用性强且富有创意的多功能蓝猫智能小车。项目实现过程要求两人一组，分工合作，将设计和制作的思路和原理等内容记录在《工程笔记》中。

多功能蓝猫智能小车——工程笔记

班级：六（______）班　　组号：________　　小组成员：______________

作品名称：

请介绍作品的主要功能、设计灵感和技术原理。

请画出作品的硬件连接图。　　请用流程图或文字描述程序的逻辑结构。

请介绍小组的人员分工情况。

请记录完成作品过程中遇到的问题及解决方法。

请总结作品的功能是否达到预期，以及作品是否存在可以优化、改进的地方。

附录13　机器人课程群体凝聚力问卷

1. 在学习机器人的过程中，我喜欢和我的搭档互动（　　）

A. 非常同意　B. 很同意　C. 同意　D. 中立　E. 不同意

F. 很不同意　G. 非常不同意

2. 如果机器人课程结束了，我会想念我的小组搭档（　　）

A. 非常同意　B. 很同意　C. 同意　D. 中立　E. 不同意

F. 很不同意　G. 非常不同意

3. 在学习机器人的过程中，我和我的搭档已经成为最好的朋友（　　）

A. 非常同意　B. 很同意　C. 同意　D. 中立　E. 不同意

F. 很不同意　G. 非常不同意

4. 在学习机器人的过程中，我更喜欢和我的搭档互动，而不是和其他组的成员互动（　　）

A. 非常同意　B. 很同意　C. 同意　D. 中立　E. 不同意

F. 很不同意　G. 非常不同意

5. 对我来说，现在这个小组是我所属的重要团体之一（　　）

A. 非常同意　B. 很同意　C. 同意　D. 中立　E. 不同意

F. 很不同意　G. 非常不同意

6. 我对自己在小组合作中的贡献程度感到很满意（　　）

A. 非常同意　B. 很同意　C. 同意　D. 中立　E. 不同意

F. 很不同意　G. 非常不同意

7. 我对搭档在合作完成小组任务过程中的表现**很不满意**（　　）

A. 非常同意　B. 很同意　C. 同意　D. 中立　E. 不同意

F. 很不同意　G. 非常不同意

8. 我对搭档渴望胜利的态度感到很满意（　　）

A. 非常同意　B. 很同意　C. 同意　D. 中立　E. 不同意

F. 很不同意　G. 非常不同意

9. 我的搭档给了我足够多的机会来提高我的个人表现（　　）

A. 非常同意　B. 很同意　C. 同意　D. 中立　E. 不同意

F. 很不同意　G. 非常不同意

10. 我喜欢我们小组的合作方式（　）

A. 非常同意　B. 很同意　C. 同意　D. 中立　E. 不同意

F. 很不同意　G. 非常不同意

11. 我的搭档更喜欢团结起来共同奋斗，而不是一个人单打独斗（　）

A. 非常同意　B. 很同意　C. 同意　D. 中立　E. 不同意

F. 很不同意　G. 非常不同意

12. 即使机器人课程结束了，我和我的搭档也很乐意一起相处（　）

A. 非常同意　B. 很同意　C. 同意　D. 中立　E. 不同意

F. 很不同意　G. 非常不同意

13. 我和我的搭档在学习机器人课程之余也会进行互动（　）

A. 非常同意　B. 很同意　C. 同意　D. 中立　E. 不同意

F. 很不同意　G. 非常不同意

14. 我和搭档团结一致，努力实现我们的共同目标（　）

A. 非常同意　B. 很同意　C. 同意　D. 中立　E. 不同意

F. 很不同意　G. 非常不同意

15. 即使我们小组表现不佳，我和搭档也会对此负责到底（　）

A. 非常同意　B. 很同意　C. 同意　D. 中立　E. 不同意

F. 很不同意　G. 非常不同意

16. 如果我的搭档在课上或课后遇到麻烦，我会很乐意帮助他 / 她，因为这样可以让我们更好地在机器人课程中合作（　）

A. 非常同意　B. 很同意　C. 同意　D. 中立　E. 不同意

F. 很不同意　G. 非常不同意

17. 为了解决在机器人课程中遇到的问题，我和搭档会在课上或课后进行有效沟通（　）

A. 非常同意　B. 很同意　C. 同意　D. 中立　E. 不同意

F. 很不同意　G. 非常不同意

附录14 机器人课程合作倾向问卷

1. 与同伴合作完成机器人任务时，我愿意多听取他人意见，即使这些意见我并不赞同（ ）

A. 非常同意 B. 比较同意 C. 中立 D. 不同意 E. 非常不同意

2. 在与同伴合作完成机器人学习任务时，我能够整合同伴的意见（ ）

A. 非常同意 B. 比较同意 C. 中立 D. 不同意 E. 非常不同意

3. 在合作完成机器人学习任务时，我通常能够站在同伴的立场上为他/她着想（ ）

A. 非常同意 B. 比较同意 C. 中立 D. 不同意 E. 非常不同意

4. 为了在学习机器人的过程中取得好成绩，我必须与同伴合作（ ）

A. 非常同意 B. 比较同意 C. 中立 D. 不同意 E. 非常不同意

5. 我认为完成机器人学习任务离不开同伴的帮助与合作（ ）

A. 非常同意 B. 比较同意 C. 中立 D. 不同意 E. 非常不同意

6. 学习机器人时，我相信好的合作伙伴能使我战胜一切困难（ ）

A. 非常同意 B. 比较同意 C. 中立 D. 不同意 E. 非常不同意

7. 与同伴一起合作完成机器人学习任务让我很愉快（ ）

A. 非常同意 B. 比较同意 C. 中立 D. 不同意 E. 非常不同意

8. 我相信在学习机器人时，合作比竞争更有助于提高学习成绩（ ）

A. 非常同意 B. 比较同意 C. 中立 D. 不同意 E. 非常不同意

9. 学习机器人时，我更喜欢与同伴合作完成机器人学习任务（ ）

A. 非常同意 B. 比较同意 C. 中立 D. 不同意 E. 非常不同意

附录15 预实验的学习任务单“无聊的盒子”

请同学们体验“无聊的盒子”（简称“盒子”）的趣味性，分析其功能结构和技术实现思路，尝试用实验室的器材模仿制作一个类似的盒子，并在此基础上进一步优化和改造作品，制作出富有创意的盒子。为了帮助大家理顺思路，请在设计和制作过程中按照顺序填写本表。最后，希望同学们能在本次实验中产生思维碰撞的火花，体验造物的乐趣。

一、体验作品

（1）测试盒子的使用效果，并描述它的主要功能和工作特点。（可使用“当……直到，重复……”等语句）（5 分钟）

主要功能：________________________________

工作特点：________________________________

（2）请同学们认真观察盒子的构造，填写下表。（10 分钟）

器材名称	数量	作用	连接方式
电池	两节	提供动力	黏合

（3）请推测盒子的控制程序，用流程图描述它的运行流程。（10 分钟）

（推荐绘图软件：edraw-max，下载链接：https://www.edrawsoft.cn/download/）提前下载好，没有相关软件的提前下载好。

（需要包含电池、电机、摆臂等动作）

二、还原作品

参考以上分析，尝试使用实验室的器材模仿制作一个具有类似功能和结构的盒子。

（1）请同学们仿照上述盒子的结构，在下面空白处绘制规范的盒子结构图。（比例尺参考 1∶5，要有图例或图示说明）

（2）请详细描述需要准备的器材和加工方法。

器材名称	数量	作用	加工方法

注：加工方法可以填写“取自套件”“三维打印”“激光雕刻”“手工裁剪”等。

（3）作品完成后，在此处张贴成品图片。（手机拍摄正视图、侧视图和俯视图）

（4）相比最早体验的作品样例，本组模仿制作的作品是否较好复原了作品样例的功能？如果没有，原因是什么？

三、再设计与微创新

（1）本小组计划如何改进上述仿造的作品？请从不同角度设计 3~4 个可选方案，经过小组充分讨论确定一个最终方案，并说明理由。

作品名称		
方案	功能	实现思路
方案一		
方案二		
方案三		
方案四		

最终选定的方案：

理由（设计者需要综合考虑限定条件，如特定“客户”需求、成本、安全、制造条件、环保、文化等因素）：

（2）根据选定的方案，请绘制流程图说明作品的程序控制流程。

（3）请同学们在下面空白处绘制规范的盒子结构图。（比例尺参考 1∶5，要有图例或图示说明）

（4）请详细描述需要准备的器材和加工方法。

器材名称	数量	作用	加工方法

注：加工方法可以填写“取自套件”“三维打印”“激光雕刻”“手工裁剪”等。

四、作品测试

请测试和改进作品，并描述测试过程中遇到的主要问题和解决方案，建议通过专业网站、搜索引擎、书本、小组讨论等途径自主获取解决问题的方案，记录重要的几次测试即可。

第一次测试：

第二次测试：

第三次测试：

五、粘贴最终作品

附录16　正式实验的学习任务单“声光检测”

小组成员姓名：__________　　班级：__________　　第_____组

一、请在判断框中填写“光照强”“光照弱”“声音大”和“声音小”等，请在执行框中填写“灯亮”或者“灯灭”。

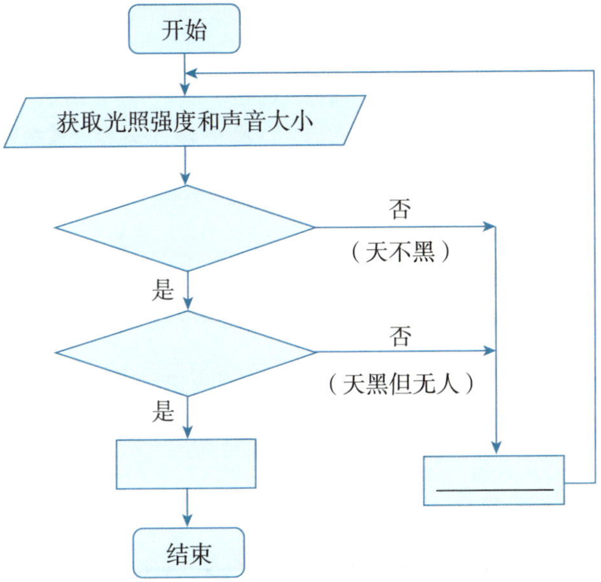

二、生活中，你还能想到哪些设备是需要两个条件控制的，而且这两个条件是有先后顺序的？

如果____________________（条件 1）

　　如果____________________（条件 2）

　　那么____________________

否则____________________

三、小组合作，将讨论结果填写在下表（5 分钟）。

1. 作品名称（例如：声光互动蛋糕、楼道灯、南瓜灯、蜡烛、贪吃的小鸡、月亮灯等）

2. 请思考作品的使用场景

□生日派对　　□万圣节派对　　□房间　　□狭窄的街道　　□学校
□教室　　□公园　　□其他＿＿＿＿＿＿

3. 请描述作品的目标功能

□庆祝人们生日快乐　　□天黑时，有人经过就亮灯　　□万圣节时，吓唬他人
□有人喂食会啄米，但是一吓唬就不啄米　　□天黑时，有人靠近就点亮蜡烛
□昏暗的房间里，为走进来的人们照明　　□其他＿＿＿＿＿＿

四、连接硬件，将小组讨论结果写在下表（6 分钟）。

1. 勾选所需模块

□按钮　□逻辑非模块　□逻辑与模块　□蜂鸣器　□ LED　□声音传感器
□光线传感器

2. 画出元件连接示意图（下列为模块的简笔画）

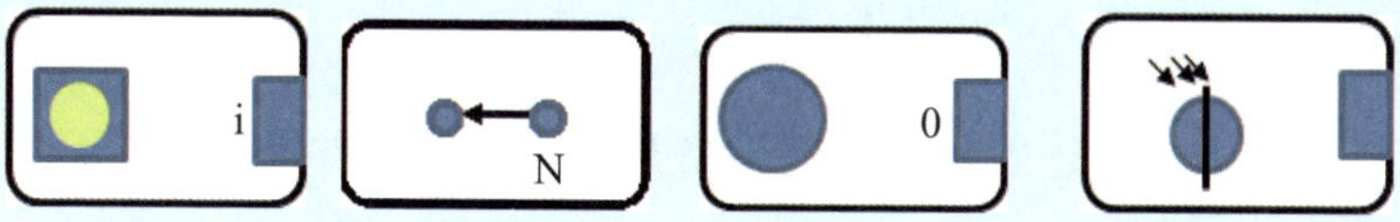

按钮　　逻辑非模块　　蜂鸣器　　光线传感器

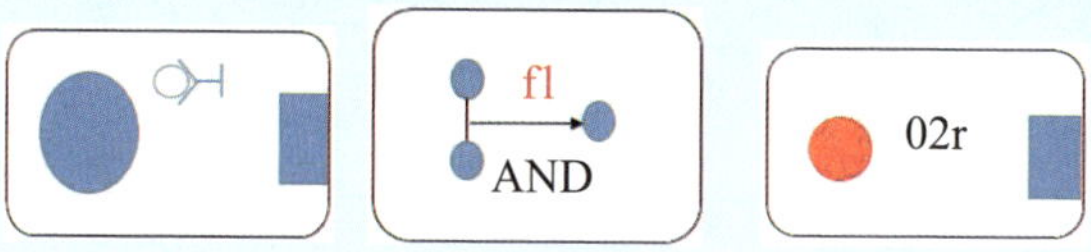

声音传感器　　逻辑与模块　　小灯

请在此画图

五、画出作品的结构，包括外观和内部结构（5 分钟）。

六、根据用途勾选所需材料（5 分钟），请在材料处排队领取材料。

材料	用途	勾选（√）
彩色卡纸	用于外观搭建	
超轻黏土	用于外观搭建	
纸杯	用于外观搭建	
扭扭棒	用于外观搭建	
卡通眼珠	用于外观——眼睛	
羽毛球	用于外观——美化	
双面胶	黏合纸张之间或者粘贴模块的底座上去	
棉绳	捆绑物件	
……	……	

七、在制作过程中，小组遇到了什么问题，你们是如何解决的？（3 分钟）

小组遇到的问题：________________________________

解决方案：________________________________

附录17　纠错测试任务设计与得分细则

得分	编号	纠错任务设计
10	1	1. void setup() 中 ,pinMode(2,INPUT) 写成 pinMode(2,OUTPUT);
5	2	2.1 void a2() 中 digitalWrite(11,0) 写成 (11,1)
5	3	2.2 void a2() 中 digitalWrite(10,1) 写成 (10,0)
10	4	3. void loop() 上面一行 int k=0, 定义变量 k 记录按钮按下的次数，放在了 void loop() 主程序里面
3	5	4.1 If(k==1) 少 1 个 =
3	6	4.2 If(k==2) 少 1 个 =
3	7	4.3 If(k==3) 少 1 个 =
3	8	5.1 调用 a1 时 a1 后面没有 ()
3	9	5.2 调用 a2 时 a2 后面没有 ()
3	10	5.3 调用 a3 时 a3 后面没有 ()
3	11	6.1 analogWrite(5,150) 写成 digitalWrite(5,255)
3	12	6.2 analogWrite(5,255) 写成 digitalWrite(5,111)
3	13	6.3 analogWrite(5,0) 写成 digitalWrite(5,0)
5	14	7.1 analogWrite(5,150), 风扇一、二挡的速度反了，设置成 (5,255)
5	15	7.2 analogWrite(5,255), 风扇一、二挡的速度反了，设置成 (5,111)
13	16	8. k=0 写成了 k=1(功能是按第三次按钮就回空挡)
10	17	9. } } } delay(100); 上面一排少一个 }(应该是 3 个)
5	18	10.1 风扇接错 (接到非 PWM 针脚上)
5	19	10.2 按钮接错 (接到模拟针脚上面去)
总分		100

附录18　纠错测试程序

```
void setup()
{
  Serial.begin(9600);
  pinMode(2,OUTPUT);
  pinMode(5,OUTPUT);
  pinMode(7,OUTPUT);
  pinMode(8,OUTPUT);
  pinMode(9,OUTPUT);
  pinMode(10,OUTPUT);
  pinMode(11,OUTPUT);
  pinMode(12,OUTPUT);
  pinMode(13,OUTPUT);
  }
void a1(){
  digitalWrite(13,0);
  digitalWrite(12,1);
  digitalWrite(11,1);
  digitalWrite(10,0);
  digitalWrite(9,0);
  digitalWrite(8,0);
  digitalWrite(7,0);
  }
void a2(){
  digitalWrite(13,1);
  digitalWrite(12,1);
  digitalWrite(11,1);
```

```
    digitalWrite(10,0);
    digitalWrite(9,1);
    digitalWrite(8,0);
    digitalWrite(7,1);
    }
void a0(){
    digitalWrite(13,1);
    digitalWrite(12,1);
    digitalWrite(11,1);
    digitalWrite(10,1);
    digitalWrite(9,1);
    digitalWrite(8,1);
    digitalWrite(7,0);
    }
//a1()、a2()、a0() 显示数字 1,2,0
void loop()
{
    int k = 0;// 定义变量 k 记录按钮按下的次数
     if(digitalRead(2) = = 1)
{
    delay(100);
    while(digitalRead(2) = = 1)
    {
    }
    k = k + 1;
    if (k = 1)
    {
        a1;
        Serial.println("1");
```

```
        analogWrite(5,255);
    }
    else
    {
      if(k = 2)
      {
        a2;
        Serial.println("2");
        analogWrite(5,111);
      }
      else
      {
        if(k = 3)
        {
          a0;
          Serial.println("0");
          digitalWrite(5,0);
          k = 1;// 回空挡
        }
      }
      delay(100);
    }
    }
```

附录19　纠错测试题目与答题纸

本次测试主要考查同学们排除机器人故障的能力。现在有一件机器人作品——换挡风扇，请你根据所学知识排查故障以实现其功能。

它的功能是：风扇一共有3个挡位，1挡、2挡和空挡。初始状态下，风扇处于静止状态，为空挡；如果按钮按下1次，风扇缓慢转动，为1挡；如果按钮再按下1次，风扇快速转动，为2挡；如果按钮再按下1次，风扇静止，回到空挡……同时，数码管会显示当前的挡位。

注意：风扇的使用方法与灯类似，既可以使用数字输出的方式控制，也可以使用脉冲宽度调制的方式控制，风扇速度的取值范围为0~255。

测试要求：测试任务中有多处错误，请把发现的错误依次写在下方空白处。

请独立完成测试任务，不得抄袭。

序号	错误描述	修改方法

附录20 程序设计与工程设计能力试题

第一阶段机器人能力试题

姓名:＿＿＿＿＿ 班级:＿＿＿＿＿ 性别:＿＿＿＿＿ 年龄:＿＿＿＿＿

基本编程知识	1.  和  都能实现小车的直行（ ）
	2. 延时指令块的单位是毫秒（ ）
	3. 一个程序中有且只有＿＿个  指令块
	4. 一秒等于＿＿毫秒
编程操作	1. 在萝卜圈软件平台做完某些操作后，对结果不满意，可复原到操作之前的状态（ ）
	2. 下面程序中，当选中  时，点击菜单栏中的断开  命令，会断开图中哪条流程线（ ） 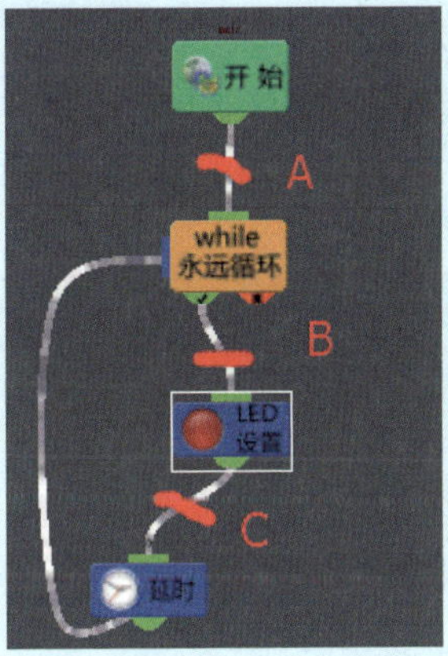
机器人搭建	1. 搭建机器人时设置的端口和编程设置的端口可以不用一一对应（ ）
	2. 当我们发现零件之间的连接有误，或是想要调整零件之间的安装位置时，可以单击菜单中的（ ）命令 A. 结构拆卸 B. 粘贴 C. 移动
	3. 当我们发现舞台中有不需要的零件时，可以选中该零件，敲键盘上的＿＿＿＿键，删除该零件

续表

算法思维

1. 下列程序实现的功能是（　　）

A. 小车左转　　B. 小车右转　　C. 小车直行　　D. 小车旋转

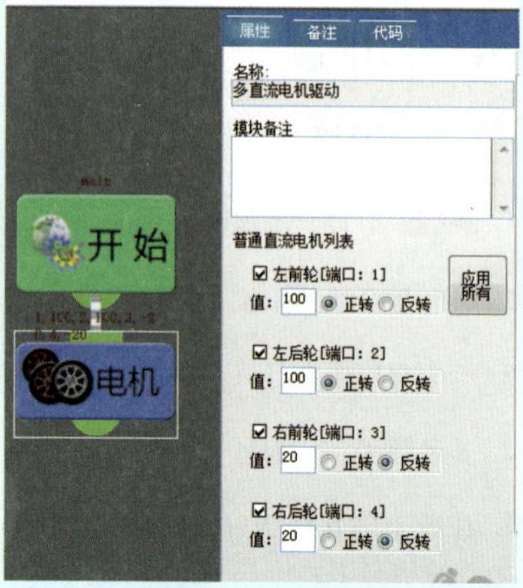

2. 下列程序是否能实现小灯永远不停闪烁（　　）

A. 可以实现　　B. 不能实现

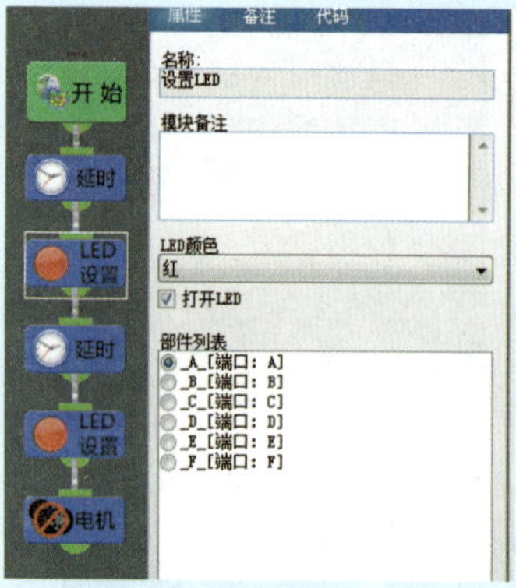

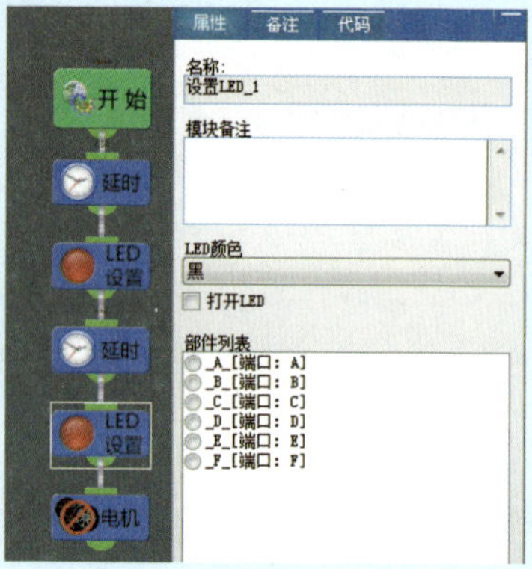

3. 上机编程实现“红绿灯”效果，并保存（可以先在纸上简单画出）

第二阶段机器人能力试题

姓名:________ 班级:________ 性别:________ 年龄:________

一、基本编程知识

1. 下列编程模块名称是否正确（　　）

直流电机驱动　　多直流电机驱动　　停止直流电机　　停止所有直流电机

A. 正确　　B. 不正确

2. 障碍传感器 

用于判断在指定的检测距离内有无障碍物，检测距离有效范围为 1~500，不在此范围内时自动设为（　　）

A. 1　　B. 500

二、编程操作

1. 下面哪句话的表述不正确（　　）

A. 设置多直流电机驱动模块，必须先勾选要驱动的直流电机，再设置其速度值、选择正转或反转。

B. 如果不小心选错了模块，可以将错误的模块从程序中拖出，再敲键盘中的 Backspace 键将其删除。

C. 单击窗口左上方菜单中的自动排列命令，所有连接在开始模块上的程序自动整齐排列，便于观看。

2. 以下两个程序实现的功能是否一致（　　）

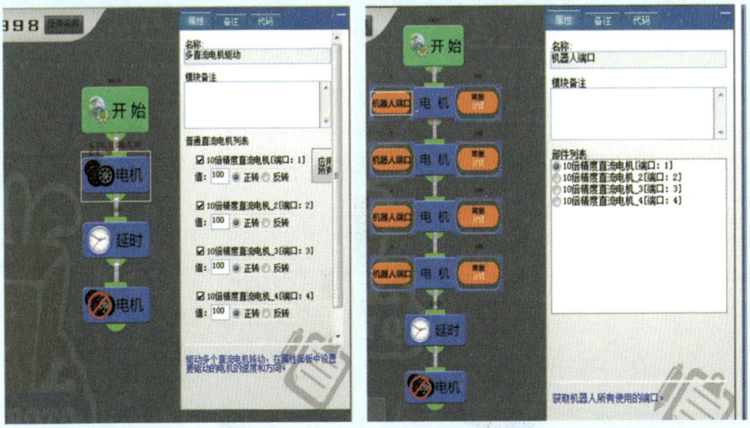

A. 一致　　B. 不一致

续表

三、机器人搭建

1. 此场景中的车轮要想安装到电机上，应选择电机（　　）

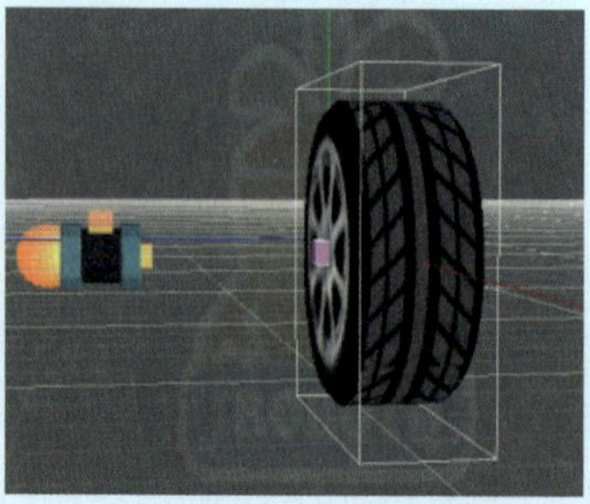

A. 左侧圆形安装点　　B. 右侧方形安装点

2. 在此场景中小车前进，选中的右前轮需要“反转方向”吗（　　）

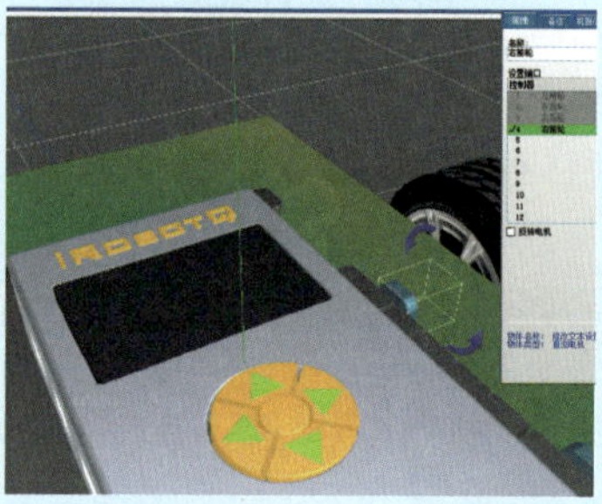

A. 需要　　B. 不需要

3. 在搭建的过程中，一个直流电机对应勾选（　　）端口

A. 一个　　B. 两个　　C. 三个　　D. 四个

四、算法思维

1. 观察下列两幅图实现的效果是：小车按照地图上的黑色线条轨迹进行巡线移动。

续表

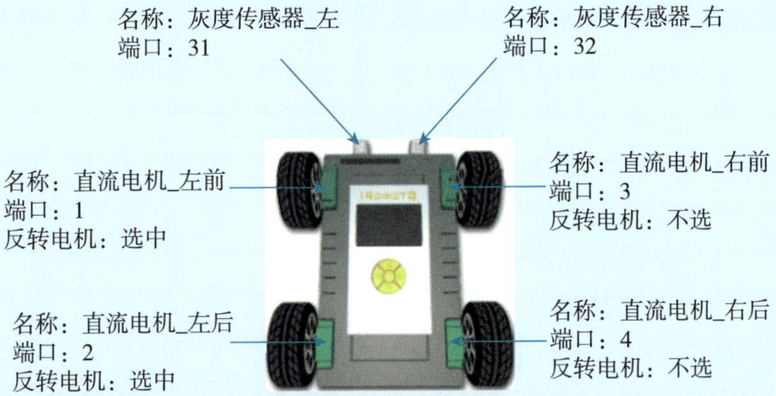

小车安装有 2 个“灰度传感器”，用于检测轨迹线与小车的相对位置，通常情况下，其相对位置关系有以下 3 种，选择你认为的正确选项。

左侧灰度传感器检测到轨迹线（小车相对轨迹线偏右），要纠正小车按照轨迹运动，小车要（　　）

右侧灰度传感器检测到轨迹线（小车相对轨迹线偏左），要纠正小车按照轨迹运动，小车要（　　）

左右侧灰度传感器都没检测到轨迹线（小车在轨迹线中间），小车（　　）

A. 前进　　B. 左转　　C. 右转

2. 根据下列程序及注释完成程序流程图，在流程图空白的图形内填上合适的序号。

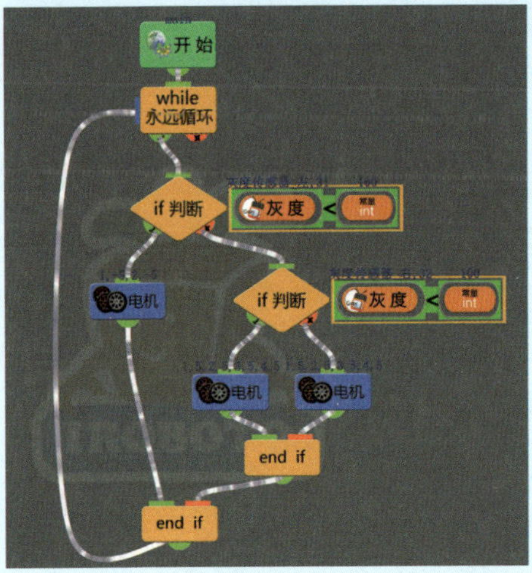

如果左侧灰度＜100，则左转

如果右侧灰度＜100，则右转

如果都没有，则直行

续表

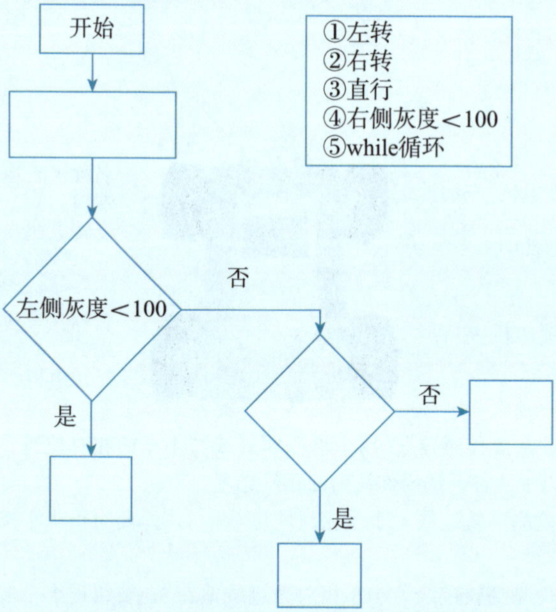

3. 在下列实现红绿灯效果程序的箭头处填上合适的序号。

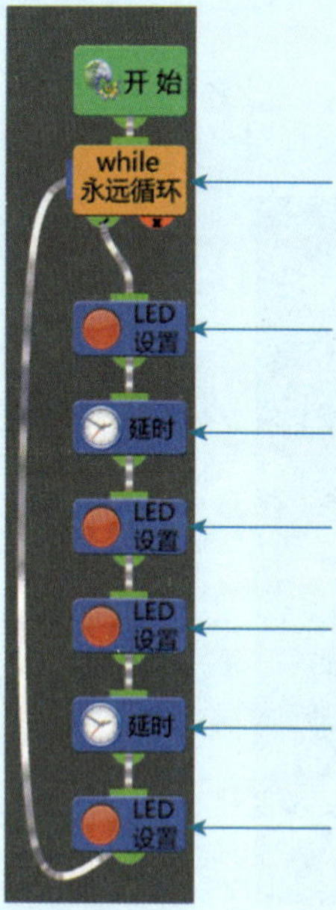

①红灯开
②红灯关
③绿灯开
④绿灯关
⑤延迟2秒
⑥延迟2 000秒
⑦永远循环
⑧关闭电机

附录21　学习任务单评价标准

等级 维度	A	B	C
完整度（10分）	实验方案及记录表格填写完整，全面反思遇到的问题及解决方案（8~10分）	实验方案及记录表格填写较完整，较全面地反思了遇到的问题及解决方案（4~7分）	实验方案及记录表格填写不完整，未有效反思遇到的问题及解决方案（0~3分）
规范性（10分）	科学概念理解正确，方案草图设计合理且规范，标有具体刻度（8~10分）	科学概念理解基本准确，方案草图设计基本合理，但未标有具体刻度（4~7分）	科学概念理解不正确，方案草图设计不甚合理（0~3分）
创新性（10分）	设计理念创新，设计风格独特，有原创性（8~10分）	在某些地方有创新之处，能看出是在别人设计基础上添加了新元素的设计（4~7分）	照抄或仿冒他人设计方案（0~3分）
一致性（10分）	作品和设计方案一致，甚至超越了预定成果目标（8~10分）	作品和设计方案保持基本一致（4~7分）	作品未能有效达成设计效果或目标（0~3分）